W0094806

Über dieses Buch Kinder sind von Kriegsgreueln noch nie verschont geblieben. Immer wieder haben Kriegsparteien den Mord an Kindern jeden Alters als bewußtes Terrormittel eingesetzt, um den Gegner zu demoralisieren und den Rache- und Mordgelüsten in den eigenen Reihen freien Lauf zu lassen. Die Literatur über Kriegstäter, von denen viele als große Männer in die Geschichte eingegangen sind, füllt ganze Bibliotheken. Die Literatur über Kriegsopfer ist schon spärlicher, und die Literatur über Kinder als Kriegsopfer ist so gut wie nicht vorhanden. So ist das Buch von Erna M. Johansen, die mit ihrem Buch »Betrogene Kinder; Eine Sozialgeschichte der Kindheit« (Fischer Taschenbuch 6622) bekannt geworden ist, eigentlich längst überfällig. Aber Kinder haben bekanntlich keine Lobby und nur wenige Fürsprecher. Zu ihnen gehört Erna M. Johansen, die in jahrelanger Arbeit und unter großen Schwierigkeiten das Schicksal von Kindern im Krieg erforscht und ein geradezu überwältigendes Material an Texten und Bildern zusammengetragen hat. Was Kindern zu allen Zeiten und auf allen Kontinenten durch kriegerische Auseinandersetzungen an Leid widerfahren ist, spottet jeder Beschreibung. Der Schrecken hat sich im Laufe der Geschichte bis hin zu den jüngsten mörderischen Kriegen noch gesteigert. Wer dieses Buch gelesen hat, wird sich über die moralische Höherentwicklung des Menschen keine Illusionen mehr machen.

Die Autorin Erna M. Johansen, 1911 in Mecklenburg geboren, pädagogisch-soziale Ausbildung und Berufsarbeit von 1929–1973 in Ludwigslust, Waren, Rostock, Ribnitz und Berlin, unterbrochen durch Berufsverbot während der Nazizeit. Ihre fünf Kinder zog sie in Kriegs- und Nachkriegsjahren groß.
Von Erna M. Johansen erschien bisher im Fischer Taschenbuch Verlag: »Betrogene Kinder; Eine Sozialgeschichte der Kindheit« (Bd. 6622).

Erna M. Johansen

»Ich wollt', ich wäre nie geboren«

Kinder im Krieg

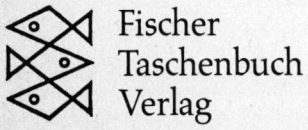

Fischer
Taschenbuch
Verlag

Originalausgabe
Veröffentlicht in der Fischer Taschenbuch Verlag GmbH,
Frankfurt am Main, August 1986

© 1986 by Fischer Taschenbuch Verlag GmbH, Frankfurt am Main
Lektorat: Willi Köhler
Bildredaktion: Anita Jantzer
Umschlaggestaltung: Jan Buchholz / Reni Hinsch
unter Verwendung eines Holzschnittes von
José Guadalupe Posada, 1904, ›Weltuntergang‹
Gesamtherstellung: Clausen & Bosse, Leck
Printed in Germany
1680-ISBN-3-596-23820-x

Inhalt

Einführung

Mein Kind!
Ich will nicht, daß man es tötet mit zwanzig Jahren,
an der Front, wenn's ein Junge ist,
Ist's ein Mädchen, nachts in den Luftschutzkellern.
Mein Kind,
sei es Mädchen, sei's Junge, in welchem Alter auch,
ich will nicht, daß man es ins Gefängnis wirft.

Ungezählte Millionen von Kindern wurden in den Weltkriegen unseres Jahrhunderts vernichtet, verstümmelt, verstreut. Sind sie vergessen worden? Kein Monument, kein ›Grabmal des unbekannten Kindes‹ erinnert uns an sie.

In jedem dieser Kriege waren und sind Kinder diejenigen, die am nachhaltigsten leiden und erleiden müssen. Das gilt sogar dann, wenn sie nicht getötet oder verkrüppelt werden; denn wie sollen sie überleben, wenn ihre Eltern und älteren Geschwister umgebracht, die Behausungen der Familien zerstört, die Felder und Ernten verbrannt worden sind. Gerade den Armen – und die meisten Kinder sind Kinder armer Familien – fällt es schon in sogenannten friedlichen Zeiten sehr schwer, ihre Kinder zu ernähren, zu bekleiden und sie etwas lernen zu lassen; wieviel mehr in Zeiten, in denen sie durch Bomben, Granaten, Gewehrkugeln und Hungerleiden bedroht werden. Der Krieg gegen die Kinder wird mit vielen Waffen geführt.

Lernen aus der Vergangenheit

An den Krieg haben hierzulande Erinnerungen nur die Älteren, die ihre Eindrücke nicht vergessen oder verdrängt haben. Zwar benutzen über 80 Prozent aller bundesdeutschen Haushalte Fernsehgeräte und sehen darin häufig Bilder vom Krieg, aber diese wirken wohl nur wie ein fernes Schauspiel, zumindest auf die Mehrheit der Zuschauer. Müßten wir sonst nicht darauf reagieren, daß selbst auf diesen ausgewählten Abbildungen immer wieder tote, sterbende und verletzte Kinder aller Altersstufen zu sehen sind; dürften wir dann nicht fragen, wie das möglich ist, da doch schon die Haager Landkriegsordnungen vom Beginn dieses Jahrhunderts den Schutz der Nicht-Kämpfenden verbindlich geregelt haben? Sollten wir uns dann nicht erinnern an die großen Versprechungen der Regierenden aller kriegführenden Staaten, daß ihre Heere lediglich die Heimat schützen würden?

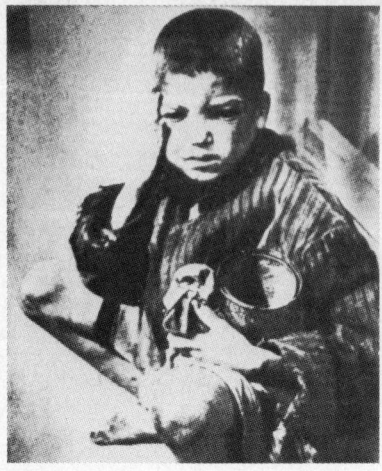

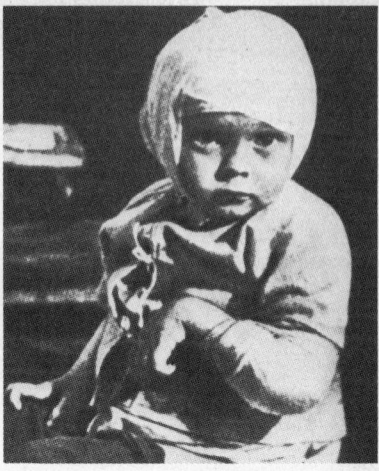

Griechischer Junge, von Hunger aufgedunsen –
ein Drittel der Kinder von Athen verhungerte
während der deutschen Besatzung, neun von
zehn Neugeborenen starben.

Russische Kinder wurden Zeugen
der Verwüstung ihrer Heimatorte, viele
überlebten nur verwundet.

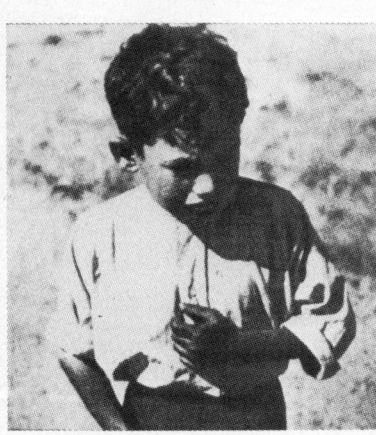

Ein sizilianischer Junge erlebte, wie seine Eltern
durch Deutsche getötet wurden.

Französische Kinder stehen matt auf dem Schulhof: müde, hungrig und tuberkulosegefährdet.

1 Wir sind's, die ihr besiegt habt. Triumphiert! – Kinder im Zweiten Weltkrieg

Noch immer behaupten die Politiker in aller Welt, auch die in der Bundesrepublik gewählten, daß sie mit Waffen und noch mehr Waffen den Frieden bewahren wollen. So ist dieser kleine Staat, in dem wir leben – die Bundesrepublik umfaßt den fünften Teil eines Prozentes der bewohnbaren Erdoberfläche –, vollgestopft mit Waffen; nicht nur mit denen der eigenen Bundeswehr, sondern auch mit denen unserer Verbündeten: Ein Arsenal von konventionellen, atomaren und chemischen Waffen lagert auf unserem Gebiet.

Der Nutzen dieser kostspieligen Aufrüstung scheint mehr als fraglich: Vor dem Ersten Weltkrieg waren die deutsche Regierung, der Generalstab und eine Mehrheit der Öffentlichkeit davon überzeugt, daß das deutsche Heer das beste der Welt sei. Nach vier Jahren waren das Heer besiegt, die Heimat ausgehungert und Hunderttausende deutscher Kinder, Frauen und Männer an Folgen der Mangelernährung gestorben; das deutsche Reich war nach dem verlorenen Krieg etwas kleiner geworden.

Vor dem Zweiten Weltkrieg behauptete die Regierung Adolf Hitler, daß nicht nur das deutsche Heer das beste der Welt sei, sondern daß auch das deutsche Volk über allen anderen Völkern stehe. Nach fünfeinhalb Jahren waren Heer, Luftwaffe und Flotte restlos besiegt, Millionen deutscher Kinder, Frauen und Männer durch Bomben, Artillerie, Flucht und Vertreibung getötet, verhungert und erfroren, das deutsche Reich drastisch verkleinert und praktisch aufgelöst. In beiden Kriegen hatten die aufwendige Rüstung und das ungeheure Aufgebot von Soldaten weder die Kinder noch die Heimat schützen können.

Heute sind die beiden deutschen Staaten, die realen Nachfolger des Deutschen Reiches, zwar nicht mehr souverän genug, um gegen den Willen ihrer jeweiligen Verbündeten einen Krieg beginnen zu können, aber sie sind der einzige direkte Berührungspunkt der Einflußgebiete beider Welt- und Supermächte und zugleich deren Aufmarschräume. Die Bundesrepublik Deutschland und die Deutsche Demokratische Republik sind dasjenige Gebiet, das auf der ganzen Welt am dichtesten mit Militäranlagen und atomaren Waffen ausgestattet ist. Den Interessen der USA und der Sowjetunion mag das dienlich sein, dem Schutze der deutschen Bevölkerung in Ost und West zweifellos nicht: Wenn schon die waffenhäufende Politik eigener deutscher Regierungen vor dem Ersten und Zweiten Weltkrieg nicht zum Wohle der Deutschen beitrug, wieviel weniger läßt sich das dann von der Politik fremder Regierungen erwarten, die über das deutsche Territorium verfügen!

Eine der deutschen Bevölkerung verpflichtete Politik sollte alles daran setzen, die Verfügungsgewalt der Supermächte zu reduzieren und die Räumung deutscher Gebiete von Vernichtungswaffen anzusteuern; nur so wird die Gefahr verringert, im Konfliktfalle Zielpunkt für die jeweils andere Seite zu werden. Die Politiker der Bundesrepublik – die als der wesentlich größere Staat auch erheblich mehr politische Möglichkeiten hat – bemühten sich bislang jedoch nicht ernsthaft darum, ja sie haben sogar entsprechende Vorschläge, besonders von schwedischer und polnischer Seite, nicht aufgenommen. Allerdings fehlte auch der entsprechende Druck durch die Wählermassen.

Das Interesse der meisten hat sich noch nicht dem für sie und ihre Kinder Lebenswichtigen zugewandt; an die permanente Bedrohung scheint man sich gewöhnt zu haben. Auseinandersetzungen mit dem Partner, den Nachbarn, den Kollegen, den Behörden und dem Tagesgeschehen nehmen die größte Aufmerksamkeit ein; der Untergang des Menschen durch einen Atomkrieg, das ist das, was man eben nur in den Schlagzeilen der Zeitungen liest.

Die Gleichgültigkeit so vieler macht betroffen. Das Nicht-begreifen-Wollen schützt indessen den einzelnen davor zu handeln; genauso haben viele Menschen vor dem Ersten und Zweiten Weltkrieg sich selbst daran gehindert, teilzunehmen an Entscheidungen für die eigene Zukunft – der Weg war ihnen zu mühsam, das Verharren in der Passivität bequem. Sie nahmen die Rolle von Gehorchenden, von Ausführenden und später die von Opfern an.

Stehen wir heute auf der gleichen Stufe, oder erkennen wir uns mit Bestürzung im Verhalten der Generationen wieder, die den Ausbruch von zwei Weltkriegen nicht verhinderten? Lernen wir aus der Geschichte, nicht aus den angestrebten Siegen, sondern aus den erlebten Tragödien.

Anmerkungen zu den Themen

Dieses Buch will nicht allein die Schrecken, die Kinder im Kriege erleben, beschreiben, sondern versucht auch den Zusammenhang der Schicksale von Kindern mit dem allgemeinen Kriegsgeschehen darzustellen. Dabei war eine Vielfalt von komplexen Begründungszusammenhängen zu berücksichtigen, jedoch konnten manche wichtige Aspekte mit Rücksicht auf den zur Verfügung stehenden Raum und im Interesse der Eindringlichkeit der Darstellung nur angedeutet werden.

Es wird angestrebt, die Mechanismen aufzuzeigen, die bislang noch stets zu einem Krieg geführt haben; so wird immer wieder auf seine Vorbereitung in den Köpfen der Menschen, auf politisches und sogar militärisches Geschehen eingegangen. In allzuvielen Darstellungen fehlt dieser Aspekt völlig, ja oft wird das Geschehen nur aus dem Blickpunkt der Vergangenheit beleuchtet. Da werden heute noch Bücher geschrieben, in denen Tendenzen großdeutscher und nazistischer Art die Darstellung durchziehen

2 Kinderzeichnung aus Auschwitz

und Propagandaparolen des Dritten Reiches übernommen werden, vielleicht sogar, ohne daß die Autoren wissen, was sie tun; daher enthält dieses
Buch einen für ein Taschenbuch relativ ausführlichen Anhang.
Wem einige Kapitel zu kritisch vorkommen, der möge überprüfen, woher
er seine bisherigen Informationen bezogen hat. Wir sind von keiner anderen als der eigenen Regierung in den Zweiten Weltkrieg gestürzt worden,
und gerade von deutscher Seite sind Verbrechen gegen die Menschlichkeit
in ungeheurem Ausmaße begangen worden. Es wäre ein Unding, davor die
Augen zu verschließen, es sei denn, man verstehe sich als *direkter* Nachfolger dieses Regimes der Unmenschlichkeit. Wenn wir als Volk – wie in
politischen Sonntagsreden oft beschworen – die Erben von Dürer, Bach
und Mozart, Goethe und Schiller sind, so müssen wir uns gerade auch mit
den schwärzesten Seiten unserer Geschichte und ihren Vertretern wie
Goebbels und Göring, Streicher und Hitler auseinandersetzen, um eine
Grundlage zu schaffen, von der aus wir die Zukunft bestimmen und den
Frieden wahren können.
Zur Wahl der Darstellung zeitgeschichtlicher Bezüge wäre anzumerken,
daß sich begreiflicherweise wenig Berichte finden, in denen Kinder selbst
über ihr Leben und ihre Verwirrung, ihre Ängste und Schrecken in Kriegs-

zeiten aussagen, noch dazu, wenn sie kleiner sind. Eher lassen Lebensberichte und -romane auf Gefühle und Befindlichkeiten betroffener Kinder schließen, wenngleich diese später, aus der Erinnerung der Überlebenden, erzählt wurden. Aber gerade Darstellungen von Zeitgenossen enthalten so Unterschiedliches, daß oft zweifelhaft ist, was verallgemeinert werden darf; daher sind immer historische Untersuchungen herangezogen worden, um den Zusammenhang zwischen Einzelschicksal und allgemeiner Lage aufzudecken.

Da unsere jüngste Vergangenheit reich an Kriegen ist und sich das Buch an ein deutsches Publikum wendet, nehmen die Kapitel zur Geschichte unseres Volkes einen größeren Umfang ein. Es ist keine einmalige Geschichte, unter anderen Vorzeichen sind ähnliche Entwicklungsabläufe, die zu Kriegen führen, überall in der Welt zu beobachten. Ein halbes Jahrhundert – angefüllt mit Hunger, Elend und Tod – hat es uns gekostet, um endgültig die Irrtümer deutscher Politiker zu begreifen.

Auch heute gibt es an der Spitze vieler Staaten politisch Verantwortliche, die schlagwortartig das ›Wohl der Nation‹ oder das ›Besiegen des Feindes im inneren und äußeren Lande‹ beschwören; zu diesem Zweck wird wiederum aufgerüstet. Besonders bedrohlich für die gesamte Menschheit ist das atomare Wettrüsten zwischen den beiden Supermächten geworden; ein nuklearer Weltkrieg dürfte unser aller Ende bedeuten und die Überlebenden zu Siechtum und frühem Tod verurteilen. Das Gebiet, auf dem die meisten Atomwaffen der Welt lagern, würde mit Sicherheit mit einbezogen werden: Deutschland.

Das Buch soll dazu beitragen, auf die Gefahr eines Krieges, dessen Anzeichen sich in jüngster Zeit mehren, aufmerksam zu machen, um alle Kräfte zu mobilisieren, dem entgegenzusteuern. Diese Gefahr wird auch nicht durch sogenannte Abrüstungsgespräche eingedämmt: Was hilft es schon, wenn z. B. von 10 000 Atomwaffen 1 000 abgebaut werden? Es bleiben genug, um die gesamte Menschheit mehrmals zu vernichten. Erst der Abbau sämtlicher Atomwaffen wird uns dem ersehnten Frieden näherbringen: Es geht nicht nur um die Zukunft unserer Kinder, sondern auch um die nachfolgender Generationen.

Alltägliche Erfahrungen

Mit dem Schreiben stiegen für mich wieder die Bilder der Vergangenheit auf, die Schrecken und die Angst als Lebenserfahrung der Zeit vor vierzig und fünfzig Jahren wurden wieder lebendig. Sie machen sensibel für ähnliche Erscheinungen in der Gegenwart. Wie ich in Gesprächen mit jüngeren Menschen, aber auch mit älteren meiner Generation feststellte, ist diese

3   Kinderzeichnung aus Mittelfranken 1946

Sensibilität häufig vorhanden, aber es fehlen die Kenntnisse der Vergangenheit und somit auch die Vergleichsmöglichkeiten. Als sei da eine Lücke in der Zeit, als ob die Eltern und Lehrer der Jüngeren ihnen nie etwas darüber erzählt hätten, was des Erinnerns wert sei, und als ob das politische Geschehen von den Älteren nie beoachtet worden ist. In meiner Generation kenne ich allzuviele, die sich nie bemüht haben, auch im nachhinein nicht, ihre Lebenszeit genauer kennenzulernen. Die Zeit streicht vorbei, ohne daß sie Bürger dieser Welt oder auch nur dieses Staates werden.

Kinder haben normalerweise keine Möglichkeit, ihr Leben in die Hand zu nehmen; ihre Existenz ist abhängig vom Handeln der Erwachsenen. Allzuoft mißbrauchen die Älteren dieses Ausgeliefertsein, indem sie sich und damit auch ihre Kinder den Entscheidungen anderer Personen überlassen, die sich als Politiker, Wissenschaftler, Militärs und Manager zu Autoritäten aufgeworfen haben. Hinterher, wenn sich die Worte der Autoritäten als irreführend und ihr Handeln sich in seinen Folgen verhängnisvoll erwiesen haben, ist das Klagen groß. So habe ich es schon zweimal erlebt, einmal nur ahnend, aber betroffen als Kind, das zweite Mal wissend, aber noch betroffener als Mutter von vier Kindern. Allerdings wandte sich das große Jammern nach dem Scheitern der Erwartungen nur bei wenigen gegen die eigentlichen Urheber, die früher angehimmelten Autoritäten; allzu viele suchten noch immer nach anderen Sündenböcken.

Das nachträgliche Klagen über das Leiden von unschuldig in Kriegswirren verstrickten Kindern ändert jedoch nichts am Fortbestehen des Elends, es hilft vor allem nicht, die Vorbereitung neuer Kriege zu verhindern. Nur jetzt – noch vor einem drohenden nächsten Krieg – stehen den Erwachsenen Wege offen, im eigenen Interesse und dem der Kinder zu *handeln*.

Zu Dank verpflichtet bin ich für kritische Lektüre des Manuskriptes, fachliche Ergänzung, beratende Gespräche und Literaturhinweise meinem Sohn Angelus H. Johansen (auch für die Karten- und Tabellenerarbeitung), Luise G. Meyer und Hedwig Rosen, deren Unterstützung mir immer wieder half, wenn meine Geduld durch die spröde Thematik sich zu erschöpfen drohte. Das Manuskript wurde Ende 1984 nach dreijähriger Arbeit im wesentlichen abgeschlossen, wobei ich mich bemüht habe, wichtige Entwicklungen nach diesem Zeitpunkt noch zu berücksichtigen. Doch leider hat sich an der geschilderten Lage der Dinge nichts Grundsätzliches geändert. Während dieser Stunde – da ich schreibe – und in jeder weiteren sterben gegen 2 000 Kinder vor Hunger, im Elend, am Krieg.

Berlin, im Frühjahr 1986   *Erna Maria Johansen*

1. Vom Wandel der Kriegsvorwände

Nur das Gold hat Verderben gebracht, es gab keine Kriege,
Als beim bescheidenen Mahl stand noch ein Becher von Holz.

»Das Leben ist bunt. Du willst mich töten. Weshalb?« schrieb ein 16jähriges Mädchen im Juli 1941, als deutsche und rumänische Truppen nach dem Angriff auf die Sowjetunion in ihre Heimatstadt Czernowitz einzogen und Hunderte von Einwohnern sofort erschossen.[1] Die Frage nach dem Grund, warum so etwas geschieht, ist uralt, nur die Herrschenden sind seit Jahrtausenden nie um eine Antwort verlegen gewesen, wenn es darum ging, Krieg zu führen. Daß ihr Krieg das Elend und den Tod nicht nur fremder, sondern auch der eigenen Kinder bedeuten könnte, wurde billigend in Kauf genommen; wichtiger war ihnen das Ziel der Sicherung und Ausbreitung ihrer Macht. Als junger Mensch war man dem in besonderem Maße ausgeliefert.

Kinder wachsen im Schoße, doch nicht immer im Schutze einer Gesellschaft auf; in allen ›großen Zeiten‹ kriegerischer Begeisterung gehörten sie wieder und wieder zu den bevorzugten Opfern, haben sie doch weder die Kräfte noch das Wissen der Erwachsenen, um sich in Sicherheit zu bringen. So wurden in den Kriegen seit jeher, seit den Tagen des ›Helden‹ Gilgamesch von Uruk oder des ›männermordenden‹ Achill nicht allein kämpfende Männer getötet. Die Soldaten, die Krieger, die ›Helden‹, sie rollten und stampften Jahrtausende hindurch auch über Menschen hinweg, die nicht am Kampfgeschehen beteiligt waren und dennoch umgebracht, oftmals auch kaltblütig ermordet wurden. Und immer waren Kinder jeden Alters darunter, mit ihren Eltern, ihren Müttern oder allein. Heute noch werden Millionen von Kindern in inneren und äußeren Kriegswirren mitgeschleift, auf Fluchtwege getrieben, bedroht und erschlagen. Korrespondenten der Tagespresse berichten darüber häufig nur beiläufig: ›auch Kinder‹ oder ›Frauen und Kinder‹ oder einfach ›Zivilbevölkerung‹; der Tatbestand wird verschleiert.

Immer sind die Kinder die am stärksten Betroffenen; unschuldig am Beginn eines Krieges, werden sie Angst, Schrecken, Lebensnot und Gefahren ausgesetzt. Wo Kriege Jahrzehnte hindurch andauerten – wie im Deutschland des Dreißigjährigen Krieges oder in diesem Jahrhundert in Vietnam –, da konnten Kinder kaum erfahren, wie es ist, in Frieden zu leben.

4 Michael Wohlgemuth (1491): Bethlehemitischer Kindermord

Tod und Verderben hatten von ihrem Dasein Besitz ergriffen. Bei weitem nicht alle Kinder verloren ihr Zuhause, ihre Beheimatung; aber denen, über die der Krieg unmittelbar hereinbrach, raubte er oft alles, was sie an Wärme und selbstverständlichem Miteinandersein, an vertrauter Nachbarschaft und an Orientierung in ihrem Lebensumfeld gewonnen hatten, ja Gesundheit und das Leben selbst.[2]

Nachhaltig hat sich der Massenmord, der vor 2000 Jahren in der Stadt Bethlehem an den allerkleinsten jüdischen Kindern verübt wurde, im Gedächtnis der mit christlichem Anspruch erzogenen Völker eingeprägt. Nach dem Evangelium Matthäus war es Herodes, der in Jerusalem herrschende König aus Judäa, der den Befehl zum Kindermord gegeben hatte. Er hatte Angst, seine Macht zu verlieren, denn als die Weisen aus dem Morgenland fragten:

»Wo ist der neugeborene König der Juden? ... erschrak er und mit ihm das ganze Jerusalem... und erforschte... wo Christus geboren werden sollte... Da berief Herodes die Weisen heimlich und erlernte mit Fleiß von ihnen, wann der Stern erschienen wäre. Und wies sie gen Bethlehem und sprach: Ziehet hin unf forschet fleißig nach dem Kindlein, und wenn ihr es findet, sagt mir es wieder... Da Herodes nun sah, daß er von den Weisen betrogen war [sie hatten ihm nichts gesagt], wurde er sehr zornig und schickte aus und ließ alle Kinder zu Bethlehem und an seinen ganzen Grenzen töten, die da zweijährig waren und darunter, gemäß der Zeit, die er mit Fleiß erlernt hatte.«[3]

Selbst wenn diese Geschichte nur eine christliche Legende sein sollte, gibt sie ein zutreffendes Bild von Kindermassakern in alter und neuer Zeit: Es war ein politischer Mord, angeordnet von höchster staatlicher Autorität; der König und sein Anhang fürchteten um ihre Macht, da war ihnen alles recht. Die beauftragten Häscher und Soldaten führten den ihnen erteilten schaurigen Befehl aus, rissen den Müttern und Ammen ihre Kinder fort und ermordeten sie. Die immer gehorsamen Diener des Staates hatten keine Bedenken, obwohl für sie – wie auch heute für alle Anhänger christlicher Religionen – das strikte Gebot galt: »Du sollst nicht töten!« Offenbar fiel es erwachsenen Männern schon damals sehr leicht, sich über die Gebote ethischer Normen ihrer eigenen Religion hinwegzusetzen, wenn das ihrem beruflichen Fortkommen nützlich war. Das verbrecherische Geschehen ist im christlichen Mittelalter und in der Frühen Neuzeit wieder und wieder als abschreckendes Beispiel bildhaft dargestellt worden.

Krieg und Religion

Die allzu nackte politische Motivation reichte für größere Aktionen jedoch nicht aus: Es mußte ein besonderer Auftrag, eine göttliche Weihe hinzukommen. Die Ausbreitung des Christentums diente sehr bald dazu, größere Mengen von Gläubigen für den religiös motivierten Krieg zu begeistern. Mit dem Schlachtruf: »Gott will es!« brachen Hunderttausende von Menschen zur Befreiung des Heiligen Grabes in Jerusalem auf. Nicht nur der Ablaß von Sünden und das Versprechen auf ein ewiges Leben dienten als Anreiz dazu, sondern ebenso die Hoffnung auf Landerwerb und Beute.[4]

Während der Kreuzzüge zeigten ideologisch eingestimmte Ritter und Knechte keine Bedenken, unbewaffnete Gefangene, Greise, Frauen, ja sogar Kleinkinder im Blutrausch des Sieges abzuschlachten. Übereinstimmend erwähnten zum Beispiel christliche und islamische Berichte das Blutbad, das nach der Eroberung Jerusalems durch Kreuzfahrer im Jahre 1099 angerichtet wurde:

»Nach dem fürchterlichen und blutigen Hinmorden der Sarazenen [= Anhänger des Islams], deren dort 10 000 erschlagen wurden, kehrten die Christen siegreich vom Palast nach der Stadt zurück und machten nun viele Scharen von Heiden, die in ihrer Todesangst versprengt durch die Gassen irrten, mit dem Schwert nieder. Weiber, die in die befestigten Häuser und Paläste geflohen waren, durchbohrten sie mit dem Stahl; Kinder, noch saugend, rissen sie an den Füßen von der Mutterbrust oder aus ihren Wiegen und warfen sie gegen die Wand und auf die Türschwellen und brachen ihnen das Genick; andere machten sie mit den Waffen nieder, wieder andere warfen sie mit Steinen tot. Kein Alter und kein Geschlecht der Heiden ward verschont. Wer zuerst in ein Haus oder in einen Palast eindrang, behielt diesen in eigenem Besitz mit allem Gerät, mit Getreide, Gerste, Wein und Öl, Geld und Kleidern und allem andern Besitztum. Und so wurden die Pilger Herrn und Besitzer der ganzen Stadt.«[5]

Muselmanen und Juden wurden die Opfer der katholischen Kreuzfahrer, aber mit gleicher Vehemenz, auch wenn sie nicht auf einem Kreuzzug waren, wandten sich die christlichen Streiter gegen Glaubensgenossen. So berichtete der Erzbischof von Thessaloniki in Nordgriechenland im Jahre 1185 von der Eroberung der Stadt durch die Normannen und beklagte voller Kummer den Tod so vieler kleiner Kinder:

»Als das Unheil näher herankam, waren die Mütter zum großen Unglück schneller. Denn als sie sich umwandten, sahen sie ihre geliebten Kinder, die mit ihnen um die Wette liefen, nicht mehr, da sie einer Art Herodesbefehl zum Opfer gefallen waren, oder sie [die Mütter] fielen selbst von der Hand der Feinde, die sie eingeholt hatten und nun ihrem Haß freien Lauf ließen, weil ihnen die Frauen nicht zu Willen waren, sondern nur über den letzten Gang ihrer Kinder weinten. Auch Väter flüchteten und ließen neugeborene Kinder ohne Mutter zurück. Die Kleinen jammerten um Hilfe; die Väter aber liefen fort, ohne sich umzukehren, und die Stimme der Natur verhallte umsonst.«[6]

Es läßt sich durchaus nicht sagen, daß die Kriege zwischen den katholischen Staaten vor der Reformation – etwa der Hundertjährige Krieg (1337–1453) zwischen England und Frankreich – unblutiger verlaufen wären.[7] Und als seit dem 16. Jahrhundert innerhalb des nördlichen und westlichen Europas ein neuer Gegensatz zwischen Protestanten, Anglikanern und Katholiken auftrat, diente dieser den kämpfenden Parteien zur Rechtfertigung grausamster Aktionen. Bereits zur Zeit des deutschen Bauernkrieges von 1525, der gegen die Ausdehnung der Herrschaft der Landesherren geführt wurde und bei dem man sich Unterstützung von reformatorischer Seite erhoffte, war diese Aufspaltung des Christentums ein Motiv, um gegen die Bauern vorzugehen. Aus der Gegend des elsässischen Weißenburg wandten sich diese mit der Bitte um Schutz an den Stadtrat; die Truppen des Herzogs von Lothringen – sie verstanden sich als Hüter des alten Glaubens – hatten gerade im benachbarten Zabern unter Vertragsbruch ein furchtbares Blutbad angerichtet, und hilfeflehend schrieben die Bauern:

»Auch möget Ihr, gestrenge Hochverständige, den großen, tödlichen, gemeinen Mord, den der unchristliche Tyrann mit den Weibern und kleinen Kindern treibt, Euch zu Herzen gehen lassen und um Gottes willen an uns arme Unverständige denken und unser einfältiges Schreiben nicht in Bösem annehmen wollen, sondern uns helfen, den heiligen christlichen Glauben aufzurichten und demselben Beistand zu leisten. Denn wenn das nicht geschähe, so daß der Tyrann überhand gewinnt, ist zu befürchten, daß der ganze Rheinstrom dadurch verloren und verdorben wird. Und den Weibern, die im Kindbett liegen, hauen sie die Köpfe ab, und die kleinen Kinder erstechen sie und hängen sie an die Schwerter und zeigen sie, wie es König Herodes tat.«[8]

Die bislang wiedergegebenen Berichte gehen zwar auf das Sterben von Kindern ein, sind aber aus der Sicht von Erwachsenen mitgeteilt. Sofern überhaupt von Kindern berichtet wurde, ist dies in älterer Literatur die einzige Form der Erwähnung. Erst in dem Maße, wie sich autobiographische Darstellungen häufen, Lebensbeschreibungen angefertigt wurden, erzählen Erwachsene auch von ihrer Kindheit.

Johann Jakob Christoffel von Grimmelshausen hat in seinem 1668 erschienenen Roman »Der abentheurliche Simplicissimus« die Zeitläufte des Dreißigjährigen Krieges, des großen Religions- und Staatenkonfliktes, beschrieben. Fraglos auch aus eigenem Erleben schildert er, was ein Kind damals an Greueln erleben und beobachten konnte, was für Untaten von kaiserlichen Söldnern an unbewaffneten bäuerlichen Menschen verübt wurden:

»Unsere Magd ward im Stall dermaßen traktiert, daß sie nicht mehr darausgehen konnte... Den Knecht legten sie gebunden auf die Erde, steckten ihm ein Sperrholz ins Maul und schütteten ihm einen Melkkübel voll garstig Mistlachenwasser in den Leib – das nannten sie einen ›Schwedischen Trunk‹ –, wodurch sie ihn zwangen, eine Partei anderwärts zu führen, wo sie Menschen und Vieh hinwegnahmen und in unseren Hof brachten... Da fing man erst an so zu foltern, als wenn man hätte Hexen brennen wollen, maßen [= indem] sie auch einen von den gefangenen Bauern bereits in den Backofen steckten und mit Feuer hinter ihm her waren, unangesehen [= wenngleich] er noch nichts bekannt hatte...«[9]

Der scheinbar ›Glücklichste‹ unter den Gefolterten schien dem einfältigen Kinde, dem Simpel, der eigene Vater zu sein; er sagte nämlich lachend aus: Die Soldaten

»rieben seine Fußsohlen mit angefeuchtetem Salz, welches ihm unsere alte Geiß wieder ablecken und dadurch also kitzeln mußte, daß er vor Lachen hätte zerbersten mögen; das kam so ansteckend, daß ich Gesellschaft halber, oder weil ich es nicht besser verstand, von Herzen mitlachen mußte... Von den gefangenen Weibern [= Ehefrauen], Mägden und Töchtern weiß ich sonderlich nichts zu sagen, weil mich die Krieger nicht zusehen ließen, wie sie mit ihnen umgingen. Das weiß ich noch wohl, daß man teils hin und wieder in den Winkeln erbärmlich schreien hörte: schätze wohl, es sei meiner Meuder [= Mutter] und unserem Ursele nit besser gangen als den andern.«[10]

Ereignisse, wie die hier beschriebenen, wiederholten sich in den meisten Gegenden Deutschlands viele tausend Male: Erbarmungslos wurden Bauern und Bäuerinnen, Knechte und Handwerker gefoltert, um auch die Verstecke der letzten Wertsachen herauszubringen, in viehischer Weise vergewaltigten die ›siegreichen Helden‹ Mägde und Bürgerinnen, Ehefrauen und Mädchen. Die Zerstörungen raubten den Überlebenden weitgehend die letzte Lebensmöglichkeit, so daß sie Hunger und Seuchen zum Opfer fielen. In Gelnhausen z. B., der Heimatstadt Grimmelshausens, sank die Einwohnerzahl von 1400 vor dem Krieg auf 200; ganze Landschaften verödeten. Die Jahrzehnte von 1618 bis 1648 brachten für das deutsche Volk einen Bevölkerungsverlust ohne gleichen.[11]

Der kleine Simpel war wohl in grobianischen Lebensformen aufgewachsen, doch das hohnlachende Böse, mit dem die kaiserlichen Reiter in sein friedliches Dasein einbrachen, war ihm so fremd, daß er es in sein Denken und Fühlen und sein umgrenztes Bild von der Welt gar nicht einbringen konnte: Er konnte sich weder Erscheinung noch Ursache und Wirkung der Greueltaten, die er beobachten mußte, erklären.

Merkwürdigerweise hatte in dieser Zeit voller unsäglicher Grausamkeiten, in denen die Menschen vom Krieg umhergetrieben wurden, die Felder in immer anderen Landstrichen veröten und die Häuser verfielen, ein bedeutender Pädagoge sich der Überwindung gerade dieser völligen Unwissenheit gewidmet. Der tschechische Schulmeister und spätere Bischof der Mährischen Brüder, Jan Amos Komensky (lateinisch: Comenius), schrieb 1638:

> »So wird nun in unserer Didaktik bewiesen... daß die Hauptursache aller Unordnung im menschlichen Geschlecht die Unachtsamkeit in der Erziehung der Kinder ist und daß keine Besserung im Haus-, Kirchen- und Polizeistand ohne Verbesserung des Kinderaufziehens jemals zu erhoffen ist.«[12]

Mitten in einer Zeit grausamen Mordens und Zerstörens, nach der Vertreibung durch die Habsburger im Exil lebend, beschwor dieser große Menschenfreund die Vision von der Bildung eines neuen Menschengeschlechtes herauf. Mit der allmählichen Heranführung der Kleinkinder an alle Wissensgebiete bereits während der ersten sechs Lebensjahre, in der Schule der Mutter, sollte die Ausbildung beginnen. Komensky hatte erfühlt und verstanden, welchen Beistand ein Menschenkind braucht, um sich Schritt für Schritt herauszuformen:

> »Ein kindt ist ein thewres kleinod, ja über alles goldt hoch zu achten: aber ungewisser alß je ein glaß, welches leicht zerbrochen oder verletzet werden kan, daß darauff ein unverwindtlicher schaden erfolget.«[13]

Aber die Hoffnungen des Komensky erfüllten sich trotz seiner lebenslangen Bemühungen nicht; die neuaufgebauten Exilgemeinden der Mährischen Brüder in Lissa zu Polen wurden im weiteren Verlauf des Krieges drangsaliert, und im Westfälischen Frieden blieben sie Heimatvertriebene – soweit sie nicht ihrem Glauben abschworen. So wurde auch den Kindern dieser Gemeinschaft, die an das Gute im Menschen glaubte und auf eine bessere Zukunft hoffte, kein Boden bereitet, in dem sie hätten gedeihen können.

Krieg und Nation

Haben uns nun die neuzeitlichen Jahrhunderte mit ihren großen Revolutionen einer befriedeten Zukunft, in der Kinder menschenwürdig und vernünftig aufwachsen können, nähergebracht? Wurde nicht in der ›Glorreichen Revolution‹ von 1688 in England die Unversehrbarkeit des Körpers, der Schutz vor willkürlichen Übergriffen des Staates verkündet? Haben die Kolonisten des amerikanischen Unabhängigkeitskrieges von 1775–1783 nicht die Allgemeinen Menschenrechte begründet? Verkündete die Französische Revolution von 1789 nicht für alle Freiheit, Gleichheit und Brüderlichkeit? Wollte die Russische Oktoberrevolution von 1917 nicht alle Macht dem in den Räten der Arbeiter und Bauern organisierten Volke bringen und die soziale Ungerechtigkeit aus der Welt schaffen?

Keine dieser Revolutionen hat weltweit ihre Ziele durchsetzen können, doch etwas wurde wesentlich verbessert: Der gewaltige Fortschritt an Wissen und Warenproduktion führte in einigen Regionen der Welt seit dem 17. Jahrhundert für die gesamte Bevölkerung zu einer drastischen Verbesserung ihres Lebensstandards. Aber selbst in diesen bevorzugten Regionen, die heute von Europa über Nordamerika bis ins nördliche Ostasien reichen, ist keine Verständigung zwischen den Staaten erreicht worden. Kriege wurden von ihnen zwar nicht mehr unter dem Deckmantel der Religion geführt – Einwohner auch nicht mehr wegen ihres Glaubens vertrieben, wie noch 1720 die Salzburger Protestanten von ihrem katholischen Landesherrn –, aber nun hatte man einen neuen Vorwand gefunden: den der Nation.

Zuerst war der Nationalismus mehr eine Sache der oberen Schichten, die diesen weiten Begriff über die regionalen Unterschiede der Gebräuche und Mundarten hinweg mit Leben erfüllten. Nach der Französischen Revolution, als Napoleons Heere Österreich und Preußen besiegt sowie Teile des 1806 erloschenen Deutschen Reiches besetzt hatten, erfaßte er auch in den deutschen Staaten breitere Schichten; Freiwillige drängten sich 1813 danach, in die Armee einzutreten, um gegen die französische Herrschaft zu kämpfen. Das Aufwallen nationalen Gefühls war so stark, daß sogar ein 14jähriges adliges Mädchen, geprägt von der sie umgebenden Erwachsenenwelt, in ihr Tagebuch schrieb:

»Der Landsturm wird jetzt gebildet und zusammengerufen. Er ist vom fünfzehnten bis zum sechzigsten Jahre gültig. August, Herr Schwarz, Schulz, Meyer mußten sich heut stellen. August ist ganz selig; er hat sich einen herrlichen Säbel für 18 Taler gekauft und bekommt noch eine Pike... Mein ganzes Innere durchglüht der Wunsch, daß die Gelegenheit sich darbieten möchte, wo ich mitwirken könnte entweder durch List oder durch Mut... Auch bin ich überhaupt der Meinung, daß kein Franzose in der Stadt geduldet werden müßte und daß kein Pardon gegeben werden sollte. Diese Maßregeln sind grausam, fürchterlich, allein sie sind nötig, ein Volk zu vernichten und zur Ruhe zu bringen, welches das Unglück nicht nur in Deutschland, nein, fast in ganz Europa verbreitet hat...«[14]

Die älteren Staaten waren meistens Reiche, in denen mehrere Völker mit verschiedenen Sprachen zusammenlebten. Jeweils eine dieser Sprachen, die vornehmlich von der führenden Schicht verwandt wurde, drängte allmählich die übrigen zurück, so z. B. in England, Frankreich und Spanien sowie im östlichen Deutschland. Im Laufe des 19. Jahrhunderts wurde dann immer stärker die Politik verfolgt, die kleineren Sprachgruppen auszuschalten und bei der Durchsetzung der Schulpflicht immer ausschließlicher die Sprache der Mehrheit zuzulassen, wie etwa in den deutschen Staaten Preußen und Österreich oder im zaristischen Rußland. Die Unterdrückten erhoben sich dagegen in Aufständen und Unabhängigkeitsbewegungen, besonders in Polen, Ungarn und auf dem Balkan (hier die Serben und Griechen gegen die Türkenherrschaft), und gleichzeitig ließen sich Stimmen zur Vereinigung aller Angehörigen desselben Sprachvolkes in einem unabhängigen Staat hören. Daher befürchtete der alt-österreichische Dichter Franz Grillparzer, als während der 1848er Revolution diese nationalen Forderungen das Gefüge des österreichischen Kaiserreiches erschütterten:

»Der Weg der neuern Bildung geht
Von Humanität
Durch Nationalität
Zur Bestialität.«[15]

Die Zukunft sollte zeigen, wie zutreffend diese Befürchtungen waren. Schon eine Generation später war das nationale Gefühl im deutschen Bürgertum so weit verbreitet und selbstverständlich geworden, daß der noch nicht 13jährige Oberschüler Hermann Sudermann im ostpreußischen Elbing 1870 die Nachricht vom Kriegsbeginn mit Frankreich folgendermaßen erlebte:

»›Der Napoleon hat Preußen den Krieg erklärt!‹ – ›Hurra!‹, schrien wir, und keinen gab es unter uns, der nicht in demselben Augenblicke zu sich gesagt hatte: ›Ach, wärst du nur drei Jahre älter!‹ ... Als Choral sangen wir ›Lobe den Herrn‹, und dann, als der letzte Ton verhallt war, sprach der Direx selber das Morgengebet. Von Preußens Kraft sprach er und Preußens Pflichtbewußtsein, und daß jetzt alle deutschen Stämme um Preußen sich scharen würden wie die Küchlein um ihre Mutter. ›Jetzt wird es sich zeigen‹, rief er, ›daß die Sehnsucht unseres Lebens kein Wahngebilde war und daß es noch ein Deutschland gibt, würdig seines Namens, würdig seiner Vergangenheit, würdig des Schicksals, das über ihm waltet.‹«[16]

Obwohl es sich bei dem Schulvorsteher und den Lehrern um sogenannte Gebildete handelte, ist nicht der leiseste Hinweis auf eine kritische Betrachtung des Geschehens wahrzunehmen: Der Krieg wird stilisiert zu einem ›Schicksal‹, das da ›waltet‹. Dabei gab es hier – wie immer – ganz konkrete Gruppen und einzelne Personen, die als Politiker planmäßig den Krieg herbeigeführt hatten. In diesem Falle handelte es sich um Preußens Ministerpräsidenten Otto von Bismarck. Äußerst geschickt hatte er die nationalen Stimmungen ausgenutzt: In zwei Kriegen (1864 und 1866), erst mit, dann gegen Österreich, verdrängte er dieses aus dem Deutschen Bund und beendete somit gewaltsam die seit den Anfängen der deutschen Geschichte bestehende politische Verbindung der österreichischen mit den übrigen Deutschen; damit war Preußens absolute Vormacht im übrigen Deutschland gesichert. In einem dritten Krieg gegen Frankreich (1870/71), der als nationaler Verteidigungskrieg erschien, wurden auch die süddeutschen Staaten zu einer Verbindung mit Preußen bewogen: Der ›kleindeutsche‹ Nationalstaat war geschaffen. Das deutsche Bürgertum jubilierte anläßlich der Geburtstagsfeier des neuen deutschen Kaisers:

>»Herrlich sind die Errungenschaften dieser Kriegszeit. Nicht die glühendste Phantasie eines deutschen Patrioten hätte bei der letzten Feier dieses Tages für möglich gehalten, daß in einem Jahr erreicht werden könne, was erreicht ist... Gleichzeitig mit dem Wiedergewinn der alten Reichslande ist auch das deutsche Reich ins Leben zurückgekehrt. Wir haben wieder ein deutsches Reich, einen deutschen Kaiser!«[17]

Mit ›Errungenschaften‹ sind die im Friedensschluß 1871 von Deutschland teils vollständig annektierten fünf Departements von Elsaß und Lothringen gemeint, deren Abgeordnete in der französischen Nationalversammlung Protest dagegen erhoben; das besiegte Frankreich mußte jedoch in die Abtretung einwilligen. Scharfsinnige Beobachter wie der Schweizer Jacob Burckhardt beurteilten die innen- und außenpolitischen Folgen für dieses durch ›Blut und Eisen‹ geschaffene deutsche Reich sehr einsichtig:

>»O wie wird sich die arme deutsche Nation irren wenn sie daheim das Gewehr in den Winkel stellen und den Künsten und dem Glück des Friedens obliegen will! da wird es heißen: vor Allem weiter exercirt! und nach einiger Zeit wird Niemand mehr sagen können, wozu eigentlich das Leben noch vorhanden ist. Denn nun kommt der deutsch-russische Krieg in den Mittelpunkt und dann allmälig in den Vordergrund des Bildes zu stehen...«[18]

Vor allem war vorauszusehen, daß die Abtrennung Elsaß-Lothringens gegen den Willen der Bevölkerung einen tiefen Gegensatz zwischen Frankreich und dem neuen Deutschen Reich schaffen würde. Noch während des Krieges wurde vielfach darauf hingewiesen, daß diese Annexion verhängnisvolle innen- und außenpolitische Folgen haben würde; u. a. schrieb am 9.9.1870 Karl Marx als Sekretär der Internationalen Arbeiterassoziation:

>»Sie [= deutsche Patrioten] wagen nicht zu behaupten, daß sich das Volk von Elsaß-Lothringen nach deutscher Umarmung sehne: gerade

das Gegenteil. Um seinen französischen Patriotismus zu züchtigen, wurde Straßburg, eine Festung, beherrscht von einer selbständigen Zitadelle, sechs Tage lang zwecklos und barbarisch mit ›deutschen‹ Explosivgeschossen bombardiert, in Brand gesetzt und eine große Anzahl verteidigungsloser Einwohner getötet... Die schlauen Patrioten (jedoch) verlangen Elsaß und Deutsch-Lothringen als eine ›materielle Garantie‹ gegen französische Überfälle. ...Glauben die Deutschtümler wirklich, daß Freiheit und Frieden Deutschlands gesichert sei, wenn sie Frankreich in die Arme Rußlands hineinzwingen?«[19]

Die Jubelstimmen überwogen bei weitem – trotz einiger Kritik vor allem aus Süddeutschland –, und in ihrer Begeisterung ließen sich auch viele sogenannte Gebildete zu sachlich völlig falschen Ausführungen hinreißen, z. B. indem sie von dem neuen Reich behaupteten:

»Deutsch ist alles an ihm, Haupt und Glieder, und all das herrliche Land von der Stadt Kants [= Königsberg] in der preußischen Ostmark [= Ostpreußen] bis jenseits des Rheins zum Münster von Straßburg, auf welchem endlich wieder die Fahne Deutschlands weht...«

Dabei befanden sich damals in vielen Distrikten Preußens Polen, Tschechen und Litauer in der Mehrheit, in Nordschleswig waren es Dänen, im Westen der Rheinprovinz Wallonen, in Lothringen Franzosen.[20]

Der Fortschritt der Epoche zeigte sich allerdings daran, daß der Krieg von 1870/71, verglichen mit denen, die die Europäer gleichzeitig in Übersee zum Erwerb von Kolonien führten, oder denen, die sie im 17. Jahrhundert miteinander geführt hatten, relativ ›zivilisiert‹ ablief. Die Bevölkerung wurde im allgemeinen nicht mehr wie im Dreißigjährigen Krieg ausgeplündert und beraubt, auch entließ man die Gefangenen nach Friedensschluß ohne Lösegeld; jedoch starben die meisten Soldaten nicht mehr wie früher an Krankheiten (z. B. Seuchen), sondern auf den Schlachtfeldern, und die Bevölkerung blieb bei direkten Kämpfen und Belagerungen weiterhin furchtbar betroffen, so auch in Frankreich.

Die Menschen in Paris, das vom September 1870 bis Januar 1871 eingeschlossen und schließlich durch Hunger zur Übergabe gezwungen wurde, litten schwer unter den Beschießungen. Der Mangel an Nahrungsmitteln war zuletzt so groß, daß nicht nur Pferde, sondern auch Ratten und Mäuse gegessen wurden. Die Belagerung einer Millionenstadt mit dieser Ausdauer geschah zum erstenmal in der Geschichte und sollte sich erst im Zweiten Weltkrieg im Falle Leningrads wiederholen. Bei den Kämpfen in anderen Orten wurden viele Einwohner getötet; z. B. in Bazeilles bei Sedan, von dessen rd. 430 Häusern über 390 abgebrannt wurden, wobei 150 Einwohner umkamen, 43 weitere, darunter auch Frauen, wurden nach deutschen Angaben wegen Beteiligung am Kampfe getötet oder erschossen. Das preußische Militär ging äußerst rigide vor: Eine Reihe von

Dörfern (z. B. Ablis, Sherizy, Etrepagny, Fontenoy) wurden abgebrannt, weil in der Nähe Freischärler preußische Truppen angegriffen oder auch nur militärisch wichtige Objekte zerstört hatten.[21]

Regeln zur Kriegführung

Mit der zunehmenden Technisierung und der Erfindung des Maschinenge-wehrs war abzusehen, daß sich die Kriegführung grundlegend ändern würde. Sie wurde schließlich durch internationale Verträge geregelt, in denen u. a. bestimmt wurde, wie die verletzten und gefangenen Soldaten und die Zivilbevölkerung in einem Kampfgebiet zu behandeln seien. Das Resultat mehrerer Friedenskonferenzen war schließlich die sogenannte Haager Landkriegsordnung von 1899. In ihrer zweiten, verbesserten Fassung von 1907 wurde ausdrücklich erklärt:

»Artikel 2. Die Bevölkerung eines nicht besetzten Gebietes, die beim Herannahen des Feindes aus eigenem Antriebe zu den Waffen greift, um die eindringenden Truppen zu bekämpfen, ohne Zeit gehabt zu haben, sich nach Art. 1 zu organisieren [mit verantwortlichen Kommandeuren und erkennbaren Abzeichen], wird als kriegführend betrachtet, wenn sie die Waffen offen führt und die Gesetze und Gebräuche des Krieges beobachtet...

Artikel 6. Der Staat ist befugt, die Kriegsgefangenen mit Ausnahme der Offiziere nach ihrem Dienstgrad und nach ihren Fähigkeiten als Arbeiter zu verwenden. Diese Arbeiten dürfen nicht übermäßig sein und in keiner Beziehung zu den Kriegsunternehmungen stehen... Arbeiten für den Staat werden... bezahlt. ...Der Verdienst der Kriegsgefangenen soll zur Besserung ihrer Lage verwendet und der Überschuß nach Abzug der Unterhaltskosten ihnen bei der Freilassung ausgezahlt werden...

Artikel 23. Abgesehen von den durch Sonderverträge aufgestellten Verboten ist namentlich untersagt: a) die Verwendung von Gift oder vergifteten Waffen; b) die meuchlerische Tötung oder Verwundung von Angehörigen des feindlichen Volkes oder Heeres; c) die Tötung oder Verwundung eines die Waffen streckenden oder wehrlosen Feindes, der sich auf Gnade oder Ungnade ergeben hat; d) die Erklärung, daß kein Pardon gegeben wird; ...

Artikel 25. Es ist untersagt, unverteidigte Städte, Dörfer, Wohnstätten oder Gebäude, mit welchen Mitteln es auch sei, anzugreifen oder zu beschießen...

Artikel 50. Keine Strafe in Geld oder anderer Art darf über eine ganze Bevölkerung wegen der Handlungen einzelner verhängt werden, für welche die Bevölkerung nicht als mitverantwortlich angesehen werden kann.«[22]

Die ausführliche Erwähnung dieses Abkommens erscheint deshalb wichtig, weil hier erstmals international verbindlich Schutzbestimmungen für Kämpfende, Gefangene und die Bevölkerungen der Kampfgebiete formuliert und ratifiziert wurden. Viele Artikel lassen der Interpretation zwar durch viele Wenn und Aber einen zu großen Spielraum, doch wird in anderen Paragraphen eindeutig gesagt, was verboten ist – sowohl gegenüber kämpfenden und gefangenen Soldaten als auch gegenüber den Zivilisten. Die Bestimmungen wurden im Genfer Kriegsabkommen von 1929 und in späteren Verträgen noch wesentlich ausführlicher erläutert und ergänzt. Aber schon in der Formulierung von 1907 hätten die Bestimmungen auch das Wohl der Kinder schützen müssen. Alle damaligen Welt- und Großmächte traten diesem Abkommen bei, auch Rußland, die USA und Japan, und zusätzlich zu den europäischen Staaten fast alle lateinamerikanischen; asiatische und afrikanische waren deshalb kaum vertreten, weil beide Kontinente zu Anfang des 20. Jahrhunderts fast vollständig als Kolonien oder Halbkolonien fremder, meist europäischer Herrschaft unterworfen waren.[23] Aber den Krieg überhaupt aufzugeben oder zu ächten, konnte sich die versammelte Weisheit der Diplomaten, Militär- und Gerichtssachverständigen nicht entschließen.

Die protestierenden Stimmen der Frauen, der Mütter wurden nicht vernommen. Der Krieg bleibt weiterhin ein Mittel von Politikern, Militärs und Geschäftemachern, um ihre Ziele skrupellos zu verfolgen. Für sie, die bislang selten direkt betroffen waren, handelt es sich um ein Streben nach Macht, bei dem der Einsatz das Leben anderer Menschen ist. Gewandelt hat sich lediglich die technische Ausrüstung der Beteiligten und damit auch die Planung für den Beginn des Krieges, um seine Durchführung ›gewinn- und erfolgversprechend‹ zu machen.

So wurden neue, verheerende Kriege geführt, grausamer und blutiger, als die Haager Konvention und die übrigen Abkommen erwarten ließen. Nur zum Teil war daran die Erfindung neuer oder noch ›tödlicherer‹ Waffen schuld. Allerdings brachte der Fortschritt von Wissenschaft und Technik in der kurzen Zeit vom Ersten zum Zweiten Weltkrieg eine totale Ausweitung des Kriegsgeschehens mit sich. Im Ersten Weltkrieg blieben die Menschen im Binnenland noch von dem kriegerischen Morden verschont – jedenfalls dort, wo der Krieg nicht direkt im Lande wütete –, der Schrecken breitete sich vielmehr auf den Schlachtfeldern aus, jedoch im Zweiten Weltkrieg richtete sich die Kriegführung durch Luftangriffe gezielt auch gegen die Wohnbevölkerung betroffener Länder.

Früher zeigte der Krieg jedem eine andere Maske: den Politikern, die ihn heraufbeschworen, provozierten und führen ließen, den Menschen, die ihn als Bevölkerung erduldeten, und den Kämpfenden, die ihn auf dem Schlachtfeld austragen mußten. Diese Dreiteilung ist heute ungültig geworden. Der Dämon trägt sein letztes, wahres Gesicht. Die Atombombenabwürfe auf japanische Städte verkündeten eine Todesdrohung für die ganze Menschheit: »Niemals zuvor... stand die Welt wie heute vor der realen Gefahr der Selbstauslöschung.«[24] Diese tödliche Möglichkeit ist als Zukunft in unserer Gegenwart angesiedelt, in sie hineingesenkt wie die radioaktiven Abfälle in die Bergwerke und das Meer.

Die Ideologien hatten einen wesentlichen Anteil an der Verrohung der Kriegführung. Ein bis zum Rassenwahn hochgezüchteter Nationalismus, wie er sich im Dritten Reich zeigte, endete in einer hemmungslosen Überschätzung des eigenen Volkes, so daß sich die deutsche Regierung anmaßte, das Leben ganzer Völker für ›unwert‹ zu erklären. Erst 44 Jahre ist es her, seit in Deutschland die ›Endlösung‹ zur Ermordung aller europäischen Juden formell beschlossen und mehrere Millionen Kinder von ›nicht-arischen‹ Völkerschaften planmäßig vernichtet wurden: durch Gift und Gas, durch Erschießen und Verbrennen, durch Hunger und Krankheit, durch Arbeitsfron und Entwürdigung in totaler Menschenverachtung; zu solchen systematischen Verbrechen ist es in keinem anderen kriegführenden Land gekommen. Es wurde alles dazu getan, um zu verhindern, den eigenen Soldaten den Inhalt der Haager Konvention genauer bekannt werden zu lassen; das Oberkommando der Wehrmacht wußte nur dann darüber Bescheid, wenn es um den Westen Europas ging; für Polen, Jugoslawien und besonders die Sowjetunion wurden Befehle ausgearbeitet, die darauf hinausliefen, bestimmte Gruppen von Gefangenen zu erschießen.[25]

Sofern es für die Kriegführung von Belang ist, kümmern sich auch andere Länder wenig um die Einhaltung von Konventionen; in den zahlreichen kleinen Kriegen seit 1945 werden Kriegsgefangene mißhandelt und auch Nichtkämpfende drangsaliert und umgebracht. Was den Kindern dabei geschieht, davon erfahren wir wenig in der offiziellen Berichterstattung.

Was unverhüllt über Unmenschlichkeit gegenüber Kindern bekannt wird, ist aus Untersuchungen von Organisationen wie Amnesty International und Pogrom-Gesellschaft für bedrohte Völker sowie UN-Berichten zu entnehmen oder durch Einzelaktionen privater sowie konfessionaler Träger zu erfahren. Sie berichten über das Kindersterben in Kriegs- und Fluchtbewegungen sowie in Flüchtlingslagern, von Kindermorden und Massenmassakern, Verhaftungen und Folterungen, Todesurteilen und Hinrichtungen junger Menschen, von Elternverschleppung und Verwaisung oder Entführung von Kindern, die ihre Namen und jede Verbindung zu ihrer Herkunftsfamilie verlieren.

So berichtet ein Mitglied von Terre des hommes, einer Organisation, die sich verzweifelt bemüht, Kinder aus den Kriegs- und Elendsgebieten der Welt zu retten, im Januar 1968 aus Vietnam:

»Van Tu, ein kleines, siebenjähriges Mädchen, zwei verbrannte Beine. ›Das Flugzeug hat das Haus in Brand gesetzt, das Kind hat mit dem Haus gebrannt, seine kleine Schwester neben ihm im Spital hat zwei verbrannte Beine und ein verbranntes Gesicht.‹ Nguyen Van Minh, sechzehnjährig. ›Schwer unterernährt. Wenn Sie ihn nicht aufnehmen wird er sterben. Die Eltern sind verschwunden und wissen nicht, wo er ist . . .‹ Er ist an beiden Beinen amputiert (Maschinengewehrfeuer vom Flugzeug oder vom Helikopter aus), in sehr schlechtem Zustand, will aber weggehen. An seinem Unterleib überall Fisteln und Sonden. Ein anderes Kind, Kupfersplitter im Kopf.«[26]

Das sind keine Einzelfälle, sondern nur drei Schicksale von mindestens hunderttausend Kindern allein im ehemaligen Süd-Vietnam, die für ihr Leben gekennzeichnet sind; fast eine Million Kinder wurden zu Waisen gemacht. Entgegen den kriegsrechtlichen Abkommen, die die Verwendung von Gift verbieten, wurden auch modernste chemische Kampfmittel von US-Truppen in Vietnam eingesetzt:

»Weite Flächen oder Landschaften, die ›entlaubt‹ sind. Sandfarben oder grabsteinfarben, mit zerstörten Reisfeldern. Außerdem von Zeit zu Zeit ein Baum, ein Haus mit einem Gärtchen ohne Kinder. Doch hier und da, zwischen zwei toten Reisfeldern ein Bauer, eine Bäuerin auf der Suche nach dem verlorenen Reis. Entlaubung, ein Gürtel von weißlichem Nichts. Kein Leben und kein Lebender können mehr dort leben. Noch nicht zufrieden damit, dort seinesgleichen zu töten oder ihn durch die schlimmsten Waffen unter schlimmsten Schmerzen sich auflösen zu lassen, rottet der Mensch die Natur aus, die ihn hervorgebracht hat . . . Entlaubung und das übrige. Ein amerikanischer Offizier, wirtschaftswissenschaftlich und diplomatisch ausgebildet: ›Wir wissen, daß es in den Bergen nur Vietcongs gibt. Also spielt es keine Rolle.‹ Er ›weiß‹. Und versichert: ›Die Entlaubung wirkt nur während sechs Monaten. Dann wächst alles nach.‹ Er wird vergessen, an Ort und Stelle zu bleiben, um dem Wiedernachwachsen beizuwohnen, von dem ich auf so vielen hundert Kilometern, vom Flugzeug oder Helikopter aus, keine einzige Spur gesehen habe. Alles, was brennt, stirbt oder leidet, ›ist Vietcong‹. Einfach.«[27]

Diese Einstellung erklärt die mörderischen Verwüstungen des Landes, an denen das Land noch heute leidet. Selbst offiziell konnte nicht mehr bestritten werden, nachdem Blutbäder wie das von My Lai bekanntgeworden waren, daß Truppen der USA in Vietnam gegenüber Zivilisten und Gefangenen Kriegsverbrechen begangen hatten. So berichteten in diesem Zusammenhang amerikanische Vietnamveteranen:

5 My Lai, 16. März 1968: Einige von über 300 ermordeten Kindern, Frauen und Männern

»Wir wurden nie über die Genfer Konvention unterrichtet. Als wir unsere Karten mit der Genfer Konvention erhielten, bestand die ganze
Erläuterung darin, daß wir bei Gefangennahme nur Namen, Dienstgrad, Nummer und Geburtsdatum angeben müßten. So nach dem
Motto: hier habt ihr die Genfer Konvention, und jetzt schnappt sie
euch! Man hat uns nie gesagt, wie wir mit Gefangenen umgehen sollten, wenn wir selbst welche machen. ... Die Toten wurden generell als
Vietcong eingestuft. Man bringt einen um, und jemand fragt: ›Woher
weißt du, daß das ein Vietcong war?‹ Die übliche Antwort darauf ist:
›Weil er tot ist.‹ Und das genügte.«[28]

Viele Gefangene wurden einfach erschossen, wenn sie nicht vorher noch
bestialisch gefoltert wurden; Zivilisten gehörten mit zu den Opfern. Zahlreiche Soldaten der US-Armee sind sich erst im nachhinein darüber klar
geworden, daß sie ganz schlicht an Morden, begangen an Frauen, Kindern
und Männern, beteiligt gewesen waren. Zurückgekehrt begannen einige
zu fragen, wie das möglich gewesen sei.

2. Soldaten werden nicht geboren

Gebt nicht nach, wie wir getan haben,
Folgt den Verlockungen nicht, denkt nach, verweigert,
Verweigert, lehnt ab.
Denkt nach, eh ihr Ja sagt.

Nichts beschäftigt viele Menschen heute so sehr wie die Frage nach dem Frieden: Das Wort ist in aller Munde – ein Zeichen dafür, daß der Krieg nahe ist. Durch beschwörende Formeln versucht man, den bestehenden Zustand, der zwar nicht unbedingt Friede, aber noch nicht Krieg ist, zu bewahren. Die Regierenden aller Staaten, besonders die der Großmächte überbieten sich gegenseitig in Friedensbeteuerungen, aber auch darin, noch mehr für den Krieg zu rüsten. Dieser Vorgang hat sich in der Geschichte schon unzählige Male wiederholt, jedesmal mit dem gleichen Ausgang: Die Kriege, auf die man sich vorbereitet hatte, fanden statt. Sie wurden ausgeführt von Menschen, die ihre Familien verließen, um gegen einen Feind zu kämpfen, den sie nie gesehen hatten. Und man sucht vergeblich nach einem Volk, das dem Aufruf zum Krieg nicht Folge leistete. Was steckt hinter diesem Verhalten, daß die Menschen – scheinbar willig – in den Krieg zogen, töteten oder getötet wurden?

Von der Ausweitung der Kriege

Die Vorstellungen davon, was das überhaupt ist – Krieg, sind sehr verschieden. Es gibt zahlreiche Begriffsbestimmungen von ›Krieg‹, manche so vage, daß Ameisenzüge und Pavianstreitereien darunter einbezogen werden, aber von Beobachtungen an Tieren sollte nicht auf Menschen geschlossen werden: Menschen sind weder Graugänse, Lippfische noch Ratten. Auch Definitionen, in denen Gewalttätigkeiten einzelner Personen als Krieg bezeichnet werden, tragen nicht zur Klarheit bei. Zwischen dem brutalen Prügeln von Frau und Kindern durch einen Ehemann oder einer Wirtshausrauferei einerseits und einem Krieg andererseits besteht schließlich ein so fundamentaler Unterschied, daß man schon ein ziemlicher ›Fachidiot‹ sein muß, um das nicht zu sehen.[1]
Nicht jeder gewaltsame Zusammenstoß, nicht einmal jeder Kampf zweier bewaffneter Banden ist ein Krieg. Ganz sicher war der Kampf aller gegen alle auch niemals etwas wirklich in der Menschheitsgeschichte Vorgekom-

menes; die Menschheit hätte sonst schwerlich überlebt.[2] Viele sogenannte Naturvölker, wie z. B. Eskimos oder Buschmänner, kennen nicht einmal ein Wort für ›Krieg‹ – was nicht ausschließt, daß sie einander töten –; andere, zahlenmäßig größere Stammesverbände, die mehrere tausend Köpfe zählten, etwa nordamerikanische Prärie-Indianer, kämpften zwar regelmäßig mit anderen Stämmen, aber es gingen jährlich selten mehr als eine Handvoll Menschen im Kampf zugrunde. Es gab keine allgemeine Verpflichtung für die Stammeskrieger, an einem Kampfe teilzunehmen – die Beteiligung war freiwillig. Ihre Kriegsführung zielte nicht darauf ab, den Feind zu vernichten bzw. seine Gebiete zu erobern, und so brauchten auch keine Heere aufgestellt und militärische Planungsstäbe errichtet werden: »Kriege waren vielmehr guerillaartige Einzelaktionen kleiner Gruppen, Pferderaub bei feindlichen Stämmen oder Skalpjagd.«[3]

Man wird also selbst diese Kämpfe doch grundsätzlich anders einordnen müssen als die Kriege antiker Stadtstaaten, in denen grundsätzlich alle Bürger kriegsdienstverpflichtet waren und in denen daher allein in einer einzigen Schlacht Hunderte, ja Tausende getötet wurden.[4] Heerzüge dieser Größenordnung gab es nicht unter jagenden und sammelnden Naturvölkern, sondern allein in ackerbautreibenden Gesellschaften. Sie waren zahlenmäßig sehr viel volkreicher als die der Jäger oder Nomaden, weil die Frauen grundsätzlich mehr Kinder zur Welt brachten. Hier wurden nicht nur stark ausgeprägte soziale Rangordnungen und größere Stadtsiedlungen entwickelt, sondern auch die Gewohnheit des Kriegführens nahm zu. »Der Krieg beginnt in den Städten und in den Stämmen... und nie im Herzen eines echten Bauern mit schmerzendem Rücken.«[5]

Die ältesten Texte der Geschichtsschreibung und Dichtung berichten seit den frühesten Pharaonen, seit Sumer und Babylon, seit dem Kampf um Troja von ›männermordenden Helden‹, die sich in den Kriegen ›auszeichneten‹. Während der griechisch-römischen Antike wurden eine Reihe von einprägsamen Aussprüchen formuliert, die im west-europäischen Bildungskanon in zahlreichen Abwandlungen überliefert wurden, von »Der Krieg ist der Vater aller Dinge« über »Süß ist es und ehrenvoll, für das Vaterland zu sterben« bis zu »Wenn du den Frieden willst, bereite den Krieg vor«.[6]

In dem Maße, wie die einzelnen Stadtstaaten und Fürstentümer sich zu Königreichen vergrößerten, wurden ständig größere Streitkräfte im Kriegsfalle aufgeboten. Seitdem die Reiche sich immer mehr als Nationalstaaten organisierten – ein Vorgang, der in Teilen Afrikas und Asiens noch heute geschieht –, wurde der Zugriff der Herrschenden auf die Wehrfähigen immer umfassender. Im europäischen Mittelalter waren Heere von mehreren Zehntausend Soldaten äußerst selten, im 16. Jahrhundert genügten 50000 Soldaten, um Heinrich II. von Frankreich Metz erobern zu lassen, in Napoleons Schlachten waren bereits Hunderttausende beteiligt, im Ersten Weltkrieg bei Verdun oder an der Somme Millionen.[7]

Diese Vergrößerung der Zahl ist nur möglich durch die hemmungslose Indienststellung aller technischen Entwicklungen für die Zwecke der Kriegführung; denn Millionenheere ließen sich z. B. schon aus Transportgründen weder von Kaiser Augustus noch von Ludwig XIV. zusammenbringen und ernähren. Mit zunehmender Verbesserung der Waffen stieg auch die Zahl der getöteten Soldaten. So kamen in den Kriegen Napoleons rd. fünfmal mehr Soldaten um als im Dreißigjährigen Krieg – obwohl dieser doppelt so lange dauerte; denn die kämpfenden Heere attackierten sich im 18. und 19. Jahrhundert direkter als zuvor. Sie lebten auch nicht mehr vorrangig von Plünderung; so gab es in den europäischen Kriegen, zwischen den Staaten derselben Kulturgemeinschaft, in beiden Jahrhunderten einen deutlichen Unterschied zwischen den Kämpfenden und der Bevölkerung. Erst mit den neuen Waffen des zwanzigsten Jahrhunderts wurde dieser immer mehr aufgehoben, wurde in zahlreichen Kriegen seit 1945 in der Dritten Welt immer weniger Rücksicht auf irgendeine Unterscheidung zwischen Soldaten und Zivilisten genommen. Da fällt das Verderben gleichermaßen auf Kinder, Frauen und Männer, da fragt kein militärisches Kommando mehr nach Grenzen zwischen Schlachtfeld und Binnenland; alles wird Vernichtungsziel. Auch den Europäern droht ähnliches:

»Der strategische Bombenkrieg war im Zweiten Weltkrieg das Instrument, um das feindliche Industriepotential, vor allem die Rüstungsindustrie zu zerstören und die Bevölkerung des Gegners zu demoralisieren. Dies war ein langwieriges Verfahren, das als Unterstützungsmaßnahme, kaum aber als eine Alternative zu den gewöhnlichen militärischen Operationen gesehen wurde. Mit Hilfe der weitreichenden Kernwaffen ist es möglich geworden, die Bevölkerung eines Staates nahezu völlig auszulöschen und die Wirtschaft verheerend zu treffen. Und dies kann in einem Zeitraum von weniger als einem Tag und nach weniger als einer Stunde Vorwarnzeit [gemeint ist: Vorbereitungszeit] geschehen. Dabei muß man vor Augen haben, daß selbst das, was als begrenzter Kernwaffen-Angriff bezeichnet wird, die verheerendsten Folgen haben würde.«

Wie wir wissen, bereiten die Militärstrategen der USA und der UdSSR diese ›Auslöschung‹ für die verschiedensten Anlässe vor, nicht nur in der Planung, sondern auch durch Aufbau und Stationierung der benötigten Raketen. Dabei verdrängen diese Männer die Tatsache, daß ihr Tun das Sterben von Millionen Menschen, vom Säugling bis zum Greis, vorbereitet. Allerdings haben die zum Krieg Entschlossenen sich von Rücksichten auf Nichtkämpfende, auf Frauen oder gar Kinder noch niemals vom Kriegführen abhalten lassen.

»Es ist ein Wunder, daß die Menschheit nach soviel Kampf noch besteht. Daß dies der Fall ist, ist nicht der Weisheit der Väter zu danken, sondern ihrer Unkenntnis, ihrer Unkenntnis der Vernichtungstechnik. Aber diese Unkenntnis ist nicht mehr vorhanden.«[8]

Alle Kriege zwischen Staaten, Völkern und Imperien waren bis jetzt noch niemals eine individuelle Sache, eine Angelegenheit von wenigen Personen, sondern stets ein soziales Ereignis, ein kollektives Geschehen, ein Massenvorgang. Zur Durchführung dieser Kriege wurden immer viele Menschen gebraucht – sie wurden freilich von einer jeweils herrschenden Schicht angeführt, die danach strebte, ihre Macht zu erweitern. Eine weitere Interessengruppe – so Albert Einstein – hebt sich dabei hervor:

»... [Das] politische Machtbedürfnis wird häufig genährt aus einem materiell-ökonomisch sich äußernden Machtstreben einer anderen Schicht. Ich denke hier vornehmlich an die innerhalb jedes Volkes vorhandene kleine, aber entschlossene, sozialen Erwägungen und Hemmungen unzugängliche Gruppe jener Menschen, denen Krieg, Waffenherstellung und -handel nichts als eine Gelegenheit sind, persönliche Vorteile zu ziehen, den persönlichen Machtbereich zu erweitern.«[9]

Hier wird ein entscheidender Faktor des Mechanismus, der zum Kriege führt, benannt: Kriege werden geführt, weil Gruppen von Politikern, Militärs und Wirtschaftlern mit Macht und Einfluß im jeweiligen Staat ihre Position sichern oder erweitern wollen. Von diesen Gruppen werden die Kriege mehr oder minder systematisch vorbereitet und geplant; für die Durchführung ist ein weiterer sozialer Mechanismus vonnöten: die Motivierung, die Begeisterung und das ineinandergreifende Befehlen und Gehorchen.

Gehorsam: Erwartung der Umwelt

Seit die Menschheit sich in Stammes- und Stadtstaaten mit sozialen Hierarchien organisiert hat, gab es immer eine sehr große Anzahl von Gehorchenden und eine sehr kleine von Befehlenden. Die Menschen sind vom jüngsten Alter an daran gewöhnt, ein »Du sollst« oder »Du mußt« zu vernehmen, und haben gelernt, diesen Worten ohne Überlegung zu folgen. Sofern sie diese ›Gebote‹ als Kleinkind überschreiten, besinnen sich die meisten Erwachsenen auf ihre stärkere Position und machen ›kurzen Prozeß‹: Der Wille des Kindes wird ganz einfach gebrochen, und dazu ist jedes Mittel recht: pedantische ›Disziplinierung‹, stundenlanges Strafestehen, in die Kälte aussperren, Einsperren, ausgesuchte Demütigungen und Schläge. Immer wieder erfährt das Kind in seinem Alltag die gleiche Prozedur.[10] Es wird nicht zu einem Miteinander erzogen, das auf freiwilliger

Basis beruht, auf Einsicht und Auseinandersetzung im Gespräch, sondern erfährt Ablehnung und Prügel und ist dem hilflos ausgeliefert. Der folgende Bericht läßt einen Einblick in die Kindererziehung der fünfziger Jahre nehmen:

»Wenn ich an meine frühe Kindheit zurückdenke, erinnere ich mich an ein geballtes Gefühl der Angst. Es war nicht nur die konkrete Angst vor Prügel, die bei uns an der Tagesordnung waren, sondern ein diffuses, dunkles Knäuel von Angst, Unruhe und Auf-der-Hut-Sein. Die meisten frühen Erinnerungen habe ich an meine Mutter. An eine hauptsächlich prügelnde Mutter. Sie legte großen Wert auf Benehmen, Anstand und äußeren Schein, entsprechend wurde ich erzogen... Waren wir irgendwo zu Besuch und ich benahm mich daneben, ging sie mit mir vor die Tür und schlug mich. Oder sie wartete damit, bis wir wieder zu Hause waren. Manchmal drohte sie die Schläge mit leiser, zischender Stimme an: ›Du kriegst gleich was von oben runter, vor versammelter Mannschaft!‹ Wenn sie mich mal ungerechtfertigterweise geschlagen hatte, lautete ihr Kommentar nur: ›Dann hast du das nächste Mal was gut!‹...«[11]

Hier wurde nicht in der Öffentlichkeit geschlagen, sondern hinter ›verschlossenen Türen‹, ein Schuldbewußtsein der Mutter gegenüber dem Kind stellte sich offensichtlich nicht ein, während sich bei dem Kind die Erwartung von Strafe, wenn es sich nicht entsprechend verhielt, einprägte.

Von den auf diese Art und Weise diktatorisch erzogenen Kindern kann im Erwachsenenalter Gewalt nur allzuleicht als das entscheidende und unverzichtbare Mittel empfunden werden, die Welt in der bestehenden Ordnung zusammenzuhalten.

Die Vorstellungen, vom Kind in jeder Hinsicht Gehorsam verlangen zu können, waren so stark ausgeprägt und als selbstverständlich empfunden, daß es selbst im Bereich des Essens nicht äußern durfte, wann es Hunger oder auf was es Appetit hatte: Das bestimmten die Erwachsenen, und die Kinder hatten zu folgen. Ich weiß durch Berichte von Augenzeugen Mitte der fünfziger Jahre aus einem sonst sehr gut geführten Erholungsheim im Schwarzwald, daß die Kinder, die das Essen aus irgendeinem Grunde ablehnten – wahrscheinlich, da sie Probleme mit dem Magen hatten – gezwungen wurden, nicht nur die Speise, sondern auch das anschließend gleich wieder Erbrochene zu essen.[12]

Erst Ende der sechziger Jahre begann man in der Bundesrepublik allgemeiner darüber nachzudenken, welche Funktion eine derartige Ausrichtung auf Gehorsam, auch auf penetrante Ordnung und Sauberkeit hatte.

»Das solcherart verängstigte und jeglichem ›Kommando‹ folgende Kind lernt so schon in der Kinderstube, daß es sich den Anordnungen der Autoritätspersonen ohne jegliche Kritik fügen muß. Die Fügsamkeit gegenüber dem Vater (den Eltern) wird dann leicht auf den Lehrer, auf alle kirchlichen und staatlichen Autoritäten übertragen. Was dann auf Grund dieses Erziehungsprozesses zustande kommt, ist die... Persönlichkeit, die nicht selbständig denken und handeln gelernt hat und darum allen Anweisungen übermächtiger Instanzen oder Personen hilflos ausgeliefert ist. Die ›Massenbildung‹ erfolgt demnach schon in der ›Kinderstube‹ – schon Kleinkinder, deren Willen und Autonomie unter dem erzieherischen Einfluß dahingeschmolzen sind, sind Massenmitglieder, die nur auf einen Befehl warten, um in irgendeine Massenpsychose zu verfallen.«[13]

Diese Dressur stand nicht nur im preußischen Kaiserreich und im Nationalsozialismus hoch im Kurs, sondern ist auch heute noch weit verbreitet. Wer denkt schon daran, wenn er dem eigenen Kind ständig seinen Willen aufzwingt, daß er es damit auch zu einem willigen Werkzeug in den Händen anderer erzieht? – Bereitet man es doch vorerst auf die Schule vor, und dort muß das Kind Gehorsam zeigen und sich fügen. Hier wird verfestigt, was im Elternhaus begonnen wurde, auch hier wird bestimmt, was es zu tun und zu lassen hat, und ›Unfolgsamkeit‹ bestraft; nun übernimmt der Lehrer die Rolle des Befehlenden. Er ist die Autorität, vor der man sich erhebt und von der man Anweisungen entgegennimmt.

Wie wichtig dieser Bereich für die langfristige Durchsetzung ihrer Politik war, erkannte auch die NSDAP. Dabei ist es sicher ein großer Irrtum, anzunehmen, im sogenannten Dritten Reich sei in Schule und Lehrerschaft sofort ein krasser Unterschied gegenüber der Weimarer Republik in Lehrformen und Inhalten eingetreten. Das war schon deshalb nicht nötig, weil die Mehrzahl der Eltern und Lehrer in wesentlichen Einstellungen mit den Nazis übereinstimmte. Eine Reihe von Werten, mit denen die Propaganda der neuen Machthaber ständig argumentierte, wurde allgemein hochgehalten.

»Viele Erwachsene quittierten eines der Lieblingsworte der HJ [= Hitlerjugend]: *zackig*, mit gerührtem Lächeln... Man konnte sogar ein Gegner der NS-Ideologie sein und es doch so schlecht nicht finden, daß Jugendliche ›Befehle ohne Wenn und Aber... durchzuführen‹ hatten. (Aus der Disziplinarordnung der HJ.) Wenn ›beaufsichtigte Kinder‹ sich schon einmal dem HJ-Dienst entziehen wollten, was *treu und redlich* nicht zu schaffen war, machten das ihnen gerade in den besseren Kreisen ihre Eltern schwer.«[14]

Angesichts dieser weitgehenden Übereinstimmung in wichtigen Haltungen und Anforderungen gegenüber Heranwachsenden ließ sich die offiziell gewünschte Beeinflussung der Schüler um so leichter verwirklichen. Sie sollten gemäß den schon 1927 publizierten Vorstellungen Hitlers erzogen werden:

»Der völkische Staat hat... seine gesamte Erziehungsarbeit in erster Linie nicht auf das Einpumpen bloßen Wissens einzustellen, sondern auf das Heranzüchten kerngesunder Körper. Erst in zweiter Linie kommt dann die Ausbildung der geistigen Fähigkeiten... Dabei kann diese Erziehung in großen Zügen schon die Vorbildung für den späteren Heeresdienst sein. Das Heer soll dann... den körperlich bereits tadellos vorgebildeten jungen Mann nurmehr in den Soldaten verwandeln... In dieser Schule soll der Knabe zum Mann gewandelt werden; und in dieser Schule soll er nicht nur gehorchen lernen, sondern dadurch auch die Voraussetzung zum späteren Befehlen erwerben. Er soll lernen zu schweigen, nicht nur, wenn er mit *Recht* getadelt wird, sondern soll auch lernen, *Unrecht* schweigend zu ertragen.«[15]

An die Stelle von Bildung trat die Verherrlichung des ›Körpers‹, der willenlos gehorcht, Befehle weitergibt und bedingungslos ergeben ist. Bemerkenswert ist, daß ausdrücklich verlangt wird, auch als Unrecht erkannte Dinge hinzunehmen, sofern sie befohlen werden: Der Gehorsam wird über das Gewissen gestellt.

Der spätere Schriftsteller Ralph Giordano erlebte im Herbst 1939 die Verinnerlichung der jahrelang gepredigten militaristischen Werte durch seine Mitschüler:

»Zu unserer nicht geringen Gaudi wurden wir Obersekundaner zum Kartoffelbuddeln in die Lüneburger Heide geschickt... Und dabei geschah etwas, was keiner vorausgesehen hatte: Hitlerjugend-Führer aus der Klasse, drei oder vier, begannen, ihre Mitschüler zu malträtieren, anzubrüllen, zu stoßen und in den Hintern zu treten. Dabei war keinerlei Order von oben dazu gegeben worden, war keineswegs eine Scheidung in Befehlshaber und Untergebene kraft höherer Anordnung erfolgt oder solche Teilung von sonst irgendwoher verlangt. Und nun kam es zu völlig veränderten Beziehungen als den bisherigen, ja zu grotesken Umkehrungen! Die ›Geistesgrößen‹ der Klasse, gewöhnlich also die Ranghöchsten, sahen sich schwächlich zusammengestaucht, getreten und gedemütigt, während es sich bei den wildgewordenen HJ-Führern eher um die Inhaber mittlerer oder unterer Zeugnisplätze handelte. ... ein bisher ziviles, ein privates Verhältnis war urplötzlich in ein militärisches umgewandelt worden – da sollte strammgestanden werden, Meldung erstattet, Gehorsam geleistet werden. ...Und schon wurden aus vertrauten Klassengefährten von einer auf die andere Minute Vorgesetzte, Offiziere, Befehlshaber. Lange dauerte das nicht an, da diese Anmaßung auf die geschlossene Abwehr nicht nur der direkt Betroffenen, sondern aller stieß.«[16]

Interessant ist, daß in diesem Bericht die Anmaßung der Autorität durch die Schüler zwar zurückgewiesen wird, da sie ja gleichgestellt sind, aber

6   Isaaks Opferung

deutlich gesagt wird, daß eine ›höhere Anordnung‹ eher akzeptiert worden wäre. Eine kurze Zeit später wurde aus dem Erlebnis Wirklichkeit, die Befehle kamen ›von oben‹ – und wurden ausgeführt!

Die Heranwachsenden sollen sich in ihrem Handeln nach den Wünschen von Elternhaus und Schule richten, d. h. den Autoritäten gehorchen; hinzu kommt in unserem Kulturkreis ein dritter Faktor, der früher einen noch höheren Stellenwert einnahm: der der religiösen Erziehung. Auch hier ist nicht der eigene Wille, sondern freie Entfaltung nur im Dienen und Gehorchen gefragt. Wie wichtig diese Schulung in Unterwerfung und Entsagung für die Stabilisierung eines politischen Systems ist, haben die Politiker seit jeher erkannt und sich bemüht, sich im besten Einvernehmen mit den christlichen Kirchen zu befinden: Gott sollte und mußte an ihrer Seite stehen, um ihren Erfolg zu sichern. Zur Zeit des Ersten Weltkrieges propagierte daher die führende Schicht die enge Beziehung zwischen Gott und Kaiser, Kirche und Staat, Christ und Krieg. So waren Stimmen wie die eines Paters keine Seltenheit:

»Endlich aber sind jene herrlichen Kriegsanfänge auch zu danken – und nicht zum geringsten Teil – der langjährigen unverdrossenen und oft genug entsagungsreichen, mit bitterer Erfahrung durchtränkten Arbeit der deutschen Katholiken...«

Diese Herrlichkeit wurde auch von Protestanten zur Genüge gepriesen; auf die Deutschen ging ein wahres Feuerwerk von Lobliedern auf den Krieg nieder. Selbst die jüngsten Kinder wurden miteinbezogen und durften kleine Gebete lernen:

>»Ich bitte dich, du lieber Gott,
schon' unser Volk in Kriegesnot,
send' deine lieben Engelscharen,
daß sie die Heimat uns bewahren,
und heiße sie die Flügel breiten
über alle Soldaten, die tapfer streiten.
Amen.«[17]

Spätestens dann, wenn es darum ging, den Zugriff des Staates schon auf unmündige Kinder zu sichern, um den Krieg vorzubereiten, entdeckten die Herrschenden die Religion und die leichte Übertragbarkeit göttlicher Verehrung auf die eigene Person, mit allen Ansprüchen, die ein ›Auserwählter‹ von seinen ›folgsamen Dienern‹ erwarten kann. Die Kinder lernten gehorsam nachzusagen, was ihnen vorgebetet wurde – ohne den Sinn zu verstehen. Wurden sie dann älter, war es zur Gewohnheit geworden, z. B. Soldaten als tapfer anzusehen – und wer von ihnen wollte später nicht tapfer sein?

Besonders in faschistischen Staaten bediente man sich zur Festigung der Macht der Unterstützung der Kirche: Mussolini, Franco und Hitler hatten die propagandistische Wirkung sehr schnell erkannt. So bescheinigten hohe katholische Kleriker Mussolini

>»in einer Botschaft vom 9. März 1929 an den Papst, der faschistische Diktator regiere ›im Auftrag der göttlichen Vorsehung‹... Und bald sprachen die italienischen Kinder folgendes, von der Kirche verfaßtes Gebet: ›Duce [= Führer], ich danke dir, daß du es mir ermöglicht hast, gesund und kräftig aufzuwachsen. O lieber Gott, behüte den Duce, damit er dem faschistischen Italien lang erhalten bleibt.‹«[18]

Auch in Deutschland bemühte sich die NSDAP schon im Jahre 1930, Schulgebete einzuführen; sehr schnell hatten die nationalsozialistischen Politiker begriffen, welche wirksame Art der Bewußtseinsschulung sich ihnen bot. Gebetet werden sollte natürlich nicht ausschließlich zu Gott – davon hätten sie keinen Nutzen gehabt –, sondern auch und an erster Stelle für ihre politischen Ziele. So empfahl der Volksbildungsminister Frick für die Thüringer Schulen u. a. folgendes Gebet:

>»Vater im Himmel
Ich glaube an deine allmächtige Hand,
Ich glaube an Volkstum und Vaterland,

Ich glaube an der Ahnen Kraft und Ehr,
Ich glaube, du bist uns Waffe und Wehr,
Ich glaube, du strafst uns'res Landes Verrat
Und segnest der Heimat befreiende Tat!
Deutschland erwache zur Freiheit!«

Mit dem Glauben hatte das nichts mehr zu tun, sondern eher etwas mit Ahnenkult, Nationalismus und der Verhetzung demokratischer Teile der Bevölkerung und einem Aufruf zum Krieg. Zur Zeit der Weimarer Republik stieß dieses ›Gebet‹ vor allem auf seiten der SPD und KPD auf Widerstand, und so wurden lediglich gemäßigtere Formen zugelassen; nach 1933 fielen dann bekanntlich alle Schranken. Die katholische und die evangelische Kirche riefen die deutschen Christen auf, die nazistische Regierung zu unterstützen; an Gehorsam gewöhnt, folgte die überwiegende Mehrheit.[19]

Die katholische Kirche war immer dann zur Stelle, wenn es um die Wahrung ihrer eigenen Ansprüche ging. »Niemals wandten sich die deutschen Bischöfe gegen die vielen Tausenden von Justizmorden an ihren Gegnern, gegen die Verfolgung von Liberalen, Demokraten und Kommunisten, die sie ja gerade wünschten«; dafür wurden in den Hirtenbriefen die Gläubigen aufgefordert, treu ihre Pflicht zu erfüllen und Opfer zu erbringen. Die evangelischen Kirchenführer standen dem nicht nach; selbst die Bekennende Kirche beschränkte ihre Proteste auf das theologische Gebiet, wenngleich sie auf der Barmer Synode im Mai 1934 bezweifelte, daß »die Kirche die Gestalt ihrer Botschaft und ihrer Ordnung ihrem Belieben oder dem Wechsel der jeweils herrschenden weltanschaulichen und politischen Überzeugungen überlassen« dürfe (3. These). Aber die Bekennende Kirche war in der Minderheit; die meisten Kirchenleitungen waren mit ›deutschen Christen‹ und anderen der NS-Ideologie nahestehenden Personen besetzt. Noch 1941 bemühte sich der spätere Landesbischof von Niedersachsen, Hanns Lilje, in einer eigenen Schrift »Der Krieg als geistige Leistung«, Gottes Wirken und Hitlers Krieg als Einheit darzustellen: »Es muß nicht nur auf den Koppelschlössern der Soldaten, sondern in Herz und Gewissen stehen: Mit Gott! Nur im Namen Gottes kann man dies Opfer legitimieren.«[20]

Selbstverständlich gab es immer einzelne, die von der Kanzel herab Kritik an politischen Zielen der Nazis durchblicken ließen; ihre Anzahl war jedoch gering und ihr Wirkungskreis äußerst begrenzt – für die breite Öffentlichkeit stellte sich ein Bild der Einigkeit von Staat und Kirche dar, allein das war entscheidend.

Die Stärkung der Macht durch die christlichen Kirchen ist auch heute nicht von den Politikern vergessen. In den USA besinnt sich zur Zeit der amerikanische Präsident auf die willkommenen Auswirkungen des Zwangs-

Gott
mit
uns

7   Potsdam 1933: Die NSDAP veranstaltet einen Festgottesdienst

schulgebetes; wer sich dagegenstellt, der will angeblich »Gott aus den Klassenzimmern verbannen« – als ob Kinder durch ein heruntergeleiertes, politisch ausgerichtetes Gebet christlicher würden! Zu wenige Erwachsene scheinen sich aber zu fragen, was für ein Interesse Politiker am Leben nach dem Tode, am ›ewigen Leben‹ Millionen anderer Menschen hegen könnten.[21]

Gehorsam und Unterwerfung wurden im Dritten Reich nicht nur in der Familie, in der Schule und durch die Kirche eingeübt, sondern auch im öffentlichen Leben auf vielfältige Art und Weise gefordert; wer dem nicht nachkam, wurde als ›Volksschädling‹ bestraft. Kennzeichnend dafür ist ein Geschehen aus dem Jahre 1939, das ein damals 13jähriges Arbeiterkind in einer nordbayrischen Kleinstadt erlebte: Ein Schulgefährte von ihm war selbst Hitlerjunge, konnte an einem Aufzug der Hitlerjugend aber

»an diesem Tag nicht mitmarschieren, denn seine Mutter war krank und er mußte für sie einkaufen gehen. Bevor er die Straße überquerte, ließ er die braune Kolonne, in der er nur zufällig nicht mitmarschierte, vorbei. Es war Pflicht, die Fahne mit erhobenem Arm zu grüßen. Er vergaß es. Daraufhin rannte der Fähnleinführer aus der Kolonne und streckte den Jungen mit zwei Faustschlägen nieder, so daß er aus Mund und Nase blutete... Nirgendwo konnte er sich darüber beschweren, geschweige denn den Fähnleinführer wegen Körperverletzung anzeigen. Niemand hätte dem Jungen Recht gegeben – nicht umsonst hieß es in einem Lied der HJ: ›... denn die Fahne ist mehr als der Tod.‹ Die Fahne im Dritten Reich nicht zu grüßen war kein Vergehen, es war ein Verbrechen.«[22]

Selbst das gewohnheitsmäßige Grüßen mit ›Guten Tag‹ oder ›Grüß Gott‹ mußte durch ›Heil Hitler‹ ersetzt werden; es war das Zeichen der Unterwerfung, des Respekts und Gehorsams gegenüber staatlichen Autoritäten.

Die Heranwachsenden im Dritten Reich waren allseits von Personen umringt, die Gehorsam und Erfüllung ihrer Ansprüche verlangten; sie wurden darüber hinaus von einer Vielzahl von Organisationen (Jungvolk, HJ, Arbeitsdienst usf.) aufgenommen, in denen das Gehorchen intensiv eingeübt wurde. Schließlich sollte das Militär den letzten Schliff geben. Die jungen Menschen erwartete nichts Fremdes: Die Erwachsenen legten schon 7jährigen Knaben den

»Zeigefinger unter das Kinn, und dann hoben sie das Kinn hoch. Die Seifenfrau und die Milchfrau. Und alle. Und dann fragten sie: ›Willst Du auch ein tapferer Soldat werden?‹ Ich mochte das nicht mit dem Zeigefinger und den verschrumpelten Gesichtern über mir und den hohen Stimmen, die krächzten wie die Vögel, als wollten sie gleich picken. Und die Frage mochte ich auch nicht.«[23]

Einstimmung durch Spiele und Lieder

Gewalt – von feiner bis zu grober Abstufung, unterschwellig oder unverhüllt – kennzeichnet die landläufig üblichen Erziehungsmethoden und das alltägliche Leben unserer Kinder. Noch dazu sind sie umgeben von gewalttätigen Vorbildern in ihrer näheren und weiteren Umgebung. Schon das Angebot an Spielwaren, heute auch an Fernseh- und Videosendungen, beeinflußt die Phantasie der Kinder, lenkt ihre Aufmerksamkeit in unsoziale Richtungen. Zwar betreiben Kinder, gerade kleinere, das Kriegs- und Soldatenspiel auch deshalb so eifrig, weil es Möglichkeiten bietet, die eigene Situation darzustellen – hier können sie ihre Vorstellungen von eigener Machtausübung und die Wünsche nach Vergeltung gegenüber den Erwachsenen spielerisch verwirklichen –, aber ein noch wichtigerer Grund ist das Nacheifern bewunderter Vorbilder, der Spaß, an von den Erwachsenen hochgeachteten Ereignissen in dieser Art teilnehmen zu können.

Wie Kriegs-, Soldaten- und Waffenspielzeug in die Kinderstuben Eingang finden, wie Kinder damit auf unterschiedliche Weise umgehen, ist durch die Zeit bestimmt und sozial bedingt; daher scheint auch erst im Laufe des 19. Jahrhunderts – mit der Ausbreitung des Nationalismus – das Soldatenspielen allgemeiner verbreitet worden zu sein. Sogar schriftliche Anleitungen erschienen jetzt in ›Kinderbüchern‹, d. h. in Büchern, die von wohlhabenderen Eltern als geeignete Lesestoffe für ihre Kinder angesehen wurden. In einem solchen Büchlein aus Sachsen, »Die spielenden Kinder«, wurden z. B. die Waffen aufgezählt, die zum Soldatenspiel brauchbar waren, sogar Fahne und Trommel blieben nicht vergessen. Auch ein Befehlshaber war da, der über den Kriegsgrund nachdenken mußte und dann den Spielgarten der Kinder zum Vaterland erklärte, aus dem sie böse Menschen vertreiben wollten. Der Vater übte mit ihnen die notwendigen militärischen Handgriffe ein, und nach kurzer Zeit wurde beschlossen, ins Feld zu ziehen. Der Streit war kurz und erfolgreich:

»Die Mädchen empfingen die Sieger, bekränzten die Fahne und den Feldherrn August und teilten Blumen unter die Krieger aus:

Willkommen tapfre Brüder,
euch tönen unsre Lieder!
Und ruft euch einst die Wirklichkeit
fürs Vaterland in blut'gen Streit,
dann denkt der frohen Jugendzeit
und siegt wie heute wieder!«[24]

Hier waren bereits alle wesentlichen Elemente für die ideologische Vorbereitung enthalten: Der Patriotismus wurde angesprochen, ein Feindbild entworfen, und auch das Klischee von den Mädchen, die als Steigbügelhalter der Siegreichen dienen sollten, fehlte nicht. Von Bedeutung war auch, daß der Vater – die elterliche Autorität – als Lehrender mitmachte. Diese spielerischen Anregungen wurden immer wieder durch Begegnungen mit dem realen Militär verstärkt. So berichtete z. B. der 33jährige Fabrikarbeiter Moritz Bromme von dem, was er im Alter von 12 Jahren mit ansah: Preußische Truppen zogen 1882 zum Manöver in die thüringische Kleinstadt ein, in der sein Vater arbeitete. Für die Jungen war das ein glänzendes Schauspiel. Der Schulunterricht fiel aus, und die Kinder zogen mit hinaus. Die Soldaten wurden in die Häuser einquartiert, und erstmals erlebte Moritz einen Appell: Der Proviantmeister

»schaute die Knöpfe nach, ob sie geputzt waren. Ein Soldat lachte und bekam dafür vom Unteroffizier eine schallende Ohrfeige. Ich stand dabei und wunderte mich, daß der große Mann mit dem schwarzen Schnurrbart sich das so ohne Weiteres gefallen ließ. Wir glaubten, daß er dem herumnörgelnden Fourier die Maulschelle heimzahlen würde, aber er blieb ruhig und verzog keine Miene. Allerdings wußten wir damals noch nicht, was ›Disziplin‹ war.«[25]

Während das Kind hier noch erstaunt die entwürdigende Behandlung der Soldaten durch ihre Vorgesetzten betrachtete, die sich sogar noch schlagen ließen, wußten die Erwachsenen bereits, was Autorität und Gehorsam bedeutete: Sie wagten nicht mehr, das eigentlich Selbstverständliche zu tun, sich zur Wehr zu setzen.

Im deutschen Kaiserreich muß das Kriegs- und Soldatenspiel der Kinder so verbreitet gewesen sein, daß es ihm einen besonderen Ruf einbrachte. In einem zeitgenössischen Buch, in dem die Spiele von Kindern aller Kontinente beschrieben werden, wird einzig Deutschland als die Nation hervorgehoben, in der das Kriegsspiel typisch sei:

»In einem militärchen Land wie Deutschland, da sind die fröhlichen Uniformen, die Musik, die Fahnen, die Prozessionen die ersten Dinge, die den Blick des Kindes anziehen, und sein frühester Wunsch ist auf einen Helm, ein hölzernes Schwert und eine Trommel gerichtet. Manchmal schenkt der Vater seinem kleinen Sohn eine ganze Uniform zum Geburtstag.«[26]

In jeder Gesellschaft, in der das Militärische einen hohen Rang in der Werteskala besitzt, und das war Ende des 19. Jahrhunderts fast in ganz Europa der Fall, kann etwas von diesem Schein als Glücksgefühl bis in die ärmste Kinderseele fallen. Davon berichtet Maxim Gorki in seinen autobiographischen Schriften: Sein lumpenproletarischer, schwachsinniger Bettlerkumpan aus dem Kreis der Vorstadtkinder, der achtjährige Jas des Friedhofswächters, hatte in einer Abfallgrube ein paar »hölzerne Soldaten und Pferde, die keine Beine mehr hatten«, gefunden, und er verwahrte sie wie einen kostbaren Schatz, den er nur für seine Freunde hervorholte, in einem Kästchen. Er begeisterte sich daran, aber er konnte nicht einmal sagen, warum und was sie in seinen Vorstellungen oder Gefühlen bewegten.

Diese Unklarheit, das mangelnde Wissen, war für die Kriegsbegeisterung eher förderlich. Wenn um 1900 im familiären Kreise vom Krieg gesprochen wurde, erschien er nicht als etwas Bedrohliches, sondern durch die Erzählungen von Großvätern, Vätern und anderen Bekannten eingebaut in das alltägliche Leben; den Kindern wurde der Gedanke an Krieg allmählich vertraut.

Das war wie mit der Aufnahme anderer Wertvorstellungen und Tätigkeitsbilder, die von den Erwachsenen an die Jüngeren herangetragen und ja auch von anderen Autoritäten wie Schule und Kirche vermittelt wurden. Dieses Hineinwachsen versucht der spätere Amtsschreiber, Journalist und Feuerwehrmann August Scholtis wiederzugeben, wenn er die Bildungseindrücke, die ihn als etwa 8jährigen gegen 1910 umgaben, folgendermaßen beschreibt:

> »Mein preußisches Lesebuch beherrschte ich bald fast auswendig, mit allen Märchen, Sagen, Gedichten und Geschichten... Für meinen Großvater Tomaschek vor allem aber gab es noch ein besonderes Lied, welches ihn offensichtlich ungeheuer beglückte, es war die Preußenhymne...
>
> > Mit Lieb und Treu nah ich mich dem Throne,
> > von welchem mild zu mir ein Vater spricht;
> > und wie der Vater treu mit seinem Sohne,
> > so steh ich treu mit ihm und wanke nicht.
> > Fest sind der Liebe Bande.
> > Heil meinem Vaterlande!
> > Des Königs Ruf dringt in das Herz mir ein:
> > Ich bin ein Preuße, will ein Preuße sein!«

Der kleine August, der für das Singen dieses Festgesangs mit Bratkartoffeln belohnt wurde, erfreute den Großvater noch mit anderen Liedern:

> > »Bei Sedan auf den Höhen,
> > da stand nach blut'ger Schlacht
> > im stillen Abendwehen
> > ein Schütze auf der Wacht.

Dieser Schütze wollte partout Großvater gewesen sein, in seiner schweren Begeisterung erst recht nicht zu bändigen, sobald ich die ›Wacht am Rhein‹ anstimmte. Alles in allem Gesänge, die mein Vater auf einer blitzblanken Trompete zu schmettern wußte. Beim Zapfenstreich zu Kaisers Geburtstag etwa, wenn unser Kriegerverein mit schwarz-weißen Preußenfähnlein im Paradeschritt von der Kirche abmarschierte. ›Helm ab zum Gebet!‹ lautete der Befehl des Kriegervereinsvorsitzenden, eines Maurerpoliers, bei einem Lied wie dem folgenden:

8 Deutsche Jungen müssen schießen lernen

> Ich bete an die Macht der Liebe,
> die sich in Jesu offenbart.
> Ich geb mich hin dem freien Triebe,
> aus dem ich Wurm geworden ward. «[27]

Es ist zu bezweifeln, ob sich überhaupt jemand Gedanken darüber machte, was er da eigentlich in aller Ernsthaftigkeit sang; wichtig war der gemeinsame ›militärische Geist‹. In all diesen Erinnerungen der Erwachsenen und den durch sie geprägten stimmungsmäßigen Einflüssen, die auf die Heranwachsenden einströmten, war der Krieg untrennbar verknüpft mit erhebenden Gefühlen, mit Begeisterung und irgend etwas Größerem wie König, Vaterland, Volk und einer Art Gemeinschaftsgefühl, das die Erzählenden selber irgendwie mit aus dem Alltäglichen herausgehoben und erhöht hatte. Diese wieder und wieder erzählten persönlichen Geschichten vermittelten den jüngeren Zuhörern ein gewisses Nacherleben entsprechender Gefühle und Stimmungen. Darüber hinaus sahen sie besonders in Deutschland die ungeheure Hochschätzung des Militärs in der gesamten Öffentlichkeit, also auch außerhalb der Kasernen; schließlich wurden sie auch selber zum Militär eingezogen.

Die Rekruten traten die meist zweijährige Dienstzeit in der Regel in gehobener Stimmung an, wurden jedoch bald durch den kleinlich-schikanösen Drill ernüchtert. Die Militärzeit verankerte aber noch mehr ein Gefühl von Unentrinnbarkeit – wenn die Nation, das Vaterland, der König zu den Waffen rief, gab es keine Wahl, man mußte dem Ruf folgen. Das ›man mußte‹ bedeutete, daß es für die überwältigende Mehrheit in ihrer Vorstellung, in ihren Gedanken gar keine andere Möglichkeit gab, weil es nämlich alle Altersgenossen ringsumher taten, weil es alle Älteren getan hatten, weil es eine geachtete und sinnvolle Tätigkeit schien. Weshalb also sollte der einzelne sich weigern, der Einberufung Folge zu leisten? Stets um Anpassung bemüht, schien der Militärdienst ihm eine Selbstverständlichkeit zu sein.

Nach zwei Weltkriegen wird das Militärische heute an die Kinder sehr viel direkter herangebracht, während in der Öffentlichkeit die naive Kriegsbegeisterung nicht mehr zur Schau getragen wird, jedenfalls in den europäischen Staaten. Eine Beeinflussung der Kinder im Vertrautmachen mit dem Krieg und Gewöhnung an Waffen und Vernichtungsmaterial erfolgen nach wie vor. Niemals wurden Kinder aller Bevölkerungsschichten mit einem so mörderischen Kriegs-Instrumentarium versorgt, nicht einmal in der Nazizeit, die eine in Deutschland vorher nicht erreichte Massenproduktion an Kriegsspielzeug förderte. Möglichst modellgetreue Exemplare von Raketen, Raumflugkörpern und Bombenflugzeugen werden angeboten. Kinder haben Freude an der Technik und lernen leicht, wie Waffen ›spielend‹ mit einem Knopfdruck hin- und hergesteuert und zielbestimmt gehandhabt werden. Der ›Feind‹ bleibt dabei völlig anonym, ist ein unbekannter Jedermann, eine Phantasiefigur ohne menschliche Züge, ein Volk oder eine erdachte Menschengruppe. Die kleinen Mikroprozessoren, die unsichtbaren, die steuern das schon, auch in den Händen von Kindern. Spielanleitungen zeigen, wie ein Wohngebiet (um die Stadt Fulda herum z. B.) mit chemischen Waffen vergiftet und dann risikoarm erobert werden kann; auch Baumaterial für Ruinen und zerstörte Landschaften gehören dazu.

Da sitzen oder stehen sie fast bewegungslos, drücken ihre Finger auf Knöpfe oder Tasten. Das Gesicht bleibt leer. Die Größeren, Geschickteren oder Interessierten können differenzierte Aufgaben oder Planspiele lösen; das beansprucht intellektuelle Fähigkeiten, trainiert das logische Denken oder lockt Eingebungen hervor. Man könnte meinen, da würden Roboter, mit Maschinen und Apparaturen verkoppelte Menschen geformt, hochbegabte vielleicht, die zur Ausführung rational berechneter Vernichtung gebraucht werden. Warmes Lebensgefühl ist dort nicht zu Hause.[28]

Soldatengehorsam und Feindbild

Der durch seine Umgebung so umfassend auf kriegerische ›Tugenden‹ eingestimmte Mensch lernt während seiner Ausbildung zum Soldaten – die allgemeine Wehrpflicht konfrontiert jeden Heranwachsenden in den meisten Staaten der Welt damit – ein weiteres wesentliches Verhalten dazu: das der permanenten Unterwerfung. Persönlichkeitsveränderungen sind nicht zu vermeiden: Automatisch kommt es zu einem Verlust an Selbstachtung und reflexartiger Reaktion in blindem Gehorsam auf Befehle, in denen für den Fall des Nichtgehorchens zugleich eine Bedrohung liegt. Die Grundausbildung zielt darauf ab, das Verhalten des einzelnen zu mechanisieren, und somit wird nicht nur auf dem Schlacht- oder Grabenfeld – in der Kampfhandlung – entmenschlichtes Verhalten, Tötung und Grausamkeit ermöglicht, sondern auch darüber hinaus im besetzten und eigenen Land. [29]

In jedem Heer wird eine hochorganisierte Maschine in Gang gesetzt. Sie ist aufgebaut wie eine Pyramide, zusammengehalten durch Befehl und absoluten Gehorsam: Die oberste Befehlsgewalt kommt von der Spitze; die Gehorsamszwänge verbreitern sich, je weiter es nach unten geht, bis zum Fundament, wo der Soldat auf dem Bauche liegt und die letzten Befehle auszuführen hat. Dieses willenlose Folgen auf Befehl lassen sich die militärischen Machthaber durch einen feierlichen Akt bekräftigen: Durch den Soldateneid werden die Menschen auch innerlich an eine Entscheidung gebunden, deren Auswirkungen erst die Zukunft erweisen wird. Der Theologe Helmut Gollwitzer merkt dazu kritisch an:

> »Die von der Regierung befohlenen militärischen Aktionen mitzumachen, innerhalb dieser Aktionen die Waffen in die Richtung einzusetzen, in der es befohlen wird, und solange, als es befohlen wird, und zwar ohne eigenes Urteil, ob das richtig ist oder nicht, – das ist es, wozu sich der Schwörende ins Unbekannte hinein verpflichtet, und gerade dieses Versprechen eines blinden, nicht ans eigene Urteil gebundenen Gehorsams macht den Soldateneid für die Regierenden interessant... Diesem Eid getreu wird blind marschiert, getötet und gestorben. «[30]

Jedoch allein das Ablegen dieses Gelübdes würde nicht genügen, die Menschen zu willigen Befehlsempfängern zu machen; ohne Verkleidung in die Werte eines ›höheren‹ Ideals würde sich keine Begeisterung herstellen lassen, und der einzelne Befehl würde unter Umständen kritischer betrachtet werden. Der Truppenfahne wird in diesem Zusammenhang auch in der Bundeswehr eine besondere Bedeutung zugemessen: »Sie erinnert an die Treueverpflichtung der Soldaten und an gemeinsame Werte... Im Bewußtsein der Soldaten ist die Truppenfahne fest verankert. « Verankert ist auch das, was jeweils auf dieser Fahne geschrieben steht.

9 Gerd Arntz: Fürs Vaterland

Je selbstverständlicher es dem Menschen geworden ist, sich für die frühzeitig anerzogenen Werte wie Vaterland, Ehre, Freiheit, Nation usw. einzusetzen, die alle nicht näher bestimmt werden, desto leichter fällt es ihm, die
Befehle auszuführen. Der Soldat wird also darauf trainiert, daß seine
Handlungen einem edlen Zweck dienen, auch wenn er die größten Verbrechen begeht. Diese Selbsttäuschung wurde von vielen deutschen Soldaten
und Offizieren im Zweiten Weltkrieg beschworen, wenn sie Frauen und
Kinder erschossen – der ›Feind‹ mußte vernichtet werden. Denjenigen, die
dennoch nicht mit ihrem Gewissen zu Rande kamen, wurde ein Sündenab-
laß versprochen:

»Es war Hitlers bester Trick, als er sich vor das Volk hinstellte und ihm
zurief: ›Letzte Verantwortung vor Volk und Geschichte trägt der Führer! Ich nehme euch jene lästige Bürde ab. Werft sie auf mich – ich allein
trage die Folgen.‹«[31]

Überall dort, wo ein Berufsheer existiert, ist die Frage nach der Rechtmä-
ßigkeit der Tötung anderer Menschen von vornherein beantwortet. Ein
amerikanischer Soldat, der unvorstellbare Greueltaten seiner ›Kameraden‹
an vietnamesischen Zivilisten erlebt hatte, schilderte einem Reporter die
Einstellung, die dort vorgeherrscht hatte:

»Sie [= die Vietnamesen] wurden nicht als menschliche Wesen betrachtet. Wir waren darauf dressiert worden zu glauben, daß dies alles zum
Wohle der Nation, zum Besten unseres Landes geschehe… Lange, bevor man in die Armee kommt, wird einem schon eingebleut, daß Amerika immer recht hat, daß die Regierung immer recht hat. Wir sind die
Besten, Gott steht auf unserer Seite. Und Nagasaki und Hiroshima
haben gezeigt, daß es okay ist, Zivilisten zu töten, wenn es zum besten
der Nation ist. Ich war zweimal in Vietnam, und ich habe geglaubt, es

sei im Interesse der Nation. Die Gehirnwäsche war so vollständig, daß ich zum zweiten Mal wieder hinging.«[32]

Auf der einen Seite stehen hier primitive Morde und auf der anderen die »Nation«, für die alles gerechtfertigt ist. Den Soldaten werden also Werte genannt, mit denen sie sich identifizieren können und für die sie sich begeistern lassen. Fast immer handelt es sich um massenwirksame Schlagworte mit verschwommenem Inhalt und unklaren Aussagen, die jeden gleichermaßen ansprechen und den Soldaten als Richtlinie und Anhalt dienen sollen. Früher war das der heilige Aufruf des *Herrn*, des Gottes und Kaisers oder Königs, der die Gefühle mobilisierte. Heute sind die heiligen Interessen ins Weltliche gekehrt, dafür wird das religiöse Element dazu benutzt, die Unterwerfung des einzelnen zu verstärken. Nur ausnahmsweise noch wird ein Gott an erster Stelle bemüht, um einen Krieg zu begründen, wie beispielsweise im Iran der Mullahs.

Das gehorsame Folgen erfährt seine Legitimation auch dadurch, daß dem Soldaten vorgegeben wird, er müsse etwas verteidigen – in allerneuester Zeit ist es etwa die ›Freiheit‹ oder der ›Sozialismus‹ –, immer wird nur verteidigt! In den letzten Jahrzehnten sind sogar die Kriegsministerien offiziell in Verteidigungsministerien umbenannt worden. Diese Wortwahl unterstellt gleichzeitig, daß man sich gegen einen Angreifer schützen muß, ein Feind wird vorausgesetzt.[33]

Von Kind auf lehrt man die Menschen, einzig das als gut anzusehen, was ihnen im eigenen Lebensumkreis vertraut wird: die eigenen Sitten, der eigene Glaube, das eigene Vaterland, die eigene Gesellschaftsordnung – kurz, der eigene Anspruch. Und wer den schmälern will oder könnte, das ist der andere, der Feind, der bekriegt werden muß. Sein Bild wird als das des Bedrohlichen, des Bösen – in welcher Form auch – schon in der Kinderstube mit schwarzer Farbe an die Wand gemalt. Die eigene Sache, die von den Erwachsenen vertreten wird, ist da von vornherein die ›gerechte‹.

Schon das Kind soll lernen, sich demgemäß zu verhalten, sich mit diesen Werten gleichzusetzen und sie als seinen kostbarsten Besitz, als ›höchstes Gut‹ – wertvoller als das eigene Leben – zu schützen. Damit sind grundlegende Voraussetzungen für die innere Vorbereitung zum Krieg geschaffen. Das Bild des Rivalen, des ›anderen‹, des ›Feindes‹ kann nun systematisch aufgebaut werden, und zwar sowohl innerhalb des Landes als auch außerhalb.

»Wie leicht entzündet sich kindische Eitelkeit an der Vorstellung, einem besonderen, auserwählten Volk anzugehören, durch das man über den Plebs [= Pöbel, armes Volk] der anderen Völker ohne eigene Anstrengung und Leistung hinausgehoben wird. Damit tröstet man auch den Unterdrückten und sozial Benachteiligten über seine erniedrigende

Lage hinweg; er ist bereit, Sklave zu sein, wenn er nur andere, die noch tiefer stehen als er, ausreichend verachten kann.«[34]

Diese Einstellung erleichtert die Belastung des ›anderen‹ als Sündenbock, der damit vom Gefühl her bedenkenloser angegriffen oder gar vernichtet werden kann. Im Falle eines Krieges ist es dann ein leichtes, solchermaßen vorbereitete Menschen im militärischen Dienst zu formen. Mußten nicht deshalb auch bei uns in Deutschland Gefühle der Bedrohung und der Feindschaft erzeugt, aufrechterhalten und immer wieder neu aufgestachelt werden? Allein seit dem Anfang des Jahrhunderts sollten wir uns verteidigen gegen den ›Erbfeind Frankreich‹, gegen das ›perfide Albion‹ (= England), nach 1917 gegen ›Bolschewismus‹, gegen die slawischen ›Untermenschen‹ und ›den Juden‹, nach 1945 gegen ›den Kommunismus‹. Immer wurde die Bevölkerung aufgefordert, diese offiziell angeprangerten Feinde zu ihren eigenen zu machen. Auch heute sollen wir das bejahen – in Bündnistreue. Der Zweck heiligt auch hier die Mittel.

Aggression – Ursache des Krieges?

Das folgsame Gehorchen, das Ausführen von Aufträgen und die Unterordnung unter Autoritäten, das alles wird von Kindheit an eingeübt und stellt einen wesentlichen Faktor bei der Durchführung von Kriegen dar. Viele nehmen indessen noch heute an, daß eine der wichtigsten Ursachen für das Zustandekommen von Kriegen die Aggression sei. Erstaunlicherweise wird dieses vielbenutzte »Wort so verschwommen definiert, daß es fast jede Art von Trieb umfaßt«. Aggression bezeichnet aber nur die Bereitschaft zum Angreifen, zu erhöhter Aktivität. Hierbei verändern sich die körperlichen Funktionen des Menschen: Der Puls wird beschleunigt, der Blutdruck steigt, man fängt an zu schwitzen. Das diente ursprünglich dazu, den Menschen für eine körperliche Auseinandersetzung vorzubereiten. Wo die Gelegenheit des körperlichen Abreagierens jedoch nicht gegeben ist, ist ein Erregungszustand eher hinderlich. Diese Art von Agression kann für die Durchführung von Kriegen also nicht von Belang sein: Man denke nur an die komplizierten militärischen Operationen, die wahrlich nicht im Affekt durchgeführt werden können.[35] Befragt man Psychologen und Verhaltensforscher nach dem Stellenwert von Aggression für den Krieg – ob sie angeboren sei oder erlernt –, erhält man äußerst unterschiedliche Antworten.

Der große Psychoanalytiker Sigmund Freud weist die Aggression in den Bereich der Triebe zurück. Im späteren Abschnitt seiner Schaffenszeit sieht er den Menschen beherrscht vom ›Lebenstrieb‹ und vom ›Todestrieb‹. Während der Mensch sich dem Leben zuwende, es bejahe, sich entfalten möchte, werde er – nach Freud – gleichzeitig von dem Verlangen getrieben, sich aufzulösen, zu vernichten, oder aber er übertrage diesen Wunsch, zu zerstören, auf andere; dazu benötige er die Brücke der Aggression. So sieht Freud keine Hoffnung, »die menschliche Aggressionsneigung völlig zu beseitigen; man kann versuchen sie so weit abzulenken, daß sie nicht ihren Ausdruck im Kriege finden muß.«[36]

Auch der Erforscher tierischen Verhaltens, Konrad Lorenz, ist der Ansicht, daß Aggressivität angeboren sei, ja eine Verhaltensweise, die instinktiv ausgeführt werde. Der Instinkt könne durch äußere Reize geweckt werden, d. h. Feindseligkeiten können entstehen, wenn z. B. bei den Dohlen die Rangordnung durchbrochen werde oder aber ein Korallenfisch sein Revier gegen einen Eindringling verteidige. Lorenz schließt vom Tier auf den Menschen, ohne zu beachten, daß diese noch andere Möglichkeiten zur Verfügung haben, mit Problemen fertig zu werden, als instinktiv zum Kampf überzugehen. Der Verhaltensforscher meinte auch, daß der ›Instinkt der Aggressivität‹ spontan hervorbreche. Das wird am Beispiel von verwöhnten amerikanischen Kindern scheinbar schlüssig aufgezeigt: Die Eltern gestatteten ihnen fast alles, um keine Aggressionen hervorzurufen. Lorenz stellte dazu fest: »Es entstanden unzählige ganz unerträglich freche Kinder, die alles andere als unaggressiv waren.« Daß eine falsch verstandene Erziehung zu Verhaltensstörungen bzw. Gereiztheiten in der Begegnung mit der Umwelt führt, die ganz anders reagiert, als es das Kind bislang erlebt hat, paßte nicht in Lorenz' Konzept des ›spontanen Instinktes‹.[37]

Man kann davon ausgehen, daß der Verhaltensforscher seine Beobachtungen falsch interpretiert hat – einmal durch die bedenkenlose Übertragung vom Tier auf den Menschen und zum anderen aufgrund offensichtlich fehlender psychologischer Kenntnisse. Wie sorgfältige Untersuchungen und Messungen der Körpervorgänge im Menschen gezeigt haben, gibt es

»keinen physiologischen [die Lebensvorgänge im menschlichen Körper betreffenden] Beweis für irgendeine spontane Anregung zum Kämpfen, die innerhalb des Körpers aufsteigt. Das bedeutet, daß keine Notwendigkeit zum Kämpfen besteht, weder im Angriff noch in der Verteidigung, abgesehen von dem, was in der äußeren Umgebung geschieht. Wir dürfen schlußfolgern, daß jemand, der so glücklich ist, in einer Umgebung zu leben, die ohne Anreiz zum Kämpfen ist, keinen physiologischen oder nervlichen Schaden erleiden wird, wenn er niemals kämpft. Diese Situation ist sehr verschieden von derjenigen des Essens, bei der die inneren Stoffwechselvorgänge zu eindeutigen physiologischen Veränderungen führen, die schließlich Hunger und den Anreiz zu essen erzeugen – ohne daß sich in der Außenwelt etwas verändert. Wir können daher schlußfolgern, daß es nicht so etwas gibt wie einen einfachen ›Kampfinstinkt‹, im Sinne einer inneren Antriebskraft, die befriedigt werden muß.«

Der amerikanische Forscher Ashley Montagu meint sogar darüber hinaus:

»Ich kenne kein instinktives Verhalten beim Menschen, mit Ausnahme zweier instinktähnlicher Reaktionen, nämlich der auf den plötzlichen Entzug der Unterlage und der auf ein plötzliches lautes Geräusch... Es scheint mir äußerst zweifelhaft, ob es so etwas wie einen Aggressionstrieb gibt... weil aggressives Verhalten im wesentlichen, wenn nicht sogar ausschließlich, erlerntes Verhalten ist.«[38]

Obwohl es eine Reihe von Untersuchungen gibt, die das bestätigen, halten die Nachfolger Freuds, und hier besonders Alexander Mitscherlich, ungebrochen an der Triebtheorie fest. Bei ihm nimmt der sogenannte Ödipuskomplex einen zentralen Stellenwert in seinen Überlegungen zur Aggression ein. Das Kind, der kleine Ödipus, hat nach Freud den Wunsch, den Vater umzubringen, um die Mutter zu besitzen. Das wird von Mitscherlich nicht in Frage gestellt, sondern er führt weiter aus, daß die Verdrängung dieses Wunsches Aggressionen wecke. Das Bedürfnis danach, sie auszuleben, steigere sich in dem Maße, wie die Erziehung autoritär und hart gehandhabt werde. Je größer also die Rivalität zwischen Vater und Sohn, um so größer sei die Aggression. Wohin damit?

Die ›Beseitigung‹ des Vaters dürfte nicht den Beifall anderer finden, also werde – immer nach Mitscherlich – ein Ideal gewählt, für das man seine Aggressionen ungehindert ausleben könne: der Dienst am Vaterland. Und so seien dann die Deutschen in die Lage versetzt worden, sich von ihrem unerträglich gewordenen Ödipuskomplex hemmungslos an anderen abreagieren zu können: in der Verfolgung und Ermordung der Juden und im Austragen von ›Rivalitäten‹ im Zweiten Weltkrieg. Als der gescheitert und man nicht als Sieger daraus hervorgegangen sei, habe man schließlich in Hitler die Ersatzfigur gefunden, die sich ungehindert beschuldigen ließe, der eigene Vater sei hingegen verschont geblieben.[39] Mitscherlich hat also ein in sich schlüssiges, wenn auch höchst absurdes Gedankengebäude aufgestellt; doch die Grundlage seiner Vorstellungen ist fragwürdig, u. a. die Annahme von einer nicht zu überbietenden Bösartigkeit des – hauptsächlich männlichen – Menschen, die schon mit seiner Geburt angelegt sein soll. Kriegerische Auseinandersetzungen sind damit für Mitscherlich als Folge der ›natürlichen‹ Schlechtigkeit unvermeidbar. Das hat freilich mit empirischer Wissenschaft nichts zu tun: Freud selbst sprach von seiner eigenen Theorie als einer »mythologischen Trieblehre«.[40]

Die Theorien von Freud, Lorenz und Mitscherlich zur Aggression wurden von vielen Menschen gelesen, weniger die Kritiken über sie. Das kommt nicht von ungefähr, denn

»... die meisten Menschen sind irgendwie befriedigt, wenn sie hören, sie seien durch angeborene Veranlagung aggressiv, denn dadurch werden sie von dem Schuldgefühl befreit, daß sie so böse sind, wie sie nun einmal sind... Die Doktrin von der angeborenen Schlechtigkeit ist den Leuten zudem deshalb so sympathisch, weil sie alles erklärt: die beiden Weltkriege, Vietnam, Kriminalität, Jugendkriminalität und so fort.«[41]

Der Psychotherapeut und Lehranalytiker Josef Rattner macht dagegen in seinem Buch »Aggression und menschliche Natur« auf die Deformationen menschlichen Handelns aufmerksam, die durch Erziehung und kulturelle Umwelt entstehen können. Die Schule ist nicht unwesentlich daran beteiligt:

»Ehrgeiz wird als Haupttugend des Schülers gezüchtet, viel mehr als Kooperation, Hilfsbereitschaft und soziale Verantwortung. Jeder Schüler soll ›nur für sich schauen‹. Leistung allein wird prämiiert, die Mitmenschlichkeit mag vor die Hunde gehen. So entsteht eine Kampfstimmung zwischen den Kindern, die um die Gunst der Lehrer und Eltern durch Leistungen buhlen, die diejenigen ihrer Kameraden übertreffen. In einem solchen Schulbetrieb ist potentiell ›jeder gegen jeden‹. Der Triumph des einen ist der Mißerfolg des anderen. So werden die Heranwachsenden auf das Wirtschaftsleben und die Politik vorbereitet. Die Schule ist schon ein früher Schauplatz für den ›Kampf ums Dasein‹.«[42]

Selbst in der frühen Kindheit benötigt das Kind oft das Mittel der Aggression, um seinen Platz zu behaupten. Noch ehe es sich seines Ichs bewußt geworden ist, nimmt es vom ersten Tag seines sinnlich entwickelten Lebens an die Welt wahr, von der es umgeben ist. Das Aufwachsen, zuerst in der Verbundenheit mit der Mutter, später in dem Miteinander des engeren und weiteren Umkreises, bereitet sich das Kind auf das Leben in der Gesellschaft vor. Wird es in eine Gemeinschaft hineingeboren, in der Menschen sich frei bewegen, einander offen begegnen und fähig sind, aufkommende strittige Fragen sachlich-friedlich und verständigungsbereit miteinander auszuhandeln, mag es Bilder eines freundlichen Lebens in guter Nachbarschaft in sich aufnehmen. Doch wenn die Erwachsenen sich schon in der Familie miteinander streiten, sich gegenseitig in ihrer Bewegungs- und Handlungsfreiheit einengen und unterdrücken, dann wird auch das Kind dadurch geprägt und Lebensangst empfinden. Sie wird verstärkt durch Ge- und Verbote, mit der Erziehung durch Belohnen und Strafen, nicht zuletzt – und immer noch weit verbreitet – mit dem Hinnehmenmüssen von Prügeln. Erlittene Schmerzen, auch Kränkungen und Demütigungen sowie Schläge fördern aber die Bereitschaft zur Aggression, weil das Kind sich dann minderwertig vorkommt und sich umso mehr aufwerten muß.

Die häufigsten Vorbilder, die das Kind im familiären Bereich erlebt, sind das Gegenteil dessen, was eine Erziehung zum Frieden braucht.

»Ein Kind soll die Gewohnheiten des Nicht-Kämpfens einfach dadurch erwerben, daß es nicht kämpft. Daher sollte eine annehmbar zufriedene und friedliche Umgebung selbstverständlich ein Kind hervorbringen mit starken Neigungen, gegenüber seinen Freunden und Verwandten friedfertig zu sein. Eine friedliche Umgebung setzt voraus, daß Eltern und Lehrer in irgendeiner Weise die Stimulierung zu kämpfen auf niedrigem Niveau halten.«[43]

Mein ältester Sohn Peter erhielt mit etwa zwei Jahren die erste Ohrfeige seines Lebens – beim Sandkastenspiel, von einem Mädchen. Er, der zu den Größeren immer wie auf eine Art Wunder geschaut hatte und voller Weltvertrauen war, stand erst einmal verwirrt still; dann kam er angelaufen: »Mutter, Mädchen hat mich an'n Ohr destoßen!« Er wußte nicht, was das bedeuten sollte. Als dann sein erster Bruder ins Spielalter hineinwuchs – sehr lebhaft und draufgängerisch –, ging er auch öfter einmal gegen den ›Großen‹ an (etwa weil der Kleine den Bauklotzturm anders bauen oder umwerfen wollte). Peter wußte ja nun schon, was ein Angriff ist, doch er ließ sich nicht hinreißen, sondern blieb gelassen und senkte nur die Hand des Kleinen, die gegen ihn erhoben war, langsam mit seinem Arm nach unten: Frieden! Frieden!

Eine Familie kann sich zwar unter Umständen an die Maxime einer Verständigungsbereitschaft halten, aber sowie das Kind in Kontakte außerhalb dieses Bereiches tritt, hat das natürlich Rückwirkungen. Menschen aber, die als Kinder an Gewalt gewöhnt wurden und sie erdulden mußten, antworten als Erwachsene in Konfliktsituationen fast unwillkürlich mit Aggressionen, als gebe es keine Verständigung, als sei Vernunft mit Blöcken umstellt.

Die amerikanische Ethnologin Margaret Mead, die um 1930 bei Naturvölkern Neuguineas lebte und sie nach dem Krieg in den 1950er Jahren nochmals aufsuchte, konnte das Aufwachsen von Kindern in unterschiedlichen Kulturbereichen verfolgen. Dort, wo die Art der Erziehung nicht freilassend, sondern von vornherein eingeengt war, bei den kannibalischen Mundugumur, wurden die Kinder zu aggressiven Charakteren geformt und Knaben von früh an zur Feindschaft gegen alle Geschlechtsgenossen erzogen; oft hatten sie noch vor ihrer Reife für ein Kannibalenfest einen Gefangenen zu töten. Mädchen wie Jungen wurden zu feindlich gestimmten und feinschaftlich handelnden Erwachsenen gemacht.

Wie anders die Menschen durch eine freundlich gestimmte Umwelt geprägt werden, zeigte sich am Beispiel der Manus. Sie siedelten an einer Lagune, und Mead hatte unter den Erwachsenen eine »strenge Arbeitswelt« mit puritanischer Lebensweise und Streben nach Besitz, nach wirtschaftlicher Sicherung, vorgefunden; doch den Kindern ließen sie Jahre unbehinderter Freiheit. Sie konnten ihren Gefühlen freien Lauf geben, brauchten weder ihr Temperament noch ihre Zungen – auch nicht gegenüber den Erwachsenen – zu zügeln. »Niemals wird von Kindern verlangt, zugunsten der Eltern auf etwas zu verzichten.« Kinder waren für die Erwachsenen das höchste, das wichtigste Gut der Gesellschaft.

Nach dem Zweiten Weltkrieg, der die Heranwachsenden mit anderen Lebensformen in Verbindung gebracht hatte, waren aus den analphabetisch lebenden, übermütig umhertollenden und ihre Eltern tyrannisierenden, eigensinnigen Kindern von gestern zielbewußte, energische Erwachsene geworden. Systematisch und planvoll hatten sie die Lagunendörfer auf das Land verlagert. »Die alten Bräuche wurden Stück für Stück analysiert, und alles, was mit dem zwanzigsten Jahrhundert ... unvereinbar war, wurde über Bord geworfen, das übrige beibehalten.«[44]

Bemerkenswert ist die Beobachtung, daß die spiel- und lebenslustigen Kinder, die keinerlei Verantwortung zu übernehmen brauchten, als junge Erwachsene typische Merkmale der Elterngeneration zeigten; sie waren strebsam, sparsam, auf persönlichen Gewinn und – im Wettkampf mit Rivalen – auf Mehrung des Besitzes bedacht. Die alten Werte ihrer Kultur hatten sich ihnen als beispielhaft eingeprägt, doch die Freizügigkeit ihrer Erziehung hatte ihnen die Möglichkeit offen gelassen, auch Neues aufzunehmen und so ihre Gesellschaft zwar nicht grundlegend umzugestalten, aber doch zu verändern. Als Kind konnten sie ihr Selbstbewußtsein genügend entwickeln, ohne sich in aggressives Verhalten einüben zu müssen; das ermöglichte ihnen, auch als Erwachsene, Aufgeschlossenheit gegenüber Fremdem zu zeigen.

An den Beispielen kann man ablesen, daß die Erwachsenen die Welt nachleben, die sie als Kinder erlebt haben. Immer wieder wird in diesem Zusammenhang von manchen Autoren das sogenannte biologische Erbe betont – man versucht die Verschiedenheit der einzelnen Kulturbereiche auf erbliche Unterschiede zurückzuführen –, doch wird dabei unberücksichtigt gelassen, wie sehr die Kinder von ihrer sozialen Umwelt geprägt werden.[45]

Menschen, die in ihrer Kindheit aggressives Verhalten und weniger das Einbeziehen des Mitmenschen erlernt haben, entwickeln möglicherweise eine größere Unbedenklichkeit, im Falle des Krieges den ›Gegner‹ umzubringen. Das Kriegführen beruht jedoch nicht darauf, daß die einzelnen Soldaten aggressiv sind. Erst in der Gemeinschaft mit anderen, eingebunden in den organisatorischen Aufbau des Heeres, werden die Geschütze bedient, nicht weil die Soldaten ihre Aggression ausleben müssen, sondern weil sie kommandiert werden und von Kindheit an gelernt haben, Autoritäten zu gehorchen.[46]

Autoritätsgläubigkeit und Geltungssucht

Erstaunlich ist, daß die Erziehung zum Gehorsam so funktioniert, daß die Persönlichkeit des Befehlenden keine Rolle spielt: Den Befehlen des dümmsten und grausamsten Unteroffiziers, der eine offizielle Autorität für die Rekruten und einfachen Soldaten darstellt, wird gehorcht, während Ratschläge der klügsten und menschlichsten Person, die in der bürokratischen Hierarchie keine fixierte Stellung einnimmt, nicht beachtet werden. Das zeigt, daß der Vorgang des Gehorchens soweit verinnerlicht und mechanisiert ist, daß der Ausführende kaum noch hinterfragt, wer etwas anordnet, und vor allen Dingen, was angeordnet wird.

Traurige Berühmtheit hat das Experiment von Stanley Milgram erlangt: Hunderte von Personen wurden sozusagen von der Straße in ein psychologisches Laboratorium geholt. Sie sollten als Lehrer einen anderen Erwachsenen gleichsam als Schüler bestrafen, wenn der nicht die richtigen Antworten geben würde; dadurch sollte er zum Lernen angehalten werden. Als Strafe waren Stromstöße in Höhe von 15–450 Volt vorgesehen, die dem Schüler schmerzhafte Schocks versetzen sollten. Den Personen war nicht bekannt, daß kein Strom in der Leitung floß und die ausgelösten Schmerzen nicht echt waren. Dennoch lösten über 60 Prozent der Lehrer unbedenklich elektrische Schläge bis zu 450 Volt aus. Hierbei muß man sich klarmachen, daß die übliche Netzspannung von 220 Volt unter Umständen bereits tödlich sein kann.

Obwohl die Schüler je nach Stärke der Stromstöße immer lauter schrien, jammerten, winselten, ließen sich die Lehrer, denen der Experimentator immer wieder sagte: »Sie müssen weitermachen!«, nicht abhalten, die Schüler zu bestrafen. Nur rund ein Drittel der sogenannten Lehrer weigerte sich, als die Stromstöße zu hoch wurden, und verließ das Labor. Die übrigen gehorchten ausnahmslos, auch wenn die Schüler noch so sehr flehten, doch Gnade walten zu lassen.

»Die berufliche Zusammensetzung für jedes Experiment war folgende: gelernte und ungelernte Arbeiter: 40 Prozent; Büroangestellte, Verkäufer, Geschäftsleute: 40 Prozent; Freiberufliche: 20 Prozent. Die Berufsgruppen waren in drei Alterskategorien aufgeteilt...«

Die über tausend Versuchspersonen, im Alltagsleben gutbürgerlich, wurden durch den Einfluß der Autorität des Versuchsleiters und der kritiklosen Übernahme der von ihm abgegebenen Erläuterungen zu gefühllosen und grausamen Handlungen verführt. Einige Versuchspersonen drückten sogar die Hand des Schülers auf die vermeintliche Kontaktstelle, als diese sich weigerten, sich den Schlägen auszusetzen. Hinzuzufügen ist, daß die materielle Entlöhnung für die Lehrer so gering war, daß sie als Motivation für ihre Handlung nicht in Betracht kam. Man muß also schließen, daß der

Durchschnittsbürger, der sogenannte Normalbürger, ganz uneigennützig zum Henker werden kann, wenn es autoritär von ihm verlangt wird. Diese Versuche wurden später auch in Italien, Deutschland, England und Australien wiederholt, führten aber zu genau den gleichen Resultaten, teilweise gehorchten noch mehr Leute.[47]

Während der Versuchsreihe wurden auch Experimente angestellt, inwiefern sich Aggression auf die Wahl der Stromhöhe auswirkt. Man versuchte, die Versuchspersonen zu ärgern und zu reizen, und es stellte sich heraus, daß sie bei freier Wahl in Maßen höhere Schockstufen wählten, aber niemals so hohe wie die Versuchspersonen, die auf Befehl reagierten. Das Ergebnis dieser Untersuchungen war eindeutig:

»Der Schlüssel zum Verhalten von Personen liegt nicht in einem aufgestauten Ärger oder in Aggression, sondern in ihrer Beziehung zur Autorität. Sie haben sich der Autorität überantwortet; sie betrachten sich als Werkzeuge zur Ausführung der Wünsche einer Autorität, und sobald sie einmal... [als solche bestimmt] sind, sind sie unfähig, sich davon zu befreien.«[48]

Das relativ ausführliche Eingehen auf dieses Experiment schien notwendig, weil es die sozialen Voraussetzungen menschlicher Handlungen noch einmal verdeutlicht. Nicht die Aggression oder irgendwelche Triebe sind für höchst grausame Handlungen verantwortlich zu machen, sondern allgemein sehr geschätzte Charakterzüge: Pflichterfüllung, Gehorsam gegenüber der Autorität (dem in diesem Fall sogar nur freiwillig – für die Versuchsdauer – angenommenen Vorgesetzten). Dadurch wird auch erklärlich, warum während der Naziherrschaft in Deutschland so ungeheuerliche Verbrechen begangen wurden, und zwar nicht von Sadisten und Kriminellen (die gab es natürlich auch, aber sie waren nicht die Träger des Herrschaftssystems), sondern von gutbürgerlichen Offizieren, Beamten, Angestellten und Arbeitern mit ordentlichem Familienleben. Aber weil sie zum Gehorsam gegenüber Autoritäten erzogen waren, bemühten sie sich, die ihnen erteilten Aufträge möglichst sorgfältig auszuführen – auch wenn das den Tod vieler fremder Kinder, Frauen und Männer bedeutete. Die sogenannten ›normalen‹ bürgerlichen Tugenden erlaubten die Durchführung gigantischer Verbrechen. Aus dem gleichen Grunde aber war das keine allein in Deutschland mögliche Sache; ähnliche Strukturen und Erziehungsmodelle sind auch in anderen Ländern vorhanden, und die Menschen sind dort – wie Kriegs- und Völkerverbrechen z. B. französischer Truppen in Algerien oder US-amerikanischer in Vietnam gezeigt haben – auch der gleichen Untaten fähig.

Die eben beschriebene Autoritätshörigkeit wird in geradezu ›idealer Weise‹ ergänzt durch den Wunsch, sich hervorzutun. Alfred Adler, der Begründer der Individualpsychologie, entwickelte ein Erklärungsmodell für die menschliche Entwicklung, wonach das Geltungsstreben einer der wichtigsten Motoren sei.

Das Kind erlebt sich früh als hilflos einer bedrohlichen Umwelt ausgeliefert, es entwickelt Kleinheitsgefühle. Um das auszugleichen, muß es sich Geltung verschaffen: So fühlt es sich nicht mehr schutzlos, sondern größer, den anderen überlegen. Diese Verhaltensweisen werden bis in das Erwachsenenalter übernommen. Menschen, die einen ausgeprägten Minderwertigkeitskomplex haben, greifen zum Mittel des Ausgleichs durch Imponiergehabe, Machtstreben über andere, bis hin zu Größenwahnideen – wobei die menschliche Gemeinschaft mißachtet wird.[49] Um die eigene Überlegenheit zu betonen, braucht man die Entwertung, das Schlechtmachen des Gegenübers. Wie oft kann man das in der Politik beobachten!

»Man denke etwa an die Diktatoren unserer Epoche, die den Mund so voll nahmen und dauernd bei ihren Anhängern ihre Gottähnlichkeit proklamierten: wäre das Volk psychologisch geschulter gewesen, so hätte es in dieser phantastischen Großsprecherei und Großtuerei die pathologischen [= krankhaften] Minderwertigkeitskomplexe erkannt, die etwa einen Hitler dazu trieben, von Aggression zu Aggression zu taumeln, um sich dauernd aufs neue zu beweisen, daß er das größte staatsmännische und militärische Genie aller Zeiten sei... Würden wir mehr politische Menschenkenntnis besitzen, so wäre die Entlarvung größenwahnsinniger und unverantwortlicher Politiker viel leichter...«[50]

Ein übersteigerter Machtanspruch sogenannter Autoritäten ist nicht so leicht zu durchschauen, wenn die eigenen menschlichen Beziehungen neurotisch geprägt sind. Vielen Erwachsenen schien der ›Herrenmensch‹ das passende Gewand, um sich aufzuwerten und ihr extremes Geltungsstreben auszuleben; sie sahen nichts Fremdes in diesen kranken Wahnideen. Ganz im Gegenteil, dadurch verschafften sie sich einen Ausgleich für das, worin sie sich von Kindheit an einüben mußten: in Gehorsam, im Erdulden von Unterdrückung, in stetem Um-Anpassung-bemüht-Sein und Autoritätsgläubigkeit. Allzu wenige bemühten sich, dem Menschen zugewandt zu leben und in gegenseitiger Achtung eine menschliche Gemeinschaft zu bilden. Bei den Kindern hinterließen die barbarischen Erfahrungen des Krieges ein Gefühl von Verlassenheit und Verstörung; so berichtete ein 10jähriger nach 1945:

»Es gab keine Geborgenheit mehr. Ein falscher Gedanke genügte, um normale Menschen zum Mörder zu machen, zu erbarmungslosen Folterknechten. Und selbst Gott hatte nicht verhindert, daß viele kleine Kinder, so wie ich, mit Gas vergiftet worden waren. Wie konnten die Erwachsenen so etwas tun? War es nicht nur reiner Zufall, daß ich noch lebte? Und wenn ich lebte, konnte ich nicht morgen vergast werden,

wenn ein neuer Führer mit einer anderen Idee kam? Wer entschied dann? Ein neuer Blockwart? Ein anderer Führer? Der Zufall?«[51]
Diejenigen, die sich bemühen, das menschliche Verhalten zu verstehen, an sich selber arbeiten und den jüngeren Menschen einen Weg zur Mitmenschlichkeit weisen können, sind heute mehr geworden; gewachsen ist aber auch die Zahl und die Macht derjenigen, die mit zerstörerischen Kräften am Werk sind. So kommt es heute im wahrsten Sinne des Wortes auf jeden einzelnen an, den Weg nicht nur der eigenen Kinder, sondern mit ihnen den der Menschheit zu bestimmen: Denn Soldaten werden nicht geboren und Kriege nicht vererbt.

3. Der Erste Weltkrieg

Wie wahnsinnig ist der Krieg!
Seht doch dies Kind im blutigen Europa.

Im Rückblick erscheint älteren Menschen ihre Kindheit und überhaupt die einige Jahrzehnte zurückliegende Vergangenheit häufig als eine Zeit, in der die Welt noch in Ordnung war. Aber fast immer handelt es sich um einen verklärenden Blick zurück, in dem die Brüche und Härten vergessen oder verdrängt wurden – es sei denn, die Erinnernden gehörten Elternhäusern an, die weder von materieller noch politischer Not bedrängt wurden. Es sind daher viele Darstellungen, Bildbände und Memoiren erschienen, in denen von Kaisers Zeiten mehr oder minder geschwärmt wird. Daran ist sicher richtig, daß es in den letzten zwei Jahrzehnten vor dem Ersten Weltkrieg den Reichen gut ging wie immer, die Geschäfte florierten. Unter den Ärmeren, sofern sie noch gesund waren und Arbeit hatten, konnten Ältere meinen, daß es ihnen besser gehe als um 1890, wenngleich die Armut der proletarischen Schichten der Bevölkerung noch immer bedrückend war.[1] Jede Krankheit, jeder Unfall gefährdete die materielle Existenz der Familie, und die Kinder mußten spätestens mit 14 Jahren dazuverdienen. Die Welt konnte sich ihnen so darstellen, wie ein aus armen Verhältnissen stammender Flickschustersohn sie schilderte:

»Die Welt war schnurrig eingerichtet. Sie bestand aus zwei Häusern. Einer ungeheuren Fabrik mit anschließenden armseligen Baracken und einer schmucken Villa, die abseits davon und durch einen unübersteigbaren Zaun von der Fabrik getrennt in einem grünen Park lag. In der Fabrik arbeiteten neun Zehntel der Menschheit unter kümmerlichen Verhältnissen, um das eine Zehntel in der Villa zu erhalten, ihm die Mittel zum Genuß der Lebensfreuden zu verschaffen. Solange die Leute in der Fabrik jung und gesund waren, half die Freude der Jugend einigermaßen über alle Übel hinweg, wurden sie aber krank, oder begann ihr Haar grau zu werden, dann stand die Sorge drohend auf der Schwelle der Baracke.«[2]

Zeitumstände

Über allem Elend aber erklangen die schmetternden Töne der Militärkapelle und leuchteten die Paradeuniformen und Fahnen von Soldaten, die zu offiziellen Feiertagen festlich geschniegelt aufmarschierten. Anläßlich der Hundertjahrfeier der Völkerschlacht bei Leipzig (1813 besiegten die Truppen Rußlands, Österreichs und Preußens die Armee Napoleons) hieß es in einer SPD-Zeitung:

> »In Deutschland baut die herrschende Klasse Triumphbogen um Triumphbogen, hängt sie Girlanden an Girlanden, um patriotische Feste mit hochtönenden Phrasen von der Befreiung der Völker zu feiern, derweilen Millionen deutsche Staatsbürger in Unfreiheit dahinschmachten und am Hungertuche nagen, weil ihre Ernährer ohne Arbeit sind. Im Jahre 1892 sagt der Kaiser in einer Rede, die er, wie fast immer, im Kreise der besitzenden Klassen hielt: ›Herrlichen Zeiten führe ich Euch noch entgegen!‹ Nun gewiß, diese herrlichen Zeiten sind angebrochen, aber nicht für die Mehrheit des deutschen Volkes, sondern nur für die besitzende Klasse.«[3]

Die Formulierung, daß »Staatsbürger in Unfreiheit dahinschmachten«, mag aus der Sicht heutiger Verhältnisse überspitzt erscheinen, aber sie bezieht sich z. B. darauf, daß Justiz und Polizei des kaiserlichen Deutschlands im Umgang mit Arbeitern in Stadt und Land – gar noch solchen, die politisch verdächtig erschienen – deutlich andere Strafen verhängten und Methoden anwandten als bei gutsituierten Bürgern oder gar Adligen. Und das Militär stand uneingeschränkt an der Spitze der gesellschaftlichen Wertschätzung.[4]

Das beruhte u. a. auf den drei erfolgreichen Kriegen, die zur Gründung des Deutschen Reiches von 1871 geführt hatten, eines Bundesstaates, in dem Preußen fast ⅔ der Fläche und der Einwohnerschaft stellte.[5] In allen Schulen, zu allen Gedenktagen, wurden Heldentod und Militär verherrlicht in Reden und Liedern, die jene großen Schlachtensiege besangen. Schulkinder, die sich dem entgegenstellten, wurden bestraft:

> »Als... [1905] mein ältester Bruder Karl und ich auf einer Kaisers-Geburtstags-Feier beim Singen von ›Heil dir im Siegerkranz‹ nicht aufstanden und nicht mitsangen, wurden wir mit Krach aus dem Saal gewiesen. Stolz über unsere Zivilcourage sangen wir auf dem Nachhauseweg den vom Vater gelernten Refrain des Studentenliedes von 1848:
>
>> ›Wenn dich die Leute fragen, was macht der Absalom (Wilhelm)
>> dann kannst du ihnen sagen, ei der baumelt schon;
>> doch an keinem Baume und an keinem Strick,
>> sondern an dem Traume der deutschen Republik.‹

Unsere Renitenz hatte Aufsehen erregt, und in der Schule folgte ein heftiges Nachspiel.«[6]

Selbstverständlich konnten sich beide Brüder nur weigern mitzumachen, weil sie vom Elternhaus her anderes kannten (der Vater war einer der frühesten Sozialdemokraten in Ober-Schlesien), beide also den von Schule und Lehrerschaft vermittelten Werten etwas entgegenzusetzen hatten. Die Furcht der damaligen Behörden vor diesem oppositionellen, sozialistischen Einfluß war so groß, daß kein Sozialdemokrat Beamter werden durfte. Falls jemand eingestellt war, und diese Tatsache erst später bekannt wurde, bedeutete dies seine umgehende Entlassung. Kein Lehrer, kein Professor durfte dieser ›verruchten‹ Partei angehören, wenngleich es besonders unter den Volksschullehrern – die Kontrolle war in den verschiedenen Bundesstaaten des Deutschen Reiches unterschiedlich streng und insgesamt weniger umfassend als heute – auch einzelne Sozialdemokraten gab. Die Partei war durch die preußischen Behörden etwa ähnlich verfemt wie heutzutage die DKP und andere sich auf kommunistische Traditionen berufende Gruppierungen in der Bundesrepublik.[7]

Die Armee zog aus Furcht vor der sozialistischen Propaganda vornehmlich ländliche Rekruten ein und bemühte sich, den weitgehend adligen Charakter der Berufsoffiziere aufrechtzuerhalten; aus Sorge vor einer ›Verbürgerlichung‹ des Offizierskorps war das stehende Heer nicht so zahlreich, wie es der Bevölkerungszahl nach hätte sein können und für die Kriegswünsche der regierenden Kreise hätte sein sollen.[8] Wozu sollten sich die herrschenden Kreise um das Elend der unteren Schichten, um die Gesundheit und die Ausbildung von deren bleichsüchtigen Kindern oder andere ›kleinliche‹ Angelegenheiten wie Gerechtigkeit gegenüber städtischen Arbeitern oder ländlichen Tagelöhnern kümmern? Diese inneren Probleme berührten sie nur insoweit, als ihre Machtposition in der Gesellschaft, im Staat, in den Justiz- und Verwaltungsbehörden, in den Fabriken, auf den Gütern und in den Kontoren bedroht schien. Sehr einfach hatte z. B. Kaiser Wilhelm II. diese gängige Meinung zusammengefaßt; der damalige Reichskanzler Bülow berichtete darüber später:

»In dem erwähnten Silvesterbrief schrieb mir... [Kaiser Wilhelm, Neujahr 1906], er habe beim Jahresschluß sich die Weltlage durch den Kopf gehen lassen unter dem wiederangezündeten Tannenbaum... Übrigens sei das Jahr 1906 zum Kriegsführen besonders ungünstig... Die Hauptsache aber wäre, daß wir wegen unserer Sozialisten keinen Mann aus dem Lande nehmen könnten ohne äußerste Gefahr für Leben und Besitz der Bürger. ›Erst die Sozialisten abschießen, köpfen und unschädlich machen, wenn nötig per Blutbad, und dann Krieg nach außen. Aber nicht vorher und nicht a tempo!‹«[9]

Grundsätzlich waren weder der Kaiser noch seine Berater oder führende

Politiker, Industrielle und Militärs gegen einen Krieg. Von ihrer ›höheren Warte‹ der großen Politik aus gesehen, die sich nicht um das Leben und Sterben von armen Leuten und ihren Kindern in den Niederungen der Gesellschaft kümmerte, stellte sich die Welt ganz anders dar:

»Wir können nicht in einem Menschenalter hundert Millionen Deutsche mit den Produkten einer halben Million Quadratkilometer einheimischen Bodens und einer afrikanischen Parzelle ernähren und beschäftigen, und wir wollen nicht der Gnade des Weltmarktes anheimfallen. Wir brauchen Land dieser Erde. Wir wollen keinem Kulturstaat das seine nehmen, aber von künftigen Aufteilungen muß uns so lange das nötige zufallen, bis wir annähernd so wie unsere Nachbarn gesättigt sind, die weit weniger Hände und unendlich mehr natürliche Güter haben.«[10]

So schrieb Walther Rathenau, Vorstandsmitglied der AEG (einer der größten Industriekonzerne) um 1913. Mit dem ›Wir‹ meinte er nicht etwa allein deutsche Industrielle und Manager, für die er wohl am ehesten sprechen konnte, sondern das Deutsche Reich insgesamt, zu dessen Sprecher er sich hier aufschwang. Diese Gleichsetzung der eigenen Person und der eigenen Interessen mit einem sehr viel größeren Ganzen, für das der Sprechende weder befugt noch berechtigt war, so umfassende Erklärungen abzugeben, ist gerade unter verantwortlichen Leuten in hohen Stellungen häufig zu finden. Besonders Politiker, Unternehmer und Militärs neigen dazu, ihre Meinungen, Vorurteile und Interessen für die der Allgemeinheit zu halten, die sie zu vertreten behaupten.

So auch in diesem Falle: Weder meine Eltern, die beide arme Leute waren, noch ihre Arbeitskameraden brauchten ›Land dieser Erde‹. Sie suchten nach genügend Arbeit, um sich einen ausreichenden Lebensunterhalt in diesem Deutschland, in dem sie lebten und aufgewachsen waren, erwerben zu können. Aber die hohen Einfuhrzölle auf Korn und andere Lebensmittel, an denen sich die Großgrundbesitzer in Preußen und Mecklenburg goldene Nasen verdienten, trieben die Preise in die Höhe; die auf dem Lande Geborenen mußten in die Städte und Industriegegenden des Westens ziehen, da die mageren Löhne für Landarbeiter und die wenigen Arbeitsplätze nicht ausreichten. Dafür strömten zur Erntesaison Hunderttausende von Landarbeitern aus dem damaligen Russisch- und Österreichisch-Polen ins Land; diese Arbeitskräfte galten als billiger und gefügiger im Vergleich zu deutschen.[11]

Es war also ganz sicher nicht *der* Deutsche, der ›Land dieser Erde‹ brauchte; selbst im Deutschen Reich östlich der Elbe wäre bei drastischer Aufteilung der Großgüter noch sehr viel Siedlungsland vorhanden gewesen – aber daran war im Kaiserreich nicht zu denken: Um jeden Preis mußten die Vorrechte der ländlichen, adligen Führungsschichten erhalten bleiben;

denn die politische Struktur des Kaiserreiches beruhte auf einer Art Kompromiß dieser Schichten mit den ›Industriebaronen‹ des Großbürgertums.[12] Daher meinte sogar ein sehr kluger Vertreter der industriellen Kreise wie Rathenau, einem Programm der Ausdehnung deutscher Herrschaft das Wort reden zu müssen. Das erschien einfacher, als die inneren Verhältnisse zu ändern, als überlieferte Vorrechte konservativer Schichten, die in Preußen-Deutschland eine entscheidende Rolle spielten, beseitigen zu wollen.

Kolonien und Weltpolitik

Wer 1913 von ›künftiger Aufteilung‹ sprach, verfolgte damit allerdings ein bestimmtes Programm, da er ja wissen mußte, daß die ganze Erde verteilt war. Die europäischen Mächte – in kleinerem Umfang auch die USA und Japan – hatten die Welt binnen weniger Jahrzehnte in Einflußsphären und direkte Herrschaftsgebiete aufgegliedert. Das heißt nicht, daß jeder Landstrich bereits tatsächlich von ihnen kontrolliert wurde.[13] Da es aber kein herrenloses Land mehr gab – Lateinamerika sei hier ausgenommen[14] –, konnte nur eine Neuverteilung gemeint sein, unter Umständen auch eine gewaltsame. Lediglich über die Aufteilung einiger asiatischer Reiche (China, Siam, Afghanistan, Persien, Türkei) hatten sich die rivalisierenden Mächte nicht einigen können. So hatten diese Staaten ihre formale Unabhängigkeit zwar bewahrt, waren aber tatsächlich Halbkolonien jeweils mehrerer Großmächte.[15] Den Löwenanteil der Erde besaßen Großbritannien und Frankreich sowie das Russische Reich (zusammen über 51 Prozent). Vom Umfang ihrer Herrschaftsbereiche, der abzubauenden Bodenschätze und landwirtschaftlichen Möglichkeiten her gesehen, ließen sich diese drei Staaten als Weltmächte bezeichnen, genau wie die USA. Demgegenüber befanden sich Deutschland und Japan in der Rolle von Habenichtsen, die bei der imperialistischen Aufteilung der Welt zu kurz gekommen waren.
In einer der wichtigsten politisch-historischen Monatsschriften des Kaiserreiches wurde 1896 behauptet:
> »Unfertig sind wir und hungrig, gezwungen durch unsere geographische Lage, durch den ärmeren Boden, den wir bebauen, durch den erstaunlichen Zuwachs unserer Bevölkerungsziffer, durch die mit elementarer Gewalt sich vollziehende Umwandlung, die aus dem Staat mit überwiegendem Ackerbau einen Staat bildet, in welchem Industrie und Handel vorherrschen werden – kurz, durch unser Eintreten in eine neue Phasis der Entwickelung gezwungen, uns auszubreiten und Raum zu gewinnen für uns und unsere Söhne.«

Darüber hinaus schwebte dem Autor ein völliger Verzicht Frankreichs auf Elsaß-Lothringen vor, das 1871 gegen den Willen der Elsässer vom Deutschen Reich annektiert worden war. Anschließend dachte er an eine deutsch-französische Allianz:

»Es gäbe kein vernünftiges Ziel, das auf diesem Wege für die eine wie für die andere Macht unerreichbar wäre. Die zentraleuropäische Zoll- und Wirtschaftsunion, die Lösung der kolonialen Frage in großem Sinne, die Demüthigung Englands, die Erhaltung des Friedens mit den uns verbündeten Mächten Oesterreich-Ungarn und Italien, die Eindämmung des übermäßigen russischen Einflusses.«[16]

Erstaunlich, was hier als vernünftiges Ziel bezeichnet wird. Es sei hier nicht auf die angeblich ›ärmeren Böden‹ eingegangen – zum ›erstaunlichen Zuwachs unserer Bevölkerungsziffer‹ vergleiche die Karte »Kinder in Europa 1914«, S. 78 f. –, sondern auf den scheinbaren Zwang, ›Raum zu gewinnen‹. Diese Forderung hätte dann Sinn gehabt, wenn Deutschland ein reiner Agrarstaat gewesen wäre, der seine auf den kleinen Bauernhöfen überflüssige Bevölkerung nicht mehr hätte ernähren können. Aber dem Verfasser – obwohl Professor für Geschichte und Lehrer an der Kriegsakademie – war anscheinend entgangen, daß die deutsche Gesellschaft sich gerade zur industriereichsten in Europa entwickelte und bereits erste Erscheinungen eines Mangels an Arbeitskräften aufwies. Wenn Deutsche hungerten, dann wegen einer Preispolitik, die den Großgrundbesitzern – vor allem Preußens – enorme Gewinne sicherte. Falls der Verfasser sein ›hungrig sind wir‹ z. B. auf die zahlreichen Arbeiter und Tagelöhner in Stadt und Land bezogen hätte, die wegen der erbärmlich niedrigen Löhne, die ihnen deutsche Fabrikanten und Gutsbesitzer zahlten, ihre Kinder nicht ausreichend ernähren und versorgen konnten, wäre seine Aussage fraglos zutreffender gewesen. Von Berliner Arbeiterkindern starben um 1900 fast zwei Drittel bevor sie 14 Jahre alt wurden, von den Kindern der Reichen nur 15 Prozent (von denen des Mittelstandes ein Drittel). Diese tatsächliche Not hätte sich durch eine gerechtere Verteilung der im Lande selbst erarbeiteten Güter beseitigen lassen; dazu hätte es nur einer anderen Innenpolitik bedurft, keiner Kriegsdrohungen.[17]

Hinsichtlich der ›großzügigen Lösung kolonialer Fragen‹ sollte man sich klarmachen, daß die deutsche Regierung Mitte der 1890er Jahre seit etwa einem Jahrzehnt bereits über gewaltige Landstriche in Übersee verfügte, sechsmal größer als das deutsche Reich. Auch die Landgrenzen dieser Kolonien waren durch Verträge mit den anderen Kolonialmächten weitgehend abgesteckt. [18] Dennoch meinte selbst ein so bedeutender Gelehrter wie Max Weber:

»Wir müssen begreifen, daß die Einigung Deutschlands ein Jugendstreich war, den die Nation auf ihre alten Tage beging, und seiner Kostspieligkeit halber besser unterlassen hätte, wenn sie der Abschluß und nicht der Ausgangspunkt einer deutschen Weltmachtpolitik sein sollte.«[19]

Auch hier wurden also neue Erwerbungen gefordert, sollte noch mehr Land gewonnen werden. Vergleicht man diese Reden mit den bekannten Tatsachen, wie sie die folgende Tabelle zusammenfaßt[20], ist man erstaunt.

Kolonial- und Großmächte 1914 in Prozentanteilen

	der Erdfläche von 131,4 Mio. qkm insgesamt	(eigenes Gebiet)	der Weltbevölkerung von 1710 Mio. Einw. insgesamt	(eigenes Gebiet)
Britisches Reich	25,0	(0,2)	25,4	(2,7)
Russisches Reich	17,0	(9,7)	9,8	(8,0)
Frankreich	9,1	(0,4)	5,1	(2,3)
USA	7,4	(6,0)	6,3	(5,7)
Deutschland	2,7	(0,4)	4,7	(4,0)
Japan	0,5	(0,3)	4,2	(3,1)
Österreich-Ungarn		(0,5)		(3,2)
Italien	1,7	(0,2)	2,2	(2,1)
Niederlande	1,6	–	2,9	(0,4)
Belgien	1,8	–	0,7	(0,4)
Spanien	0,6	(0,4)	1,2	(1,2)
Portugal	1,7	(0,1)	0,6	(0,4)
Dänemark	0,2	–	0,2	(0,2)
Halbkolonien	12,4		26,1	

Hier zeigt sich auf einen Blick, daß Deutschland nach beherrschter Fläche und Bevölkerung immerhin an fünfter Stelle unter den größten Mächten der Welt stand. Da drängt sich die Frage auf: Was wollten seine Politiker eigentlich noch mehr? Offenbar müssen sie doch einer erschreckenden Großmannssucht verfallen gewesen sein, wenn sie sich mit Weltmächten anlegen wollten, deren jede einzelne über mehr Raum, mehr Menschen, mehr Potential verfügte. Dieser Hochmut speiste sich u. a. wohl aus der Entwicklung der letzten 40 Jahre, durch die das Deutsche Reich zur größten Industriemacht Europas geworden war, England also überflügelt hatte; allerdings wurde übersehen, daß die gleichzeitige industrielle Entfaltung der USA Deutschland bei weitem überrundet hatte. Auch die übrigen Großmächte waren nicht etwa unterentwickelt: Selbst für das Russische Reich, das mit seiner Industrialisierung erst begonnen hatte, war abzusehen, daß es in naher Zukunft die anderen Staaten erreicht haben würde. Schon jetzt stand es in seiner Industrieproduktion an fünfter Stelle der Welt.[21]

Die Tabelle deutet allerdings die geringe Bevölkerung der deutschen Kolonien an, ähnlich wie bei den japanischen, US-amerikanischen oder auch russischen. Doch waren die Besitzungen Deutschlands wirtschaftlich nicht so unbedeutend wie die italienischen, spanischen oder dänischen (vorwiegend Halbwüsten oder Kältesteppen), wenngleich sie das Deutsche Reich mehr kosteten als sie einbrachten. Für den Staat waren sie ein Zuschußgeschäft; d. h., da der Staat ja kein übergeordnetes Abstraktum war, daß die Masse der Arbeiter, Tagelöhner, Handwerker, Angestellten und niederen Beamten als Steuerzahler für die Kolonialkosten aufkamen, während einzelne Privatleute, Unternehmer und Gesellschaften in und an den Kolonien verdienten. Der Staat hatte für die Verwaltung und Sicherung durch Soldaten, sogenannte Schutztruppen, aufzukommen.[22]

Es ist in diesem Zusammenhang nicht möglich, auf die Lage der einheimischen Bevölkerung in den Kolonien einzugehen, die beim geringsten Widerstand von den europäischen Eroberern durch erbarmungslosen Terror eingeschüchtert werden sollte, auch wenn dabei ganze Völkerstämme ausgerottet wurden.[23] Es muß betont werden, daß alle Kolonialmächte – mit der Ausnahme Dänemarks – solche Verbrechen begangen haben, bei denen Massenmorde an einheimischen Frauen und Kindern begangen wurden. Nur als ein Beispiel seien die Hereros in Deutsch-Südwestafrika genannt:

»Die Hereros sind ein Negervolk, das seit Jahrhunderten auf seinem heimischen Boden sitzt, den es mit seinem Schweiße gedüngt hat. Ihr ›Verbrechen‹ bestand darin, daß sie sich nicht willenlos beutegierigen Industrierittern, weißen Sklavenhaltern überantworten wollten, daß sie ihre Heimat gegen fremde Eindringlinge verteidigten. Auch in diesem Kriege haben sich die deutschen Waffen reichlich mit – Ruhm bedeckt. Herr von Trotha gab den bekannten Armeebefehl heraus: Jeder Neger, der sich bewaffnet zeigt, wird niedergeschossen – Pardon wird nicht gegeben.«[24]

Dieses Zitat aus einer Rede Rosa Luxemburgs mag überspitzt erscheinen, entspricht indessen nur allzugenau den beschämenden Tatsachen. Die Hereros (das größte Volk im zentralen Deutsch-Südwestafrika) hatten sich 1904 gegen die deutsche Herrschaft erhoben, nachdem ihnen – entgegen früheren Zusagen – immer mehr Weideland von deutschen Kolonisten weggenommen worden war. Zu Beginn des Aufstandes töteten sie über 100 deutsche Farmer – *nicht* deren Frauen und Kinder, auch keine Missionare und Händler, die sich nach ihren Begriffen anständig verhalten hatten –, erlagen aber dem deutschen Militär. Über 14000 Soldaten sandte der deutsche Generalstab unter einem unabhängigen Kommando nach Süd-westafrika, während das gesamte Hererovolk nur etwa 70 000 Kinder, Frauen und Männer zählte. Die Einkesselung der Aufständischen, die sich mit allen Angehörigen und ihrem Vieh am Waterberg versammelten, scheiterte, da den Hereros der Durchbruch gelang, worauf die deutschen Truppen in planmäßiger Verfolgung die Flüchtenden in die Sandwüste der Omaheke jagten. Der deutsche Oberbefehlshaber, von Trotha, erließ einen Aufruf, in dem es unter anderem hieß:

»Herero sind nicht mehr deutsche Untertanen... Innerhalb der deut-schen Grenzen wird jeder Herero mit oder ohne Gewehr, mit oder ohne Vieh, erschossen. Ich nehme keine Weiber und Kinder mehr auf, treibe sie zu ihrem Volk zurück oder lasse auf sie schießen. Das sind meine Worte an das Volk der Herero. Der große General des mächtigen deut-schen Kaisers.«[25]

Die militärischen Vorgesetzten, einschließlich des damaligen General-stabschefs von Schlieffen, deckten diesen Befehl, der von den Soldaten be-folgt wurde: Hunderte von Verletzten und Unbewaffneten, von Frauen und Kindern wurden umgebracht. Auch in der offiziellen Darstellung des Generalstabes über diesen ›großartigen‹ Krieg und die darin vollbrachten Heldentaten heißt es wörtlich:

»Diese kühne Unternehmung zeigt die rücksichtslose Energie der deut-schen Führung bei der Verfolgung des geschlagenen Feindes in glänzen-dem Lichte. Keine Mühen, keine Entbehrungen wurden gescheut, um dem Feinde den letzten Rest seiner Widerstandskraft zu rauben; wie ein halb zu Tode gehetztes Wild war er von Wasserstelle zu Wasserstelle gescheucht...«[26]

Mit großem Aufwand hatte also die deutsche Regierung unter Einsatz mo-dernster Mittel ein ganzes Volk vernichtet, wobei sich das rücksichtslose Durchsetzen der Militärs gegenüber der Zivilgewalt, also auch dem Gou-verneur von Südwestafrika und dem Kolonialministerium sowie sogar ge-genüber den Wirtschaftsinteressen der deutschen Kolonisten zeigte, die ja Arbeitskräfte und Vieh brauchten. Die Gefangenen wurden absichtlich in kalt-feuchten Lagern an der Küste bei Swakopmund interniert, so daß etwa 45 Prozent umkamen. 1906 waren noch 14 000 Hereros in Deutsch-Süd-westafrika am Leben, knapp 2000 hatten sich in das britische Betschuana-Land und nach Südafrika gerettet. Die Überlebenden wurden enteignet, also ihres Landes und Viehes beraubt, und waren schon daher gezwungen, sich als Arbeitskräfte bei den neuen weißen Herren zu verdingen. Sie wur-den sehr häufig nicht einmal ausreichend ernährt. Auch eine rassistische Politik wurde strikt durchgesetzt, indem seit 1905 Eheschließungen zwi-schen Weißen und Afrikanern offiziell verboten wurden. 1907 wurden so-gar alle früher geschlossenen Ehen nicht mehr anerkannt – ein Verstoß gegen alle geltenden Rechtsprinzipien –, die Kinder wurden als Eingeborene behandelt und die etwa 30 Weißen, die sich nicht von ihren Frauen trennen wollten, entrechtet. Sexualbeziehungen in für die Frauen der einheimischen Völker erniedrigender Form wurden hingegen keineswegs verboten. Nach der Niederschlagung des Aufstandes verbreitete sich die Syphilis durch die vergewaltigten und zur Prostitution gezwungenen schwarzen Frauen dermaßen, daß die deutsche Verwaltung ein Aussterben der Stammesvölker befürchtete.[27]

Vom Standpunkt der an Kolonialerwerb und Kolonien Interessierten her gesehen, führten solche leicht gewonnenen Kolonialkriege allerdings bedauerlicherweise nicht zu weiterem Landgewinn: Die Erde war verteilt. Da nun aber nicht nur einzelne Geschäftsleute, sondern auch Politiker und Militärs an mehr Land interessiert waren, begann das deutsche Kaiserreich seit den 1890er Jahren durch seine Politik, die die Neuverteilung der Welt anstrebte, die älteren Weltmächte zu beunruhigen. Mit Frankreich seit dem Raub Elsaß-Lothringens ohnehin verfeindet, mit Rußland aus preußisch-innenpolitischen Gründen seit den 1880er Jahren in gespannte Verhältnisse geraten, wurde auch gegenüber England durch den Aufbau einer Kriegsflotte sowie kleinere Erpressungen ein Spannungsfeld aufgebaut – ähnlich gegenüber Japan und den USA.[28]

Dabei muß man sich klarmachen, daß diese Politik wenig erreichte, außer eine neue Gegnerschaft zu Staaten wie Japan oder England zu provozieren, mit denen Preußen noch nie ernsthafte Gegensätze gehabt hatte. Der Gewinn beschränkte sich auf winzige Inseln im Pazifik (Samoa, Palau, Bikini), den chinesischen Hafen Kiautschau und rd. ¼ Mio. qkm tropischen Regenurwaldes, fast unbewohnt. Insgesamt machten diese unter größtem politischen Aufwand 1898 bis 1911 erworbenen Gebiete gerade 0,2 Prozent der nutzbaren Erdoberfläche aus und zählten noch nicht einmal ein halbes Tausendstel der Weltbevölkerung von 1914.[29]

Dafür gelang es der deutschen Politik, die sich mit allen drei europäischen Weltmächten anlegte, diese zu bewegen, ihre starken Gegensätze untereinander in losen Absprachen auszugleichen und sich zu einer lockeren Verteidigungsallianz zu verbünden.[30] Der einzige deutsche Verbündete war dagegen die europäische Großmacht Österreich-Ungarn, in der Deutsche und Ungarn die übrigen Völker unterdrückten, deren Nationalismus die Existenz der Donaumonarchie zu gefährden schien. Seit 1900 gab es zwischen den europäischen Welt- und Großmächten vier schwere Krisen – zwei ausgehend vom Streit um das anfangs noch unabhängige Marokko, zwei beruhend auf den Interessengegensätzen im Balkan.[31] Mit knapper Not wurde ein großer Krieg jeweils vermieden, wie es allen Beteiligten nur zu klar war; dennoch waren die deutschen Regierungen einem Krieg – auch gegen die übrigen Großmächte, sofern er ihnen gewinnbar schien – nicht abgeneigt. So schrieb ein hoher Ministerialbeamter bereits 1897:

>Die Regierung Kaiser Wilhelms II. braucht einen greifbaren Erfolg nach außen, der dann wieder nach innen zurückwirken würde. Dieser Erfolg ist nur zu erwarten entweder als Ergebnis eines europäischen Krieges, eines weltgeschichtlichen Hasardspiels oder aber einer außereuropäischen Erwerbung.«[32]

Kolonialerwerb und Weltpolitik, also die Vergrößerung des unmittelbaren Einflußbereiches Deutschlands schien breiten Kreisen, vor allem innerhalb des Bürgertums, unumgänglich als Bedingung für die Erhaltung nationaler Größe. Das Schlagwort von der Weltpolitik war bei vielen geradezu eine Art von Fetisch geworden, obwohl das Deutsche Reich an Einfluß und Wirtschaftsmacht doch zu den fünf wichtigsten Mächten der Erde gehörte (vgl. Tabelle). Innerhalb Deutschlands waren indessen auch Universitätsprofessoren und Gelehrte offenbar selten imstande, sich nationale Größe anders als in äußerlich sichtbaren Formen politischer Macht – also in direkter Herrschaftsausübung – zu denken. Angesichts der politischen Aufteilung der Welt mußte jede angestrebte Veränderung aber zum Kriege führen, falls die anderen Staaten nicht freiwillig ihre Eroberungen aufgaben. Zugleich erschien den tonangebenden Schichten des deutschen Reiches jedoch auch aus innenpolitischen Gründen ein solcher Krieg notwendig, sofern die anderen Mächte Deutschlands Ansprüche nicht akzeptierten.

Insofern forderten Regierungsräte, Firmendirektoren, Universitätsprofessoren, Großgrundbesitzer und Beamte eine Kolonialpolitik großen Stils und einen Ausbau der militärischen Machtstellung in Europa. Dazu verlangte man konsequenter Weise nach mehr Waffen und Soldaten:

>Weil die Lösung der sozialen Frage ohne Kolonialpolitik für die deutsche Nation nicht denkbar ist und weil mit dem sozialen und wirthschaftlichen Fortschritte in der ganzen Welt die Reibungen zwischen den Nationen zunehmen. ... Deutsche Größe ist eben ohne Militär nicht denkbar. Die Gesamtheit aller Verhältnisse weist das deutsche Volk auf den Krieg, den großen Vater alles Guten. Ein kriegführendes Volk aber muß monarchisch sein.«[33]

Angesichts dieser Einstellung, die eine permanente Bereitschaft zum Krieg aufweist, ihn keineswegs als ein Übel, sondern als etwas Gutes darstellt, ist es um so erstaunlicher, daß im damaligen Mitteleuropa noch fast zwei Jahrzehnte ein Krieg verhindert werden konnte. Dennoch gaben die verantwortlichen Politiker zu Beginn des Weltkrieges vor, überrascht und betroffen zu sein.

Vorbereitung des Weltkrieges

Man spricht auch heutzutage – falls man darüber spricht – meist vom ›Kriegsausbruch‹; sogar die Mehrzahl der Darstellungen schreibt, in der Regel ohne jedes Infragestellen, als sei das eine simple Tatsachenfeststellung, vom ›Ausbruch des Krieges‹ – wie verräterisch kann Sprache sein! Bricht er wirklich wie eine Naturkatastrophe über die Völker herein? Für die Gefühle und das Bewußtsein der Mehrheit innerhalb der beteiligten Nationen war das gewiß so; denn die meisten waren nicht in der Lage, sich vorausplanend mit der ernsthaften Möglichkeit eines bevorstehenden Krieges und mit seinen Anzeichen auseinanderzusetzen – das gilt offenbar auch für unsere Gegenwart.

Von den vielen Gründen, warum das so ist, seien hier nur einige angesprochen, deren erster die Unwissenheit ist. Während heute für die Mehrheit der Bevölkerung – zumindest in Europa und den industrialisierten Teilen der Welt – ausgiebige Möglichkeiten der Information bestehen, war das um 1900 durchaus nicht der Fall. Zwar gab es zahlreiche Zeitungen, in Deutschland mit über 3500 sogar mehr als heute in beiden deutschen Staaten, aber keine anderen Medien. Zudem vertraten viele Blätter, obgleich sie verschiedenen Besitzern gehörten, in allgemeiner politischer Hinsicht dieselben Ansichten.[34] Viele Erwachsene – nicht nur im Süden und Osten Europas, sondern z. B. auch im hochindustrialisierten Großbritannien und in den USA – waren nicht imstande zu lesen. Die Kenntnisse zahlreicher Menschen über die Welt, in der sie lebten, waren einfach zu gering, um sich den Machtansprüchen ihrer Regierungen zu widersetzen. Sie kannten nur ihren engen Arbeitskreis, das tägliche Umfeld, und standen politischen Veränderungen verwirrt, nichts begreifend, gegenüber:

Eine polnische Landarbeiterin berichtete später im Rückblick auf das Juli-Ende 1914, unmittelbar vor Kriegsbeginn:

»... erst jetzt begreife ich, wie unwissend die einfachen Menschen doch waren. Wenn ihnen ein großes Unglück drohte, wußten und verstanden sie niemals, woher es kam, warum und weshalb es sie traf. Die unglaublichsten Gerüchte waren in Umlauf, doch keiner verstand sie. Die Frauen lamentierten, rissen sich die Haare aus vor Verzweiflung, denn wie sollten sie das Getreide einfahren, daß so üppig gereift war? Ich wußte nicht mehr als die anderen. Ich hatte nur gehört, daß irgendwo in einer Stadt der Sohn des österreichischen Königs erschossen worden wäre, und zwar bestimmt von einem Russen. Aus diesem Grunde würden die Österreicher sich rächen, und der Krieg wäre da. Nicht eine Minute dachte ich daran, daß es auch den Mann meiner Tochter [als Berufsoffizier] betreffen würde. Ich sah die vielen Männer, die sich mit ihren Bündeln vor der Stadtverwaltung versammelten, um in den Krieg zu ziehen; ich hörte das Klagen der Frauen, ahnte aber nicht, daß das Militär, das schon unter Waffen stand, zuerst in den Krieg mußte.«[35]

Das nahezu rührende Nichtwissen, das sich in diesen Zeilen kundtut, nicht einmal die Funktion des Militärs zu kennen, herrschte in breitesten Volksschichten. Angesichts der damaligen Schulbildung für die unteren Klassen waren den ›einfachen Menschen‹ nicht nur Serbien und Österreich unbekannt, sondern erst recht die Kriegsinteressen von Politikern, Militärs und Unternehmern. Die Wege der politischen Entscheidung waren ihnen schon im eigenen Lande nicht geläufig, geschweige denn die in denen der anderen Staaten. Sie tappten hinsichtlich aller gesellschaftlichen Zusammenhänge im dunkeln. Einen Krieg erklärten sie sich also unter Personifizierung der beteiligten Staaten wie eine Art Rauferei auf der Kirmes.

Dieses Nichtwissen beschränkte sich nicht nur auf das Politische und Gesellschaftliche, sondern betraf auch das naheliegendste Persönliche: Meine eigene Mutter z. B., eine Vollwaise aus kleinstädtischem Milieu, wußte bei ihrer ersten Schwangerschaft bis kurz vor der Geburt nicht, was sich in ihrem Körper abspielte. Wem dieses als längst überholte Unaufgeklärtheit erscheint, der bedenke, daß diese besondere Form der Unwissenheit selbst im Jahre 1982 noch von einer jungen Freundin, die als Ärztin in Südwestdeutschland arbeitet, in freilich sehr ländlicher Gegend erlebt wurde. Wenn aber sogar das Wissen um den eigenen Körper nicht vorhanden ist, wieviel weniger darf dann Kenntnis der politisch-gesellschaftlichen Umwelt angenommen werden, die dem ›einfachen Menschen‹ allzuoft – heute wie vor 70 Jahren – abstrakt und fern vorkommt: Der Staat, in dem sie leben, erscheint ihnen als nicht von ihnen bestimmt, als nicht von ihnen beeinflußbar.

Neben dieser Unwissenheit proletarischer Schichten auf dem Lande und in der Stadt – besonders im Osten und Süden Europas waren die Menschen noch vielfach analphabetisch – gab es noch eine andere, die sich bei Angehörigen der oberen Schichten zeigte: Sie wußten zwar vieles, hatten aber nicht gelernt nachzufragen.

So machte ein Kriegsfreiwilliger aus ›gebildeten Ständen‹, wie man damals noch sagte, im Herbst 1914 eine für ihn erstaunliche Entdeckung:

»Ich ritt der Kolonne entgegen und versuchte dabei immer wieder, mit den Dragonern ins Gespräch zu kommen. Sie antworteten jedoch in mir unverständlicher Sprache. Ich beklagte mich schließlich bei dem Wachtmeister: ›Sie sind doch Österreicher, warum sprechen die dann nicht deutsch mit mir?‹– ›Ja‹, antwortete er, »wir sind zwar k. u. k. [= kaiserliche und königliche] Dragoner, aber wir sind Slowenen und keine Deutschen. Ich bin auch Slowene. Ich spreche nur das k. u. k. Kommißdeutsch.‹ Ich begriff, daß meine Vorstellung von den österreichischen Brüdern, die trotz ihres anderen Kaisers allesamt Deutsche seien wie wir, ein Irrtum war, eine Bildungslücke. Und ich hatte von einem guten deutschen Gymnasium das Zeugnis der Reife erhalten! Über das Wort ›Vielvölkerstaat‹ hatte ich mir keine Gedanken gemacht...«

Sicher wußte er auch nicht, daß Deutsche und Ungarn in der Donaumonarchie nur jeweils etwa $\frac{1}{5}$ der Gesamtbevölkerung ausmachten.[36] Allerdings muß hierbei berücksichtigt werden, daß gerade die höhere Schulbildung im damaligen Deutschland durchaus nicht darauf ausgerichtet war, die reale Umwelt, gar die politische, zu verstehen, wenngleich gerade der Deutsch- und Geschichtsunterricht auf Förderung eines nationalvölkischen, konservativen Weltbildes abzielte. Insgesamt zeigte sich die höhere Schule wohl noch wesentlich lebensferner als die heutige, wenn man den Erinnerungen damaliger Realschüler und Gymnasiasten vertrauen darf:

»... ich wußte nicht, ob und was für Dichter in Deutschland lebten, wenn ich es nicht aus den Büchern erriet, die mein Vater meiner Mutter zum Lesen auf ihr Schreibpult legte. Ich vermochte den Flächeninhalt einer Ellipse zu errechnen, hatte aber keine annähernde Vorstellung von der Größe eines Quadratkilometers oder von dem Gehalt eines ordentlichen Professors an der Universität... Wir kannten den zweiten messenischen Krieg besser als den zweiten schlesischen oder die Freiheitskriege, da der Geschichtsunterricht nicht bis zu diesen späten Ereignissen hin gedieh. Die geschichtlichen und politischen Grundlagen unseres Lebens blieben uns völlig unbekannt.«[37]

Die Auswirkungen dieser nur scheinbar unpolitischen Schule zeigten sich u. a. darin, daß auch akademisch Gebildete mit folgenden fragwürdigen Ausführungen ihr Publikum fanden:

»Die Herrscherhäuser deutscher Zunge und ihre Gefolgschaften entstammen einer Oberschicht, die sich bei Strafe des Verlustes edelster Rechte mit fremdem Blute niemals mischen darf. Die Heere als Träger und Garanten der Nationalmacht nach außen, der Herrschermacht nach innen, gehorchen adligen Führern. Die Geschäftsführung deutscher Staaten und ihre Vertretung geschieht durch Zugehörige der oberen Schicht, nicht minder die höchste Leitung der Regierung und der größere Teil ihrer Exekutive [= vollziehende Gewalt].«

Der erste Satz ist nicht nur völkische Ideologie – die sich an weiteren Stellen noch steigert zur ›dunkelhaarigen‹ Unterschicht ›welscher‹ und slawischer Herkunft –, sondern auch falsch. Sollte ein so gebildeter Mann nicht gewußt haben, daß gerade bei hochadligen Fürstenfamilien von irgendeiner ›Reinheit des Blutes‹ am allerwenigsten die Rede sein konnte? Sollte er nicht wenigstens gehört haben, wie sogar ich in meinen letzten Schuljahren, daß z. B. Kaiser Karl V. unter seinen 32 Vorfahren (bis zur Generation seiner Urgroßeltern) nur einen rein deutschen Elternteil besaß und deutsch nur mit seinen Pferden sprach? Die Beobachtung des überwiegenden Anteils Adliger in den höchsten Rängen von Verwaltungs- und Regierungsapparat des wilhelminischen Deutschlands ist zweifellos richtig; auch die Charakterisierung des Heeres als Instrument der Innenpolitik trifft zu. Beides war ein Kennzeichen der politischen Lage des Kaiserreiches und eine grundlegende Schwäche des deutschen Staatsaufbaus, vor allem, weil das Volk »sich zwangsweise an den Gedanken, daß eine Regierung nicht anders als konservativ sein darf«, gewöhnte.[38]

Diese allgemeinen Voraussetzungen führten dazu, daß auch Personen, die leichteren Zugang zu Informationsquellen hatten als Tagelöhner und Hilfsarbeiter, die von den Autoritäten an sie herangetragenen Meinungen in der Regel unkritisch übernahmen. Der Jahrzehnte später als Politiker bekannt gewordene Carlo Schmid beschreibt rückblickend den politischen Wissensstand und das Verhalten seiner Klassengefährten im Sommer 1914; er war siebzehneinhalb Jahre alt und hatte gerade die Oberschule mit dem Abitur beendet:

> »Von dem Vertragswerk des Dreibundes und der Entente cordiale wußten wir nur, daß es diese beiden Bündnisse gab – aber niemand von uns hatte eine Ahnung von ihren Mechanismen. Warum sollten denn unbeteiligte Mächte kriegerisch eingreifen, wenn Österreich-Ungarn von Serbien verständliche Garantien forderte und diesen Forderungen militärischen Nachdruck verlieh? Warum sollten denn die Russen gegen Österreich-Ungarn zu Felde ziehen, um eine Aktion gegen Fürstenmörder zu verhindern, mit denen der Zar doch sicher keine Sympathie haben konnte? Warum sollten die Franzosen uns wegen Sarajewo den Krieg erklären und gar die Briten? Kaiser, Könige und Präsidenten sind doch keine gedankenlosen Berserker!«[39]

Daß die Abiturienten über die geltenden Bündnisverträge sehr wenig informiert waren, obwohl im Kriegsfalle ihr Leben davon zutiefst beeinflußt werden würde, ist kaum überraschend: Wie viele wissen denn heute, ob Abiturienten oder hochqualifizierte Berufstätige, tatsächlich über die NATO-Verträge Bescheid, die im Ernstfalle die Bundesrepublik in den Krieg reißen werden! Dabei war es 1914 schwieriger, informiert zu sein, weil größere Teile der Verträge geheimgehalten wurden. Überraschender freilich ist die unüberlegte Anwendung einfacher Denkmuster: auch hier die simple Personifizierung der verschiedenen Staaten. Als ob Österreich als solches von Serbien etwas forderte, als ob *die* Franzosen, also sämtliche, von *uns*, also von allen Deutschen, etwas wollten! Es gab keine Spur der Überlegung, daß es nicht die Menschen, aus denen sich die Völker zusammensetzten, waren, sondern relativ wenige, dafür aber umso einflußreichere Politiker, Unternehmer und Militärs, die ein Interesse am Kriegführen hatten. Weder von seiten der Schule noch der Familie wurde dazu beigetragen, die junge Generation aufzuklären. Beide Institutionen waren dazu weder fähig noch lag das in ihrer Absicht.

Schule hatte unpolitisch – im Sinne der Herrschenden – zu unterrichten. In den Gymnasien und Oberschulen führte das Herausstellen vaterländischer Tugendpflichten dann in den Kriegsjahren zu den hohen Freiwilligenmeldungen von Schülern und zu frühem Soldatentod junger Menschen von 17 oder 18 Jahren. Gehorsam gegenüber Autoritäten, sei es im Elternhaus oder im Staat, galt als erstrebenswert, als ›schönste Pflichterfüllung‹. Ein Abnabeln von den vorgehaltenen Autoritäten und Werten – wie Vaterland, Gehorsam und Pflichterfüllung – fiel selbst den sogenannten Intellektuellen in der Mehrzahl der Fälle zu schwer, vor allem wollten sie das gar nicht.

Die oben erwähnten Berserker der skandinavischen Sagen des Mittelalters waren Besessene, die sich vor dem Kampf in eine Art Rausch steigerten; das waren die Politiker vor dem Ersten Weltkrieg ganz sicher nicht. Die Vorbereitung des Krieges entsprach kühlen Überlegungen: Zum Erreichen politischer und wirtschaftlicher Ziele, die als unbedingte Notwendigkeiten dargestellt wurden, erschien allzuvielen Männern der politisch führenden Schichten ein Krieg notwendig. Eine der immer wiederkehrenden Begründungen lautete: »Wenn aber irgendein Staat Anlaß hat, für die Vergrößerung seines Machtgebietes zu sorgen, so ist es das Deutsche Reich, denn seine Volkszahl vermehrt sich rasch...«[40]

Diese Behauptung gehört zu den gefährlichen Formen der halbwahren Aussagen (vgl. Karte »Kinder in Europa 1914«). Seit 1870 stieg die Bevölkerung des Deutschen Reiches zwar von rd. 40 Millionen auf etwa 65 an, also um 62 Prozent der Ausgangszahl, aber der Vergleich mit anderen Staaten Europas ergibt z. B. für die ähnlich spät sich industriell entwickelnden Kleinstaaten Belgien, Niederlande und Dänemark ebenso Zuwachsraten von über 60 Prozent für den gleichen Zeitraum; in Rußland, dessen Industrialisierung erst seit den 1890er Jahren intensiver eingesetzt hatte, erhöhte sich die Bevölkerung sogar um über 80 Prozent. Großbritannien, das Mutterland der industriellen Revolution, hatte in der Zeit von 1800 bis 1840 eine Zuwachsrate von mehr als 75 Prozent aufzuweisen; in dem Maße, wie sich das Land ›durchindustrialisierte‹, sank sie zwischen 1870 und 1910 auf etwa 55 Prozent. Diese Entwicklung wiederholte sich nun in Deutschland. Die Auswanderung – in den 1880er Jahren noch sehr hoch – war durch die Industrialisierung praktisch zum Erliegen gekommen, dafür strömten Arbeitseinwanderer in das Land. Auch damals war schon zu erkennen, daß der Bevölkerungszuwachs rückläufig sein würde, das Ansteigen der Geburtenzahlen nahm bereits ab. Ein Blick auf die Karte zeigt, daß der Kinderanteil im Osten und Süden wesentlich höher als in Deutschland, im industrialisierten Westen aber geringer war.[41]

Die wirtschaftliche Entwicklung in Frankreich unterschied sich insofern als die Zunahme der Bevölkerung gleichbleibend verlief, so daß eine plötzliche Verstädterung entfiel; und das, obwohl Frankreich in seiner industriellen Produktion um 1910 nur von Deutschland, England und den USA übertroffen wurde. Von Ausnahmen abgesehen, wie Neapel und Istanbul, die nur als Verbrauchs- und Handelszentren Bevölkerungsschwerpunkte darstellen, vermitteln die eingetragenen Städte einen ungefähren Eindruck der industriellen Entfaltung Europas. Man sieht deutlich die Schwerpunkte in Großbritannien, Nordfrankreich, Belgien und Deutschland, während Österreich-Ungarn und Rußland weit zurückliegen.[42]

Trafen immer wieder genannte Gründe zwar nicht zu, wie die angebliche Raumnot und das Wachstum des deutschen Volkes – die Bevölkerungsdichte war wesentlich geringer als in Großbritannien, Belgien oder den Niederlanden –, so waren die Militärs dennoch uneingeschränkt vom sogenannten Recht des Stärkeren überzeugt:

»Gott, der dem Menschen seinen lebendigen Odem eingeblasen hat, denkt in uns. Er drängt uns durch unser Gewissen, die in uns gelegten Eigenschaften zu reiner Vollendung herauszuarbeiten. Er will den Kampf aller gegen alle, damit die Besten, Tüchtigsten als Sieger daraus hervorgehen. Der Starke soll herrschen.«[43]

Wie wenig ernst müssen die Leute doch ihre Religion genommen haben, daß ein Autor solche blasphemischen Äußerungen schreiben durfte, ohne wegen Gotteslästerung aus der Kirche ausgeschlossen zu werden. Von solchen Meinungen war es indessen nicht mehr weit zu der als selbstverständlich formulierten ›Nutzanwendung‹ für die Praxis:

»... wie die Verhältnisse in Europa sich zugespitzt haben, darf man offen aussprechen, daß solche Kleinstaaten [wie Belgien und Holland] das Daseinsrecht an sich schon verloren haben: denn nur der Staat kann das Recht auf Selbständigkeit geltend machen, der es mit dem Schwerte in der Hand durchsetzen kann.«[44]

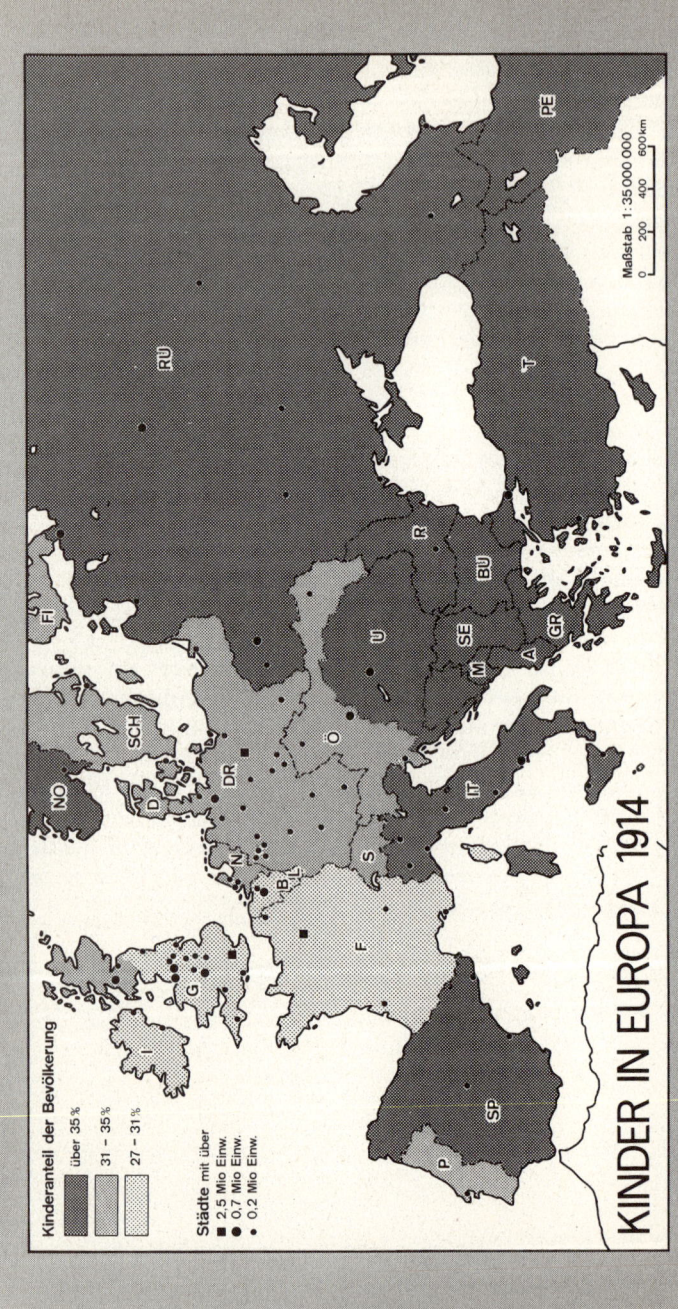

KINDER IN EUROPA 1914

Kinderanteil der Bevölkerung

über 35 %

31 – 35 %

27 – 31 %

Städte mit über
■ 2,5 Mio Einw.
● 0,7 Mio Einw.
• 0,2 Mio Einw.

Maßstab 1:35000000
0   200   400   600 km

PE
RU
T
FI
R
BU
SCH
U
SE
GR
NO
M
A
D
O
DR
IT
N
BL
S
G
F
I
SP
P

Erläuterungen zur Karte »Kinder in Europa 1914«

Die Städtenamen sind neben den Abkürzungen für die jeweiligen Staatsnamen gemäß ihrer Einwohnerzahl aufgelistet, und zwar in der Reihenfolge von West nach Ost und Nord vor Süd, wobei das Kartenbild ausschlaggebend ist. – Die Größenangaben für die Städte orientieren sich an der tatsächlichen Siedlungsausdehnung und nicht an der rechtlichen Stadtgemeinde. Bei Berlin z. B. sind also die damals unabhängigen Großstädte wie Schöneberg und Charlottenburg, die ohne Baugrenze in das eigentliche Berlin übergingen, der Hauptstadt zugeschlagen worden; ähnlich die Brüsseler Vororte zu Brüssel, Salford zu Manchester usw. Bei Namensänderungen stehen die heutigen Namen in Klammern. – Zwergstaaten wie San Marino sind höchstens angedeutet, aber unbeschriftet geblieben. Die eingetragenen Hauptstädte sind kursiv gedruckt.

P = Portugal
> 0,2 *Lissabon*

SP = Spanien
> 0,2 *Madrid*, Valencia, Barcelona

I = Irland
(gehörte zum Vereinigten Königreich Großbritannien)
> 0,2 *Dublin*, Belfast

G = Vereinigtes Königreich Großbritannien
Südlicher Hauptteil: England und Wales
> 2,5 *London*
> 0,7 Liverpool, Manchester, Birmingham
> 0,2 Plymouth, Bristol, Stoke-on-Trent, Bradford, Leeds, Sheffield, Nottingham, Leicester, Portsmouth, Hull, Newcastle

Nördlicher Hauptteil: Schottland
> 0,7 Glasgow
> 0,2 *Edinburgh*

F = Frankreich
> 2,5 *Paris*
> 0,2 Bordeaux, Lille, Lyon, Marseille

B = Belgien
> 0,7 *Brüssel*
> 0,2 Antwerpen

N = Niederlande
> 0,2 *Den Haag*, Rotterdam, Amsterdam

L = Luxemburg

S = Schweiz

IT = Italien
> 0,7 Neapel
> 0,2 Turin, Genua, Mailand, Florenz, *Rom*, Palermo, Catania

DR = Deutsches Reich
> 2,5 *Berlin*
> 0,7 Hamburg
> 0,2 Köln, Duisburg, Düsseldorf, Essen, Elberfeld-Barmen (= Wuppertal), Dortmund, Frankfurt, Stuttgart, Bremen, Hannover, Kiel, Nürnberg, München, Magdeburg, Leipzig, Chemnitz (= Karl-Marx-Stadt), Dresden, Stettin, Breslau, Königsberg

D = Dänemark
> 0,2 *Kopenhagen*

NO = Norwegen
> 0,2 *Kristiania* (= Oslo)

SCH = Schweden
> 0,2 *Stockholm*

Ö-U = Österreich-Ungarn
Nördliche Reichshälfte: Kaiserreich Österreich
> 0,7 *Wien*

Südliche Reichshälfte: Königreich Ungarn
(beide Reichsteile zusammen verwalteten das 1878 eroberte, aber erst 1908 angegliederte Bosnien-Herzegowina: zwischen Dalmatien, M, SE und U gelegen.)
> 0,2 Triest, Prag, Lemberg
> 0,7 *Budapest*

M = Montenegro
SE = Serbien
A = Albanien
GR = Griechenland
> 0,2 *Athen-Piräus*

BU = Bulgarien
R = Rumänien
> 0,2 *Bukarest*

FI = Finnland
(gehörte zum Russischen Reich)

RU = Russisches Reich
> 0,7 *St. Petersburg* (= Leningrad), Moskau, Warschau
> 0,2 Lodsch, Riga, Kiew, Odessa, Charkow, Saratow, Tiflis, Baku

T = Osmanisches Reich (Türkei)
> 0,7 *Istanbul*
> 0,2 Smyrna (= Izmir)

PE = Persien (Iran)

Friedensbewegung und Rüstung

Die latente Kriegsgefahr war seit langem erkannt, und die Menschen waren vor ihr gewarnt worden. Jeder, der sich darum kümmerte, wußte, wie gefährlich die Politik der Regierungen der europäischen Großmächte war, vor allem im Zusammenhang mit einer internationalen Aufrüstung, die schließlich zu einem Wettrüsten führte. Daher existierte eine breite Friedensbewegung, die sich gegen die grundsätzlich kriegsbejahende Politik der Staatsführungen wandte. Genaugenommen waren es hauptsächlich zwei starke Bewegungen mit Unterströmungen: eine sozialistische der II. Internationale, der Organisation der Arbeiterparteien vor allem Europas, und eine pazifistische bürgerliche.

Innerhalb der letzteren gab Bertha von Suttner z. B. eine Zeitschrift »Die Waffen nieder!« heraus, und in zahlreichen Analysen und Aufsätzen wurde die gefährdete Lage des Friedens dargestellt. So konnte man 1896 u. a. lesen:

> »Die Dinge stehen so: Millionen Heere – in zwei Lager geteilt, waffenklirrend – harren nur eines Winkes, um aufeinander loszustürzen. Aber in der gegenseitigen zitternden Angst vor der unermeßlichen Furchtbarkeit des drohenden Ausbruches liegt einigermaßen Gewähr für dessen Verzögerung. Hinausschieben ist jedoch nicht Aufheben... Von der Abschaffung des Krieges, von gänzlicher Aufhebung des Gewaltprinzipes, davon wollen die zur ›Aufrechterhaltung des Friedens‹ waffenbrüderlich verbündeten Gewalten nichts wissen. Der Krieg ist ihnen heilig, unausrottbar, und man darf ihn nicht wegdenken wollen.«[45]

Trotz dieser und ähnlicher Hinweise auf die Gefahr eines hemmungslosen Wettrüstens verringerte sich diese nicht, da die bürgerliche Friedensbewegung zu wenig Druck auf ihre Regierungen ausübte. Die Beteuerungen des angeblichen Friedenswillens derjenigen, die aufrüsteten, um sich vor dem ›bösen Feind‹ zu schützen, gleichen sich heute wie damals. Noch niemals hat eine Aufrüstung einen Krieg verhindert, im Gegenteil, der nächste wurde damit um so verheerender für die Betroffenen vorbereitet.

Die Anhänger des Bestehenden meinten, Friedensbewegungen seien »ein Irrglaube und Völker, bei denen er sich ausbreitet, sind im Begriffe des Verfalles.... [nur] ein kriegerisches Volk verfällt nicht!« Schließlich hatte es doch immer Kriege gegeben, und Preußen, wie im Schulunterricht betont wurde, war durch Kriege groß geworden, und das ›herrliche Deutsche Reich‹ in seiner ›schimmernden Wehr‹ war durch Kriege entstanden! War das nicht eine überzeugendere Argumentation als Reden und Hinweise auf die Vermeidung von Kriegen? Wozu – angesichts solcher durch den Krieg erreichten Erfolge der ›nationalen Größe‹ – sollte überhaupt Krieg vermieden werden?[46]

In den Jahrzehnten vor 1914 wuchs die Kriegsgefahr ständig, immer mehr Geld wurde für Vorbereitungen ausgegeben. Heeresvermehrungen, Flottenvorlagen, neue und zahlreichere Geschütze, Gewehre und Ausrüstungen für ständig mehr Soldaten führten zu einem Rüstungswettlauf, bei dem große Konzerne wie Krupp, Thyssen, Stumm, Schneider-Creusot, Skoda, Vickers und Braun durch Schmiergelder und Bestechungen auf die Vergabe von Staatsaufträgen in möglichst vielen Ländern Einfluß nahmen.

»Angesichts der eigenartigen Natur des Waffenhandels, der auf Verträgen mit der öffentlichen Hand beruht, was praktisch jeden freien Wettbewerb ausschließt, war der internationale Wettbewerb auf diesem Gebiete größer als überall sonst. Auf dem Balkan und in Rußland war die Vergabe mit einer systematischen Korruption verquickt, und selbst in den Staaten, die als sauberer galten, konnte man die Anwendung skandalöser Methoden feststellen. In einem berühmten Prozeß gegen Krupp von 1913 wurde festgestellt, daß das Essener Haus Bestechungsgelder an Beamte der Militärverwaltung gezahlt hatte, um sich Einblick in die Angebote der Konkurrenz zu verschaffen.«

Dabei wurde selbstverständlich niemals mit nationalen Parolen gespart, obgleich z. B. die deutsche Firma Krupp an der französischen und russischen Waffenproduktion beteiligt war und Munition, Geschütze und Gewehre herstellte, mit denen im Kriegsfall deutsche Soldaten getötet werden würden.[47]

Die Mahnungen vor den Gefahren eines Krieges wurden damals besonders in Deutschland bespöttelt; das Kriegführen wurde für notwendig angesehen. Kaiser Wilhelm II. hielt eine säbelrasselnde Rede nach der anderen, und an unzähligen Stammtischen eiferte man ihm nach. Als ein typisches Gespräch dieser Art unter einfachen Leuten in Oberschlesien sei das folgende als erste, eindrückliche Kindheitserinnerung wiedergegeben:

»... das erste, sicher bestimmbare Datum meiner Kindheit verknüpft sich mit Gesprächen der Männer über einen Krieg zwischen Russen und Japanern... einer der Männer [zog] so eine Art Groschenheft aus der Tasche, dessen grellbuntes Titelblatt mir unvergeßlich blieb und meine Erinnerung einigermaßen kontrolliert.«

Das Kind sah auf diesem Bilde die Sprengung einer Brücke durch dunkelgrün Uniformierte, und wie schlitzäugige Menschen in die Luft geschleudert wurden. Weniger beeindruckt zeigten sich jedoch die Männer.

»Das Gespräch drehte sich vornehmlich um eine ungemeine Tüchtigkeit der preußisch-deutschen Armee, bei abträglichen Bemerkungen über die Armeen der Österreicher und Ungarn. Die Grenze Österreichs war in kaum zehn Kilometer Luftlinie drüben an der Oppa zu Füßen des Mährischen Gesenkes. Diese idyllische Landschaft mit ihren weiß-

Heiß liebt **Professor Lindenstätt**   Trifft er ein Tier, er trägt's nach Haus
Sein Naturalienkabinett;   Und stopft's für seine Sammlung aus.

Franzosen klettern oft auf Bäume.   Ruft der **Professor**, „so soll's sein:
„Erfüllt sind meine kühnsten Träume!" Der **Kerl** kommt **in die Sammlung 'rein!**"

10   P. Simmel: »Deutsche Verse und Bilder« (1914)

leuchtenden Kirchen bezeichneten die Männer als feste Punkte für ein
Bombardement durch deutsche Artillerie. Sie waren zumeist gediente
preußische Soldaten und der Meinung, daß die Wallfahrtskirche Hrabin
vor allem den berühmten deutschen Kruppkanonen ein Zerstörungs-
werk von wenigen Minuten bedeuten könnte. «[48]
Das fünfjährige Kind, das hier auf der Veranda einer dörflichen Bäckerei in
beeindrucktem Staunen den Gesprächen der Erwachsenen lauschte, die als

Maurer doch weit in der Welt umhergekommen waren – bis nach Katto-witz und Ostrau! –, empfand die mit überzeugtem Stimmaufwand vorge-tragenen Meinungen als einen wichtigen Einblick in die Welt der Großen. Sieht sich doch jedes Kind in der Lage von Gulliver im Lande der Riesen, bleibt ihm nichts anderes übrig, als sich auf alles einzulassen, was die Er-wachsenen an es herantragen. Die bedenkenlose Bejahung des Krieges, muß sich auch ein Kind, das ja nicht nur Sprache und Umgangsformen seiner Umwelt, sondern auch ihre Werte und Haltungen lernend über-nimmt, zu eigen machen.

Waren denn nun die hier beschriebenen Ackerbürger und Maurer in ihrer simplen Umsetzung dessen, was sie in ihrer Militärzeit vernommen hat-ten, besonders zurückgeblieben, weil sie ohne jede Skrupel eine benach-barte Wallfahrtskirche im Kriegsfalle zerschießen würden? Man sollte sich klarmachen, wie wenig Mühe der preußische Staat daran wandte, seinen Volksschülern Kenntnisse deutscher Kultur zu vermitteln. Diese ober-schlesischen Dörfler, die im Laufe des letzten Viertels des 19. Jahrhunderts die Schulbänke drückten, hatten z. B. von ihren Schullehrern nie etwas über Joseph von Eichendorff gehört, einen der berühmtesten deutschen Dichter, obwohl er gerade aus dieser Gegend stammte und auch jahrzehn-telang dort gelebt hatte; nie hatte ihnen jemand die Schönheit eines Ge-dichtes oder eines Bauwerks nahegebracht! – Aber wie verhielten sich denn die gebildeteren, die ›feinen‹ Leute? Liest man die Äußerungen damals verantwortlicher Politiker und Gelehrter, so wird man feststellen können, daß die Primitivität der beschriebenen Äußerungen oberschlesischer Dorf-bewohner, abgesehen von der einfachen Sprache, sich nicht grundsätzlich von dem unterschied, was andere Erwachsene mit Abitur und Studium als Staatssekretäre, Gesandte, Minister, Generäle und Admiräle offiziell und öffentlich äußerten – und bekanntlich einige Jahre später auch ausführen ließen.

Kriegführen galt einer konservativ geprägten Öffentlichkeit als männlich, ertüchtigend und wünschenswert, es wurde geradezu als eine Art von Na-turzwang für den Fortschritt der Menschheit dargestellt. Zwei Beispiele mögen das erläutern. Einer der politisch aktivsten Historiker Deutsch-lands, der Berliner Professor Heinrich von Treitschke, dessen Schriften von einer breiten Öffentlichkeit gelesen wurden, behauptete in einem sei-ner letzten Werke aus den 1890er Jahren:

> »Der Krieg wird niemals aus der Welt geschafft werden... Daß der Krieg berechtigt und sittlich, daß der Gedanke des ewigen Friedens ein unmögliches und zugleich ein unsittliches Ideal ist, haben wir schon erkannt...«[49]

Der sehr kategorische Ton dieser Behauptungen soll wohl verschleiern, daß das, was hier als ewige Wahrheit, sozusagen als unumstößliches Naturgesetz dargestellt wird – wie die Formulierung ›niemals‹ nahelegt –, nur eine von persönlichen Interessen geleitete Meinung ist. Tatsächlich hält der Autor es nicht für wünschenswert, den Krieg aus der Welt zu schaffen: Ein dauerhafter Friede, wie ihn Kant schon ein Jahrhundert zuvor beschwor, scheint ihm ›unsittlich‹. Diese perverse Ungeheuerlichkeit war keine persönliche Abnormalität des Herrn von Treitschke, sondern entsprach nur zu sehr weitverbreiteten Überzeugungen einer konservativ geprägten Öffentlichkeit, die das u. a. damit begründete, daß im anderen Falle angeblich der ›Fortschritt‹ behindert sei.

Noch deutlicher hieß es z. B. in dem 1912 erschienen Buch eines deutschen Berufsoffiziers, der seinen Abschied genommen hatte, um publizistisch wirken zu können:

»... Landerwerb können wir bei der heutigen politischen Verteilung der Erde nur auf Kosten anderer Staaten oder im Zusammenschluß mit ihnen verwirklichen, und beides ist nur dann möglich, wenn es uns in erster Linie gelingt, unsere Machtstellung im Mittelpunkt Europas besser zu sichern, als es bisher der Fall ist... Angesichts der weit um sich greifenden Friedenspropaganda und im Gegensatz zu ihr müssen *wir* die Tatsache fest im Auge behalten, daß kein Schiedsgericht der Welt wirklich bestehende große Spannungen... zu beseitigen und auszugleichen vermag... Wenn wir unserem Volk die ihm gebührende Weltstellung erringen wollen, so müssen wir unserem Schwerte vertrauen...«

Hier wird die Eroberung fremder Länder gefordert, weil sich Deutschland ohne neue Gebiete angeblich nicht entwickeln könne. Dabei ging es diesem deutschen Reich nicht etwa schlecht, und es war weder wirtschaftlich noch militärisch bedroht; denn das französisch-russische Bündnis (der sogenannte Zweibund) war ein reiner Defensivvertrag.[50]

Aber die bestehenden Machtverhältnisse sollten ›mit allen Mitteln‹ geändert werden, also durch Krieg. Internationale Schiedsgerichte und Friedensbestrebungen werden deutlich als Gefahr für diese Kriegspolitik angesehen; zugleich bedeutet das eine Ablehnung der Haager Friedenskonferenzen und Konventionen. Denn nur durch Krieg wird die Eroberung von noch mehr Ländern erhofft, und so fordert der Autor in seinem zweibändigen Werk konsequent eine intensivere und gründlichere Kriegsvorbereitung, als sie bisher im Deutschen Reich praktiziert worden sei: Mehr Wehrpflichtige sollten eingezogen, bessere Kriegsgeräte angeschafft werden. Auch dieser Autor war kein isolierter Spinner, wie schon der Verkauf seines umfangreichen Buches zeigt. Bereits nach einem Jahr war die sechste Auflage vertrieben, und der Verfasser verdeutlichte an vielen Stellen noch die Aussage: »Unser Volk muß einsehen lernen, daß die Erhaltung des Friedens niemals der Zweck der Politik sein kann und darf.« Solche Formulierungen, wie sie auch der frühere USA-Außenminister Haig benutzte, weisen wohl deutlich genug auf Absichten und Wertvorstellungen der sie Äußernden hin.[51]

Wenn also solche kriegsbejahenden Weisheiten von den Spitzen der Gesellschaft wie gedienten Offizieren, intellektuellen Gelehrten und versierten Politikern öffentlich verkündet wurden (und werden), wie läßt sich dann von Bauern und Arbeitern, die nach ein paar Jahren Volksschule im Alter von vierzehn oder fünfzehn Jahren anfangen mußten zu arbeiten, etwas grundsätzlich anderes erwarten?

Dennoch hatte sich in den Jahrzehnten vor dem Ersten Weltkrieg eine breite Bewegung entwickelt, von Großteilen der arbeitenden und ärmeren Schichten der Bevölkerung getragen: In der Hoffnung auf ein menschenwürdigeres Leben, in dem u. a. auch ihre Kinder Zugang zum Wissen, zum Lernen haben sollten, organisierten sich sozialistische Arbeiterparteien in allen Ländern Europas von Schweden bis Serbien, von Spanien bis Rußland. Die einflußreichste Vaterfigur dieser internationalen Bewegung (jedenfalls nach dem Tode von Karl Marx), Friedrich Engels, hatte schon 1887 mit realistischem Vorstellungsvermögen Folgen eines zukünftigen Krieges der europäischen Großmächte beschrieben:

»Und endlich ist kein anderer Krieg für Preußen-Deutschland mehr möglich, als ein Weltkrieg, und zwar ein Weltkrieg von einer bisher nie geahnten Ausdehnung und Heftigkeit. Acht bis zehn Millionen Menschen, Soldaten, werden sich untereinander abwürgen und dabei ganz Europa so kahl fressen, wie noch nie ein Heuschreckenschwarm. Die Verwüstungen des 30jährigen Krieges zusammengedrängt in drei bis vier Jahre und über den ganzen Kontinent verbreitet... Zusammenbruch der alten Staaten und ihrer traditionellen Staatsweisheit, derart, daß die Kronen zu dutzenden über das Straßenpflaster rollen und niemand sich findet, der sie aufhebt...«[52]

Diese im ganzen zutreffende Prognose, ein Menschenalter vor Beginn des Ersten Weltkrieges gestellt, hatte die 1889 gegründete II. Internationale sich zu eigen gemacht; die Mitgliedsparteien nahmen auf dem Stuttgarter Kongreß von 1907 einen Beschluß an, in dem es hieß:

»Droht der Ausbruch eines Krieges, so sind die arbeitenden Klassen und deren parlamentarische Vertretungen in den beteiligten Ländern verpflichtet... alles aufzubieten, um durch die Anwendung der ihnen am wirksamsten erscheinenden Mittel den Ausbruch des Krieges zu verhindern... Falls der Krieg dennoch ausbrechen sollte, ist es die Pflicht, für dessen rasche Beendigung einzutreten und mit allen Kräften dahin zu streben, die durch den Krieg herbeigeführte wirtschaftliche und politische Krise zur Aufrüttelung des Volkes auszunützen...«[53]

Die SPD, 1912 sogar an Sitzen im Deutschen Reichstag zur größten Fraktion geworden, war die mächtigste und einflußreichste Partei innerhalb der

II. Internationale. Sie trat in zahlreichen Versammlungen und Demonstrationen, mit Broschüren und Wahlplakaten gegen Kriegsvorbereitungen, also steigende Rüstungsausgaben auf. Sehr zutreffend wurde z. B. auf Parteitagen unter allgemeinem Beifall erklärt:

»Der Wettbewerb auf dem Gebiete der Rüstungen muß schließlich entweder zum Weltkrieg oder zum finanziellen Zusammenbruch führen. Nun sagt man, auch von Ministern, zum Kriege brauche es gar nicht zu kommen, schon die bloße Entfaltung der Marine- und Militärmacht verbürge den Erfolg – eine sehr gefährliche Erklärung... Der Imperialismus ist nicht friedlich, er hat die *Tendenz zu kriegerischen* Konflikten...«

Gemäß dieser Erkenntnis verbreitete die SPD Texte, in denen es hieß:

»Mehr als 1,5 Milliarden Mark muß Jahr für Jahr allein das deutsche Volk für Heeres-, Flotten- und Kolonialzwecke ausgeben... einzig und allein die Sozialdemokratie ist die grundsätzliche, entschlossene Gegnerin von Wettrüsten und Kriegspolitik... sie erstrebt einen Gesellschaftszustand, in dem die letzte Quelle aller Kriege, der wahnwitzige, kapitalistische Konkurrenzkampf aller gegen alle, ein für alle mal aus der Welt geschaffen ist.«[54]

Das war nicht im Sinne einflußreicher Politiker und Militärs, die auch öffentlich immer wieder mit Kriegsdrohungen operierten. So schrieb der deutsche Generalstabschef Helmuth von Moltke 1913, er sei der Ansicht:

»... daß ein europäischer Krieg über kurz oder lang kommen muß, in dem es sich in letzter Linie handeln wird um einen Kampf zwischen *Germanentum und Slawentum*. Sich hierauf vorzubereiten, ist Pflicht aller Staaten, die Bannerträger germanischer Geisteskultur sind. *Der Angriff muß aber von den Slaven ausgehen*. Wer diesen Kampf kommen sieht, der wird sich darüber klar sein, daß für ihn nötig ist die Zusammenfassung aller Kräfte, die Ausnutzung aller Chancen, vor allem aber das volle Verständnis der Völker für die weltgeschichtliche Entwicklung.«[55]

Hier werden, lange vor dem Dritten Reich, zweifellos rassistische Gedankengänge ausgesprochen. Ein sehr seltsames Weltbild, das mit Begriffen wie ›Germanentum‹ und ›Slawentum‹ als festen Größen umgeht, die doch nur im Denken des Schreibers vorhanden sind. Denn weder die Staaten, in denen Völker mit germanischen Sprachen lebten, noch die, in denen slawische Sprachen gesprochen wurden, fühlten irgendeine Gemeinsamkeit, die sie bewogen hätte, sich zu einem Germanen- respektive Slawentum zusammenzuschließen. Selbst so nah verwandte Völker mit vielen Gemeinsamkeiten wie Schweden und Norweger trennten sich z. B. 1905 und bildeten zwei unabhängige Staaten. Anscheinend hatten auch diese Völker

1914

Euch Bestien muß ich noch Alle dressieren.
Ihr müßt zuerst deutsche Hiebe verspüren.

11   Deutsche Postkarte

nicht das ›volle Verständnis‹ für die weltgeschichtliche Entwicklung, so wie
sie deutsche Militärs verstanden, die sich sehr bewußt in die Politik ein-
mischten.

Seit den 1890er Jahren hatte der deutsche Generalstab einen Kriegsplan
ausgearbeitet, der vorsah, das Hauptgewicht der militärischen Anstrengungen auf Frankreich zu legen, um es in einem raschen Feldzug zu besiegen. Anschließend sollten die Heeresmassen nach Osten gegen Rußland
geworfen werden, von dem man annahm, daß es seine Armeen erst sehr
langsam und schwerfällig würde mobilisieren können. Um den Plan im
Westen durchführen zu können, erschien es den deutschen Militärs notwendig, die Stellungen und Festungen an der deutsch-französischen
Grenze zu umgehen, indem man kurzerhand durch Belgien marschierte.
Daß die Neutralität Belgiens durch alle europäischen Großmächte, auch
durch Preußen, zuletzt durch Bismarck während des deutsch-französischen Krieges 1870, garantiert worden war, bildete dabei kein Hindernis.
Dieser sogenannte Schlieffenplan wurde von Jahr zu Jahr mehr verfeinert
und ausgebaut, jedenfalls in militärisch-organisatorischer Hinsicht. Daß
er politisch England gegenüber eine Provokation darstellte, das aus wohl-
verstandenem eigenem Interesse größten Wert auf die Respektierung der
belgischen Neutralität legte und den deutschen Gesandten in London gegenüber auch keinerlei Zweifel daran ließ, schreckte die deutschen Militärs
nicht.[56]

Inszenierung eines Krieges

Die Ermordung des österreichisch-ungarischen Thronfolgers am 28. 6. 1914 in Sarajewo, das damals zur Habsburger Monarchie gehörte, wurde von der deutschen Reichsleitung nach einigem Schwanken als Vorwand für die Auslösung eines Weltkrieges benutzt. Auch auf diese Gefahr hin – das Risiko war ihr wohl bewußt – ermunterte die deutsche Regierung ihren österreichischen Bundesgenossen zum Krieg gegen Serbien.[57]

Die dahinterstehende Annahme war, daß die Attentäter im Auftrage oder mit Duldung der serbischen Regierung vorgegangen waren; das war zweifellos falsch: Die österreichisch-ungarische Unterdrückungspolitik besonders gegenüber den slawischen Nationen des eigenen Staatsgebiets erzeugte genügend Haß und Verzweiflung bei den Betroffenen, um überzeugte Nationalisten zum Mittel des politischen Mordes greifen zu lassen. Millionen von Slawen derselben Sprache in Bosnien-Herzegowina, Slawonien, Dalmatien und Kroatien, die Teile der Donaumonarchie waren, hätten in der Existenz Serbiens eine Möglichkeit zur eigenen Staatsbildung sehen können; daher strebten österreichisch-ungarische Politiker und Militärs die Beseitigung dieses unabhängigen Staates an.

Die Großmacht Österreich-Ungarn, mit über 50 Millionen Einwohnern mehr als zehnmal so volkreich wie der Kleinstaat Serbien, konnte über diesen nicht herfallen, weil andere Großmächte – in erster Linie Rußland – nicht tatenlos zusehen würden, wie ein potentieller Rivale seine Macht- und Einflußgebiete vergrößerte. Vor allem hatte ein Krieg Österreich-Ungarns gegen Serbien ja auch nichts mehr mit einer Bestrafung der Attentäter zu tun.[58]

Nach der deutschen Ermunterung richtete die Donaumonarchie trotz russischer Warnungen am 23. 7. (einen Monat nach dem Attentat) ein Ultimatum an Serbien, dessen Absichten und Folgen von einem aufmerksam die Politik verfolgenden Zeitgenossen zutreffend charakterisiert wurden:

>»Oesterreich stellt... Forderungen, die darauf hinaus laufen, daß Serbien unter eine dauernde Kontrolle Österreichs gestellt wird. ... Es ist auch sehr wohl denkbar, daß, sobald einmal das serbische Selbstbewußtsein genügend gedemütigt ist, eine Form gefunden wird, mit der Serbien in einer gewissen nationalen Selbständigkeit wieder erstehen kann, z. B. indem es in einen Zollverein mit Österreich tritt. ... Die Sorge des Tages ist: der Weltkrieg. Wenn er denn einmal geführt werden soll, so ist der Augenblick gewiß für uns [= Deutschland] und Oesterreich so günstig wie möglich.«[59]

Es ist erstaunlich, mit welcher Selbstverständlichkeit ein politisierender Historiker die Vernichtung eines Kleinstaates zugunsten einer befreundeten Macht fordert. Man darf daher annehmen, daß die Sorge vor dem Weltkrieg deutscherseits offenbar nicht sehr groß war; die Vermittlungsvorschläge der anderen Großmächte, auch die Englands, wurden von Berlin nach Wien mit folgender Begründung weitergegeben:

»Durch eine Ablehnung jeder Vermittlungsaktion würden wir... als die eigentlichen Treiber zum Kriege hingestellt werden. Das würde auch unsere eigene Stellung im Lande unmöglich machen, wo wir als die zum Krieg Gezwungenen dastehen müssen.«[60]

Bei dieser Kriegswilligkeit der beiden kaiserlichen Regierungen war der Große Krieg, wie er von den Zeitgenossen genannt wurde, unvermeidbar.

Da Österreich-Ungarn, gestützt auf deutsche Zusagen, am 28. 7. 1914 Serbien den Krieg erklärte und am nächsten Tag mit einer vorbereiteten Beschießung Belgrads, der an der Grenze gelegenen serbischen Hauptstadt, die Kampfhandlungen eröffnete, ordnete die russische Regierung zur Verstärkung des diplomatischen Drucks die Mobilmachung ihrer Streitkräfte an. Die deutsche Regierung verlangte die Einstellung dieser Mobilisierung und erklärte, als diese nicht erfolgte, am 1. 8. 1914 den Krieg an das Russische Reich. Nach einem Ultimatum an Frankreich, wegen der nun erfolgenden dortigen Mobilmachung, erging die deutsche Kriegserklärung an die französische Republik am 3. 8.; wegen des deutschen Einmarsches in Belgien erklärte Großbritannien nach einem Ultimatum am 4. 8. 1914 an Deutschland den Krieg. Der Weltkrieg war da.[61]

Ein sehr merkwürdiges Geschehen: Weil die sogenannte Ehre Österreich-Ungarns nach der Ermordung des Thronfolgers durch Attentäter serbischer Nationalität verletzt worden war, mußte jetzt angeblich ein Krieg geführt werden. Gemäß dieser Logik hätten also die USA nach der Ermordung des Präsidentschaftskandidaten Robert Kennedy 1968 durch einen Attentäter arabischer Abstammung an Jordanien den Krieg erklären müssen. Natürlich ging es auch 1914 nicht um den Mord. Die Person des Thronfolgers war in Wiener Hofkreisen nicht sehr beliebt, so daß er – für kaiserliche Verhältnisse – lediglich ein »Begräbnis dritter Klasse« erhielt. Das Attentat diente als willkommener Vorwand zur Realisierung politisch-militärischer Absichten; der Augenblick erschien deutschen Politikern und Militärs – ohne deren Ermunterung Österreich-Ungarn keinen Krieg riskiert hätte – so günstig wie möglich.

Versagen einer Friedensbewegung

Noch Ende Juli 1914 veranstaltete die SPD Demonstrationen gegen die drohende Kriegsgefahr und erließ Aufrufe, um die Bevölkerung zu veranlassen, für den Frieden einzutreten. Nach Bekanntwerden des österreichischen Ultimatums ließ der Vorstand der SPD z. B. am 25. 7. 1914 folgenden Aufruf in hoher Auflage drucken:

»Verurteilen wir auch das Treiben der groß-serbischen Nationalisten, so fordert doch die *frivole Kriegsprovokation der österreichisch-ungarischen Regierung* den schärfsten Protest heraus. Sind doch die Forderungen dieser Regierung so *brutal*, wie sie in der Weltgeschichte noch *nie* an einen selbständigen Staat gestellt sind, und können sie doch nur darauf berechnet sein, den *Krieg geradezu zu provozieren*. Das klassenbewußte Proletariat Deutschlands erhebt im Namen der Menschlichkeit und der Kultur flammenden Protest gegen dies verbrecherische Treiben der Kriegshetzer... Gefahr ist im Verzuge! *Der Weltkrieg droht!* Die herrschenden Klassen, die Euch im Frieden knebeln, verachten, ausnutzen, wollen Euch als Kanonenfutter mißbrauchen.«[62]

Wenngleich den SPD-Politikern die geheimen Verhandlungen und diplomatischen Aktionen zwischen Berlin, Wien und den übrigen Hauptstädten unbekannt waren, so hatten sie dennoch den Kriegswillen und die Kriegsgefahr zutreffend erkannt, vor allem auch, was der Krieg für die einfachen Leute bedeuten würde – ›Kanonenfutter‹ würden in überwiegender Anzahl nur die Männer der ärmeren Teile der Bevölkerung sein. Trotz dieser Aufrufe und einer Reihe von Demonstrationen in Berlin, Leipzig und anderen Großstädten, an denen sich jeweils Zehntausende beteiligten, schien die Haltung einflußreicher Parteikreise dennoch so zu sein, daß das Kriegsministerium am 31. 7. an die Generalkommandos (Militärbezirke, in die Deutschland eingeteilt war) schreiben konnte:

»Nach sicherer Mitteilung hat die sozialdemokratische Partei die feste Absicht, sich so zu verhalten, wie es sich für jeden Deutschen unter den gegenwärtigen Verhältnissen geziemt. Ich halte es für meine Pflicht, dies zur Kenntnis zu bringen, damit die Militärbefehlshaber bei ihren Maßnahmen darauf Rücksicht nehmen.«

Man beachte die selbstverständliche Annahme, mit der hier die Kriegsbereitschaft – d. h. die Bereitschaft, gehorsam sofort an das Gewehr zu springen, sobald die Regierung es für nötig hielt, das zu befehlen – als das einzig angemessene Verhalten bezeichnet wurde. Jedes Benutzen des eigenen Verstandes, jede Überlegung, wozu eigentlich dieser Krieg gut sein sollte, war also für einen Deutschen unziemlich! Die ›sichere Mitteilung‹ beruhte auf Gesprächen von Regierungsmitgliedern mit Angehörigen der SPD-Reichstagsfraktion, die versicherten, daß der Parteivorstand »für den Fall des Kriegsausbruchs keinerlei Aktionen plane«.[63] So entlarvte er selbst seinen ›unerschütterlichen Friedenswillen‹ vor der Regierung, auf die ja ein Druck zur Erhaltung eben dieses bedrohten Friedens ausgeübt werden mußte, als ein bloßes Wünschen oder mehr noch als eine Phrase.

Je näher der Kriegsbeginn rückte, desto mehr erlahmte die Antikriegstätigkeit der SPD. Das wurde begünstigt durch eine gezielte Berichterstattung der Presse – Deutschland wurde als von außen bedroht dargestellt, das sich gegen eine Welt von Feinden verteidigen müsse – und massive Appelle an nationalistische Gefühle. Auch versäumten die Regierungsspitzen nicht, mit pathetischen Gesten die Einigkeit aller Deutschen zu beschwören.

Mit Kriegsbeginn wurde am 31. 7. / 1. 8. 1914 der Belagerungszustand verhängt: In jeder deutschen Provinz hatten die stellvertretenden Generalkommandos die oberste Exekutive. Teile der Verfassung wurden außer Kraft gesetzt, z. B. konnten Haussuchungen jederzeit durchgeführt werden, und alle Anordnungen des zuständigen kommandierenden Generals waren verbindlich. Allerdings erhielt dieser seine Richtlinien vom Kriegsminister, der in den ersten Jahren des Krieges gewöhnlich dem Kanzler folgte. Zugleich war eine scharfe Zensur über alle Publikationsorgane verhängt worden.

Angesichts dieser Sachlage resignierte der SPD-Vorstand; am 1. 8. 1914 ließ er in einem Extrablatt erklären:

»Waren unsere ernsten Proteste, unsere immer wiederholten Bemühungen erfolglos, sind die Verhältnisse, unter denen wir leben, noch einmal stärker gewesen als unser und unserer Arbeitsbrüder Wille, so müssen wir jetzt dem, was kommen mag, mit Festigkeit ins Auge sehen… Die Frauen insbesondere… haben in diesen ernsten Zeiten die Aufgabe, im Geiste des Sozialismus für die hohen Ideale der Menschlichkeit zu wirken, auf daß die Wiederholung dieses namenlosen Unglücks verhütet wird, dieser Krieg der letzte ist.«[64]

Mit dieser rührenden Erklärung hatte die SPD vor der kaiserlichen Kriegspolitik kapituliert. Ganz im Gegensatz zu den einsichtsvollen Worten der Aufrufe, die sie eine Woche zuvor erlassen hatte, wurde hier die letzte Entscheidung höheren Gewalten zugeschoben; die Verhältnisse (!) sollten also jetzt Schuld am ›Kriegsausbruch‹ sein, obwohl Tausende von SPD-Politikern wieder und wieder formuliert hatten, daß imperialistische Großmächte wie das deutsche Reich zum Kriege neigten, daß rege Geschäftsinteressen großer Rüstungskonzerne am Wettrüsten interessiert seien – das alles schien plötzlich vergessen. Nun sollten auch die bewußten Proletarier sich dennoch für die Interessen anderer abschlachten lassen; denn nicht einmal jetzt behauptete der SPD-Vorstand, daß dieser Krieg den Interessen der armen, arbeitenden Menschen, die die Partei gewählt hatten, in irgendeiner Weise nütze.

Dieser Zusammenbruch einer jahrzehntelang verkündeten Politik, das Umfallen vor einer Situation nationalistischer Appelle bedeutet einen entscheidenden Bruch nicht nur in der Geschichte der SPD, sondern auch Deutschlands, vielleicht sogar Europas. Denn da die SPD die bei weitem stärkste Organisation und das große Vorbild in der internationalen Arbeiterbewegung war, stellte ihr Versagen in der Bewährungsprobe angesichts des nationalistischen Sogs wiederum auch das negative Vorbild dar. Die übrigen sozialistischen Parteien der anderen in den Krieg eintretenden Staaten, die weder absolut noch relativ auch nur entfernt so stark an Mitgliedern, Vermögen, Wählern und Parlamentssitzen waren wie die deutsche SPD, verhielten sich entsprechend. In Frankreich wurde der Parteiführer, der aus seiner Antikriegshaltung keinen Hehl gemacht hatte, ermordet, woraufhin die französischen Sozialisten die Haltung der Verteidigungsbereitschaft übernahmen, zumal ihrem Staat der Krieg erklärt wurde. Lediglich zwei Parteien hielten die Vorkriegsideale aufrecht und verweigerten die Beteiligung an den Kriegsmaßnahmen ihrer Länder: die sehr kleine serbische sozialistische Partei und die russische – obwohl sie in zwei Fraktionen, die bolschewistische und menschewistische, geteilt war.[65]

Auffällig an der SPD-Erklärung vom 1. 8. 1914 ist das Ansprechen der Frauen. In allgemeinen Phrasen wurde von ihnen verlangt, nicht mehr und nicht weniger zu tun, als den Krieg künftig abzuschaffen. Nachdem die Politik der Männer gescheitert war, sie sich jetzt einziehen ließen oder gar freiwillig in den Kasernen meldeten, um zum Gewehr greifen zu dürfen – da sollten plötzlich die Frauen ran, um dereinst weitere Kriege zu verhüten! Dabei hatte nicht einmal die Sozialdemokratie – von den anderen Parteien ganz zu schweigen – ihr Programm der Gleichberechtigung der Frau konsequent durchgeführt. In den repräsentativen SPD-Organen waren Frauen nur selten vertreten. Es war kein Zufall, daß die stärkste theoretische Begabung der Sozialdemokratie, Rosa Luxemburg, weder in der Parteiorganisation eine angemessene Funktion wahrnahm noch in der Repräsentation vertreten war; auch Clara Zetkin, die jahrzehntelang in der SPD gearbeitet und deren Frauenbewegung organisiert hatte, blieb unberücksichtigt. Unter diesen Umständen wirkt der Appell an die Frauen wie ein Eingeständnis männlicher Hilflosigkeit.

Am 3. 8. 1914 legten Parteivorstand und Reichstagsfraktion ihre Haltung zum Krieg offiziell fest. Von 95 anwesenden Parlamentariern waren nur 14 gegen die Bewilligung der Kriegskredite; die überwältigende Mehrheit fürchtete den Verlust der bisherigen Legalität und die Vernichtung der Arbeiterorganisationen für den Fall einer Weigerung. In der Reichstagssitzung am nächsten Tage stimmte auch die SPD den Kriegskrediten zu, wobei sie folgende Begründung verlas:

»Unsere heißen Wünsche begleiten unsere zu den Fahnen gerufenen Brüder ohne Unterschied der Partei. (Lebhaftes allseitiges ›Bravo!‹ und Händeklatschen.) Wir denken auch an die Mütter, die ihre Söhne hergeben müssen, an die Frauen und die Kinder, die ihres Ernährers beraubt sind und denen zu der Angst um ihre Lieben die Schrecken des Hungers drohen. Zu diesen werden sich bald Zehntausende verwundeter und verstümmelter Kämpfer gesellen. (›Sehr wahr!‹) Ihnen allen beizustehen, ihr Schicksal zu erleichtern, diese unermeßliche Not zu lindern, erachten wir als eine zwingende Pflicht... Da machen wir wahr, was wir immer betont haben: Wir lassen in der Stunde der Gefahr das eigene Vaterland nicht im Stich. (Lebhaftes ›Bravo!‹)«

Der Eindruck auf die bürgerliche Öffentlichkeit war ungeheuer. Jubelnd bemerkten konservative Publizisten:

»Wie weggeblasen war der ganze Schwulst der staatsfeindlichen Redewendungen; der internationale Proletarier erwies sich als eine bloße Kampfesmaske; mit einem Ruck war sie heruntergerissen und es erschien das ehrliche Gesicht des deutschen Arbeiters, der nichts anderes begehrt, als an der Seite seiner Volksgenossen, wenn das Vaterland ruft, zu streiten. Welch eine Erscheinung diese Reichstagssitzung vom 4. August, wo hintereinander 17 Kriegsgesetze in drei Lesungen angenommen werden, ohne daß nur ein einziges Mitglied widerspricht. Auch das englische und französische Parlament haben den Kriegserklärungen zugestimmt und zugejubelt, aber schon nicht, ohne daß Widerspruch erhoben wäre...«[66]

Diese Aussage eines ›gebildeten‹ Historikers, die sich wohl als repräsentativ ansehen läßt, enthielt natürlich auch eine große Anerkennung für die Sozialdemokratie, die ihre jahrzehntelang lautstark verkündeten Ziele der internationalen Arbeiterverbrüderung offenbar aufgegeben hatte. Die führenden SPD-Politiker waren nun völlig umgeschwenkt. Noch wenige Monate vorher hatten sie die offizielle Propaganda durchschaut und das auch öffentlich ausgesprochen. »Weil die Sozialdemokratie Sorge trägt, daß dem Volke das Fell nicht noch weiter über die Ohren gezogen wird, schreien die edlen und erlauchten Buschklepper [= preußische Großgrundbesitzer]: Das Vaterland, die Monarchie ist in Gefahr!«[67] Dabei war es jetzt wichtiger denn je, der offiziellen Propaganda entgegenzutreten gerade im Interesse der von ihnen Vertretenen, die ja massenhaft eingezogen werden und an den Fronten verbluten würden.

Die Zustimmung zur Kriegspolitik wurde zum einen begründet mit dem Schreckgespenst feindlicher Invasionen – aber die deutsche Regierung hatte schließlich den stärksten Kontinentalmächten Frankreich und Rußland den Krieg erklärt –, zum anderen mit der Furcht vor dem ›russischen Despotismus‹; jedoch Deutschland bekämpfte auch die französische Republik, die fraglos mehr bürgerliche Gleichheiten und Freiheiten praktizierte als das Wilhelminische Deutschland. Weiter wurde die angebliche Bedrohung deutscher Kultur angeführt; doch hatte sie nicht stets durch die Berührung mit den Völkern Europas gewonnen? Man denke nur an die italienischen Barockkünstler, an die französischen Hugenotten oder englischen Dichter, um nur einige zu nennen. Mit dem Hinweis auf die Fahnen des Vaterlandes wurde nun alle Kritik an den Institutionen und Amtsvertretern eingestellt; zuvor war deren Ungerechtigkeit und Gefährlichkeit gegenüber den ärmeren Schichten jahrelang bloßgestellt worden. Auch die soziale Interessenvertretung wurde vernachlässigt: Das sentimentale Anrufen der Not von Frauen und Kindern, die ihrer Ehemänner, Väter und Söhne durch die Einberufungen beraubt werden würden, half den Familien, die davon betroffen sein würden, in keiner Weise, denn die Kriegskredite dienten ja nicht zu deren Unterstützung, sondern zur Führung des Krieges, der dieses Elend erst heraufbeschwören sollte.

Das Umschwenken der führenden Kräfte in den Organisationen der Arbeiterbewegung war für die Herrschenden eine ungeheure Entlastung. Mit großem Wohlgefallen wurde festgestellt:

»Es genügt nicht, den Sozialdemokraten zu danken, daß sie ihr Parteiprogramm in die Ecke gestellt haben und unter der nationalen Fahne mitmarschieren, sondern man muß sich auch klarmachen, welches Verdienst sie sich direkt durch ihre Organisationen erworben haben... Vor 1870 haben die Mobilmachungen an nicht wenigen Orten oft nur mit Gewalt durchgesetzt werden können. Das ist sogar hier und da 1813 vorgekommen; diesmal hat sich auch nicht das geringste dergleichen ereignet. Das macht, heute ist in Deutschland sozusagen jeder Mann organisiert und folgt seiner Organisation.«[68]

Diese Bemerkungen sind sicher zutreffend: Die immer größere Organisationsbereitschaft von immer mehr Leuten ist eine wichtige Voraussetzung für die Führung eines modernen Krieges. In jeder Organisation, in jedem Verein wird eine gewisse Ausrichtung der Mitglieder auf die jeweiligen Interessen eingeübt, also eine Bereitschaft, sich zu identifizieren, ein bestimmtes Maß an Autoritätsgläubigkeit zu entwickeln, verbunden mit der Neigung, im Interesse der Sache zu gehorchen. Alle diese Voraussetzungen mußten freilich erst verstärkt und auf die Sache des Vaterlandes übertragen werden.

Begeisterung und Ideologie

Von der gesamten deutschen Presse, in der die SPD-Blätter und ähnlich prinzipiell oppositionelle nur gering vertreten waren, wurde nahezu einmütig eine überschäumende Kriegsbegeisterung propagiert – auch vor der Einführung der Zensur war die Berichterstattung weitgehend gleichgerichtet.[69] Eine patriotische Stimmungsmache sprach aus allen Beiträgen. Eine Ursache ist sicher in der Erziehung zu suchen (vgl. Kap. 2). Auch in von Hause aus nichtdeutschsprachigen Grenzbezirken des östlichen Preußens war die Einflußnahme auf die Kinder erfolgreich:

»Der Beichtunterricht war Sache des sehr energischen Kaplans Slotty, der das Christentum mit preußischer Zucht und Ordnung verbreitete. Das geschah aber nicht in deutscher, sondern in mährischer Sprache... In der Pause durfte man sich aber nicht beim mährischen Dialekt ertappen lassen, sonst handhaben die Lehrer empfindlich den Rohrstock und verordneten als Strafarbeit hundert- oder gar tausendmal den Satz: ›In der Schule soll ich nicht mährisch sprechen.‹«

Die Behörden- und die Amtssprache waren ausschließlich deutsch, auch die Strafbefehle, wenn wieder einmal »Jauche die Dorfstraße überschwemmte«. In den Familien und bei der Arbeit wurde indessen Mährisch gesprochen, also eine Form des Tschechischen:

»Im Stübchen von Großvater redeten die alten Krieger mit ihren aktiv bei preußischen Regimentern dienenden, zufällig beurlaubten Söhnen im mährischen Dialekt. Es ging sehr stramm preußisch zu, doch all diese Preußen redeten kaum deutsch, oder sehr unbeholfen. Wenn ich es gründlich überlege, bekam ich bis zu meinem zwanzigsten Lebensjahr kaum einen waschechten Deutschen zu Gesicht. Durchweg nur lauter Preußen, die ein schauderhaftes Deutsch handhaben, wie ich selber auch. Sie waren allesamt fürchterlich geladen auf Franzosen, Russen, Serben, Italiener, Engländer und pflegten die benachbarten verbündeten Österreicher übel zu verspotten. Und wer diesen Patriotismus zu verkleinern versucht hätte, riskierte seine Knochen.«

Diese Erinnerung eines Oberschlesiers an seine Schulzeit zeigt, daß auch in Grenzgebieten der ›vaterländische Geist‹ hochgehalten wurde, wenngleich man die deutsche Sprache entweder nur bedingt beherrschte oder sie nicht Umgangssprache war. Ähnlich waren die Verhältnisse auch in anderen preußischen Gebieten, etwa bei den Masuren im südlichen Ostpreußen, den Kaschuben der Danziger Gegend und den sogenannten Wasserpolaken im Schlesischen. Selbst die Einwohner der aus den Teilungen Polens erworbenen Gebiete der Provinzen Posen und Westpreußen, die im häuslichen Umgang polnisch sprachen, verhielten sich bei Kriegsbeginn als preußische Patrioten.[70]

Hier bewirkte die Erziehung in der Schule und die Ausrichtung in den Kasernen (es herrschte allgemeine Wehrpflicht – meist zwei Jahre) eine weitgehende Gleichsetzung der eigenen Person mit Thron und Reich, also eine Identifizierung mit den Symbolwerten des bestehenden Staates. Hinzu trat das beeindruckende Erlebnis der gewaltigen Organisation des Staates, wie es sich im reibungslos funktionierenden Ablauf der Mobilmachung zeigte. Der einzelne fühlte sich überzeugt, sich einfügen, in den Dienst für den Nationalstaat treten zu müssen, zumal alle Bekannten derselben Altersgruppe das gleiche taten.

Nur in den Grenzgebieten, wo die einheimische Bevölkerung sich nicht nur auf deutsche, sondern auch auf andere Werte bezog, etwa in Elsaß-Lothringen, das bis 1871 französisch gewesen war, oder in den polnischsprachigen Gebieten, mißlang die nahtlose Inanspruchnahme für die preußische oder deutsche Sache. Daher bestanden Anordnungen, Elsaß-Lothringer nicht an der Westfront, Polen nicht an der Ostfront einzusetzen, weil allzuviele desertierten. Die Verbundenheit der gleichsprachigen Menschen war stärker als die abstrakte Sache ›Dienst für den Staat‹.

Der Druck zur Anpassung an das national hochgestimmte Gefühl und die Belohnung dafür war im August 1914 für alle gesellschaftlichen Außenseiter außerordentlich hoch, d. h. auch für nationale Minderheiten, aber vor allem für die Arbeiterbewegung in den kriegführenden Staaten Europas. Es bot sich ihr nun die Chance, die offizielle gesellschaftliche Anerkennung zu gewinnen, in ein allgemeines begeistertes Gefühl mit einzutauchen – die bislang öffentlich Verfemten und Benachteiligten konnten nun endlich allen anderen gleich sein. Daß sie sich damit der übrigen Gesellschaft in einer Stunde des gefährlichsten Nationalismus, der brutalsten Dummheit anglichen, zählte demgegenüber in den Augen der führenden Politiker der Arbeiterbewegung offenbar nicht. Denn »Begeisterung und Erregung aller Klassen und Zeiten entspringen niemals der Kraft klarer Erkenntnis, sondern immer dem Gefühlsleben des Menschen«. Und entweder vergaßen die Politiker ihre Aufgabe und überließen sich in einer kritischen Situation wie die von ihnen Geführten ebenfalls ihren Gefühlen oder sie wähnten sogar, sich sehr politisch zu verhalten.[71]

Die nationale Hochstimmung, durch Presse und Ansprachen gefördert, steigerte sich in den letzten Julitagen immer mehr. In Berlin – die Hauptstadt zählte damals rund zwei Millionen Einwohner (mit den Vororten, die seit 1920 dazugehörten, über drei) –

»sammelten sich bald nach der Bekanntgabe der Mobilmachung viele Hunderttausende von Menschen. Jeder Wagenverkehr hörte auf. Der Lustgarten und der freie Platz vor dem Schloß waren dicht angefüllt von den Menschenmassen, die patriotische Lieder sangen und wie auf Kommando gleichmäßig immer wieder den Ruf erneuerten: ›Wir wollen den

Kaiser!‹ Gegen ½ 7 Uhr [nachmittags] erschien der Kaiser am mittleren Fenster der ersten Etage, von einem unbeschreiblichen Jubel und von Hurrarufen begrüßt... Unter tiefstem Schweigen sprach der Kaiser dann ungefähr mit weithin vernehmbarer, langsam stärker werdender Stimme: ›Wenn es zum Kriege kommen soll, hört jede Partei auf, wir sind nur noch deutsche Brüder. ... Wenn unsere Nachbarn den Frieden nicht gönnen, dann hoffen und wünschen wir, daß unser gutes deutsches Schwert siegreich aus dem Kampf hervorgehen wird.‹ An diese Worte des Kaisers schloß sich ein Jubel, wie er wohl noch niemals in Berlin erklungen ist.«[72]

Kein Zweifel, das äußere Erscheinungsbild zu Kriegsbeginn zeigte in der Öffentlichkeit eine vorherrschend begeisterte, der Suggestion des Wortes ergebene Menge, kriegswillig, da das ›Wohl des Vaterlandes‹ angeblich Krieg erforderte.

Der ›vaterländische‹ Geschichtsunterricht (in den Volksschulen wurde – wenn überhaupt – nur deutsche Geschichte gelehrt, die auf Herrscherhäuser und militärische Heldentaten besonderen Wert legte) förderte die Annahme, daß die Größe Deutschlands durch siegreiche Kriege errungen und mit dem Schwerte verteidigt werden müsse. Die ›nationale Gesinnung‹ wurde von fast allen Geistlichen beider großen Religionsgemeinschaften gepredigt. Übereifrige ›Patrioten‹ sorgten sich dabei, daß die Katholiken vielleicht nicht ausdrücklich für den Sieg der ›deutschen Fahnen‹ beten dürften; doch die Haltung der Kirchenmänner ließ auch diesen leichtfertig vom Zaun gebrochenen Krieg als gerecht und notwendig erscheinen. Damit wurde die Hurra-Stimmung weiter gefördert.[73]

In den ländlichen Gegenden war die Stimmung nicht anders als in der Großstadt. Eine 12jährige Oberschülerin aus der Provinz Posen schrieb am 2. 8. 1914 in ihr Tagebuch:

»In der Kirche saßen und standen unzählige Menschen. Die Luft war dumpf und heiß. Der Superintendent hielt eine Rede, die sehr feierlich war, er sprach von Deutschlands Erhebung und dem Kampf der Gerechtigkeit. Ich ärgerte mich sehr, weil ich erst zwölf Jahre alt und kein Mann bin. Was nützt es, ein Kind zu sein, wenn Krieg ist. Ein Kind ist im Krieg gar nichts wert. Man muß Soldat sein. Die meisten Männer melden sich freiwillig. Wir sangen ›Ein' feste Burg ist unser Gott‹... Der Superintendent betete das Vaterunser und schloß: ›Gott schenke unsern braven Truppen den Sieg!‹«[74]

Diese Schlußworte wurden in allen beteiligten Staaten von christlicher Seite von der Kanzel gesprochen. Angesichts dieser Übereinstimmung der meinungsbildenden Kräfte in Kirche, Schule, Regierung, Presse und dem Fehlen eines größeren Gegengewichtes – jedenfalls nachdem die Arbeiterparteien der sozialistischen Internationale fast alle ihren Widerstand gegen den drohenden Krieg eingestellt hatten – beherrschte plötzlich das Bild einer totalen Einigkeit des ganzen Volkes die Vorstellungen. Scheinbar bestand kein Unterschied mehr zwischen arm und reich, zwischen adligen Offizieren, bürgerlichen Fabrikanten und proletarischen Arbeitern – alle waren nur noch Deutsche bzw. Franzosen, Engländer usw. Äußerst geschickt drückte Kaiser Wilhelm II. dieses Gefühl aus, als er am 4. 8. im Reichstag wiederholte: »Ich kenne keine Parteien mehr, ich kenne nur noch Deutsche!«

Wie sehr dieses Schlagwort getroffen hatte, zeigt folgendes Erlebnis eines 17jährigen Handwerksburschen, der, auf seiner damals noch üblichen Wanderschaft begriffen, bei Kriegsbeginn von Stuttgart nach Erfurt zurück mußte:

> »Einmal wurden wir auf der Straße angehalten, von jungen Leuten, die fragten nach unseren Papieren und wo wir hinwollten. Ich habe gesagt, das geht euch doch nichts an, außerdem sehe ich an euren Abzeichen, ihr seid bei der Sozialistischen Arbeiterjugend. Da haben sie doch tatsächlich gesagt, der Kaiser kennt keine Parteien mehr.«[75]

Dieses Gefühl der Einheit aller Deutschen beherrschte und berauschte nicht nur einfache Arbeiterjungen, sondern genauso auch Pastoren, Journalisten, Professoren und andere Intellektuelle. Sie formulierten aus diesem Gefühlserlebnis ein nationalistisches Loblied auf die ›Ideen‹ von 1914.

> »Zusammenfassend darf man sagen: in dem Geist von 1914 hat sich der historische Patriotismus und das ethisch gerichtete Gottvertrauen des Protestantismus geeinigt mit der natürlichen Vaterlandsliebe der deutschen Katholiken und dem latenten Nationalgefühl der sozialdemokratischen Arbeiter zu einer mehr oder weniger religiös fundierten, gehobenen und freudigen Gesinnung, die durch den modernen Wirklichkeitssinn zu einem opferbereiten und zuchtvollen Pflichtbewußtsein abgeklärt ist. Kaum jemals in der Weltgeschichte hat ein Volk erlebt, was unser deutsches Volk gegenwärtig erleben darf. Es hat gegen eine gewaltige zahlenmäßige Uebermacht den Kampf um seine nationale Existenz zu führen; aber es hat ihn zu führen unter Bedingungen, wie sie günstiger kaum gedacht werden können: es hat das moralische Recht, die militärische Kraft und die Gunst der Zeit für sich. ... Wir kämpfen für eine gerechte Sache.«

Das mutet wie reiner Zynismus an, wenn man bedenkt, wie gezielt die neue Bewaffnung des Heeres und der Aufbau der Kriegsflotte der Vorbereitung eines Krieges diente. In demselben Aufsatz heißt es weiterhin sehr offen:

> »Wir leben in einer Zeit, wo unser Volk Gottes Tritte in der Weltgeschichte und Gottes Stimme in unserem Herzen vernimmt. Was für

politische Folgen der Krieg auch haben mag, der Sieg wird unserem Volk eine mächtige Stärkung seines Glaubens an eine sittliche Weltordnung bringen. Und das um so mehr, je größer und schwerer die Opfer sind, mit denen er erkauft werden muß.«[76]

Erstaunlich ist die naive Leichtgläubigkeit; die Unfähigkeit der eigenen Regierung, die das von ihr beherrschte Volk in einen Krieg gegen eine ›gewaltige zahlenmäßige Übermacht‹ stürzte, die sie selber zusammengebracht hatte, bleibt unerwähnt. Von konkreten Fakten ist wenig, dafür viel von Moral, Pflicht, Religion die Rede. Dennoch fällt dem Autor die schöne Übereinstimmung der fertigen deutschen Rüstungen mit dem Zeitpunkt des Kriegsbeginns auf. Allerdings erkennt er darin nicht eine zielbewußte Kriegspolitik, sondern das ›Walten der Vorsehung‹. Hier wird wieder einmal, um die schmutzigen Händel unmenschlicher Politik zu rechtfertigen, der Glaube strapaziert: Gott, dem sonst keine Beachtung geschenkt wird, soll nun herhalten!

Dieser ›Geist von 1914‹ war allerdings äußerst unduldsam. So waren Anfang August 1914 Straßen, Plätze, Wirtshäuser und Restaurants mit ›patriotisch‹ gestimmten, singenden, jubelnden Menschen gefüllt, aber Abweichungen wurden nicht geduldet: Leute, die das Pech hatten, in Aussehen, Verhalten oder Sprache – auch nur durch den Gebrauch eines deutschen Dialektes, der in der Gegend ungebräuchlich war – irgendwie aufzufallen, wurden als Spione angesehen und mißhandelt. Wer nicht in den Kriegsjubel einstimmte, lief Gefahr, gelyncht zu werden. Dümmste Gerüchte verbreiteten sich in Windeseile und wurden geglaubt, in dörflichen Idyllen nicht anders als in Großstädten.[77] In einem Grenzdorf Oberschlesiens spielte sich das nach den Eindrücken eines 13jährigen Knaben folgendermaßen ab:

»Alles drängte in die überfüllten Kneipen. Es hieß, der Kaiser habe die Mobilmachung befohlen. Unser Kriegerverein tagte in Permanenz. Seine Mitglieder bewaffneten sich zum Teil mit Gewehren, Haudegen, Revolvern und Seitengewehren. An den Dorfausgängen häuften sich Barrikaden aus Leiterwagen und allerlei landwirtschaftlichen Geräten. Man wollte genau wissen, wie viele Lastwagen mit Gold aus Frankreich quer durch Deutschland nach Rußland unterwegs seien. Diese Lastwagen müßten dingfest gemacht werden. Alle Männer, auch Vater, zogen mit Spazierstöcken, Knüppeln, Sensen und Dreschflegeln in den Wald, wo eine Pilzsammlerin ein rotes Auto gesehen haben wollte. Man durchkämmte den Wald und fand an der bezeichneten Stelle die grasende rote Kuh eines Waldhegers.«

Das hier launisch Erzählte wiederholte sich in ganz Deutschland, beruhte aber höchstwahrscheinlich auf bewußt lancierter Fehlinformation durch die Presseabteilung des Großen Generalstabs, die seit Inkrafttreten der

Zensur ideale Möglichkeiten besaß, ihr genehme Gerüchte verbreiten zu lassen. Vielerorts steigerte sich die Spionagefurcht bis zur Hysterie, ältere Reserveoffiziere wurden für russische Spione gehalten, weil ihre Hosen nicht richtig saßen, Hunderte von Personen halb tot geprügelt, mehrere Dutzend getötet, darunter ein Landrat aus Westpreußen, einer der höchsten zivilen Amtspersonen in der Verwaltungsstruktur des Deutschen Reiches.[78] Der nationale Eifer kannte keine Grenzen.

Allerdings war er in den verschiedenen Schichten der Bevölkerung sehr unterschiedlich ausgebildet. Ich kann mich nicht erinnern, jemals von meiner Mutter das Deutschlandlied gehört zu haben, wohl aber eine Reihe von Spottliedern. Die Parodie auf die preußische Nationalhymne vernahm ich wohl das erste Mal 1915, denn später sang sie sehr viel bissigere Lieder:

»Ich bin ein Preuße, kennt Ihr meine Farben?
Sie schwanken zwischen Finsternis und Licht.
Daß für die Freiheit meine Väter starben,
davon merkt' ich bis heute wirklich nichts!«

Meine Mutter lebte im großstädtischen Bereich, wo seit der Mobilmachung eine massive Arbeitslosigkeit sich besonders bemerkbar machte, die erst im Laufe des Jahres 1915 zurückging, nachdem eine allmähliche Umstellung der deutschen Wirtschaft auf die Herstellung der für den Krieg benötigten Rüstungsgüter stattgefunden hatte. Aber zu Kriegsbeginn fand eine offene Ablehnung der allgemeinen Begeisterung nur selten statt. So beschreibt der damals 25jährige Lehrer Ernst Niekisch diese Zeit zurückschauend:

»Es hatte etwas Frevelhaftes, mit welcher Begeisterung, mit welchem Aufatmen die Kriegserklärungen der benachbarten Völker in Deutschland aufgenommen wurden... Ein Rausch ohnegleichen hatte fast jedermann erfaßt. Man tat so, als ob es zu einer Festlichkeit ginge und als ob man auf Grund der deutschen Unwiderstehlichkeit schon in allernächster Zeit triumphierend und siegreich aus dem Felde zurückkehren würde.«

Der Ernst der Lage wurde den Leuten gar nicht im Hinblick auf sich selber oder auf andere Menschen klar, sondern am Schicksal der Tiere, die man von vornherein verlorengeben mußte, wie folgende Beobachtung aus Oberbayern verdeutlicht:

»Als die Menschen in den Krieg ziehen, lacht und jubelt alles, und die Burschen schuhplatteln mit den Mädchen auf dem Bahnhof, und des Juhus ist kein Ende... Als aber die Pferde eingezogen werden, da jammert und weint alles, und immer wieder streicheln und küssen sie die Tiere, wie sie von ihnen Abschied nehmen.«[79]

Die Annahme, daß der Krieg nach kurzer Zeit siegreich beendet sein würde, erwies sich als irreal. Die gewaltige Übermacht der deutschen Armeen überrannte Belgien, obwohl Preußen-Deutschland wie die anderen europäischen Großmächte sich vertraglich verpflichtet hatte, die Neutralität Belgiens zu schützen. Jedoch diese Mißachtung der Neutralität eines Kleinstaats aus rein militärischen Gründen machte im übrigen Europa und den USA, wo die Berichterstattung nicht der deutschen Zensur unterlag, einen sehr negativen Eindruck. Noch ungünstiger wirkte sich allerdings das Verhalten der deutschen Truppen aus: Voller Zorn darüber, daß die belgische Armee, deren Soldaten von preußischen Offizieren verächtlich als Praliné-Soldaten bezeichnet worden waren, nicht sofort kapitulierte, sondern energischen Widerstand leistete, daß Brücken, Straßen und Telefonleitungen, die von den einfallenden Deutschen dringend für den raschen Vormarsch benötigt wurden, zerstört vorgefunden wurden, versuchte die Heeresführung die belgische Bevölkerung einzuschüchtern.

Entgegen der Haager Landkriegsordnung, die auch von Deutschland unterzeichnet worden war, wurden Einwohner der besetzten Ortschaften als Geiseln genommen. Tausende belgischer Zivilpersonen, auch Frauen, wurden von deutschen Soldaten befehlsgemäß erschossen und ganze Städte zur Abschreckung eingeäschert, darunter Löwen mit seiner Universitätsbibliothek, die unersetzliche Handschriften enthielt. Vergewaltigungen von Mädchen und Frauen erfolgten in Dutzenden von Orten. Auch in Frankreich wurde beim Vormarsch ähnlich verfahren.[80]

»Der Rauch brennender Dörfer, die von fliehenden Einwohnern verstopften Straßen, die als Geiseln erschossenen Bürgermeister wurden in alle Welt hinaus gemeldet... Die Straßen waren mit langen Zügen belgischer Flüchtlinge verstopft, die, von Staub bedeckt, mit kleinen Kindern und Bündeln beladen, Schubkarren vor sich herschoben und sich matt und erschöpft ohne Ziel, ohne Heimstatt und Zuflucht vorwärts bewegten...«[81]

Diese Flüchtlingsströme sollten ein Kennzeichen für die Kriege des zwanzigsten Jahrhunderts bleiben, und zwar nicht nur in Europa. Sie zeigen einmal mehr den Umfang des Elends, das sich weit über den Kreis der unmittelbar organisierten Soldaten hinaus erstreckt.

Die Härte gegenüber den augenblicklich Unterlegenen – und gegenüber bewaffneten Soldaten sind unbewaffnete Männer und Frauen immer unterlegen – verbesserte das militärische Geschick der deutschen Armeen allerdings nicht: Anfang September 1914 wurde das deutsche Heer in der Marneschlacht geschlagen, verlor etwa 50000 Gefangene und mußte sich bis zu 80 km zurückziehen. Der amtliche deutsche Heeresbericht, der als einziger in deutschen Zeitungen erscheinen durfte, teilte mit:

»Die östlich von Paris in der Verfolgung an und über die Marne vorgegangenen Heeresteile sind aus Paris und zwischen Meaux und Montmirail von überlegenen Kräften angegriffen worden. Sie haben in schweren, zweitägigen Kämpfen den Gegner aufgehalten und selbst Fortschritte gemacht. Als der Anmarsch neuer, starker feindlicher Kolonnen gemeldet wurde, ist ihr rechter Flügel zurückgezogen worden. Der Feind folgte an keiner Stelle. Als Siegesbeute dieser Kämpfe sind bisher 50 Geschütze und einige tausend Gefangene gemeldet.«[82]

Das größte Fiasko des deutschen Generalstabs, der mit diesem Plan, seinem einzigen, einen schnellen Sieg im Westen und danach im Osten erreichen wollte, sollte derart hinwegretuschiert werden. Hier wurde also das Scheitern des deutschen Kriegsplanes, um dessentwillen man das neutrale Belgien überfallen und Englands Kriegseintritt provoziert hatte, hinweggelogen und so getan, als ob militärisch alles mehr oder minder planmäßig verlaufe!

Mit dieser verlogenen Berichterstattung, die im Ausland, auch im neutralen, selbstverständlich als unwahr durchschaut wurde, verspielte die deutsche Regierung wieder etwas mehr an Glaubwürdigkeit, während das eigene Volk, auf die offiziellen Mitteilungen als fast einzige Informationsquelle angewiesen, noch jahrelang getäuscht wurde.

Die Marneschlacht war u. a. dadurch ermöglicht worden, daß die französischen Truppen (mit den anfangs ganz wenigen englischen) auf diesem Schlachtfeld erstmals den deutschen Armeen zahlenmäßig gleich waren. Mehrere deutsche Divisionen waren zur Deckung gegenüber den belgischen Streitkräften zurückgelassen, andere zur Besetzung des belgischen und nordfranzösischen Gebietes, noch mehr an die Ostfront geschickt worden.[83] Denn entgegen den Erwartungen des deutschen Generalstabs war eine russische Armee bereits Mitte August, nach knapp vierzehn Tagen Krieg, in Ostpreußen eingedrungen, eine zweite fünf Tage später. Obwohl sie nur Teile dieser Provinz kurzfristig besetzten, flohen Zehntausende westwärts. Am 14. 8. 1914 bereits notierte eine 12jährige Schülerin in Schneidemühl, dem Eisenbahnknotenpunkt im Nordwesten der preußischen Nachbarprovinz Posen:

»Aus Ostpreußen neue Flüchtlinge eingetroffen. Diesmal hab ich sie selbst gesehen, Mütter, Kinder, alte Weiblein, alte Männer... Die Flüchtlinge sind von unserer Rotkreuzstation auf dem Bahnhof verpflegt worden. Eine Frau mit Kindern rief immerzu: ›Wo sollen wir denn bloß hin? Wo sollen wir hin?‹ Ich sagte auf gut Glück: ›Haben Sie bitte keine Angst, der Kaiser sorgt für alle!‹ ›Kindchen, Kindchen‹, sagte die Frau (sie sprach es wie ›Kändchen, Kändchen‹ aus), ›was hat so ein

Kändchen keine Ahnung nich'?‹ Dabei liefen Tränen über ihr dickes rotes Gesicht.«[84]

Zwar verhielten sich die Armeen des Zaren nicht brutaler als die des deutschen Kaisers in Belgien oder Frankreich – anscheinend gab es weniger Geiselnahmen und -erschießungen, eventuell mehr Plünderungen – doch die deutsche Presse fabulierte von abgehackten Händen und ähnlichen Greuelmärchen. Regierungsintern wußte man freilich, daß es sich bei dererlei Schauernachrichten um Propagandaerfindungen handelte. Was freilich nicht in der deutschen Presse erwähnt wurde, waren die Schäden, die durch deutsche Plünderer entstanden.[85]

Auch die örtliche Presse berichtete zutreffender als viele Redaktionen entfernter gelegener Blätter; so schrieb die Sonderausgabe der »Ostpreußischen Volkszeitung. General-Anzeiger für Ostpreußen« vom 12. 9. 1914:

»Wer den Jubel heute sah, als die erste deutsche Ulanenpatrouille wieder auf unsern Markt sprengte, wie wir uns alle die Hände reichten mit innigem, hellem Blick, der vergißt das nicht wieder in seinem Leben. Hinter uns liegen gut 2 ½ Wochen der Knechtschaft; nicht so grausam, wie wir anfangs fürchteten – wir wollen gerecht sein auch dem Feinde gegenüber, der seine Manneszucht hielt –, aber doch lastend wie Blei auf unserer Seele, nie ohne Gefahr für den einzelnen; und wie Mehltau wars gefallen auf unsern frischen Mut, auf unsere Hoffnung.«[86]

Die aus den Zeilen sprechende Erleichterung läßt etwas von der erlebten Überraschung und Furcht erahnen, gerade von den einerseits verachteten, andererseits gefürchteten Russen im eigenen Lande angegriffen worden zu sein – schließlich wollte man doch nicht sofort ›sterben als ein Held‹. Beides zusammen hatte wohl zu der panischen Flucht geführt.

Von den beiden russischen Armeen, die in Ostpreußen vorgedrungen waren, wurde infolge schlechter Organisation und noch schlechterer Zusammenarbeit die zweite Armee Ende August 1914 vernichtend geschlagen – die Gesamtverluste beliefen sich auf ca. 120 000 Menschen, von denen ¾ gefangengenommen wurden. Dieser Sieg und der folgende gegen die erste russische Armee (sie wurde im September zurückgedrängt bei Gesamtverlusten von ca. 100 000 Soldaten) brachte den deutschen Truppen außer Ruhm und Ehre eigene Verluste von annähernd 100 000 ehemals gesunden, jungen Männern ein, die nun tot, verwundet oder gefangen waren. In dieser Größenordnung bewegten sich die größeren Niederlagen und Siege des Ersten Weltkrieges. In der Zwischenzeit hatten die Hauptkräfte des russischen Heeres die österreichisch-ungarische Streitmacht in Galizien besiegt und auf die Karpaten zurückgeworfen.[87]

An allen Fronten – in Wäldern und Sümpfen, in Lehmböden, Wiesen und Bergen – krallte sich nun der Krieg in Ost und West seit dem Herbst des Jahres 1914 in der Erde fest. In schnell ausgehobenen Schützengräben, die allmählich tiefer und fester wurden, lagen sich die Heeresgruppen seitdem jahrelang gegenüber, besonders in Belgien und Frankreich an der Westfront. Für die Heimat zeigte der Krieg eine andere Maske.

Heimatfront

Hinter der Front machten sich die sozialen Unterschiede zwischen den Schichten und Klassen schnell wieder bemerkbar. Die einen bereicherten sich und nutzten soweit wie möglich den Idealismus anfänglicher Kriegsbegeisterung aus; die anderen mußten immer schlechtere Lebensbedingungen hinnehmen. Schuljungen wurden als Erntehelfer aufs Land geschickt und erlebten, wie sie als billige Arbeitskräfte ausgenutzt wurden. Ihre anfängliche Begeisterung, für Deutschland etwas tun zu dürfen, verflog schnell. Im Tagebuch eines Mädchens aus der Provinz Posen hieß es:

»Die Schüler sind bald wieder nach Haus gekommen... Sie erzählen alle, daß sie die Arbeit nicht ausgehalten hätten. Die meisten schimpfen ganz schrecklich. Sie behaupten auch, sie seien niemals satt geworden. Bei den Kleinbauern kann ich das verstehen, denn die haben selber nix. Aber gerade bei den Kleinbauern haben die Jungen gar nicht gearbeitet, sondern bei den Großbauern oder auf den Gütern. Dann ist das stinkender Geiz, finde ich, daß sie den Jungens nicht satt zu essen gegeben haben. Denn unsere Großbauern und Gutsbesitzer sind wohlhabend, sie haben genug Speck und Fleisch und Eier und Milch im Eiskeller und in den Räucherkammern. Ich hab mich oft bei ihnen umgeschaut... die Gymnasiasten... haben stundenlang gebückt Kartoffeln oder Rüben ausgelesen. Manchmal war es noch so dunkel, daß sie kaum etwas sehen konnten. Den Jungens sind vor Kälte die Finger abgestorben, und sie gingen ganz krumm vor Rückenschmerzen, aber man hat sie weiter zur Arbeit angetrieben. Viele haben sich erbrechen müssen oder sind einfach vor Übermüdung umgefallen. Aber Schonung gab's nicht. Immer hieß es: ›Wollen den Muttersöhnchen mal das Arbeiten beibringen!‹«[88]

Hier wurden die halbwüchsigen Schüler, die sich aus ideellen Motiven freiwillig zu dieser Arbeit gemeldet hatten, von den Gutsbesitzern unter rein wirtschaftlichen Gesichtspunkten betrachtet und als sehr billige Arbeitskräfte behandelt, eine Bezahlung erhielten sie nicht. Allerdings wurden sie noch etwas besser als die Tagelöhner und Kleinknechte angefaßt, die von den Gutsbesitzern und deren Inspektoren oft noch geprügelt wurden. Offensichtlich wirkte sich der ›Geist von 1914‹ in den wirtschaftlichen Beziehungen innerhalb der deutschen Nation nicht weiter aus: Die Armen durf-

12   Deutsche Rüstungsindustrie: Frauen fertigen Granatenhülsen

ten weiterhin als erste hungern und sterben, die Reichen als letzte. Auch
im späteren ›Braunen Reich‹ war von der oft beschworenen ›Volksgemeinschaft‹ im Ernstfalle (schon wenn es nur ums Abgeben ging) nicht viel zu
bemerken – Besitzverhältnisse ändern sich nicht durch das Anrufen völki-
scher Geister oder Ideen.
Während im ersten Kriegswinter für reiche Haushalte etliche Güter noch
vorhanden waren, besaßen viele proletarische Haushalte in Stadt und Land
sowie die von kleinen Angestellten, deren arbeitsfähige Männer eingezogen worden waren, nicht mehr das nötige Geld, um die stark gestiegenen

Preise bezahlen zu können. Erst zum Jahresende bequemte sich die kaiserliche Regierung, die Einrichtung einer Erwerbslosenfürsorge zu empfehlen, für die aber nur ausnahmsweise Reichsgelder zur Verfügung gestellt werden sollten; die Einrichtung und Durchführung blieb Sache der Gemeinden. Inzwischen fehlte es den Ärmeren an ausreichendem Essen, an Schuhen, Kleidung, Brennstoff.[89] Das zermürbende Kriegsgesicht zeigte dem arbeitenden Volke und seinen bleichsüchtigen Kindern in den Städten Hunger, Entbehrung und Krankheit, granatendrehende Fabrikarbeiterinnen und Frauen in anderen Männerberufen: alle im ›Vaterländischen Hilfsdienst‹, der wirtschaftlichen Mobilmachung im Rahmen des ›Hindenburg-Programms‹ von 1916, aufgeboten. (Nach Übernahme der Obersten Heeresleitung durch Ludendorff und Hindenburg ließen diese ein Rüstungsprogramm vorlegen, das u. a. eine allgemeine Arbeitspflicht für Männer zwischen 17 und 60 Jahren vorschrieb sowie den Arbeitsplatzwechsel äußerst erschwerte.)[90] Alle diese Entbehrungen und Einschränkungen ließen sich vor den Heranwachsenden nicht verheimlichen. Schon im Jahre 1916 klagten deutsche Kinder:

»Der Krieg ist sehr sehr traurig weil so viele Menschen stärben. Vielen Kindern wird der Vater und der Bruder genommen. Draußen die Soldaten die im Schützengraben liegen, müssen viele Schmerzen erdulden, die Menschen in der Heimat, die von unsern Soldaten beschützt werden sollen nicht klagen, wenn sie mit ihrer Brotkarte nicht reichen. Der Krieg soll bald zu Ende sein, damit die Menschen sich wieder freuen und die Väter wieder zu ihren Kindern kommen und wir uns satt essen können und nicht mehr nach Kartoffeln, Wurst, Schweinefleisch und Zukker zu stehen brauchen. Vorher sollen aber die Engländer und Russen noch ihre Hiebe bekommen.«

Der Brief entstammt einer Sammlung von Äußerungen, die Kinder bis zu zwölf Jahren aus Horten, Schulen und Spielheimen aufgeschrieben haben. Deutlich tritt das Wunschbild von einem Siegfrieden, das über die Schule, Eltern und andere Bezugspersonen aufgenommen wurde, zutage, aber aus den Zeilen spricht auch die unmittelbar erlebte Not des Alltags; die Kinder erinnerten sich an frühere, bessere Zeiten. Bei den kleineren stand der Hunger noch nicht so im Mittelpunkt; sie sorgten sich eher um die Menschen, den verwundeten Vater, den Onkel, die gefallenen Feinde sogar: »Die werden dann deutsch und dann dürfen sie auch in den Himmel.« Aber die Größeren sahen das bereits anders und hatten die entsprechende Argumentation gelernt:

»Mancher deutscher Soldat kann einen Bajonettangriff nicht mitansehen. Er denkt, die Feinde sind auch Menschen und haben auch eine Heimat. Aber unsere Feinde haben ja selbst den schrecklichen Krieg gewollt.«[91]

Man sieht, wie bereits bei diesen noch nicht Zwölfjährigen das ›Feindbild‹ deutlich ausgeprägt ist. Ein wie kleiner Schritt es offensichtlich ist, vom Bild des Feindes zur Vorstellung von dessen Außermenschlichkeit zu kommen, zeigt der letzte Brief. Dort schwingt die Vorstellung mit, daß die sogenannten Feinde nicht zur Menschheit gehören, d. h. der Begriff der Menschheit wird begrenzt auf das alltäglich Vertraute, das eigene Volk. Falls dieser Einstellung nicht noch sehr kräftige Einflüsse entgegengewirkt haben, war sie eine sichere Basis für Verhaltensweisen deutscher Soldaten und Beamten im braunen Reich. Aber woher sollten Gegeneinflüsse kommen, die solche Kinder vor dem zersetzenden Gift einer engherzigen Überschätzung des eigenen Volkes bewahrt hätten – in der damaligen Schule geschah das nur in allerseltensten Fällen.

Wie schon 1920 vom deutschen Zweig der Internationalen Frauenbewegung festgestellt worden ist, wurde in den deutschen Schulen

» ... eine schmähliche Völkerverhetzung betrieben. Hier verfluchte man die Franzosen, dort die Engländer, überall aber pries man die Deutschen als das auserwählte Volk Gottes, als Hort aller politischen Tugenden. In einer Hamburger Schule wurde zwischen Lehrer und Schüler der Morgengruß ausgetauscht: ›Gott strafe England.‹ ›In alle Ewigkeit, Amen!‹ Ein württembergischer Prälat erklärte im Konfirmandenunterricht: ›Wenn die Engländer ins Land kommen, dann werden sie unsere kleinen Kinder umbringen, so wie die Ägypter die Judenkinder umgebracht haben.‹ ... In Frankfurt a. M. und anderen Städten dienten kriegerische Bilder zum Wandschmuck, eins davon trug den ethischen Spruch: ›Du sollst Dein Schwert in Feindes Herzen tauchen.‹«[92]

Ich selber, damals noch nicht schulpflichtig, sah nur die beiden riesigen Fesselballons, die es vorher nicht gab, als Zeichen des Krieges an, die über dem freien Feld am Nordufer in Berlin hoch am Himmel standen. Doch ich hörte viel vom Krieg aus den Liedern, die die Mutter am Abend in der Küche bei der Hausarbeit sang. Und sie zeigte mir auf den Zeitungen, die sie austrug, auch die Männer, die den Krieg ›machten‹. So kannte ich den breiten Kopf von Hindenburg und das Gesicht des bartspitzigen Kaisers. Aber es gab noch manch anderes, nach dem ich fragen mußte: »Warum hatte Tante Wanda eine Uniform an wie die Männer bei der Eisenbahn, und warum war sie dort totgefahren worden?« Das kam eben auch vom Krieg, weil die Frauen für die Männer arbeiten mußten, die ›draußen‹ waren; die Briefträgerinnen ja auch. Und dann, als der Vater gefallen war, und es mir vorkam, als sei da für immer ein Loch in der Welt, wachte ich auf, weil die Mutter so schrecklich laut weinte. – Damals fing das letzte Kriegsjahr an.

In großbürgerlichen Elternhäusern gab es zwar mehr intellektuelle Anregungen und Förderungen für die Kinder, aber sie wurden nicht so erzogen, daß sie prinzipiell weniger anfällig für nationalistische Parolen waren.

Klaus Mann, damals keine zehn Jahre alt, berichtete in seiner Biographie über den Kriegsausbruch:

»Man bestätigte uns, daß wir von allen Seiten überfallen werden. Frankreich wollte irgendwas zurückhaben, was wir ihm einst aus guten Gründen weggenommen hatten. Das infame England fürchtete sich vor unseren tüchtigen Kaufleuten... Zum Glück blieb Italien neutral. Die Schweiz blieb auch neutral. Amerika auch. Unser Kaiser hatte es *nicht* gewollt... In München hatte man die Englische Apotheke demoliert, weil sie beinah sicher vom falschen Albion [= England] gedungen war. In Tölz wurden einige Spione entlarvt und fast totgeprügelt. Weihnachten würde der Krieg zu Ende sein... immer gab es nur Siege. Die großen Siege waren so ähnlich wie die hohen Feiertage...«

So teilte das neunjährige Kind im großbürgerlichen Hause zwar die patriotischen Vorurteile, nicht aber die materielle Situation mit den Kindern ärmerer Kreise. Von dem wachsenden Elend bemerkte es wenig:

»Sahen wir nicht, daß die Straßen öde und beinah männerlos wurden; daß die Straßenbeleuchtung sich verfinsterte; daß alle Erwachsenen traurig schlaffe oder bitter erregte Mienen hatten? – Die Veränderung des Straßenbildes fiel uns nicht auf; wir freuten uns an den bunten Kitschpostkarten, die es überall gab, auf denen der bärtige Feldgraue das Mädchen in der properen Schürze herzte, oder Katzelmacher [= Italiener], Franzmann und der Engländer, den Gott strafen sollte, als abscheuliche Narren anschaulich verhöhnt wurden; wir fanden es reizend komisch, daß es nun Schaffnerinnen und Chauffeusen gab, das bedeutete eine Abwechslung, man fuhr doppelt gerne mit ihnen. Die Gesichter der Erwachsenen sah man erst gar nicht an.« [93]

Der Bericht ist zwar wesentlich detaillierter als die oben zitierten Stimmen gleichaltriger Hortkinder, spiegelt aber Einstellungen und Vorurteile der Erwachsenen recht deutlich wieder. Ebenfalls ist das arme Deutschland von allen Seiten angegriffen worden. Beinahe selbstverständlich werden die anderen Nationen verächtlich gemacht.

Mehr Aufmerksamkeit erregte bei den Kindern die vermehrte Frauenarbeit – besonders derjenigen, die in den Großstädten lebten. Auch die Verknappung der Nahrung machte sich allmählich bei wohlhabenden Familien bemerkbar:

»Als ich 1916 ins Gymnasium kam, war es mit dem Essen schon ziemlich bitter bei uns bestellt. Die schlimmste Zeit... hatte noch nicht begonnen, aber wir fingen doch schon an zu begreifen, daß ein Butterbrot etwas ganz phantastisch Herrliches sein kann und daß eine Tafel Schokolade einfach ins Reich der Wunder gehört. Es gab nur noch zweimal die Woche Fleisch, und dann meistens Kaninchen oder einen zähen Vogel, der so ähnlich wie Seereiher hieß. Rübenmarmelade war ja nichts

Schlechtes... Es muß gesagt werden, daß wir trotz dem ungenügenden und schlechten Essen niemals ernstlich unter der Katastrophe gelitten haben. ...Nicht nur hauptsächlich, sondern beinahe ausschließlich blieb es *das Essen*, das im Mittelpunkt des kindlichen Interesses stand.«[94]

Millionen von Kindern litten tatsächlich unter Hunger, vor allem in den besetzten Gebieten Belgiens, Nordfrankreichs und Polens, in denen die Bevölkerung der Industrie- und Großstädte normalerweise auf Zufuhr von Lebensmitteln aus anderen Landesteilen angewiesen war. Diese Zufuhr wurde nicht nur durch den Krieg auf das stärkste behindert, sondern die deutsche Militärbesatzung vereinnahmte auch die einheimischen Vorräte und die laufende Produktion, d. h. sie kassierte beides zu großen Teilen ein. So schrieb der keineswegs kritisch eingestellte Offizier (und Dichter) Rudolf Binding im besetzten Belgien Ende November 1914 in sein Tagebuch:

»Noch vor vier Wochen war dies Land reich zu nennen. Rinder und Schweine in Menge. Jetzt: leer. Kein Weinkeller in keiner Stadt der nicht für die Deutschen beschlagnahmt wäre. Keine Kolonialwaren-, Mehl-, Butter-, Eierhandlung die nicht allein für die Deutschen liefern müßte. Kein Pferd das nicht genommen, kein Auto, kein Benzin, kein Eisenbahnwagen, kein Haus, keine Kohle, kein Petroleum, keine Elektrizität, nichts was nicht für uns arbeitete, für uns nutzbar gemacht wird... Ich nehme den Hafer, das Stroh, Schweine, Ochsen, Hühner, Gemüse, eingemachte Früchte, Kartoffeln, Äpfel der geflohenen und weggewiesenen Bewohner. Diese erhalten nicht einmal jenen Schein, der ihnen ein formales Recht gibt.«[95]

Die Ausbeutung Belgiens und anderer besetzter Staaten erfolgte zwar in recht geordneten Formen – willkürliche Plünderungen, gar Bereicherungen privater Art, sei es einzelner Personen oder ganzer Truppenteile, waren verpönt und wurden manchmal auch bestraft –, so daß sich das Kriegführen von der Zeit des Dreißigjährigen Krieges merklich unterschied, aber noch immer bewahrheitete sich der alte Spruch: »Der Krieg ernährt den Krieg« – und zwar auf Kosten der einheimischen Bevölkerung. Aus ihr wurden Menschen im arbeitsfähigen Alter deportiert als Arbeitskräfte; der Hunger nötigte besonders alleinstehende Frauen und Mütter zur Prostitution für etwas Brot oder, wenn sie es günstiger trafen, zur sogenannten Kriegsehe mit einem Besatzer, der zu mehr Zugang an Nahrungsmittelquellen verfügte als die einheimische Bevölkerung.[96]

Die Deportationen erfolgten nach sorgfältiger Vorbereitung und genauem Plan:

»4. Festzunehmen sind nur arbeitsfähige Personen im Alter von 14–55 Jahren, und zwar allgemein Männer und Weiber zu gleichen Teilen.

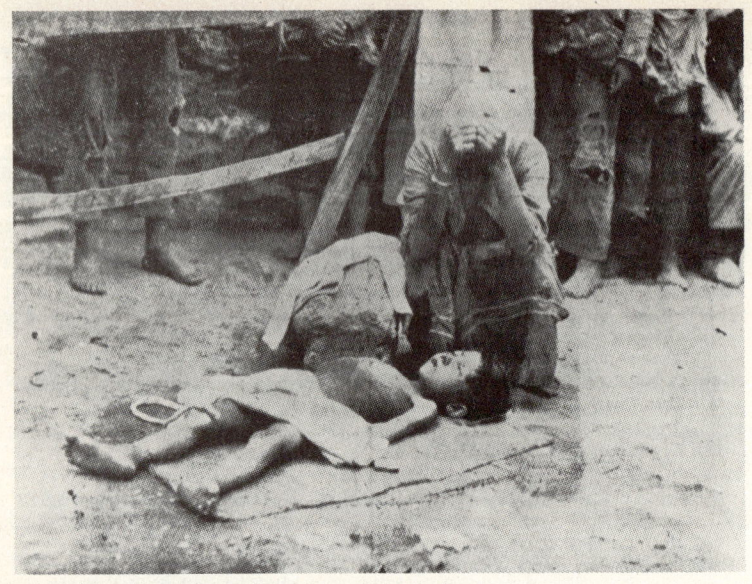

13 Türkei ca. 1916: Armenische Mutter und totes Kind

Abänderungen in diesem Verhältnis werden jeweils befohlen. 5. Männer, ebenso Kinder männlichen oder weiblichen Geschlechts von und über 17 Jahren, können von ihren Familien getrennt werden. Nicht festzunehmen sind Frauen, die Kinder unter 14 Jahren haben. Kinder, die noch nicht 17 Jahre alt sind, bleiben grundsätzlich mit ihrer Mutter oder wenn weder Mutter noch Großmutter da sind, mit ihrem Vater zusammen. Beispiel: Eine Arbeiterfamilie besteht aus Vater (45 Jahre), Mutter (38 Jahre) und fünf Kindern im Alter von 18, 17, 15, 10 und 8 Jahren. Es sind mitzunehmen: der Vater und die beiden ältesten Kinder. Wären die Kinder von 10 und 8 Jahren nicht vorhanden, so wäre die ganze Familie mitzunehmen, da in diesem Falle das 15jährige Kind mit seiner Mutter mitgenommen würde. Wäre die Mutter nicht vorhanden, so müßte der Vater mit den fünf Kindern zurückgelassen werden, es sei denn, daß eine Großmutter da wäre, der die jüngsten Kinder anvertraut werden könnten.«[97]

Die detaillierten Anweisungen sollten eine großzügigere Handhabung durch die Soldaten verhindern. Die Rücksichtslosigkeit, mit der hier in das Familienleben eingegriffen wurde, war im damaligen Europa eine Verhaltensweise, die bislang ›nur‹ gegenüber Menschen anderer Hautfarbe in den Kolonien angewandt wurde; deren Stolz, Selbstwert, Sozial- und Familiengefüge wurden von allen Kolonialmächten bedenkenlos mißachtet.

Das aber nun am eigenen Leibe zu erleben, war für zivilisierte Europäer unglaublich bitter: daß jetzt zum Beispiel belgische oder französische ältere Männer vor irgendwelchen jungen Spunden die Mützen oder Hüte ziehen sollten, nur weil diese eine deutsche Offiziersuniform trugen, mitunter gar geschlagen wurden, war schlichtweg entwürdigend.[98] Alle diese Erlebnisse zusammengenommen mußten zur Entwicklung von Haßgefühlen auf seiten der (zeitweilig) Besiegten führen. Auch dieses ist mit ein Grund für die in Deutschland als sehr hart empfundenen Bedingungen, mit denen besonders Frankreich und Belgien sich nach dem Ende des Krieges einen gewissen Ausgleich verschaffen wollten, wenigstens für die materiellen Verluste. Die verletzten Gefühle, die Demütigungen und erlebten Kränkungen ließen sich ohnehin nicht ungeschehen machen.

Die Kinder erlebten diese Situation mit und spürten die Leiden ihrer Eltern, sofern sie diese nicht ohnehin unmittelbar mitanschauten. Zusätzlich erlebten sie das direkte Kriegsgeschehen besonders im Bereich der Balkanfront (Serbien, Albanien, Nordgriechenland) sowie in den rumänischen, ukrainischen, polnischen und weißrussischen Gebieten der Ostfront. Am allerschlimmsten wurde gegen Kinder aber nicht an einer der Fronten gewütet, sondern in Kleinasien-Nordsyrien. Dort benutzte die türkische Regierung des Osmanischen Reiches den Krieg als Gelegenheit, ab 1915 gegen ihre eigenen nicht-türkischen Untertanen vorzugehen. Das armenische Volk – eine christliche Minderheit zwischen türkischen, kurdischen und arabischen Mohammedanern – wurde in brutalster Weise massakriert, deportiert und umgebracht. Mindestens 1 ½ Millionen Menschen wurden bis 1922 ermordet.[99]

Hunger im Krieg

In Deutschland und dem nördlichen Teil Österreich-Ungarns spielte der Hunger eine immer größere Rolle. Die Teuerung erreichte schon 1915 bedrohliche Ausmaße; es kam zu ersten Hungerrevolten und Aufläufen. Selbst in den ländlichen Provinzen des östlichen Deutschlands wurden die Lebensmittel für die proletarischen Schichten (Arbeiter, Tagelöhner und die alleinstehenden Mütter) immer weniger erschwinglich. Szenen wie die im folgenden beschriebene ließen sich ab 1916 in immer mehr Orten beobachten:

> »Steht doch vor dem Bäckerladen ein ganzer Haufe schwatzender Frauen, die aufgeregt mit den Brotkarten fuchteln. Scheltworte fliegen herüber und hinüber, es wird auf den Bäcker, auf alle Bäckereien geschimpft, über die schlechten Zeiten geklagt und so fort. Eine dicke Frau in einem schwarzwollenen Umschlagtuch tat sich besonders hervor.

. . . Sie fing an, mit der Faust an das Schaufenster zu hämmern. Als das die andern Frauen sahen, hämmerten sie auch und riefen: ›Aufmachen! Machen Se doch endlich auf!‹ . . . Da kam ein Polizist und versuchte, den Haufen zur Ruhe zu bringen. Die dicke Frau streifte ihn erst mit einem erstaunten Blick und drehte ihm dann höchst verächtlich den Rücken zu. Der Polizist . . . packte die Frau, die noch am Arm eine blecherne Milchkanne trug, am Kragen. Da fiel sie hin. Na, nun ging's los! . . . Die dicke Frau rappelte sich wieder auf, hob die Milchkanne und hieb sie dem Polizisten voller Wucht ins Gesicht. Als wenn dies das Signal zum Angriff gewesen wäre, stürzten alle Frauen auf den Polizisten. . . . Der Bäcker rettete die Lage, indem er ganz verdattert den Laden öffnete. Der ganze Schwarm stürzte hinein. . . . ›Brot her! Brot her! Unsere Kinder wollen essen!‹«[100]

Man bedenke: Ein Polizist konnte sich trotz des Tragens einer Uniform – was damals einen höheren Stellenwert einnahm als heute – nicht durchsetzen. Für deutsche Verhältnisse war dieser Ungehorsam gegenüber Anordnungen einer Amtsperson bereits ein erstaunlicher Schritt, nicht mehr weit entfernt vom Aufruhr. Die eingespielte Propagandamaschinerie, die Durchhalteparolen und »Deutschland, Deutschland über alles, über alles in der Welt« konnten den Unwillen besonders der ›niederen Volksklassen‹ indessen noch eine Weile zurückhalten, zumal in Presse und Öffentlichkeit noch immer ein Siegfrieden beschworen und erwartet, in Schulen und Kirchen für ihn gebetet wurde. Das schlug sich z. B. im preisgekrönten Aufsatz eines 10jährigen Gymnasiasten – nach vier Volksschuljahren begann damals im allgemeinen die höhere Schullaufbahn – zur Jahreswende 1916 / 17 folgendermaßen nieder:

»Wir freuen uns auf den Frieden, weil dann unsere tapferen Helden aus dem Kriege zurückkehren, und es mit dem Blutvergießen ein Ende hat und wir unsere guten Lehrer wieder bekommen. Daß es die Armen besser haben und nach den Lebensmitteln nicht so herumstehen müssen. Daß wir den Feinden gezeigt haben, was eine deutsche Faust leisten kann und daß sie siegen kann, zu Wasser und zu Lande. Daß wir nicht so lange nach Milch und Butter stehen müssen, denn wir Jungens sind auch nicht dafür. Weil ich dann endlich mal wieder auf den Baum klettern kann, denn jetzt muß man immer auf seine Schuhe achten. Weil meine Mutter sich dann nicht mehr mit den vielen Marken den Kopf zerbrechen braucht. Auch kann man sich dann mit Ruhe ins Bett legen, weil man weiß, daß die lieben Feldgrauen alle wieder zu Hause sind. Vor allem aber, weil wir auf einen ehrenvollen Frieden hoffen, und weil es wunderschön sein wird, wenn die kühnen Truppen bekränzt und mit Musik in die Heimat zurückkehren, und ich mit der Pauke mitlaufen kann.«[101]

Die Lebensmittelmarken, die hier erwähnt werden, stellten eine der zahllosen Verwaltungskünste dar, die den Mangel verteilten, denn die spärlichen Zuteilungen auf den Lebensmittelkarten reichten bei weitem nicht aus, um eine schwerarbeitende Person, geschweige noch dazu Kinder ausreichend zu ernähren. Und Hunderttausende von Müttern, deren Männer als Soldaten eingezogen worden waren, sahen sich gezwungen, in der Rüstungsindustrie zu arbeiten, um immer mehr der angelernten und qualifizierten Facharbeiter zu ersetzen, wobei sie allerdings ein Drittel bis zur Hälfte weniger Geld verdienten, während die Preise stiegen. So wurde die Not für immer größer werdende Teile der Bevölkerung, allmählich auch über das Proletariat hinaus, ständig fühlbarer. In der Presse wurde zwar über diese Tatsachen in Einzelfällen berichtet, jedoch war eine grundsätzliche Analyse der Zustände von seiten der Regierung nicht erwünscht. Die Artikel hatten schönfärberisch zu sein.[102]

Die Kohl- und Steckrübenwinter, in denen diese Pflanzen und die aus ihnen gefertigten Ersatzprodukte einen wesentlichen Bestandteil der Ernährung ausmachten, untergruben die Widerstandskraft und Arbeitsfähigkeit besonders der städtischen Bevölkerung. Bei Zehntausenden von Familien, in denen die Mütter nach der Einberufung ihrer Männer zur Front alleine für die Kinder zu sorgen hatten, mag es so ähnlich ausgesehen haben:

»Am Abend im Licht der Straßenlaterne
sahen die Kinder die Mutter von ferne
aus fremdem Haus von der Arbeit heimkommen;
der Krieg hatte noch kein Ende genommen.

Bleichsüchtige Kinder und spielarmes Leben –
was sollten die Mütter ihnen wohl geben?
Heldenplakate und Hindenburglieder
brachten die toten Väter nicht wieder.

Volksküchensuppe aus Erbsen und Splissen
Kriegsbrot als rationierter Leckerbissen,
ein paar Graupen oder Kälberaugen;
das sollte den Kindern zum Wachstum taugen.

Und in Kriegskindergärten keine Plätze
für Kinder von Müttern auf Taglohnhetze,
weil die nicht in Waffenfabriken rennen,
in fremden Häusern nur waschen und putzen können.

Auf dem Küchenstuhl stapeln sie Zeitungsmassen,
die sich zwischendurch noch austragen lassen.
Doch wurden die Armen der großen Stadt
im vierten Kriegsjahr längst nicht mehr satt.«[103]

In einer Denkschrift des Reichsgesundheitsamtes wurde festgestellt, daß bereits im Herbst 1916 lediglich 1344 Kalorien durch die Lebensmittelkarten pro Kopf der Bevölkerung verteilt wurden. Als Mindestbedarf berechnete dieselbe Denkschrift einen täglichen Durchschnittsverbrauch von 2280 Kalorien. Der Zuteilungswert sank weiterhin auf nur 1100 Kalorien im Sommer 1917, d. h. knapp die Hälfte des für notwendig Gehaltenen. Ausdrücklich stellte die Denkschrift fest, daß der Ankauf zusätzlicher Lebensmittel »infolge der gewaltigen Preissteigerung fast nur für wohlhabendere Leute möglich« werde.

Angesichts dieser allgemein erlebten Realität war es wenig überzeugend und mußte auf viele wie Hohn wirken, als das Kriegsernährungsamt im Februar 1917 offiziell behauptete: »Trotz der erheblichen Einschränkungen und eingreifenden Änderungen unserer Ernährung im Kriege ist eine schädliche Rückwirkung auf die Volksgesundheit nicht wahrzunehmen.« Vielleicht wußten die Ministerialbeamten wirklich nicht, daß sogar nach der sehr zurückhaltenden Berechnung des Preußischen Statistischen Landesamtes eine eindeutig erhöhte Sterblichkeit in der Größenordnung von mehr als einer Million Menschen für die Kriegsjahre angenommen werden mußte. Möglicherweise lag es aber auch nur an ihrer eingeschränkten Wahrnehmung, daß sie das hungernde Volk außerhalb ihrer Amtsstuben nicht beachteten. In den Offizierskasinos und Nobelrestaurants hungerte man tatsächlich nicht; darüber beklagten sich gerade einfache Soldaten mit wachsender Kriegsdauer immer mehr.[104]

Was Kinder und Frauen in den Jahren 1914–18 bedrängte, waren Not und persönliches Leid, Angst um den Verlust der Väter und Brüder, Hunger und Mangelernährung mit ihren Folgen wie Zunahme der Tuberkulose und anderer Krankheiten. Es war noch nicht der direkte Schrecken über ihnen, das Unheimliche, das aus den Wolken kam oder aus dem Tageshimmel auf sie herabstürzte. Im Jahre 1915 konnte Erich Mühsams Wiegenlied den unmittelbaren Schrecken noch in die Zukunft verweisen:

»Still, mein armes Söhnchen, sei still. . . .
Weißt ja noch nichts vom Vaterland,
daß es dein Leben einst haben will. . . .
Weißt ja noch nichts von Unheil und Not,
weißt nichts von Vaters Heldentod,
als ihn die bleierne Kugel traf.
Früh genug wird der Krieg und der Schrecken
dich zum ewigen Schlummer erwecken. . . .«[105]

Kriegsgeschehen

An der Front waren schon in den ersten Kriegsmonaten Hunderttausende von Soldaten in den ›ewigen Schlummer‹ versenkt worden. Junge Menschen, denen immer wieder eingeredet worden war, daß ihr Vaterland sie brauche, hatten sich zum Teil sogar freiwillig gemeldet und lagen im Dreck der Schützengräben einander gegenüber, bereit, andere, ihnen ähnliche junge Menschen, die sie nie gesehen hatten, zu töten. Die durch Maschinengewehrschützen und Handgranatenwerfer verteidigten Schützengräben, mit Stacheldraht abgesichert, waren von den jeweiligen Angreifern kaum zu überwinden. Die meiste Zeit lagen sich die Soldaten gegenüber und beschossen sich gegenseitig. Dieser ›normale‹ Schützengrabenkrieg wurde 1916 in einem der eindrücklichsten Bücher über den Krieg, »Das Feuer« von Henri Barbusse, geschildert; hier wird das Leiden aus der Sicht der einfachen Soldaten beschrieben:

> »Die Gesichter sind abgezehrt, gleichen Totenmasken, die geweiteten Augen glänzen fiebrig. Staub und Schmutz liegen in dicken Streifen auf jedem Antlitz... Ich drängle mich durch die marschierenden Leute bis zur Korporalschaft Marchal. Sie hat am meisten gelitten: Von elf Kameraden, die sich seit anderthalb Jahren nie getrennt hatten, sind noch drei Mann und der Korporal Marchal übrig. ... Ich beuge mich zu ihm und sage leise: ›Armer Kerl, das war wohl sehr schlimm...?‹«

Der Korporal zählt finster auf, wie scheußlich die Kameraden umgekommen seien; die ganze Nacht über habe es nur Gejage und Gerenne im Schützengraben gegeben, um dem Granatfeuer zu entgehen; aber es habe nicht viel genützt:

> »»Den kleinen Godefroy kennst du doch auch? Mittendurch; er hat geblutet, als ob man einen Eimer ausschüttet. So klein, wie er war, er hatte merkwürdig viel Blut; im Graben war ein Bach von mindestens fünfzig Metern. Gougnard hat ein Splitter beide Beine abgerissen. Er war schon tot, als wir ihn fanden. ... Hast du von Franco gehört...? Ihm hat's das Rückgrat gebrochen, als der Unterstand einstürzte, er hat noch gesprochen, als man ihn herausgezogen und hingesetzt hatte; er sagte: ›Ich muß sterben‹, und war tot. Vigile lag auch unten; am Körper fehlte ihm nichts, aber sein Kopf war vollständig plattgedrückt, platt wie ein Eierkuchen, und so groß, so breit... ›Vigile war Jahrgang dreizehn [= Einberufungsjahrgang], noch ein Kind! Und Mondain und Franco prächtige Burschen...‹«[106]

Dieses grenzenlose Elend spielte in der ›hohen‹ Strategie natürlich keine Rolle; hier war man bemüht, Siege zu erringen. Daher versuchten die gegnerischen Feldherren, in riesigen Materialschlachten die gegnerischen Stellungen vor einem Angriff sturmreif zu schießen. Nach Tagen unaus-

gesetzten Feuerns, unter Einsatz aller verfügbaren Artillerie, stürmte die Infanterie vor und wurde in der Regel zusammengeschossen; denn in den gegnerischen Stellungen hatten meistens genügend Maschinengewehrschützen überlebt, um die jetzt ungedeckt heranlaufenden Angreifer voll zu treffen. Diese Schlachten, die sich zum Teil monatelang hinzogen, wurden von Deutschen, Franzosen und Engländern wiederholt unternommen.[107] Als die deutschen Armeen ab Februar 1916 bei Verdun einen solchen Angriff begannen, unternahmen die britischen Truppen ab Juni einen Entlastungsangriff an der Somme. Nach siebentägigem Trommelfeuer erhob sich die englische Infanterie am 1. Juli zum Sturmangriff. Englische Soldaten berichteten darüber:

»Links von mir konnte ich große Granateinschläge sehen, als die West Yorks [= nordenglisches Regiment] vorrückten, und ich sah, wie viele Männer vornüberfielen. Zuerst dachte ich, sie suchten nach Zündhütchen (ein sehr beliebtes Andenken), und es dauerte einige Zeit, bis ich merkte, daß sie getroffen waren... ich [fand] den deutschen Stacheldraht zerstört vor, aber aus meiner Kompanie kamen nur drei Mann so weit. Es war mein Leutnant, ein Feldwebel und ich. Der Rest schien im Niemandsland getroffen worden zu sein... der Offizier sagte: ›Mein Gott, mein Gott, wo sind denn die übrigen Jungs?‹«[108]

Allein an diesem 1. Juli 1916 fielen rund 60 000 angreifende Engländer, von denen 21 000 beinahe sofort starben. Insgesamt waren in der Somme-Schlacht, die im amtlichen Heeresbericht offiziell erst im November beendet wurde, etwa 420 000 englische Soldaten getötet oder verwundet worden und fast 200 000 Franzosen. Die genaue Zahl der deutschen Verluste ist umstritten, nach deutschen Angaben meist niedriger als die der Alliierten.[109]

Solche Schlachten wurden im Laufe des Krieges wiederholt geführt. Menschen, die dabei starben oder ihren Leib verstümmeln lassen mußten, bildeten für die Generäle der Heeresleitungen (in Deutschland waren das ab Herbst 1916 Hindenburg und Ludendorff) lediglich Zahlenmaterial. Es galt nur, die großen strategischen Pläne zu erfüllen: Allein für die letzte große Frühjahrsoffensive von 1918 in Frankreich – deren Vorbereitung sich herumsprach – hatte das Große Hauptquartier schon im voraus deutsche Verluste in Höhe von 600 000 Mann veranschlagt![110]

Bereits 1914 waren die Heerführer mit gleicher Menschenverachtung vorgegangen: Begeisterte Kriegsfreiwillige, Primaner und Studenten wurden in Flandern (Langemarck) in die Schlacht geführt – ohne reguläre Ausbildung –, als Ersatz für die hohen Verluste unter den Soldaten. Sterben für Deutschland! So forderten die Generäle ihre Opfer, so proklamierten es glanzäugige Gymnasial- und Hochschullehrer:

>»Der Dienst im Heere macht unsere Jugend tüchtig auch für alle Werke des Friedens, auch für die Wissenschaft. Denn er erzieht sie zu selbstentsagender Pflichttreue und verleiht ihr das Selbstbewußtsein und das Ehrgefühl des wahrhaft freien Mannes, der sich willig dem Ganzen unterordnet. Dieser Geist lebt nicht nur in Preußen, sondern ist derselbe in allen Landen des Deutschen Reiches. Er ist der gleiche in Krieg und Frieden. Jetzt steht unser Heer im Kampfe für Deutschlands Freiheit und damit für alle Güter des Friedens und der Gesittung nicht nur in Deutschland. Unser Glaube ist, daß für die ganze Kultur Europas das Heil an dem Siege hängt, den der deutsche ›Militarismus‹ erkämpfen wird, die Manneszucht, die Treue, der Opfermut des einträchtigen freien Volkes.«[111]

Bemerkenswert ist, mit welcher Dreistigkeit Deutschland als Bewahrer der ›Kultur Europas‹ dargestellt wird. Die wahren Kriegsgründe – die Bereitschaft der deutschen Regierung, einen Weltkrieg zu riskieren, um die Weltgeltung des Kaiserreiches zu erringen – werden verschleiert; unter dem Deckmantel bürgerlicher Tugenden wird zu blindem Gehorsam aufgerufen, der noch dazu als ›wahrhafte Freiheit‹ verkauft wird. Wie soll schließlich dieser im Heeresdienst eingeübte Gehorsam die Jugend gar für eine wissenschaftliche Tätigkeit ertüchtigen, also für eine kritische Untersuchung der Umwelt?

Schon auf den Kasernenhöfen wurden die deutschen Soldaten durch Drill im Dreck, Unteroffiziersgebrüll und Ausführungen sinnloser Befehle zu möglichst willenlosen Automaten erzogen, die menschlich permanent entwürdigt wurden:

»Kurz nach 3.00 begrüßte uns der Gefreite Müller mit einem wenig liebenswürdigen ›Stillgestanden!‹ . . . ›Jetzt will ich euch Bürschchen mal zeigen, was es heißt, mir meinen Sonntagnachmittag zu versauen. Das Gewehr – über! Im Gleichschritt – Marsch! Achtung! Na los, raus mit die Scheißständer! Was, das nennt Ihr Parademarsch?! Kümmerlich, reck dein Wanst nicht so raus wie enne schwangere Wanze! Links, zwei, drei, vier, links, zwei, drei, vier! Vogel, du halbe Portion, dir hamm se wohl ins Geherne geschissen, daß de nich mehr weeßt, daß Achtung! kommandiert is?! Ganze Abteilung – kehrt! . . . So, nu will ich eich mal die Eier schleifn, daß es Gelbe bis hinter de Turnhalle spritzt. Marsch, Marsch! . . . Na wart, da komm e paar scheene Pfitzn, guckt se eich an, bevor er eich neinleecht. Hinlegen!«[112]

In dieser Weise wurde also das ›Selbstbewußtsein und das Ehrgefühl des wahrhaft freien Mannes‹ systematisch herangebildet. Der solchermaßen eingeschliffene Rekrut, die letzte Figur am Boden der militärischen Hierarchie, zog nach derartiger Vorbereitung als Soldat »Ins Feld, in die Freiheit«, wo »der Mann noch was wert« war. Er hatte seine Funktion gelernt: töten oder getötet werden, aber auf Befehl![113]

Häufig jedoch überstanden ›vaterländischer Geist‹ und ›Heldenbeseelung‹ den Kasernenhof; denn die jungen Menschen waren ja überzeugt, daß dieser Drill notwendig sei. Schließlich waren sie seit frühester Kindheit an durch Elternhaus und Schule zu Gehorsam erzogen worden. Wie sollten die Soldaten aber in der Schlacht bestehen, ihre Ängste bewältigen, wenn das Abnorme in außergewöhnlichem Ausmaß überwältigend auf sie zukam?

Kampf als ›inneres Erlebnis‹ – wie ihn Ernst Jünger lobpreist – dürfte beim Soldaten in den Materialschlachten wohl kaum Bestand gehabt haben, mochte er auch noch so gläubig hinausgezogen sein. Für die Überlebenden trat auf jeden Fall eine rasche Ernüchterung ein. Über die Begegnung mit gerade erst an die Front Gekommenen berichtet ein ›alter‹ Soldat, der sich schon fast ein halbes Jahr in den vordersten Linien befand:

»Am Wegrand sitzt ein Soldat, ein Knabe, dem die graue Uniform um die mageren Glieder schlottert, als gehöre sie nicht ihm, sondern seinem Vater, und er trage sie zu kindlichem Spiel. Der Knabe weint, er schlägt die Hände vors Gesicht, er preßt die Nägel in die Handwurzeln. Die Arme lösen sich, sinken kraftlos zu Boden, der Körper sackt zusammen. – Junge, sage ich. Der Knabe strafft sich blicklos. – Junge, sage ich noch einmal. Der Knabe sitzt starr da, aus den Augen rinnen willenlos die Tränen. Ich berühre seine Schultern, er weist mit müder Bewegung des Kopfes nach rückwärts. Dort liegt ein zweiter Knabe, eine Mütze bedeckt sein Gesicht. Ich hebe die Mütze auf. Blonde Strähnen fallen wirr auf die gewölbte Stirn, die Augen im schmalen, kantigen Gesicht sind

15   Soldatentod – Ziel des Lebens?

geschlossen, der Mund, das Kinn... aber das ist blutiger Brei, der Knabe ist tot.«

Schulfreunde und Klassenkameraden wären sie gewesen; als der ältere sich freiwillig gemeldet hätte, wollte der jüngere, »noch nicht siebzehn«, es ihm gleichtun. Allerdings

»seine Mutter wollte es nicht erlauben, er war der einzige Sohn. Er schämte sich, wir bettelten beide, endlich gab seine Mutter nach. Vor einer Woche kamen wir ins Feld, jetzt ist er tot. Was soll ich seiner Mutter schreiben?«[114]

Millionen von Freundschaften dürften während der Jahre des Ersten Weltkrieges so ein Ende gefunden haben. Einige der noch Lebenden begannen zu fragen:

> »Wer machte das Gesetz, daß Männer sterben sollen
> auf Wiesen?
> Wer sprach das Wort, daß Blut in Gassen sprudeln solle?
> Wer ordnete an, daß Gärten zu Friedhöfen werden?
> Wer bedeckte die Hügel mit Fleisch und Blut und Hirn?
> Wer machte das Gesetz?«[115]

Mit fortschreitender Kriegsdauer dämmerte vielen Soldaten aller Armeen zwar eine Ahnung von der Sinnlosigkeit ihres Tuns, aber da allzuwenige gelernt hatten, kritisch zu denken, mißlang es ihnen, Verbindungen zwischen ihrer Erziehung und der erlebten Realität im Schützengraben zu ziehen. Mechanisch bewegten sie sich, hier auf der französischen Seite:

»Sie stehen auf und gehen vor, halb im Schlaf, mit verquollenen Augen und auffallenden Falten. Ganz junge sind dabei, mit dünnem Hals und leeren Augen, und alte und mittendrin die üblichen Soldaten. ...›Das Erwachen der Verurteilten‹, sagt Marthereau ...›Auf der anderen Seite machen sich auch welche fertig, in grauen Uniformen. Glaubst du, denen liegt etwas am Angriff? Man ist doch nicht verrückt. Aber warum sind sie hergekommen? Ich weiß, sie sind nicht schuld – und sind's trotzdem; denn sie sind ja hergekommen...‹«

Eine andere Stimme berichtet dann von einem traurigen Urlaub, der vom Tod des Sohnes und dem vermißten Bruder überschattet wurde. Nur eines wäre erfreulich gewesen:

»›Unser Jüngster, er ist fünf Jahre alt, hat uns auf andere Gedanken gebracht. Er wollte mit mir Soldat spielen. Ich habe ihm eine Flinte geschnitzt und dann den Schützengraben erklärt, da hat er vor Freude gezittert wie Espenlaub und hat auf mich geschossen und dabei gebrüllt. Ganz Feuer und Flamme war der kleine Satan. Der wird mal ein tüchtiger Soldat. Der hat den richtigen militärischen Geist!‹«

Wie so oft steht Trauer über die als Soldaten abgeschlachteten Verwandten und die Freude über das Soldatspielen des eigenen Kindes nebeneinander. Die Männer haben keine Zeit zum Nachdenken, zum Herstellen von Zusammenhängen. Das macht es anderen Stimmen leicht, sich durchzusetzen, voll von Haß, gemäß der eingeimpften Propaganda, die sich eines Feindbildes bedient. Ob französischer, deutscher, englischer, russischer oder anderer Nation – nur wenige durchschauten, daß die Völker von ihren Regierungen mißbraucht wurden:

»Man muß sich fragen... ›Warum führt man nach allem noch Krieg?‹ Warum, weiß man nicht; aber für wen, das kann man sagen. Man wird einsehen müssen, daß, wenn jede Nation dem Kriegsgötzen täglich fünfzehnhundert blühende junge Männer zum Opfer bringt, es nur zum Wohle einer Handvoll von Anführern geschieht; daß sich ganze Völker zur Schlachtbank schleppen lassen, damit eine goldbetreßte Kaste ihre fürstlichen Namen ins Buch der Geschichte schreiben kann und die anderen, ebenfalls im Glanze des Goldes, die zur selben Gesellschaftsschicht gehören, bessere Geschäfte machen können – aus persönlichen und Krämerinteressen.«[116]

Die meisten Soldaten haben sich dennoch willig in den Tod führen lassen. Nur wenige Ausnahmen hat es gegeben, z. B. auf französischer Seite, als sich 1917 ganze Armeeteile weigerten, die Befehle auszuführen.

Die Masse der Heranwachsenden, die mit 18 Jahren oder jünger an die Front kamen, erlebten Zerstörung und Geringschätzung von Menschenleben als schreckliche, wenngleich sozusagen ›normale‹ Zeit. In entscheidenden Jahren ihres Lebens hatten sie nur Töten und Gehorchen kennengelernt. Sofern sie direkt von der Schule in den Krieg geworfen wurden, zogen diese Erfahrungen eine totale Entwurzelung nach sich. Bei vielen von ihnen hatten die Nationalsozialisten mit ihrem Ideengut später ein leichtes Spiel.

An den Hauptfronten des Stellungskrieges war auch die Landschaft verwüstet:

»Es gibt nichts als die letzten Reste zersplitterter und zerschlagener Stämme. Man soll Deckung nehmen unter Häuserresten: Es gibt nichts als Kalkfelder, in Atome zerstaubt. – Darauf stehen Schilder, immer wieder Schilder: ›Hier war das Dorf X‹ – ›Hier lag das Dorf Z.‹ Die Nächte sind dunkel. Um so erschreckender ist es gegen die Morgendämmerung hin, wenn die Schleier gehoben werden: Verlassenste, kälteste, entsetzlichste Kraterlandschaft. Kein Gras, keine Blume, kein Stein neben oder auf dem andern. Nichts als tiefe Löcher, zum Teil mit grünlichem, stinkendem Wasser gefüllt.«[117]

Die großen Schlachtfelder des Ersten Weltkrieges lagen außerhalb der deutschen Grenzen. Vertrichterte Felder in Leichen- und Gasgestank, verwüstetes, grabendurchstochenes Land und geschoßversteinte Erde, ausbrennende Häuser und fliehende Menschen, das gab es in den Jahren 1914–18 im Innern Deutschlands nicht.

Daher war die deutsche Bevölkerung um so überraschter, als der Krieg plötzlich verloren war. Denn Generalstab und Regierung hatten die eigene Nation über die wahre Lage im unklaren gelassen. Noch Ende August 1918 wurde öffentlich erklärt:

»Nach Ansicht der OHL [= Oberste Heeresleitung] gibt die militärische Lage keinen Anlaß zu gedrückter Stimmung. Es liegt kein Grund vor, am Siege zu zweifeln. Erst wenn wir zweifeln, ob wir siegen, sind wir besiegt.« [118]

Nur wenige Wochen später drängte die militärische Führung auf Friedensverhandlungen, da die Niederlage nicht mehr zu verhindern war. Sie erweckte jedoch den Anschein, als hätte die zivile Regierung und die Bevölkerung das angeblich immer siegreiche Heer behindert. Diese ›Dolchstoßlegende‹ wurde vorgeschoben und allgemein verbreitet, daß dem deutschen Militär von linken Kräften in den Rücken gefallen worden sei. So wie der Krieg mit einer Lüge begann, so endete er mit einer Lüge. [119]

Die von den Marinesoldaten ausgehende und von der hungernden Arbeiterschaft durchgeführte Novemberrevolution beseitigte das Kaiserreich und die Monarchien in den Bundesstaaten des Deutschen Reiches. Die Pressezensur wurde aufgehoben, und bittere Klagen über die verlogene Berichterstattung während des Krieges wurden laut:

»Als wir bei dem ersten Vormarsch im Herbst 1914 an der Marne auf den Widerstand Joffres [= französischer Oberbefehlshaber] stießen, hieß es im Heeresbericht ungefähr: Eine neue Schlacht hat sich erfolgversprechend für uns entwickelt. In Wahrheit machten wir Kehrt und führten einen Rückzug aus, der an vielen Stellen von einer Flucht nicht zu unterscheiden war. Die deutsche Oeffentlichkeit aber hörte niemals etwas von einer Schlacht an der Marne. Sie weiß bis heute nichts davon. Denn nicht nur der Heeresbericht, sondern die gesamte, dem deutschen Volk vorgelegte sogenannte Kriegsgeschichtsschreibung verschleierte die Niederlage, mit der in Wahrheit der Krieg unumstößlich entschieden wurde. ... Es kam dahin, daß sich das gesamte Nachrichtenwesen über den Krieg als eine ungeheure Lüge darstellte. In den Tagen des Zusammenbruchs hörte man aus der Mitte des Volkes heraus keine andere Klage so leidenschaftlich wie die, betrogen zu sein.« [120]

Auszubaden hatte das alles die Bevölkerung, einschließlich der Kinder. Wenn sie Glück hatten, so hatten sie ihre Väter während des Krieges vielleicht noch ein paarmal gesehen, so wie ich es selber erlebt habe. An einem frühen Morgen im November 1917, da hörte ich Vaters Stimme, und die Nachbarin rief durchs Haus: »Frau K., Frau K.! Ihr Mann ist gekommen!« Ich rannte und machte die Tür auf, und dann schwebte ich am herrlichsten

Platz auf der Welt – an Vaters Gesicht und in seinen Armen. Ich hatte ihn ganz allein für mich und ließ ihn nicht los, bis die Mutter atemlos von den Treppen heruntergerannt kam. »Ich bin auf der Durchreise von einer Front zur anderen«, sagte er. »Wir werden alle nach Frankreich ›rübergeworfen‹.« Ein Jahr lang hatte er ›in Rußland gelegen‹. Nun wollten die Russen keinen Krieg mehr. Ihre Soldaten gingen ins Land zurück. Doch unser Vater mußte wieder fort.[121]

Kriegsfolgen

Zwar überlebten viele Väter und Söhne den Krieg, doch Millionen kehrten nicht zurück. Es ist sehr schwierig, selbst heute genaue Angaben zu ermitteln, weil in den verschiedenen Werken unterschiedliche Zahlen aufgeführt werden. Die folgende Tabelle bietet eine Liste der Gefallenen, an ihren Verwundungen Gestorbenen, einschließlich der an Krankheiten und Unglücksfällen sowie durch Selbstmord Umgekommenen. Sie enthält darüber hinaus die Zahl der Einberufenen, ebenso die der Männer, die das nötige Alter hatten, um im Laufe des Krieges eingezogen werden zu können (also potentiell Mobilisierbare).[122]

Wie die Tabelle zeigt, zogen Deutschland und Frankreich die meisten Männer der betreffenden Altersgruppen ein (je rd. ⅘). Hinsichtlich der Eingezogenen hatten die Serben, Türken, Rumänen und Bulgaren die höchsten

Menschenverluste 1914 bis 1918

	Gefallene und gestorbene Soldaten (in Mio.)	Einberufene (in Mio.)	Männer im einberufungsfähigen Alter (in Mio.)
Deutschland	2,04	13,2	16,3
Rußland	1,81	15,8	40,1
Frankreich	1,33	7,9	10,0
Österreich-Ungarn	1,10	9,0	12,2
Türkei	0,80	3,0	5,4
Großbritannien	0,72	5,7	11,5
Italien	0,58	5,6	7,8
Serbien	0,28	0,8	1,2
Rumänien	0,25	1,0	1,9
USA	0,11	4,3	25,5
Bulgarien	0,09	0,4	1,1
übrige Staaten	0,34	2,5	23,0
Insgesamt	9,44	70,1	157,0

Verluste (rd. ⅓ bis ¼), während in Frankreich ›nur‹ jeder Sechste und in Deutschland etwas mehr als jeder Siebte umkamen. Bezogen auf die männliche Bevölkerung im kriegsfähigen Alter, starben in Serbien bei weitem die meisten Personen – das Land war im Winter 1915/16 von deutschen, österreich-ungarischen und bulgarischen Armeen erobert und bis Oktober 1918 von einer brutalen Militärbesatzung verwaltet worden – gefolgt von der Türkei, Rumänien, Frankreich und Deutschland. Einige Völker waren damals noch Untertanen der drei Kaiserreiche Europas, deren Kronen bei Kriegsende ›über das Straßenpflaster‹ kollerten. Die polnische Nation, deren kriegsdienstfähige Männer zu den Armeen des Deutschen Reiches, Österreich-Ungarns und des Russischen Reiches eingezogen wurden, zählte etwa ⅓ Million toter Soldaten; Tschechen und Slowaken, die vornehmlich im österreichisch-ungarischen Militär dienen mußten (es gab auch Einheiten innerhalb Rußlands und Frankreichs), verloren etwa 140 000.

Die vorstehende Tabelle bezieht sich nur auf Soldaten. Die Verluste der Zivilbevölkerung sind nicht angegeben. Für Belgien, das etwa 40 000 Soldaten verlor (durch den deutschen Überfall war eine Mobilmachung nur beschränkt durchführbar), werden etwa 90 000 Tote unter der Zivilbevölkerung genannt. Die Besatzungsmächte brachten in Serbien und Montenegro über ¼ Million Menschen um – sogar Frauen und Priester wurden gehängt.

Man muß sich den außerordentlichen Haß klarmachen, den Deutsche und Österreicher schon bei Kriegsbeginn diesem Staat gegenüber zeigten; der Spruch ›Serbien muß sterbien‹ war nicht umsonst tausendfach auf Eisenbahnwaggons geschmiert und an Stammtischen geäußert worden. Stolz präsentierten sich deutsche, österreichische und bulgarische Soldaten neben ihren Opfern.[123] Auch in Rumänien, Polen, der Ukraine und Weißrußland gab es hohe Verluste unter der Bevölkerung, am meisten allerdings in der Türkei.[124]

Nicht nur die über 9 Millionen gefallenen Soldaten, sondern auch die getöteten Zivilisten hinterließen vaterlose Kinder. Das damit verbundene Elend in sozialer Hinsicht und das persönliche Leid der Betroffenen ist in Zahlen nicht wiederzugeben.

In meiner Erinnerung tief eingegraben ist ein Dezembermorgen im Jahre 1917: Ich wachte auf durch einen lauten Schrei, ein langes Weinen; dazwischen eine fremde Stimme – Schritte; blitzartig wußte ich: Das gilt dem Vater! Ich fuhr aus dem Bett, rannte aus der Stube und hockte mich der Mutter gegenüber an den Küchentisch und weinte: Ein Loch war in die Welt gerissen, ein fürchterliches Loch! Und ich stürzte, nein, ich wurde da hineingestoßen und flog in großem Bogen in die Tiefe. Von unten sah ich die arme Mutter in ihrem Lodencape sitzen, als sei sie ganz weit fort. Und an mein Ohr kamen immer dieselben Worte vom Heldentod und dem Halsschuß und dem Vaterland. Als wüßte sie nichts anderes zu sagen, las die Briefträgerin das beharrlich von einem Papier ab; als könne das die Mutter trösten. Ich verstand nur, daß der Vater niemals mehr da sein würde.[125]

Vielleicht noch grausamer war das Geschick der Kinder, deren Väter als gräßlich Verstümmelte aus dem Krieg zurückkehrten. Man kann annehmen, daß unter den über 20 Millionen Verwundeten des Ersten Weltkrieges mehrere Millionen dauerhaft verkrüppelt waren.[126] Es war schon für die Erwachsenen schwer, ihre Freunde wiederzuerkennen; den Kindern erschienen die Verunstalteten als Fremde:

»Alfred ist hier. Ich hätte ihn fast nicht wiedererkannt. Sein Mund hängt durch den abgeschossenen Unterkiefer so schräg ins Gesicht, als wäre ihm das Fundament weggerissen, als hinge diese Seite nur an dem Auge, das viel größer scheint als das andere und immer läuft. Ein ungleichmäßiger Bart versucht das Heldentum zu verdecken, das ihn zeichnet. So kehrte er heim, will seinen Jungen auf den Schoß nehmen. Aber sein Kind fürchtet sich. ›Geh fort, was willst du hier? Du bist nicht mein Papa. Ich mag dich nicht!‹ Und der Vater... steht vor seinem Kind mit unbeweglichem Gesicht. Dieses Gesicht kann kein Lachen und keine Trauer ausdrücken. Alle Gesichtsmuskeln sind zerschossen. ... Ich versuche mir das frühere, ruhige, bartlose, intelligente Gesicht vorzustellen, als ich ihm die Hand zum Abschied reiche, aber nur wer es gut kannte, findet an der rechten Augenpartie und der hohen Schläfe den Ausgangspunkt. Ich rufe den Kleinen, will ihm die Hand geben. Er hebt erst sein Spielzeug auf, hält es mit seiner kleinen Faust krampfhaft fest und zeigt mir stolz sein Kleinod: Das ›Eiserne Kreuz‹ zweiter Klasse, das Alfred vor einigen Tagen von seiner Truppe nachgeschickt wurde.«[127]

Ein zerrissenes Gesicht konnte vielleicht annähernd mit vielen Operationen ›funktional‹ gemacht werden; doch was konnte ein Mensch erwarten, dem das ganze Gesicht weggeschossen worden war? Nach den von Ernst Friedrich, dem Begründer des deutschen Anti-Kriegsmuseums in den 20er Jahren, gesammelten Unterlagen verweigerten einige Kriegskrüppel

»nähere Angaben, andere Verletzte, insbesondere die ganz grauenhaft Verstümmelten, ließen sich nicht photographieren, weil sie fürchteten, daß ihre Angehörigen, die sie bisher noch nicht wiedergesehen haben, beim Anblick ihres Elends zusammenbrechen oder sich für immer voll Ekel und Entsetzen von ihnen abwenden würden.«[128]

Doch was konnte der Mensch erhoffen, bei dem nichts mehr an den Burschen erinnerte, der er einmal gewesen war, bevor er seine ländliche Heimat verlassen mußte und in den Krieg geschickt wurde? Was da übriggeblieben war, war ein Menschentorso mit einem Stirnrest – ohne Stimme, ohne Gehör, ohne Bewegung. Aller Sinnesorgane und aller Gliedmaßen beraubt, völlig gesichtslos, dämmerte er dahin, schwammen Gefühlsströme in seinem Körper auf und ab, bis sein Bewußtsein erwachte, und er erkannte, Schritt für Schritt, was von ihm noch vorhanden war.

»In seinem Schädel war ein normaler Mensch mit Armen und Beinen und allem was dazugehört. Das war er, Joe Bonham gefangen in der Dunkelheit seines eigenen Schädels wie ein Rasender unterwegs von Ohrloch zu Ohrloch wo immer im Schädel eine Öffnung sein könnte. Wie ein wildes Tier versuchte er sich einen Weg nach draußen zu erzwingen in die Außenwelt zu entkommen. Er war gefangen in seinem eigenen Hirn, verwickelt im Gewebe und im Denken tretend und stoßend und schreiend nur raus.«[129]

Von diesen total Vereinsamten, die ohne menschliche Ansprache blieben, erfuhren die Menschen in der Heimat nichts mehr: sie wurden staatlicherseits ›versorgt‹. Der heranwachsenden Generation blieb ihr Anblick erspart, so auch eine tatsächliche Anschauung von dem, was sie im Krieg erwarten würde. Abbildungen der Kriegsopfer und -greuel, wie sie in dem Berliner Anti-Kriegsmuseum dokumentiert wurden, erregten bei den national eingestellten Bürgern Unwillen. Es wurde 1933 von den Nationalsozialisten sofort zerstört.[130]

Nach der Russischen Revolution

Obwohl 1918 noch Millionen Kriegsversehrter durch die Städte Europas humpelten, die Lazarette überfüllt waren und in den beteiligten Ländern Soldaten und die hungrige Bevölkerung genug vom Krieg hatten, strebten Politiker, Militärs und Geschäftsleute nach weiteren Gewinnen. Die Regierungen der Siegermächte diffamierten die Russische Revolution, unterstützten deren Feinde, die ›Weißen‹, und ließen ihre Soldaten in die grenznahen Gebiete des ehemaligen Russischen Reiches einrücken. Trotzdem behauptete sich die Revolution, geführt von Lenin und Trotzki, in einem jahrelangen Bürgerkrieg gegen ihre von außen unterstützten Gegner.[131]

Das Land hatte nicht nur den Weltkrieg, sondern auch den Bürgerkrieg hinter sich, dazu kam 1921/22 eine verheerende Hungersnot. Millionen von Familien wurden durch diese Ereignisse zerrissen, Väter wurden als Soldaten oder Banditen oder Opfer getötet, verhungerten oder erlagen Krankheiten, die Mütter erlitten ähnliche Schicksale. Kinder, sofern sie nicht umkamen, mußten zwischen all diesen Schrecknissen heranwachsen. Daher durchzogen in den zwanziger Jahren Hunderttausende elternloser, verwahrloster Kinder, ›Besprysornis‹, das verwüstete Rußland. Nach der Flucht der hungernden Bevölkerung aus vielen Dörfern, nach Massakern und Hinrichtungen von Gutsbesitzern und Adligen, von reichen und armen Bauern durch die Truppen der Roten, Weißen und Grünen (= bäuerliche Anarchisten) blieben Massen von Kindern sich selbst überlassen. Um zu überleben, mußten sie betteln, stehlen, rauben – einzeln, in Gruppen oder Banden. Voller Scham erinnert sich ein Autor an seine Zeit als Zwölfjähriger,

»die er in Charkow und anderen ukrainischen Städten verbrachte... Fast ein Jahr lang zog er durch die vom Krieg zerstörten Gegenden, zusammen mit vielen tausend anderen Jugendlichen, die so obdachlos waren wie er. Häufig landete er auf Milizrevieren, bei der Eisenbahntscheka, in den Gefängnissen der Kriminalbehörden. Zuweilen überlegte er, wie das alles gekommen war. Er war doch ein anständiger Junge gewesen, er hatte die Schule besucht, gelesen, Gedichte verfaßt... Und nun hatte sich das spurlos verflüchtigt, und er war ein Dieb, ein Landstreicher, ein Gestrandeter. Er versuchte, mit Koffertragen Geld zu verdienen, um nicht mehr stehlen zu müssen. Aber sein Aussehen schreckte die Fahrgäste ab. ›Wir wissen schon, wohin du die Koffer trägst‹, sagten sie. Sie stießen Ljonka weg und schleppten ihre Koffer und Körbe allein zur Straßenbahn oder zum Gepäckkarren.«

Scharen solcher halbwüchsigen ›Rechtsverletzer‹, die in dem verarmten Land kaum eine Chance hatten, Ausbildungsplätze oder gar Arbeit zu finden, mußten in die Gesellschaft eingegliedert werden. Man versuchte, diese Heranwachsenden nicht durch Bestrafung oder Kriminalisierung in die Gesellschaft zurückzuführen, sondern durch zahlreiche Kinderkommunen, -kolonien, Erziehungs- und Arbeitskollektive.[132]

Der Versuch, nach der Russischen Revolution eine neue Gesellschaft mit mehr Frieden und gerechterer Verteilung der Güter unter den Menschen aufzubauen, wurde durch die Feindschaft Deutschlands und der ehemaligen Verbündeten Rußlands fast zu Tode gewürgt. Aber die Hoffnung auf ein neues, besseres Leben war stärker. Sogar Kinder und Halbwüchsige im Rußland der Revolution empfanden diese Sehnsucht:

»Auf den Plakaten standen allerlei Losungen: ›Acht Stunden Arbeit, acht Stunden Schlaf, acht Stunden Erholung‹. Diese Losung war mir – offen gesagt – zu langweilig, zu wenig verlockend. Viel besser gefiel mir ein großes blaues Plakat mit dicken roten Buchstaben: ›Nur mit der Waffe in der Hand erobert das Proletariat die lichten Höhen des Sozialismus.‹ Durch ihre rätselhafte, noch nie gesehene Schönheit lockten mich diese ›lichten Höhen des Sozialismus‹ viel stärker, als einen begeisterten Schuljungen die fernen exotischen Länder...«[133]

Der Eindruck, den die Russische Revolution auf große Teile der Bevölkerung und der kriegsmüden Soldaten auch in Deutschland und bei den

16 Waffenstillstand 15. 12. 1917: Verbrüderung deutscher und russischer Soldaten

Westmächten machte, kann gar nicht hoch genug veranschlagt werden.
Allerdings ist dabei nicht an eine unmittelbare Einflußnahme zu denken,
schon deshalb nicht, weil die Regierungen der übrigen Länder alles taten,
um Nachrichten aus dem Osten zu unterdrücken oder zu filtern. Aber von
Mund zu Mund wurden sie weitergegeben, und gar nicht einmal so ver-
kehrt, wie etwa die Tagebucheintragung einer damals 15jährigen Schülerin
in der Garnisonsstadt Schneidemühl (nahe der Vorkriegsgrenze zu Rus-
sisch-Polen gelegen) zeigt:

»Die russischen Arbeiter und Bauern haben die Peter-Pauls-Festung in
Petersburg erobert und den Justizpalast in Brand gesteckt. In der Zeug-
hausstraße werden Extrablätter verkauft. Ich hatte nicht einen einzigen
Groschen in der Tasche, aber Großmama hatte schon alles von den Soldaten auf dem Bahnhof erfahren. Sie erzählte, daß viele [deutsche] Soldaten hurra geschrien und auf dem Bahnsteig Kosakentänze getanzt
hätten. Fräulein Ella Gumprecht, die es sich angewöhnt hat, immer
pünktlich zum Kaffee zu kommen, sagte, daß das eine Schmach und
Schande sei und daß man diese Soldaten auf der Stelle in Arrest stecken
müsse. ›Waren denn keine Offiziere da?‹ rief sie entrüstet. ...An-
drowski [ein älterer Schulkamerad] kam ganz rot vor Freude und dem
scharfen Wind angestürmt... und rief: ›Kinder, Kinder, die russischen
Soldaten sollen sich mit den Bauern und allen, die keinen Krieg mehr
wollen, verbrüdert haben! Sie haben ihre Waffen an die Zivilisten verteilt. Wenn sie bloß durchhalten!‹ Mir blieb der Mund offen.«
Um das Übergreifen solcher Stimmung zu verhindern, erließ die deutsche
Militärzensur Anweisungen an die Zeitungsredaktionen, nur solche Mel-

dungen über die Russische Revolution zu bringen, die abschreckend wirkten.[134]

Auch die Führung der Mehrheits-SPD (eine Minderheit hatte sich 1916/17 als USPD abgetrennt) beteiligte sich an der Verteufelung der Russischen Revolution, vielleicht um ihr eigenes schmähliches Versagen vom August 1914 durch Aggression zu verdrängen. Der Vergleich von Bolschewismus und Zarismus taucht zum ersten Mal am 21.1.1918 im SPD-Blatt »Vorwärts« auf, um dann zu einem festen Bestandteil des Antibolschewismus zu werden; damit wurde unterstellt, daß sich durch die Revolution in Rußland grundsätzlich nichts geändert habe. Die auch von der SPD unterstützte Anweisung ging dahin, eine höchst parteiische Berichterstattung zu fördern:

»Gewandte Journalisten müßten nach Rußland geschickt werden, um in deutschen Zeitungen die furchtbaren Zustände dort anschaulich zu schildern und dadurch die Sympathie für den Bolschewismus zu ersticken.«[135]

Ähnlich wurde bei den Westmächten verfahren. Die Angst vor dem Beispiel der sozialen Revolution, das Rußland gegeben hatte, war so groß, daß das besiegte Deutschland davon profitierte:

»Nichts hätte die westlichen Sieger aufhalten können, Deutschland zu besetzen, Deutschland mit ihren Truppen zu überfluten. Die deutschen Armeen waren nicht mehr fähig, Widerstand zu leisten. In diesem Augenblick fürchteten die Staatsmänner in Paris, London und Washington, Deutschland könne sich in seiner Verzweiflung dem bolschewistischen Rußland an den Hals werfen. Bedenkliche Vorkommnisse [Meutereien] hatten gezeigt, daß selbst französische und englische Soldaten in den Bannkreis der bolschewistischen Ideale gezogen worden waren. War es tunlich, englische, französische und amerikanische Truppen der Gefahr auszusetzen, auf dem Boden eines bolschewistisch entflammten Deutschland ›verseucht‹ zu werden? Schloß man sofort einen Waffenstillstand und bald danach einen Frieden mit Deutschland, trieb man das deutsche Bürgertum nicht in Verzweiflung, so konnte Deutschland im Kreise der bürgerlichen Mächte und Prinzipien gehalten werden; ja, am Ende ließe es sich sogar zu einer bürgerlichen Schanze gegen den Bolschewismus ausbauen.«[136]

Ungeachtet aller Propaganda gegen den Bolschewismus gab es eine breite Anti-Kriegsbewegung. Nie wieder Krieg! – das dachten und fühlten schon nach 1918 viele Tausende von Menschen in Deutschland und anderen betroffenen Länder. Leider wurden diese Ideen nur von wenigen in die Praxis umgesetzt. Diese begriffen wohl, daß die Verhinderung eines nächsten Krieges schon bei der Erziehung der Kinder beginnt: »Die Mutter, die dem Kind auf ihrem Schoß *Soldatenlieder* singt, bereitet den Krieg vor! Der

17 Mörder und Soldat, Kinderzeichnung 1923

Vater, der *Soldatenspielzeug* seinem Kinde schenkt, mobilisiert das Kind-chen für den Kriegsgedanken!« In seinem Buch »Proletarischer Kindergar-ten« trat der konsequente Pazifist Ernst Friedrich dafür ein, daß die Kinder daran gewöhnt werden sollten, den Krieg nicht als etwas Vorgegebenes, Schicksalhaftes anzusehen. Ein 13jähriger Junge malte dazu die hier abge-bildeten Zeichnungen und erklärte sie so:

»Der Unterschied zwischen Mörder und Soldat besteht darin, daß der Mörder ein Raubmörder, ein Lustmörder oder sonst ein Mörder ist. Dieser hat gegen das 5. Gebot gehandelt, also droht ihm der Tod oder das Gefängnis. Dagegen der Soldat ist auch ein Mörder – ein Berufsmörder – und zwar der größte den es gibt – ein Massenmörder. – Je mehr er mordet, je mehr Ruhm erwirbt er sich. Ihm setzt man den Lorbeer auf, ihm hängt man das Eiserne Kreuz und andere Orden um, wegen finger-fertigen Mordens. Er, der Soldat ist der grausamste Mensch, den es gibt, so auf deutscher, wie auf feindlicher Seite. Fluch denen, die sie das Mor-den lehrten und sie dazu veranlaßten. Also sind beide Mörder. Krieg bedeutet Morden. Er bringt Hunger, Schmach, Elend, Not, Tod, Sorgen und Schmerzen. Darum laßt ab von dem Morden und kehrt zum Frie-den zurück.«[137]

In England organisierten sich Kriegs- und Wehrdienstverweigerer trotz harter Verfolgung, Zuchthausstrafen und Zwangsarbeitsurteilen schon während der letzten Kriegsjahre. In Holland hatte sich die Internationale Antimilitaristische Vereinigung gebildet, in Deutschland der Bund der Kriegsdienstgegner. In den USA gab es ähnliche Bewegungen; doch alle zusammen haben weitere Kriege nicht zu verhindern gewußt – wohl auch, weil sie zu wenig konkrete Ziele ansteuerten.

Die zu kurz gekommenen ›persönlichen Absichten und Krämerinteressen‹ italienischer, japanischer und deutscher Politiker, Geschäftsleute und Militärs führten zu neuen Kriegen in Ostasien, Afrika und Europa; aber auch die alten Kolonialreiche ›mußten‹ gegen den wachsenden Widerstand ausgebeuteter Völker behauptet werden.[138]

Besonders in den souveränen Staaten Europas, Lateinamerikas und Ostasiens gab es ausgeprägte Militärhierarchien mit einem Kern von Berufssoldaten. Kriegerische und nationalistische Traditionen wurden gepflegt, und beinahe selbstverständlich war für die Jugend eine Erziehung zur ›Vaterlandsliebe‹ erwünscht. Aber dieser Patriotismus brauchte für die Betonung der Größe des eigenen Volkes die Kleinheit der anderen Völker. Und wie ließ sich besser als in einem Krieg die Überlegenheit der eigenen Nation beweisen? Mitmenschlichkeit war und blieb für diese Kreise ein unbekanntes Wort. Und das Elend der Kinder? Nun, es betraf nicht die eigenen.

4. Der Zweite Weltkrieg

Hinter der Trommel her
Trotten die Kälber
Das Fell für die Trommel
Liefern sie selber.

Die Opfer des Ersten Weltkrieges waren noch nicht vergessen, als der nächste vorbereitet wurde; die vielen Gefallenen oder kriegsbeschädigt heimgekehrten Söhne, Brüder, Väter, Ehemänner, Onkel, Neffen und auch die leidtragenden Waisen und Witwen hielten im Bewußtsein der Menschen die Auswirkungen des Krieges wach. Um so unverständlicher ist mir das Verhalten allzuvieler Eltern geblieben. Obwohl sie alle das Elend des Ersten Weltkrieges erlebt hatten, wurden sie nicht hellhörig, als sich der gleiche Mechanismus zu wiederholen drohte. Fast alle duldeten oder förderten es sogar, daß sich ihre heranwachsenden Kinder ähnlichen Vorstellungen nationalen Inhalts überließen, wie sie ihnen selbst von ihren eigenen Eltern vorgelebt worden waren.

Mußte man sich beim Anblick der jungen und jüngsten Soldaten, die später verstört, verwundet oder zerstört an Seele und Körper wieder ›heimwärts‹ kamen, nicht fragen: Hatten die Eltern dieser jungen Menschen ihre Kinder tatsächlich geliebt? Wie konnten sie zulassen, daß auch diese von nebulösen Begriffen wie Deutschland, Ehre, Größe, Vaterland, Ruhm, Fahne und Heldentod umgarnt wurden und sich von menschenverachtenden Politikern willig dem Schlachtentod entgegentreiben ließen? Offenbar hingen die Erwachsenen den alten Wertvorstellungen stärker an als der konkreten Beziehung zu ihren Mitmenschen, zu ihren eigenen Kindern. So mögen sich Szenen wie die folgenden hunderttausendfach in den Kinderstuben der zwanziger und dreißiger Jahre abgespielt haben:

»In der Schublade, in der ich meine ›Schätze‹ aufbewahrte, lag lange Zeit eine Fotografie aus einem Kriegsbuch, das einer meiner älteren Brüder fortgeworfen hatte und das von mir ›ausgeweidet‹ worden war. Fünf Soldaten standen vor einem Erdhügel, die Köpfe gesenkt und die Stahlhelme in der Hand. Aus dem Hügel ragte ein Holzkreuz. Die Unterschrift ist mir noch genau in Erinnerung. Sie lautete: ›Der zweite von links fiel am nächsten Tag.‹ ›Die Soldaten beten für einen Kameraden, der gefallen ist‹, erklärte meine Mutter. ›Er ist gestorben für Deutschland, und sie haben ihm ein Grab gemacht.‹ ... Das Bild von den betenden Soldaten zog mich an und ängstigte mich zugleich: In ihm verbargen sich die beiden großen Geheimnisse: Gott und Tod, und waren verschränkt mit dem anderen Geheimnis: Deutschland!«[1]

Offensichtlich hatte diese Mutter vergessen, was eigentlich während des Ersten Weltkrieges geschehen war, bzw. sie hatte alles mit dem abstrakten Begriff ›für Deutschland‹ überkleidet, in den sich alle unerfüllten Sehnsüchte, auch die eigene unerfüllte Ehe, einbringen ließen. Unzählige Soldaten hatten schon während des Krieges erkannt, wofür sie eigentlich starben:

> »Wir kämpfen nicht fürs Vaterland,
> Wir kämpfen nicht für Gott,
> Wir kämpfen für die reichen Leut',
> Uns Arme schießt man tot.«[2]

Diese unmittelbar auf dem Schlachtfeld gewonnene Erkenntnis erreichte bei weitem nicht alle, sondern wurde darüber hinaus bei vielen wieder verdrängt. Was allgemein blieb, war das verklärende Erinnern an den ›Geist von 1914‹, das Erinnern an eine nationale Einheit, in der scheinbar alle Unterschiede der Klassen und Stände aufgehoben waren. Daran knüpfte die nazistische Bewegung an, die in einer neuen ›Volksgemeinschaft‹ angeblich alle vereinen würde, ohne doch die Unterschiede aufzuheben. Für ein 6jähriges Kind in einer süddeutschen Stadt stellte sich das um 1932 so dar:

> »Aber die Nazis würden vieles verändern können. Die Eltern gehörten zu ihnen. Die Nazis würden jedem ›Arbeit und Brot‹ geben, sagten sie, und ihre Stimme klang froh dabei. Sie würden den vielen Hochmütigen zeigen, was wirklich Volksgemeinschaft sei. Wenn sie das sagten, spürte ich ein wenig Triumph aus ihrer Stimme heraus. Jeder würde mitarbeiten können an dieser neuen Gemeinschaft, ohne deshalb ein Sozi sein zu müssen. Aus dem Wort ›Sozi‹ wurde ich nie ganz schlau. Es gewann für mich beim Zuhören einen verächtlichen Beigeschmack. Als wäre man sich zu gut für so etwas. ... Papa sprach nun manchmal vom lieben Gott. Früher hatte er nie von ihm gesprochen. Er sagte, der liebe Gott habe uns einen Mann geschickt, der Adolf Hitler heiße. Er habe ihn geschickt, um Deutschland zu retten. ›Deutschland, das sind wir alle‹, sagte er.«[3]

In einfacher Weise wurde hier dem Kind vermittelt, wovon die Eltern überzeugt waren. Sie weigerten sich wahrzunehmen, was um sie herum vorging und was die NSDAP millionenfach gesagt hatte. Sie mußten wissen, daß das Deutschland der Nationalsozialisten und ihrer in braune Hemden gekleideten Gefolgschaft kein Deutschland für alle war.

Die Ausgeschlossenen

Deutsche jüdischer Herkunft durften keine Deutsche mehr sein, auch wenn ihre Familien seit Jahrhunderten in diesem Land gelebt hatten, sie selber noch so national empfanden und keine andere Sprache kannten. Eilfertig und unaufgefordert arbeiteten strebsame Juristen, Karrieremacher, Gesetze aus, die das Vertreiben aller Juden aus öffentlichen Stellungen und qualifizierten Berufen sowie ihre Enteignung und soziale Isolierung regelten: Schrittweise wurden die gesetzlichen Diskriminierungen und die nicht einmal nach den neuen Verordnungen erlaubten Schikanen gesteigert.[4]

Im Juni 1933 (ähnlich wie in den Volkszählungen von 1925 und 1910) waren die Deutschen jüdischen Glaubens eine Minderheit, knapp 500000 bei einer Gesamtbevölkerung des Deutschen Reiches von 65 Millionen. Etwa 60000 hatten seit dem Regierungsantritt der Nazis Deutschland verlassen und sich in anderen Ländern, zumindest vorläufig, in Sicherheit gebracht. Nur vorläufig, weil durch die Eroberungspolitik des Dritten Reiches immer größere Teile Europas unterworfen wurden. So war beispielsweise 1932 ein Deutscher zum jüdischen Glauben übergetreten, anschließend in die Tschechoslowakei ausgewandert und hatte dort eine Jüdin geheiratet. Nach der Annexion dieses Staates wurde er verhaftet und wegen ›Rassenschande‹ verurteilt.[5] Hier wurden also sämtliche Rechtsprinzipien verletzt, weil die NS-Gesetze zeitlich rückwirkend und außerhalb ihres territorialen Geltungsbereiches angewandt wurden. Aber in der sogenannten Rassenfrage waren deutsche Juristen und Gerichte besonders eifrig; dabei ist es wichtig, sich klarzumachen, daß die gesamte ›Arier‹-Gesetzgebung in keiner Weise auf rassischen Kriterien beruhte, obwohl die Nazis das ständig behaupteten. Alle Bestimmungen der offiziellen Rassengesetzgebung im Dritten Reich gingen von religiösen Kriterien aus, d. h. die Juden, deren Urgroßeltern beispielsweise zum christlichen Glauben übergetreten und nicht mit Juden verheiratet waren, galten den Nürnberger Gesetzen von 1935 zufolge als ›arische Deutsche‹.[6]

Bereits im Wilhelminischen Reich und während des Ersten Weltkriegs gab es besonders im Bürgertum und in militärischen Kreisen eine starke Judenfeindschaft. Schon 1923 hatte der fränkische Lehrer Julius Streicher das Wochenblatt »Der Stürmer« erscheinen lassen, das eines der wüstesten antijüdischen Hetzblätter war; ab 1933 wurde es offiziell gefördert (z. B. durch Zwangsabonnements) und verfügte in den meisten deutschen Städten über Schaukästen. Darin wurden provokatorische Artikel mit Aufforderungen zur Denunziation und Verfolgung von Juden ausgestellt.[7] Die rüde Form dieses Vorgehens fand sogar bei vielen Parteimitgliedern keinen Beifall, wenngleich man die Tendenz billigte.

Bis 1939 hatte es die Naziregierung in nur 6 Jahren erreicht, für die jüdischen Familien innerhalb Deutschlands eine materiell und persönlich unerträgliche Lage zu schaffen. Schrittweise wurden die bestehenden menschlichen Beziehungen auf der Arbeit, in den Schulen, auf den Straßen, in Theatern und Kinos unterbunden und immer höhere Schranken zwischen ihnen und den übrigen Deutschen aufgetürmt.[8] In den Schulen z. B., die anfangs ja noch von allen gemeinsam besucht wurden, waren jüdische Schüler den unglaublichsten Diskriminierungen ausgesetzt. Eine Mutter schilderte:

> »Fast jede Unterrichtsstunde wurde für die jüdischen Kinder zu einer Quälerei... und sie mußten fühlen und erleben, wie die anderen Kinder sie als die Musterexemplare einer verachteten Rasse anstarrten. An jedem Schultag waren meine Kinder beleidigenden und bedrückenden Erlebnissen ausgesetzt. Zum Muttertag hatten die Schüler im Chor Lieder eingeübt, denn dieser Tag wurde jedes Jahr mit einem großen Schulfest gefeiert. Am Tag vor dem Fest mußten meine Töchter zur Musiklehrerin kommen. ›Ihr müßt am Schulfest teilnehmen, aber mitsingen dürft ihr natürlich nicht, da ihr nicht arisch seid.‹ Die Kinder protestierten mit Tränen in den Augen: ›Wieso können wir nicht mitsingen? Wir wollen doch auch für unsere Mutter singen!‹ Anscheinend wollte die Lehrerin die Gefühle der Kinder nicht verstehen. So sagte sie nur kurz und von oben herab: ›Ich weiß, daß ihr auch eine Mutter habt, aber sie ist ja nur eine jüdische Mutter.‹«[9]

Diese Verächtlichmachung der Andersgläubigen wurde von den im Dritten Reich heranwachsenden Jugendlichen übernommen oder zumindestens hingenommen; nur wenige, besonders aus Arbeiterkreisen und bewußt christlichen Elternhäusern, lehnten dieses Verhalten ab. Die Einstellung der jungen Menschen konnte nicht grundsätzlich anders als die der Erwachsenen sein. Insofern erscheint der Bericht einer Oberschülerin aus Berlin, die 1933 als 15jährige in den Bund Deutscher Maiden (= BDM, die weibliche Hitlerjugend) eintrat, gerade hinsichtlich der verschwommenen Denkweise und der elterlichen Einstellung als typisch:

> »In unserer Kindheit hatten wir Märchen gehört, die uns den Glauben an Hexen und Zauberer einreden wollten. Jetzt waren wir zu erwachsen, um diesen Spuk noch ernst zu nehmen, aber an die ›bösen Juden‹ glaubten wir nach wie vor. Sie waren uns in keinem Exemplar leibhaftig erschienen, aber wir erlebten es tagtäglich, daß die Erwachsenen an sie glaubten... Die Erwachsenen ›wußten‹ es, und man übernahm dieses Wissen ohne Mißtrauen. Sie ›wußten‹ auch, daß die Juden ›böse‹ waren... Der Antisemitismus meiner Eltern war ein für uns Kinder selbstverständlicher Bestandteil ihrer Gesinnung. Unser Vater entstammte dem akademisch gebildeten Bürgertum... Meine Mutter war in der

Familie eines durch eigene Tüchtigkeit zu Wohlstand gekommenen ›Hoflieferanten‹ aufgewachsen! Konkurrenzfurcht mag gerade in diesen Kreisen früh zur Ausbildung eines recht entschiedenen Antisemitismus geführt haben. ... Man war freundlich zu den einzelnen Juden, die man angenehm fand, wie man als Protestant freundlich zu einzelnen Katholiken war. Aber während man nicht auf die Idee kam, *den* Katholiken feindlich gesonnen zu sein, war man es *den* Juden durchaus.«[10]

Die Kinder nahmen, was die Eltern dachten und ihnen beibrachten, erst einmal als unumstößliche Wahrheit. Woher Vater und Mutter ihr Wissen bezogen, danach fragten die Kinder gar nicht. Es gehörte freilich für die Erwachsenen eine große Portion an Nicht-sehen-Wollen dazu, um 1935 nicht wahrzunehmen, was für Gemeinheiten tagtäglich in den Groß- und Kleinstädten Deutschlands an Juden begangen wurden, da die NS-Presse keinen Hehl daraus machte und sich dieser Verbrechen noch brüstete. Weder Polizei noch Justiz waren bereit, die von den Naziorganisationen begangenen Gesetzesverstöße zu ahnden. Aus der sächsischen Arbeiterstadt Meerane schrieb 1935 ein Betroffener:

»... eine nahe Verwandte von mir liegt im Krankenhaus, und wir fürchten, daß sie nicht mit dem Leben davonkommen wird, und sie ist noch so jung. Sie wurde eines Tages plötzlich verhaftet, und wir hörten längere Zeit nichts von ihr. Da sie völlig unpolitisch ist, standen wir vor einem Rätsel. Kurz vor ihrer Verhaftung war im ›Stürmer‹-Kasten ihr Bild ausgestellt, weil sie mit dem Sohn des hiesigen Fabrikanten W. schon seit Jahren befreundet war. Es waren schon wiederholt solche Bilder von anderen Frauen veröffentlicht worden, aber da diese Veröffentlichungen meist auf Angebereien übelster Elemente beruhen und in unserer Stadt – es wohnen hier sehr viele Arbeiter – die Stürmerbande keine Erfolge hatte, gab man nichts auf den Schmutz.«

Als die Verwandten sie schließlich im Krankenhaus wiedersahen, stellten sie fest, daß das Mädchen im Konzentrationslager so geschlagen worden war, daß sie kaum noch sprechen konnte. Alles nur, weil ihr Freund ein Deutscher jüdischen Glaubens war; diesem erging es noch schlechter:

»Während das Mädchen im Krankenhaus lag, wurde ihr Freund, der gleichfalls verhaftet und ins Konzentrationslager geschleppt worden war, auf dem hiesigen Friedhof der jüdischen Gemeinde begraben. Er soll regelrecht zu Tode geprügelt worden sein.«[11]

Körperverletzungen bis hin zum Mord wurden durch die Behörden des Staates gedeckt: Das schüchterte die Mehrheit der Deutschen ein und war ein weiterer Grund, sich angepaßt zu verhalten und sich auf keinen Fall mit Politik zu befassen. Den Deutschen jüdischen Glaubens oder mit Vorfahren, die dieser Religion angehört hatten, blieb allerdings diese Möglichkeit nicht: Gleichgültig wie ›national‹ auch immer sie sich verhielten, sie wurden verfolgt. Eine 1938 Fünfzehnjährige erinnert sich an die Zeit des Novemberpogroms in einem rheinischen Dorf:

»Irgend etwas lag in der Luft. Wir alle spürten das, ohne es fassen zu können. Es lag nicht nur an den neuen Gesetzen: Juden dürfen keinen Einzelhandel treiben. Juden dürfen keine leitenden Posten bekleiden. Juden dürfen nicht mehr öffentliche Parks betreten. Juden dürfen keine kulturellen Veranstaltungen besuchen, zum Beispiel Theater, Konzerte, Kinos. Alle Fabriken, Geschäfte, Läden wurden ›arisiert‹. Und wir alle waren innerhalb von einem Monat arbeitslos... In der Nacht vom 9. zum 10. November hörten wir entsetzt, wie unsere wunderschöne kleine Synagoge demoliert wurde. Jedoch am nächsten Morgen war von außen nichts zu sehen... Bevor meine Mutter uns verließ, trug sie mir auf, keinesfalls die Tür zu öffnen oder den Kindern zu erlauben, auf die Straße zu gehen... Plötzlich hörte ich Gelächter und Stimmengewirr. Ich konnte kaum glauben, was ich sah: Unser verehrter Lehrer V. führte ganze Schulklassen in die Synagoge, und dort verwüsteten die Kinder nochmals die Trümmer! Von unserer Speichertür aus konnte ich durch die zerschlagenen Fenster der Synagoge alles mitansehen. Vor Schreck war ich wie versteinert.«[12]

Von der Seite der Verfolger her gesehen, nahm sich das Geschehen anders aus. Ein Mädchen in einer süddeutschen Stadt erfuhr am Morgen des 10. Novembers von ihrer Schulfreundin, die etwa gleichaltrig wie das eben zitierte jüdische Kind war, von den Verfolgungen und Zerstörungen:

»Heut nacht, da war was los. Mein Vater, der war dabei. Da hat die SA endlich aufgeräumt mit den Saujuden. Mein Vater und seine Männer haben sie alle aus den Betten gerissen und auf der Straße rumgejagt. Stell dir vor, im Nachthemd! und dem Rabbiner, dem haben sie den Bart angezündet. Der ist wie verrückt herumgelaufen und hat geschrien.‹ ... Dann berichtet sie weiter, daß man noch in der Nacht die Synagoge angezündet habe, und daß die immer noch brenne. Und überall habe man in den verdammten jüdischen Geschäften die Schaufenster eingeschlagen und die Juden zum Teufel gejagt. Nun gibt es keine Judenläden mehr, habe ihr Vater gesagt. Er sei ganz erschöpft heimgekommen von der ›Arbeit‹.«[13]

Hier ist die von der Partei erwünschte Verrohung bereits soweit fortgeschritten, daß diese heranwachsenden deutschen Mädchen die Quälereien an Schwächeren bereits als ganz normal empfinden und sich sogar darüber freuen konnten. Statt Abscheu über die Feigheit zu empfinden, mit der SA-Horden von kräftigen Männern sich auf vereinzelte Wehrlose stürzten, wurden diese kriminellen Handlungen von ihnen als ›Heldentaten‹ und ›verantwortungsvolle Arbeit‹ dargestellt. Den als Feinden angesehe-

nen Juden gegenüber, – obwohl Zehntausende von ihnen im Ersten Weltkrieg als deutsche Soldaten verwundet oder getötet worden waren und
Tausende das Eiserne Kreuz erhalten hatten, eine der höchsten militärischen Auszeichnungen – war alles erlaubt, sie galten in den Augen der
Nazis ja nicht als richtige Menschen. Aus dieser Sicht heraus wurden in
einer sorgfältig organisierten Weise im gesamten Reichsgebiet Hunderte
von Synagogen, Gebetshäusern und Versammlungsräumen zerstört, Geschäfte geplündert, Dutzende von Menschen getötet und über 20 000 jüdische Männer in die Konzentrationslager geschleppt, wo Hunderte zu Tode
gequält wurden.[14]

Nach diesem Erlebnis der völligen Rechtlosigkeit und des restlosen Ausge-
liefertseins verstärkte sich das Bemühen der Deutschen jüdischer Herkunft
um Auswanderung. Aber wegen der Enteignungen und des Mitnahmever-
botes von Geld und Gut war dieser Weg für viele versperrt; nur Wohlha-
bende, die entsprechenden Besitz hinterließen und über Beziehungen im
Ausland verfügten, hatten es leichter, in letzter Sekunde zu entkommen.[15]

Nach der Volkszählung vom Mai 1939 gab es noch 234 000 Juden in
Deutschland – überwiegend ältere Menschen, die keine Kraft mehr oder
irgendeine Möglichkeit hatten, in einem anderen Land neu anzufangen.
Aus dem erst im März 1938 ›angeschlossenen‹ Österreich, das zu der Zeit
220 000 jüdische Einwohner unter 6,8 Millionen Gesamtbevölkerung
zählte, waren etwa die Hälfte bis zum Mai 1939 geflohen, darunter Sigmund Freud. Durch die Besetzung der nördlichen Tschechoslowakei waren
indessen über 100 000 Juden, zum Teil erst vor einigen Jahren aus Deutschland Abgewanderte, wieder in den NS-Machtbereich einbezogen worden.
Sie wurden sofort registriert, und ihre Bewegungsfreiheit wurde einge-
schränkt, genauso wie es den deutschen Juden geschah:

»Man nahm uns die Pässe ab. Wir bekamen Kennkarten mit einem großen ›J‹ darauf. Mein Vater reichte ein Paßfoto ein, auf dem er im Knopf-
loch die Schleife des Eisernen Kreuzes trug. Das Foto wurde von der
Behörde zurückgewiesen. Da endlich merkte mein Vater, daß weder ihm
noch uns sein Frontkämpfertum helfen würde. Aber es war zu spät. Die
Falle war zugeschnappt...«[16]

Neben diesen Deutschen jüdischer Herkunft gab es weitere Gruppen, die
von der NSDAP nicht als ›gute‹ Deutsche angesehen wurden. Die aktiven
Mitglieder der Arbeiterbewegung, also besonders Kommunisten, Sozialdemokraten, Angehörige kleinerer Linksparteien sowie Gewerkschaftler
wurden zu Hunderttausenden in die neuerrichteten Konzentrationslager
eingesperrt; diejenigen, die öffentlich Kritik übten, teilten ihr Schicksal.
Sektenangehörige, besonders die Bibelforscher oder Zeugen Jehovas wurden intensiv verfolgt, weil sie ganz konsequent jeden ›Dienst mit der

Waffe‹ verweigerten. Wenn man bedenkt, daß über 90 Prozent der Bevölkerung einer der beiden großen Konfessionen angehörte – sogar in der SS waren es Ende 1938 rd. ¾ aller Mitglieder –, ist es erstaunlich, daß sich nur recht wenige Geistliche und Gläubige fanden, die sich gegen die Willkür des neuen Regimes wandten. Zwischen 1933 und 1938 wurden in den Konzentrationslagern Tausende ermordet, darunter Erich Mühsam; Carl von Ossietzky, der 1936 den Friedensnobelpreis erhielt, obwohl die Reichsregierung heftig dagegen protestierte, starb an den Folgen der Lagerhaft.[17]

Das Vorhandensein dieser Lager war in einer vagen Form bereits vielen Kindern bekannt. Eine 10jährige hörte um 1936

»... zum ersten Mal das Wort ›Dachau‹. Und ›Konzentrationslager‹. Mama fand, das sei der richtige Ort für solch arbeitsscheue Elemente. ... Mir fiel ein, daß auch Greta [= ältere Freundin] von Familien wußte, deren Väter nach Dachau gekommen waren. Sie sagte, mit diesen Leuten dürfe man nicht sprechen. Sie seien Kommunisten. Die Männer seien abgeholt worden, weil sie gegen den Führer seien. Nach Dachau oder auf den Heuberg. Ihr Vater habe als SA-Führer oft Nachtdienst, um ›aufzuräumen‹. Das sei sehr anstrengend. Aber sie dürfte das, was sie mir eben gesagt hatte, niemand sagen. Es war etwas so Dunkles, Ungewisses in ihren Worten, daß ich zwar neugierig wurde, aber doch eine große Scheu hatte, weiterzufragen. Sie wußte wieder so viel von Dingen, von denen ich keine Ahnung hatte. Es war wie das, was, wie sie sagte, zwischen Buben und Mädchen und Männern und Frauen war. Ich fand es drum besser, auch dies Wissen vor Mama geheim zu halten.«[18]

Das Nichtfragen war auch die verbreiteste Verhaltensweise unter den Erwachsenen: nur nicht sich genau informieren, nur nichts Genaues wissen wollen. So hatten es die Machthaber, die sich sehr erfolgreich mit der Reichswehr, den Industriemanagern und den Kirchen arrangiert hatten, leicht, die Mehrheit der Deutschen konsequent auf ›Deutschland, heilig Vaterland‹ auszurichten. Und nicht nur darauf – im sogenannten Dritten Reich, dessen Führer vom ›Tausendjährigen‹ sprachen, konnte das einstmals von Wilhelm II. leichtfertig dahingeredete Programm ›Erst die Sozialisten abschießen und dann Krieg nach außen‹ durchgeführt werden.[19]

Einstimmung in den Krieg

Vergeblich hatten viele derjenigen, die den Ersten Weltkrieg erlebt hatten, in Berichten, Aufrufen, Theaterstücken, Romanen und Gedichten die menschenunwürdigen Greuel des Krieges beschrieben und vor ihnen gewarnt. Umsonst hatten sie mahnend ihre Stimme erhoben wie der 1918

18 Schule zur NS-Zeit: Hitler-Gruß als öffentliches Bekenntnis

gefallene Lyriker Wilfred Owen, einer der bekanntesten Vertreter der englischen Kriegsgeneration:
>>Mein Freund, pflege Du nicht mit solch glühendem Eifer
Kindern, fiebernd nach einem schrecklichen Ruhm,
die alte Lüge zu erzählen: Süß und verdienstvoll ist es
für das Vaterland zu sterben.<< [20]
Nirgends aber wurde diese Lüge intensiver gepflegt und verwaltet als im
Deutschland des Dritten Reiches. Die Protokolle der Lehrerkonferenzen
einer Kasseler Schule z. B. enthalten für 1934 folgende Eintragung:
>>Es kommt beim Schulgeländesport nicht so sehr auf Fertigkeiten, son-
dern auf Fähigkeiten, nicht auf unsere Disziplin, sondern auf unsere
Zucht an. Allgemein vorliegende Grundlagen wie freiwillige Unterordnung, Selbstbeherrschung, Ordnung, Mut und Selbstvertrauen, Opfer-
freudigkeit, Kameradschaft und Vaterlandsliebe sollen in die Schüler
hineingelegt werden. ... Körper- und Geistesschulung wechseln ständig ab. Mit ruhiger Hand und festem Willen erprobt er die Schießkunst;
stolz errechnet der Hingegebene seine Leistungen im Handgranaten-
Weit- und -Zielwurf. Der Geländedienst stellt an Körper und Geist die
höchsten Anforderungen. Mit ganzer Seele ist er dabei. Die Lesestoffe
des Großen Krieges werden in die Tat umgesetzt.<< [21]
Es gab zwar Schulen, die weniger der Kriegsverherrlichung erlagen, aber
auch die Lesebücher der Weimarer Zeit waren alles andere als pazifistisch.

Ein 1934 achtjähriger Schüler in Oberfranken erlebte das folgendermaßen:

»Zu Beginn des zweiten Schuljahres kamen in unsere Klasse schon
einige Jungen in der Uniform des Jungvolks – braunes Hemd und kurze
schwarze Cordhose – obwohl es nicht verlangt wurde. Wir Kinder wußten aber sehr wohl, daß die Väter dieser Jungen der SA, der SS oder
einer andern NS-Organisation angehörten. Natürlich gefielen sich die
Jungen in ihrer Uniform. Sie glaubten, etwas Besseres zu sein und nicht
selten waren es diejenigen, die mit ihrer Uniform die schlechten Noten
in der Schule ausgleichen wollten. Die Väter der Jungen waren, wie man
sie damals nannte, sogenannte ›Hundertprozentige‹, von denen meine
Mutter immer sagte, daß sie noch im Bett mit erhobenem Arm schlie-
fen, und so langsam zu Linkshändern wurden, weil der rechte Arm immer ausgestreckt war... Lesen lernten wir nach der Buchstabenme-
thode, und natürlich waren die gewählten Beispiele eindeutig: für den
Buchstaben ›R‹ stand z. B. nicht ›Rose‹ sondern ›Reichswehr‹: ... Rasch
Rudi, die Reichswehr! Robert und Reinhold kommen auch schon. Und
wie die Mädel rennen! ... Renate und Rosemarie bleiben stehen und
lachen und winken, aber Robert, Reinhold und Rudi laufen mit. Robert
sagt: Am liebsten ginge ich schon heute zur Reichswehr. Rudi und
Reinhold möchten das auch. Rudi möchte aber gleich Hauptmann
sein.«[22]

Dieser Wunsch, der hier in einem staatlichen Lesebuch den ABC-Schützen
nahegebracht wurde, hatte gewisse Aussichten, verwirklicht zu werden;
denn längst hatte die Regierung aus den 100000 Berufssoldaten der
Reichswehr, die der Friedensvertrag von Versailles vorgeschrieben hatte,
ein rd. neunmal stärkeres Heer aufgebaut, von der 1933 praktisch nicht
existierenden Luftwaffe ganz zu schweigen; die zählte im Sommer 1939
gut dreimal mehr Soldaten als die gesamte Reichswehr 1932. Auch die
Flotte war vergrößert worden, so daß die deutsche Militärmacht nicht nur
an Zahl, sondern vor allem hinsichtlich der Modernität ihrer Ausrüstung
führend war.[23]

Die Schulbücher wurden im Laufe der dreißiger Jahre immer ›kriegerischer‹ und verherrlichten ›Heldentum‹ und ›Vaterland‹. In ihnen mußten
die Schüler lesen:

»Der Frontkämpfer. In den grauenvollen Materialschlachten des Westens wuchs ein hartes, entschlossenes Geschlecht voll seelischer Kraft
und voller Opferwillen heran. Im täglichen Kampfe auf Tod und Leben
wurde es dem Frontkämpfer selbstverständliche Pflicht, sich der Gemeinschaft unterzuordnen, für sie einzustehen auch mit dem Opfer des
Lebens. Den Männern vor Verdun, an der Somme und in Flandern erschien das Gerede vom Klassenkampf lächerlich und der Eigennutz ge-

mein und feige. Sie, die in den Granattrichtern vor dem Feinde lagen, erlebten es täglich aufs neue, daß nur festes Zusammenstehen und tapferer Einsatz des Lebens den Sieg brachten. Sie trugen hinfort in ihrem Herzen die gestaltenden Kräfte für ein neues Deutschland, und in der Seele des unbekannten Gefreiten Adolf Hitler wurden diese Kräfte klare Vorstellung und fester Wille.«[24]

Hier wurde den jungen Menschen vorgeführt, was die Nazis von ihnen als ›selbstverständliche Pflicht‹ erwarteten: Unterwerfung und Opferung des eigenen Lebens für ihre Ziele, die als die der ›Gemeinschaft‹ ausgegeben wurden. Gleichzeitig galt es, diejenigen verächtlich zu machen, die Widerstand leisteten, wie z. B. alle Mitglieder der Arbeiterbewegung, die vom ›Klassenkampf‹ redeten, und selbstverständlich alle Pazifisten. Die Behauptung, daß nur im Kampf an der Front der Sieg errungen werde, widerlegte sich eigentlich selbst. Zumindest den Erwachsenen, den Lehrern, hätte es doch noch im Gedächtnis sein müssen, was für ein ›Sieg‹ im Ersten Weltkrieg errungen wurde und daß der ›Klassenkampf‹ den Soldaten damals durchaus nicht als ›Gerede‹ erschienen war, da sie ja erlebt hatten, wie wenig Gemeinschaftssinn etwa die Großgrundbesitzer und Geschäftsleute des preußischen Abgeordnetenhauses bewiesen, die nach vier Jahren Krieg noch immer eigensüchtig das preußische Dreiklassenwahlrecht und ihre Kriegsgewinne verteidigten, während sie, die einfachen Soldaten, in den Schützengräben Gesundheit und Leben opfern durften.[25]

Die Zeitgenossen des Ersten Weltkrieges hatten an der Front wahrlich nicht ihre ›seelische Kraft‹ wachsen sehen, sondern eher die Brutalisierung der Kriegführung und die Verrohung des Menschen. Es wurde den Schülern nicht gesagt, daß viele unter dem Eindruck ihrer Erlebnisse den Krieg ablehnten und Feststellungen wie diese damals schon vor Kriegsende veröffentlicht wurden:

»Es ergibt sich, daß der Krieg die Tugend bestraft und das Laster belohnt. Daß er den Schlimmen segnet und dem Braven flucht. Daß es unter seinem Regime den Guten schlecht und den Schlechten gut geht. Daß er die schönsten Regungen des menschlichen Herzens ins Absurde und die schäbigsten zum Erfolg führt. Es ergibt sich, daß der Krieg ein Widersacher Gottes ist. Beispiele: Wer, von Laster und Ausschweifung zermürbt, schwächliche Kinder in die Welt setzte, der hat sie noch. Die wohlgeratenen düngen längst des Krieges Acker... Wer einen Schweinsmagen, ein Elefanten-Nervensystem und den Geschmack eines Affen hat, dem mundet und bekommt die physische und geistige Kost, auf die uns der Krieg gesetzt hat. Die Andern, die zu Friedenszeiten Verfeinerung und Differenzierung ihres körperlichen und seelischen Organismus angestrebt, gehen an jener Kost stückchenweise zu-

grunde. Wer ein fester Dummkopf ist, erträgt die internationale Kriegs-
beredsamkeit vortrefflich. Wer ein halbwegs normal arbeitendes Gehirn
hat,krümmt sich unter ihr in Schmerzen.«[26]

Für die Nazis jedoch war die Verherrlichung eines vergangenen Krieges
notwendig, um in den Köpfen der Menschen einen nächsten vorbereiten zu
können. Im Dritten Reich, noch stärker als im Wilhelminischen, galt
Kriegführen als die normale, ja beinahe einzige Form der Auseinandersetzung zwischen Staaten und Völkern. So wurden in den Rechenbüchern
Aufgaben gestellt, wie groß die Reichweite der Geschütze, wie schnell die
Fahrtgeschwindigkeit von Soldatenautos bei unebenem Gelände sei, und in
den Deutschbüchern wurde das eigene Volk über alle Maßen verherrlicht:
»So laß uns schwörn und singen in Nacht und Sturm hinein, deutsch bis
zum Todesringen und nichts als deutsch zu sein!«[27]

Für die Heranwachsenden war es schwierig, dieser ständigen Berieselung
durch so viele Autoritäten etwas entgegenzusetzen. Die meisten hatten
grundsätzlich wenig gegen die von der Schule propagierte nationale Verherrlichung einzuwenden; ebenso boten die Vertreter der Kirchen ihren
Gemeindemitgliedern allzu selten Ansätze zum kritischen Nachdenken
oder gar zum Widerstand gegen das NS-Regime, weil dieses nach verbreiteter Kirchenlehre wie alle Obrigkeit von Gott eingesetzt sei. Der spätere
Schriftsteller Max von der Grün berichtete anläßlich der Beerdigung seines
alten Schullehrers Mitte der fünfziger Jahre über seine Kindheitserfahrun-
gen im NS-Deutschland:

»Als mich der Pfarrer, der mich konfirmiert hatte, erkannte, sprach er
mich an. Er fragte, warum ich den weiten Weg gemacht hatte und ob mir
mein alter Lehrer denn so viel bedeutete? ›Ja‹, antwortete ich, ›für mich
war er ein großer Mann.‹ Als ich sein erstauntes Gesicht sah, fügte ich
hinzu: ›In der Zeit damals, wo es schon den Tod bedeuten konnte, nicht
zu jubeln, wenn jubeln befohlen wurde, da hat er nicht gejubelt.‹ Der
Pfarrer verabschiedete sich. Ein Jahr später ist auch er gestorben. Zu
seiner Beerdigung bin ich nicht gefahren. Er hatte mich einmal in der
Kirche beim Konfirmandenunterricht geohrfeigt, weil ich ihn gefragt
hatte, ob es Gottes Wille sei, daß mein Vater im KZ sitze. ›Alle Obrigkeit
ist von Gott‹, hatte er gesagt. Und ich erwiderte: ›Dann stimmt entweder der liebe Gott nicht oder die Obrigkeit.‹«

Zu der Erkenntnis dieses Kindes gelangten nur wenige, bzw. auch wenn sie
diese Feststellung teilten, änderten sie ihr Verhalten nicht.[28]

Kriegsgründe

Es bleibt, drängender noch als beim Ersten Weltkrieg, die Frage, warum die Regierung Adolf Hitler eigentlich den Krieg wollte, denn durch eine Reihe von Umständen, vor allem der Sorge Frankreichs und Englands, daß ein neuer Krieg ihre Kolonialreiche weiter erschüttern würde, besaß das Deutsche Reich bereits im Herbst 1938 wieder eine beherrschende Stellung in Europa. Was also wollte die Regierung noch mehr?

Der Staat war größer als 1914, auch einheitlicher, weil sehr viel weniger Nicht-Deutsche innerhalb seiner Grenzen lebten als vor dem Ersten Weltkrieg. Diese Einheitlichkeit des angeblich nur deutsch sein wollenden Reiches wurde erst im März 1939 durch die Unterwerfung und Eingliederung der nördlichen Tschechoslowakei beseitigt. In politischer Hinsicht gesehen hatte Deutschland seit dem Münchener Abkommen im Oktober 1938 eine dominierende Stellung erreicht, die von England und Frankreich faktisch anerkannt worden war. Abgesehen davon, daß ganz Südosteuropa wirtschaftlich bereits mehr oder minder von Deutschland abhängig war, hatten sich das als Verbündeter angeschlossene Ungarn und auch Polen an der Aufteilung der Tschechoslowakei beteiligt; Bulgarien, Rumänien und die Türkei orientierten sich ebenfalls wieder nach Deutschland.[29]

Im Sommer 1939 bestand also bereits

»... ein Großdeutschland als Vormacht aller Nachfolgestaaten des alten Österreich und darüber hinaus des ganzen Raums zwischen Deutschland/Österreich und Rußland, und das alles ohne Krieg, mit voller Zustimmung Englands und Frankreichs, während Rußland dieser gewaltigen Machtzusammenballung an seiner Westgrenze argwöhnisch, aber ohnmächtig zusehen mußte. Alles, was jetzt zu tun blieb, war, dieses neue großdeutsch-osteuropäische Imperium zu ordnen, ihm Façon zu geben und seinen Völkern Zeit, sich in ihre neuen Verhältnisse einzugewöhnen. Ein Krieg war dazu nicht mehr nötig, und daß es ohne Krieg geschah, war denn auch die stillschweigende Bedingung, an die England und Frankreich ihre Zustimmung geknüpft hatten.«[30]

Politisch und wirtschaftlich hatte das deutsche Reich im Vergleich zu 1919 in erheblichem Maße gewonnen: Die Einbußen von Versailles waren mehr als wettgemacht. Berücksichtigt man diesen Umstand, so muß man annehmen, daß die deutsche Regierung unfähig war, damit umzugehen, dafür jedoch von vermessener Kriegslust beherrscht. Es ging nicht mehr um Deutschland und die Deutschen, sondern um den Versuch, die Vorherrschaft in ganz Europa zu erringen und die Weltherrschaft anzustreben.[31]

Hierbei muß man sich hüten, alle Entscheidungsgewalt und die Verantwortung für alles Geschehene auf die eine Person Adolf Hitler (so wie nach

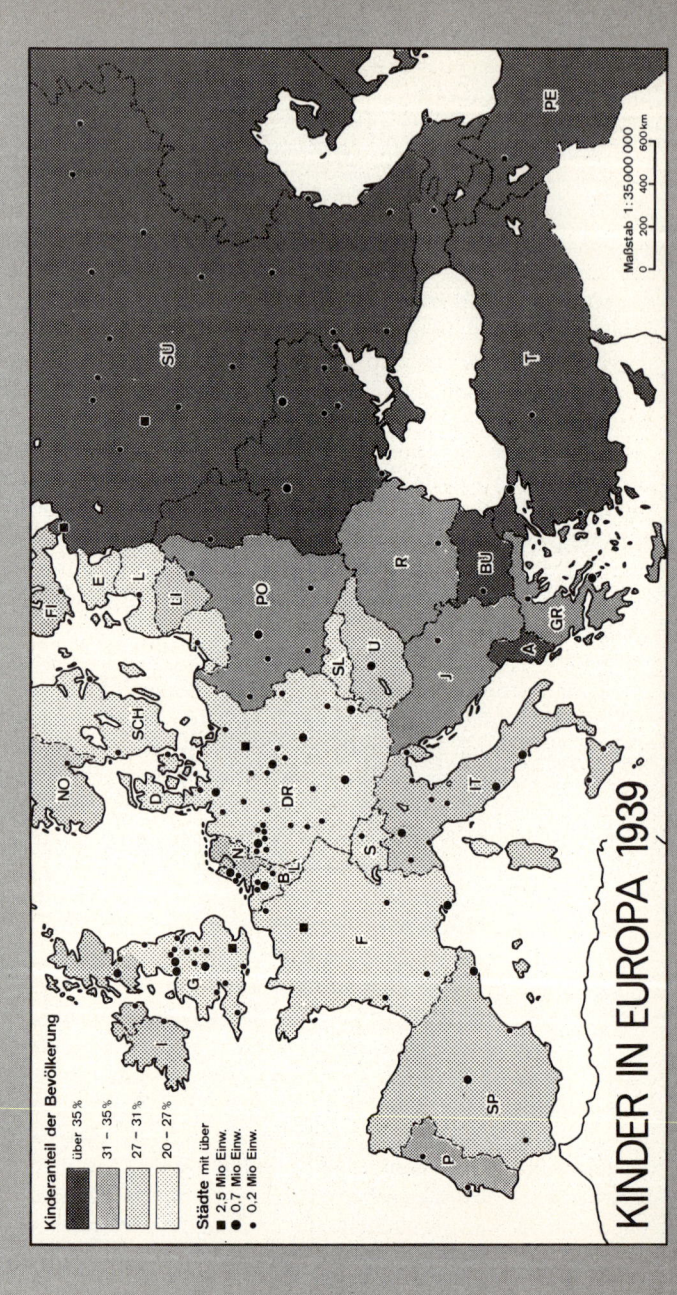

KINDER IN EUROPA 1939

Maßstab 1 : 35 000 000
0   200   400   600 km

Kinderanteil der Bevölkerung

über 35 %
31 – 35 %
27 – 31 %
20 – 27 %

Städte mit über

■ 2,5 Mio Einw.
● 0,7 Mio Einw.
• 0,2 Mio Einw.

Erläuterungen zur Karte »Kinder in Europa 1939«

Vgl. die Angaben zur Karte von 1914. – Der unbeschriftete Fleck an der südlichen Ostseeküste zwischen Ostpreußen und Polen ist die Freie Stadt Danzig.

P = Portugal
> 0,2 *Lissabon*

SP = Spanien
> 0,7 *Madrid*, Barcelona
> 0,2 Sevilla, Valencia

I = Irland
> 0,2 *Dublin*

G = Vereinigtes Königreich Großbritannien
Südlicher Hauptteil: England und Wales
> 2,5 *London*
> 0,7 Liverpool, Manchester, Birmingham
> 0,2 Plymouth, Cardiff, Bristol, Stoke-on-Trent, Bradford, Leeds, Sheffield, Nottingham, Leicester, Portsmouth, Hull, Newcastle

Nördlicher Hauptteil: Schottland
> 0,7 Glasgow
> 0,2 *Edinburgh*
Nordirland
> 0,2 *Belfast*

F = Frankreich
> 2,5 *Paris*
> 0,7 Marseille
> 0,2 Bordeaux, Toulouse, Lille, Lyon

B = Belgien
> 0,7 *Brüssel*
> 0,2 Gent, Antwerpen, Lüttich

N = Niederlande
> 0,7 Amsterdam
> 0,2 Den Haag, Rotterdam

L = Luxemburg

S = Schweiz
> 0,2 Zürich

IT = Italien
> 0,7 Mailand, *Rom*, Neapel
> 0,2 Turin, Genua, Florenz, Bologna, Venedig, Palermo, Catania, Triest

DR = Großdeutsches Reich (einschließlich Österreichs und des Sudetenlandes sowie der nördlichen Rest-Tschechoslowakei als Protektorat)
> 2,5 *Berlin*
> 0,7 Köln, Essen, Hamburg, München, Leipzig, Prag, Wien
> 0,2 Duisburg, Düsseldorf, Gelsenkirchen, Wuppertal, Bochum, Dortmund, Mannheim, Frankfurt, Bremen, Stuttgart, Kassel, Hannover, Kiel, Nürnberg, Magdeburg, Halle, Chemnitz, Dresden, Stettin, Brünn, Breslau, Königsberg

D = Dänemark
> 0,2 *Kopenhagen*
NO = Norwegen
> 0,2 *Oslo*
SCH = Schweden
> 0,2 Göteborg, *Stockholm*
J = Jugoslawien
> 0,2 *Belgrad*
U = Ungarn
> 0,7 *Budapest*
SL = Slowakei
A = Albanien (ab April 1939 italienisch)

PO = Polen
> 0,7 *Warschau*
> 0,2 Posen, Lodsch, Krakau, Lemberg, Wilna

GR = Griechenland
> 0,7 *Athen–Piräus*
> 0,2 Saloniki

BU = Bulgarien
> 0,2 *Sofia*
R = Rumänien
> 0,2 *Bukarest*
LI = Litauen
L = Lettland
> 0,2 *Riga*
E = Estland
FI = Finnland
> 0,2 *Helsinki*

SU = Sowjetunion
Russische Sowjetrepublik
> 2,5 Leningrad, *Moskau*
> 0,2 Kalinin, Tula, Jaroslawl, Iwanowno, Woronesch, Taganrog, Rostow a. Don, Krasnodar, Gorki, Kasan, Saratow, Stalingrad (= Wolgograd), Kuibyschew, Astrachan, Grosny, Ufa, Magnitogorsk

Weißrussische Sowjetrepublik
> 0,2 *Minsk*
Ukrainische Sowjetrepublik
> 0,7 *Kiew*, Charkow
> 0,2 Dnjepropetrowsk, Saporoschje, Stalino (= Donezk), Mariupol

Georgische Sowjetrepublik
> 0,2 *Tiflis*
Armenische Sowjetrepublik
Aserbeidschanische Sowjetrepublik
> 0,2 *Baku*
Kasachische Sowjetrepublik
Turkmenische Sowjetrepublik

T = Türkei
> 0,7 Istanbul
> 0,2 Izmir, *Ankara*

PE = Persien (Iran)
> 0,2 Tabris

dem Scheitern des Ersten Weltkriegs auf den Kaiser) zu schieben: Auch der größte Diktator ist nicht fähig, ohne eine breitenwirksame Unterstützung und Zustimmung zu regieren. Ohne die Mitarbeit von qualifizierten Juristen, Beamten, Offizieren und Angestellten, die seine Absichten und Pläne in die Realität umsetzten und durchführten, wären auch ein Hitler und ein Nazireich nicht möglich gewesen.

Wie ein Blick auf die Karte »Kinder in Europa 1939« zeigt, hatte sich die Weltlage gegenüber 1914 vor allem durch die Entfaltung der Sowjetunion drastisch verändert. Zwar war die UdSSR an Fläche kleiner als das Russische Reich von 1914, hatte aber eine unglaublich schnelle industrielle Entwicklung durchgemacht. Nach den ersten zwei Fünfjahresplänen und inmitten des dritten war seine Industrieproduktion insgesamt bereits geringfügig größer als die Deutschlands, das aber schon vor 1900 von den USA weit übertroffen wurde. Die Entwicklung der Sowjetunion wird auf der Karte durch die Vielzahl der eingetragenen Städte angedeutet, die trotz Krieg und Bürgerkrieg seit den zwanziger Jahren als Zentren einer rasant wachsenden Industriearbeiterschaft wahre Bevölkerungsexplosionen erlebt hatten. Durch eine Verbesserung der hygienischen Zustände – die Säuglingssterblichkeit war gegenüber dem Vorkriegsstand deutlich gesunken – hatte sich die Bevölkerung trotz der erheblichen Kriegs- und Gebietsverluste gegenüber 1914 vergrößert. Auch in den südlichen und südöstlichen Staaten Europas hatte es drastische Einwohnerzunahmen gegeben. Die eingetragenen Städte in Norditalien, Spanien oder Polen deuten auch eine industrielle Entwicklung an, während das Auftauchen größerer Städte in Süditalien kein Anzeichen von Industrialisierung, sondern von Armutsanhäufung ist. Es sei darauf hingewiesen, daß Polen der Einwohnerzahl nach an sechster Stelle in Europa und an neunter in der Welt stand. Dabei verfügte es über relativ viel Industrie: Es produzierte z. B. mehr Stahl und Elektrizität als Spanien, wenngleich weniger als Italien. Polen galt in Reichswehrkreisen schon in der Weimarer Republik als bedrohliche Militärmacht.[32]

In Deutschland aber, das angeblich mehr Raum brauchte für seine anwachsende Bevölkerung, zählte man nicht nur weniger Kinder als 25 Jahre zuvor, obwohl die Gesamtbevölkerung 1939 höher war, sondern es wies jetzt relativ genauso wenig Kinder auf wie England oder Frankreich, die von der NS-Propaganda gerne als ›sterbende‹ Staaten bezeichnet wurden. Diese Entwicklung beruhte u. a. darauf, daß auch Deutschland jetzt industriell durchentwickelt, sozusagen ähnlich gesättigt war wie Westeuropa, besonders nachdem es Teile seiner wirtschaftlich im allgemeinen am wenigsten entwickelten Gebiete im Osten des Reiches 1919 an Polen abgetreten hatte.

Die schon vor 1914 hochindustrialisierten Staaten West- und Mitteleuropas hatten sich allesamt inzwischen wirtschaftlich weiter entfaltet, was wiederum zu einer veränderten Einstellung der Menschen gegenüber Kindern führte. Da die späteren Eltern wußten, daß ihre Kinder höchstwahrscheinlich nicht frühzeitig Krankheiten oder Mangelernährung zum Opfer fallen würden, war es auch nicht mehr notwendig, drei Kinder in die Welt zu setzen, wenn man nur zwei oder eins haben wollte. Aus diesem Grunde betrug der Anteil der Kinder unter 15 Jahren an der Gesamtbevölkerung Deutschlands 1939 knapp 24 Prozent, war also wesentlich niedriger als der französische Kinderanteil des Jahres 1914, der inzwischen auch weiter gesunken war, so daß zwischen beiden Bevölkerungen in dieser Hinsicht kein Unterschied mehr bestand. Nur die absolute Bevölkerungszahl des ›Großdeutschen Reiches‹ war fast doppelt so groß wie die Frankreichs oder Großbritanniens, die etwa 42 bzw. 48 Millionen Einwohner zählten.[33]

Kolonial- und Großmächte 1939 in Prozentanteilen

	der Erdfläche von 131,4 Mio qkm		der Weltbevölkerung von 2150 Mio. Einw.	
	insgesamt	(eigenes Gebiet)	insgesamt	(eigenes Gebiet)
Britisches Reich	27,9	(0,2)	26,2	(2,2)
UdSSR	16,2	(16,2)	8,4	(8,4)
Frankreich	9,9	(0,4)	5,2	(2,0)
USA	7,4	(6,0)	6,9	(6,2)
Deutschland	0,5	(0,4)	4,0	(3,7)
Japan	1,5	(0,3)	6,5	(3,4)
Italien	2,9	(0,2)	2,6	(2,1)
Polen		(0,3)		(1,6)
Niederlande	1,6	–	3,6	(0,4)
Belgien	1,8	–	1,0	(0,4)
Spanien	0,6	(0,4)	1,2	(1,2)
Portugal	1,7	(0,1)	0,8	(0,4)
Dänemark	0,2	–	0,2	(0,2)

Das ›eigene Gebiet‹ hatte sich bei Großbritannien durch die Unabhängigkeit Südirlands verringert, beim Großdeutschen Reich durch den ›Anschluß‹ Österreichs und des Sudetenlandes vergrößert. Darüber hinaus wurde die nördliche Rest-Tschechoslowakei als ›Protektorat‹ annektiert und seine Einwohner, die Volksdeutschen ausgenommen, als Kolonialvolk behandelt; sie ist deshalb nicht in diese Rubrik der Tabelle aufgenommen worden.
Die Weltmächte England und Frankreich besaßen noch immer ihre gegen-

19　»Führer befiehl, wir folgen!« (A. Paul Weber)

über 1914 etwas größer gewordenen Kolonialreiche, die jetzt auch die ehemals deutschen Kolonien umfaßten. Durch den Ersten Weltkrieg war indessen eine Erschütterung der europäischen Kolonialherrschaften erfolgt. Unabhängigkeitsbestrebungen waren in Afrika, in den arabischen Ländern, in Indien, Indonesien, Indochina und auf den Philippinen aufgetreten und hatten bereits mehr oder minder große Rechte oder Zukunftsversprechungen erlangt. Das britische Weltreich war dem insoweit entgegengetreten, als es die mehrheitlich (wie Kanada oder Australien) oder durch eine größere Minderheit von Weißen (Südafrikanische Union) besiedelten Kolonien als eigene Staaten, sogenannte Dominions, anerkannt hatte. Weitere Gebiete hatten eine zumindest formale Unabhängigkeit (wie Ägypten, Irak oder Irland) erhalten. Auch die früheren Halbkolonien hatten an politischem Spielraum gewonnen, wenngleich sich China seit 1937 in einem erbitterten Krieg gegen Japan verteidigte. Schließlich waren seit dem Ersten Weltkrieg wirtschaftliche Entwicklungen auch industrieller Art erfolgt, besonders in Lateinamerika, Ostasien und Kanada, so daß nicht nur das bevölkerungsmäßige, sondern auch das politische Gewicht Europas zurückgegangen war.[34]

Innerhalb Europas – und nur dort – war allerdings das ›Großdeutsche Reich‹ im Frühjahr 1939 offenbar die stärkste Macht, abgesehen von der Sowjetunion, mit der es aber keine direkte Grenze hatte. Gerade die aber sollte angegriffen werden, um gemäß nazistischer Propaganda das ›jüdisch-bolschewistische Zentrum der Weltrevolution‹ zu vernichten und ›Lebensraum‹ für das deutsche Volk zu gewinnen.

Elend des Ostens

Der deutsche Überfall auf Polen wurde systematisch vorbereitet, wenngleich es Hitler lieber gewesen wäre, Polen hätte sich an seinem geplanten Raubkrieg gegen die Sowjetunion beteiligt. Schon 1937 informierte der Reichskanzler und Führer die Spitzen der Wehrmacht über seine Eroberungspläne, und am 11. 4. 1939 wurde die »Weisung für die einheitliche Kriegsvorbereitung der Wehrmacht für 1939/40« erlassen. Ein Teil dieser Weisung sah einen Überfall auf Polen vor:

> »Die Aufgabe der Wehrmacht ist es, die polnische Wehrmacht zu vernichten. Hierzu ist ein überraschender Angriffsbeginn anzustreben und vorzubereiten... Die Luftwaffe ist, unter Belassung der notwendigen Kräfte im Westen, überfallartig gegen Polen einzusetzen.«[35]

Wie schon im Ersten Weltkrieg blieben der Öffentlichkeit die wahren Absichten der Regierung verborgen. Diesmal gab es kein Sarajewo, dafür aber eine ›geschickte‹ Ausrede. In lügnerischer Absicht stellte Hitler es so dar, als ob das Deutsche Reich sich gegen Polen verteidigen müsse, und behauptete am 1. September 1939 vor dem Deutschen Reichstag:

»Polen hat nun heute nacht zum erstenmal auf unserem eigenen Territorium auch durch reguläre Soldaten geschossen. Seit 5.45 Uhr wird jetzt zurück[!]geschossen!«

Hitler täuschte also einen Angriff der Polen vor, während die deutsche Wehrmacht das Land auf seinen ausdrücklichen Befehl hin bereits ab 4.45 Uhr planmäßig angegriffen hatte. Zutreffender war allerdings ein anderer Teil seiner Rede:

»Über sechs Jahre habe ich nun am Aufbau der deutschen Wehrmacht gearbeitet. In dieser Zeit sind über 90 Milliarden für den Aufbau unserer Wehrmacht aufgewendet worden. Sie ist heute die am besten ausgerüstete der Welt und steht weit über jedem Vergleich mit der des Jahres 1914!«

Die genannte Summe der aufgewendeten Mittel ist zwar etwas übertrieben, aber zweifellos war die deutsche Regierung am besten von allen europäischen Ländern auf einen Angriffskrieg vorbereitet.[36]

Von Anfang an sah die Konzeption Hitlers die Eroberung Osteuropas als deutsche Kolonie vor. Die dortigen Einwohner sollten versklavt bzw. vertrieben oder ausgerottet werden. Daher wurde gegen Angehörige slawischer Völker prinzipiell schärfer vorgegangen als gegen die im Westen und Norden Europas. So befahl z. B. das Oberkommando der Wehrmacht während des Überfalls 1941 auf Jugoslawien und Griechenland, daß die »Griechische Armee... ausgesucht gut..., serbische Offiziere... ausgesucht schlecht behandelt werden« sollten.[37]

Angesichts der damals herrschenden deutschen Ideologie von der absoluten Überlegenheit des deutschen Volkstums, besonders gegenüber den sogenannten Ostvölkern, war diese Anordnung nur der Anfang von entwürdigender Schikanierung. Den Zivilisten im eroberten Polen wurde befohlen, daß sie alle Deutschen »die durch Uniform, Parteiabzeichen, Volkstumsabzeichen oder Hakenkreuzabzeichen erkenntlich sind, ...durch Abnehmen des Hutes bzw. wenn eine Kopfbedeckung nicht getragen wird, durch Neigen des Kopfes« zu grüßen hätten. Ferner wurde ihnen untersagt, zu dritt oder zu viert auf dem Bürgersteig zu gehen, vielmehr gefordert, »daß allen Deutschen, die durch Uniform oder Abzeichen erkennbar sind, ...der Platz gemacht wird, der ihnen als Deutschen gebührt«.[38]

Die Schritte von der Demütigung über die Beraubung, Enteignung, Verschleppung bis hin zur Ermordung waren nicht groß. Allein in den wenigen Monaten von der Eroberung Polens bis zum Frühjahr 1940 wurden Zehntausende polnischer Zivilisten erschossen und noch mehr willkürlich ausgewählte Einwohner aus dem Westen Polens ohne jede Vorbereitung in das sogenannte Generalgouvernement (= die mittleren Teile Polens) deportiert.

Zwar gab es einzelne Wehrmachtsangehörige und sogar NSDAP-Mitglieder, die gegen diese Unmenschlichkeiten protestierten, aber die »Masse der deutschen Soldaten und Offiziere in Polen tolerierte oder billigte gar, was sich dort abspielte«. Die westlichen Teile Polens, weit über die Ostgrenzen des Deutschen Reiches von 1914 hinaus, wurden noch im Oktober 1939 annektiert. Ziel der NS-Politik war es, wie auf einer vertraulichen Pressekonferenz dargelegt wurde, »die Gebiete, die als deutsche Provinzen zum Reich geschlagen werden, 100 Prozent von Polen und Juden zu säubern und in diesen Gebieten die zurückkehrenden Volksdeutschen aus dem Baltikum, Wolhynien usw. unterzubringen«. Wie das im Einzelfall geschah, mag ein Beispiel aus dem Sommer 1940 zeigen:

»An einem Abend wurde ein polnisches Dorf umstellt... und kurz vor Mitternacht wurden die Leute aus den Betten herausgejagt. Dann kam der Befehl, binnen einer halben oder dreiviertel Stunde mit einem Gepäck von 30 kg reisefertig zu sein. Es wurde dort furchtbar gehaust. Heiligenbilder, Kruzifixe wurden zerbrochen und in den Kehricht geworfen. Die Polen mußten in ihren eigenen Wagen in die Kreisstadt fahren und kamen dort hinter Stacheldraht.«[39]

Auch innerhalb des ›Generalgouvernements‹ wurde die polnische Bevölkerung zwangsweise aus Haus und Hof vertrieben, wie etwa im Gebiet von Zamość. Die völlige Rechtlosigkeit der Polen wurde planmäßig gelehrt: 15–17jährige Gruppenführerinnen des BDM (Bund Deutscher Maiden), einer NSDAP-Organisation für den weiblichen Parteinachwuchs, erfuhren vor einem ›Osteinsatz‹ noch die für notwendig gehaltene Schulung. Eine hohe BDM-Führerin erklärte ihnen:

»Die Polen seien ein verabscheuungswürdiges Volk. Echte Untermenschen. Wir müßten lernen, ihnen gegenüber als Vertreter eines Herrenvolkes aufzutreten. Jede Schüchternheit oder gar Höflichkeit ihnen gegenüber sei Verrat an den Volksdeutschen, die so viel Leid und Schmach um ihres Deutschtums willen hätten erdulden müssen. Die zarte, hübsche Person, die so sprach, sprühte vor Fanatismus. Das schmale Gesicht mit den riesigen Augen, die uns bei solchen Reden leuchtend beschworen, entzündete auch in den Nüchternen aus unsren Reihen das Feuer der Begeisterung für unsere edle Mission. Wie sie so redet, kommt mir ein kleines Gespräch wieder in den Sinn. Nach dem Sieg über Polen sollte Werners Vater als höherer Beamter nach Posen kommen. Er war mit seiner Frau hingefahren, um sich die Verhältnisse anzusehen. Dann schlug er die Stelle aus. Ich fragte Werners Mutter, ob sie da denn auch eine Wohnung gefunden hätten. ›Das ist dort kein Problem‹, sagte sie. ›Man kann sich alle Wohnungen reicher Polen ansehen und kann die haben, die man möchte. Man muß dann nur sagen: geht raus, ihr Schweine!‹ Ich weiß noch, welch kaltes Gefühl von Allmacht sich meiner damals bemächtigt hat. Ich war dreizehn. Aber dieses Gefühl machte mich frösteln.«[40]

Nicht nur Enteignungen und Deportationen waren an der Tagesordnung, die einschließlich der Polen jüdischen Glaubens mehrere Millionen Menschen erfaßten, sondern auch Zwangsverschickung von Arbeitskräften, die über 1 ¼ Millionen weiterer Polen allein aus dem ›Generalgouvernement‹ betraf. Auch etwa ½ Million polnischer Kriegsgefangener wurde entgegen geltendem Recht teils unter schwersten Bedingungen zur Arbeit gezwungen.[41]

Die Brutalität des deutschen Vorgehens wuchs in dem Maße, wie man sich nach Osten bewegte. Am 6. Februar 1940 gab der Generalgouverneur für das mittlere Polen, Frank, ein Interview im Völkischen Beobachter. Befragt nach Unterschieden zwischen dem ›Protektorat‹ (= nördlicher Teil der Tschechoslowakei ohne Sudetengebiete) und dem ›Generalgouvernement‹ brüstete sich Frank folgendermaßen:

»Einen plastischen Unterschied kann ich Ihnen sagen. In Prag waren z. B. große rote Plakate angeschlagen, auf denen zu lesen war, daß heute 7 Tschechen erschossen worden sind. Da sagte ich mir, wenn ich für je 7 erschossene Polen ein Plakat aushängen lassen wollte, dann würden die Wälder Polens nicht ausreichen, das Papier herzustellen für solche Plakate. Ja, wir mußten hart zugreifen.«[42]

Mit dieser Formel vom ›harten Zugreifen‹ sollte die Tatsache, daß die obersten Beamten des Reiches hier Verbrechen in ungeheurem Umfang ausführen ließen, verbrämt werden. Der Völkische Beobachter als offizielles Zentralorgan der NSDAP erreichte mit seiner massenhaften Auflage nicht nur die Parteigenossen, sondern darüber hinaus auch die weitere deutsche Öffentlichkeit, so daß dieses Interview von Millionen zur Kenntnis genommen wurde.

Es war von vornherein beabsichtigt, die Polen als Untermenschen zu behandeln. Schon im November 1939 wurden alle allgemeinbildenden und höheren Schulen geschlossen. Als künftige Richtlinie für die deutsche Schulpolitik in Polen wurde angeordnet: »Es werden nur Grundschulen zugelassen; ... [sie sollen] auf landwirtschaftliche oder forstwirtschaftliche sowie auf einfache Industrie-und Handwerks-Berufe vorbereiten.« Es sollte also ausschließlich eine Sklavenbevölkerung für untergeordnete Arbeiten herangezogen werden.[43] Aus dem gleichen Grunde wurden Angehörige akademischer Berufe, z. B. Anwälte, Ärzte, Professoren, Priester, Schriftsteller – kurz alles, was sich unter dem Begriff Intelligenz zusammenfassen läßt – planmäßig umgebracht. Schon vor dem 1. 9. 1939 hatten deutsche Behörden Listen der zu Erschießenden angelegt. Deren ›Verbrechen‹ bestand nicht darin, daß sie etwas begangen hatten, sondern daß sie Intellektuelle waren.[44]

Der deutsche Terror führte zu immer stärkerer Gegenwehr: Im polnischen Widerstand bildeten sich ganze Partisanenarmeen, die sich zu großen Organisationen zusammenschlossen. Die stärkste von allen, die sogenannte Heimatarmee, versuchte im Sommer 1944, als die deutschen Besatzer von den russischen Heeren bis in die östlichen Teile Polens zurückgeschlagen worden waren, die Hauptstadt des Landes zu befreien. Nach wochenlangen Kämpfen innerhalb Warschaus mußte die polnische Heimatarmee kapitulieren. Danach wurde die einstige Millionenstadt mit allen Denkmälern und historischen Bauten, an denen Warschau sehr reich war, von deutschen Truppen gesprengt und verbrannt. Trotz Benzinknappheit wurde dafür genügend Brennstoff zur Verfügung gestellt.[45] Ein deutscher Soldat, der Ende November 1944 Warschau besuchte, schilderte das Bild, das sich ihm bot:

»Ein ausgebrannter Straßenbahnwagen auf der leeren, erstarrten Marszalkowska [= Hauptboulevard]. Stille. Das Rieseln von Steinen erschreckt. Auf dem Platz vor dem Bahnhofsskelett ein Kistendeckel an einen Mauerbrocken gelehnt, mit roten Buchstaben beschriftet: ›Plünderer werden erschossen.‹ Daneben liegt ein Toter auf dem Bauch, Arme und Beine wie gespaltene Verlängerungen des Körpers ausgestreckt. Mitten auf der Straße, auf den zerwühlten Bürgersteigen, Grabkreuze, aus zwei Holzlatten schnell zusammengebunden, mit Tintenbleistift geschriebene Namen, bei manchen steht eine Topfpflanze. Grabkreuze, so viele. ... Ich stand und sah auf die Trümmer. Nicht einmal die Luft regte sich. Das Schweigen schrie. Ganz fernes Artilleriegepolter, oder mein Herz, dieses Klopfen im Hals. Mein Kamerad stieß mich an, daß wir weitergehen sollten. Auch er sprach kein Wort. Erst als wir den Weg zurück gefunden hatten und der Lastwagen mit dem wartenden Fahrer und dem Leutnant am Ende der grauen Straße sichtbar wurde, sagt er, was damals schon ein Gemeinplatz war: ›Mensch, wenn das jetzt alles auf uns zurückkommt!‹«[46]

Kindesraub

Die slawischen Völker der unterworfenen Gebiete sollten nicht nur vernichtet, deportiert oder auf die Stufe von Arbeitssklaven herabgedrückt werden, sondern gemäß der NS-Ideologie wurde versucht, die ›rassisch wertvollen Elemente‹ dem deutschen Volkstum zuzuführen. Im Zuge einer Germanisierungsaktion, die den Zweck hatte, den deutschen Geburtenrückgang und die Kriegsverluste in ›Großdeutschland‹ aufzufangen, wurden Kinder entführt, deren äußeres Erscheinungsbild nazistischen Vorstellungen vom ›nordischen Menschen‹ (blond, blauäugig) entsprach. Auf gewalttätige und brutale Weise wurden sie von den Eltern getrennt, in vielen Fällen ›bediente‹ man sich der Waisen von umgebrachten oder deportierten Polen.[47]

Besonders betroffen waren die zwangsweise Vertriebenen und teilweise in Lagern Zusammengepferchten; für sie gab es wenig Hoffnung – einmal zu überleben, zum anderen, ihre Kinder zu behalten. Ohnmächtig standen sie dem Kindesraub und -mord gegenüber. Eine Polin beschreibt die furchtbaren Verhältnisse, die sie 1942 im Lager Zamość als etwa Zehnjährige erdulden mußte:

»Ich erinnere mich... wie ein Deutscher mich von meiner Mutter trennte. Er wurde von allen ›Ne‹ genannt und war der größte Schrekken für Kinder und Erwachsene. Ich sah, wie er mit einem Gewehrkolben auf eine Mutter einschlug, die ihr Kind nicht hergeben wollte. Als sie blutüberströmt zusammenbrach, packte sie ein anderer Deutscher am Zopf und zerrte sie aus der Baracke nach draußen... in der nächsten Nacht wurden wir mit Lastwagen zu einer Bahnrampe gefahren, auf der sonst Rüben verladen werden. Die Deutschen erlaubten nicht, daß sich die Eltern von den Kindern verabschiedeten. Ich sah meinen Vater zum letztenmal, wie er ratlos in der Kälte stand, nachdem er zusammengeschlagen worden war, weil er zu mir wollte... Alle Kinder fuhren unter Bewachung schwerbewaffneter Deutscher. Auf einem Bahnhof wurden wir aus dem Zug gehoben, weil wir keine Kraft mehr hatten, selbst auszusteigen. Viele Kinder starben unterwegs; alle hatten erfrorene Körperteile. Die Bewohner des Ortes, in dem wir ankamen, begannen uns mitzunehmen; die Deutschen forderten für all die Kinder, die noch bei Kräften waren, eine Bezahlung.«[48]

Die Bevölkerung bemühte sich, ihre Kinder zu retten. Oft standen die Polen, besonders in kleineren Ortschaften, vor der verzweifelten Situation, keine Unterbringungsmöglichkeiten zu haben. Für viele Kinder kam jede Hilfe zu spät: im Februar 1943 erreichte ein Transport mit etwa 500 Kindern Piława – sie waren alle tot.

Für einige Kinder gab es Überlebenschancen in Gaukinderheimen. Dort wurden sie nach ihrem Aussehen sortiert und die Ausgesuchten nach Deutschland geschickt, wo sie von Adoptiveltern oder in Heimen als Deutsche erzogen wurden. Die Namen der Kinder und der polnischen Eltern waren vorher geändert worden, um das Verbrechen der Kindesentführung zu vertuschen. Ein kleiner Teil der Kinder konnte nach dem Kriege wiedergefunden werden, aber mindestens 160 000 aus diesen Verschleppungsaktionen blieben unauffindbar.[49] Mit größter Wahrscheinlichkeit sind sie als

20   Lidice 1942: Schulklasse eine Woche vor dem deutschen Überfall

Deutsche herangewachsen, die niemals erfuhren, daß sie eigentlich Polen waren; die Kenntnis ihrer Familien, ihrer Vorfahren, das Wissen um ihre Vergangenheit ist ihnen heimtückisch geraubt und jeder Zugang dazu wohl für immer versperrt worden.

Ähnlich erging es auch tschechischen Kindern, wie z. B. denen aus Lidice. Nach dem erfolgreichen Attentat durch tschechische Widerstandskämpfer auf Heydrich, einen hohen SS-Führer und ›Statthalter‹ der nördlichen Rest-Tschechoslowakei, wurde nach einer Besprechung mit Hitler befohlen, das gesamte Dorf Lidice (westlich von Prag) zu vernichten. Zur Abschreckung wurden am 10. Juni 1942 alle greifbaren männlichen Einwohner, d. h. auch Knaben von 15 Jahren an, grundlos erschossen – weil sie in Lidice lebten! Insgesamt wurden 7 Frauen und 191 Männer umgebracht; auch diejenigen, die außerhalb des Dorfes in den Kohlengruben arbeiteten. 195 Frauen wurden in das KZ Ravensbrück verschleppt, wo über ein Viertel umkam; sechs Schwangeren nahm man sofort nach der Entbindung die Neugeborenen weg. Von den Kindern des Dorfes wurden 91 – zwischen 1 und 16 Jahren alt – in das KZ Chelmno am Ner gebracht, wo 82 ermordet wurden. Sieben weitere Kinder und zwei Säuglinge wurden deutschen Familien übergeben.[50]

Die 10jährige Marenke Hoskova schrieb einige Monate vor ihrer Ermordung im Sommer 1942:

»Wir bitten, uns etwas Wäsche zu schicken, denn wir haben nur das, was wir tragen, und vor allem etwas zu essen. Und etwas Geld (deutsches). Wißt Ihr nichts von den Eltern? Wir sind von ihnen getrennt.«[51]

Es gehörte zur Taktik der Nazis, die Opfer ihrer Verbrechen und deren Angehörige in möglichst großer Unwissenheit zu halten. So wußte auch dieses Mädchen nicht, daß seine Eltern schon getötet bzw. im deutschen Konzentrationslager waren. Nur 17 Kinder aus Lidice überlebten, darunter neun, die als ›eindeutschungsfähig‹ ausgewählt worden waren. Eine Davongekommene berichtete später:

»Ich war achteinhalb Jahre alt, als das alles geschah. Zu uns kam die Gestapo mit einem Zivilisten. Man hat uns gesagt, daß wir uns warm anziehen sollen, besonders die Kinder, und zur Schule begeben sollen. Als wir dort hin kamen, konnte man schon Kinder und Mütter weinen hören... Wir wurden von den Müttern weggeschleppt in den 1. Stock des Gebäudes, und da war die Gestapo und fing an, unsere Köpfe zu messen. Sie haben uns dann Zettel um den Hals gehängt mit Namen und unseren Daten. An dem Tag abends wurden wir dann nach Lodz gebracht... Wir haben auf dem Fußboden geschlafen, Kinder im Alter von einem Jahr bis fünfzehn. Das Schlimmste war, daß die kleinen Kinder weinten, die waren hungrig, und man konnte sie nicht sauberhalten... In der Mittagspause wurden wir auf den Hof gebracht zu einem kurzen Spaziergang, und wir haben da schlimme Sachen gesehen: wie Leute erschossen wurden. Später kamen Leute – man hat uns gesagt, daß es Ärzte waren –, die haben einige Kinder ausgesucht. Angeblich nach dem Typ – wer blond war und blaue Augen hatte usw. ... Ich kam in eine SS-Familie, der Mann hieß Otto Kuckuck. Das war in Saßnitz auf Rügen.«[52]

Da in diesem Fall nach der Niederlage des Nazi-Reiches die Akten aufgefunden wurden und es viele Bilder und Bekannte aus den Nachbardörfern gab, konnten diese Kinder wiedergefunden werden; aber sie waren bereits ihrer Identität beraubt worden, hatten andere Namen und konnten häufig noch nicht einmal mehr tschechisch, ihre Muttersprache. Es gab Tausende von Dörfern, deren Einwohnern es erging wie denen von Lidice: in Polen, in Jugoslawien und in der Sowjetunion.

Kindesentführung praktizierten die deutschen Eroberer in noch größerem Umfang in der UdSSR. Nach dem Überfall auf Sowjetrußland ergingen detaillierte Anweisungen deutscher Behörden, dortige Kinder mit entsprechendem Aussehen zur ›Germanisierung‹ nach Deutschland zu schaffen. Die deportierten und angeworbenen Arbeiterinnen sowie ihre Kinder sollten gleichfalls auf ›Eindeutschungswürdigkeit‹ überprüft werden. Für eine 1942 sechzehnjährige Deutsche, die als Gruppenführerin in der Hitlerjugend aktiv war, stellte sich das folgendermaßen dar:

»Auch Mama hatte jetzt viel mit Polinnen und Ukrainerinnen zu tun. Sie hatte bei der Frauenschaft eine neue Aufgabe übernommen: diese Zwangsarbeiterinnen aus dem Osten auf ihre ›Eindeutschungswürdigkeit‹ zu prüfen... In den ›Anweisungen‹, die sie von höherer Stelle bekommen hatte, stand die Begründung dieser Pflicht: ›... die ungeheuern Opfer an Menschenleben, die unserem Volk durch die feindlichen Terrorangriffe auf die deutschen Städte auferlegt werden, zwingen uns, das notwendige Bevölkerungspotential zu sichern. Da der großen Vermehrung der östlichen Arbeiterinnen nur schwer Einhalt zu gebieten ist, sollen diese, wenn möglich, dem deutschen Volkstum zugeführt werden. Bei der Prüfung auf Eindeutschungswürdigkeit ist vor allem auf Gesundheit, Haarfarbe und Fleiß zu achten. Jüdisch Versippte sind aus diesem Verfahren ausgeschlossen.‹ Ich las den Text wie eine Gebrauchsanweisung und verstand nicht, was Reni [= ältere Schwester] daran auszusetzen hatte.«[53]

Das Elend der osteuropäischen Kinder hatte Zeugen, aber sie standen dem Geschehen ohnmächtig gegenüber. Jarosław Iwaszkiewicz, der ›große alte Mann der polnischen Literatur‹, schilderte ein Geschehen aus dem besetzten Warschau, das sich tief in seine Erinnerung eingegraben hat. Er beobachtete einen 15jährigen Jungen, der auf einer Verkehrsinsel stand und in ein Buch vertieft war. Die Umwelt vergessend, lenkte er seine Schritte auf die Fahrbahn und geriet unversehens vor ein heranbrausendes Auto der Gestapo:

»... zwei Individuen mit Totenköpfen an den Helmen sprangen auf den Fahrdamm. Sie standen neben dem Jungen. Der eine schrie ihn mit kehliger Stimme an, der andere lud ihn mit gefällig-höhnischer Geste ein, in den Wagen zu steigen. Ich sehe den Jungen, als hätte sich alles heute abgespielt, wie er an der Tür des Wagens stand, verlegen, geradezu verschämt. Wie er sich mit abwehrender, naiver Kopfbewegung sträubte – wie ein Kind, das verspricht, es gewiß nicht wieder zu tun ... Der eine SS-Mann verlangte von dem Jungen Papiere, riß ihm die zerknüllte Kennkarte aus der Hand und stieß ihn brutal in den Wagen. Der andere half ihm dabei. Der Junge kletterte hinein, hinter ihm die Gestapoleute, die Tür knallte zu, und der Wagen schoß in schnellem Tempo... davon. Er entschwand meinen Blicken. Ich sah mich um und suchte bei anderen Verständnis und Mitgefühl für das, was sich eben hier zugetragen hatte. Der Junge mit dem Buch war doch verloren. ... wie viele hat es gegeben, die... im Meer der Vergessenheit versanken, die durch einen dummen, in seiner Sinnlosigkeit grausigen Zufall umkamen.«[54]

Das jähe Verschwinden eines Menschen wiederholte sich in fast allen von den Deutschen besetzten Gebieten viele Male, aber nirgends so oft wie in den eroberten slawisch-sprachigen Gebieten, besonders in Polen, Jugoslawien und der Sowjetunion.

Die Häufung dieser Verbrechen gerade in Ost- und Südosteuropa beruhte nicht nur darauf, daß den deutschen Soldaten, Beamten und Angestellten diese Taten direkt oder indirekt befohlen wurden, sondern auch auf der Tatsache, daß ihnen systematisch der ›Unwert‹ der slawischen Völker beigebracht wurde. Das fing bei der Erziehung in der Schule an; sogar wenn deutsche Schulkinder jahrelang als Verschickte in Polen oder der Tschechoslowakei gelebt hatten – allerdings in Gruppen und unter Aufsicht von Lehrern und HJ-Führern –, gewannen sie nur selten ein anderes Bild als das ihnen offiziell vermittelte. Alle Beobachtungen des täglichen Lebens dienten – sofern sie nach dem erlernten Muster ausgelegt wurden – der Bestätigung der Vorurteile. So schrieb eine 13jährige Hamburger Schülerin, die sich seit fast zwei Jahren mit ihrer Klasse in der nördlichen Tschechoslowakei aufhielt, im September 1944 ihren Eltern:

> »Die Tschechen kennen keine Helden. In ihren Märchen wird nur etwas von weichherzigen und gutmütigen Rittern erzählt. Wenn hier Alarm ist, merkt man schon, wie weich die Tschechen sind und wie wir dagegen hart sind. Die Leute rennen vor Angst ganz besessen in ihren Luftschutzkeller. Hier sieht man nur sehr selten eine Frau den Kinderwagen schieben, das tun die Männer. Die Tschechen sind kein Herrenvolk, sie müssen von jemanden anders geführt werden. Zu der Führung der Tschechen sind wir Deutsche geboren. Die Tschechen sind auch sehr hilfsbereit. Wenn uns beim Sport der Ball in die äußerste Ecke fliegt, so rennen gleich ein paar tschechische Jungen hin und holen ihn uns wieder. Das ist heute wohl genug von dem Verhalten der Tschechen!«[55]

Der nationale Hochmut ist hier bereits so verinnerlicht, daß die Hilfsbereitschaft der tschechischen Kinder als verachtenswürdig ausgelegt und Härte als erstrebenswertes Ideal angesehen wird. Diese ›Härte‹ wurde denn auch reichlich gezeigt, sogar in der ohne Krieg besetzten Tschechoslowakei, die – verglichen mit Polen, Jugoslawien und der Sowjetunion – relativ wenig Massaker erlebte: Bis Kriegsende waren von den rd. 10 Millionen tschechoslowakischen Staatsbürgern des Frühjahrs 1939 über eine Drittel Million getötet worden, die Mehrzahl davon bei ›Vergeltungsaktionen‹ wie der von Lidice, oder weil sie Tschechen jüdischen Glaubens waren. Aus letzterem Grunde wurden auch die drei Schwestern Franz Kafkas, eines der größten Dichter deutscher Sprache, sowie seine ferneren Verwandten umgebracht. Das, was sie an Privatbesitz hinterließen, ›verschwand‹ spurlos; darunter befanden sich auch die von Kafka gesammelten Bücher. Etwa 200 Bände sind nach mehr als 40 Jahren »überraschend aufgetaucht«: Gegen eine entsprechende Summe wurden sie 1982 einem Münchener Antiquariat zum Verkauf angeboten.

Im Westen Europas gingen die Nazis ›zurückhaltender‹ vor: In Frankreich, das seit November 1942 ebenfalls vollständig von deutschen Truppen besetzt war, wurden während des Krieges von rd. 42 Millionen Staatsbürgern ungefähr 600 000 getötet.[56]

Gefangenenmorde

Unmittelbar nach dem Sieg über Frankreich im Juni 1940 ließ der Reichskanzler und ›Führer‹ ganz konkrete Pläne für einen Angriff auf die Sowjetunion ausarbeiten; denn die Eroberung osteuropäischer Gebiete – besonders der Ukraine, der Krim und des Kaukasus – hatte Hitler schon in seinem 1925/26 veröffentlichten Buch »Mein Kampf« als grundlegende Zielsetzung vorgetragen. Unabhängig vom Verhalten der sowjetischen Regierung, die noch am 21. 6. 1941 ihre Vertragsverpflichtungen erfüllte, indem sie Getreide, Öl und Erze nach Deutschland schickte, und ganz sicher keinen Angriff vorbereitet hatte, war der deutsche Überfall beschlossene Sache. Aufgrund schwerer Fehleinschätzungen und Versäumnisse der sowjetischen Regierungsspitzen unter Stalin gelangen den Angreifern große Erfolge: Die Überrumpelung der russischen Seite war gelungen.[57] Ein sowjetischer Augenzeuge berichtete aus Weißrußland, einige hundert Kilometer von der polnischen Grenze entfernt:

> »Leichen lagen an der Straße. In der Mehrzahl Zivilisten. Die Bombentrichter gähnten vorwiegend ein Stück neben der Straße, hinter den Fernsprechmasten. Dort, etwas abseits... zogen Frauen, Kinder, Greise und Mädchen mit kleinen Bündeln, junge Frauen mit hochgezogenen Schultern, meist Jüdinnen, ihrer Kleidung nach zu urteilen aus Westbelorußland [= Weißrußland], in zerlumpten fremdländischen Mäntelchen, die sich sehr schnell in staubige Fetzen verwandelt hatten... Ihnen entgegen zogen, gleichfalls die Straße entlang, von Osten nach Westen junge Burschen in Zivil. Sie waren unterwegs zu ihren Einberufungsorten, zu den Sammelplätzen ihrer Truppenteile, waren einberufen worden und wollten rechtzeitig dasein, damit man sie nicht für Deserteure hielt, obwohl sie sich überhaupt nicht mehr auskannten, keine Ahnung hatten, wohin sie gingen. ...Es war dies eine der Tragödien dieser Tage. Die Menschen wurden von den Deutschen mit Bordwaffen [der Flugzeuge] getötet oder gerieten, sie wußten selbst nicht wie, in Gefangenschaft.«[58]

Aus ihrem friedlichen Leben herausgerissen, irrten die Menschen umher, und die Regierung versuchte, in diesem Chaos die Verteidigung zu organisieren; teilweise hatten die grenznahen Truppen nicht einmal scharfe Munition.

Die Zukunft der in Gefangenschaft Geratenen sah schrecklich aus. Schon im März 1941 hatte Hitler vor rd. 250 hohen Offizieren detaillierte Absichten enthüllt:

»Es handelt sich um einen Vernichtungskampf... Wir führen nicht Krieg, um den Feind zu konservieren... Der Kampf wird sich sehr unterscheiden vom Kampf im Westen. Im Osten ist Härte mild für die Zukunft. Die Führer müssen von sich das Opfer verlangen, ihre Bedenken zu überwinden.«[59]

Gemäß diesen Richtlinien arbeitete die Wehrmachtführung detaillierte Befehle aus, in denen hinsichtlich der Kriegsgefangenen vorgesehen wurde, bestimmte Gruppen wie »politische Leiter (Kommissare)... nach Möglichkeit in den Gefangenensammelstellen, spätestens in den Dulags [= Durchgangslagern] zu erledigen!« ›Erledigen‹ steht hier für ermorden. Deutschland hatte die Haager Landkriegsordnung von 1907 und das Genfer Abkommen von 1929 unterzeichnet, die über frühere Verträge hinaus Kriegsgefangene vor willkürlicher Behandlung schützen sollten; diese Verträge wurden genauso gebrochen wie die Nichtangriffspakte und -erklärungen gegenüber Belgien, Holland, Dänemark, die Verträge von München, mit Jugoslawien und der Sowjetunion.[60]

Schon im April 1941 wurde eine Zusammenarbeit des Heeres mit der SS und besonderen Kommandos festgelegt, die vor allem Juden und gefangene Kommunisten erschießen sollten. Ausdrücklich wurde befohlen:

»Aktiver oder passiver Widerstand der Zivilbevölkerung ist mit scharfen Strafmaßnahmen im Keime zu ersticken. Selbstbewußtes und rücksichtsloses Auftreten gegenüber den deutschfeindlichen Elementen wird ein wirksames Vorbeugungsmittel sein.«

Die weitestgehende Auslegung gleichartiger Befehle wurde durch einen anschließenden Erlaß nahegelegt, in dem es hieß:

»Für *Handlungen, die Angehörige der Wehrmacht*... gegen *feindliche Zivilpersonen* begehen, besteht *kein Verfolgungszwang*, auch dann nicht, wenn die Tat sogleich militärisches Verbrechen oder Vergehen ist.«[61]

Dieser Erlaß muß als Aufforderung zum Mord angesehen werden. Aber die fortgesetzte Propaganda gegen Juden, Kommunisten und ›östliche Untermenschen‹ und die Erlasse und Befehle des ›Führers‹ und der Wehrmachtspitze bewirkten, daß die an Autorität und Gehorsam gewöhnten Soldaten auch verbrecherische Befehle ausführten. Kritik war ohnehin verpönt, und wenn einem pausenlos ›von oben‹ ganz offiziell wieder und wieder versichert wird, daß man ›edles Volkstum‹ verkörpere und als ›Herrenmensch‹ auftreten müsse, zeigt das eine gewisse Wirkung. Zudem standen die Soldaten in der militärischen Hierarchie auf der untersten Stufe; sie waren dazu gedrillt, Anweisungen zu gehorchen. Das im soldatischen Dienst in großem Maße verstärkte Minderwertigkeitsgefühl des einzelnen konnte nunmehr in der Gruppe ganz offiziell durch überhebliches und selbstherrliches Auftreten gegenüber Osteuropäern abreagiert werden. Dieser öffentlich gepredigte Größenwahn verführte viele dazu, sich als Herr über Leben und Tod aufzuspielen.

Die Ausführung der erwähnten Befehle und Erlasse hing von den unterschiedlich eingestellten militärischen Befehlshabern ab, auch denen der unteren Ränge. Ein damals 25jähriger Soldat berichtete folgendes Erlebnis:

»Am 25. Juni 1941, wenige Tage nach dem Beginn des Rußlandfeldzuges, wurde unsere Kompanie zur Säuberung eines Waldes bei Rozana in Wolhynien eingesetzt. Wir verloren einen Mann und machten Gefangene. Drei davon waren verwundet und konnten nicht mehr gehen. Sie lagen auf einer Waldlichtung, wo sich unser Trupp sammelte. Man hätte die verwundeten Russen auf abgehauene Äste setzen und forttragen lassen können. Ganz selbstverständlich begannen wir damit, aber unser Kompaniechef, Oberleutnant Thürmer, sagte: ›Quatsch, die werden umgelegt.‹ Wir standen in einem losen Halbkreis auf der Waldlichtung. Er sah langsam in die Runde, auf einen nach dem anderen. Sein Blick streifte mich und glitt weiter. Dann bestimmte Thürmer zwei andere Kompanieangehörige. Er gab ihnen Befehl, die drei Verwundeten zu erschießen. Wir zogen mit den nicht verwundeten Gefangenen ab. Ich sah, wie die Kameraden auf die hilflosen Menschen, die dort im Gras hockten, anlegten, ich hörte die Schüsse. Befehl ausgeführt.«[62]

Angesichts solcher Taten, die in Osteuropa zehntausendfach begangen wurden, ist es unbedingt notwendig, sich klarzumachen, daß die deutschen Soldaten über die Anordnungen und Befehle ihrer Vorgesetzten hinaus durch Vorträge, Ansprachen, Mitteilungen an die Truppe und weiteres Schulungsmaterial wieder und wieder im nazistischen Sinne beeinflußt wurden. Systematisch betrieb die NS-Propaganda die Gleichsetzung von Judentum mit Kommunismus, damals meist Bolschewismus genannt, und Hochkapitalismus, d. h., wie es gerade paßte, sollte auch gegen reiche Finanziers in den USA und in England gehetzt werden. Als Gipfel des Schreckens wurde jedoch der jüdische Kommissar dargestellt; dabei zählten die Staatsbürger jüdischen Glaubens oder jiddischer Muttersprache in der UdSSR 1939 nur 2 ½ Millionen bei der Gesamtbevölkerung von 180 Millionen. Die Soldaten wurden aufgefordert, die ›jüdisch-bolschewistischen Untermenschen‹ umzubringen, wobei die primitivsten Vorurteile gegenüber anderem Aussehen angesprochen wurden; und da es in Sowjetrußland viele mongolisch- und turksprachige sowie kaukasische Völker gibt, begegneten die Deutschen oftmals Menschen, die anders aussahen als Bayern oder Rheinländer.

Die Folgen dieser offziellen Propaganda waren verheerend: Ein seit Jahrhunderten in Europa nicht mehr vorgekommenes Ausmaß an mörderischer Kriegführung und unmenschlicher Taten vieler Soldaten wurde erreicht – wobei es selbstverständlich stets Ausnahmen gab. Schon auf dem Weg zu den Kriegsgefangenenlagern erschossen deutsche Soldaten massenhaft die Gefangenen, die zu erschöpft waren, um im gewünschten Tempo weiterzulaufen.[63] Weiterhin wurden diejenigen aus den Lagern abgeführt und ermordet, deren einziges ›Vergehen‹ darin bestand, bleibende Kriegsschäden erlitten zu haben. In diesem Zusammenhang ist folgender Bericht vom Jahresende 1942 entstanden:

»Durch die Arbeitsunfähigkeit der Häftlinge [= Kriegsgefangene] bedeuteten diese auch eine erhebliche Belastung des Lagers. Aus diesen Gründen ordnete SS-Hauptsturmführer Kallbach an, daß am 24. Dezember die Exekution der ehemaligen Kgf. [= Kriegsgefangenen] durchgeführt werden sollte. ... Während mit dem 1. Transport nur 18 fast ausschließlich Beinamputierte zur Sonderbehandlung [= Erschießung] kamen, hat Paal für den folgenden Transport 28 Häftlinge mit verhältnismäßig geringen Verletzungen zur Exekution bringen lassen.«

Hier wurden Kriegsgefangene also kaltblütig ermordet, während weitere in deutschen KZ's umgebracht wurden. Auch an diese ›Helden‹, die wehrlose Gefangene durch ›Sonderbehandlung‹ [!] vom Leben zum Tode beförderten, wurden Tapferkeitsmedaillen verliehen.[64] Heute noch kommen SS-Männer zu einem Kameradschaftstreffen zusammen, pflegen Tradition, und ihre Frauen verlangen, man solle die Vergangenheit endlich ruhen lassen, weil ihre Männer doch nur ihre ›Pflicht‹ getan hätten.

Die damalige deutsche Regierung bemühte sich nach Kräften, ein verfälschtes Bild der Vorgänge zu liefern. Die halb verhungerten Kriegsgefangenen, die sich weder waschen, geschweige denn rasieren durften – sie erhielten häufig nicht einmal ausreichend Trinkwasser –, wurden wieder und wieder durch die Propagandakompanien der Wehrmacht aufgenommen. Diese Elendsgestalten wurden in den Wochenschauen als typische Bilder russischer Soldaten ausgegeben; sie wurden als Verbrechertypen und feiges Gesindel bezeichnet und verächtlich gemacht. Zwar wirkte die offizielle Verhetzung nicht bei allen, jedoch viele verhielten sich entsprechend. Nachdem Hunderttausende polnischer, sowjetischer, jugoslawischer und französischer Kriegsgefangener als Arbeitskräfte im Reichsgebiet eingesetzt worden waren, fielen Zehntausende, auch ohne ›Sonderbehandlung‹, systematischer Unterernährung und Elendskrankheiten zum Opfer. Allein in einem kleinen Kriegsgefangenenlager wie Stukenbrock, das von der Wehrmacht betreut wurde, starben 65 000, deren Gräber bis 1980 stillschweigend übersehen wurden. Viele der Erkrankten wurden zur Vernichtung in die Konzentrationslager gebracht.[65]

Gegenüber westeuropäischen Kriegsgefangenen verhielten sich deutsche Truppen und Behörden grundsätzlich anders, wenngleich in der zweiten Kriegshälfte mehrere hundert französische und angelsächsische Kriegsgefangene erschossen wurden. Hingegen kamen allein von den bis Ende 1941 gefangengenommenen sowjetischen Soldaten bis zum April 1942 rd. 1 ¼ Million an Seuchen und Hunger um, weitere 600 000 waren ermordet worden, darunter viele Verletzte. Bis Kriegsende kamen von 5,7 Millionen sowjetischer Kriegsgefangener mindestens 3,3 Millionen um, vielleicht sogar 3,9; von je hundert sowjetischen Kriegsgefangenen überlebten mindestens 58, vielleicht sogar 68, nicht. Wie sehr dieses zielbewußte Absicht der NS-Politik war, zeigt der Vergleich mit französischen Kriegsgefangenen: Von rd. einer Million, die zurückbehalten wurden, starben 40 000, also je 4 von hundert.

Die sowjetrussische Bevölkerung sah, wie schon beim Marsch in die Gefangenenlager viele ihrer Landsleute von deutschen Uniformierten erschossen wurden, aber sie konnten wenig dagegen tun; nicht einmal den in den Lagern Verhungernden durften sie Nahrungsmittel zustecken. Auch die russische Regierung erfuhr noch während des Sommers 1941 von diesen Verbrechen. Man sagt, daß nichts so sehr wie diese niederträchtige Behandlung der wehrlosen Gefangenen den Widerstandswillen der russischen Armeen und vor allem der Bevölkerung entfacht habe.[66]

Kriegsschauplatz Sowjetunion

Das Elend des Krieges brach über Junge und Alte herein, aber die kleinen Kinder verstanden noch weniger als die Erwachsenen, was um sie herum geschah. Sie begriffen nur sehr schnell, daß sie tödlich bedroht waren. Seit dem Überfall auf die Sowjetunion flohen Millionen von Menschen vor den deutschen Angreifern ostwärts; die meisten zu Fuß, einige hatten das Glück, mit der Eisenbahn fortzukommen – aber auch die Züge wurden aus der Luft angegriffen. Eine fast 70jährige Großmutter, die mit ihren Enkelkindern aus Weißrußland floh, berichtete darüber:

> »Die Kinder waren hungrig, und noch mehr quälte sie der Durst; denn wir hatten in den letzten Tagen erst einmal Gelegenheit gehabt, Wasser zu bekommen – als der Zug auf einem Nebengleis abgestellt worden war, um uns nicht den Luftangriffen auszusetzen, während die Lokomotive Wasser nahm. Am vierten oder fünften Tag unserer schweren Reise begann eine Freundin Oleńkas, die neben ihr stand, leise zu weinen, und Oleńka fiel gleich mit ein. Seltsam war das Weinen dieser Kinder. Sie

schluchzten leise, ihre Gesichter waren tränenüberströmt, sie schmiegten sich aneinander und wiederholten dauernd: ›Wir wollen leben, wir wollen leben!‹ Erschrocken fragten wir uns, ob sie sich jemals von diesen Erschütterungen erholen würden. Ob nun ein Angriff war oder nicht – die Kinder weinten den ganzen Tag.«[67]

Diesen Kindern gelang es schließlich zu entkommen, aber rd. 80 Millionen Menschen blieben in den von den deutschen Truppen bis zum Spätherbst 1941 überrannten Gebieten zurück, davon waren etwa ein Drittel Kinder. Sie litten alsbald an Hunger und Mangel an allem, denn möglichst viele Lebensmittel und Vorräte wurden von den Eroberern für den eigenen Bedarf beschlagnahmt.[68]

Da Millionen von deutschen Soldaten, Beamten und Technikern im östlichen und südöstlichen Europa an all diesen Vorgängen beteiligt waren, sie zumindest sahen, sickerte die Kunde von dem wirklichen Geschehen trotz aller Verschleierungsmaßnahmen der deutschen Regierung und ihres Militär- und Polizeiapparates bis zu den Kindern deutscher Familien durch. Schon 1942 berichteten Urlauber von der Ostfront über grauenhafte Erlebnisse; eine Sechzehnjährige erfuhr von ihrer älteren Schwester:

»Werner... ist erschüttert und verstört. Das ist es, was ihn so anders macht, so fremd. Nicht sein heruntergekommenes Aussehen. ›Der Führer weiß vieles nicht‹, sagt er leise. Dann schreit er plötzlich auf und rennt im Zimmer auf und ab, mit zugehaltenen Ohren. Dabei brüllt er: ›Bidä Brod – bidä Brod – bidä Brod – Brod Brod Brod Brod Brod...‹ Vom Donez bis zur deutschen Grenze sei der Bahndamm von hungernden Frauen und Kindern belagert gewesen, von Kindern mit aufgetriebenen Bäuchen. Auch wenn SS-Truppen hineingeschossen hätten, der Haufen schreiender Menschen habe sich immer wieder geschlossen. Viele Soldaten hätten ihre Brotrationen hinausgeworfen. Aber dies sei streng verboten gewesen... Als er wieder fort war, sagte Reni: ›Wir müssen diesen Krieg gewinnen, sonst wird's furchtbar.‹«[69]

Wie ließen sich das Wissen von diesen Verbrechen und der eigene Einsatz für das nationalsozialistische Deutschland bei Soldaten und den Daheimgebliebenen vereinbaren? Ein beliebtes Mittel der Selbstentschuldigung wird im Zitat bereits genannt: Der oberste Verantwortliche weiß angeblich von nichts. Die Masse der Deutschen bemühte sich, möglichst keine genauen Kenntnisse solcher Geschehen zu gewinnen. Das ließ sich am besten erreichen, indem man nicht hinsah, wenn KZ-Häftlinge durch die Straßen getrieben wurden, nicht hinhörte, wenn darüber berichtet wurde, und nicht nachfragte, wohin der Nachbar verschwunden war – es hätte ja für einen selber leicht gefährlich werden können.

Und die überzeugten, die gutgläubigen Nazis? Sie retteten sich einerseits in den sehr abstrakt aufgefaßten Begriff ›Deutschland‹ (dafür war alles erlaubt, auch die unmenschlichsten Dinge – schließlich heiligte der Zweck die Mittel), andererseits übten sie folgerichtig eine intensive Verdrängung aller störenden Wahrnehmungen ein. So berichtete eine ›Führerin‹ des ›Bundes Deutscher Maiden‹ anläßlich des Novemberpogroms:

»Im übrigen verdrängte ich die Erinnerung daran möglichst schnell aus meinem Bewußtsein. Dieses schnelle Abschalten gelang mir im Laufe der Jahre bei ähnlichen Anlässen immer besser. Es war die einzige Methode, das Aufkommen von Zweifeln an der Richtigkeit dessen, was geschah, unter allen Umständen zu verhindern. Vermutlich wußte ich unterhalb des Tagesbewußtseins genau, daß ernste Zweifel mir die Daseinsgrundlage fortgerissen hätten. Nicht im wirtschaftlichen, sondern im existentiellen Sinne. Ich hatte mich total mit dem Nationalsozialismus identifiziert.«[70]

Diese Identifizierung erlaubte gerade den sogenannten anständigen Nazis, die als Einzelpersonen durchaus keine kriminellen Neigungen hatten, im ›Dienst für das Vaterland‹ die gemeinsten Verbrechen auszuführen; gerade die Heranwachsenden, die Jugend Deutschlands, wurde so skrupellos mißbraucht wie nie zuvor.

Im Namen eines selbstsüchtigen Ideals – für die deutsche ›Herrenrasse‹ alles, für die anderen nichts – gingen die deutschen Armeen in den slawischen Staaten Ost- und Südosteuropas in barbarischer Weise vor und deckten alle in ihrem Rücken begangenen Greuel der deutschen Verwaltung und der SS. Einzelne Kommandanten scheuten sich nicht, Frauen, Kinder und Greise vor ihren Truppen hertreiben zu lassen, um bei Angriffen durch sie geschützt zu sein. In den Verhandlungsschriften des Nürnberger Prozesses findet sich u. a. folgende Eintragung:

»Am 8. Dezember [1941] deckten die Nazis ihren Abzug aus dem Dorf Jamnoje, im Bezirk Tula, durch ortsansässige Einwohner. Am 12. Dezember nahmen sie in dem gleichen Kreise 120 Greise und Kinder zusammen und schickten sie während der Kämpfe gegen die angreifenden Truppenteile der Roten Armee ihren Soldaten voraus. In den Kämpfen... zur Befreiung der Stadt Kalinin... sammelten die Truppenteile des deutschen Regiments 303 der 162. Division bei einem Versuch, zum Gegenangriff überzugehen, in einem vor der Stadt gelegenen Dorf Frauen und stellten sie vor sich auf, als sie in den Kampf gingen.«[71]

Solch ein ›Vorgehen‹ wurde bis zuletzt angewandt. Letztlich wurden Anweisungen gegeben, die noch »verwendbaren Leute« beim Rückzug der deutschen Truppen zwangszuverschleppen. Um »die Bereitschaft der Bevölkerung zur Evakuierung« – man beachte den Sprachgebrauch! – herbeizuführen, mußten die Familien mitziehen. Die Arbeitsfähigen sollten in Verteidigungsstellungen, in besetzten Gebieten und im Reich eingesetzt

21   Sowjetunion 1941: Deutsche Soldaten richten angebliche Partisanen hin.

werden, wobei Kinder vom 10. Lebensjahr an als voll einsatzfähig galten.
Die Menschen, die mitziehen mußten, wußten teilweise nicht, was mit
ihnen geschehen sollte. Größtenteils blieben sie auf ihrem Marsch unver-
sorgt. In einem Bericht an das Oberkommando der Heeresgruppe Süd wies
eine deutsche Propagandakompanie auf die unhaltbaren Zustände bei der
Zwangsvertreibung der einheimischen Bevölkerung hin:
»In Iwanowka... übernachteten bereits schon 3 Tage unter freiem Himmel und stürmischem Wetter 1300 Evakuierte. Stimmung trostlos.
Säuglinge und Kinder schreien vor Kälte und Hunger. Frauen weinen,
weil ihre Männer zum Arbeitseinsatz an die Front geschickt wurden.
Wollen wieder zurück in ihre Dörfer. Können nicht verstehen, warum
sie evakuiert wurden. ... Evakuierte aus Simonowka-Kolchose Kaut-
schuk erzählen, daß sie einmal während der Nacht vom rum[änischen]
Soldaten... überfallen wurden, den Männern band man die Hände,
raubte ihnen Kleidungsstücke und Lebensmittel und nahm 4 Mädchen
mit, welche dann zerschlagen und blutig und vergewaltigt wieder zum
Treck zurückkehrten. Im Übernahmepunkt Maxim Gorki wurden ca.
150 Evak. angetroffen, welche schon 3 Tage auf ihren Abtransport war-
teten. Der Übernahmepunkt umfaßt 5 kleine Häuser, in denen noch
Zivilbevölkerung wohnt, die jedoch die Evakuierten nicht in die Häuser
lassen. Verpflegung schlecht. 10 km von Maxim Gorki wurde, auf der

Straße rastend, ein Treck von ca. 800 Personen angetroffen, welche bereits 4 Tage keine Verpflegung bekommen hatten.«[72]

Ohne Erbarmen wurden Hunderttausende ihres Habes und Guts, schließlich ihres Lebens beraubt; denn angesichts der offiziellen deutschen Einstellung bedeutete ein russisches Leben wenig. In vielen Ortschaften ließen die deutschen Besatzer gleich nach dem Einmarsch Galgen errichten, an denen im Umkreis bekannte Personen aufgehangen wurden – mit der einzigen Begründung, daß sie Kommunisten seien.[73] Hätten sich die Alliierten bei einem Einmarsch in Deutschland zu einem ähnlichen Verhalten entschlossen und auch nur einen größeren Teil der NSDAP-Parteimitglieder hinrichten lassen, wären mehrere Millionen Deutsche umgebracht worden.

Nach der deutschen Niederlage vor Moskau stießen die sowjetischen Truppen auf furchtbare Verwüstungen, die nicht durch Kampfhandlungen verursacht worden waren. Obwohl es weder Kasernen noch andere kriegsdienstliche Einrichtungen in den kurzfristig von deutschen Truppen besetzten Dörfern gegeben hatte, waren die Bauernhäuser von ihnen eingeäschert und Frauen und Kinder in die Winterkälte gejagt worden. Hatte schon das die sowjetischen Soldaten empört, so steigerte sich das zu einem Gefühl des Vergeltenwollens und haßerfüllter Wut, als sie die Galgen sahen, die von den deutschen Besatzern aufgestellt worden waren. Der russische Schriftsteller und damalige Frontberichterstatter Ilja Ehrenburg meinte, daß diese Beobachtung die Rotarmisten aufs äußerste erbitterte:

»So wurde ein neues Gefühl geboren, das vieles entscheiden sollte. Der von Nazideutschland vom Zaun gebrochene Krieg hatte wenig mit früheren Kriegen gemein. Er vernichtete und verstümmelte nicht nur die Leiber, er verwüstete auch die Herzen der Völker und Menschen. Den Hitleristen war es gelungen, Millionen von Deutschen zur Verachtung fremdstämmiger Menschen zu erziehen, den deutschen Soldaten die moralischen Hemm-Mechanismen zu nehmen, ehrliche, arbeitsame Durchschnittsbürger in ›Fackelmänner‹ zu verwandeln, die ganze Dörfer in Brand steckten und Jagd auf Greise und Kinder machten. Früher gab es in jeder Armee Sadisten und Marodeure – der Krieg war nie eine Schule der Moral. Aber Hitler verstrickte nicht nur die SS und die Gestapo, nicht nur berufsmäßige oder dilettierende Mörder in seine Greueltaten, sondern seine ganze Armee. Er machte Millionen und aber Millionen von Deutschen mitschuldig. Ich entsann mich eines weißblonden, gutmütig dreinblickenden Deutschen. Vor dem Krieg hatte er als Meister in Düsseldorf gearbeitet, er hatte dort eine Familie. Dieser Mann warf einen russischen Säugling in den Brunnen, weil er, trotz Luminal, an Schlaflosigkeit litt und das Kind ihn nicht einschlafen ließ.«[74]

Die Beobachtung, daß das Verhalten der Deutschen nicht auf der Willkür von einzelnen beruhte, sondern systematischer Planung entsprang, war zutreffend. Es lagen entsprechende Befehle vor, nach denen beim Rückzug vorgegangen werden sollte:

»Von *Nachtruppen* und *Nachhuten durchzuführen* (straffste Leitung durch betreffenden Führer wichtig!): a) Zerstörung (Abbrennen) sämtlicher Ortschaften. Einsatz von besonderen Kommandos zum Abbrennen von abseits [!] des Rückmarschweges gelegenen Dörfern. b) Vernichtung noch vorhandener Fahrzeuge und des noch vorhandenen Viehes. c) Vernichtung oder Unbrauchbarmachung sämtlicher noch vorhandener Lebensmittel. «[75]

Sofern den deutschen Armeen genügend Zeit blieb, wurden diese Befehle streng befolgt. Das Elend der Bevölkerung wuchs ins Unermeßliche. Dieses Verhalten der deutschen Wehrmacht wirkte nicht allein auf die russische Bevölkerung wie ein Rückfall in das Barbarentum. Ein englischer Augenzeuge faßte seine Eindrücke vom Winter 1941/42 an der Moskauer Front folgendermaßen zusammen:

». . . die Deutschen in den alten russischen Städten Nowgorod, Pleskau und Smolensk . . . plünderten, machten Beute und töteten; wenn sie sich zurückzogen, brannten sie jedes Haus nieder und ließen mitten im Winter die Zivilisten ohne Haus und Heim zurück. Nichts Vergleichbares war Rußland jemals zuvor geschehen – außer unter den tatarischen Überfällen [im 13./14. Jh.]. «[76]

Leningrad, das frühere St. Petersburg, zählte im Sommer 1941 rd. 3 Millionen Einwohner, also etwa so viel wie das damalige Hamburg, München und Stuttgart zusammen. Ab September 1941 war die riesige Industriestadt von deutschen Truppen im Süden und im Norden von finnischen nahezu eingeschlossen. Nur über den Ladoga-See bestand noch Verbindung mit dem russischen Gebiet. Die Stadt sollte planmäßig ausgehungert werden. Im Winter 1941/42 mußten die Menschen zeitweise von 85 g Brot täglich leben, gebacken aus Zellulose und Mühlenstaub. Fladen aus Trockenkleister wurden auf Ölfirnis oder Farben gebraten; über 600 000 Einwohner starben. Die Zahl der Toten wuchs derartig an, daß weder Särge noch Säcke reichten.[77]

Im Dezember gelang es den Sowjettruppen, die deutschen Divisionen so weit zurückzudrängen, daß über das 2 Meter dick gefrorene Eis des Sees eine Versorgungsstraße geschlagen werden konnte. Auf ihr wurden unter stetem Artilleriebeschuß und Luftangriffen der Deutschen eine halbe Million Menschen, hauptsächlich Kinder und Facharbeiter, evakuiert und Vorräte in die Stadt gebracht. Viele kamen jedoch um. Die 11jährige Tanja Sawitschewa notierte in ihrem Tagebuch den Tod ihrer gesamten Familie:

»28. Dezember 1941: Schenja ist gestorben um 12.30 morgens. – 25. Januar 1942: Großmutter ist gestorben, 3 Uhr mittags. 17. März 1942: Leka ist gestorben um 5 Uhr morgens. – 13. April 1942: Onkel Wasja ist gestorben um 2 Uhr nachts. 10. Mai 1942: Mama, 7.30 Uhr morgens. Die Sawitschews sind gestorben, alle sind gestorben, Tanja ist allein.«

Das kleine Mädchen starb im Juli 1944 in einem Leningrader Krankenhaus. Die Stadt blieb weiterhin Kampfgebiet, beschossen von schwerer deutscher Artillerie. Krankenhäuser, Fabriken, Schulen und Kinderheime lagen während der fast dreijährigen Belagerung wieder und wieder unter Beschuß. Ein Schulleiter berichtete über die Folgen:

»Am 18. Mai 1942 lag die Schule Nr. 218 unter Artilleriefeuer. Der zwölfjährige Knabe Lenja Isarow wurde getötet. Das kleine Mädchen Dora Binamowa erblaßte und stöhnte vor Schmerzen: ›Mutti, wie soll ich ohne Füßchen bleiben?‹ Leo Gendelev verblutete. Man versuchte, ihm zu helfen, es war jedoch zu spät. Mit den Worten ›Verdammter Hitler!‹ starb er in den Armen seiner Mutter.«[78]

Mit wachsender Erbitterung verteidigten sich die Überlebenden und hielten sogar im belagerten Leningrad den Betrieb einer Reihe von wichtigen Fabriken aufrecht, die den Widerstand stärken sollten.

Nach den Niederlagen der Deutschen bei Stalingrad, Kursk, Rostow am Don usf. stellten die russischen Truppen bei der Befreiung des eigenen Landes fest, daß von den Besatzern unendlich viele Zerstörungen und Grausamkeiten verübt worden waren. Von der Wolga an bis zur russischen Westgrenze blieb verbranntes Land zurück. 15 Großstädte – darunter solche, die erst in den dreißiger Jahren ausgebaut worden waren, wie Stalingrad und Dnjepropetrowsk –, 1700 Kleinstädte sowie 70 000 Dörfer waren völlig bzw. teilweise zerstört worden. In Minsk, einer Stadt, die älter als München oder Berlin ist und als Hauptstadt Weißrußlands 1939 rd. ⅓ Million Einwohner zählte, blieben nach dem Rückzug der Deutschen kaum noch Häuser stehen, an älteren Gebäuden lediglich noch eine Kirche außerhalb des Zentrums. In Pleskau, älter als Magdeburg oder Bamberg, hatten die Besatzer Kathedralen und Klöster mit Fresken und Kunstschätzen aus dem 12. Jahrhundert zerstört und geplündert. In den rückeroberten Gebieten waren rd. 6 Millionen Gebäude niedergebrannt oder demoliert, 65 000 km Eisenbahnstrecke durch eigens auf Spezialzügen montierte Reißhaken von den Deutschen beim Rückzug unbefahrbar gemacht worden. Und überall stieß man auf Spuren von Greueltaten.[79]

»In dem Dorfsowjet Slobin, Bezirk Orel, ermordeten die Faschisten das zweijährige Kind des Kollektivbauern Kratow, weil es sie durch sein Weinen am Schlafen hinderte.«

Auf solche Aussagen stößt man häufig. Was ließe sich auch gegen ein zweijähriges Kind anderes vorbringen, welchen Vorwand sollten diese

Mörder benutzen, welcher Anlaß gegeben sein, um es zu töten, als der, daß ein Kind in bedrohlicher Atmosphäre weint? Bei älteren Kindern war es leichter, Gründe zu finden, um zu morden. Ein Widerspruch genügte:

»In Rostow am Don spielte der Schüler einer Handwerksschule, der 15jährige Witja Tscherewitschny, auf dem Hof mit seinen Tauben. Zu dieser Zeit gingen deutsche Soldaten vorbei und versuchten, ihm die Tauben wegzunehmen. Der Junge protestierte. Die Deutschen nahmen ihn mit, und an der Ecke der 28. Linie und der 2. Maiskaja Uliza erschossen sie ihn, weil er die Tauben nicht hergegeben hatte. Durch Tritte mit den Absätzen entstellten die Hitlerfaschisten das Gesicht des Knaben bis zur Unkenntlichkeit.«

Erinnern wir uns an die massenhaften Todesurteile des Volksgerichtshofes. Die beteiligten Richter haben damals, so sagen sie heute, im ›guten Glauben‹ gehandelt. Und diese Soldaten?

Nach 1945 wurde in der Bundesrepublik sehr viel über Verbrechen der Roten Armee nach der Eroberung des Dritten Reiches gesprochen, aber fast gar nicht wurde erwähnt, wie sich die deutschen Armeen seit 1941 in Rußland aufgeführt hatten, daß Massenmorde und viehische Vergewaltigungen nichts Ungewöhnliches waren. Aus der Nürnberger Anklageschrift seien hier nur zwei ›Vorkommnisse‹ angeführt:

»In Weißrußland, nahe der Stadt Borrissow, fielen den Hitler-Faschisten 75 Frauen und Mädchen in die Hände, die beim Anmarsch der deutschen Truppen geflohen waren. 36 Frauen und Mädchen wurden von den Deutschen vergewaltigt und darauf bestialisch ermordet. Das 16jährige Mädchen L. I. Meltschukowa führten die Soldaten auf Befehl des deutschen Offiziers Hummer in den Wald, wo sie es vergewaltigten. Nach einiger Zeit sahen andere Frauen, die ebenfalls in den Wald geführt worden waren, daß bei den Bäumen Bretter standen, an denen die sterbende Meltschukowa aufgespießt war. Die Deutschen haben ihr vor den Augen der anderen Frauen, unter ihnen der W. J. Alperenko und W. M. Beresnikowa, die Brüste abgeschnitten. Aus dem Dorf Borowka des Rayons Swenigorod, im Bezirk Moskau, führten die Faschisten bei ihrem Rückzug mehrere Frauen gewaltsam mit sich, wobei sie diese trotz ihrer Bitten und ihrer Proteste von ihren minderjährigen Kindern trennten.«[80]

Insgesamt sind fast 7 Millionen Zivilisten von der Wehrmacht und den SS-Verbänden umgebracht worden, davon über 2 Millionen jüdischer Nationalität. 4½ Millionen Menschen wurden als Zwangsarbeiter nach Deutschland verschleppt, darunter viele Frauen und Jugendliche. Weit über 3 Millionen in deutscher Gefangenschaft ermordete und umgekommene sowjetische Kriegsgefangene und annähernd 10 Millionen gefallene Soldaten ließen die Zahl derjenigen, die ihr Leben lassen mußten, auf über 20 Millionen ansteigen; das sind 11 Prozent der Vorkriegsbevölkerung der Sowjetunion. Die Ukraine und Weißrußland, die fast zwei Jahre lang unter deutscher Besatzung standen, waren am schwersten betroffen: In der Ukraine war jeder sechste der Bevölkerung tot, in Weißrußland jeder vierte.[81]

Wenn man sich klar macht, daß in Norwegen, einem Lande, das gleichfalls von ›Großdeutschland‹ überfallen und ausgebeutet wurde, trotz aller wohlwollenden Nazipropaganda von ›Großgermanien‹ über 20000 Einwohner getötet wurden, also jeder 150. der Vorkriegsbevölkerung, und sich daher noch heute dort mitunter eine gewisse Abneigung gegen Deutsche zeigt, läßt sich vielleicht eher begreifen, was Krieg und Besetzung schon in einer vergleichsweise ›milden‹ Form für die Betroffenen bedeutete. Dabei geht es nicht um die Größe der Zahlen, sondern um das Leben der Menschen, also um das Erinnern an die toten Freunde, Verwandten und Bekannte. Das grausame Los, die Preisgabe von Kindern, Frauen und Männern im Krieg – in ihrem Leiden eng miteinander verwoben – hinterläßt in jedem Volk seine Spuren; tiefe Narben bleiben zurück, schmerzliche Erinnerungen, die mahnen und warnen. Sie rufen dazu auf, unsere Kinder vor einer düsteren Zukunft zu bewahren. Dennoch: Das traurigste Kapitel der deutschen Geschichte wird heute von Unbelehrbaren wieder – oder immer noch – aus dem Gedächtnis gestrichen.

In diesen Tagen saß mir in der U-Bahn ein etwa 16jähriger Junge gegenüber. Zwei nagelneue, maschinengestickte Abzeichen leuchteten auf seinem rechten Arm. Das eine zeigte Deutschland in den Farben schwarzweiß-rot und in den Grenzen von 1914, mit der Aufschrift »Das ist mein Vaterland«, das andere den deutschen Adler aus der gleichen Zeit mit der ›krönenden‹ Überschrift »Ich bin stolz ein Deutscher zu sein«. Dieser Stolz ist *nicht* in unserem Staat angesiedelt!

Opfer und Geisel im Luftkrieg

Schon im Ersten Weltkrieg versuchten Militärs, die Zivilbevölkerung der sogenannten feindlichen Städte anzugreifen. Da sich die Zeppeline als nicht sehr kriegsfähig erwiesen – bei Angriffen auf London wurden die meisten abgeschossen –, baute man schließlich Bombenflugzeuge. Am 13. Juni 1917 wurde der schwerste deutsche Luftangriff gegen London gestartet: rd. 20 Flugzeuge bombardierten die ungeschützte Stadt; über 340 Personen wurden verletzt, rd. 160 getötet, davon 46 Kinder in einer Schule. Eine damals 11jährige Augenzeugin berichtete:

»Als ich mich meiner Straße näherte, bot sich mir ein schrecklicher Anblick. Die Schule war von einer Bombe getroffen worden. Die Schüler krochen unter den Trümmern hervor, über und über mit gelbem Puder bedeckt... sie schrien, weinten, einige waren verletzt, alle waren völlig verstört. Eltern suchten nach ihren Kindern... es war ein herzzerreißender Anblick.«[82]

Seit den zwanziger Jahren entwickelten die Militärstrategen Konzepte für den Luftkrieg, in denen sie ausdrücklich darauf hinwiesen, daß die Zivilbevölkerung in einem zukünftigen Krieg Opfer und Geisel sein würde:

»Die Luftwaffe wird um strategischer Interessen willen den Krieg beginnen, d. h. die *Zerstörung menschlicher Siedlungsgebiete* mit all ihren Kulturwerten wird nicht von dem Zufall einer weiteren Entwicklung des Krieges, oder einer Laune des Kriegsglücks abhängen, sondern das Ziel der ersten operativen Maßnahmen jedes Feldherrn sein müssen...«[83]

Es blieb wiederum der deutschen Luftwaffe vorbehalten, die militärischen Überlegungen über die Rolle der Zivilbevölkerung als Geisel in die Tat umzusetzen. Die ersten massiven Luftangriffe auf unverteidigte Städte hatte sie schon während des Spanischen Bürgerkrieges (1936–39) erprobt. Die Luftangriffe auf Madrid vom Herbst 1936 bis zum nächsten Frühjahr sollten die Bevölkerung der Stadt, die von den Franco-Truppen nicht erobert worden war, einschüchtern und zur Kapitulation veranlassen. Aber die putschierenden Generäle hatten, trotz deutscher und italienischer Unterstützung, nur wenige Flugzeuge. So hielten sich Zerstörungen und Menschenverluste, gemessen an der Größe der Millionenstadt in Grenzen; etwa 2500 Personen wurden getötet.[84]

Deutsche Fliegereinheiten unterstützten als ›Legion Condor‹ den Militärputsch Francos in Spanien – offiziell waren sie als Freiwillige ausgegeben worden. Sie bombardierten am 26.4.1937 das traditionelle Zentrum des nordspanischen Baskenlandes, die Kleinstadt Guernica. Angeblich sollte das Luftgeschwader eine steinerne Brücke am Stadtrand zerstören; aber dafür waren nicht über 40 Flugzeuge mit rd. 50 Tonnen Splitter- und Brandbomben nötig! Spielende Kinder wurden von Bombentreffern in die Luft gewirbelt und zerrissen, Fliehende durch Maschinengewehrfeuer der Tiefflieger niedergemäht. Ein deutlich mit einem riesigen roten Kreuz auf dem Dach markiertes Lazarett wurde bombardiert: 45 Nonnen, Verwundete, Kinder und Alte kamen dabei um. Das Rathaus, in das sich auch viele Kinder geflüchtet hatten, wurde mehrfach getroffen, herabstürzende Decken verschütteten die Schutzsuchenden. Obwohl erfahrene Piloten angriffen, die das Stadtzentrum in Schutt und Asche legten, blieb seltsamerweise die Brücke unzerstört. Angeblich hätte sie vor Staub nicht ausfindig gemacht werden können, erklärte später ein deutscher Offizier.

»Also mußten wir unsere Bomben so abwerfen, wie das unter den Umständen am besten möglich war. Daß wir sie nicht abwarfen, kam nicht in Frage – es wäre für uns gefährlich gewesen, mit einer Bombenladung wieder zu landen. Aber der Bombenschütze wußte nicht, was er traf.« Deshalb warfen die ›tapferen Helden‹, denen es zu riskant war, die Bomben wieder zurückzufliegen, ihre Ladung auf die Frauen und Kinder von Guernica ab. Insgesamt wurden 1600 Menschen umgebracht – was für ein Sieg, den die Flieger der Legion Condor noch am selben Abend fröhlich feierten![85]

Für die Betroffenen, die überlebenden Einwohner von Guernica, gab es andere Eindrücke. Der Feuerwehrmann Juan Silliaco, in der Nähe des Bahnhofs vom Luftdruck der Bomben niedergerissen, erblickte

»die ersten Opfer des Luftangriffs auf Guernica: ›Eine Gruppe von Frauen und Kindern. Sie wurden hoch in die Luft emporgehoben, vielleicht sechs oder sieben Meter, und es zerfetzte sie. Beine, Arme, Köpfe, irgendwelche Körperteile flogen herum.‹ Ohne zu spüren, daß er selbst Verletzungen davongetragen hatte (Splitterwunden an Armen und Beinen), raffte er sich hoch und schwankte auf die von Staubwolken verhüllte Einschlagstelle zu. Er stolperte über etwas. Es war der Unterleib einer Frau. Etwa ein Dutzend Leichen sah er, dann achtete er nicht weiter auf sie, sondern konzentrierte sich ausschließlich darauf, die Verwundeten aus den Trümmern hervorzuziehen. Rings um ihn waren bereits weitere Helfer am Werk, darunter auch Leute von der freiwilligen Feuerwehr. Die Verwundeten schrien. Aber auch viele andere schrien. Jene, die unter Schockwirkung standen, die vielleicht gerade den Mann oder die Frau, den Bruder oder die Schwester verloren hatten: Sie schrien ihr Entsetzen hinaus. Am lautesten schrie eine Gruppe von Frauen, die im Trümmerhaufen vor dem Julián-Hotel wühlten. Als die Fassade herabgestürzt war, hatte in der Nähe gerade eine Schar kleiner Kinder gespielt.«[86]

Die Zerstörung Guernicas und die Leiden der Einwohner waren für Hermann Göring lediglich eine »Gelegenheit, im scharfen Schuß zu erproben, ob das Material zweckentsprechend entwickelt wurde«.[87] Die Verwendung der Luftwaffe in einem kommenden Krieg war klar. In lügnerischer Weise versuchte Hitler dennoch, eine andere Vorstellung über die Kriegführung zu verbreiten: ». . . ich will nicht den Kampf gegen Frauen und Kinder führen. Ich habe meiner Luftwaffe den Auftrag gegeben, sich bei den Angriffen auf militärische Objekte zu beschränken.«[88]

Der Anschein wurde nicht lange gewahrt; schon zur Stunde, da er diesen Ausspruch tat, hatte die deutsche Luftwaffe polnische Flugplätze und Städte mit tödlichem Bombenhagel überschüttet. Ein polnischer Schriftsteller berichtete, wie er als Sechsjähriger den Einschlag einer Bombe im Nachbarhaus erlebte:

»Als der Staub sich verzog, zeigte das Haus seine Eingeweide. Menschen klebten an geborstenen Wänden, lagen regungslos hingestreckt auf den durchlöcherten Fußböden wie Lumpen, die einen Spalt bedekken. Rötliche Blutlachen begannen sich unter ihnen zu sammeln. Winzige Papierschnitzel, Stuck und Farbe hafteten an den klebrigen roten Lumpenbündeln wie hungrige Fliegen... Dann hörte man das Wimmern und die Schreie der Verletzten – unter herabgestürzten Balken eingeklemmt, von Stangen und Röhren durchbohrt, halb verschüttet unter Geröll und Gestein. «[89]

Am 25. 9. 1939 wurden gegen Warschau schwere Luftangriffe geflogen, die sich gezielt gegen die Zivilbevölkerung richteten. Polens Hauptstadt zählte damals rd. 1 ¼ Million Einwohner, also weit mehr als das damalige Köln oder München. Durch »die Leiden der schutzlos den Bomben ausgelieferten und hier regelrecht eine ›Geiselrolle‹ spielenden Zivilbevölkerung« sollten die Verteidiger Warschaus erpreßt werden; das gelang auch: Die Stadt kapitulierte am 27. 9. 1939.[90]

Im militärischen Sinne ähnlich ›erfolgreich‹ war der Luftangriff auf Rotterdam. Ohne Kriegserklärung hatte Deutschland am 10. 5. 1940 die neutralen Staaten der Niederlande und Belgien überfallen, und am 14. 5. wurde die Stadt bombardiert, um eine raschere Kapitulation der niederländischen Truppen zu erzwingen. Das Zentrum von Rotterdam mit 11 000 Wohnhäusern, ⅙ der bebauten Fläche der Stadt, wurde in Brand gesetzt; die holländische Armee gab am 15. 5. 1940 den ungleichen Kampf auf.[91]

Die noch heute mitunter gehörte Behauptung, alliierte Flugzeuge hätten im Mai 1940 Freiburg im Breisgau bombardiert und damit als erste den Luftangriff eröffnet, ist falsch: deutsche Flieger hatten den Auftrag, einen französischen Ort anzugreifen, sich jedoch anscheinend im Nebel verflogen. Sie warfen ihre Bomben auf Freiburg. Für die Militärexperten war es unschwer zu erkennen, daß es deutsche Bomben waren, die die Stadt trafen; von der Propaganda wurde jedoch wider besseres Wissen behauptet, es seien englische gewesen. Die eigene Schuld wurde nach dem Ende des ›Braunen Reiches‹ in offiziösen Darstellungen der Bundesrepublik noch 1958 in verbrämter Form verschleiert und immer nur die der anderen angeprangert:

»Die *grundsätzliche Wende* brachte dann die Nacht vom 10. zum 11. Mai 1940. Die Deutschen hatten am Tage vorher den Westfeldzug begonnen; die Kriegslage hatte sich verschärft. Nun fanden die ersten Luftangriffe auf offener Strecke statt. ... [Die] englischen Bombenabwürfe in jener Nacht auf Städte im Ruhrgebiet [waren] die erste *bewußte* Überleitung zu Angriffen auf nichtmilitärische Ziele. «[92]

Hier zeigt sich eine sehr merkwürdige Auslegung der Tatsachen: Seit dem Morgen des 10. 5. 1940 bombardierte die deutsche Luftwaffe, die den anderen weit überlegen war, Belgien und Nordfrankreich, um den Angriff der deutschen Armee zu unterstützen. Die Ziele, wie Eisenbahnen, Brücken, Flugplätze und andere, vorwiegend militärische Objekte, lagen häufig in Städten; dabei wurden, wie man Fotos entnehmen kann, auch Wohnhäuser zerstört und Zivilpersonen getötet. Die wenigen alliierten Luftangriffe seit der Nacht vom 11.5.1940, vor allem auf die Räume Aachen-Köln, versuchten, den deutschen Heeresaufmarsch zu stören; denn durch die rheinischen Städte, über ihre Brücken und Bahnhöfe, bewegten sich endlose Kolonnen der deutschen Armeen westwärts.

Die englischen Bombenabwürfe jener Tage als ›bewußte Überleitung zu Angriffen auf nichtmilitärische Ziele‹ anzusehen, ähnelt verblüffend genau der Propaganda-Logik, die im Dritten Reich angewandt wurde: Alles, was die eigenen Soldaten tun, ist notwendig und gerechtfertigt; wenn die anderen ähnliches unternehmen, ist es eine schreiende Unmenschlichkeit und Barbarei.

Bei dieser Bewertung und Betrachtungsweise kann an dem obigen Zitat kaum noch verblüffen, daß vorher verübte deutsche Überfälle völlig außer acht gelassen werden: kein Wort über das im September 1939 von der deutschen Luftwaffe zerbombte Warschau. Als ob das in einer anderen Welt geschehen sei und die deutsche Kriegführung damit nicht längst – und sehr bewußt – ›Terror gegen die Zivilbevölkerung‹ ausgeübt hätte! Dabei kann es nicht um juristische Finessen gehen – durfte der Täter das tun? –, sondern nur um das, was er tat. Doch das heutige Verschweigen der deutschen Taten in Polen und dem weiteren Osten Europas hat in Deutschland Tradition, die Bevölkerung wird unaufgeklärt gelassen.

»Im Deutschland der Nachkriegszeit, besonders in der Bundesrepublik, ist es breiten Bevölkerungskreisen gelungen, die deutsche Schreckensherrschaft in Polen aus dem Bewußtsein zu verdrängen. Der Flut der Literatur aller Art über die Leiden der deutschen Heimatvertriebenen steht nur eine Handvoll wenig verbreiteter Publikationen gegenüber, in denen die Vorgeschichte dieser Vertreibung geschildert wird. Zu Prozessen vor deutschen Gerichten wegen der Verbrechen in Polen an Polen ist es kaum gekommen.«[93]

Anfang August 1940 begannen massierte Luftangriffe auf England, bei denen von Süden (Southampton, Bournemouth) und Osten her sich die Angriffe allmählich auf London vorschoben. In der Nacht zum 25.8. wurde die Londoner Innenstadt bombardiert: Wohnhäuser und eine Kirche gingen in Trümmer. Erbost über britische Gegenangriffe, bei denen erstmals einzelne Bomben auf Berlin fielen, erklärte Hitler am 4.9.1940 im Berliner Sportpalast:

»Und wenn die britische Luftwaffe zwei- oder drei- oder viertausend Kilogramm Bomben wirft, dann werfen wir jetzt in einer Nacht 150000, 180000, 230000, 300000, 400000, 1 Million Kilogramm. Wenn sie erklären, sie werden unsere Städte in großem Ausmaß angreifen – wir werden ihre Städte ausradieren!«[94]

In 65 Nachtangriffen auf London wurden ganze Straßenzüge mit ihren Wohnhäusern, Kirchen, Hospitälern und Kindergärten zerstört, so daß die britische Regierung Hunderttausende von Kindern aufs Land evakuieren ließ. Auch andere Städte wie Liverpool, Plymouth, Portsmouth und Birmingham erlitten schwerste Zerstörung. In der Nacht zum 15. 11. 1940 entzündete der in mehreren Wellen aufeinanderfolgende Angriff von über 400 Flugzeugen die Stadt Coventry in Mittelengland. Die Altstadt wurde fast vollständig zerstört, einschließlich der Kathedrale aus dem 14. Jahrhundert. Bis Ende 1940 kamen in England über 23 000 Kinder, Frauen und Männer um, noch mehr wurden verletzt.

Obwohl die Intensität der Angriffe der deutschen Luftwaffe auf England 1941 nachließ, waren nach zwei Jahren Krieg 42 000 englische Zivilisten getötet worden, während in Deutschland bis dahin keine 4000 durch Luftangriffe umgekommen waren.[95]

Der Verlust an Menschenleben mag gering erscheinen, zumal wir heute an einen brutalen Verkehr gewöhnt sind, bei dem jährlich, selbst in einem so kleinen Land wie der Bundesrepublik, gegen 10 000 Personen durch Autos getötet werden. Doch muß man sich klar machen, daß die Flugzeuge relativ klein waren, geringe Lasten trugen und die Sprengkraft der abgeworfenen Bomben begrenzt war. Falls die Städte gewarnt waren und über entsprechend gesicherte Luftschutzanlagen wie Bunker und Tiefkeller verfügten – das war in den meisten deutschen und englischen Städten der Fall –, konnte sich die Bevölkerung verhältnismäßig gut schützen, wenn auch die Bauten der Städte nach wiederholten Angriffen in Trümmer sanken. Dort, wo beides nicht gegeben war oder besondere Umstände hinzutraten, wurde durch einen einzigen Luftangriff mehr Vernichtung angerichtet als sonst nach vielen Bombardements.[96]

Der weitaus verheerendste Angriff gelang der deutschen Luftwaffe am 23. 8. 1942: Die Stadt Stalingrad (mit über ½ Million Einwohner etwa so groß wie das damalige Stuttgart oder Düsseldorf), der sich die deutschen Truppen langsam näherten, wurde an diesem Tage von rund 600 Flugzeugen bombardiert. Die Wetterverhältnisse – ausgesprochenes Steppenklima, heißer Sommer, Hanglage der Stadt oberhalb eines kilometerbreiten Stromes – begünstigten die Ausbreitung eines Feuersturms (vgl. S. 182 f.). Der Befehlshaber der russischen Armee, die die Stadt zu verteidigen hatte, Tschuikow, berichtete:

»Die gewaltige Stadt, die sich fast 50 km längs der Wolga erstreckt, war in Flammen eingehüllt. Ringsumher brannte alles und stürzte zusammen. Kummer und Tod zogen in Tausende von Stalingrader Häusern ein.«

Etwa 40 000 Einwohner wurden getötet. Erst im späteren Verlauf des Krieges verursachten die britischen Bomberflotten in Hamburg und in Dresden Verluste in ähnlicher Größenordnung. Diese drei Fälle sind hinsichtlich des Zerstörungsgrades allerdings Ausnahmen im europäischen Luftkrieg. Für die meisten Luftangriffe galten andere, wenngleich makabre Berechnungen: Im Durchschnitt war eine Tonne abgeworfener Bomben notwendig, um einen Menschen zu töten, wobei aber Dutzende von Kubikmetern an Bauwerken zerstört werden mußten.[97]

Die Zivilbevölkerung wurde aber nicht nur in den Städten, sondern auch auf freiem Felde, an Brücken und Furten angegriffen. In Frankreich geschah das noch vereinzelt. Nach dem Überfall auf die Sowjetunion galten andere Maßstäbe für die deutsche Luftwaffe. Ein russischer Kriegsteilnehmer berichtete über die Ereignisse am oberen Dnjepr im Sommer 1941:

> »Endlose Kolonnen von Flüchtlingen flossen von West nach Ost in breitem Strom an der Übersetzstelle von Solowjewo zusammen. Es waren alte Leute, Halbwüchsige, Frauen mit über die Schulter geworfenen Bündeln und Kindern auf den Armen. Am Flußübergang gab es keinen Schutz gegen Luftangriffe. So konnten die faschistischen Flieger die Menschenströme im Tiefflug unter MG-Feuer nehmen und den Flußübergang ununterbrochen bombardieren. ... Ich sehe noch heute das Bild vor mir: eine blutüberströmte, sterbende Frau, die mit letzter Kraft aus dem Wasser ans Ufer gekrochen war, ein Säugling, auch er blutend, krabbelt weinend auf ihr herum, und neben ihr verblutet ein drei- oder vierjähriges Kind, dem es ein Bein weggerissen hat...«

Hierbei muß man sich vor Augen führen, daß im Unterschied zu heutigen Fliegerangriffen die damaligen Piloten ihr Ziel dicht überflogen. Sie konnten einzelne Personen genauestens erkennen, d. h. sie sahen, daß sie auf flüchtende Zivilisten schossen.[98]

In deutschen Kinos wurden ab 1939 Wochenschauen vorgeführt, in denen ausgiebig Bilder von ›erfolgreichen‹ Luftangriffen auf feindliche Ortschaften gezeigt wurden. Fast jeder Deutsche konnte also ganze Stadtviertel betrachten, von denen nur noch Schornsteine und Hauptmauern standen. Auch im Rundfunk wurde drastisch und anschaulich über die Wirkung des deutschen Luftkrieges berichtet, vor allem solange die Armeen noch auf dem Vormarsch waren. Aber ganz offensichtlich hat die überwältigende Mehrheit der Zuhörer und Zuschauer sich nicht klar gemacht, daß die Bilder der einstürzenden Häuser und brennenden Straßenzüge in Warschau, London, Rotterdam oder Moskau den Tod von Menschen anzeigten, die von Bomben zerfetzt, durch Trümmer erschlagen, in verschütteten Kellern erstickt wurden oder verbrannten. Sie hatten nicht begriffen, daß sie ihr zukünftiges Geschick vor sich sahen, das durch solch skrupellose Angriffshandlungen erst heraufbeschworen wurde.

Solange die Bomben auf andere fielen, schienen viele ungerührt. Eine 14jährige erlebte das folgendermaßen:

»Im März wird Papa von neuer Euphorie ergriffen. Deutsche Truppen haben im Handstreich Dänemark besetzt. Ich finde, dies wäre doch eigentlich auch altes germanisches Land und gehöre heim ins Reich. Unverständlich, daß jetzt die Norweger, in deren Land unsere Soldaten weiter marschierten, sinnlos gegen uns kämpften. Niemand sprach in meiner Umgebung von Neutralitätsbruch. Außerdem galt Neutralität als ein bloßes Reizwort. Wer neutral war, war feige. So hatten wir's im Weltanschauungsunterricht gelernt. Damals entstanden viele neue Lieder. Plötzlich waren sie da. ›Bomben, Bomben, Bomben auf Engelland!‹ ›Gib mir deine Hand, deine weiße Hand... denn wir fahren gegen Engelland, ahoi!‹ Unser Musiklehrer war unermüdlich im Auffinden neuer Kriegslieder. Und wir wünschten singend Bomben auf Engelland und nahmen es ohne Verwunderung und ohne Trauer hin, als aus dem Ruhrgebiet, weit weg vom sicheren Süddeutschland, die ersten Angriffe englischer Bomber gemeldet wurden.«[99]

Heimatfront

Die deutsche Bevölkerung, durch die offiziellen Nachrichten ihrer eigenen Regierung systematisch belogen, erlebte den Krieg bis Ende 1944 nur in Luftangriffen. Zwar wußte sie, daß ihre Politiker öffentlich verkündet hatten: »Wir werden ihre Städte ausradieren!« und das auch in Warschau, in Rotterdam, in London, in Coventry, in Belgrad und Stalingrad versucht hatten, aber seit 1942 wurden die deutschen Städte von den Bomberflotten der Engländer und Amerikaner immer stärker zerstört und die Wohnviertel vergleichbar rücksichtslos bombardiert.[100] Millionen deutscher Zivilisten, darunter Frauen und Mütter mit Kindern (ich selbst hatte damals vier Söhne von 2 bis 8 Jahren), die in die Luftschutzkeller flohen, mußten nun die Folgen der skrupellosen Politik ihrer eigenen Regierung ertragen.

Bis Anfang 1942 blieben die Angriffe der englischen Luftwaffe relativ begrenzt in ihren Auswirkungen. Sie hatten wenig Flugzeuge und die vornehmlich geworfenen Sprengbomben richteten nur geringe Zerstörung an. Im März und April 1942, also fast zwei Jahre nach den deutschen Angriffen vom Sommer 1940, gelang es der Royal Air Force, ähnlich vernichtende Bombardements durchzuführen. Die alten Hansestädte Lübeck und Rostock wurden in Brand gesetzt. Knapp 4000 Häuser wurden in Lübeck schwer beschädigt oder völlig zerstört, d. h. etwa jedes 8. Haus. In Rostock brannten etwa 60 Prozent der Altstadt aus.[101]

Schon lange zuvor, seit Herbst 1940, waren in einer gewaltigen Aktion immer mehr Kinder aus den Großstädten evakuiert worden. Die Parteiorganisationen der Hitlerjugend und nationalsozialistischen Volkswohlfahrt hatten die Fahrt und den Aufenthalt der Schulkinder (mitunter wurden auch ältere Vorschulkinder miteinbezogen) in ländliche Gebiete ohne kriegswichtige Ziele durchgeführt, also vornehmlich in die östlichen Reichsgebiete, einschließlich der annektierten Teile Polens und der Tschechoslowakei. Die Kinder fuhren mit ihrem Lehrer, HJ-Führern und freiwilligen Helferinnen der NS-Frauenschaft in sogenannte Lager; das war eine Sammelbezeichnung für äußerst unterschiedliche Unterkünfte, die von ehemaligen Kurhotels bis zu Baracken reichten. Die Werbung verstärkte sich allmählich, weil einerseits mehr Frauen zur Arbeit für den ›Endsieg‹ freigestellt werden sollten, andererseits die Lager ja auch eine weitere Beeinflussung der teils noch sehr kleinen Kinder erlaubten. Doch blieb die Freiwilligkeit der Teilnahme an dieser Kinderlandverschickung bis Februar 1944 gewahrt, die Eltern wurden nicht gezwungen, ihre Kinder fortzuschicken. Es gab nur Besuche der verschiedenen NS-Organisationen, die sie zur Teilnahme überreden wollten. Die Mehrzahl der Eltern willigte ein, weil die Kinderlandverschickung einerseits eine billige Möglichkeit war, den Heranwachsenden eine Art von Ferien zu verschaffen (man muß sich immer wieder klarmachen, wieviel ärmer als heute besonders Arbeiter und untere Angestellte damals waren), andererseits erhöhten die Luftangriffe die Gefährdung der in den Groß- und Mittelstädten Lebenden ja auch immer mehr. Insgesamt sollen rd. 5 Millionen Kinder im Laufe der Zeit evakuiert worden sein, also etwa ⅓ der in Frage kommenden. Sie blieben teils jahrelang von ihren Eltern getrennt.[102]

Es war Ende Januar 1943, als unser Häuserviertel in Berlin getroffen wurde. Staffelweise flogen die Bomberverbände heran. Sie kamen in der frühen Nacht. Der Alarm dauerte bis gegen 5 Uhr in der Frühe an. Ich hob die schlaftrunkenen Söhne aus den Betten und trug sie mitsamt ihren Kleiderbündeln auf den Flur, weil ich fürchtete, im Zimmer könnten die Fenster splittern, so ungeheuer krachten die Detonationen. Ununterbrochen heulten die Sirenen ihren Großalarm hinaus. Ich redete den verschreckten Kindern zu, nahm den Kleinsten auf den Arm, den Luftschutzkoffer in die Hand, und nach wenigen Minuten stiegen wir die Seitentreppe zum Keller hinunter. Dort gab es wenigstens den Schutz der Holzstämme, von denen die Decke abgestützt wurde, und vor den abgedeckten Fenstergittern die vollen Sandsäcke. In deren Nähe hatte ich mit den Kindern meinen Platz.

Die meisten alten Leute saßen auf der Seite der Brandmauer. Sie standen erschreckt und verwirrt auf, als die erste Trümmerbombe links von ihnen am Nachbarhaus herunterging. Kurz danach entzündeten Phosphorbomben den Seitenflügel des rechts gelegenen Hauses; die Flammen fraßen sich im ersten Stockwerk fest, schoben sich kochend wie ein brennender Lavastrom breit und lang zu einer Feuerwand auseinander und waren nicht zu löschen. Der Wind- und Feuerstrom trieb dann den Phosphorbrand vom Nachbargrundstück aus zu unserem Vorderhaus heran.

Die Frauen im Keller schrien laut nach Tüchern und Wasser, spannten nasse Laken auf und rannten hin und her. Der Rauch quoll milchig in die Räume, kroch an dem feuchten Stoff entlang und hielt sich in der Schwebe. Noch schien mir kein Grund gegeben, den Keller voller Panik zu verlassen, aber Grund genug, die Kinder vor den Schreien der Alten zu bewahren, die sie erschreckten. Der Eisenträger hinten an der Kellertreppe, so hoffte ich, gäbe uns den letzten Schutz für einen Ausstieg. Doch hatte ich den Wider-schein der Phosphorbrände nicht bedacht, der hell auflodernd durch die Scheiben an der Ausgangstür herunterfiel: »O Mutter, Mutter! Nicht ver-brennen, nicht bei lebendigem Leib verbrennen! *Ich wollt', ich wäre nie geboren!*« Wie von Sinnen schrie so der siebenjährige Anatol und ließ den Blick nicht von dem Feuerschein. Schnell zog ich ihn zurück ins Dunkel und drückte seinen Kopf an meinen Leib. Vier Arme hätte ich haben mö-gen und einen Riesenschoß, die Kinder allesamt darin zu bergen. Benja-min, den jüngsten Sohn, hielt ich auf dem Arm, den zweiten eng an mich gepreßt; der dritte hockte auf dem Luftschutzkoffer an der Wand und schwieg, erst sehr viel später sprach er wieder: »Mutter, hast Du nicht gesehen, wie ich gezittert habe?« Nur auf den ältesten schien die Gefahr nicht einzuwirken.[103]

Unsagbar verheerender noch wirkten in Hamburg Ende Juli 1943 die An-griffe mit Spreng- und Phosphorbomben. Die gezielt einander folgenden Abwürfe – erst Spreng-, dann Brandbomben – verstärkten die Ausbreitung des Feuers bis zum Sog und Druck des ›Feuersturms‹. Dabei schließen sich die einzelnen Feuerherde zu Flächenbränden zusammen; die erhitzte At-mosphäre schießt wie in einem Riesenkamin nach oben, und längs des Erdbodens stürzt die Luft in den freigewordenen Raum nach und erzeugt den Feuersturm, der in einer engbebauten Stadt jedoch nicht geradeaus rasen kann. So entsteht eine Art Wirbelwind, der von allen Seiten in die Brandfläche hineinrast, dabei dicke Bäume entwurzelt, Balken, ganze Dachpartien und Bretter mit sich reißt und durcheinanderwirbelt. Begün-stigt wird die Feuersturmentwicklung durch eine trockene und heiße Wet-terlage. Menschen, die in diese windhosenartigen Feuerwirbel geraten, werden augenblicklich wie in einem Feuerofen verbrannt. Auf den Straßen kommen sie in den Heißluftströmen um, in den Luftschutzräumen tritt zu der Hitzewirkung noch das Kohlenoxid hinzu.[104]

In Hamburg zeigte der Feuersturm bei dem Angriff in der Zeit vom 25. Juli bis zum 3. August 1943 seine schrecklichsten Auswirkungen. Schon bei der ersten Angriffswelle nachts um 1.00 Uhr waren die Sammelwasser-

22   1943: Hamburger Luftschutzwart und Junge, beide erstickt

leitung, Gas- und Elektrizitätsleitungen, der Hauptsender des Stadtfunknetzes, Fernsprechleitungen und damit Verbindungen zu Befehlsstellen ausgefallen. Minenbomben hatten die Gebäude zerfetzt und dem Feuer offengelegt. Unzählige Häuser brannten und erzeugten strahlend sengende Hitze. Funkenflug und Gegenwind brachten Sichtbehinderung und Blindheit. Die Straßenzüge wurden verschüttet. Qualm- und Staubwolken verdunkelten 24 Stunden später noch die Sonne.

Schon 40 Minuten nach dem Angriffsbeginn suchten Flüchtende in unversehrten Straßenteilen Schutz:

»Sie waren zum größten Teil verwundet, hatten sich aus Trümmern befreien können, oft nur noch teilweise bekleidet und völlig verstört. Ihnen folgten Flüchtende, die aus Hammerbrok [= Distrikt in Hamburg] kamen, manche völlig durchnäßt, weil sie einige Zeit in einem Fleet [= kleiner Kanal] zugebracht hatten. Eine hochschwangere Frau kam splitternackt durch das Hoftor gewankt – und sie gebar bald danach in einem Luftschutzkeller der Hauptfeuerwache ein Kind. Der Feuersturm heulte etwa ab 02.00 Uhr derart um die Gebäude, daß man sich draußen nur kriechend und an Geländern festhaltend fortbewegen konnte. Wer sich ohne Halt aufrichtete, wurde glatt umgerissen!«[105]

Die Feuerwehr erkannte, daß durch Löschangriffe auf die Gebäude die Brandlage nicht gebessert werden konnte – Fahrzeuge, Mannschaften und Melder verbrannten zum Teil im Feuersturm –, und versuchte vorwiegend, die Menschen aus den vom Feuer umschlossenen Wohnblocks herauszuholen.

»Kinder wurden durch die Gewalt des Orkans von der Hand der Eltern gerissen und ins Feuer gewirbelt. Menschen, die sich gerettet glaubten, fielen vor der alles vernichtenden Gewalt der Hitze um und starben in Augenblicken. Flüchtende mußten sich ihren Weg über Sterbende und Tote bahnen. Kranke und Gebrechliche mußten von ihren Rettern zurückgelassen werden, da diese selbst in Gefahr gerieten, zu verbrennen… Die Straßen waren mit Hunderten von Leichen bedeckt. Mütter mit ihren Kindern, Männer, Greise, verbrannt, verkohlt, unversehrt und bekleidet, nackend und in wächserner Blässe wie Schaufensterpuppen, lagen sie in jeder Stellung, ruhig und friedlich oder verkrampft, den Todeskampf im letzten Ausdruck des Gesichts. Die Schutzräume boten das gleiche Bild, grausiger noch in seiner Wirkung, da es zum Teil den letzten verzweifelten Kampf gegen ein erbarmungsloses Schicksal zeigte. Saßen an einer Stelle die Schutzraum-Insassen ruhig, friedlich und unversehrt wie Schlafende auf ihren Stühlen, durch Kohlenoxydgas ahnungslos und ohne Schmerzen getötet, so zeigt die Lage von Knochenresten und Schädeln in anderen Schutzräumen, wie ihre Insassen nach Flucht und Rettung aus dem verschütteten Gefängnis gesucht hatten.«[106]

Die Stadt bot nach dem letzten Angriff Anfang August ein Bild des Schreckens: Etwa ein Drittel der Häuser war schwer beschädigt oder zerstört, Zehntausende von Toten lagen verbrannt auf den Straßen und Plätzen (die weitaus meisten waren im Freien umgekommen, auf der Flucht vor dem Feuer).

Obwohl es mit letzter Exaktheit nicht feststellbar ist, sind höchstwahrscheinlich rd. 35 000 Menschen verbrannt und durch die Hitze umgekommen, davon etwa 12 Prozent Kinder. Es wird angenommen, daß die außergewöhnlichen Wetterbedingungen jenes Sommers zu der einmaligen Gewalt des Feuersturms beitrugen, denn obgleich viele Großangriffe mit ähnlichen Bombenmengen auf andere Großstädte durchgeführt wurden, führten sie weder in Berlin, Köln, München oder Leipzig zu so hohen Menschenverlusten und so großer Flächenzerstörung bei einer einzigen Angriffsaktion.[107]

Lediglich in Dresden wurden bei den Nachtangriffen vom 13. / 14. Februar 1945 Verwüstungen wie im Hamburger Feuersturm angerichtet. Die Zahl der Todesopfer war ähnlich hoch. Angaben von 100 000 oder noch mehr Toten, die in vielen Darstellungen auftauchen, sind reine Phantasie und beruhen letztendlich auf unüberprüft hingenommenen Gerüchten bzw. der Greuelpropaganda des Dritten Reiches.[108]

Im Frühjahr 1945 waren allerdings die meisten deutschen Großstädte, aber auch viele Mittel- und Kleinstädte, schwerstens getroffen, ein Viertel, ein Drittel oder auch mehr als die Hälfte des Wohnraumes war vernichtet worden, Fabriken, Bahnhöfe und Kraftwerke waren zerstört. Unter den deutschen Großstädten war Würzburg am stärksten beschädigt worden. Die meisten Menschen hatten im Laufe des Krieges die Ängste der Bombennächte erlebt und auch die bitteren Morgen danach:

»Durch die Straßen stolpern gehetzte Menschen. Mit Bündeln, mit Koffern und Hausrat. Stolpern über Trümmer und Scherben. Fassen es nicht, daß man gerade ihnen – ausgerechnet ihnen – so übel mitgespielt hat. Von der Ursache zur Wirkung ist ein langer Weg. Die wenigsten wissen ihn zu gehen. Kaum einer versteht, daß die Folge von heute der Anlaß von gestern sein kann. Der Anlaß Coventry, der Anlaß Dünkirchen, der Anlaß Judengreuel, Städte ausradieren und Konzentrationslager.«[109]

In der Tat sahen nur sehr wenige einen Zusammenhang – für die Mehrzahl waren noch immer, gemäß der nazistischen Propaganda, ausschließlich die anderen, die ›Feinde‹ schuld.

Im gesamten ›Großdeutschen Reich‹ wurden ungefähr 600 000 Menschen als Opfer der Luftangriffe getötet, darunter etwa ein Sechstel Kinder. Diese

Zahl kann zwar nicht vollkommen genau sein, jedoch als Größenordnung dürfte sie zutreffen. Ungezählte Kinder sind zwar unversehrt geblieben und mit dem Leben davongekommen, aber sie verloren inmitten der Schrecken der Angriffe, unter dem Schock des Anblicks der Explosionen, des Feuerscheins und der zusammenstürzenden Häuser häufig noch wichtigeres als die gewohnte Umwelt mit ihren bekannten Räumen und Spielsachen: die vertrauten Menschen und das Vertrauen zu anderen. Selbst körperlich unversehrt davongekommene Kinder litten noch viele Jahre später unter den Nachwirkungen ihrer Erlebnisse – sie trugen das ihnen Angetane als inneres Inferno weiter.[110]

Für Millionen Kinder hatte die Hölle auf Erden schon kurz nach Ausbruch des Krieges begonnen: Ihre Eltern besaßen eine andere Staatsbürgerschaft oder den jüdischen Glauben oder beides zusammen – allein deswegen mußten sie sterben.

Ungesühnte Verbrechen

> Was sind das nur für Menschen?
> Haben sie keine Eltern?
> Keine Geschwister?
> Keine Kinder?

Mitten im 20. Jahrhundert wurden von den doch angeblich kulturell so hochstehenden Deutschen – nach ständig wiederholter nazistischer Propaganda – beispiellose Verbrechen verübt, die in diesem Ausmaß und mit solch systematischer Intensität weder von Nero und Attila noch von Kreuzfahrern oder während des Dreißigjährigen Krieges begangen wurden.

In Fortsetzung der seit der Regierungsübernahme der Nationalsozialisten in Deutschland begonnenen Verfolgungen, Enteignungen und Ermordungen von Deutschen jüdischer Herkunft wurden nach der Eroberung Polens, schon während des Winters 1939/40 die ersten Ghettos gebaut. Die deutsche Verwaltung pferchte die jüdischen Polen in eng begrenzten Stadtteilen zusammen und zwang alle in der Nachbarschaft wohnenden Juden, sich ebenfalls in diesen Vierteln zu konzentrieren, die ständig dichter von der Umgebung abgeschlossen wurden. Die drangvolle Enge, die mangelnde Versorgung der Ghettobewohner, denen die Betriebe und Arbeitsplätze genommen worden waren, führten bald zu Hunger, Krankheiten und ungeheurer Sterblichkeit.[111]

Verzweifelt versuchten die Kinder zu betteln – aber innerhalb des von Menschen überfüllten Raumes gab es bald keine Vorräte mehr, und die wenigen Ausgänge wurden streng bewacht. Im Warschauer Ghetto, das von den Deutschen im Oktober 1940 errichtet worden war, verging schon

23   Warschau 1942: Die letzten Tage zweier Kinder im Ghetto

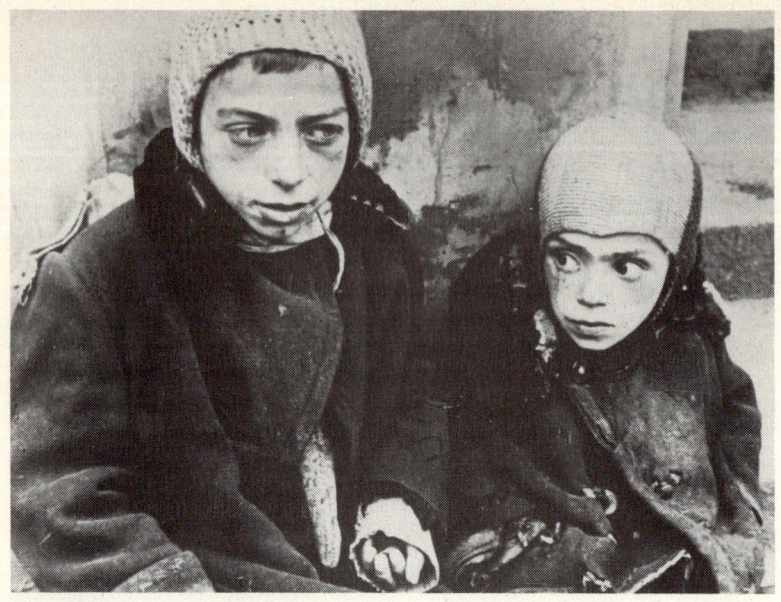

24   Warschauer Ghetto, Februar 1941: Ohne Nahrung, ausgesetzt der Kälte

im Februar 1941 kein Tag, an dem nicht Alte und Kinder auf den Straßen
starben. Im Juni desselben Jahres notierte die 16jährige Oberschülerin
Mary Berg:

»Horden von Kindern kriechen zwischen den Beinen der Ghettoein-
wohner herum und bitten um ein Stück Brot... Die Kleinsten und
Dünnsten unter ihnen wickeln Säcke um ihre winzigen, ausgemergel-
ten Körper. Dann schlüpfen sie in den Straßen, die nur mit Stacheldraht
abgezäunt sind, hinüber auf die ›arische‹ Seite... Außer Kartoffeln
bringen sie oft dunkles Bauernbrot mit. Mit einem glücklichen Lächeln
auf ihren schmalen grünen Gesichtern schlüpfen sie ins Ghetto zurück... Oft stehen sie dort stundenlang und warten, bis der Posten einmal damit beschäftigt ist, den Paß eines Ausländers oder eines Polen,
der das Ghetto besucht, zu kontrollieren. Das ist der Augenblick, in dem
sie ihre Eßwaren einschmuggeln können. Manchmal bemerkt der Deutsche sie nicht. Manchmal bemerkt er sie, aber er tut so, als ob er sie nicht
sähe. ...Aber die meisten der deutschen Posten feuern kaltblütig auf
die rennenden Kinder, und die jüdischen Polizisten müssen die bluten-
den Opfer aufheben, die wie verwundete Vögel niederfallen, und sie auf
vorüberfahrende Rikschas werfen.«[112]

Man muß sich klar machen: Hier wurden Kinder, deren einziges ›Verbrechen‹ darin bestand, etwas zum Essen zu suchen, um nicht verhungern zu müssen, von ›pflichtgetreuen‹ deutschen Soldaten einfach umgebracht; kann sich die Perversion des militärischen Kadavergehorsams noch deutlicher zeigen? Wie ein deutscher Soldat, der zum Winterende 1941 das Ghetto von Warschau aufsuchte, feststellte, war es

»nicht schicksalhafter Untergang, dem diese Kinder, diese vielen zehntausend Menschen des Warschauer Ghettos in Kälte, Entbehrung und Hunger erlagen, sondern geplante Vernichtung. Nicht allgemeine Knappheit an Wohnraum, Kleidung, Medikamenten, Nahrungsmitteln, nicht ein überall herrschender Mangel im deutschen Machtbereich lieferte sie dem Elend aus, sondern künstlich erzeugte Not, von Deutschen ersonnen und gegen wehrlose Gefangene hinter der Ghettomauer in die Tat umgesetzt.«[113]

Diese von höchsten deutschen Regierungsstellen befohlenen und organisierten Verbrechen gegen Staatsangehörige fremder Nation, auch der eigenen, führte zum Verhungern von Hunderttausenden, abgesehen von Seuchen – besonders Fleckfieber, Darmtyphus, Tuberkulose und Grippe –, die wegen Mangels an Medikamenten, Seife, Brennstoffen und Nahrungsmitteln meist mit dem Tode der Betroffenen endeten. Das Hungersterben, dieses Verrecken an Kälte, Elend und Schmutz dauerte den Behörden aber zu lange, obwohl allein im Ghetto von Lodz zwischen April 1940 und September 1942 über 45 000 von insgesamt etwa 200 000 Juden umkommen mußten.[114]

Nach dem Überfall auf die Sowjetunion wurde ein beschleunigtes, noch direkteres Morden versucht: Einheiten der SS und Polizei begaben sich – teils unmittelbar hinter den vorrückenden Heerestruppen und in enger Zusammenarbeit mit der Wehrmacht – in die eroberten Gebiete, um alle sowjetischen Staatsbürger jüdischer Herkunft auf der Stelle zu töten. Zwar gelang es über einer Million, vor den vorrückenden Deutschen zu fliehen – u. a. weil die sowjetische Regierung etwa 10 Millionen ihrer Staatsbürger und über 1500 große Industriebetriebe aus den zeitweilig von den Deutschen eroberten Gebieten ostwärts in Sicherheit brachte –, aber noch mehr wurden von den ›mobilen Tötungskommandos‹, sogenannten Einsatzgruppen, erschossen und erschlagen. Einfach so – weil sie da waren, weil sie lebten, nicht, weil sie irgend etwas verbrochen hätten. Die Ukraine, Weißrußland und das Baltikum standen ab Spätsommer 1941 für zwei Jahre unter deutscher Besatzung. In diesen Gebieten – Zentren jüdischer Siedlungen innerhalb der UdSSR, von insgesamt 5 wohnten hier rd. 4 Millionen – brachten die Kommandos über 2 Millionen sowjetischer Juden um.[115]

Ein deutscher Bauingenieur aus Solingen, dessen Firma in der Ukraine im Auftrage der Wehrmacht alle möglichen Anlagen erstellte, sagte später darüber aus, wie er im Oktober 1942 mit seinem Polier Massenerschießungen von Juden in der Nähe des Ortes Dubno mit ansah. Beide

»gingen direkt zu den Gruben. Wir wurden nicht behindert. Jetzt hörte ich kurz nacheinander Gewehrschüsse hinter einem der Erdhügel. Die von den Lastwagen abgestiegenen Menschen, Männer, Frauen und Kinder jeden Alters, mußten sich auf Aufforderung eines SS-Mannes, der in der Hand eine Reit- oder Hundepeitsche hielt, ausziehen und ihre Kleidung nach Schuhen, Ober- und Unterkleidern getrennt an bestimmte Stellen ablegen.«

Die beiden Augenzeugen blickten umher und sahen Berge von Hunderten von Schuhen, große Anhäufungen von Kleidungsstücken jeder Art. Was sie merkwürdig berührte, war der Umstand, daß die zusammengetriebenen Menschen gehorsam den Anordnungen folgten, obwohl ihnen zu diesem Zeitpunkt klar sein mußte, was ihnen unmittelbar bevorstand.

»Ich beobachtete eine Familie von etwa 8 Personen, einen Mann und eine Frau, beide von ungefähr 50 Jahren, mit deren Kindern, so ungefähr 1-, 8- und 10jährig, sowie 2 erwachsene Töchter von 20 bis 24 Jahren. Eine alte Frau mit schneeweißem Haar hielt das einjährige Kind auf dem Arm und sang ihm etwas vor und kitzelte es. Das Kind quietschte vor Vergnügen. Das Ehepaar schaute mit Tränen in den Augen zu. Der Vater hielt an der Hand einen Jungen von etwa 10 Jahren, sprach leise auf ihn ein. Der Junge kämpfte mit den Tränen. Der Vater zeigte mit dem Finger zum Himmel, streichelte ihn über den Kopf und schien ihm etwas zu erklären. Da rief schon der SS-Mann... und wies sie an, hinter den Erdhügel zu gehen. ...Ich ging um den Erdhügel herum und stand vor dem riesigen Grab. Dicht aneinandergepreßt lagen die Menschen so aufeinander, daß nur die Köpfe zu sehen waren. Von fast allen Köpfen rann Blut über die Schultern. Ein Teil der Erschossenen bewegte sich noch. ...Ich wunderte mich, daß ich nicht fortgewiesen wurde, aber ich sah, wie auch zwei oder drei Postbeamte in Uniform in der Nähe standen.«[116]

Die Unbekümmertheit, mit der hier die Mörder in aller Öffentlichkeit zu Werk gingen, zeigt, daß sie sich durch die deutsche Regierung und deren Behörden gedeckt fühlten bzw. in ihrem Auftrag handelten. Allzuviele Berichte von deutschen und einheimischen Zeugen belegen sehr deutlich:

»An den Massengräbern, wo Ortschaft um Ortschaft die jüdischen Einwohner ohne Unterschied von Alter und Geschlecht blutig niedergemetzelt wurden, standen immer Soldaten, Eisenbahner, Männer der Organisation Todt [= Behörde für Bauwesen], Zivilisten, manchmal in der Badehose, oft mit Fotoapparaten, und sahen dem grausigen Schauspiel zu. Die Mordkommandos hatten gar nichts dagegen, es gab keine

Absperrungen, niemand wurde vertrieben. Wahrscheinlich galt allgemein vorausgesetzt, jeder Deutsche, in welcher Uniform oder Kleidung immer er da herumstehen mochte, sei als Gefolgsmann Hitlers ohnehin mit den Geschehnissen einverstanden. ... Es wurde in der sparsamen Art, die Soldaten eigen ist, darüber gesprochen, und ich möchte den ehemaligen Landser sehen, dem die damals üblichen Ausdrücke ›umsiedeln‹, ›liquidieren‹, ›sonderbehandeln‹ oder einfach ›umlegen‹, schließlich ›vergasen‹ und ›durch den Schornstein jagen‹ nicht in ihrer nackten Bedeutung verständlich waren. Selbst wenn es der Wille der Führung gewesen wäre, die Ausrottungen geheimzuhalten, wäre das bei dem Umfang der Aktionen nicht möglich gewesen.«

Ohne Zweifel erfuhr die deutsche Bevölkerung durch ihre eigenen Millionen Soldaten, aber auch von den Zivilisten, die als Angestellte im rückwärtigen Heeresbereich, bei Wirtschaftsunternehmen und deutschen Besatzungsbehörden arbeiteten, von dem mörderischen Geschehen im eroberten Polen und den besetzten Gebieten Sowjetrußlands.[117]

Seit Ende 1941 begannen die Deportationen von Menschen jüdischen Glaubens aus dem Westen Europas in den Osten, wo sie vernichtet, ermordet wurden. In vielen deutschen Städten konnten die Einwohner beschämende Szenen erleben, wie hier von einer 15jährigen Schülerin beschrieben:

»Ich stehe auf der Straße. Neben mir ist Greta. Wir haben uns gerade getroffen. Wir unterhalten uns über irgend etwas. Da wird ein langer Zug Menschen an uns vorbeigetrieben. Es sind Juden. Sie bewegen sich auf den Bahnhof zu. Abgehärmte, geduckte Gestalten. Nur der Davidstern leuchtet grell auf ihren Kleidern, vorn und hinten... Greta will nichts sagen. Aber ich dringe in sie. Da sagt sie es mir: ›Die‹, sie weist lässig mit dem Kopf nach der Judengruppe, die man nur noch von hinten sieht, ›die kommen jetzt nach Polen. Da werden sie alle umgebracht.‹«[118]

Was hier so beiläufig erwähnt wird – die kaltblütige Ermordung –, rührte die Angehörigen der Täter nicht besonders: Die Heranwachsenden wurden durch Elternhaus, Schule und die nazistischen Jugendorganisationen systematisch an den leichtfertigen Umgang mit dem Tod der anderen gewöhnt, d. h. derjenigen, die nicht zur eigenen Gruppe gehören sollten. Eine Einstimmung darauf war der als ›Judenstern‹ verächtlich gemachte Stern Davids. Im Sommer 1941 wurden auch innerhalb Deutschlands (im eroberten Polen schon seit November 1939) alle Menschen, die als Juden definiert worden waren, gezwungen, »sich in der Öffentlichkeit« nur mit einem »Judenstern zu zeigen«. Diese Verordnung galt für alle, »die das sechste Lebensjahr vollendet« hatten. In den Durchführungsbestimmungen vom 10. 10. 1941 wurde festgelegt:

»1. Die Kennzeichen sind etwa in Herzhöhe auf dem Kleidungsstück fest aufgenäht, jederzeit sichtbar zu tragen... 4. Unter Öffentlichkeit ist jeder Ort zu verstehen, an dem ein zum Tragen des Kennzeichens verpflichteter Jude einer Person begegnen kann, die nicht zu seinem Haushalt gehört.«

Die deutsche Öffentlichkeit blieb – entgegen internen Befürchtungen einiger Behörden – stumm.[119] Im allgemeinen betrachtete sie schweigend, wie Kolonnen gedemütigter Juden zu den Bahnhöfen getrieben wurden. Diese hatten die Aufforderung zur Deportation erhalten und ihre Habseligkeiten zusammengepackt. Die Sachen wurden ihnen spätestens – sofern sie die Fahrt überstanden – am Eingang des Lagers abgenommen; die Täter bestahlen ihre Opfer. So erging es auch Deutschen jüdischen Glaubens aus dem Rheinland, die nach dem lettischen Riga verschleppt und im dortigen Ghetto untergebracht wurden. In diesem Ghetto, das nach der deutschen Eroberung im Oktober 1941 errichtet worden war, hatte man Platz für sie geschaffen. Auf welche Weise, das erfuhren die Ankömmlinge bald von den älteren Häftlingen:

»Am 5. Dezember waren die jüdischen Männer, die sich jetzt im lettischen Teil des Ghettos befanden, über Nacht auf ihren Arbeitsstellen zurückgehalten worden. Als sie am 6. ... zurück ins Ghetto kamen, fanden sie niemanden, absolut niemanden mehr vor. Nur fluchtartig verlassene Wohnungen, keine einzige Menschenseele mehr. Es dauerte nur einen Tag, bis die Überlebenden herausfanden, was geschehen war; die betrunkene SS, ihre lettischen Gehilfen und russische Kriegsgefangene erzählten es ihnen. ... Am 6. Dezember umzingelte die SS mit ihren lettischen ›Waffenbrüdern‹ das Ghetto und trieb alle Insassen zusammen: Frauen, Kinder, Alte, Kranke, Junge und Gebrechliche. Sie mußten alles liegen und stehen lassen und die bereitstehenden Autobusse besteigen; darin wurden sie in den ›Hochwald‹ gefahren. Dort mußten sie sich nackt ausziehen, die Kleidung sorgfältig zusammenlegen... so wurden sie mit Maschinengewehrgarben zusammengeschossen... 23 000 Menschen! An einem einzigen Tag ausgelöscht! Vernichtet, als wenn sie nie existiert hätten. Sie hatten für uns Platz machen müssen.«[120]

Die aus dem Westen Deportierten wurden entweder in ›Übergangslagern‹ durch Unterernährung, Hunger und Seuchen zugrunde gerichtet oder aber gleich nach der Ankunft umgebracht. Eigens dazu wurden verschiedene Vernichtungslager eingerichtet. An ihrer Konstruktion war eine ganze Reihe deutscher Firmen beteiligt, u. a. auch die IG-Farben. Die größten der in Polen eingerichteten Todeslager, in denen die Verschleppten ermordet wurden, Auschwitz, Treblinka, Sobibor, Belzec, Chelmno und Maidanek bei Lublin, zeugen heute von einem Verbrechen unfaßbaren Ausmaßes. In

Chelmno wurden mindestens 152 000 Juden umgebracht, möglicherweise auch bis zum Doppelten dieser Zahl; in anderen Lagern war die Zahl der Todesopfer noch wesentlich höher. In Auschwitz kamen allein in den eigens nach längeren Versuchen von deutschen Technikern erbauten Gaskammern weit über eine Million Menschen jüdischen Glaubens um.[121]

Hunderttausende von Deutschen innerhalb der Organisationen von Industrie, Verwaltung und Transportwesen sowie das Bewachungspersonal waren daran beteiligt, Millionen fremder Staatsangehöriger in die Vernichtungslager zu transportieren. In überfüllten Zügen kamen die Zwangsverschleppten an: Juden – aber auch Angehörige von Partisanen und des Widerstands verdächtigte Personen sowie Sinti und Roma, die im Mittelalter in die Staaten Europas eingewandert waren – aus Jugoslawien und Griechenland, aus Frankreich und Holland, aus Deutschland und der Tschechoslowakei, aus Polen und der westlichen Sowjetunion, schließlich auch aus Italien (seit 1943 auf der Seite der Alliierten) und aus Ungarn (bis März 1944 wurde der deutschen Aufforderung zur Deportation von Juden Widerstand geleistet).[122]

In den Lagern wurden die Menschen von Kommandos aus Häftlingen, die unter deutscher Aufsicht standen, erwartet. Deutsche Ärzte und Aufseher wiesen die noch halbwegs Arbeitsfähigen in die Lager ein – zumindestens vorübergehend –, die anderen wurden sofort in die Gaskammern geschickt. Kinder erlitten das gleiche Schicksal. Eine polnische Lagerinsassin, seit 1942 im sogenannten Familienlager Birkenau von Auschwitz, berichtete:

»Ein Transport war angekommen... ungefähr 150 Kinder, die sich an den Händen hielten, eines trug das Jüngste mühsam auf den Armen, von stramm ausschreitenden SS-Aufseherinnen begleitet... gegenüber vom Krematorium hielten sie an. Eine Aufseherin belehrte die Kinder mit lauter Stimme: ›Jetzt zieht euch schön aus und faltet eure Kleider ordentlich zusammen, damit jeder seine Sachen nachher wiederfindet. Und dann gehen wir gleich unter die Dusche.‹ Die Kinder fingen an, sich auszuziehen. Da warf ein fünfjähriges Mädchen plötzlich einen großen roten Ball. Die anderen liefen ihm nach, fingen ihn auf, warfen ihn in die Luft und spielten so eine Weile in der warmen Septembersonne. Es waren noch kleine Kinder, das älteste vielleicht zehn Jahre alt. Am Rande der Wiese saß ein ganz kleines Kind, zwei Jahre alt, jedenfalls zu klein, um schon mitzuspielen. Wie eine Kindergärtnerin klatschte Irma Grese [= Aufseherin] dann in die Hände: ›Genug gespielt, laßt den Ball liegen. Jetzt beeilen wir uns, daß wir ins Bad kommen.‹ Die Kinder gehorchten und stürmten die Treppen ins Krematorium hinunter. Auch das Kleine kroch ihnen auf seinen unbeholfenen Beinchen nach. Irma Grese sah das, übergab ihren Hund einem SS-Wächter und nahm das

25 Kinderzeichnung: Der polnische Pädagoge Janusz Korsczak umringt von Kindern im KZ; zusammen wurden sie in Treblinka ermordet (1942)

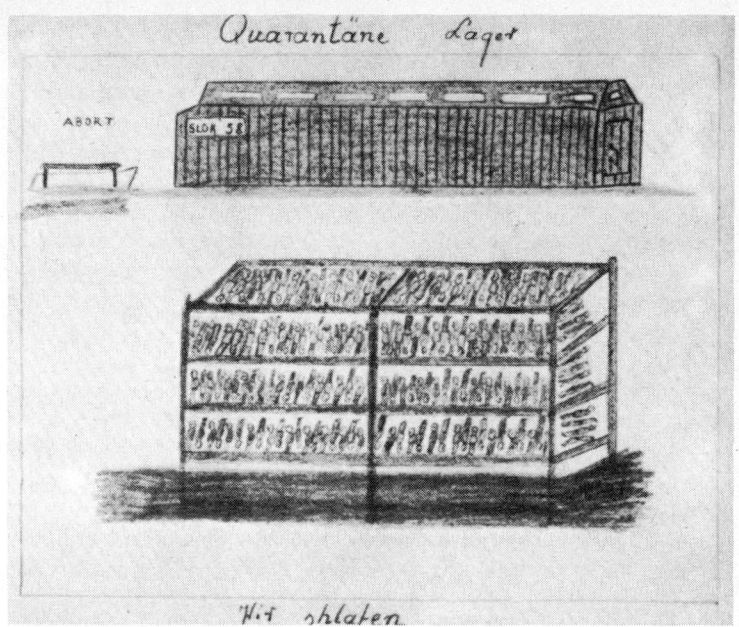

26 Kinderzeichnung aus Auschwitz

Kind auf den Arm. Die Stufen zur Gaskammer wären zu hoch für die kleinen Beinchen gewesen.«[123]

Ohne jedes Mitgefühl, ohne jede Hemmung, skrupellos, grausam und kaltblütig wurden die Kinder ermordet. Eine Berlinerin, die im September 1942 nach Birkenau zwangsverschleppt wurde, sagte darüber aus:

»Ich habe mit eigenen Augen gesehen, wie Kinder, für die nicht genug Gas da war oder für die es nicht lohnte, die Gaskammern in Betrieb zu setzen, einfach in die Verbrennungsgruben geworfen wurden. Auf der Lagerstraße lagen hinterher noch ihre Spielsachen herum. Und lange roch es nach Blut, Haaren und Knochen.«[124]

Das Elend der Mütter, denen die deutschen Bewachungsmannschaften in sadistischer Grausamkeit die Kinder vor ihren Augen töteten, kann hier nicht weiter beschrieben werden. Die unmenschliche Qual ließ sie oft den Kindern in den Tod folgen, bevor sie mit den anderen umgebracht wurden. In den Ghettos, die neben den Vernichtungslagern weiter bestanden, gehörten die Kinder ebenfalls zu den ersten Opfern. Hatte man sie leben lassen, so wurden sie vor der Lagerauflösung, als die deutschen Truppen sich zurückziehen mußten, ermordet:

»... als wir von der Arbeit kamen, sahen wir mit Schrecken, daß alle,

Männer und Frauen, verweinte Augen hatten. Die SS war dagewesen und hatte alle 24 Kinder abgeholt... später in Libau, erzählte mir Sch., ein Berufsverbrecher, der unter persönlichem Schutz Himmlers stand, was mit den Kindern geschehen war: Alle Kinder... wurden in den Kaiserwald gebracht und dort in einen Viehwaggon gesperrt; dieser Waggon wurde auf ein totes Gleis geschoben und in der Gluthitze stehen gelassen. Erst hörte man die Kinder schreien, Tag und Nacht. Drei Tage und drei Nächte lang. Dann wurde es allmählich still. Am neunten Tag wurde der Waggon geöffnet. Sch. sagte, es wäre grauenhaft gewesen. Lange Würmer krochen herum, aufrecht wie Schlangen. Er würde das nie vergessen, nicht in diesem Leben und nicht im Jenseits. Und er war ein hartgesottener Berufsverbrecher...«[125]

Aber welcher Berufsverbrecher – selbst ein Harman oder Kürten, die in den 1920ern Dutzende von Personen ermordeten – hätte je etwas dem hier beschriebenen Vergleichbares getan? Dazu gehörte die ganze komplizierte Organisation des deutschen Staates der NS-Zeit, um unter dem Kommando uniformierter Offiziere diese Kinder und Millionen weiterer aus fast allen Nationen Europas einzukreisen, zusammenzuholen, heranzuschaffen und schließlich umzubringen. Und das unter den fadenscheinigsten Vorwänden: Dreijährige wurden in die Konzentrationslager gebracht, weil sie angeblich ›Partisanen‹ waren!

Das ganze Ausmaß des Verbrechens, die Zahl der Morde an Kindern, wird mit letzter Genauigkeit wohl nie festgestellt werden können. Kinderwagen und Kleidungsstücke blieben als letzte Zeugnisse ihrer Existenz; Häftlinge mußten sie sortieren und registrieren – für den Versand nach Deutschland. Man muß annehmen, daß mindestens 1 ½ Millionen jüdischer Kinder durch die Nazis und ihre Helfershelfer umgebracht wurden; davon waren die weitaus meisten polnischer und sowjetischer Staatsangehörigkeit. Allein 2 Millionen polnischer Kinder (einschließlich der jüdischen) sind während des Krieges getötet worden, noch etwas mehr in der Sowjetunion. Die Hauptverluste betrafen die slawischen Völker Ost- und Südosteuropas, während im Westen wesentlich zurückhaltender vorgegangen wurde. Insgesamt kamen durch den Krieg mindestens 5 Millionen Kinder um.[126]

Alle großen Organisationen des Dritten Reiches waren in wechselnder und unterschiedlicher Intensität daran beteiligt, ›unerwünschte‹ Menschengruppen zu vernichten: Partei, Justiz, Verwaltung, Polizei, Wehrmacht und Transport. Von daher läßt sich dieser Krieg auch nicht, wie es in vielen Darstellungen noch immer geschieht, in einen sozusagen anständigen Teil einerseits zerlegen, in dem die deutschen Soldaten einen ›fairen‹ Krieg geführt hätten, und einen anderen, in dem irgendwelche Unbekannte, von denen kein Deutscher nach dem Kriegsende offiziell etwas gewußt haben wollte, verbrecherische Taten begingen. Vom ersten Kriegstage an, in der Planung schon vorher, waren diese Teile untrennbar ineinander verwoben. Jeder deutsche Sieg während des Zweiten Weltkrieges ermöglichte die Verwirklichung lange vorher öffentlich angekündigter ›Maßnahmen‹. Man bedenke die zahlreichen Reden und Schriften der Nazigrößen schon vor 1933, in denen immer wieder die Vernichtung politisch anders Denkender, der Juden und der ›Ostvölker‹ angedroht wurde. Viele Zeitgenossen hörten auch nicht darüber hinweg: Die zerstrittenen Parteien der Arbeiterbewegung, sowohl SPD und KPD als auch die kleinen Linksparteien, warnten eindringlich vor einer ›Machtergreifung‹ der NSDAP. Noch 1944 – nach blutigen Verfolgungen der deutschen Arbeiterorganisationen – meldete die Sicherheitspolizei in ihren internen Berichten, daß

> »vor allem sogenannte Intelligenzler und intelligente Arbeiter [!] z. T. unter Zitierung bestimmter Stellen aus ›Mein Kampf‹, zum Ausdruck bringen, die Kriegsschuld liege eindeutig auf unserer Seite, denn einer der Kernpunkte von des Führers Politik sei ja die Ausdehnung des Reiches nach Osten gewesen...«[127]

Noch heute gibt es allzuviele populäre und illustrierte Darstellungen, die gemäß damaliger Propaganda behaupten, daß sich die deutschen Soldaten stets ›verteidigten‹. Kein Wort davon, daß die deutsche Wehrmacht dazu mißbraucht wurde, ohne jede Kriegserklärung neun Staaten zu überfallen und in den besetzten Gebieten furchtbare Verbrechen zu begehen. Die deutschen Soldaten griffen an und starben dafür, daß in Europa die Herrschaft des Nationalsozialismus errichtet werden sollte. Sie starben für ein System, in dem Konzentrationslager, Vernichtungslager wie Auschwitz und Treblinka, Erschießungen von zweijährigen Kindern und achtzigjährigen Greisen zur Sicherung der Macht an der Tagesordnung waren.

Das Wissen darum, daß in Auschwitz massenhaft Menschen umgebracht und verbrannt wurden, verbreitete sich gerüchtweise in Deutschland. Man mache sich klar, daß dort allein mehr Menschen, als die Millionenstädte München und Hamburg zusammen heute an Einwohnern zählen, in noch nicht drei Jahren ermordet wurden! Ein Augenzeuge berichtete:

> »Es gab in der Umgebung von Birkenau etwa 10 große Brandstätten, wo 200–1000 Menschen jeweils auf Scheiterhaufen verbrannt wurden. Der Schein dieser Feuerstellen war mindestens in einem Umkreis von 30 km noch sichtbar. Ebenso weit war der unverkennbare Geruch von verbranntem Fleisch zu bemerken. Es müssen also alle Bewohner von Auschwitz und den umliegenden Ortschaften sowie alle in den Fabriken beschäftigten Leute, das Eisenbahnpersonal, die umliegenden Polizeistationen und Reisende auf der Linie Krakau-Kattowitz die Tatsache gewußt haben, daß in Auschwitz täglich eine große Masse Leichen ver-

brannt wurde. . . . Die als Telephonistinnen und Funkerinnen eingesetzten SS-Helferinnen haben von der Ankunft der Transporte und vom Inhalt sämtlicher Fernschreiben Kenntnis gehabt. . . . Diese Angestellten wurden auch häufig versetzt und müssen sicherlich die Kenntnis weit ins Reich hineingetragen haben.«

Von einer polnischen Widerstandsbewegung wurde sogar eine Broschüre »Das Todeslager« herausgegeben, in der über den Massenmord in Auschwitz genaue Angaben gemacht wurden. Auf ein verbreitetes Wissen, zumindest vom Hörensagen, läßt sich aus der Tatsache schließen, daß deutsche Eisenbahnreisende, Zivilisten wie Soldaten, beim Vorbeifahren an Auschwitz, es war eine vielbefahrene Strecke, voller Neugier an die Fenster traten.

»Selbstverständlich müssen die Bewohner von Auschwitz und die Zivilangestellten der umliegenden Fabriken von Krupp, IG., Deutsche Ausrüstungswerke und anderer deutscher Firmen, die Häftlinge benutzten, von allen Vorkommnissen im Lager, insbesondere von den Gasaktionen gehört haben. Es würde absolut absurd sein, wenn irgend jemand, der sich für etwas längere Zeit in solchen Fabriken befand, behaupten würde, nicht gerüchtweise von den Gasaktionen gewußt zu haben... Die Volksdeutschen Mittelstellen und die Reichskasse, die die den Ermordeten abgenommenen Kleidungsstücke bzw. Wertsachen erhielten, müssen ebenfalls von diesen Aktionen gewußt haben. In diesen Dienststellen waren natürlich sehr viele deutsche Zivilisten beschäftigt, die ihrerseits diese Kenntnis verbreitet haben werden. Zumindest in den deutschen Großstädten waren gerüchtweise die Vergasungen von Menschen in Konzentrationslagern seit Ende 1943 bekannt, wie ich auf meinen Dienstreisen feststellen konnte.«[128]

Es ist müßig, bei so vielen Millionen Ermordeter die direkte Beteiligung zu schätzen, ganz zu schweigen von den Technikern, die die Konzentrationslager erbaut haben, den Soldaten und SS-Männern, die die Opfer zusammentrieben, von den Eisenbahnern, die die Transporte in die Vernichtungslager fuhren, von dem Lagerpersonal, das die Verschleppten bewachte, von den Angestellten und Beamten, die an der Organisation beteiligt waren. Die Nazipolitik wurde von Millionen Deutschen unterstützt, die nicht nur Befehlsempfänger waren, sondern immer auch einen gewissen Spielraum in der Auslegung oft sehr vager Anweisungen hatten, besonders in den höheren Rängen. Man muß sich auch klar machen, daß Teilziele der Propaganda, wie z. B. die Zerstückelung Polens und die ›Vernichtung des Bolschewismus‹ in Rußland oder die Verfolgung der Zigeuner, von vielen Deutschen bejaht wurden.[129]

Das Vorgehen der Nazis beschränkte sich nicht allein auf Osteuropa: Auch in Frankreich und Italien zerstörten deutsche Truppen einige Orte und brachten alle Einwohner um, deren sie habhaft werden konnten, weil in ihrer Nähe deutsche Soldaten beschossen worden waren (z. B. Oradour-sur-Glane oder Civitella); aber in beiden Ländern und der Tschechoslowakei lassen sich die total zerstörten Dörfer, in denen vom Säugling bis zum Greis alle getötet oder ins KZ verschleppt wurden, schnell überblicken. In Griechenland lag die Zahl höher; insgesamt kamen hier durch die deutsche Besatzung – die italienische verhielt sich sehr viel zurückhaltender – etwa ½ Million bei einer Vorkriegsbevölkerung von rd. 7 Millionen um.[130] In Jugoslawien wurden ungefähr hundert Siedlungen wie in Lidice völlig zerstört; etwa 1 ⅔ Millionen Menschen wurden während der deutschen Besatzung getötet; d. h. jeder zehnte der Vorkriegsbevölkerung. In Polen, das ja zum Teil als Siedlungsland für die Deutschen ›freigemacht‹ werden sollte (ähnlich wie das jugoslawische Nordslowenien), wurden Hunderte von Dörfern heimgesucht und die Bevölkerung gemordet; etwa jeder fünfte überlebte nicht.[131]

Das Ende

Nachdem also die Deutschen versucht hatten, was es seit einem Jahrtausend in Europa nicht mehr gegeben hatte, nämlich ganze Volkstumsgrenzen gewaltsam zu verändern, indem aus bestimmten Gebieten alle Polen, alle Juden, alle Zigeuner, alle Jugoslawen, alle Einwohner (wie in sogenannten bandenverseuchten Gebieten in der Sowjetunion) vertrieben oder getötet worden waren, wandten sich ihre eigenen Taten gegen sie. Im Sommer 1944 erreichten sowjetische Truppen erstmals deutsches Gebiet in Ostpreußen. Sie wurden kurzfristig zurückgedrängt, und die NS-Propaganda bemühte sich eifrig, die dabei geschehenen Verwüstungen und Massaker mit äußerster Schärfe zu kommentieren. In den internen Anweisungen für die Presse hieß es: »Bereits in der Aufmachung und in den Überschriften muß der ungeheuerliche sowjetische Blutrausch angeprangert werden.« Das wurde gemacht, erreichte aber nur zum Teil den gewünschten Zweck. Wie der Sicherheitsdienst meldete, der u. a. regelmäßig die Stimmung der deutschen Bevölkerung zu erkunden suchte, häuften sich Äußerungen, in denen die Empörung von offizieller deutscher Seite aus mit Abstand betrachtet wurde:

»Was bedeutet denn bei uns in Deutschland ein Menschenleben? . . . die Führung . . . müßte sich doch sagen, daß jeder denkende Mensch, wenn er diese Blutopfer sieht, sofort an die Greueltaten denkt, die wir in Feindesland, ja sogar in Deutschland, begangen haben. Haben wir nicht die Juden zu Tausenden hingeschlachtet? Erzählen nicht immer wieder Soldaten, Juden hätten in Polen ihre eigenen Gräber schaufeln müssen?

... Wir haben den anderen ja gezeigt, wie man es mit politischen Feinden macht. Man kann doch wohl den Russen keinen Vorwurf daraus machen, daß sie gegen andere Völker genauso grausam sind wie unsere Leute gegen eigene Deutsche.«[132]

Jetzt, im fortgeschrittenen Stadium des Krieges, angesichts der Niederlage, wagten es offenbar bereits so viele Deutsche, ihr Wissen zu äußern, daß sich in diesen geheimen Stimmungsberichten ein deutlicher Niederschlag kritischer Meinungen finden läßt. Aber die Mehrzahl glaubte noch immer der politischen Führung, zumindest gehorchte sie.

Ich selber war damals mit meinen vier Kindern als Evakuierte im südlichen Ostpreußen. Aber als vorübergehend Flüchtlinge aus der Gegend um Lyck zu uns stießen, sich in äußerster Ferne erstmals das Grollen der Geschütze vernehmen ließ, erschien mir die Situation zu gefährlich. Die anderen Evakuierten aus Berlin ließen sich von den offiziellen Nachrichten wieder beruhigen und blieben am Ort. Mir ist heute noch unklar, woher sie dieses Vertrauen in die Worte der Politiker nahmen. Selbst wenn man nur die Verlautbarungen der Propaganda verfolgte, blickte man im Sommer 1944 doch schon auf so viele offenkundige Lügen zurück, in denen die Nachrichten das glatte Gegenteil von dem meldeten, was kurz oder länger vorher behauptet worden war, daß es äußerst leichtsinnig gegenüber den eigenen Kindern war, darauf zu bauen. Mir erschien es also höchste Zeit, Ostpreußen zu verlassen, was mir auch nach einigen Schwierigkeiten mit allen Kindern gelang. Die anderen Berliner Frauen, die mit ihren Familien dablieben, büßten schwer für ihren Glauben an die Obrigkeit: Von den drei Berlinerinnen, mit denen ich mich näher angefreundet hatte, habe ich nur zwei später wiedergetroffen, die dritte blieb verschollen, ihr Kind kam vorher um.

Ab Januar 1945 traf die volle Wucht der sowjetischen Offensiven Ostpreußen, Schlesien und Pommern. Aus den östlichen Provinzen des ›Großdeutschen Reiches‹ versuchten Millionen westwärts zu fliehen; aber da Partei und Militär bis zuletzt keinerlei Räumung vorbereitet hatten, kam es zur Katastrophe. Die Menschen flohen in Trecks, kamen auf den Landstraßen nicht vorwärts, gerieten immer wieder ins Kampfgeschehen, verhungerten und erfroren. In den wenigen, hoffnungslos überfüllten Zügen drängten sich Kranke und Sterbende.

»Das Elend und das Grauen, das Hitlers Handlanger anderen Völkern bereitet hatten, erreichte nun die Deutschen selbst. Am 11. Februar teilte der Leiter der Propagandaabteilung mit, daß in diesem Krieg rund 17 Millionen Menschen umquartiert worden seien, ›davon allein 7 Millionen Menschen in den letzten Wochen aus den Ostgebieten‹.«[133]

Auch Teile der in Begleitung ihrer Lehrer im Rahmen der sogenannten Kinderlandverschickung aus den Großstädten evakuierten Kinder gerieten in diese Fluchtbewegung. Nicht allen gelang es, noch so zu entkommen wie den Freiburger Kindern des folgenden Berichts aus Polen:

»Der Geschützdonner war nicht zu überhören. Da stellte sich die Lagerleiterin zum Appell vor die Front und sagte: ›Wer Panik verbreitet, erhält schärfste Bestrafung. Der Führer läßt uns nie im Stich!‹ ... Wir Schüler berieten ... unsere Flucht, gaben den Befehl an alle, Eßvorräte anzulegen, dicke Kleidung bereitzuhalten, Decken, ›besorgten‹ uns den Schlüssel zum Schlittenkeller. Unsere Wirtschaftsleiterin merkte unsere Aktivitäten, übernahm die Leitung, alles ohne Wissen der Lagerleiterin. Am 20. Januar 1945 beluden wir die Schlitten mit Bettsäcken und Koffern, fuhren sie zum Bahnhof. Dort standen zwei offene Eisenbahnwagen, leer. Wir Kinder stapelten die Gepäckstücke rundum, organisierten Stroh von einem weitabgelegenen Schober. Die Wirtschaftsleiterin vollbrachte Unmenschliches: Sie schaffte nicht nur eine Lok herbei, sondern überredete auch einen betrunkenen Polen, die Lok zu führen ... Es war fast so weit, da stand wahrhaftig die Lagerleiterin vor unserem Waggon, wir hockten zu 80 Personen darin, und bat ganz kleinlaut, wir sollten sie doch mitnehmen. Wir zogen sie hinein ... Wir fuhren, als Kohlenschipper fungierte unsere Wirtschaftsleiterin.«[134]

Man bedenke, wieviel umsichtiger sich die Kinder verhielten als die Lagerleiterin, die immer noch den Phrasen der Politiker Glauben schenkte, während viele der Soldaten sich schon längst westwärts absetzten. Aber die ideologische Verblendung, d. h. das Anklammern an übergeordnete Glaubenssätze, war bei vielen stärker als die Wahrnehmung der Wirklichkeit. So gerieten von den seit Januar 1945 aus dem Osten Großdeutschlands Fliehenden Hunderttausende direkt ins Kampfgeschehen, erfroren, ertranken, verhungerten und starben an Erschöpfung und Krankheit auf der Flucht.[135]

Hunderttausende von einheimischen und evakuierten Deutschen wurden noch in den ›Volkssturm‹ gezwungen, der Greise und Jugendliche zum letzten Gefecht aufbot. Ich habe mich immer gefragt, wie es ältere, erfahrene Soldaten fertigbrachten, sogar Kinder im Waffengebrauch zu unterweisen und sie ohne jedes Zögern in den Tod zu schicken.

Nachdem die Menschenverluste an den deutschen Fronten durch reguläre Einberufungen nicht mehr ersetzt werden konnten, wurde auf alle verfügbaren Hilfskräfte und auf die jüngsten deutschen ›Reserven‹ zurückgegriffen. Die minderjährigen Schüler und Lehrlinge, die zu Hunderttausenden als Kriegshilfsdienstverpflichtete bei der Wehrmacht eingesetzt wurden, waren nicht nur Helfer; sie starben genau wie die Älteren, um einen sinnlosen Krieg weiter zu verlängern.

Für die Luftabwehr (Flak) wurden vom Februar 1943 bis zum Kriegsende 1945 etwa 200000 Schüler aus Mittel- und Oberschulen eingesetzt; gegen

Kriegsende machte man sie auch zu regulären Soldaten bei Erdkämpfen sowohl an der Ostfront als auch an der Westfront. Innerhalb der Waffen-SS wurde eine Division Hitlerjugend aufgestellt, die etwa 10 000 Siebzehn- und Achtzehnjährige umfaßte, aber auch Sechzehnjährige und jüngere. Im Juni 1944 wurden sie in die Schlachten der Normandie geführt, wo Anglo-Amerikaner gelandet waren. Drei Monate später, auf dem Rückzug, zählte die geschlagene Division nur noch 600 Mann, hatte alle Panzer verloren und keine Artilleriemunition mehr.

In dieser Panzerdivision waren es Freiwillige, die den ›Heldentod‹ gefunden hatten, aber nachdem der Volkssturm 1944 aufgeboten worden war, kamen auch HJ-Gruppen mit 10- bis 15jährigen Kindern unversehens in den Kriegsdienst. Häufig wurden HJ-Gruppen, die aus der Kinderlandverschickung sowie aus den von Besetzung oder Kampf bedrohten Gebieten zurückgeführt wurden, durch örtliche Kommandanten zwangsweise zu Schadens- oder Wachdienst verpflichtet bzw. bei Nachhutkämpfen oder zur Brückenverteidigung eingesetzt. Die älteren Wehrmachtsangehörigen fühlten sich offenbar, weil sie einen Befehl erhalten hatten, jeder Verantwortung enthoben.

Die Jungen, halbe Kinder noch, waren leicht in die gewünschte Richtung zu lenken. HJ-Erziehung und Schule hatten den jungen Menschen jahrelang das Bild des Krieges vermittelt als ein gefährliches Geländespiel oder als ›mannhaftes Abenteuer‹, das für den ›Führer‹ und die Volksgemeinschaft zu bestehen sei. Die wenigsten dachten wohl daran, daß sie ihren Einsatz mit dem Tode bezahlen müßten; von trügerischen Bildern und Vorstellungen erfüllt, waren sie völlig unvorbereitet auf das, was auf sie zukam:

»Im März wurde die Schule wegen Tieffliegergefahr geschlossen. Und dann rief mich das Vaterland. In Uniform, die Zeltplane umgehängt, mußte ich als Kurier Gestellungsbefehl verteilen. Nach Ladenschluß wollte ich mir den Marschproviant besorgen. Der Bäckersfrau rollten die Tränen über die Wangen. Sie hatte ihren einzigen Sohn in Rußland verloren, und nun stand ich, vierzehneinhalb Jahre alt, mit leuchtenden Augen vor ihr, verlangte zwei Kommißbrote und schmetterte stolz: ›Morgen früh geht's an die Front!‹ Immerzu ging mir das Hitlerjugend-Lied vom Burenkrieg durch den Kopf: ›Der Jüngste war kaum vierzehn Jahr, er scheute nicht den Tod fürs Vaterland.‹ Alle 14- und 15jährigen Jungen des Dorfes sollten sich am anderen Morgen auf der Brücke sammeln. ›Leichtes Marschgepäck mitbringen.‹ Der Gefolgschaftsführer hatte uns den Auftrag schon bekanntgegeben: Wir sollten als Panzerfaustkommandos den Vormarsch der britischen Truppen im Oldenburgischen aufhalten...«[136]

Wieviele Kinder, Jugendliche und ältere Erwachsene – auch Frauen, die zum Schanzenbauen geholt wurden – bei diesen letzten, sinnlosen Kämp-

27   Kinder für den Volkssturm ausgebildet, 1944/45

fen umkamen, die einen längst verlorenen Krieg nur um ein paar Tage verlängerten und immer neue Zerstörungen und Todesopfer verursachten, ist im einzelnen unbekannt; bis zum Schluß wurden sie zur ›Verteidigung‹ gezwungen. Ein 13jähriger Hitlerjunge aus Oranienburg (nördlich von Berlin) berichtete:

»Wir wurden von dem Standortführer, Hauptbannführer Frischefsky, durch Polizei aus den Häusern geholt und mußten in den Kasernen der SS und auf dem Schloßplatz antreten. Dann wurden die einzelnen Fähnlein aufgeteilt und Gruppen der SS und dem Volkssturm zugeteilt. Nördlich und östlich der Stadt wurden unsere Gruppen eingesetzt. Die meisten von uns wurden vom Infanteriefeuer getötet, denn wir mußten über freiem Feld angreifen. Später tobte der Kampf in der Stadt. Zwei Tage. In zwei Tagen und zwei Nächten wechselte Oranienburg viermal den Besitzer. Und dabei gingen eben fast alle von uns drauf. Dann schoß der Russe noch mit der Stalinorgel in die Stadt. Und als wir Schluß machen wollten und nach Hause gingen, wurden wir angehalten und mußten mit, nach Eden [= Nachbarort] zu, über den Kanal flüchten. Mein Jungzugführer, der sich weigerte, wurde von ein paar SS-Männern und einem SA-Mann am nächsten Baum aufgehängt. Er war ja auch schon 15 Jahre. Da ging dann der Rest von unserem Fähnlein, acht Mann – früher waren wir 120 –, mit.«[137]

Die damalige deutsche Regierung trug zwar die Verantwortung für diese Verbrechen an Kindern des eigenen Volkes, aber gehorsam Ausführende, die auch diese Verbrechen an der Jugend erst ermöglichten, gab es bis zur letzten Stunde.

Nicht nur die eigenen Soldaten einschließlich der letzten Aufgebote von Halbwüchsigen kamen um, sondern auch Zivilisten und Ausländer, die aus den Konzentrationslagern des Ostens in Todesmärschen in das schrumpfende Reichsgebiet getrieben wurden. Eine Überlebende berichtete von diesen letzten Tagen im April 1945:

»Die Leute kamen aus den Häusern, um unseren Elendszug zu betrachten. Keiner sagte ein Wort. Kein Schimpfwort wurde laut, keine Verwünschungen wurden uns nachgerufen. Stumm sahen sie uns vorbeiwanken. Wir baten um Wasser, und im Handumdrehen standen volle Eimer und Töpfe mit Trinkbechern vor den Haustüren. Halbverdurstet stürzten wir uns auf diese Labe, als das Kommando ertönte: ›Zurück, sonst wird geschossen!‹ Die SS hatte die Maschinenpistolen im Anschlag, die Finger an den Abzügen. Wir sahen das Wasser vor uns, in greifbarer Nähe, und durften nicht trinken. Die SS stieß Eimer und Töpfe um, das Wasser floß auf die Straße. Dann geschah das Unbegreifliche: Die Leute am Straßenrand fingen an zu murren, erst leise, dann lauter. Schließlich ertönten Rufe: ›Verbrecher, Mörder, Schweinehunde!‹ Die SS traute ihren Ohren nicht. Hals über Kopf trieb sie uns weiter. Fingen die Deutschen an, wach zu werden?«[138]

Innerhalb der Bevölkerung wuchs der Unmut, während die deutschen Soldaten sich an die alten Befehle hielten. Ein Grund für die Verbissenheit des Kampfes gegenüber den sowjetischen Truppen war sicher auch das Wissen um die während der deutschen Besatzung in Osteuropa begangenen Taten; die höheren Offiziere befürchteten wohl, daß sie – genauso wie die Politiker – zur Rechenschaft gezogen werden könnten.

Abgesehen von der militärisch aussichtslosen Lage, die auch dem eigenen Volk nur weitere Verluste brachte, war das Weiterkämpfen auch politisch sinnlos, denn das Fell des Bären war längst zerteilt: Nach langen Gesprächen und Verhandlungen hatten sich die Alliierten seit der Konferenz von Teheran (Ende 1943) in mehreren Abkommen im Herbst 1944 auf die Auflösung des ›Großdeutschen Reiches‹ und die Aufteilung seines Hauptgebietes in Besatzungszonen geeinigt. Der wieder freigekämpfte polnische Staat, dessen Gebiete östlich der Curzon-Linie von 1919 (die der Ostgrenze des geschlossenen polnischen Sprachgebietes entsprach) den weiß-russischen, ukrainischen und litauischen Sowjetrepubliken angegliedert wurden, sollte für die viehischen Greuel, denen die polnische Bevölkerung durch die deutsche Besatzung ausgesetzt gewesen war, ›entschädigt‹ werden: Das Land östlich von Oder und Lausitzer Neiße sollte an Polen bzw. das nördliche Ostpreußen an die Sowjetunion fallen, die deutsche Bevölkerung dieser Gebiete und die des Sudetenlandes nach Westen ausgesiedelt werden.[139]

So geschah es. Auch aus Jugoslawien, Ungarn und Rumänien wurden viele ›Volksdeutsche‹, die während des Dritten Reiches teilweise eine wichtige Rolle für die NS-Politik gespielt hatten, vertrieben. Angesichts der furchtbaren Taten, die unter deutscher Herrschaft und Verantwortung in Ost- und Südosteuropa begangen wurden – jeder neunte und zehnte sowjetische und jugoslawische, jeder fünfte polnische Staatsbürger der Vorkriegsbevölkerung war, teils unter grauenhaften Umständen, umgebracht worden –, geschah das Zurückdrängen der deutschen Bevölkerung zwar nicht in der Weise, wie sich ihre uniformierten Vertreter während des Zweiten Weltkrieges im Osten verhalten hatten – es wurden keine Massenerschießungen und Vergasungen vorgenommen –, aber blutig genug. Im eroberten Restdeutschland wurde den Frauen von den Siegern in Ost und West Gewalt angetan. Während aber die zuvor von deutschen Soldaten in den besetzten Ländern begangenen Vergewaltigungen hierzulande kaum erwähnt worden sind, wurden die an deutschen Frauen und Mädchen begangenen Verbrechen – vor allem die der russischen und polnischen Soldaten – recht ausführlich dargestellt.

Etwa 2 Millionen Deutsche aus den Grenzen des ›Großdeutschen Reiches‹

kamen bei diesen Fluchten und Vertreibungen von 1945 / 46 um; die Wehrmacht büßte insgesamt fast 4 Millionen Soldaten ein. Davon starben in sowjetischer Kriegsgefangenschaft ca. 1,2 Millionen, also fast 39 % der etwa 3,1 Millionen Gefangenen. Rechnet man die bei Bombardierungen und den letzten Kämpfen Getöteten dazu, so haben rd. 6,5 Millionen Deutsche während des Krieges und der unmittelbaren Nachkriegszeit ihr Leben gelassen. Die Gesamtzahl ist also geringfügig höher als die der getöteten polnischen Staatsbürger, wobei aber berücksichtigt werden muß, daß die Vorkriegsbevölkerung Polens noch nicht einmal die Hälfte von der des ›Großdeutschen Reiches‹ ausmachte. Verglichen mit der Sowjetunion betrugen die deutschen Gesamtverluste weniger als ein Drittel der dort Umgekommenen.[140]

Ich habe bald nach dem Kriege, als endlich wieder Filme, Bücher und Bilder von Ausländern, sogar ›Nicht-Ariern‹, und sogenannte ›entartete Kunst‹ zu sehen waren, u. a. einen russischen Film gesehen, der 1938 fertiggestellt worden war. Darin sagt ein russischer Fürst des 13. Jh.s., nachdem er Schweden und Deutsche Ordensritter zurückgeschlagen hat, die während der größten Bedrängnis des russischen Volkes durch den Mongolensturm versuchten, Gebiete des Landes Nowgorod zu erobern, zu den gefangenen Deutschen, sie sollten nur als friedliche Besucher, Arbeiter und Händler wiederkehren: »Denn wer mit dem Schwerte kommt, wird durch das Schwert umkommen.«

Genauso ist es geschehen: Von den rd. 4 Millionen deutscher Soldaten, die ihr Leben ließen, sind über ¾ in der Sowjetunion umgekommen, dort verbluteten die deutschen Heere, wurden die meisten ihrer Panzer zerschossen, die Mehrzahl ihrer Flugzeuge vom Himmel gestürzt.[141]

Aber wie schon so oft in der Geschichte, hat es in erster Linie die Ausführenden getroffen, die unteren, die kleinen Leute; die Verantwortlichen für Vorbereitung und Durchführung des Krieges und der in ihm von der ersten Stunde an begangenen Verbrechen sind nach Kriegsende nur zum allerkleinstenTeil an Gut oder Leben gestraft worden. Die meisten Generäle, Wirtschaftsführer, Politiker, Juristen, Beamte und Angestellte der vielen Organisationen des Dritten Reiches setzten nach 1945, spätestens nach 1949 ihre Karrieren ungehindert fort oder verzehrten ihre Pensionen.

Da sich nach dem Krieg Interessengegensätze zwischen den USA und der Sowjetunion ergaben, wurden die Besiegten schleunigst in die jeweilige Einflußsphäre einbezogen. Im Zuge des nun entstehenden Kalten Krieges konnten in der Bundesrepublik viele alte Nazis ihren schon während des Dritten Reiches praktizierten Antikommunismus fortsetzen. Zu einer Bestrafung an Naziverbrechen Beteiligter durch bundesdeutsche Gerichte ist es nur in geringem Umfang gekommen. Das ist nicht verwunderlich, denn eine der ersten Handlungen des neuen Bundestages war ein Gesetzeserlaß, der alle ehemaligen Beamten wieder einstellte. Wer also im nationalsozialistischen Staat angepaßtes Verhalten gezeigt hatte, bekam seine alte Stellung wieder; Nachteile erfuhren diejenigen, die in erkennbarer Form Widerstand geleistet hatten. Unter anderem wurden auch Richter, die während der Nazizeit Todesurteile wegen Erzählens eines politischen Witzes gegen die NSDAP verhängt hatten, wieder eingestellt.

Nicht einmal die Richter des sogenannten Volksgerichtshofes, die sich besonders durch die Verhängung von Todesstrafen wegen kleinster Vergehen hervorgetan hatten, wurden zur Rechenschaft herangezogen: »Bis heute wurde kein einziger ehemaliger Berufsrichter, ehrenamtlicher Richter oder Staatsanwalt von einem Gericht der Bundesrepublik wegen der Beteiligung an Todesurteilen rechtskräftig verurteilt.« So trat der groteske Umstand ein, daß alte Nazirichter über die Klagen und Anträge von überlebenden Eingekerkerten des Dritten Reiches zu urteilen hatten. Daß die Gerechtigkeit dabei zu kurz kam, dürfte jedem einleuchtend sein, der sich nicht von einer Rechtsauffassung leiten läßt, die »die Rechtsprechung im Dritten Reich nur daran mißt, ob den bestehenden Gesetzen gemäß gehandelt wurde. Daß Gesetzgeber Verbrecher und Gesetze verbrecherisch sein können und daß die Anwendung solcher Gesetze verbrecherisch sein kann und geahndet werden muß, schien unbekannt zu sein«.[142]

So äußerte sich ein Berliner Justizsenator noch 1980. Man sieht daran, wie befangen in ihrer unaufgearbeiteten und verdrängten Vergangenheit die Gesellschaft der Bundesrepublik noch heute ist. Es scheint, als ob man noch immer auf das Wegsterben alter Nazis wartet, um endlich auch offiziell mit einer klaren Wertung beginnen zu können. Solange das nicht geschieht, ist die neuerliche Verbreitung neonazistischer Ideen nicht verwunderlich, denn die vorgelebten Haltungen der Älteren haben längst die Jüngeren geprägt.

Nach dem Schrecken

Im Frühjahr 1945 fanden sich die Menschen in einem zertrümmerten Deutschland wieder. Am eigenen Leibe waren die Schrecken erfahren worden; das Leid hatte viele erfaßt, Söhne und Väter waren gefallen, Töchter und Mütter, Verwandte und Freunde umgekommen. Das soziale und wirtschaftliche Chaos ließ wenig Zeit, sich kritisch mit der Vergangenheit auseinanderzusetzen, oder zutreffender gesagt: die wenigsten wollten das. Eugen Kogon, Mitherausgeber der Frankfurter Hefte, stellte dazu fest, daß es vielen eher um ein gegenseitiges Aufrechnen als darum ging, die Folgen einer von ihnen mitgetragenen Politik zu erkennen:

28 Evakuierte und Flüchtlinge nach 1945

»Allzu viele Deutsche gehen... ihrer Tagesarbeit nach, ärgern sich
über alles und jedes, schieben die Schuld an den bestehenden Zustän-
den ein wenig auf ›Fehler, die der Nationalsozialismus gemacht hat‹,
und in der Hauptsache auf die Alliierten, die... das Land jetzt besetzt
halten. Nur im Vordergründigen, im unmittelbar Sichtbaren verläuft
ihre gesamte Argumentation: die Opfer des Luftkrieges (natürlich gegen Deutschland, nicht etwa die der deutschen Terrorangriffe auf Polen, auf Rotterdam, auf Belgrad, auf Coventry und alle die anderen
Städte mit Zivilbevölkerung, die noch ›ausradiert‹ werden sollten, –
vergessen, verschollen, nicht wichtig..., *aber* Dresden *und* Hamburg
und...!), die Opfer des Luftkrieges also wiegen die Konzentrationsla-
ger-Greuel gleichwertig auf; die Mißhandlung und teilweise Ausrot-
tung fremder Völkerschaften durch Deutsche – ›wenn es wirklich wahr
ist!‹ – findet nun ihr Gegenstück in der Ausweisung von zwölf Millionen Deutschen aus dem Osten; die Aussaugung Europas durch den
Nationalsozialismus wird ausgeglichen durch die wirtschaftliche De-
montage Deutschlands seitens der Besatzungsmächte; haben die andern jahrelang gehungert, so war das ein notwendiger Kriegsbeitrag,
uns hingegen läßt man im Frieden verkommen.«[143]
Diese breite Abwehr gegenüber genaueren Nachrichten von den Untaten
des Dritten Reiches – begangen durch die eigene Regierung, die eigenen

29 Berliner Straße 1945

Behörden, die eigene Armee, die eigene Justiz – diente dazu, das persönliche Selbstverständnis nicht zu beunruhigen. Denn die Anpassung an den
sogenannten normalen Alltag wäre dadurch gestört worden. Die Fixierung
auf den eigenen Umkreis hätte gelitten, wenn man sich mit allgemeinen
Zusammenhängen befaßt hätte. Zudem hatte man jahrelang die Propaganda der Nationalsozialisten über sich ergehen lassen und hatte ihr mehr
oder minder geglaubt; das ließ sich nicht abstreifen wie ein abgetragenes
Kleid. Besonders die Heranwachsenden, die bislang ihr ganzes Leben durch
Hitlerjugend, Kinderlandverschickungslager und die öffentliche Meinung
beeinflußt worden waren, hatten es schwer. Es läßt sich nicht genau sagen,
wieviele so empfanden wie der Vierzehnjährige in einer bayrischen Kleinstadt, die Anfang Mai 1945 bereits von US-Soldaten besetzt war, während
andernorts noch gekämpft wurde:

»Auf den Panzern lasen die amerikanischen Soldaten Zeitungen. Auf
einer war eine dicke Schlagzeile: ›Hitler Dead‹ – Hitler tot. Ich riß die
Augen auf, mir wurde eisig kalt, ich bekam einen Weinkrampf; Tränen
liefen mir über das Gesicht, die Soldaten wußten nicht, was geschehen
war. In diesem Moment glaubte ich, die Welt sei zusammengebrochen.
Alles war leer, sinnlos.«[144]

Äußerlich ging die Überwindung des nun Vergangenen sehr schnell vor
sich, besonders bei den Erwachsenen: Da wollte plötzlich niemand mehr

etwas mit den gestrigen Parolen, ja auch nur mit dem Wissen davon zu tun haben. Dieses Verhalten war sicher mit ein Grund dafür, daß viele der Jugendlichen ihr Vertrauen in das Urteil der Älteren verloren. Auf einmal war niemand mehr da, der jemals überzeugter Nazi gewesen wäre oder ›Volksgenossen‹ denunziert hätte, weil diese am Sieg zweifelten (das war Wehrkraftzersetzung und von willfährigen Richtern mit dem Tode bestraft worden). Aber nicht nur bewußte Verleugnung spielte mit eine Rolle, sondern auch einfach nur Oberflächlichkeit und ein Mit-der-Welle-Schwimmen; sehr vielen ging es wie der in einem Brief vom 12. 10. 1945 angesprochenen Frau:

>»Dein Glaube an Hitler ist zusammengebrochen genau in dem Augenblick, in dem der NS [= Nationalsozialismus] zusammenbrach. Deiner Wandlung liegt nicht die Erkenntnis der Unwahrhaftigkeit, der Bosheit, Dummheit und Unmenschlichkeit jenes Regimes zugrunde, sondern lediglich die bittere Erfahrung seiner Unhaltbarkeit. Es gehört nicht viel dazu, nach einem solchen Zusammenbruch zu erkennen, daß da etwas falsch gewesen ist.«[145]

Da die Mehrheit der Deutschen mit den während der nationalsozialistischen Herrschaft verübten Verbrechen nichts zu tun haben wollte, stellte sich für sie die Frage nach den Schuldigen. Für viele war es die NSDAP – aber war nicht fast jeder zehnte Deutsche darin Mitglied gewesen? –, für noch mehr waren es allein die Führer der Organisationen, Behörden, des Staates – aber hatte nicht jeder Apparat viele Tausend von Mitarbeitern gehabt? –, für die allermeisten war es jedoch nur ein einziger: Adolf Hitler.

Sogar die obersten Vertreter von Regierung, Partei und Militär, die sich ab Herbst 1945 in Nürnberg vor dem Internationalen Militärgerichtshof der Alliierten zu verantworten hatten, wiesen alle Schuld von sich. Selbst Göring, preußischer Ministerpräsident, Luftwaffenbefehlshaber und zweiter Mann im NS-Staat, der sich schon im Zusammenhang des Novemberpogroms von 1938 mit detaillierten Plänen zur Beraubung und Drangsalierung der Juden hervorgetan hatte, antwortete dem Gerichtspsychologen, ob er etwas von der Judenvernichtung gewußt habe:

>»Natürlich nicht! Sie wissen, wie es schon in einem Bataillon ist; der Bataillonskommandeur weiß nichts von dem, was an der Front vorgeht. Je höher der Rang, um so weniger sehen Sie, was unten passiert.‹ Ich konnte mir kein vernichtenderes Argument gegen die militärische Hierarchie vorstellen. In seiner militaristischen Perversion aber glaubte Göring, eine verständliche Erklärung abgegeben zu haben.«

Auch Kaltenbrunner, der Führer des Reichssicherheitshauptamtes, dem u. a. die Geheime Staatspolizei unterstand, entgegnete auf die gleiche Frage:

»›Natürlich nicht‹, flüsterte er. ›Die Leute, die es machten, sind alle tot. Hitler, Himmler, Bormann, Heydrich, Eichmann —‹ ›Waren diese paar Leute die einzigen, die es wußten, und haben sie allein die Verantwortung für die Ermordung von Millionen Menschen und die Verbrennung von Kindern bei lebendigem Leibe?‹ ›Ah, nein – die Leute auch, die tatsächlich beteiligt waren. Aber ich hatte nichts damit zu tun.‹ ›Aber Sie waren doch Chef des RSHA?‹ ›Für Konzentrationslager war ich nicht zuständig. Ich habe nie etwas darüber erfahren.‹«[146]

Es existieren genügend Akten und Dokumente mit Aussagen und Unterschriften der Beteiligten, die schwarz auf weiß diese Schutzbehauptungen als Lügen ausweisen; jedoch angesichts des Verhaltens der obersten Würdenträger des Reiches verhielten sich die Untergebenen entsprechend: Die meisten Deutschen stritten ihre Vergangenheit ab.

Von den Überlegungen der Erwachsenen haben die Kinder lange Zeit wenig mitbekommen. In vielen Familien war das Dritte Reich kein Thema; die Männer, die aus dem Kriege gekommen waren, versuchten zu vergessen oder erschöpften sich in Erzählungen von Kriegserlebnissen, in denen die eigene Person aufgewertet wurde. Für die Kinder, die jetzt die Schule besuchten, endete die Geschichte im Unterricht spätestens 1933 – mit der Machtübernahme der Nationalsozialisten. Aber vorerst verspürten sie den Hunger und die Kälte im Winter; sie lernten es, Kartoffelschalen als Nahrungsmittel zu schätzen oder sie etwa gegen Brennholz einzutauschen. Heringsköpfe wurden nicht weggeworfen, sondern sorgfältig mit Zeitungspapier umwickelt und im Feuer des Herdes geröstet: Das gab einen eigenartigen Geschmack und bildete eine willkommene Abwechslung. Schokolade und Zuckerwaren sollten erst wieder später, zuerst durch die Carepakete der Amerikaner, die Kinder erreichen. Dafür wurden gelegentlich eigene ›Bonbonfabriken‹ in Mutters Bratpfanne eröffnet.

Die Ruinen der Städte bildeten für die kleinen Kinder willkommene Abenteuerspielplätze: Sie waren unbelastet von der Vorstellung, daß das ganze Wohnhäuser und -viertel gewesen waren, in denen pulsierendes Leben herrschte; die älteren Kinder erfaßten das Elend eher. Schließlich sahen es alle als einen Segen an, daß der Krieg in Europa endlich aus war. Japan lag ihnen fern, und es war die Sache der Alliierten, den dortigen Kriegszustand zu beenden.

5. Die neue Waffe und der alte Kriegsmechanismus

Denke daran, daß nach den großen Zerstörungen
Jedermann beweisen wird, daß er unschuldig war.

Das Oberkommando der Kaiserlichen Armee in Japan wollte noch Anfang 1945 nichts von einer Kapitulation wissen; die Militärs glaubten unbeirrt an ihre Überlegenheit: Der Triumph des unvermuteten japanischen Luftangriffes auf Pearl Harbour, dem amerikanischen Militärstützpunkt auf den Hawaii-Inseln, vom 7./8. Dezember 1941 hatte den Optimismus und den Glauben an ein Vorhandensein japanischer Übermacht nachhaltig gestärkt. Damals hatte die japanische Regierung gemeint, unvermittelt zuschlagen zu müssen, ehe sie selber – aufgrund einer von den USA verhängten Handelssperre – kampfunfähig sein würde. Die Forderung der Regierung Roosevelt nach einem Rückzug Japans vom asiatischen Kontinent war auf Ablehnung gestoßen; es lag nicht im Interesse der Militärs und Politiker, ihre Eroberungspolitik aufzugeben. Um sie weiter verfolgen zu können, mußte man sich ›zur Wehr‹ setzen. Nach militärischen Planungen wurde zudem nur mit einer kurzen Kriegsdauer gerechnet: »Ein weiterer Schlag wie Pearl Harbour, kombiniert mit der russischen Niederlage durch Deutschland sowie Englands unausweichlichem Zusammenbruch – das würde Amerika zweifellos an den Verhandlungstisch bringen.«[1] Diese Hoffnungen wurden nicht erfüllt; der japanische Großangriff kam schon im Sommer 1942 zum Stillstand, seit 1944 wurden die japanischen Inseln durch die US-Luftwaffe massiv bombardiert, und im Frühjahr 1945 zeichnete sich schließlich die militärische Niederlage ab.[2]

Vom japanischen Volk wurde erwartet, daß es entsprechende ›Opfer‹ bringen würde – ›für den Kaiser‹, ›für Japan‹. Auch hier taten die alten Begriffe ihre Wirkung. Die Soldaten waren bereit, ihr Leben zu opfern, und die Bevölkerung bemühte sich, mit den veränderten Lebensbedingungen fertig zu werden: Der Gürtel wurde enger geschnallt. In den Städten Japans versuchten die Menschen zu überleben, so auch in Hiroshima:

»Triebe von Sträuchern schälte man, um sie dann als eine Art Vorspeise auszusaugen; Wiesenpflanzen wurden in Salzwasser getunkt und mit Reisersatz als Hauptmahlzeit genossen. Schilf vom Ota-Fluß servierte man zu Stücken zerschnitten und halbgekocht. Mancherlei Wurzeln dienten als Nahrung. In Obstbäumen und -büschen gefundene Raupen

kochte man, sie wurden mit Sojasaucenersatz serviert. Auf Holzstück-
chen röstete man alle möglichen Käfer und Würmer. . . . Großer Beliebt-
heit erfreuten sich Kinos und Theater. Filme und Stücke waren zwar oft
minderwertig, doch die von Hunderten von dicht beieinandersitzenden
Menschen erzeugte Wärme wurde als überaus angenehm empfunden.
Sich warm halten: das war ein Problem. Viele lösten es, indem sie flache
Ziegelsteine oder Kacheln in Öfen erwärmten und sie sich dann, in Zeitungen gehüllt, unmittelbar auf die Haut legten. Im gleichen Maße wie
die Steine abkühlten, verringerte man die schützende Zeitungsschicht
Blatt um Blatt.«[3]

Man stellte sich auf die unabänderlich erscheinenden amerikanischen
Bombenangriffe ein. Schneisen wurden angelegt, um gegen einen durch
die Luftangriffe verursachten Feuersturm gewappnet zu sein. Unzählige
Jungen und Mädchen, die man vom Lande geholt hatte, beteiligten sich an
dem Werk des Abrisses von Hunderten von Häusern. So war die Stadt für
die Luftangriffe bekannter Art vorbereitet, denn Fachleute, Evakuierte und
in Panik Geflohene brachten die Nachricht von den Verheerungen in anderen Städten, besonders von denen in Tokio.[4]

Von seiten des Militärs wurde alles dazu getan, um die ›ungebrochene
Kampfeskraft‹ zu erhalten. Flugschüler, Schuljungen mit dem durchschnittlichen Alter von sechzehn Jahren, wurden in einem Schnellkurs
dazu ausgebildet, für das Vaterland zu sterben: als Kamikaze-Piloten.

»Um sicherzugehen, daß sie nicht im allerletzten Augenblick die Ner-
ven verloren, wurden die Pilotenkanzeln ihrer Maschinen vor dem Start
mitunter fest verschlossen. Und befanden sie sich erst einmal in der
Luft, so blieb den jungen Piloten gar keine andere Wahl als – zu sterben.«

Ihr Auftrag lautete, sich mit ihren bombenbestückten Flugzeugen auf
feindliche amerikanische Schiffe fallen zu lassen. Um gegen eine etwaige
Invasion der Amerikaner gerüstet zu sein, bildete die japanische Kriegsma-
rine ebenfalls Selbstmordpiloten aus. Für viele beendete ein Hoch auf den
Kaiser ihr kurzes Leben, bevor sie in Spezialtorpedos stiegen und schließlich an einer Schiffswand zerschellten – sofern sie ihr Ziel trafen.[5]

Diese ›Kriegstaktik‹ läßt einen innehalten ob ihrer darin liegenden Grausamkeit. Erst ein näheres Betrachten dieses Verhaltens offenbart, daß der
Krieg in letzter Konsequenz Mord an der eigenen Bevölkerung, Mord an
den eigenen Kindern bedeutet. Man denke nur an die deutschen Flakhelfer
– das ›letzte Aufgebot‹: zu Tode mißbrauchte Kinder!

Der Handel um das Ende des Krieges

Noch auf der Konferenz von Jalta vom 4. bis 11. Februar 1945 zwischen Stalin, Churchill und Roosevelt hegten die Amerikaner die Befürchtung, daß der Krieg in Fernost nicht allzuschnell zu beenden sei. Gegen entsprechende Zugeständnisse verpflichtete sich die Sowjetunion in einem geheimen Abkommen, zwei bis drei Monate nach Beendigung des Krieges in Europa in den Kampf gegen Japan einzutreten. Die Erfahrungen der Schlacht um Iwo Jima, einer Pazifikinsel von 9 km (!) Länge, vom 15. 2. bis 16. 3. 1945, ließen etwas von der zähen Ausdauer der Japaner verspüren. »Die Amerikaner machten 1000 Gefangene, 25 000 Japaner zogen es vor, kämpfend unterzugehen.« Erst als die Landung auf Okinawa, der letzten großen Insel auf dem Wege nach Japan, glückte und es Mitte des Jahres abzusehen war, daß die Einnahme der 4 Hauptinseln nicht mehr fern lag, waren gemäßigte japanische Kreise bereit, den Gedanken an eine Kapitulation ins Auge zu fassen. Das Militär versuchte hingegen noch immer, zum Widerstand aufzuhetzen, und bereitete die Bevölkerung im Gebrauch von Bambusspeeren und Benzinflaschen auf einen ›heroischen‹ Endkampf vor.[6]

Der mörderische Kampf sollte mit allen Mitteln bis zum letzten Atemzug geführt werden. Welchen Ausweg gab es noch, um einen solchen Untergang zu verhindern? Einer *bedingungslosen* Kapitulation, d. h. dem Verlust der Souveränität und der Staatsform – so wurde es von Japan verstanden, da die Vereinigten Staaten und Großbritannien eine genauere Definition dazu nicht abgaben –, wollte auch der Kaiser nicht zustimmen. Sein Wunsch ging nach einem ehrenvollen Frieden; um ihn zu erreichen, dachte man daran, die Sowjetunion als Vermittler einzuschalten. Die im Juli / August in Potsdam stattfindende Gipfelkonferenz, auf der Stalin, Churchill und Truman, der das Amt des am 12. April verstorbenen Roosevelt übernommen hatte, zusammentreffen würden, schien eine günstige Gelegenheit dazu zu bieten, denn die Zeit drängte. Doch der japanische Botschafter Sato in Moskau sollte bald feststellen, daß die Sowjetregierung weder an einer Rolle als Unterhändler noch an der Erhaltung des Friedens zwischen beiden Ländern interessiert war.

Der in Potsdam zugesagte Kriegseintritt Rußlands war vorerst noch geheim geblieben, jedoch die seit März zunehmenden sowjetischen Truppenbewegungen in Richtung Mandschurei waren den Japanern nicht entgangen. Ein Grund mehr für die japanische Regierung, ihre Friedensbemühungen zu verstärken und Kontakt mit dem sowjetischen Außenminister Molotow zu suchen. Der japanische Außenminister Togo war einigermaßen befremdet, als er am 13. Juli erfuhr,

»daß die Antwort erst nach einiger Zeit erfolgen werde, da sowohl Stalin wie Molotow am Vorabend ihrer Berlin-Reise sehr beschäftigt seien. Mir erschien es als sehr seltsam, daß wegen der Vorbereitungen für eine Reise ein Empfang unseres Botschafters abgelehnt und die Antwort auf eine so gewichtige Botschaft hinausgeschoben werden solle. Torheit ließ mich die Wahrheit verfehlen...«[7]

Als schließlich die ›Großen Drei‹ am 17. Juli 1945 an einem Tisch saßen, war die amerikanische Regierung genauestens über die japanische Kapitulationsbereitschaft informiert. Es bedurfte nicht der Mitteilung durch Stalin, längst waren die geheimen Botschaften zwischen Tokio und Moskau vom amerikanischen Geheimdienst entschlüsselt worden. Japans militärische und wirtschaftliche Lage war so offensichtlich hoffnungslos, daß es für die Alliierten auf der Hand lag, auf diplomatischem Wege eine Beendigung des Krieges zu ihren Bedingungen erreichen zu können – gegen die Zusicherung, daß das Kaiserhaus bestehen bleiben sollte. Dieses Beharren auf dem Kaiser mag merkwürdig erscheinen, jedoch genoß dieser – seitdem es einen Staat in Japan gegeben hatte, also ungefähr seit 300 nach unserer Zeitrechnung – eine religiöse Verehrung. Eine andere Staatsform als die des Kaiserreichs hatte es in Japan nie gegeben.

Noch Mitte Juni 1945 hatte Truman dem Außenminister Chinas, das 1937 von Japan angegriffen worden war und sich seitdem im Krieg mit ihm befand, erklärt, »sein Hauptinteresse sei nun, die rechtzeitige Beteiligung Sowjetrußlands am Krieg gegen Japan zu sichern, um so amerikanische und chinesische Menschenleben zu retten«. In Potsdam bot sich die Möglichkeit, mit einem äußerst geringen Entgegenkommen weiteres Blutvergießen zu verhindern. Sie wurde nicht ergriffen, dagegen am 26. Juli 1945 eine Proklamation an die japanische Regierung gerichtet. Es wurden Bedingungen genannt: die Beschränkung der Souveränität Japans auf die vier Hauptinseln, die Entwaffnung der Streitkräfte und die Bestrafung der Kriegsverbrecher waren einige davon. Die Kaiserfrage, von brennender Wichtigkeit für das traditionelle Japan und somit auch für die Entscheidung zur Kapitulation, blieb ausgeklammert. Dafür wurde im Falle einer Ablehnung mit der »schnellen und vollständigen Zerstörung« gedroht.[8]

Noch ahnte niemand in Japan, was sich hinter dieser Wendung verbarg. Die Entwicklung einer neuen Waffe war verborgen geblieben, selbst Truman hatte von ihrer Existenz erst nach dem Tode Roosevelts erfahren. Unter größter Geheimhaltung war eine Bombe entwickelt worden, deren zerstörerische Ausmaße alles übertreffen sollten, was die Menschheit bis dahin erlebt hatte. Als der Physiker Albert Einstein am 2. August 1939 einen Brief an Roosevelt schrieb, in dem er auf die Bedeutung des Urans für die Entwicklung einer Bombe mit ungeheurer Explosivkraft aufmerksam machte, geschah das aus wachsender Besorgnis, daß die Nationalsozialisten in den Besitz dieser Waffe gelangen würden, denn er hatte »gehört, daß Deutschland alle Uranverkäufe aus den tschechischen Minen, die es besetzt hat, eingestellt hat«. Roosevelt schien unbeeindruckt. Das Projekt kam nur schleppend in Gang. Erst als den amerikanischen Wissenschaftlern aus England detailliertere Fakten zum Bau einer Bombe zugänglich wurden und so die Realisierung greifbar nahe rückte, entschied Roosevelt am 6. Dezember 1941, einen Tag vor dem japanischen Angriff auf Pearl Harbour, daß entsprechende Mittel bereit gestellt werden sollten.[9]

Die Finanzierung dieses geheimen Unternehmens erfolgte ohne Bewilligung des Kongresses. Erst Anfang 1945 befaßte sich ein Untersuchungsausschuß damit, »wie nahezu zwei Milliarden Dollar für ein bestimmtes Projekt hatten ausgegeben werden können, über das sich einfach nichts in Erfahrung bringen ließ«. Es war vorauszusehen, daß ein politischer Skandal nicht zu umgehen sein würde, wenn sich dieses Unternehmen eines Tages nicht als notwendig und sinnvoll herausstellte. Diese Furcht schien begründet, zudem wußte man noch nicht, ob die Bombe überhaupt funktionierte; auch waren einem Teil der Wissenschaftler, die mit der Herstellung der Atomwaffe befaßt waren, Bedenken gekommen. Der Kompromißvorschlag eines Memorandums an Roosevelt vom 8. 12. 1944 sah deshalb eine »Probedemonstration vor einer Gruppe international anerkannter Wissenschaftler« vor, über deren Wirkung öffentlich berichtet werden sollte. Es wurde empfohlen, die Atombombe über Deutschland oder Japan – Berlin und Tokio waren im Gespräch – erst nach entsprechender Vorwarnung der Bevölkerung und Aufforderung der Regierungen zur Kapitulation abzuwerfen.[10]

Für Deutschland kam die Fertigstellung der Atombombe glücklicherweise zu spät. Erst am 16. Juli 1945 konnte aus der Wüste New Mexicos der erfolgreiche Verlauf einer Versuchsexplosion gemeldet werden, nicht ohne den Hinweis zu vergessen, daß »Wir uns völlig bewußt [sind], daß unser eigentliches Ziel noch vor uns liegt. Nur die Erprobung im Kampf zählt im Kriege gegen Japan.«

Auch Stalin war nach wie vor daran interessiert, sowjetische Vorteile durch einen Kriegseintritt wahrzunehmen. Er zeigte sich von der Andeutung des Geheimnisses der Atombombe unbeeindruckt, das Gleichgewicht zwischen dem Westen und der Sowjetunion schien für ihn nicht berührt. In Japan setzten sich die Militärs durch, indem sie in der Presse eine Meldung lancierten, daß die japanische Regierung die Potsdamer Erklärung ignorieren werde. Die Positionen waren abgesteckt. Ohne eine offizielle Erklärung der japanischen Regierung abzuwarten – ihre Kapitulationsbereitschaft war allen Beteiligten bekannt –, gab Truman am 2. August 1945 den Befehl zum Einsatz der Bombe. Japan stand auf einem verlorenen Posten.

Die Frage, ob der Abwurf notwendig gewesen sei, erübrigt sich. Er ist auch als Machtdemonstration gegen Rußland zu sehen; daß er Tausenden von amerikanischen Soldaten das Leben rettete, ist eine besonders beliebte, weil scheinbar einleuchtende These einer unaufgeklärten Öffentlichkeit gegenüber. Wenig Beachtung findet die innenpolitische Situation: Welche Rechtfertigung hätte die amerikanische Regierung für die Ausgabe von zuletzt zweieinhalb Milliarden Dollar für eine Waffe gehabt, deren Anwendung sich schließlich erübrigte?[11]

Atomare Verwüstung

Vier japanische Städte waren von Anfang an von den Bombardierungen ausgenommen worden, reserviert als Atomziel, darunter das historische Kioto mit seinen alten Tempeln und Palästen. Gegen den hartnäckigen Widerstand der Militärs, für die die zahlreich vorhandenen Rüstungsbetriebe lohnende Objekte waren, wurde diese Stadt von der Zielliste gestrichen. Mehr oder weniger ein Zufall: Der amerikanische Kriegsminister Stimson kannte Kioto von einem früheren Besuch und war von seiner uralten Kultur beeindruckt. Die zweite Wahl fiel auf Hiroshima. Seine Einwohner waren verwundert, daß sie bisher verschont geblieben waren. Es ging das Gerücht um, daß es Auswanderern gelungen sei, den amerikanischen Präsidenten dafür zu gewinnen, Hiroshima nicht zu zerstören.
Als kurz nach Mitternacht des 6. August 1945 Fliegeralarm gegeben wurde, ahnten die Menschen nicht, daß die Ereignisse dieses Tages für die Überlebenden in der Erinnerung unauslöschlich eingebrannt werden sollten. Ein zweiter Alarm wurde kurz nach sieben Uhr gegeben, als ein Bomber die Stadt überquerte und – dann wieder abdrehte. Seine Aufgabe war es, die Wetterverhältnisse zu erkunden: Der strahlend blaue Himmel besiegelte das Schicksal Hiroshimas. Die Menschen nahmen nichtsahnend ihren unterbrochenen Tagesbeginn erleichtert wieder auf. Ihnen blieb nur noch wenig Zeit.
Um 8.13 Uhr meldete der Rundfunk drei feindliche Flugzeuge im Anflug; ein Bomber trug die tödliche Last, ihm folgten mit einigen Kilometern Abstand zwei Beobachtungsflugzeuge. Die Menschen hatten keine Zeit zu reagieren, zwei Minuten später explodierte in rd. 600 Meter Höhe eine Atombombe mit einer Sprengkraft von etwa 13 Kilotonnen. Niemand wußte etwas von ihren Auswirkungen, niemand hatte die rd. 400000 Menschen, die sich an diesem Tag des 6. August 1945 in Hiroshima aufhielten, vor dem Ausmaß der Zerstörung gewarnt. Fast 80000 Menschen verkohlten, verpufften im Nu oder sprangen strahlenverbrannt ins Flußwasser, wo sie bald in Leichenzügen stromabwärts trieben. Die Häuser Hiroshimas waren in Trümmerhaufen, die Straßen in Flammenmeere verwandelt, und die Überlebenden – Verletzte, Kinder, Frauen und Männer –

flohen entsetzt. Sie nahmen den Tod mit sich: Bis zum Jahresende stieg die Zahl der Opfer auf annähernd 140 000.[12]

Von insgesamt 90 000 Gebäuden wurden 62 000 zerstört. Zurück blieb eine radioaktiv verseuchte tote Stätte, die Zeugnis von einem Geschehen gab, für das die Worte fehlten. Sechs Jahre später beschrieb Osamu Kataoka das, was er von diesen grausamen ersten Stunden in Erinnerung hatte. Als 13jähriger Schüler befand er sich zum Zeitpunkt des Abwurfes in einem Klassenzimmer seiner Mittelschule. Den hellen, durchdringenden Blitz und das Einstürzen des Schulgebäudes konnte er sich folgerichtig nur durch einen Volltreffer erklären. Verwirrt versammelten sich die Schüler, die sich aus den Trümmern befreien konnten, auf dem Schulhof. Erst allmählich setzte ihre Reaktion ein; herausgerissen aus dem bisherigen Leben begegneten ihnen Bilder des Schreckens:

»Mechanisch begannen wir, unter den schiefstehenden Weiden den kaiserlichen Erlaß an die Soldaten aufzusagen: ›Erstens: Ein Soldat sehe seine Pflicht in der Treue gegenüber dem Kaiser. Zweitens: Ein Soldat wahre den Anstand. Drittens: Ein Soldat halte die Tapferkeit hoch.‹ ...An Stelle englischer Vokabeln oder mathematischer Formeln hat man uns Schülern damals den kaiserlichen Erlaß beigebracht. Gab es wirklich nichts anderes als den ›Kaiserlichen Erlaß an die Soldaten‹ oder den Ruf ›Es lebe der Kaiser‹, um ... jene zu trösten, deren Beine eingeklemmt waren und sich einfach nicht befreien ließen ...«

Die entsetzten Schüler schleppten einige ihrer Kameraden, die zu sehr verletzt worden waren, um noch laufen oder sehen zu können, zum Schwimmbecken der Mittelschule. Dorthin flohen andere Kinder, die durch Verbrennungen grauenvoll litten; einige sprangen ins Wasser, um sich zu kühlen, kamen aber nicht schnell genug aus den Kleidern oder wurden gelähmt und ertranken. Bei wieder anderen waren die Gesichter in wenigen Minuten auf das Zwei- bis Dreifache angeschwollen, so daß ihre Freunde sie nicht mehr erkannten. Die Schulkinder flohen, aber sie erblickten ringsum

»nur ein Meer von Flammen. Haus um Haus jämmerlich zerstört, Feuer und nichts als Feuer. Dazwischen Menschen über Menschen, die kaum noch eine menschliche Gestalt hatten. ... Eine Frau, die gar nichts mehr auf dem Körper hatte und ganz aufgedunsen aussah, hielt ihr verbranntes Kind, das längst tot war, fest an sich gepreßt und schrie wie wahnsinnig, als sie vorüberrannte. Dunkelviolett aufgedunsene Leichen von Kindern und von Frauen lagen in den Rinnsteinen zu beiden Seiten der Straße und in den Löschwasserbecken. Menschen, von denen nur die Köpfe aus den Trümmern der Häuser schauten und die laut um Hilfe riefen ... Mich schüttelte das Grauen. Das war das wahre Gesicht des Krieges. Das war nicht mehr das Diesseits. Das war die Hölle.«[13]

30 Hiroshima 1945: Menschen stürzen in Wassertanks

Sie war aber – wie jede irdische Hölle – von Menschen für andere Menschen
vorbereitet worden. Dieser Junge wurde in ein Chaos hineingeschleudert,
das alle Vorstellungen übertraf. Er hatte gelernt, wie er sich verhalten sollte,
falls der Feind Japan erobern würde. Diese militärische Einstimmung war so
gründlich gewesen, daß ein verlorenes Häuflein junger Menschen, Kinder
noch, sich inmitten der allgemeinen Zerstörung die ›Tugenden eines Soldaten‹ beinahe beschwörend vorbeteten. Das Absurde dieses Verhaltens, der
Betrug an ihnen, wurde den Schülern erst im nachhinein klar. Von dem der
Explosion folgenden mörderischen Feuerball mit einer Temperatur von
mehreren Millionen Grad Celsius und der sich ausbreitenden Druckwelle
nahm er fast schemenhaft die Auswirkungen wahr. Die freigesetzte Hitze –
durch sie starben etwa 50 Prozent der Opfer, während 30 Prozent der Betroffenen der Nuklearstrahlung und 20 Prozent der Druckwelle zum Opfer
fielen – hatte die Menschen bis zur Unkenntlichkeit zerstümmelt; die Überlebenden wankten als schaurige Gestalten einher. Dem anschließenden Feuersturm fielen diejenigen zum Opfer, die nicht mehr fliehen konnten. Das
Verarbeiten dieses Geschehens lag nicht mehr im Bereich des menschlichen
Vermögens. Für die kleineren Kinder, 4- und 5jährig, war der Verlust der
Eltern und Geschwister das bedrückendste und einschneidendste Erlebnis.
Die Welt, in die sie sich eben erst hineingelebt hatten, war einfach nicht
mehr da oder zeigte sich ihnen völlig verändert. Sie begriffen, daß es ein

Abschiednehmen war, hatten jedoch noch nicht gelernt, mit dem Tod umzugehen. So riefen sie ihren Eltern zu: »Vater, Mutter – auf Wiedersehn!« oder fragten: »Vater, warum bist du gestorben? Bruder, warum bist du tot?« Einige waren auch noch Jahre später auf der Suche nach der verlorenen Mutter; so schrieb eine Schülerin in einem Aufsatz:

»Damals war ich erst fünf Jahre alt, deshalb erinnere ich mich nicht mehr genau an alles. Aber ich habe vieles von meinem Großvater gehört, und das werde ich mit meinen eigenen Erinnerungen zusammen aufschreiben. Seitdem sind nun sechs Jahre vergangen, und ich bin schon groß. Ich bin jetzt elf Jahre alt und in der fünften Klasse. Weil unser Haus in Togiyacho steht, fast dort, wo die Atombombe fiel, wurde meine Mutter vor dem Buddhaaltar in weiße Knochen verwandelt. Die Mutter wohnt jetzt in Nakajima, in der Urnenhalle. Am sechsten eines jeden Monats gehen wir, mein Großvater und ich, dorthin, um sie zu besuchen. Aber ich kann meine Mutter beim besten Willen nicht sehen. Ich sehe nur die Urne und wie sie ganz ruhig dasteht. Wenn ich die Urne anschaue, kommen mir Tränen in die Augen. . . . Wenn ich bedenke, daß ich mich in diesen sechs Jahren nicht ein einziges Mal mit meiner Mutter unterhalten konnte, wird mir ganz elend. Sooft ich die Mütter von Schulkameraden sehe, fühle ich mich plötzlich einsam und möchte anfangen zu weinen.«[14]

Unstillbare Trauer um den Verlust der Eltern, besonders der Mutter, sollte auch das Leben der älteren Heranwachsenden zeichnen. Das seelische Leid schien für die größeren Kinder umso stärker, je mehr Einzelheiten sie vom Ende ihrer Eltern erfuhren. Die damals 12jährige Mieko berichtete:

»Als ich erfuhr, daß Hiroshima in Schutt und Asche lag, war ich außer mir. Ich konnte nur noch an meinen Vater und meine Mutter denken. Ich war so einsam und voll Sorge, daß ich jede Nacht schreckliche Träume hatte. Ich muß auf die anderen gewirkt haben, als sei ich nicht mehr bei Sinnen. Ich war entsetzlich empfindlich und konnte nichts mehr ertragen. Meine Eltern, um die ich mir solche Sorgen machte, waren nicht mehr auf dieser Welt. Trotzdem wartete ich jeden Tag darauf, daß sie mich abholten . . . Der Krieg ging zu Ende. Ich hatte Träume, viele schlimme Träume. Mein Kummer wuchs. Als einer der Nachbarn mir erzählte, was meine Mutter zuletzt gesagt hatte, brach ich weinend zusammen. Es war mir egal, ob mich jemand sah. Ich kann darüber nicht mehr schreiben. Die lächelnden Gesichter meines Vaters und meiner Mutter standen mir manchmal vor Augen. Man erzählte mir auch von meinem Vater, aber darüber möchte ich auch nicht schreiben. Das Bild meiner Mutter, wie sie hilflos bei lebendigem Leib verbrennt, hat sich tief in meinen Kopf eingegraben. Wie viele Nächte habe ich mich in den Schlaf geweint!«[15]

Diejenigen, die sich nicht wie dieses Mädchen zum Zeitpunkt der Explosion außerhalb Hiroshimas aufhielten, erlebten unvorstellbar grausame Bilder der Zerstörung. Eine damals 11jährige schrieb später über den Morgen des 6. 8. 1945 im elterlichen Haus; die Familie frühstückte gerade, als sich die Welt in Sekundenschnelle veränderte:

»Vor Entsetzen lief ich ziellos durch die Trümmer. Inzwischen war es meinem Bruder gelungen, meine Schwester herauszuholen. Ihr Aussehen schreckte sogar mich ab, ihre eigene Schwester. Ihr schwarzes Haar, das bis zu den Schultern reichte, war plötzlich schneeweiß. Ihren Mund verlängerte ein sichelförmiger Schnitt, der das Zahnfleisch entblößte und aus dem dunkelrotes Blut quoll. Wenn sie tief ausatmete, zischte der Atem durch die Wunde, und als sie mich um Wasser bat, blinkten die weißen Zähne hindurch. Weil sie sich in einem Raum mit Glaswänden aufgehalten hatte, war sie von fünfzig, sechzig oder gar hundert Glassplittern am ganzen Körper zerstochen, und aus den Wunden floß Blut. Am Fußgelenk fehlte das Fleisch, der Knochen lag bloß. Ich stand vor meiner Schwester, die ein einziger Moment so unkenntlich gemacht hatte, und konnte einfach nicht glauben, daß das meine Schwester war. Ich hatte Angst, näher an sie heranzugehen.« [16]

Man muß sich klarmachen, daß in der japanischen Gesellschaft die Familie eine ungleich größere Rolle spielt als bei uns in Deutschland. Unter normalen Umständen wäre es undenkbar gewesen, auf die Bitte eines verletzten oder kranken Familienmitglieds nicht sofort einzugehen. Nur die Ungeheuerlichkeit des Geschehens macht das Verhalten der Berichtenden begreifbar.

Viele derjenigen, die sich heil davongekommen wähnten, erkrankten bald an Symptomen, die ihnen unerklärlich schienen. Niemand brachte das mit dem Feuerball in Verbindung, der sich alsbald in einen riesigen Pilz verwandelt und mit ungeheurer Gewalt nicht nur mehrere tausend Tonnen Staub mit sich gerissen hatte, sondern auch radioaktives Material, das sich über einem weiten Gebiet ablagerte. Es schien vorerst alles wie ein wahnwitziges Schauspiel, das einem den Atem stocken ließ. Ein damals 13jähriges Mädchen war auf dem Schulweg, von dem es umkehrte, um bei den Eltern Zuflucht zu suchen:

»Ich wollte nach Hause laufen und wandte mich nach Osten, aber dort wallte eine pechschwarze riesige Wolkensäule auf, die sich mit Worten nicht beschreiben läßt. Jetzt ist es aus, dachte ich und blieb, starr vor Entsetzen, stehen. ... Nach einer Weile fingen die Häuser an beiden Ufern zu brennen an. Ich schwamm zu dem sandigen Strand am anderen Ufer. Dort löste sich die Anspannung, ich fiel der Länge nach hin. Mit einem pfeifenden, heftigen Windstoß begann es auf einmal zu regnen. Ein seltsamer Regen, der wie ein Gewitterguß plötzlich vom grauen Himmel herunterprasselte. Beim Aufprall der Regentropfen tat mir mein ganzer Körper so weh, als würde er von Kieselsteinen getroffen.«[17]

Der Regen, radioaktiv verseuchte dunkle Tropfen, schien wie Öl. Die nach Wasser Dürstenden fingen ihn mit ihren Händen auf, um ihn zu trinken. Der Fluß Hiroshimas schwärzte sich, die Fische starben, das Vieh erkrankte vom Fressen des durchnäßten Grases. Die Menschen veränderten sich bald in erschreckender Weise.

Die führenden japanischen Militärs in Tokio blieben ungerührt. Obwohl japanische Physiker dem Oberkommando schriftlich mitteilten, daß es sich um Kernwaffen gehandelt habe, versuchten die Militärs die Wirkung der Atombombenangriffe abzuschwächen: Der Tod der anderen war nicht ihr eigener. Für sie war entscheidend, daß dem Feind bei der Landung noch schwere Verluste zugefügt werden konnten. Die gemäßigten Kreise sahen dagegen, daß die Rüstung nicht ergänzt werden konnte und die Lage hoffnungslos war. Zudem erfolgte am 8. August die sowjetische Kriegserklärung, erbittert kommentiert von dem japanischen Außenminister Togo, daß ein Krieg begonnen werden sollte, noch »bevor unser Ansuchen um Moskaus gute Dienste für einen Friedensschluß beantwortet war«. Und noch immer verhandelte man im Obersten Rat, ob die Potsdamer Proklamation anzunehmen sei.[18]

Es ist bezeichnend, daß in den Memoiren Togos der Abwurf der zweiten Atombombe auf Nagasaki nicht vermerkt ist. Auch hier war die Bevölkerung unvorbereitet; so wurde am 9. August 1945, 11 Uhr vormittags, das Schicksal von 40000 Menschen besiegelt. Bis Ende 1945 erhöhte sich die Zahl der Toten auf etwa 70000. Wieviele koreanische Zwangsarbeiter sich in der Stadt aufhielten und zu den Opfern zählten, ist unbekannt. Ebenso ungezählt – in Nagasaki wie in Hiroshima – blieb die Anzahl der getöteten Kinder. Väter und Mütter sahen ihre Söhne und Töchter, sofern sie sich im Explosionszentrum oder dicht dabei aufgehalten hatten, nie wieder, oder sie fanden, das Entsetzliche kaum begreifend, Teile des Körpers, das einmal ihr Kind gewesen war. So berichtete ein japanischer Armeereporter über Nagasaki:

»Die Leichen liegen verkohlt umher, Hände greifen in die Luft. . . . Eine Frau von etwa 30 Jahren steht wie abwesend unweit vom Hypozentrum, sie trägt einen Eimer. . . Als ich näher komme und ihr sage, daß ich bei der Armee bin, weist sie plötzlich auf den Eimer. Dort liegt der Kopf eines Mädchens, fünf oder sechs Jahre alt. Während die Tränen fließen, schreit die Mutter: ›Ich war bei meinen Eltern hinter dem Berg zu Besuch. Das rettete mich. Doch mein Mann, der Sohn und die Tochter waren zu Hause; jetzt sind alle tot. Ich fand weder meinen Mann noch meinen Sohn. Ich fand nur diesen Kopf, den Kopf meiner Tochter, er lag im Luftschutzbunker. Ihr Körper war jedoch nirgends zu finden.‹« [19]

Ein Mädchen aus Hiroshima fand erst später Worte für das, was ihr aus diesen schrecklichen Tagen in Erinnerung geblieben war:

»Auf dem Trümmerhaufen –
Ihre Augen blind,
ihr totes Kind auf den Armen,
mit Strömen von Tränen
aus den leeren Augen,
die nie wieder sehen würden.
Das sah ich als Kind,
als meine Mutter mich an der Hand führte.
Dieses Bild aus jener furchtbaren Zeit
wird nie aus meinem Gedächtnis weichen.«

Das Ende militärischer Strategie

Während die Menschen der beiden atomzerbombten Städte um ihr Überleben kämpften, hielten die Beratungen der japanischen Regierung an. Sie führten am 10. August zu dem Ergebnis, daß Japan bereit sei, die Potsdamer Proklamation unter der Voraussetzung anzunehmen, daß die Existenz des Kaiserhauses unberührt bleibe. Drei Tage später traf die Antwort der Alliierten ein: Die Form der Regierung sollte vom Willen des japanischen Volkes abhängig sein.

Ein von der Gnade des Volkes abhängiger Kaiser, dessen gottähnliche Stellung bisher nie in Frage gestellt wurde? Das Militär zeigte sich von der Entwicklung enttäuscht. Der Stellvertretende Admiralstabschef vertrat die Einstellung jener, für die das Sterben der Menschen eine Nebensache im Hinblick auf die ›Ehre der Nation‹ war. »Wir würden nicht besiegt werden«, rief er aus, »wenn wir nur entschlossen das Leben von 20 Millionen Japanern als ›Angriffs-Sonderkorps‹ einsetzten.« [20] Zur Durchsetzung dieses Zieles sollte der Kaiser, der sich für eine Beendigung des Krieges ausgesprochen hatte, von den Kabinettsmitgliedern getrennt werden. 20 Millionen! – Das wäre weit über ¼ der japanischen Bevölkerung gewesen.

Wie überall auf der Welt zeigte sich auch hier, daß, wenn der Krieg erst einmal begonnen hatte, sich eine Eigendynamik entwickelte, in dem die Militärs in dem Maße, wie der Krieg umfassender, totaler wurde, den Bezug zu überlegtem Handeln verloren. Selbst die Vernichtung der Nation spielte dann keine Rolle mehr, wenn der eigene Untergang drohte. So hatte sich die politische Führung im ›Großdeutschen Reich‹ verhalten, nicht anders argumentierten die japanischen Militärs.

Die Kapitulationsfrage entschied schließlich am 14. August, entgegen aller Tradition, der Kaiser:

»Nicht leichthin, sondern nach reiflicher Erwägung der Verhältnisse innerhalb und außerhalb des Landes und insbesondere der Entwicklung, die der Krieg genommen hat, habe ich mich früher entschlossen, die Potsdamer Erklärung anzunehmen. ... wenn der Krieg nicht in diesem Moment beendet wird, so wird, fürchte ich, die nationale Staatsform zerstört und die Nation vernichtet werden. Es ist daher mein Wunsch, daß wir das Untragbare ertragen und die alliierte Antwort annehmen, um den Staat als einen Staat zu bewahren und meinen Untertanen weiteres Leiden zu ersparen.«

Diese Erklärung erfolgte nach einem Prozeß der Auseinandersetzung zwischen den führenden japanischen Regierungsmitgliedern. Das Abwerfen zweier Atombomben hatte dabei eine nebensächliche Rolle gespielt. Sie waren unnötig gewesen.[21]

Das Zerstören der beiden Städte stand auch im Widerspruch zum geltenden Völkerrecht – schon dem Sinn der Haager Landkriegsordnung entsprach es gewiß nicht, diese Bomben gegen Großstädte, also von ziviler Bevölkerung bewohnte Orte, einzusetzen: »der Gebrauch von Waffen, Geschossen oder Stoffen, die geeignet sind, unnötig Leiden zu verursachen«, war ausdrücklich untersagt (Art. 23 e), desgleichen die Benutzung vergifteter Waffen (Art. 23 c) – und eine Waffe, die noch Jahrzehnte nach ihrem Einsatz zum Siechtum und Sterben der Betroffenen führt, muß wohl als eine vergiftete betrachtet werden. Schließlich war es untersagt, unverteidigte Städte anzugreifen (Art. 25) – wie hätte sich eine Stadt gegen die Atombombe verteidigen lassen? Zudem war vor jeder Beschießung eine Vorwarnung verlangt (Art. 26) – sie war nicht erfolgt – sowie die Schonung der Hospitäler, Kirchen und Denkmäler gefordert (Art. 27); auch Plünderung war streng verboten (Art. 28). Die Vernichtung der Einwohner und ihres Besitzes, der Stadt bis auf die Grundmauern der Häuser ging über jede Plünderung, jede Beschießung, jedes Bombardement mit herkömmlichen Waffen unendlich weit hinaus.

In früheren Fällen hatten die Regierungen der USA heftig protestiert, wenn gegen die Haager Landkriegsordnung verstoßen wurde, z. B. als japanische Truppen 1937 im Krieg gegen China die Millionenstadt Nanking bombardierten: »Diese Regierung vertritt die Ansicht, daß jedes allgemeine Bombardieren eines ausgedehnten Gebietes, in dem eine zahlreiche Bevölkerung wohnt, die sich mit friedlichen Arbeiten beschäftigt, unberechtigt ist und unvereinbar mit den Prinzipien von Recht und Humanität.« Zudem waren wenige Wochen nach der Beendigung der Kriegshandlungen in Europa unter der Führung der Siegermächte die Vereinten Nationen gegründet worden: zur Sicherung des Weltfriedens und Förderung friedlicher Beziehungen zwischen den Staaten. Der amerikanische Senat hatte die »Charta der Vereinten Nationen« – und damit den Beitritt der USA – am 29. Juli 1945 gebilligt. Acht Tage später ging die erste Atombombe nieder. Hatte man sich »fest entschlossen, künftige Geschlechter vor der Geißel des Krieges zu bewahren«, so stellte die Anwendung der Atombombe eine Demonstration von Macht dar, die schon nicht mehr Japan galt, sondern dem russischen Alliierten. Zugleich war es eine Art skrupelloses Experiment, ausgetragen auf dem Rücken harmloser Zivilbevölkerung. Die Kinder, Frauen und Männer sollten auch später noch an den Auswirkungen der Atombombe leiden oder an ihnen zugrunde gehen: Bis 1950 fanden insgesamt mehr als 300000 Menschen den Tod.[22]

Langzeitfolgen der Atombomben

Dem Tode entkommen fanden sich die Betroffenen nach der Kapitulation unter amerikanischer Besatzung wieder. Die an der Atomkrankheit Leidenden nahmen kaum wahr, daß einige hohe Politiker und Militärs – ähnlich wie in Deutschland – vor ein Tribunal kamen und abgeurteilt wurden. Die Regierung der USA ließ – zusammen mit einigen Alliierten des Zweiten Weltkriegs – ab Januar 1946 in Tokio einen Prozeß gegen die Kriegsverbrechen japanischer Politiker, Militärs und Industrieller führen, in denen sogar die Vorbereitung eines Angriffskrieges als Verbrechen verfolgt wurde. Die Sieger haben das nur gegenüber den Besiegten vertreten, es aber nicht als verpflichtend für sich selber angesehen.[23]
Im Umkreis der Atombombenabwürfe hatten die Menschen mit neuen Schrecken fertig zu werden. Das Unheimliche des Krankheitsverlaufs machte nicht nur ihnen, sondern auch den Ärzten zu schaffen, und die Kinder mußten erleben, wie ihre Familienangehörigen einer nach dem anderen dahinstarben.

»... auf einmal begannen meiner Großmutter und meiner Schwester die Haare auszufallen, und sie verloren den Appetit. Das ganze Kopfkissen war immer voll ausgegangener Haare, und sobald man sie am Kopf berührte, fielen ihnen Büschel von etwa fünfzig Haaren aus. Auch Großvater klagte plötzlich über Kopfschmerzen und legte sich hin. Unser Dorf wurde von Furcht ergriffen. Die Menschen, die ohne eine Wunde von Hiroshima hierhergekommen waren, verloren die Haare, bekamen Flecke und starben bald darauf. Auch der Arzt wußte keinen Rat.«[24]

Man kannte keine Heilmethoden und probierte die verschiedensten volkstümlichen Mittel aus. Vermutungen, daß die Menschen Opfer einer Atomwaffe geworden waren, sickerten durch. Den Meldungen des ameri-

kanischen Rundfunks konnte man Einzelheiten zur Natur der Bombe entnehmen, die Besatzer hatten jedoch eine totale Informationssperre verfügt. Sämtliche Berichte unterlagen der Zensur und blieben geheim, so daß
es selbst den Ärzten in den Krankenhäusern, Hilfsstellen und Lazaretten
nicht gestattet war, ihre Erfahrungen auszutauschen und in Fachzeitschrif-
ten darüber zu berichten. Hilflos stand man den inneren Verletzungen
gegenüber und wußte sich die Symptome nicht zu erklären. Die wildesten
Gerüchte gingen um:

»Großmutters Zustand verschlechterte sich immer mehr. Sie bekam
schwarze Flecke wie Muttermale und dann violette Flecke, die wie Strie-
men aussahen. Weil Großmutter nichts mehr hinunterschlucken
konnte, hatte sie auch keinen Stuhlgang. Statt dessen sonderte sie etwas
Schwarzes, Breiiges ab, wie zersetzte Därme. Zum Skelett abgemagert
und völlig ohne Haare, sah sie wirklich wie ein Gespenst aus. Mit dem
4. September kam endlich der Tag, an dem sie starb. Zu dieser Zeit hatten sich schon alle damit abgefunden, daß jene, die am 6. August in
Hiroshima waren, sterben müssen.«

Man wußte nichts davon, daß radioaktive Strahlen die inneren Organe
verletzt hatten und der Verlauf der Erkrankung von der Menge der Strah-
lendosen und dem Allgemeinzustand der Betroffenen abhing. Knochen-
krebs und Leukämie, die die immer wieder beobachteten Flecken auf der
Haut hervorrief, waren die Folge; Übelkeit, Erbrechen und Schwächezu-
stände kamen hinzu. Die geschädigten Blutkörperchen öffneten Infek-
tionskrankheiten Tor und Tür und verhinderten die Genesung. Die Opfer
litten unter ihren Behinderungen und Entstellungen und später unter der
Furcht, mißgebildete Kinder und Enkel zu bekommen, viele aber auch darunter, von Staat und Gesellschaft nicht anerkannt, übersehen, quasi abge-
drängt zu werden und in einer Art Außenseiterexistenz leben zu müssen.
Etsuko Fujioka war elf Jahre alt, als sie verschüttet und schwer verletzt
worden war, und siebzehn Jahre, als sie diesen Bericht über ihre Leiden
schrieb:

»Ich habe so schreckliche Narben, daß sie wohl bis an mein Lebensende
nicht weggehen werden. Warum ich mir deswegen Sorge mache? Weil
ich bald von allen ›Pikadonnarbe‹ [= etwa ›Große Feuerknallnarbe‹] genannt, verhöhnt und beschimpft wurde. Ich sagte mir damals, das sei
nicht so schlimm, und verschwieg es Vater und Mutter... An der Mittelschule wuchs mein Kummer noch. Die Verhöhnungen häuften sich,
und mein schüchterner Charakter änderte sich gänzlich. Ich bekam eine
fast männliche Art... Seit ich an der Oberschule bin, hat niemand mehr
so etwas zu mir gesagt. Aber jedesmal, wenn ich Schüler der Mittelschule treffe, werde ich auf der Straße und überall verspottet... Wenn
ich an die Zukunft denke, möchte ich manchmal nicht weiterleben; ob

man mich später, als Frau, bei Begegnungen auf der Straße, auch noch
›Pikadonnarbe‹ rufen wird? Wenn ich anfange, darüber nachzugrübeln,
wie peinlich und traurig das wäre, kann ich es kaum ertragen.«[25]

Und doch sollten sich diese Menschen mit der gesellschaftlichen Ächtung
ihr ganzes Leben lang auseinandersetzen müssen. Ehen konnten nicht geschlossen werden; als Heiratskandidat aus Hiroshima oder Nagasaki stieß
man in den Familien auf stärkste Bedenken, weil Schädigungen für den
Nachwuchs erwartet wurden. Firmen hatten ihre Vorbehalte, die Betroffenen einzustellen, weil sie Fehlzeiten und plötzliche Erkrankungen oder gar
den Tod ihres Beschäftigten fürchteten. Hinzu kamen die entstellenden
Narben, die kein Chirurg beseitigen konnte und die die Atombombenopfer
für jedermann kennzeichneten und ihnen den Lebensmut nahmen. So erging es auch Senji Yamaguchi; als die Bombe fiel, war er 14 Jahre alt und in
Nagasaki als Oberschüler dienstverpflichtet. Sein Gesicht und Rücken verbrannten. Über seinen Leidensweg berichtete er:

»Heute, im Alter von 52 Jahren, habe ich mich damit abgefunden, mit
einem häßlichen Gesicht zu leben. Aber als ich das erste Mal aus dem
Krankenhaus kam, nannten die Kinder mich *akaoni*, rotes Ungeheuer.
Und nachdem ich die Oberschule abgeschlossen hatte, die mich wegen
der ständigen Krankenhausaufenthalte sechs statt drei Jahre gekostet
hatte, bewarb ich mich bei drei Firmen. Aber alle drei lehnten mich
wegen meiner schlechten Gesundheit ab. Eine davon war jene Firma,
für die ich als Oberschüler gearbeitet hatte, als die Atombombe fiel. Als
ich nicht einmal diese Arbeit bekam, gab ich die Hoffnung auf. Einige
Monate später habe ich mir die Pulsadern aufgeschnitten und versucht,
Selbstmord zu begehen. Als einziger Job blieb mir schließlich, Bonbons
im Laden meines Vaters herzustellen. Seitdem habe ich meinen Beruf
siebenmal gewechselt, weil ich wegen Krankheit fehlte und die Firmen
mich entließen. Zum Glück habe ich eine Frau gefunden, die bereit war,
mich zu heiraten. Aber viele Atombomben-Opfer müssen auch auf dieses Glück verzichten, weil sie vielleicht geschädigte Kinder zur Welt
bringen.«[26]

Senji Yamaguchi ist heute Architekt; er hat nicht resigniert, sondern arbeitet aktiv in der japanischen Friedensbewegung mit. Jedoch die meisten der
Opfer fristen ihr Leben am Rande des Existenzminimums und verdienen
ihren Unterhalt durch schlecht bezahlte Arbeiten. Der Familie beraubt,
kämpfen viele auch heute noch, in hohem Alter, um ihr Überleben. So
berichtete eine 75jährige Frau:

»Wir lebten von einem Friseursalon und einem Laden... Der jüngste
Sohn, damals in der ersten Klasse, starb zusammen mit dem Großvater
durch die Atombombe. Noch heute denke ich an ihn, wenn ich einen
kleinen Jungen in seinem Alter sehe. Mein nächster Sohn starb 1946 an

den Folgen der Bombe... Der dritte Sohn war beim Schülereinsatz und erlitt schwere Verbrennungen am Rücken und Nacken. Mein ältester Sohn Zenzaburo war in China im Krieg... Wir hatten kein Zuhause mehr und lebten im fast Freien. 1964 starb mein Mann an Entkräftung. Mein größtes Unglück ist, daß die zwei Söhne, die überlebt haben, heute unter Angstzuständen leiden – vor einem Krieg und vor der Atombombe. Sie können kaum arbeiten... Der Ältere pendelt zwischen der psychiatrischen Anstalt und Zuhause. Der Jüngere gammelt im Hause rum. Von meiner Arbeit als Tagelöhnerin müssen drei Menschen leben... Ich kann nicht in Ruhe sterben. Bitte macht nie wieder Opfer wie uns!«[27]

Aus diesen Worten spricht das Erleiden von Tod und Elend, und am Ende steht eine Bitte, nicht flammender Protest und Zorn und Verwünschungen gegen diejenigen, die für die Zerstörungen verantwortlich waren. Wiederum wird versucht, ganz allein zurechtzukommen mit dem persönlichen Elend, und das war schwierig genug. Am Anfang stand die Befürchtung, nie wieder gesund – oder später krank zu werden; hinzu traten die materiellen Sorgen. Bombenopfern stand nur für einen begrenzten Zeitraum medizinische Versorgung zu. Am 5. Oktober 1945 hatte das Gesetz über Katastrophenhilfe in der Kriegszeit seine Laufzeit beendet; von da an übernahm die Japanische Gesellschaft für Medizinische Behandlung in sehr beschränktem Umfang die Versorgung der Kranken, vor allem die der Bettlägerigen. Wer bisher in den Hilfsstellen ärztlich versorgt und betreut wurde, stand plötzlich buchstäblich auf der Straße, ohne Essen, ohne Geld, ohne ein Dach über dem Kopf.

Die Menschen begannen, aus den Trümmern noch brauchbare Teile zusammenzutragen, um notdürftige Unterkünfte zu bauen. Dann kam der September mit seinen Unwetterkatastrophen: Regen stürzte vom Himmel und durchnäßte die ungeschützten Menschen, ein Taifun verwüstete die Städte, und die mühsam errichteten Baracken wurden zerstört, Hiroshima schließlich überflutet. Aber das Meer hatte den radioaktiven Staub mitgenommen und die strahlenverseuchte Erde ausgewaschen. Das Befinden der Menschen schien sich zu bessern. Unerklärlich war es vielen geblieben, warum auch diejenigen erkrankten und starben, die erst nach dem Abwurf der Atombombe das zerstörte Gebiet aufgesucht hatten, um Familienangehörige zu finden oder Hilfe zu leisten. Niemand sagte ihnen, daß sie ein Opfer der Radioaktivität geworden waren.

Amerikanische Ärzte und Wissenschaftler kamen nach Hiroshima und Nagasaki, um die Auswirkungen der beiden Bomben auf den Menschen zu studieren. Das Militär hatte verstärktes Interesse daran, vor Ort, über einen langen Zeitraum Erfahrungen zu sammeln. Eine neue Klinik wurde gebaut; ausgestattet mit den modernsten Geräten erweckte sie in den

Kranken die Hoffnung, dort, wenn nicht Heilung, so doch Linderung zu bekommen. Sehr bald sollten sie erfahren, daß sie als Versuchsobjekte dazu dienten, Fallstudien u. a. über Art und Verlauf der Erkrankung, eventuelle Verkürzung der Lebenszeit und Auswirkungen auf die Nachkommenschaft zu erstellen. Diese ›Behandlung‹ der Opfer war nicht dazu angetan, die Bereitschaft, sich untersuchen zu lassen, zu fördern. Die Bevölkerung fühlte sich mißbraucht, aber nur wenige wagten, sich öffentlich zu wehren. Das änderte sich erst 1951 mit dem Ende der Besatzungszeit, so daß die Amerikaner gezwungen waren, mehr Entgegenkommen zu zeigen, um ihre Langzeitstudien nicht zu gefährden.

Die Erhebungen wurden in der Form durchgeführt, daß man den ausgewählten Atombombenopfern, die sich bis zu 2 km Entfernung zum Explosionszentrum aufgehalten hatten, meistens eine Vergleichsgruppe aus Hiroshima oder Nagasaki gegenüberstellte. Dabei blieb unberücksichtigt, daß diese Personen teilweise ebenfalls strahlengeschädigt waren. Das Resultat solcher Studien mußte schließlich dazu führen, daß die festgestellten Unterschiede statistisch nicht so gravierend waren, wie man befürchtet hatte. Der Vergleich zu einer Gruppe anderer Menschen, die nicht mit Radioaktivität in Berührung gekommen waren, hätte sicherlich andere Ergebnisse geliefert, die die Gefährlichkeit des Einsatzes der Bombe, unterstrichen durch die Nachfolgewirkungen, herausgestellt hätten. Daran waren die US-Behörden, die diese Untersuchungen durchführten, offensichtlich nicht interessiert.[28]

Lange Zeit blieb der Öffentlichkeit verborgen, daß es Kinder gab, die – als Embryo noch – im Leib der Mutter strahlengeschädigt wurden. Mißbildungen entwickelten sich, die von den Eltern vorerst nicht in Zusammenhang mit dem Abwurf der Bombe gebracht wurden. Erst Mitte der sechziger Jahre wurde man auf diese Opfer, deren Familien mit ihren Problemen bisher alleingelassen worden waren, aufmerksam. Die Kinder wiesen häufig einen zu kleinen Kopf auf, wobei das Gehirn in Mitleidenschaft gezogen war. Mikrozephalie – eine sonst äußerst seltene Krankheit – hatte den Kindern ein lebenswertes Leben geraubt. Eine Mutter, die zum Zeitpunkt der Explosion im dritten Monat schwanger war und anschließend schwer durch die Strahlenkrankheit gelitten hatte, berichtete 1965 über den Leidensweg ihres Kindes Yuriko:

»Äußerlich sah es eigentlich ganz normal aus. Ernährt habe ich sie zumeist durch Stillen. Als ihr erster Geburtstag kam, konnte sie noch kein Wort von sich geben. Am zweiten war es genauso, nur da konnte sie schon etwas krabbeln. Als sie vier oder fünf war, gab ich mir viel Mühe, ihr das Laufen beizubringen... Aber sie hinkte... Sie kam ins Schulalter. Meiner Meinung nach konnte sie nicht einmal im Kindergarten mitkommen. So... bat [ich], sie zurückzustellen. Aber ein Jahr später

31 Kinder der Zukunft? (A. Paul Weber)

ging es auch nicht besser... Es wurde festgestellt, daß sie Mikrozephalie, verursacht durch die Atombombe, hatte... Sie sieht wohl komisch
aus – wenn sie so schief dasteht und vor einem Kinoplakat irgend etwas
in sich hineinmurmelt. Die Leute drehen sich neugierig nach ihr um.
Schulkinder machen ihr Hinken nach... Jetzt bleibt sie lieber den ganzen Tag zu Hause vor dem Fernseher oder dem Radio. Das macht sie
körperlich schwach... Aber das Hauptproblem ist die Toilette. Radio
und Fernsehen beschäftigen sie den ganzen Tag so, daß sie es nicht
schafft, rechtzeitig zur Toilette zu gehen. Auch wenn sie einmal in
einem Heim für geistig behinderte Kinder aufgenommen werden sollte,
macht mir das am meisten Kopfschmerzen...«[29]
Wieviel Liebe und Fürsorge der Mutter, wieviel Gedankenlosigkeit der
Umwelt spricht aus diesem Bericht! Wie sehr demütigen die sogenannten
normalen Menschen einen körperlich deformierten tagtäglich! Diese Brutalität der Gesunden, die sich auf Kosten der Hilflosen unterhalten, ist auch
bei uns im Umgang mit Behinderten in aller Öffentlichkeit zu beobachten.
Die Behörden leisten den Eltern, die sich um ihre unverschuldet ins Unglück geratenen Kinder bemühen, oft gar keine Hilfe oder erst allzu spät.
So war es auch im Falle Yurikos: Die Versuche der Eltern, Unterstützung
für sie zu erhalten, scheiterten jahrzehntelang. Erst als 1967 in der japani-

schen Öffentlichkeit lautstark die Anerkennung dieser bemitleidenswerten Geschöpfe als Atombombenopfer gefordert wurde, billigte man ihnen Pflegesätze zu sowie kostenlose medizinische Betreuung.

Wie unsinnig ist doch das starre Festhalten an konventionellen Normen: Selbst heute, wo man über die Risiken durch die Bestrahlung genauer Bescheid weiß, müßten schwangere Frauen, die einer atomaren Bestrahlung ausgesetzt waren, ihre Embryos austragen – sofern sie gehorsame Katholikinnen sind, die den konservativen Verlautbarungen des jetzigen Papstes folgen wollen. Schon im voraus zu wissen, daß man ein schwachsinniges Kind zur Welt bringen wird, ist noch schwerer zu ertragen als beim Heranwachsen des Säuglings festzustellen, daß er geistig deformiert ist.

Die unmittelbaren Auswirkungen Hiroshimas sind noch immer nicht abgeschlossen. Viele Schädigungen des Erbgutes werden erst in den folgenden Generationen offen zutage treten. Japaner, die jetzt Kinder sind, müssen bei ihren späteren eigenen Kindern mit Fehl- und Totgeburten sowie Mißbildungen rechnen. Die Angst sitzt ihnen im Nacken, Angst vor den Folgen einer Bombe, die ihre Eltern oder ihre Großeltern vor über 40 Jahren getroffen hat. Einige Kinder, die an der Atomkrankheit sterben werden, sind noch nicht geboren worden, viele, die lebenslanges Siechtum werden befürchten müssen, sind noch nicht gezeugt.

Nukleare Rüstung und Öffentlichkeit

Erst nach dem Ende der US-amerikanischen Militärverwaltung konnte 1951 der Pädagoge Osada eine Auswahl von Berichten überlebender Kinder aus Hiroshima und Nagasaki veröffentlichen, durften Dokumentaraufnahmen aus beiden Städten und von Folgen der Atomexplosionen öffentlich in Japan gezeigt werden. Erstmals wurde ein größerer Teil der Bevölkerung über das Ausmaß der Zerstörung informiert. Doch die Studien über radioaktive Bestrahlungsfolgen blieben noch unter Verschluß. Erst als die USA 1954 auf dem Bikini-Atoll eine Wasserstoffbombe zündeten und ein japanisches Fischerboot in radioaktiven Aschenregen geriet, erfuhr fast ganz Japan von den Auswirkungen: Die 23 Besatzungsmitglieder erkrankten, der Funker starb.

»Möchte ich doch das letzte Opfer von Atom- und Wasserstoffbomben sein« – der Wunsch des Sterbenden war schon nicht mehr zu erfüllen. Noch Zehntausende von Überlebenden aus Hiroshima und Nagasaki mußten damit rechnen, daß sie an Krebs und Leukämie erkranken und frühzeitig sterben würden. 683 japanische Schiffe wurden ermittelt, die radioaktiv verseucht waren; 457 Tonnen Fisch mußten vernichtet werden. Die Bevölkerung begann aufmerksam zu werden: Waren die Gewässer verseucht, so war auch das wesentliche Nahrungsmittel Fisch nicht mehr gefahrlos zu genießen – in der japanischen Ernährung spielen Meerestiere noch heute eine viel größere Rolle als in Deutschland, obwohl jetzt bereits erheblich mehr Fleisch gegessen wird als in den 1950ern. Die Zeitungen berichteten ausführlich über atomare Bestrahlung, radioaktive Spätfolgen – und nun konnten auch die Atombombenopfer Verbindungen zu ihrer Erkrankung herstellen. Eine Bewegung entstand, deren Ziel es war, die Ächtung der Atombombe zu erreichen.[30]

Wie sah es in Deutschland aus? Erwägungen der USA, anläßlich der Berlin-Blockade 1948 B 29-Bomber in der Pfalz und in England für den Gebrauch von Atombomben zu stationieren, waren zwar vorhanden, aber es blieb bei einer Drohgebärde gegenüber den Sowjets. Die deutsche Bevölkerung wurde im Zuge der Verschärfung des Kalten Krieges in noch nicht zehn Jahren nach Ende des von ihr getragenen mörderischsten Krieges, den es bis dahin gegeben hatte, in die gegensätzlichen Bündnisse von NATO und Warschauer Pakt einbezogen. Beide Systeme versprachen Schutz vor den ›bösen Angreifern‹ der anderen Seite, ließen ihre Mitglieder allerdings mit konventionellen Waffen ausgerüstete Armeen aufstellen. Der Widerstand in der deutschen Bevölkerung, die seit 1955 wieder eine ›Bundeswehr‹ und eine ›Nationale Volksarmee‹ besaß, war zu schwach, um diese Aufrüstung zu verhindern.

Erst als die atomare Ausstattung der Bundeswehr geplant wurde, fühlte sich die Öffentlichkeit alarmiert, und wie es schon vor dem Abwurf der Atombomben auf Japan warnende Stimmen gegeben hatte, wandten sich nun in der Bundesrepublik am 12. 4. 1957 achtzehn Wissenschaftler in der »Göttinger Erklärung« an die Öffentlichkeit. In dieser Erklärung hielten sie sich für verpflichtet,

»auf einige Tatsachen hinzuweisen, die alle Fachleute wissen, die aber der Öffentlichkeit noch nicht hinreichend bekannt zu sein scheinen… Jede einzelne taktische Atombombe oder -granate hat eine ähnliche Wirkung wie die erste Atombombe, die Hiroshima zerstört hat. Da die taktischen Atomwaffen heute in großer Zahl vorhanden sind, würde ihre zerstörende Wirkung im ganzen sehr viel größer sein… Heute kann eine taktische Atombombe eine kleinere Stadt zerstören, eine Wasserstoffbombe aber einen Landstrich von der Größe des Ruhrgebiets zeitweilig unbewohnbar machen… Für ein kleines Land wie die Bundesrepublik glauben wir, daß es sich heute noch am besten schützt und den Weltfrieden noch am ehesten fördert, wenn es ausdrücklich und freiwillig auf den Besitz von Atomwaffen jeder Art verzichtet.«

Unter den Unterzeichnern, vor allem Physikern, Chemikern und Biologen, waren vier Nobelpreisträger. Jeder der achtzehn wußte sehr viel genauer um die Gefahren atomarer Bomben und Granaten Bescheid als die

Politiker der Regierungsparteien, die fast ausnahmslos die politische Einsicht und die Motive der Wissenschaftler schmähten. Der Mitunterzeichner Carl Friedrich v. Weizsäcker meinte dazu:

»Wenn jedermann weiß, daß diese Bomben nicht fallen werden, so sind sie so gut wie nicht vorhanden. Die Gefahr für uns alle liegt also darin, daß die Besitzer der Bomben, um mit ihnen überhaupt drohen zu können, bereit sein müssen, sie wirklich zu werfen.«[31]

Diese Bereitschaft war und ist durchaus ernst gemeint; das Elend von zwei Weltkriegen hat nicht dazu geführt, daß alle Kraft dafür eingesetzt wird, die größte Geißel der Menschheit – den Krieg in jeder Form – abzuschaffen. Genau das Gegenteil ist der Fall: Der nächste Krieg wird noch perfekter mit ständig teureren Waffensystemen vorbereitet; an Risikobereitschaft mangelt es nicht.

»Präsident Kennedy war 1962 eher bereit, die nukleare Zerstörung der US-Gesellschaft zu riskieren, als mit den Sowjets über den Abzug von Raketen zu verhandeln, die nicht näher am US-Territorium stationiert waren als US-Raketen in der Türkei am Territorium der Sowjetunion. Verhandlung statt Drohung hätte wenig gekostet. Tatsächlich war die Entscheidung zum Abzug der Raketen schon Monate vor der Konfrontation gefallen. ›Dein Vater hat vielleicht den Dritten Weltkrieg ausgelöst‹, sagte Lyndon Johnson an dem Tag zu seiner Tochter, an dem er... einen Krieg mit der Sowjetunion und China durch die Bombardierung des Territoriums ihres Verbündeten Nordvietnam riskiert hatte.«[32]

In dieser Art jonglieren Politiker verantwortungslos mit der Gefahr eines Atomkrieges und begründen das in pathetischen Reden über ›Freiheit‹ oder ›Ehre‹ und ›Größe‹ der Nation, während Militärs atomaren Massenmord vorbereiten. Wie wenig dabei das Recht der Menschen auf Leben und Gesundheit geachtet wurde, das erlebten US-Soldaten Anfang der fünfziger Jahre. Sie wurden von ihren eigenen Vorgesetzten in den Wüsten Nevadas bei Atombomben-Tests eingesetzt. Sie sollten darin eingeübt werden, sich nach einer Atombombenexplosion deren Zentrum zu nähern. Einer erzählte Jahrzehnte später:

»Wirklich, wir kamen uns vor wie Versuchskaninchen, sozusagen... Wir holten unsere Bombenklamotten raus und zogen sie an und sind dann in diese Gräben gestiegen... Dann hieß es, wir sollten uns hinknien... uns vom Detonationspunkt abwenden und die Augen schließen... und dann wurde es hell – dieses Licht, überhaupt keine natürliche Helligkeit... Man konnte den Hintern des Mannes, der vor einem kniete, sehen – durch die geschlossenen Augen... und dann kam das Geräusch, und dann die Erderschütterung, gefolgt von der Druckwelle, Trümmer, Sand, Steine, die uns auf den Rücken prasselten... nach einigen Minuten – es kam uns vor wie Stunden – bekamen wir den Befehl,

aus den Gräben zu steigen ... Es war am frühen Morgen, und die Explo-
sionswolke war völlig unvergleichlich. So eine Wolke habe ich seitdem
nie mehr gesehen. Ich will auch keine mehr sehen ... Ich erinnere mich,
daß wir in ungefähr 500 Meter Entfernung anhielten. Natürlich war das
ganze Gebiet heiß. Wir merkten das nicht. Natürlich waren da auch die
Leute mit den Geigerzählern, die unseren Anmarsch regulierten. Sie
waren die ganze Zeit vor uns. Wir konnten das Ticken der Zähler hören,
so weit waren wir hinter ihnen. Aber ich nehme an, die Geigerzähler
waren damals nicht so empfindlich wie heute.«[33]

Niemand von diesen soldatischen ›Versuchskaninchen‹ wußte, was die radioaktive Bestrahlung für Folgen haben könnte. Die politischen und militärischen Verantwortlichen hätten es damals bereits wissen können. Aber
sie scheinen in fast allen Staaten die ›Verantwortung‹ allzu häufig nur als
leere Floskel im Munde zu führen. Die betroffenen US-Soldaten waren
›Atomveteranen‹, deren Gesundheitsschäden lange Zeit nicht anerkannt
wurden. Aber auch zivile Bürger und deren Kinder litten durch die Atom-
versuche der eigenen Regierung. Der atomare Niederschlag hatte sich über
ihren Wohngebieten abgelagert:

»Als die rote Wolke von den Atombombentests über ihrer Farm hing,
bekam sie Kopfweh und ihre drei Kinder, von denen eins inzwischen an
Leukämie gestorben ist, entwickelten Brandblasen am ganzen Körper,
erzählt eine Hausfrau aus dem amerikanischen Bundesstaat Nevada.
Ein Farmer aus dem Nachbarstaat Utah erinnert sich, seine Haare seien
mit Teilen der Kopfhaut ausgefallen und seine Haut färbte sich rosarot,
als die radioaktive Wolke über seine Ranch wehte.«

Die Auswirkungen der radioaktiven Strahlung wurden zwar erst allmählich in der breiten Öffentlichkeit der Vereinigten Staaten bekannt, doch
schließlich konnte sich die Regierung dem öffentlichen Druck nicht mehr
entziehen. Fast 1200 US-Bürgern (bzw. deren Hinterbliebenen), die durch
212 Kernwaffentests in den Bundesstaaten Utah, Arizona und Nevada in
den Jahren von 1951 bis 1962 radioaktive Schäden erlitten hatten, ist in
diesen Tagen eine Entschädigung zugesprochen worden: Geld für zerstör-
tes Leben! Auch hierbei waren Kinder wieder direkt betroffen oder als
Nachgeborene im Mutterleib geschädigt worden.[34]

Die atomare Vergiftung der Erde durch Hunderte von Atomexplosionen
hielt weiter an. Nachdem das Kernwaffenmonopol der Vereinigten Staaten, die bereits 1946 eine Serie von Explosionen auf den Marshall-Inseln
im Pazifik durchgeführt hatten, 1949 durch Sowjetrußland aufgehoben
wurde, testete 1952 auch Großbritannien am Westrand Australiens seine
erste Atombombe; im November des gleichen Jahres zündeten die USA die
erste einsatzbereite Wasserstoffbombe, ein Jahr später zog die UdSSR
nach. Bei all diesen Versuchsexplosionen, in denen man Bomben mit einer

über 2000mal stärkeren Vernichtungskraft als die von Nagasaki zündete, wurden radioaktive Teilchen verbreitet, die teilweise noch jahrtausendelang für Menschen schädliche Strahlen absondern werden, d. h. länger als die bisherige Menschheitsgeschichte seit der Erfindung von Ackerbau, Viehzucht und Stadtkultur alt ist. Ein französischer Physiker schreibt dazu:

> »... man kann nicht davon ausgehen, daß es bei diesen Strahlungen eine gewisse ›Schwelle‹ gibt, nach deren Überschreitung die Strahlung erst ihre Wirkung entfaltet. Jede Erhöhung der Radioaktivität, so gering sie auch sein mag, vergrößert die Wahrscheinlichkeit einer Mutation. Sie läßt nämlich die Zahl der Variationen anwachsen, die das Erbgut immer oder fast immer negativ beeinflussen.«[35]

Damit diese Bomben als Waffen einsetzbar waren, mußten sie durch Flugzeuge oder Raketen transportiert werden können. Den Vorsprung der USA in diesem Bereich holte die Sowjetunion allmählich auf, baute ihre Bomberflotte aus, intensivierte die Raketenentwicklung, und am 4. Oktober 1957 gelang ihr der Start des ersten Erdsatelliten »Sputnik«. Angesichts der Kette von Militärstützpunkten der USA rund um die Grenzen der Sowjetunion, von Ostasien bis Nordeuropa, sowie der großen zahlenmäßigen Überlegenheit an Langstreckenbombern, die von diesen Stützpunkten aus, von Flugzeugträgern sowie aus Nordamerika selber jeden Punkt der UdSSR erreichen konnten, war die tatsächliche Überlegenheit der Vereinigten Staaten zwar nicht beseitigt worden; aber zum erstenmal

> »sahen sich die Amerikaner in ihrem eigenen Land, in ihren eigenen Städten militärisch bedroht. Zwar hatten in den beiden Weltkriegen auch amerikanische Soldaten teilgenommen, waren auch zu Zehntausenden gestorben, doch in den USA selbst war das Leben fast unbeeinträchtigt weitergegangen – die Kriege waren immer weit entfernt gewesen. Nun plötzlich – und das war der Kern des ›Sputnik-Schocks‹ – konnte der Krieg auch die USA erreichen.«

So entstand für die US-Militärs der Eindruck einer waffentechnischen Unterlegenheit, zumal der sowjetische Ministerpräsident Nikita Chruschtschow den Sputnik propagandistisch auswertete. Tatsächlich verließ sich die Sowjetunion damals

> »mehr auf drohende Reden als auf Kriegsgerät... Mit Unterstützung von US-Politikern, die die Angelegenheit zu einem Sturm auf die offiziellen Stellen ausnutzten, erzeugte Chruschtschow ein völlig falsches Bild von einer Raketenlücke der USA. Für kurze Zeit war dieses Manöver sehr erfolgreich. Chruschtschow... hatte für sein Geld eine bessere Verwendung, als es in Raketen anzulegen. Auf lange Sicht jedoch, zumal durch die Verbesserung der amerikanischen Spionagetechnik, versagte die Politik der Abschreckung durch Großsprecherei. Die relative

Schwäche der Sowjetunion wurde sichtbar. Sie mußte mit Volldampf ein Raketenprogramm auf die Beine stellen, um mit den USA gleichzuziehen.«[36]

Erst Mitte der sechziger Jahre, als die amerikanischen Pläne zur Schließung der angeblichen Bomben- und Raketenlücke erfüllt waren, stellte sich heraus, daß die Sowjetunion 1960 lediglich über rd. 30 Interkontinentalraketen verfügt hatte und eine Erweiterung auf diesem Gebiet nur langsam vorantrieb. Die USA besaßen weit mehr Atomwaffen und -träger als es sowjetische Atomziele gab.

Inzwischen war auch die NATO mit Kernwaffen ausgerüstet worden, um die vermeintliche Überlegenheit des Warschauer Paktes in konventionellen Streitkräften auszugleichen. Angesichts der angenommenen Bedrohung entschloß man sich auf westlicher Seite, zusätzlich noch dazu die Truppenstärke zu vergrößern. Die Bemühungen der UdSSR gingen in die entgegengesetzte Richtung: Die Anzahl der Divisionen – deren Mannschaftsstärke erheblich geringer war als die der westlichen – wurde verkleinert, die Kernwaffen- und Raketenrüstung verstärkt. Das westliche Bündnis schwenkte auf eine Strategie der Flexibilität ein, d. h.:

»Wenn die USA beispielsweise ein Szenarium für einen Krieg in Europa entwarfen, sollten sie sich nach Ansicht von Mc Namara [= damaliger Verteidigungsminister der USA] und anderen nicht auf die beiden Möglichkeiten beschränkt sehen, entweder einen massiven Vergeltungsschlag gegen die UdSSR zu führen oder nichts zu tun; die USA sollten für eine Antwort auf jedem angemessen erscheinenden Niveau gerüstet sein.«

Alle diese Kriegsspiele gehen – für Militärstrategen wohl selbstverständlich – stets von einem Angriff der anderen Seite aus. Um den angenommenen Angreifer abzuschrecken, müsse daher noch weiter aufgerüstet werden, noch mehr Raketen mit noch mehr Atomsprengköpfen würden gebraucht. Dabei ist die Bevölkerung der USA niemals in aller Ausführlichkeit von den Auswirkungen der beiden Atomexplosionen auf die Einwohner Hiroshimas und Nagasakis unterrichtet worden. In den fünfziger Jahren gab es verharmlosende Propagandafilme mit aufmunternder Musik, die durch Reklame für billige Schutzbauten und sinnlose Ratschläge wie Unter-den-Tisch-Kriechen den Leuten Sicherheitsgefühle vermitteln sollten.[37]

Erst in jüngster Zeit wurden amerikanischen Zuschauern Aufnahmen von Dokumentarfilmen zugänglich gemacht, die von einem militärischen Filmteam vier Monate nach der Explosion aufgenommen wurden. Herbert Sussan, der damals einen großen Teil der Filmaufnahmen als Regisseur beaufsichtigt hatte, berichtete über diese Arbeit:

»Wir filmten alle Fälle von Verbrennungen im Omura Marine-Hospital in Nagasaki und legten Karteien von diesen Leuten für die medizinische Geschichtsschreibung an. Der schlimmste Fall von Verbrennung war ein junger Mann. Die Haut seines Rückens war vollständig weggebrannt. Ich hätte nie geglaubt, daß er überleben würde. Ich zuckte zusammen, als wir die Beleuchtung zum Filmen einschalteten – aber ich wollte es aufnehmen. Er lag in einem Penicillin-Bett, über ein Jahr lang. Und er überlebte tatsächlich. Wir sagten den Leuten, daß wir sie filmten, weil wir hofften, daß dies aller Welt beweisen würde, daß solch eine Waffe nicht existieren sollte. Ich war 24 Jahre alt, ich war sehr idealistisch und, was sich herausstellen sollte, sehr naiv.«

Sussan hatte sich zeit seines Lebens darum bemüht, das von der US-Regierung beschlagnahmte Filmmaterial freizubekommen. Erst als 1978 Japaner anläßlich einer Abrüstungskonferenz der Vereinten Nationen Fotografien der atomaren Katastrophe ausstellten, u. a. von der US-Armee zurückgegebene Kopien von Filmen, entdeckte er das von ihm aufgenommene Foto des 16jährigen Sumitero Taniguchi, der mit seinem Fahrrad zwei Kilometer vom Explosionszentrum unterwegs gewesen war, als die Bombe explodierte. Die amerikanische Öffentlichkeit wurde erstmals mit dem Ausmaß der Zerstörung des Menschen konfrontiert. Schließlich konnten im Juni 1982 Teile der inzwischen aufgefundenen Dokumentaraufnahmen gezeigt werden: den Menschen als Warnung, jemals wieder solche Schrecknisse Wirklichkeit werden zu lassen.[38]

Diese Warnung wird sehr wohl von vielen verstanden, aber sie wissen nicht darauf zu reagieren, denn sie sind eingebunden in hierarchische Gesellschaften, gehorsam gegenüber Autoritäten, die allzusehr von den Interessen militärischer, politischer und wirtschaftlicher Organisationen beherrscht werden. So werden von diesen ›Spitzen der Gesellschaft‹ unbekümmert ständig Gelder in Milliardenhöhe verschleudert für Waffen, die das Töten in überschaubaren Größen halten sollen: Atomgranaten wurden entwickelt, um die Vernichtung handhabbarer zu machen.

Eine besondere Perversion stellt die Entwicklung der Neutronenbombe dar, die seit Anfang der siebziger Jahre entwickelt wurde. Am 6. August 1981, dem Jahrestag des Atombombenabwurfs auf Hiroshima, verkündete der Präsident der USA, »daß die Neutronenwaffe endgültig gebaut und ›vorerst‹ in den USA eingelagert werde«. Diese Waffe besitzt eine geringere Hitze- und Druckwirkung, dagegen eine wesentlich höhere Strahlenabgabe als die Atombombe. So ist der engere Umkreis totaler Verwüstung kleiner, dafür aber der weitere Umkreis tödlicher Bestrahlung – die auch Hauswände und Panzerplatten durchdringt – größer als bei einer ›normalen‹ Atombombe gleicher Vernichtungsstärke. Die Behauptung der Befürworter dieser Bombe, daß sie »der Umwelt und der Zivilbevölkerung keinen Schaden zufügt«, trifft also nicht zu.[39]

Die Neutronenstrahlen sind für den menschlichen Organismus noch gefährlicher als die Gammastrahlen der anderen Atomwaffen; daher bewirken selbst geringe Einwirkungen größere biologische Schäden bei Überlebenden auch im Erbgut. Einer der Erfinder dieser Waffe meinte, anscheinend besten Gewissens:

> »Der Krieg ist eben die Hölle. Ein Mensch weiter weg kann eine kleinere Strahlendosierung abkriegen. Nehmen wir mal an, daß er überlebt. Der wird ganz schön viele Qualen haben – Erbrechen, Krämpfe, Übelkeit, Durchfall, und, wenn er überlebt, die Spätfolgen, beispielsweise Leukämie oder Erbschäden. Ich halte es für eine akademische Frage, sich den Kopf darüber zu zerbrechen, auf welche Art und Weise der Feind zu Tode kommt...«

Die unmenschliche Vorstellung vom Feind, dem man alles antun darf, ist anscheinend auch bei Wissenschaftlern verbreitet, die sich keine Gedanken über die moralische, menschliche oder ethische Bedeutung ihrer Handlungen machen. Zu den ›Feinden‹ dieses US-Wissenschaftlers zählt offenbar auch die Bevölkerung Deutschlands; denn die Neutronenbomben sollen ja gerade im Falle eines Angriffs hier auf kurze Distanz eingesetzt werden. Da Tausende dieser kleinen Bomben abgefeuert werden müssen, um einen großen Angriff aufzuhalten, der sich ja wohl mindestens über ähnlich ausgedehnte Fronten wie im Zweiten Weltkrieg erstrecken würde, wären entsprechend große Teile beider deutscher Staaten betroffen. Auch bei einer gezielten Verwendung dieser Nuklearwaffen für lediglich militärische Ziele würden Millionen von Zivilisten den Tod finden; denn Flugplätze, Kasernen, Raketenstandorte, Straßen – auf denen die neueste Waffengeneration der lenkbaren Marschflugkörper (cruise missiles) im Ernstfall umhergefahren werden – liegen im dichtbesiedelten Deutschland niemals sehr weit von kleinen oder großen Städten entfernt. Weder ein Angreifer noch ein Verteidiger wird also die Städte meiden können, und die radioaktive Strahlung macht keinen Unterschied zwischen Soldaten und Zivilisten. D. h., im Kriegsfall wird die Bevölkerung der Bundesrepublik durch die Waffen ihrer Verteidiger und Verbündeten sehr hohe Verluste erleiden.[40]

Anders als in Japan, wo nur zwei Städte von Atombomben getroffen wurden, so daß deren Einwohnern aus dem unversehrten Hinterland Hilfe zukommen konnte – Soldaten, Studenten, Schüler und Krankenschwestern strömten noch am selben Tage in die verseuchten Städte, um zu helfen (viele vergifteten sich dabei radioaktiv) –, wären hierzulande weit größere Flächen mit mehr Städten und Menschen betroffen. Daher könnten sehr viele Verletzte nicht versorgt werden und hätten nicht einmal mehr jene Chancen, die vielen Opfern von Hiroshima und Nagasaki zuteil wurde: medizinische Betreuung für Schwerverletzte, wie sie z. B. der

32   Berlin 1984: Waffenschau und Kinder

Schüler Sumitero Taniguchi erfuhr. Er durchlitt furchtbare Qualen, ehe er
neue Hoffnung schöpfen konnte:
»Einmal spürte ich einen leichten Wind durch das Fenster, und die Erinnerung an die Tage meiner Kindheit kam hoch, als ich noch auf Bäume
kletterte und spielte. Je mehr ich daran dachte, desto verzweifelter
wurde ich. Meine Wunden wurden nicht besser, und nur Schmerz und
Agonie nahmen zu. Wenn ich den Arztwagen hörte, schrie ich nur:
›Bitte tötet mich. Bitte tötet mich.‹ Nicht nur die Verbrennungen auf
meinem Rücken, sondern auch das Liegen auf der Brust führte zu enor-
men Schmerzen. Im März 1946 war die Kehle eingeschnürt und die
Atmung setzte aus, im September konnte ich nicht mehr schlucken und
mich nicht mehr bewegen. Mein halbverbranntes Fleisch begann zu
verwesen, und Leichengeruch quoll aus meinem Bett. Ich schrie weiter:
›Tötet mich.‹ Der Gestank eines verwesenden Mannes. Der Schmerz
auf meinem Rücken, der von Insekten zerbissen wurde, die sich wie
siedende Reiskörner einfraßen. Nur das Stöhnen der Patienten und fle-
hende Stimmen drangen an mein Ohr. Die Welt in diesem Krankenhaus
war nichts als furchtbare Höllenqual.«
Als er im März 1949 entlassen wurde, waren einige Wunden unheilbar;
neu hinzu traten seelische Nöte durch Vereinsamung. Daher bemühte sich
seine Tante, ihn zu verheiraten, »aber sie verriet meiner Zukünftigen
nicht, daß ich verbrannt sei. So sah sie mich erstmals während der Flitter-

wochen, und Tränen rannen über ihr Gesicht«. Sumitero Taniguchi sah später mit anderen Männern und Frauen eine Aufgabe darin, auf die Auswirkungen der Atombombe aufmerksam zu machen. Auf der ersten Weltkonferenz gegen Atom- und Wasserstoffbomben 1955 in Hiroshima waren sie lebende Zeugen eines unvorstellbaren Schreckens. Unbeeindruckt blieben die Kreise der Militärs, Politiker und Geschäftemacher.[41]

Die Entwicklung der ersten Atombombe hatte rund 2 Milliarden Dollar gekostet. Heute geben die USA und die UdSSR jede allein weit über 100 Milliarden jährlich für ihre Rüstung aus. Diese Vergeudung von Reichtümern ist zugleich ein ungeheuerliches moralisches Versagen. Schon vor mehr als 15 Jahren wurde festgestellt:

> »Diesen Winter starb in einem Spital in Marseille ein vierjähriges Mädchen, weil es eine sehr seltene Krankheit hatte. Diese Krankheit ist so selten, daß man, aus Gründen der Rentabilität – du hast richtig gelesen, aus Rentabilität – noch keine Forschung betrieben hat, die ein entsprechendes Heilmittel ergeben würde. Wir möchten, daß man uns auch einmal von Rentabilität spricht, wenn es sich um die Forschungen handelt, die auf dem Gebiet der Zerstörung der Welt unternommen werden.«[42]

Leider hat man bis heute noch nichts davon vernommen. Statt dessen wird noch immer gerade den Jüngeren ein Anschauungsunterricht geboten, der ihnen Vernichtungswaffen als zu begehrende, selbst zu handhabende und zu steuernde Instrumente nahebringt – sei es als Spiel-, Museums- oder Schaustück, das an öffentlich gefeierten ›Waffentagen‹ berührt und bestiegen werden kann. Und wie bei einem Volksvergnügen nimmt ein Großteil der Bevölkerung kritiklos an diesen Waffenschauveranstaltungen teil. Die Kinder sind immer dabei, wie hier das Foto aus der Viermächte-Schutzstadt Berlin zeigt.

Die gleiche Praxis, Kinder ›spielerisch‹ an den Umgang mit tödlichen Waffen zu gewöhnen, kann auf allen Kontinenten beobachtet werden. So führte die Direktorin des National Atom Museum in der Stadt Albuquerque / New Mexico einen Besucher durch die Ausstellung von 30 Atom- und Wasserstoffbombenhülsen:

> »›Die Bomben im Museum zu sehen, macht sie gleichsam ›normal‹, nicht wahr?‹ . . . Zwei Kinder reiten auf einem silbergrauen Torpedo, Typ ›Astor‹. ›Wie heißt ihr denn?‹ Jane. Mein Bruder heißt Blair.‹ Und die Bombe nebenan heißt ›Lulu‹. In einer Ecke liegt der graugrüne ›Mike‹ . . . die erste Wasserstoffbombe.«

Die allertödlichsten Vernichtungsmittel wie Kinder mit Namen zu versehen, soll zweifellos den Umgang mit ihnen erleichtern. Auch in der Bundesrepublik steht in Koblenz ein Museum mit waffentechnischen Anschauungsreihen den Interessierten offen: Aus 10 000 Kriegsgeräten – bis zum jetzigen Stand »allermodernster« Tötungsperfektion – wurden sie ausgewählt und lehrhaft in einem Kasernenkomplex mit dem bezeichnenden Namen »Langemark« aufgebaut – jenes Ortes in Belgien, bei dem 1914 kurz ausgebildete Freiwilligenregimenter zusammengeschossen wurden. Tausende von jungen Menschen fanden hier den Tod; jedoch wohl nicht daran soll der Name erinnern, sondern eher die ›Einsatzbereitschaft‹ junger Menschen heraufbeschwören. So beginnt für Soldaten der »Rundgang durch die Kriegsgeschichte« mit dem Film »Treffen ist unser Auftrag«. Aber nicht nur sie werden auf das Thema des Krieges eingestimmt, sondern auch andere Besucher dieser Waffensammlung: Familien mit ihren Kindern.[43]

Die Veröffentlichungen zur drohenden Gefahr eines Atomkrieges haben sich in den letzten Jahren zunehmend vermehrt, ja sie sind zum Thema Nr. 1 geworden. Lange Zeit interessierte man sich lediglich am Rande dafür, das wirtschaftliche Wachstum oder innenpolitische Ereignisse nahmen die Aufmerksamkeit in Anspruch. Selbst als auf der Frankfurter Buchmesse 1979 ein Buch japanischer Wissenschaftler, die die Nachwirkungen beider Atombombenabwürfe bis Ende der siebziger Jahre untersucht hatten, vorgestellt wurde, zeigte kein deutscher Verlag Interesse an einer Übersetzung. Die Aufklärung blieb vor der Tür.

Waren die Erfahrungen zweier Weltkriege vergessen, die Menschen taub gegen die Zeichen der Zeit?

> »Eines Tages werden wir aufwachen und wissen,
> Daß wir zuwenig getan haben oder das Falsche,
> Wir werden uns sagen, daß wir mehr hätten tun sollen.
> Aber was? werden wir fragen – und: wann hätten wir es tun
> Hatten wir jemals Zeit, uns zu entscheiden?   [sollen,
> Und dann werden wir wissen, daß über uns entschieden wurde
> Von Anfang an, weil wir es so wollten.«[44]

In sehr kurzer Zeit wurden plötzlich Millionen von Menschen gewahr, daß sie tagtäglich in tödlicher Bedrohung lebten. Diese Einsicht verbreitete sich durch das Bekanntwerden folgender Ereignisse: Im Mai 1978 kündigte die US-Army an, daß sie eine Brigade mit 108 Pershing-II-Raketen in der Bundesrepublik stationieren werde; im Februar 1979 erhielt eine US-Firma den Auftrag, die Serienfertigung dieser Raketen vorzubereiten; am 12. 12. 1979 beschlossen die Vertreter von 15 NATO-Staaten in Brüssel, demnächst u. a. in der Bundesrepublik 464 landgestützte Marschflugkörper (cruise missiles, Reichweite etwa 2500 km) und 108 Pershing-II-Raketen (Reichweite *mindestens* 1500 km) aufzustellen. Diese neuesten, äußerst zielgenauen Waffen bedeuten für die Sowjetunion, deren Zentren in der Ukraine, in Moskau, in Leningrad, in Weißrußland von den in der Bundesrepublik und anderen NATO-Staaten aufgestellten Raketen in ca. 5–8 Minuten erreichbar sind, eine sehr viel größere Bedrohung als die der bisherigen Waffensysteme.[45]

Diese massive Aufrüstung der NATO wurde in den öffentlichen Medien gemäß dem in der Politik üblichen verschleiernden Sprachgebrauch – immer ist der andere der Angreifer, der ›Böse‹ – als ›Nachrüstung‹ bezeichnet. Die Daten zeigen, daß die sowjetische Besetzung Afghanistans – die von unseren Politikern als Anlaß zur ›Nachrüstung‹ bezeichnet wurde – erst nach dem Beschluß, nämlich Ende Dezember 1979, erfolgte. Was lag also tatsächlich vor? Die Sowjetunion hatte seit 1976 begonnen, »einige ziemlich verwundbare Raketen, die sie vor zwanzig Jahren installiert hatte, durch Flugkörper zu ersetzen... Es handelt sich dabei um mobile SS-20-Raketen mit drei nuklearen Sprengköpfen, die unabhängig voneinander jeweils ein anderes Ziel ansteuern können.« Mobil bedeutet hier, daß die Raketen auf schweren Lastwagen und Panzerfahrzeugen notfalls ständig umhergefahren werden können, um nicht an einem Ort ein leicht feststellbares Ziel abzugeben. Die unabhängig voneinander ihre Ziele ansteuernden Sprengköpfe sind die sogenannten Wiedereintrittsflugkörper (MIRV oder Mehrfachsprengköpfe). Solche Mehrfachsprengköpfe sind seit den 60er Jahren in einfacheren Ausführungen z. B. bei den U-Boot-Raketen der US-Navy eingebaut. Die Sowjetunion hat mit diesen neuen Raketen waffentechnische Neuerungen durchgeführt, wie sie von den USA seit längerem praktiziert werden; ein Rüstungsdefizit auf westlicher Seite hat es, wie auch im Fall der sogenannten Raketenlücke, nicht gegeben.

Die Beteuerungen unserer eigenen Politiker, daß die ›Nachrüstung‹ unbedingt erforderlich gewesen sei, werden durch Tabellen untermauert, mit denen man die angebliche Hochrüstung der Sowjetunion darstellen will, während das eigene Waffenpotential als gering geschildert wird. Das wird ganz einfach dadurch erreicht, daß die Mehrfachsprengköpfe der amerikanischen Atombombenträger nicht aufgeführt werden.[46]

Da die neuen Waffen nur wenige Minuten Flugzeit von den westlichen Zentren der Sowjetunion entfernt und schwer abzuwehren sind, stellen sie als Angriffswaffen eine außerordentliche Bedrohung für die UdSSR dar; die Sowjetunion würde sich im Krisenfall gezwungen sehen, die auf dem Boden der Bundesrepublik stationierten Waffen zu zerstören, um ihr eigenes Land zu retten. Durch die sogenannte Nachrüstung oder richtiger ›Vorrüstung‹ zieht die Bundesrepublik die Gefahr der Vernichtung verstärkt auf sich. Da dieses – trotz aller Verschleierungsversuche der Politiker – von einer breiten Öffentlichkeit erkannt wurde, entstanden Massenbewegungen, die die neue atomare Aufrüstung ablehnten und den völligen Abbau von Atomwaffen forderten. Ähnlich wie in Japan lassen die Bilder von der atomaren Zerstörung und das Wissen um ihre Folgen die Menschen einen Blick in eine mögliche Zukunft tun; eine solche Zukunft gilt es

33   Berlin 1983: Kinderzeichnung nach der Stationierung neuer Waffen in der BRD

zu verhindern. Anders als nach 1945 teilen heute viele Kinder die Vorstellungen und Befürchtungen ihrer Eltern. Das hat seinen besonderen Sinn:
Im Umkreis jeder Kernwaffenexplosion, aber auch jedes Unfalls atomarer
Kraftwerke, werden Kinder am meisten zu leiden haben, da sie für Strahlenschäden anfälliger sind als die Erwachsenen. Daher ist es verständlich,
daß die Aufwachsenden sich besonders betroffen fühlen, wenn es um Proteste gegen Krieg und Raketenwaffen geht, und ihren Ängsten in Bild und
Wort eigenen Ausdruck geben.[47]
Ich habe während meiner Dienstzeit als Sozialinspektorin in den Ämtern
der 1950er und 1960er Jahre selten jüngere Leute getroffen, die an anderem als ihrem eigenen Fortkommen interessiert waren. Angesichts des
Vorbildes der Älteren, der Kriegsgeneration, war das sicher kein Zufall.

Erst gegen 1970 tauchte Nachwuchs auf, der wieder an grundsätzlichen sozialen Problemen der Arbeit interessiert war. Der jetzige Widerstand, den die jüngere und jüngste Generation in wachsendem Maße gegen neue Kraftwerke und Raketen richtet, gibt Grund zum Hoffen, daß es vielleicht doch noch gelingt, die Fackel des drohenden Krieges zu ersticken. Denn erstmals seit den Tagen Bertha von Suttners und August Bebels, von Rosa Luxemburg und Karl Liebknecht erheben sich wieder – unter gänzlich anderen Vorzeichen – große Teile der jüngeren Generation gegen die ›Autoritäten‹, deren lebensbedrohende Planungen nicht mehr unbeachtet bleiben dürfen.

Unkontrollierte Technik und tödlicher Irrtum

Schon Mitte der fünfziger Jahre schrieb Albert Schweitzer über die Gefahr eines ungewollten Atomkrieges:

»... man [fühlt] sich hüben und drüben genötigt, des Überfalls täglich und stündlich gegenwärtig zu sein, um ihn durch eine augenblicklich erfolgte kraftvolle Abwehr soviel wie möglich zu vereiteln. Diese Nötigung schnellster Abwehr ist es, welche die große Gefahr des zufälligen Ausbruchs eines Atomkrieges in sich trägt. Bei der Schnelligkeit, mit der entschieden werden muß, was das auf dem Radarschirm Sichtbarwerdende bedeutet, ist die Möglichkeit eines verhängnisvollen Irrtums gegeben, der unter Umständen den Ausbruch eines Atomkrieges zur Folge haben kann... So weit haben wir es gebracht: Unser Schicksal wird von einem Elektronengehirn und den Versehen, die ihm passieren können, abhängen.«

Diese traurige Erkenntnis des Versagens der politischen Vernunft geschah zu einer Zeit, als die Langstreckenbomber (die damaligen Hauptträger der Kernwaffen) noch viele Stunden brauchten, um mit ihrer tödlichen Fracht die eventuellen Ziele innerhalb der Sowjetunion oder der USA zu erreichen. Anfang der 1960er Jahre enthielten die Waffenträger beider Seiten bereits wesentlich kompliziertere elektronische Systeme, und es gab einsatzfähige Interkontinentalraketen. Experten stellten fest:

»Je größer die Zahl der zu beachtenden Komponenten wird, desto kleiner wird die Zuverlässigkeit. Die heutigen Steuerungssysteme, Elektronengehirne, Satellitenaufbauten, alles wird von Tag zu Tag empfindlicher und störungsanfälliger. Daher haben sowohl der amerikanische General Taylor als auch der bekannte McCloy erklärt, daß die Wahrscheinlichkeit für die Entstehung eines allgemeinen Krieges infolge von technischen Fehlern und Falscheinschätzungen ständig zunähme. Tatsächlich hat es ja bereits mehrfach in den letzten Jahren gefährliche

Situationen gegeben, in denen nur durch die ruhige Besonnenheit eines hohen Militärs das apparative Versagen ausgeglichen und die Auslösung eines Gegenschlages vermieden wurde. Wir haben von abgeirrten Raketen, abstürzenden Bombern, Radarfalschmeldungen gehört, die in einer spannunggeladenen Zeit den Funken für die Explosion bedeuten können.«[48]

Mit ›Gegenschlag‹ ist hier gemeint, daß, sobald anfliegende unbekannte Raketen oder Flugzeuge auf den Radarschirmen geortet werden, die das eigene Land zu bedrohen scheinen, sofort Atomwaffenträger gestartet werden; denn die Geschwindigkeit der Kernwaffen erlaubt es nicht, abzuwarten, bis genauere Klärung möglich geworden ist, sondern es muß sehr schnell reagiert werden. Um die Gefahr eines solchen ›irrtümlichen Krieges‹ zu verringern, wurde in der Kennedy-Ära eine direkte Verbindung, das sogenannte Rote Telefon, zwischen Washington und Moskau eingerichtet. Allerdings handelt es sich dabei nur um eine »normale Fernschreibleitung, die irgendwo in den Vorzimmern der Macht endet«. Zusätzlich müßten dann Dolmetscher zur Stelle, vor allem aber die ›Oberverantwortlichen‹ erreichbar sein; in der Kürze der im Ernstfall zur Verfügung stehenden Zeit dürfte das ungemein schwierig werden.[49]

Mit der Stationierung der Pershing-II-Raketen in der Bundesrepublik hat sich die ohnehin knappe Zeit zwischen Abschuß und Explosion der Vernichtungsbomben am Zielort für die Sowjetunion drastisch verkürzt.

»Am gefährlichsten ist, daß sich die Vorwarnzeiten von gegenwärtig 30 Minuten auf acht Minuten verringern... Es ist bekannt, was in dem westlichen Verteidigungssystem während dieser acht Minuten abläuft, und man kann davon ausgehen, daß das östliche System in gleicher Weise arbeitet: Fünf Minuten werden benötigt, um einen Angriff zu erkennen und die adäquate militärische Antwort vorzubereiten. Damit bleiben dem US-Präsidenten (beziehungsweise dem Generalsekretär der KPdSU) höchstens drei Minuten Zeit für eine Entscheidung, eine Entscheidung, die zur Folge hat, daß zumindest Mitteleuropa von der Erdoberfläche verschwindet.«[50]

Wenn auch mit hoher Wahrscheinlichkeit davon auszugehen ist, daß der Irrtum eines Computers – der also feindliche Objekte signalisiert, die nicht da sind – ohne vorherige politische Spannungen nicht zu einem Atomkrieg führen würde, so sollte man doch gerade auf dem Gebiet der Politik realistisch bleiben: Krisensituationen hat es noch immer gegeben, und auch Fehlalarme lassen sich nicht wegleugnen; im Gegenteil, sie sind in geradezu beunruhigendem Maße gestiegen. Über das nordamerikanische Luftverteidigungszentrum im Bundesstaat Colorado sind folgende Daten zu erfahren:

»Allein zwischen Januar 1979 und Juni 1980 hat es einem Bericht der

US-Senatoren Gary Hart und Barry Goldwater zufolge 147 Fehlalarme gegeben; 1979 waren es 78, in der ersten Jahreshälfte 1980 waren es 69 gewesen. Dies stellt eine Zunahme von 77 Prozent gegenüber 1979 dar. Vier der Fehlalarme führten bis zur Alarmstufe 2, ... Darüber hinaus gibt es lediglich nur noch eine weitere Alarmstufe, die sogenannte Missile Attack Conference [= Raketenangriffskonferenz]; sie schließt alle führenden Politiker und Militärs, einschließlich des amerikanischen Präsidenten, mit ein. Dem Hart/Goldwater-Report zufolge ist eine solche Konferenz nie einberufen worden.«[51]

Immerhin führten falsche Informationen dazu, daß sogar in der obersten Kommandozentrale, im Pentagon, viermal erhöhte Alarmbereitschaft angesagt war. Diese Anhäufung ist zu einem großen Teil auf die veralteten Computersysteme zurückzuführen, deren Modernisierung vom amerikanischen Verteidigungsministerium nicht in dem erforderlichen Maße vorangetrieben wurde. Allerdings waren Anlässe zur atomaren Auseinandersetzung bis dahin vermieden worden, oder sollte für die amerikanische Regierung die Gefahr eines russischen Angriffs nicht so groß sein, als daß eine rechtzeitige Wahrnehmung feindlicher Raketen vonnöten wäre?

Die Möglichkeit, daß eine Falschmeldung nicht als solche erkannt wird, besteht auf beiden Seiten. Je größer die Angst vor einem Angriff wird, desto eher erhöht sich die Gefahr, daß ständig weniger überlegt wird. Neben den technischen Fehlern häufen sich menschliche.

»Was den menschlichen Faktor anbelangt, so hat der amerikanische Starjournalist Jack Anderson von einem Vorfall berichtet, den das Pentagon [= Militärzentrum der USA] bestreitet: Am 19. 11. 1980 führten die Offiziere Henry Winsett und David Mosley einen Test mit ihrer Titan-Interkontinentalrakete auf dem Fliegerhorst McConnelly im Bundesstaat Kansas durch, um die Verläßlichkeit der Waffe durch die Simulation eines Abschusses zu überprüfen. Um die Titan abzufeuern, müssen beide Offiziere ihre Schlüssel gleichzeitig drehen, nachdem sie den entsprechenden Code... bekommen haben. Dieser Vorgang öffnet eine Drosselklappe und führt dazu, daß sich zwei chemische Substanzen verbinden, zünden und somit den Abschuß der Rakete bewirken. An jenem 19. November zeigte die Schalttafel grünes Licht für die Drosselklappe, dabei hätte sie eigentlich überhaupt nicht erleuchtet sein dürfen. Die beiden Offiziere drehten die Schlüssel. Anstatt daß die Lampen den Testbeginn meldeten, signalisierten sie ›abschußbereit‹ und... daß man sich in der Abschußphase befindet. Winsett stellte die Rakete ab, indem er den Stecker herauszog. Dies sei die einzige Möglichkeit gewesen, ›das Ding daran zu hindern loszugehen‹. Der Zwischenfall wurde von beiden Männern bestätigt.«[52]

Ein solches Versagen offiziell zuzugeben, ist natürlich für jede Bürokratie, besonders für eine militärische, ausgeschlossen – welches Amt gesteht schon öffentlich ein, daß es Fehler begangen hat, gar in einer so lebensgefährlichen Angelegenheit? Die Gefahr menschlichen Versagens, die zu einem Atomkrieg führen könnte, wird einfach verdrängt, beiseite geschoben wie die Kenntnisnahme des Alkohol- und Drogenmißbrauchs von Soldaten, die mit atomaren Waffen in Berührung kommen. Der Dienst in den Kernwaffeneinheiten, in der Nähe von Menschenvernichtungswaffen, stellt eine starke psychische Belastung dar, die zu hohen Ausfallquoten führt: Der Isolation, dem Streß und der Langeweile sind viele nicht gewachsen. »Dem Pentagon zufolge wurden allein in den Jahren 1975 bis 1977 an die 15 000 von insgesamt ca. 115 000 Soldaten, die in irgendeiner Form mit Nuklearwaffen zu tun haben, von ihren Posten entfernt.«[53] Diese Zahlen zeigen, wie schwierig es für die Streitkräfte der USA schon in Zeiten ohne Großkrieg ist, das Risiko menschlichen Versagens einzudämmen. Die UdSSR hat aller Wahrscheinlichkeit nach mit ähnlichen Schwierigkeiten zu kämpfen.

Einem anderen Problem, das eng mit dem eben erwähnten zusammenhängt, hat man lange Zeit keine Aufmerksamkeit geschenkt, nämlich der Möglichkeit des Diebstahls einer Atombombe. Erst Ende 1972 erhielt ein US-Senator, Vorsitzender im »Gemeinsamen Ausschuß für Atomenergie« in Washington, erste Informationen über die ungenügende Sicherung amerikanischer Kernwaffen, die er durch eine Reise überprüfte. Drei Jahre später setzte er die Veröffentlichung seiner Erkundungen – gekürzt um sicherheitstechnische Details – durch, um entsprechende Verbesserungen forcieren zu können; er wies darauf hin: »Standorte von Atomwaffen scheinen verwundbar durch einen Angriff von Terroristen.« Weitere Erwägungen in den USA, wie ein unbeabsichtigter Atomkrieg ausbrechen könnte, gehen bis zu den Vorstellungen,

> »daß eine terroristische Organisation oder Individuen sich bombenfähiges Material (Plutonium oder hochangereichertes Uran) besorgen, eine Bombe bauen und sie mit dem Ziel politischer Erpressung einsetzen... Wie würden wir reagieren, wenn eine nukleare Bombe in einem Schiff unbekannter Herkunft im Hafen von San Francisco explodierte und die Stadt ausradierte? Werden wir untätig dasitzen, während die Möglichkeit in den nächsten Jahren größer wird, daß ein fanatischer Führer versucht, die Welt von den Supermächten zu erlösen, indem er einen Krieg in der Dritten Welt auslöst?«[54]

Nichts ist undenkbar; auch die Tatsache, daß von jeder Seite aus ein Angriff vorgetäuscht werden kann, Beispiele im Ersten und Zweiten Weltkrieg haben es gezeigt, es brauchen nicht terroristische Organisationen zu sein. Immerhin mehren sich jedoch Meldungen über abhanden gekommenes Material, aus dem sich Bomben herstellen lassen:

»1968 verschwand ein Frachter mit 200 t Uranoxyd an Bord, das für die Herstellung von Bomben noch hätte aufbereitet werden müssen. 25 Pfund hochangereicherten Urans, mit dem sich zwei kleine Bomben produzieren ließen, wurden 1978 in einer US-Fabrik in Apolla, Pennsylvania, vermißt. Anfang September 1980 wurde der Verlust von 25 g Plutonium aus der englischen Wiederaufbereitungsanlage in Windscale bekannt.«[55]

Genügend Regierungen, die Interesse daran haben, Bomben zu bauen, gibt es allemal. So hat z. B. mit an Sicherheit grenzender Wahrscheinlichkeit Israel seit Anfang der siebziger Jahre eigene Atombomben, Südafrika wohl seit 1979, während Indien 1974 eine Atomexplosion durchführte, angeblich nur zu Forschungszwecken. Die benötigten Fachleute, Reaktoren und Kernkraftwerke – die als Nebenprodukt Plutonium liefern – gibt es mittlerweile in Dutzenden von Staaten, abgesehen von den fünf atomaren Großmächten USA, Sowjetunion, Großbritannien, Frankreich und China. Von den anderen Interessenten in der dritten Welt heißt es, daß die Wiederaufbereitungs- und Urananreicherungsanlagen für die Produktion von Bomben in mehreren Ländern bereits verfügbar seien. Dazu gebe es hervorragend ausgebildete Techniker und Wissenschaftler, besonders in Argentinien, Israel, Pakistan, Südafrika und Taiwan. In wenigen Monaten (so in Pakistan) bis maximal drei Jahren könnten Argentinien, Südkorea und Taiwan Bomben konstruieren, Brasilien und der Irak in fünf bzw. sechs Jahren; weitere Länder dürften dazu zehn und mehr Jahre brauchen.[56]

Die schon jetzt nicht mehr völlig auszuschließenden Risiken in technischer sowie menschlicher Hinsicht werden mit jedem weiteren atombombenbesitzenden Staat gesteigert werden. Diese Unüberschaubarkeit hat noch einen Nebeneffekt: Die Abschreckung versagt, wenn der Schrecken alltäglich wird. Wächst er nicht schon längst in das Weltbild unserer Kinder hinein? Denn es ist kaum möglich und wäre auch unklug, sie vor Wissen bewahren zu wollen, da sie sich ja in dieser Welt zurechtfinden müssen. Daher wird es sich nicht vermeiden lassen, daß noch viele Kinder nach der Betrachtung von Bildern und Filmen, nach dem Anhören von Radiosendungen oder Gesprächen Angst empfinden werden, so wie es einem amerikanischen Mädchen erging; nachdem sie über die Bedrohung aus der Luft, durch Bomben und Flugzeuge, gehört hatte, reagierte sie, ihrer Einsicht gemäß, sehr vernünftig:

> »Sie weckte die Mutter im Morgengrauen
> und bat sie verschreckt und betrübt:
> ›Laß uns weggehen, Mama, laß uns gehen dahin,
> wo es keinen Himmel gibt!‹«[57]

Von der Furcht, die durch die realen Gegebenheiten bedingt ist, können wir unsere Kinder nicht befreien, solange die Wirklichkeit so bleibt, wie sie jetzt ist. Doch je klarer unsere eigenen Informationen werden und je deutlicher wir uns der allgemeinen Bedrohung bewußt sind, desto entschiedener können und müssen wir ihnen beistehen, sich dagegen zu wehren, daß der Schrecken sie verschlingt. Merk-würdig und nach-denklich berühren in diesem Zusammenhang die Worte des Indianerhäuptlings Seattle, vom Volk der Suquamisch-Duwamisch, aus dem Jahre 1853; er hatte die Vernichtung seines Volkes und die Mißachtung der Natur durch die Weißen erlebt:

»Ihr werdet es erleben, daß euch der Geist des Roten Mannes zu irgendeiner Zeit zu erfüllen beginnt, in euren Kindeskindern, zu einer Zeit, da ihr allgemein vollkommen gefühllos geworden seid und euch nur noch Haß und Angst zu Taten zwingen, die nicht nur Vernichtung anderer, sondern auch eure eigene zum Ziel hat. ... wir werden ständig um euch sein und warten, bis wir in eurem Charakter ein Samenkorn der Liebe zum Leben pflanzen können. Das aber wird dann der Tod eurer Welt sein.«

Unsere Welt, mit all ihrer von Europa ausgegangenen und nun die Welt beherrschenden Technik, beruht ja nicht auf sozialer Verantwortung gegenüber der Gemeinschaft, sondern auf Selbstsucht und Habgier der einzelnen, die immer nur mehr haben wollen. Dazu werden in unserem Gesellschaftssystem die meisten Kinder von klein auf angehalten; so ›erfolgreich‹ ist diese Erziehung, daß jeder, der als Erwachsener nicht streng den eigenen Vorteil verfolgt, sich gar noch intensiv um das Wohlergehen fremder, nichtverwandter Personen kümmert, als weltfremd, als Spinner, als ›Jesus‹ verspottet wird. Dieses Verhalten charakterisierte der ostpreußische Dichter Ernst Wiechert treffend, als er (bezogen auf die Haltung der Deutschen im gerade beendeten Weltkrieg) 1945 schrieb:

»Wie der Räuber nur die Beute sieht, so sahen sie nur Länder, Städte, Erz, Getreide, Silber, Öl und Gold. Sie fragten nicht, wem es gehörte, sie fragten nicht, ob es Recht sei, sie fragten nicht, ob Frauen und Kinder und Kranke verdarben, sie wollten nur haben, nichts als haben...«[58]

Ganz ähnlich der Umgang mit der Natur: Um kurzfristiger Vorteile willen, weil einzelne und kleine Gruppen daran verdienen, wird die natürliche Umwelt in immer schnellerem Tempo zerstört; die Generation der jetzt Geborenen wird kaum mehr unter Eichen- und Buchenhainen sich ergehen können, geschweige denn unter hohen Tannen. Aber diese schleichende Zerstörung ist nur die eine Seite.

Mutmaßungen über das Ende

Die nicht vor Wasser zagten noch Gewittern
Sahn eines Tags im hohen Mittagslicht
Ein höheres Licht. Das schreckliche Gesicht
Zwang sie von nun an ihren Flug zu ändern.

Mit diesen Worten umschrieb der Lyriker Stefan Hermlin die ihn bewegende Nachricht, daß Zugvögel über dem Pazifik nach den Wasserstoffbombentests auf Bikini und Eniwetok (1952/54) ihre gewohnten Wanderlinien geändert hätten. Die mikronesische Bevölkerung der Nachbarinseln von Rongelap und Utirik (knapp 200 bzw. 300 km entfernt) wurden radioaktiv verseucht, weil sie erst mehrere Tage nach der Explosion im März 1954 von den US-Behörden evakuiert wurden. Die Marshall-Inseln sind seit 1945 (wie auch die Nachbararchipele der Karolinen-, Marianen- und Palau-Inseln) sogenannte Treuhandgebiete der USA, aus ehemals japanischen Kolonialbesitz. Während die von der gleichen Explosion betroffenen 23 japanischen Fischer des Kutters »Glücklicher Drache« bzw. ihre Familien schließlich eine Entschädigung erhielten, bekamen die evakuierten Inselbewohner, »die inzwischen in den Slums von Kwajalein [Hauptstadt der Marshall-Inseln] wohnten, keine vergleichbare Hilfe«. Unverantwortlicherweise wurden die etwa 150 Einwohner von Utirik nach wenigen Monaten – die von Rongelap nach 3 Jahren – wieder auf ihre Insel zurückgebracht, die angeblich »von Technikern der amerikanischen Atomversuchsbehörde ›vollkommen entseucht‹ worden« war. Trotz des Anstiegs von Krebserkrankungen, Schilddrüsentumoren, Fehl- und Mißgeburten behauptete das Laboratorium der US-Atomversuchsbehörde, die radioaktive Strahlung sei zu gering gewesen, um Schäden verursacht zu haben. Erst als es den Mikronesiern 1971 gelang, japanische Ärzte hinzuzuziehen, gestattete die Behörde 1972, daß auch andere Wissenschaftler unabhängig von ihr Untersuchungen auf den Marshall-Inseln durchführen durften. Ein früherer Mitarbeiter des Laboratoriums räumte 1977 ein:

> »Wir glaubten zu dieser Zeit, daß die Bewohner nur von so einer geringen Dosis betroffen wären, daß wir sie nicht regelmäßig untersuchen und überwachen müßten. Aber die Entdeckung von all diesen Schilddrüsen-Krebskrankheiten heute beweist, daß wir uns geirrt haben. Die Leute fragen uns nun, ob es nicht möglich ist, daß wir auch andere Irrtümer begangen haben...«[59]

Dieses Eingeständnis findet man leider allzu häufig bei den Verantwortlichen. Sie wissen nicht genau, was eine Handlung für Folgen hat, aber sie lassen sie ausführen. Die Leidtragenden sind dann stets andere Menschen, mit deren Gesundheit, Glück und Leben leichtfertig umgegangen wird. Den evakuierten Einwohnern von Bikini und Eniwetok, die auf kleineren und entlegeneren Atollen ein ärmliches Leben fristeten, erging es ähnlich: 1968 verkündete die US-Atombehörde hinsichtlich Bikinis voller Stolz: »Es gibt praktisch keine Radioaktivität mehr und wir können auch keinen schädlichen Einfluß auf Flora und Fauna der Insel feststellen.« Die Insulaner durften zurück, neue Wellblech- und Zementhäuser wurden errichtet, neue Kokospalmenhaine angepflanzt. Und doch traten bald neue Krankheitserscheinungen auf; sie veranlaßten die Bikinier, durch Klage vor einem Gericht der Vereinigten Staaten

> »eine Untersuchung von einem von der Armee unabhängigen Laboratorium [durchzusetzen]... Diese Experten entdeckten dann zu Beginn des Jahres 1978, daß die gesamte Bevölkerung auf Bikini durch den Genuß von verseuchter Nahrung und verseuchtem Trinkwasser radioaktiv vergiftet wurde. Selbst der Boden enthält Plutonium, das tödlichste Gift, das es gibt...«

So wurde die Bevölkerung 1978 von neuem evakuiert. In Eniwetok versuchte die US-Atombehörde für 100 Millionen Dollar die Insel zu entseuchen: Das Erdreich im Umkreis der früheren Explosionszentren wurde abgetragen, in den Wasserstoffbombenkrater geworfen und zubetoniert. Die Strahlung hält jedoch an, da das Plutonium, ein Bestandteil von Wasserstoff-, Atom- und Neutronenbomben, seine Strahlung erst nach rd. 24 000 Jahren um die Hälfte verringert haben wird (sogenannte Halbwertzeit).[60]

Diese Vergewaltigung kleiner Völker wird auch von den übrigen Atommächten im Pazifik praktiziert. Die französischen Regierungen führten seit 1966 rd. 100 Versuchsexplosionen auf den Inseln Moruroa und Fangataufa (rd. 1000 km südöstlich von Tahiti) durch, Großbritannien auf den Zentralpolynesischen Inseln, und neuerdings hat die Volksrepublik China ihre Interkontinentalraketen bei der Erprobung in ein Zielgebiet des südwestlichen Pazifiks geschossen. Die Sowjetunion, die bisher alle Versuche im eigenen Land durchführte, hat sich 1980 ein Zielgebiet am Nordrand des Südpazifischen Beckens reservieren lassen.[61]

Diese Inseln liegen inmitten der größten Wasserfläche der Erde, von frischester Luft und reinstem Wasser umgeben, auf Tausende von Meilen im Umkreis gibt es keine Industrieanlagen, die nennenswerte Mengen von Schadstoffen abladen. Wenn man sich klar macht, daß alles das auf radioaktive Verseuchung keinen Einfluß hat, so kann man sich vorstellen, was ein Krieg mit atomaren Waffen in Europa bedeuten würde.

Die Atombombenblitze von Hiroshima und Nagasaki 1945 stellten nicht nur den Einsatz einer neuen, furchtbaren Waffe dar, sondern markierten den Anfang von einem möglichen Ende der Menschheit. Das soll nicht heißen, daß dieses Ende, das uns alle betrifft, unausweichlich ist oder eintreten muß: Auch in diesem Falle werden Menschen darüber entscheiden,

34 Auswirkungen einer Sprengbombe von 500 kg auf ein Kieler Wohnhaus

ob sie ihre Artgenossen und auch sich selber vernichten wollen. Nach einer Jahrtausende langen Geschichte – vor rd. 5 Jahrtausenden wurden die Pyramiden erbaut – hat die menschliche Kultur erstmals die Möglichkeit, jede Kultur auf diesem Planeten, ja sogar alle Menschen zu vernichten – welch ein Fortschritt!

Schon vor 25 Jahren stellte der Philosoph Günther Anders fest:

»Die Epoche, in der wir leben, ist, selbst wenn sie ewig währen sollte, die endgültig letzte Epoche der Menschheit. Denn wir können nichts verlernen. Die Tatsache, daß wir, die Menschheit, uns selbst auslöschen können, definiert unsere Epoche. Wie fähig wir auch sein mögen, im Laufe der Zeit (wenn uns solche bleibt) Neues, ja unendlich viel Neues zu schaffen und zu erlernen, zwei Tatsachen stehen fest: 1. Keine Neuerwerbung oder Neuproduktion kann von der gleichen grundsätzlichen Bedeutung für die Menschheit sein oder werden wie die Tatsache, daß diese sich jederzeit selbst liquidieren kann. 2. Niemals werden wir fähig sein, diese unsere Fähigkeit zu verlernen... Aus diesem Grunde haben wir festzustellen: Die Zeitrechnung, die mit dem Jahre 45 begann, ist endgültig. Entweder leben wir in dieser unserer Epoche weiter, oder wir leben überhaupt nicht weiter.«[62]

Eigentlich hätten es alle Politiker begreifen müssen: Ein Krieg, bei dem beide Seiten Massenmordwaffen besitzen, die nicht nur Menschen, sondern auch die Erde noch Jahrtausende später vergiften, kann nur aus Lust am Untergang geführt werden. Aber die Waffen sind vorhanden, ständig neue und mehr sind in den letzten Jahrzehnten produziert worden, und mit ihrer Anwendung wird gerechnet. Militärs bereiten den Tag »X« vor und fertigen Planspiele an.

Die Auswirkungen einer 500 kg schweren Sprengbombe (siehe Bild 34) sind noch faßbar. Sie enthielt etwa eine halbe Tonne reinen Sprengstoff, gemessen in dem Stoff Trinitrotoluol (TNT), der in den 1860er Jahren erstmals hergestellt wurde, ähnlich wie das Dynamit, aber auf anderer Grundlage. Diese im Zweiten Weltkrieg abgeworfene Bombe war damals eine der größten. Ihre Wirkung reichte aus, das solide gemauerte Haus zu zerstören und einen rd. 2 m tiefen Trichter ins Erdreich zu reißen. In einer engen Straße explodiert, hätte diese Bombe mehrere Häuser im Umkreis so zugerichtet. Die Hiroshima-Bombe hatte dagegen eine Vernichtungsstärke von rd. 13 000 Tonnen Sprengstoff (TNT), sie war also 26 000 mal stärker als die Fliegerbombe des Zweiten Weltkriegs – ausreichend, um eine große Stadt dem Erdboden gleichzumachen. Hinzu kommt die langanhaltende Nachwirkung. Noch heute sterben überlebende Bombenopfer und werden in Japan, Mikronesien und in Polynesien Kinder geboren, die mißgebildet oder durch die radioaktive Bestrahlung ihrer Eltern erbgeschädigt sind.

Die NATO-Armeen und die sowjetischen Streitkräfte verfügen heute über Atomsprengköpfe für Atomgranaten (aus Haubitzen und anderen Geschützen bis zu 30 Kilometern zu verschießen) und Kurzstreckenraketen (Reichweite unter 160 km); die Vernichtungsstärke dieser Sprengköpfe reicht von einem Hundertdreißigstel bis zu einem fast Fünffachen der Hiroshimabombe, also von 100 Tonnen TNT bis zu 60 000 Tonnen TNT. Allein auf dem Boden der Bundesrepublik sind mindestens 5000 solcher Atomsprengköpfe vorhanden, die im Kriegsfalle – gemäß der Reichweite ihrer Waffenträger – gegen den herannahenden Feind eingesetzt und meist auf bundesdeutschem Boden detonieren würden. Die weiterreichenden Raketen und Flugzeuge sind in der Lage, auch die größten Bomben ins Ziel zu tragen: Man nimmt an, daß das einige hundert Wasserstoffbomben sind, deren jede eine Vernichtungskraft von annähernd 1500 Hiroshima-Bomben hat. Das ist ungefähr das 16fache der Sprengkraft aller Bomben, die während des fünfeinhalbjährigen Zweiten Weltkrieges auf Deutschland geworfen wurden – konzentriert auf eine Sekunde und verbunden mit Strahlenschäden ungeheuren Ausmaßes. Allerdings sind viele kleine Kernbomben, die zusammen die Vernichtungsstärke einer solchen Wasserstoffbombe erreichen, noch wesentlich verheerender, da sie eine größere Fläche verbrennen und bestrahlen würden.[63]

Eine 1983 veröffentlichte wissenschaftliche Publikation der Max-Planck-Gesellschaft in München schildert die veränderten Beziehungen der Lebewesen zur Umwelt im Falle einer atomaren Katastrophe, wenn man davon ausginge, daß 15 000 Atomsprengköpfe mit 5470 Megatonnen Sprengkraft (1 Megatonne = 1 Million Tonnen TNT) zum Einsatz kämen; das ist nur ein kleinerer Teil des für 1985 geschätzten Gesamtbestandes der UdSSR und USA.

»Mehrere hundert Millionen Tonnen Rauch und Ruß aus brennenden Wäldern, Städten und Industrieanlagen würden den Großteil der Nordhalbkugel wochenlang in kaltes Dunkel hüllen. Nur ein Bruchteil des Sonnenlichts könnte noch bis zum Erdboden vordringen. Vor allem über dem Festland würde die normale Temperaturschichtung der Troposphäre [= unterste Schicht der Atmosphäre] – unten warm, oben kalt – umgestürzt, was extreme meteorologische Verhältnisse nach sich zöge. Wochenlange Dämmerung auch am Tag und Temperaturen um oder unter dem Gefrierpunkt, selbst im Sommer, würden den Zusammenbruch biologischer Kreisläufe auf der nördlichen Hemisphäre [= Erdhalbkugel] bedeuten... Das Ausmaß der entstehenden Brände würde mindestens eine Million Quadratkilometer Wald umfassen. Allein dadurch würden mehrere Millionen Tonnen Stickoxyde [= giftige Gase] gebildet und einige zehn Millionen Tonnen Kohlenwasserstoffe. Der Kohlenmonoxyd-Pegel [= geruchloses, hochgiftiges Gas] würde global auf das Zwei- bis Vierfache, über den Kontinenten lokal noch höher ansteigen. In derselben Größenordnung läge die Belastung aus brennenden Erdöl- und Erdgas-Förderungs- und Verarbeitungsanlagen. Dadurch... käme [es] weltweit zu einem ›photochemischen Smog‹ – ausreichend, den Ozon-Pegel [= Form des Sauerstoffs] erheblich über die für Menschen und Pflanzen tolerierbaren Grenzwerte ansteigen zu lassen.«[64]

Es wären nicht allein die am Krieg direkt beteiligten Staaten, vielmehr die gesamte Menschheit betroffen. Nicht nur Finsternis und Kälte, sondern auch weltweiten Smog und Hungerkatastrophen hätte sie zu überstehen; es ist seit Jahrzehnten bekannt, welche Folgen radioaktiv verseuchte Nahrung für Menschen und Tiere nach sich zieht. Bezeichnend ist, zu welch völlig anderem Ergebnis Experten der US-Bundesbehörde für den Katastrophenschutz in einer für das Amt des Präsidenten erarbeiteten Studie vom Dezember 1983 gekommen sind. Man muß davon ausgehen, daß die Verfasser der Studie entweder die Auswirkungen radioaktiver Verseuchungen nach Atomexplosionen weitgehend unbeachtet gelassen haben, oder sie haben die Folgen der Detonation hunderter atomarer Sprengköpfe nicht begriffen. Da das letztere unwahrscheinlich ist, kann man wohl annehmen, daß die Erwartungen des Auftraggebers in der Ausarbeitung der

Studie berücksichtigt worden sind – wie das häufig bei hochbezahlten Gutachten vorkommt. Zwar wird nach dieser Untersuchung jeder zweite US-Einwohner bei einem schweren Atomangriff auf die Vereinigten Staaten umkommen, dennoch behauptet sie,

»daß die ›landwirtschaftliche Produktion im Falle eines nuklearen Angriffs voraussichtlich für die Bedürfnisse der überlebenden Bevölkerung angemessen bleibe‹ werde. Allerdings [werde]... es nicht genügend Nahrungsmittel für die Überlebenden geben..., wenn die Bevölkerung vor einem Atomangriff aus den Städten [in denen ⅘ der Amerikaner leben] evakuiert werde... ›Es würde weitaus ernster sein, wenn die für die Krise vorgesehene Umsiedlung Menschenleben erhielte und nicht die kritischen Ressourcen‹, heißt es in dem Bericht. Vieh und Geflügel seien im Falle eines Einsatzes von Atomwaffen zwar nur minimal geschützt, könnten die nach einem Angriff drohenden Brände und radioaktive Verseuchung allerdings ›wahrscheinlich einfacher als die Menschen überstehen‹... Das Verkehrsministerium erwarte, daß es auch nach einem Atomangriff in der Lage sein werde, noch genügend Nahrungsmittel an die Orte zu transportieren, wo diese benötigt würden... Düngemittel, elektrischer Strom und Schädlingsbekämpfungsmittel würden auch nach einem Atomangriff in ausreichender Menge zur Verfügung stehen... Allerdings werde es an Medikamenten für die veterinärmedizinsche Versorgung mangeln, da der Bedarf für die humanmedizinische Versorgung der überlebenden Menschen steigen werde.«[65]

Die beabsichtigte Irreführung der Öffentlichkeit durch derartige ›Studien‹ wird noch offensichtlicher, wenn man berücksichtigt, daß Untersuchungen über die Auswirkungen radioaktiver Strahlung auf Pflanzen vorliegen. Bei einem Atomkrieg beider Weltmächte miteinander würde sicher ein Großteil der angesammelten Vernichtungswaffen auf das Gebiet der jeweils anderen Seite abgeworfen werden, eine höchst massive Verstrahlung wäre die Folge. Dieser würden die meisten Getreidearten zum Opfer fallen, auch der Weizen und dessen ertragreiche Neuzüchtungen, die sehr viel weniger widerstandsfähig gegenüber radioaktiver Verstrahlung als andere Gräser sind.[66]

Die Gefährlichkeit solcher Veröffentlichungen liegt darin, daß die Verharmlosung eines Atomkrieges gefördert wird. In der Studie wird mit keinem Wort erwähnt, daß tödlich verseuchte Ernten wohl kaum ein ›angemessenes‹ Nahrungsmittel sein dürften, geschweige denn – dazu fehlt jeder Hinweis –, wie sie eingebracht werden sollen. Sicher mit Traktoren und landwirtschaftlichen Maschinen, die ebenso zahlreich noch vorhanden sein und betrieben werden können wie die Transportmittel für das Ministerium: nämlich gar nicht. Was zu der Annahme führt, daß das Verkehrsministerium noch agieren könnte, bleibt das Geheimnis der Experten. Dagegen werden radioaktiv verseuchte Tiere kurzerhand für resistent und damit wohl auch eßbar für die Bevölkerung erklärt; nur leider fehlen die medizinischen Mittel, um das Vieh ausreichend zu behandeln – schließlich geht der Mensch vor. Aber allzusehr wohl auch nicht, denn größte Bedenken werden geäußert gegen die Möglichkeit, durch Umsiedlung Menschenleben zu retten, für die dann doch nicht genügend Nahrungsmittel vorhanden wären. Schwierigkeiten bei der Verteilung werden nur angedeutet. Dafür geht es für die Überlebenden dann überaus komfortabel zu: »Düngemittel, elektrischer Strom und Schädlingsbekämpfungsmittel« verheißen eine glückliche Zukunft. Jeder hat seine Chance!

Schon 1959, während des ersten ›Aufstandes des Gewissens‹ sagte einer der Anreger der Kampf-dem-Atomtod-Bewegung, Günther Anders:

»Die Entscheidung über das Schicksal des Menschen liegt heute zum größten Teil in den Händen von Männern, die nicht begreifen, daß es Fragen nichttaktischer Natur gibt; und deren geistige und moralische Kapazität nicht auszureichen scheint, um sich die Größe der Bedrohung, damit die Größe ihrer Verantwortung, vorzustellen. Schon das Vokabular, das sie, über die mögliche Apokalypse [= Untergang] sprechend, verwenden, läßt befürchten, daß sie einfach nicht wissen, wovon sie reden und was sie tun.«[67]

Fatalerweise hat sich die Einsicht und Moral der Politiker, die seitdem schnellere, zielgenauere und mehr Atomwaffensysteme aufstellen ließen, in dem vergangenen Vierteljahrhundert nicht in einer Weise verbessert, wie sie dem tödlichen Ernst der Lage angemessen wäre. Die Uninformiertheit und der Leichtsinn scheinen sogar zugenommen zu haben. Wie sonst ist es zu erklären, daß ein hoher Politiker im Kriegsministerium der USA im Herbst 1981 Vorstellungen entwickelte, die in ihrer Absurdität nicht zu überbieten sind. Er meinte,

»ein Atomkrieg sei bei weitem nicht so verheerend, wie man uns bisher glauben gemacht habe... ›Wenn es genügend Schaufeln für alle gibt, wird jeder es schaffen.‹ Mit den Schaufeln sollen Löcher in den Boden gegraben werden, die auf irgendeine Weise mit ein paar Türen abgedeckt werden, auf die man dann 90 cm Erde wirft. Auf diese Weise würden die Millionen, die aus Amerikas Städten aufs Land evakuiert worden wären, mit angemessenen Fallout-Bunkern [Fallout = radioaktiver Niederschlag] versorgt. ›Es ist die Erde, auf die's ankommt‹...«[68]

Man sieht förmlich, wie rd. 140 Millionen Amerikaner, die aus den größeren Städten im Falle eines massiven Atomangriffes evakuiert werden müßten, angesichts der durchschnittlichen Familiengröße mit etwa 60 Millionen Türblättern durch das Land ziehen. Man hat allen Anlaß, am Verstand dieses Politikers zu zweifeln, jedoch sind seine Äußerungen

35 Bundesrepublik 1984: Bunker fürs Heim

durchaus nicht in einem Zustand geistiger Verwirrung gemacht worden. Sie stärken jenen den Rücken, die entdeckt haben, daß sich mit der Angst verdienen läßt.

Waffengeschäfte in den USA bieten wasserdichte Fertigbunker aus Stahlwellblech an, die jeweils bis zu 6 Menschen drei Monate lang beherbergen können; technische Empfehlungen der Regierung sind dabei berücksichtigt worden. Versehen mit solch einem hübschen, kleinen Privatbunker (Toilette vorhanden) kann man die Zeit des Fallouts überstehen – natürlich nur in entsprechender Entfernung vom Explosionszentrum, sonst hätte man die Gelegenheit, sich plötzlich in einem ›Brennofen‹ zu befinden, in dem die Temperaturen über mehrere hundert Grad anstiegen.

Unter dem Eindruck, daß ein Atomkrieg mit etwas ›Witz und Verstand‹ zu überstehen sei, hat sich in Amerika eine Überlebensbewegung aufgetan. In strategisch unwichtigen Gebieten horten die Anhänger Lebensmittel für einige Jahre und statten sich mit Waffen aus, die sie gegen etwa eindringende Hungernde richten wollen. Auch in der Bundesrepublik hat das Geschäft mit der Angst vor radioaktivem Fallout zum Bunkerbau aus Stahlröhren oder Beton-Fertigteilen geführt; ausreichend für 20 Personen wurden sie bereits 1982 auf der »Constructa« in Hannover angeboten; seitdem kommen ständig neue Ausführungen auf den Markt.[69]

Den Menschen soll eingeredet werden, daß sie überleben könnten; dabei wären bereits die Folgen der Explosion von nur einer Wasserstoffbombe, auf eine Millionenstadt geworfen, verheerend. Eine im Auftrag der Be-

36 USA 1981: Bunker aus Stahlwellblech, in die Erde versenkbar

rufsvereinigung britischer Ärzte erarbeitete, sorgfältige Untersuchung kommt zu dem Schluß:

> »Die Schäden wären so groß, daß verbleibende medizinische Einrichtungen ›vollkommen überfordert‹ würden. Das nationale Gesundheitswesen könne ›nicht einmal mit den erwarteten Opfern einer einzigen Atomwaffe von der Stärke einer Megatonne fertigwerden.‹«

Für die Bundesrepublik gilt Ähnliches: Eine solche Bombe, über einer kleineren Stadt wie Ulm abgeworfen, würde u. a. mindestens 40 000 schwer Brandverletzte bewirken. Selbst bei ungehindertem Verkehr könnten weder das nötige Material noch das medizinische Personal für die erforderliche Intensivbehandlung – die 2–3 Stunden nach der Verletzung beginnen muß – aus der BRD herangeholt werden. Da im Kriege jedoch kein ungestörter Transport mehr erfolgen kann, ist eine organisierte Hilfe nicht möglich. Daran kann auch eine ›Katastrophenmedizin‹ – ein verschleiernder Ausdruck für (Atom-)Kriegsmedizin (denn für Massenkarambolagen und Flugzeugabstürze reicht die Notfallhilfe) – nichts ändern.[70]

Welche tatsächlichen Folgen die Industriegesellschaften in einem großen Atomkrieg zu erwarten hätten, skizzierte der sowjetische Physiker Andrej Sacharow in einem offenen Brief an einen Fachkollegen in den USA:

> »3. Die Unterbrechung der Transport- und Nachrichtenverbindungen könnte sich in der komplexen Industriewelt als lebensbedrohend erweisen. 4. Die Produktion und Verteilung von Nahrungsmitteln, die Versorgung der Bevölkerung mit Wasser, Elektrizität, Kraft- und Brenn-

stoffen, mit Medikamenten und Kleidung sowie die Abfallbeseitigung würden in kontinentalen Ausmaßen vollständig oder zumindest weitgehend ausfallen. Das Gesundheitswesen würde außer Kraft gesetzt, und die sanitären Verhältnisse nähmen allenfalls mittelalterliche Formen an. Medizinische Hilfe für die vielen hundert Millionen Verwundeten, Verbrennungs- und Strahlengeschädigten wäre praktisch ausgeschlossen. 5. Hunger und Epidemien zusammen mit Chaos und Verwüstung könnten letztlich mehr Menschenleben fordern als die Nuklearexplosionen selbst. Ebenfalls ist nicht ausgeschlossen, daß neben den sich mit Sicherheit rasch ausbreitenden ›gewöhnlichen‹ Krankheiten wie Grippe, Cholera, Ruhr, Typhus, Milzbrand und Pest völlig neue Seuchen auftreten, deren Erregern – Virus-Mutationen, die von radioaktiver Strahlung hervorgerufen wurden – unser Organismus keine Immunabwehr entgegenzusetzen hätte.«[71]

Das Ende jeglicher Zivilisation wäre erreicht. Falls menschliches Leben noch existierte – neben der Radioaktivität könnten Sauerstoffmangel oder Veränderungen der Ozon-Schicht das verhindern –, würden die Kinder in einer menschenfeindlichen Umwelt unter unvorstellbaren Härten existieren müssen. Ein Großteil wäre krank, geistig oder körperlich durch die radioaktive Verseuchung ihrer Eltern oder Vorfahren verkrüppelt; durch die brutale Phantasielosigkeit und den erbarmungslosen Eigennutz der Generationen vor ihnen, müßten diese noch ungeborenen Kinder ein allseits vom Tode bedrohtes Erbe antreten; denn die ihnen hinterlassene Erde wäre durch Schuld der Vorangegangenen auf unbestimmbare Zeit weitgehend zerstört. Nach einem größeren Atomkrieg hätte das Antlitz der Erde viele uns bekannte Züge verloren – vielleicht gäbe es nicht einmal mehr einen blauen Himmel.

In einer Erzählung für Kinder, die beizeiten auf die Gefahr aufmerksam machen will, von der die Menschheit bedroht ist, läßt die Autorin Gudrun Pausewang einen Jungen atomore Zerstörungen seiner Umwelt erfahren. Als einer der wenigen, die überlebt haben, fragt er schließlich nach der Verantwortung der Erwachsenen:

»Mein Vater hat sich nach dem Bombentag sehr verändert. Er ist schweigsam geworden. Einmal... warf ihm ein Junge, der ein vernarbtes Gesicht hatte – inzwischen ist er elend an der Strahlenkrankheit gestorben –, die Kreide ins Gesicht und schrie: ›Sie Mörder, Sie!‹ ...Seitdem schläft er nicht mehr gut. Er stöhnt oft in der Nacht. Manchmal schaut er mich so an, als warte er darauf, daß ich ihn auch ›Mörder‹ nenne. Aber was ändert es, wenn ich ihm vorwerfe, daß er und fast alle Menschen seiner Generation in den letzten Jahren vor dem Bombentag untätig und seelenruhig zugeschaut haben, wie die Vernichtung der Menschen vorbereitet wurde? Daß er immer die dumme Ausrede zur Hand hatte: ›Was können *wir* daran ändern?‹ und nicht müde wurde, darauf hinzuweisen, daß solche Waffen gerade durch ihre Entsetzlichkeit den Frieden garantierten? Daß ihm – wie den meisten anderen Erwachsenen Bequemlichkeit und Wohlstand über alles gingen? Daß er – und sie alle – wohl die Gefahr wachsen sahen, aber sie nicht sehen *wollten*? ... Aber je älter ich werde und je länger ich über diese ganze Sache nachdenke, um so mehr gebe ich Andreas recht: Verfluchte Eltern, aber auch: Verfluchte Großeltern! Sie hätten wissen müssen, was da heraufbeschworen wurde, denn sie hatten erfahren, was Krieg ist – wenn *ihr* Krieg auch ein fast harmloser im Vergleich zu unserem Bombentag gewesen ist.«[72]

6. Am Rande des Abgrunds

> Ob wir davonkommen, ohne gefoltert zu werden,
> ob wir eines natürlichen Todes sterben, . . .
> oder zugrunde gehen am hundertfachen Atomblitz, . . .
> steht noch dahin, steht alles noch dahin.

Meine Eltern haben es nicht vermocht – genauso wenig wie die Mehrheit ihrer Generation –, sich gegen die Anzeichen des Krieges in ihrer Umgebung, der Gesellschaft des Wilhelminischen Reiches, zur Wehr zu setzen. So wurde ihr Leben durch diesen Krieg zerstört, des ›Großen Krieges‹ wie man anschließend sagte. Mir selber, obwohl durch mehr Ausbildung ein wenig wissender, erging es ähnlich, genauso wie der Mehrheit meiner Generation: Mangelndes Wissen und geistige Unfreiheit, wirtschaftliche Abhängigkeit und das Gefangensein in Verstrickungen persönlicher Beziehungen hinderte uns daran, uns selber und andere rechtzeitig kennenzulernen, um die Welt besser verstehen und beeinflussen zu können. So kämpften sich auch die Kinder durch ihr Leben, um später an den Punkt zu gelangen, an dem sie wie ihre Eltern aufgaben, sich nicht weiterentwickelten oder es auch aus den Umständen heraus nicht konnten. Ein Abwägen und Prüfen staatlicher Anordnungen oder militärischer Forderungen war ihnen nie vorgemacht, war von ihnen nicht erlernt worden. Diejenigen, die zu den Glücklichen gehörten, die Zugang zu neuen Ideen fanden und durch Anregungen anderer Menschen gefördert wurden, blieben vereinzelt und sahen sich angesichts des blinden Gehorsams der Mehrheit ihrer Mitmenschen den Autoritäten gegenüber machtlos dastehen.

Verlassen wir uns nicht auf die Schule. Der Ritt durch die Jahrhunderte bietet wenig Gelegenheit, sich in die Menschen vergangener Zeiten, ihre Lebens- und Zeitumstände hineinzudenken. In der 9. Klasse eines Gymnasiums z. B. ist es keine Seltenheit, daß der Erste Weltkrieg in fünf Schulstunden behandelt werden muß. In dieser Zeit sollen Themen behandelt werden wie Bündniskonstellationen, das Attentat von Sarajewo und seine Hintergründe, diplomatische Schriftstücke aus Deutschland, Österreich, Rußland und England, eine Rede des deutschen Reichskanzlers, die Ultimaten und Kriegserklärungen, das Kriegsgeschehen, der unbeschränkte U-Boot-Krieg und der Kriegseintritt der USA, die letzten Offensiven und ihr Scheitern 1918, schließlich die militärische Niederlage und der Waffenstillstand.[1] Angesichts der Fülle von Fakten und der Kürze der Zeit dürften die etwa 15jährigen Schülerinnen und Schüler kaum einen nachhaltigen

Eindruck davon gewinnen, was tatsächlich vor sich ging, geschweige denn, daß sie Gelegenheit hätten, darüber nachzudenken. Ein solides Fundament geschichtlichen Verständnisses, auf das sich zurückgreifen ließe, um kritische Vergleiche ziehen zu können, läßt sich so sicher nicht legen; es scheint, als habe sich in der Schule wenig verbessert. Doch wie soll man die Sprache der Politiker durchschauen, wenn man nie intensiv dazu angehalten wurde, Fragen zu stellen, Kritik zu üben und Zweifel zu äußern?

Aufteilung der Welt

Allzuoft ist man versucht, das eigene Land als Mittelpunkt der Welt zu sehen; der größere Rahmen fehlt. Diesen begrenzten Blickwinkel haben die Politiker für sich genutzt, um Ziele, die selten zum Wohle der von ihnen vertretenen Bevölkerung beitrugen, durchzusetzen. Die beiden Weltkriege und die zahlreichen kleineren Kriege nach 1945 wurden nicht um irgendwelcher Prinzipien willen geführt, wie es nur zu gerne behauptet wurde, sondern es ging um die Macht, 1914 und 1939 um die Verteilung der von Europa aus beherrschten Welt. In beiden Fällen waren die Resultate jedoch andere, als die dabei eine führende Rolle spielenden deutschen Politiker beabsichtigten: Mit dem leichtfertig vom Zaun gebrochenen »Großen Krieg der weißen Männer« und dem ganz bewußt angestrebten Zweiten Weltkrieg erzielten sie den Tod von mehr Menschen als die Bundesrepublik heute Einwohner hat und die Beseitigung Deutschlands als politische Großmacht; gleichzeitig gelang es ihnen – was auch nicht beabsichtigt war –, den Zusammenbruch der Kolonialreiche zu beschleunigen und die europäischen Weltmächte Großbritannien und Frankreich zu ruinieren. Nach dem Zweiten Weltkrieg haben die Völker Asiens und Afrikas zwar ihre politische Unabhängigkeit gewonnen, aber geblieben ist die wirtschaftliche Beherrschung. Dazugewonnen haben die USA, die das Erbe der europäischen Vorherrschaft in aller Welt weitgehend übernommen haben; allerdings werden sie gestört durch die zweite Weltmacht, das 1917 entstandene Sowjetrußland, das seitdem langsam an Stärke gewann: »... ohne die Sowjetunion könnte niemand auf der Erde, der nicht nur erstrebten, sondern real existierenden Hegemonie der Vereinigten Staaten widerstehen.« Die Regierungen beider Weltmächte bezichtigen sich jedoch gegenseitig, die totale Weltherrschaft anzustreben.[2]
Ein Blick auf die Karte »Die drei Welten und Kindermillionenstädte« soll helfen, die jetzige Lage zu verdeutlichen. Die eingetragenen Ortssignaturen bezeichnen die Stadtlandschaften wie z. B. im Ruhrgebiet oder in Holland, wo die Städte ineinander übergehen, ähnlich in der übrigen Welt. Auf diese Ansammlung städtischer Einwohner bezieht sich die angegebene

DIE DREI WELTEN UND KINDERMILLIONENSTÄDTE

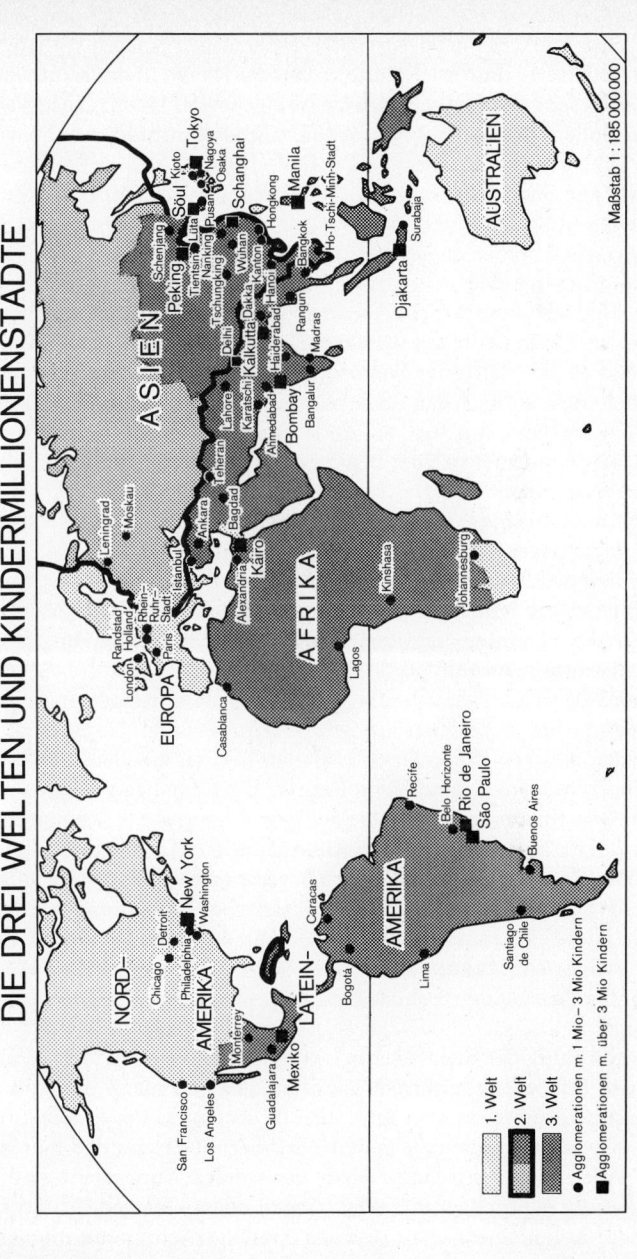

Maßstab 1 : 185 000 000

1. Welt
2. Welt
3. Welt

● Agglomerationen m. 1 Mio – 3 Mio Kindern
■ Agglomerationen m. über 3 Mio Kindern

NORD-AMERIKA

San Francisco
Los Angeles
Chicago
Detroit
Philadelphia
New York
Washington
Monterrey
Guadalajara
Mexiko
LATEIN-AMERIKA
Caracas
Bogotá
Lima
Recife
Belo Horizonte
Rio de Janeiro
São Paulo
Buenos Aires
Santiago de Chile
AMERIKA

EUROPA
London
Randstad Holland
Rhein-Ruhr-Stadt
Paris
Leningrad
Moskau
Istanbul
Ankara
Bagdad
Teheran
Casablanca
Alexandria
Kairo
AFRIKA
Lagos
Kinshasa
Johannesburg

ASIEN
Peking
Schenjang
Tientsin
Tschungking
Nanking
Wuham
Schanghai
Kanton
Hongkong
Hanoi
Ho-Tschi-Minh-Stadt
Bangkok
Rangun
Madras
Bangalur
Bombay
Ahmedabad
Haiderabad
Karatschi
Kalkutta
Lahore
Delhi
Dakka
Seoul
Kioto
Tokyo
Osaka
Nagoya
Pusan
Manila
Djakarta
Surabaja
AUSTRALIEN

Kinderzahl, die oft nur überschlägig zu ermitteln war (exakte Volkszählungen sind nur aus knapp der Hälfte der heutigen Staaten vorhanden).

Die Beschriftung ›Europa‹ konnte wegen der Kleinheit des Kontinents nur daneben gesetzt werden, wenngleich sie eigentlich bis östlich Moskau hätte reichen sollen, um die geographische Uralgrenze anzudeuten. So wird immer wieder allzuleicht vergessen, daß rd. die Hälfte der 10 Millionen qkm Europas zur Sowjetunion gehört. Das ist indessen kein neuer Zustand; auch 1914 umfaßten die europäischen Provinzen des Russischen Reiches genauso wie schon 1815 die Hälfte Europas.

Die Häufung der städtischen Ansammlungen im ostasiatischen und indischen Bereich verdeutlicht das bevölkerungsmäßige Gewicht dieser Räume, in denen heute auf weniger als einem Siebentel der bewohnbaren Erdfläche rd. die Hälfte der Weltbevölkerung lebt. Diese Situation ist insofern nicht neu, als nach den Berechnungen von Historikern und Demographen um 1800 und um 1650 ein noch höherer Anteil der Menschheit dort lebte. Heute zeichnet sich der Beginn einer eher gleichmäßigen Verteilung der Erdbewohner ab.

Die drei Welten sind nach wirtschaftlichen Kriterien wie Bruttosozialprodukt, Industrieentwicklung, Analphabetentum und Ausbildungsstand, Verteilung des Reichtums und Gesundheitswesen definiert. In vielfacher Differenzierung wird diese Einteilung in den gängigen statistischen Jahrbüchern der Vereinten Nationen, ihrer Hilfsorganisationen und ökonomischer Institute verwandt.[3]

Die erste Welt läßt sich vereinfacht als die Staatengruppe der ehemaligen Kolonialmächte bezeichnen. Sogar Australien und Neuseeland sowie Schweden besaßen Kolonien. Inzwischen sind bis auf flächenmäßig kleinere Inselgruppen, besonders im Pazifik, die ehemaligen Kolonien zu unabhängigen Staaten der dritten Welt geworden (bis auf wenige Ausnahmen ›weißer‹ Siedlungskolonien wie Australien, Kanada und Island). Die erste Welt besteht aus kapitalistisch organisierten Staaten, fast alle industrialisiert, die meist auch in enger militärischer Verbindung mit den USA stehen. Diese sind innerhalb der ersten Welt der weitaus mächtigste Staat, in der Industrieproduktion in fast allen Sektoren dominierend, an Bevölkerung mit 5 Prozent der Erdbewohner viermal so zahlreich wie die Bundesrepublik.[4]

Die Einordnung der Südafrikanischen Union in die erste Welt erfolgt nur aufgrund rein wirtschaftlicher Faktoren, denn die materielle und soziale Ungleichheit zwischen arm und reich ist so ungeheuer krass wie nur in ganz wenigen Entwicklungsländern. Das beruht darauf, daß hier ganz rigoros eine strikte Rassenherrschaft der weißen Minderheit – rd. ⅙ der Bevölkerung – durchgeführt wird. Diese weiße Oberschicht hat sich im Laufe der Kolonialherrschaft, seit den zwanziger Jahren mit immer neuen

Gesetzen, fast alle fruchtbaren Böden und Bodenschätze angeeignet und die schwarze Mehrheit – rd. ¾ der Bevölkerung – politisch entrechtet, so daß diese für Hungerlöhne arbeiten müssen. Die Gruppen der Mischlinge – Nachkommen der niederländischen Kolonialherren und Frauen der Hottentotten (Ureinwohner des Kapgebietes) – und der aus Indien im vorigen Jahrhundert als Plantagenarbeiter geholten Asiaten haben seit Sommer 1984 politische Mitspracherechte erhalten, mit eigenen Parlamenten, die jedoch von den Weißen mühelos überstimmt werden können. Polizeispitze, Armee und Bewaffnung ist nur den Weißen zugebilligt; ihr Lebensstandard gehört zu den höchsten der Welt, die Schwarzen leben dagegen unter kaum vorstellbaren Bedingungen: Die Kinder sterben an Hungerkrankheiten, die Erwachsenen verelenden immer mehr. Das alles ist gesetzlich verankert; das ›auserwählte Herrenvolk‹ hält an seinem faschistischen System fest.[5]

In der zweiten Welt sind alle Staaten mit kommunistischem Gesellschaftsanspruch zusammengefaßt. Dabei sind die Feinheiten der Statistiken, wie z. B. ›asiatische Zentralplanungswirtschaften‹ hier nur bedingt berücksichtigt. Im Unterschied zur ersten Welt hat sie zwei Machtzentren: China und die Sowjetunion.

Der Abstand zwischen der UdSSR und ihren europäischen Verbündeten ist wesentlich größer als im Falle der USA. Der größte unter ihnen an Fläche, Industrievolumen und Bevölkerung ist Polen. Dieser Staat ist mehr als doppelt so volkreich wie die DDR, aber mit 38 Millionen Einwohnern zählt er noch nicht 0,8 Prozent der Weltbevölkerung gegenüber knapp 6 Prozent in Sowjetrußland. Auch industriell ist der Abstand ähnlich hoch.

Trotz ihrer ungeheuren Zerstörung im Zweiten Weltkrieg hat sich die Sowjetunion – ähnlich wie ihre heutigen Verbündeten in Osteuropa, die vor 40 Jahren weitgehend agrarisch waren – durch ungeheure Anstrengungen ihrer Bevölkerung auf ein vergleichbares Industrieniveau wie die hochindustrialisierten Staaten der ersten Welt hin entwickelt (ein paar Autos, Fernseher und Konsumgüter mehr oder weniger spielen im Weltmaßstab keine Rolle).

China ist mit beinahe 22 Prozent der Weltbevölkerung der volkreichste Staat der Erde. Trotz eines gewaltigen wirtschaftlichen Aufstiegs seit dem Ende des Bürgerkriegs 1949, so daß es heute dem Industrievolumen nach in den meisten Bereichen an fünfter bzw. an vierter Stelle der Weltproduktion steht – die vordersten Positionen werden von den beiden Supermächten und Japan, in wenigen Sektoren von der Bundesrepublik oder Frankreich eingenommen –, müssen die einzelnen Menschen sehr bescheiden leben. Auch die übrigen Staaten der zweiten Welt wie die Mongolei, Nordkorea, Vietnam oder Kuba sind zwar wesentlich ärmer, weniger industrialisiert (die bescheidenen Anfänge wurden in Nordvietnam rücksichtslos durch die USA zerbombt) und agrarischer als die osteuropäischen Staaten, unterscheiden sich aber von Indien oder Thailand durch die prinzipiell andere Wirtschaftsorganisation: Die Armut des Landes ist sehr viel gleichmäßiger auf alle Bevölkerungsgruppen verteilt; daher fehlen die krassen Unterschiede zwischen den ganz Armen und den ganz Reichen wie in den Dritte-Welt-Ländern, in denen die Ärmsten buchstäblich verhungern, während die Oberschicht im Luxus lebt.[6]

Die dritte Welt, fast durchweg ehemalige Kolonien oder Halbkolonien, dient noch heute im wesentlichen der ersten als wirtschaftliches Reservoir; sie wird durch ungleiche Handelsverträge, niedrige Preise für die von ihr exportierten Rohstoffe, neuerdings auch durch Schutzzölle der Industriestaaten gegenüber Produkten der Entwicklungsländer (vornehmlich Textilindustrie) und durch militärische Drohungen in Abhängigkeit gehalten. So ist z. B. der Falkland-Krieg Großbritanniens gegen Argentinien 1982 auch als Demonstration, als Einschüchterungsversuch gegenüber den Staaten Lateinamerikas zu werten, noch mehr der Überfall der USA auf Grenada 1983 unter dem Vorwand, daß die dortige Regierung linksorientiert sei und eine militärische Bedrohung darstelle, da sie einen Flugplatz mit größeren Rollbahnen anlegen ließ. So eroberte ein 240-Millionen-Staat einen Inselstaat von knapp 350 qkm Größe (weniger als das Stadtgebiet von Bremen) und etwa 120 000 Einwohnern.

Der soziale Widerstand in den Staaten der dritten Welt wächst: Immer öfter finden Militärputsche, Aufstände und Revolutionen gegen die herrschenden Schichten statt, die sich mit dem bestehenden Wirtschaftssystem und seiner ungleichen Verteilung eingerichtet haben. Immer stärker stützen sich diese Herrschenden auf Verbindungen mit den USA oder andere Mächte der ›westlichen‹ Welt. Die Armeen der meisten Dritte-Welt-Länder sind Bürgerkriegsarmeen. In dem Maße, wie sich Unruhen in der dritten Welt häufen, sieht sich die erste Welt in ihrer Vormachtstellung bedroht und propagiert eine Verschwörung der Kommunisten. So wird in den Ländern, in denen die Säuglingssterblichkeit am größten und die Forderung nach einer sozialen Veränderung am stärksten ist, von den herrschenden Schichten das Feindbild des Kommunismus beschworen. Hier wird jedoch nicht ein anderes Gesellschaftssystem, sondern es werden buchstäblich Kinder des eigenen Landes bekämpft.

»Wir müssen verstehen, daß es nicht auf ein Fehlen von natürlichen Reichtümern oder einem Faktor wie Überbevölkerung zurückzuführen ist, daß diese Leute am Rand des Verhungerns leben und ihre Kinder auf Grund des Proteinmangels geistig zurückbleiben... In Brasilien gibt es ein sogenanntes Wirtschaftswunder, das sich in Bruttosozialprodukt-zahlen ausdrücken läßt. Nur die armen Leute bleiben hungriger als je zuvor, und ein Grund dafür ist, daß schwarze Bohnen, das Grundnahrungsmittel der Armen nicht mehr angebaut werden. Statt dessen baut man Sojabohnen für den Export an.«[7]

Alles, was der wirtschaftlichen Ausbeutung im Wege steht, wird rücksichtslos niedergemacht. Der Senator J. Fulbright, zeitweilig Sprecher des außenpolitischen Ausschusses des US-Senats, schrieb bereits 1966:

»...der leiseste Verdacht einer kommunistischen Unterstützung scheint auszureichen, eine Reformbewegung in den Augen der Nordamerikaner zu diskreditieren [=in Verruf bringen] und die Staatsmänner der USA in die erstickende Umarmung der Generale und der Oligarchien [=Herrschaft weniger] zu treiben. Geleitet von einem Reflex, der ihnen von Fidel Castro eingeimpft wurde, haben die amerikanischen Staatsmänner eine Neigung entwickelt, Revolution mit Kommunismus zu identifizieren. Denn weil das eine mit dem anderen etwas zu tun hat, was tatsächlich der Fall ist, glauben diese Politiker, daß beides ein und dasselbe ist, was keineswegs zutrifft... Wenn jede Gruppe oder jede Bewegung, der sich die Kommunisten zugesellen, in den Augen der USA damit automatisch verdammt wird, dann haben wir wirklich alle Hoffnung aufgegeben, daß wir, wenn auch nur in ganz geringem Maße, die revolutionären Bewegungen und Forderungen nach sozialen Veränderungen beeinflussen können, die Lateinamerika heftig beunruhigen.«[8]

Der im Zitat erwähnte Fidel Castro hatte 1959 nach dreijährigem Guerillakrieg Kuba von einer grausamen Diktatur befreit und revolutionäre soziale Reformen durchgeführt (wobei die kleine kommunistische Partei Kubas sich recht reserviert verhalten hatte). Als er jedoch anfing, die US-Firmen, die seit Anfang des Jahrhunderts die Wirtschaft der Insel beherrschten, zu enteignen und in kubanischen Besitz zu überführen, verhängte die Regierung der USA einen totalen Boykott über die Insel, so daß Castro sowjetische Hilfe in Anspruch nahm und zum Kommunismus überschwenkte.

Die Änderung und Verteilung von Reichtum und Armut innerhalb der Staaten der dritten Welt ist unumgänglich, weil der jetzige Zustand die Mehrheit der Bevölkerung in immer hoffnungsloseres Elend hineinstößt. So berichtete eine arme Brasilianerin:

»Da war ein hübscher kleiner Neger... Die Leute von der Straßenreinigung hatten Fleisch in den Abfallhaufen geworfen. Er suchte ein paar Stücke heraus und sagte zu mir: ›Nimm mit, Carolina. Das kann man essen.‹ Er gab mir ein paar Stücke. Um ihm nicht weh zu tun, nahm ich sie an. Ich versuchte ihn zu überreden, das Fleisch nicht zu essen. Er sollte die von den Mäusen angenagten alten Brötchen essen. Er lehnte ab. Seit zwei Tagen habe er nichts gegessen. Er zündete ein Feuer an und briet das Fleisch. Der Hunger war so groß, daß er nicht darauf warten konnte, bis das Fleisch gebraten war. Er wärmte es und aß. Um das

37   Medellin 1982: Kolumbianische Kinder leben vom Müll

Schauspiel nicht sehen zu müssen, ging ich fort und dachte: tu so, als ob du das nicht gesehen hast. Das kann nicht wahr sein in einem so fruchtbaren Lande wie dem meinigen... Am nächsten Tag war der kleine Neger tot. «[9]

Riesige Elendsviertel ziehen sich um die Großstädte der dritten Welt, die durch den Zustrom von arbeitslosen Landbewohnern – die von ihren Äckern vertrieben wurden – ständig wachsen. Die einzige Möglichkeit für diese Armen, ihr Elend vielleicht noch zu verbessern, besteht, nachdem sie so lange vergeblich gehofft haben, in der Auflehnung; denn eine immer steigende Zahl von Menschen verhungert, allein in den letzten Jahren rd. 15 Millionen Kinder jährlich. Aber jeder Änderungsversuch stößt auf den erbitterten Widerstand derer, die daran verdienen; das sind einmal die Großgrundbesitzer, Geschäftsleute und Militärs in den jeweiligen Ländern, andererseits die großen Firmen und Konzerne der ersten Welt. Ihnen geht es nicht darum, Freiheit und Demokratie zu verteidigen – die ohnehin nicht vorhanden sind –, sondern um Wirtschafts- und Machtinteressen. Schon im Februar 1960, vor dem massiven militärischen Eingreifen der USA in Vietnam, schrieb eine führende Zeitung in den Vereinigten Staaten:

>»Indochina ist einen langen Krieg wert. Im Norden gibt es ausführbares Zinn, Wolfram, Manganerze, Kohle, Holz und Reis. Ferner Gummi, Pfeffer, Tee und Felle. Schon vor dem zweiten Weltkrieg warf Indochina jährlich zirka 300 Millionen Dollar Dividende ab.«[10]

Sieht man einmal von der Propaganda in unseren Medien ab und hält sich an die Tatsachen, muß man leider feststellen, daß sich die USA und – in kleinerem Umfang – auch England und Frankreich seit 1945 in Dutzenden von Staaten militärisch eingemischt haben: durch Förderung von Putschen, Unterstützung von Bürgerkriegsparteien und direkte ›Interventionen‹ sowie durch Kriege ohne vorherige Kriegserklärung (USA in Vietnam oder Grenada, Großbritannien im Falkland-Krieg). Der Sowjetunion sind militärische Einmischungen in sehr viel wenigeren Fällen anzulasten; dessen ungeachtet werden alle Änderungsversuche in Richtung sozialer Reformen der einheimischen Bevölkerung von Ländern der dritten Welt absichtlich als von Moskau abhängige, kommunistische Unterwanderung dargestellt.

Man lasse sich nicht täuschen durch die sogenannte Entwicklungshilfe; für jede Mark, für jeden Dollar, der gegeben wird, fließt im Durchschnitt ein mehrfaches an Dividenden, Zinsen und Tilgungen als Einnahmen für das ›Geberland‹ zurück. So versinken die Länder der dritten Welt durch die ›großzügige Hilfe‹ in einem von Jahr zu Jahr wachsenden Meer von Schulden.

Es ist kaum anzunehmen, daß die USA und die größeren Staaten der ersten Welt eines Tages auf die wirtschaftliche Ausbeutung der Länder der dritten Welt freiwillig verzichten werden, um den Lebensstandard der dortigen unteren Schichten zu heben. Im Gegenteil, sie streben eine Festigung ihrer Macht an, nicht nur in einigen Ländern, sondern in möglichst vielen Ländern der ganzen Welt. Dahinter steht nicht nur das in den Köpfen amerikanischer Wirtschaftsleute und Politiker eingenistete ›Gespenst des Kommunismus‹, sondern ganz einfach das Streben, kein Gebiet, das ihnen nützlich sein könnte, aufzugeben. »Die Russen wollen die Weltherrschaft!« Nichts scheint einem amerikanischen Politiker oder Geschäftsmann treffsicherer die eigenen Interessen zu bemänteln, als dieser oft gebrauchte Ausspruch, der dem anderen etwas zuschiebt, was man selbst erreichen will.[11] So wird militärische Gewalt eingesetzt, um weltweit Zustände schreiender sozialer Ungerechtigkeit zu erhalten; um es deutlich zu sagen: Der hohe Lebensstandard der ersten Welt beruht auf einer weitgehenden Ausbeutung der dritten. Kurz und treffend formulierte das schon vor fünfzehn Jahren Isaac Asimov, ein berühmter Schriftsteller in den Vereinigten Staaten:

» . . . die USA sind die wohlhabendste Nation der Welt. Jede andere Nation möchte zumindest ebenso wohlhabend sein. Aber die USA können so nur leben, weil sie mit nur einem Sechzehntel der Erdbevölkerung etwas mehr als die Hälfte aller Energie nutzen, die für den menschlichen Verbrauch produziert wird.«

Ergänzend sei hinzugefügt, daß die dritte Welt auch mehr Nahrungsmittel, darunter kostbares Eiweiß pflanzlicher und tierischer Herkunft, in die erste exportiert, als sie von dort erhält:

»Entgegen der allgeinen Auffassung sind die Industrieländer die Hauptnahrungsmittelimporteure; nicht die unterentwickelten Länder . . . Während wir uns Amerika als das wichtigste Rindfleischland der Welt vorstellen, sind die Vereinigten Staaten in Wirklichkeit der führende Fleischimporteur der Welt . . . Dies bedeutet ebenso, daß ein beträchtlicher Teil der nahrungsmittelproduzierenden Ressourcen in Ländern mit vielen hungrigen Menschen für die Erzeugung von Rindfleisch für die Industrieländer gebraucht wird. Im internationalen Handel gelangt mehr Fleisch aus unterentwickelten Ländern in Industrieländer als umgekehrt. Die Vereinigten Staaten sind der Hauptimporteur von Fischereiprodukten. Mit einem Anteil von nur 6 Prozent der Weltbevölkerung importieren sie mehr als ein Viertel des Fischs und ein Drittel der Schalentiere im Welthandel.«

Die Nahrungsmittel, die in der dritten Welt dringend benötigt werden, werden zum Teil als veredeltes Viehfutter in Westeuropa und vor allem in den USA verschwendet; damit z. B. das Schweinefleisch möglichst mager werden soll. In der Bundesrepublik sind fast alle Hausschweinrassen nicht mehr die genügsamen Allesfresser wie noch vor 40 Jahren, sondern kostspielige und empfindliche Tiere geworden.[12]

Beide Zitate beleuchten noch einmal aus einem wirtschaftlichen Blickwinkel das bestehende Herrschaftsverhältnis zwischen erster und dritter Welt – ein Machtverhältnis, das gar zu gerne unberücksichtigt gelassen wird. Allerdings besteht seitens der daraus Gewinnziehenden auch kein Interesse daran, diese Zusammenhänge zwischen dem Elend der dritten Welt und dem Reichtum der ersten aufzuzeigen, denn der momentane Zustand soll aufrechterhalten bzw. ausgedehnt werden. Die Aufrüstung dient dabei als Mittel zum Zweck.

Der Keim für einen dritten Weltkrieg ist in dem Herrschaftsstreben über die dritte Welt angelegt. Ihn zu verhindern, das ist angeblich das Bestreben sämtlicher amerikanischer und russischer Politiker; zu diesem Zweck brauchen sie Waffen – Atomwaffen, die die wirkungsvolle Abschreckung der anderen Seite versprechen. Das beidseitige Wettrüsten war jedoch ab einem bestimmten Zeitpunkt sinnlos geworden. Der spätere Präsident John F. Kennedy konnte bereits Ende der fünfziger Jahre im US-Kongreß erklären:

> »Schon jetzt reicht unsere totale Zerstörungs-Kapazität mehr als 25mal aus, um den Feind gänzlich zu vernichten. Die seine reicht 10mal zu unserer Austilgung. Er und wir zusammen sind mehr als 7mal so stark, um alles menschliche Leben auszurotten... in diesem verhängnisvollen Kampf [müssen] beide Seiten früher oder später zu der Einsicht kommen, daß der Preis für ein bis zum Ende weitergetriebenes Wettrüsten der Tod ist – für alle beide.«

Trotz dieser frühzeitig als sinnlos erkannten Aufrüstung, wurden ständig neue Waffensysteme entwickelt. Die Sicherheit der beiden Weltmächte hat sich jedoch dadurch nicht im geringsten vergrößert, sondern ständig abgenommen – »nicht etwa wegen irgendwelcher Versäumnisse bei der Atombombenentwicklung, sondern vielmehr wegen des ständig wachsenden Bergs an einsatzfähigen Atombomben und der Unfähigkeit aller Nationen, sich vor einem Atomkrieg zu schützen«.[13]

Rüstung tötet schon heute. Sinnlos werden Finanzen verschleudert, während Hunger und Elend in der Dritten Welt zunehmen und Millionen von Kindern einem Dahinvegetieren, einem langsamen Sterben preisgegeben sind. Die Verschlechterung der wirtschaftlichen und sozialen Lage führt zudem zu bewaffneten Auseinandersetzungen in und manchmal auch zwischen den Staaten der unterentwickelten Welt. Kinder erleiden dort den Krieg, da die Möglichkeiten zur Verbesserung der allgemeinen Situation der Völker dieser Welt durch die Industrienationen nicht genutzt werden; ganz im Gegenteil, es wird durch Waffenlieferungen – auch in Krisengebiete – am Krieg verdient.

Krieg führen kann nur, wer sich zuvor entschlossen hat, für diesen Zweck Reichtümer zu vergeuden, immer geht er schon in Friedenszeiten zu Lasten der Armen. Nicht einmal die USA, der unter den Großmächten reichste Staat der Erde, konnten zugleich in Vietnam Krieg führen und sich um eine Verbesserung der Lage des ärmsten Fünftels ihrer eigenen Bevölkerung kümmern, das zum Teil in einem Elend vegetiert, das in der Bundesrepublik schwer vorstellbar ist; dabei gibt es auch hierzulande durchaus Armut und Elend, wenngleich das bis vor kurzem offiziell hartnäckig bestritten wurde. Schon General Eisenhower, 1953 bis 1961 Präsident der USA, stellte fest:

»Jede Kanone, die die Fabrik verläßt, jedes Kriegsschiff, das ausläuft, jede abgeschossene Rakete bedeutet – letzten Endes – einen Diebstahl an jenen, die hungern und nichts zu essen haben, an jenen, die frieren, weil sie nicht genügend bekleidet sind. Diese vor Waffen starrende Welt verbraucht nicht nur Geld, sondern auch den Schweiß ihrer Arbeiter, das Talent ihrer Wissenschaftler, die Zukunft ihrer Kinder. Mit dem Geld, das ein einziger moderner Bomber kostet, könnte man mehr als dreißig neue Schulhäuser bauen oder zwei Elektrizitätswerke, die jedes eine Stadt von 60 000 Einwohnern versorgen könnte, oder zwei perfekt eingerichtete Spitäler oder 80 km betonierter Straße. Wir bezahlen für ein einziges Jagdflugzeug den Preis für 1500 Tonnen Getreide. Wir bezahlen für einen einzigen Zerstörer den Preis von neuen Häusern, in denen mehr als 8000 Personen wohnen könnten.«[14]

Inzwischen sind die Preise weiter gestiegen: Ein einziger Panzer neuesten Typs kostet 6 Millionen Dollar, ein Jagdflugzeug 25 Millionen und ein einziger Flugzeugträger, von denen die USA über ein Dutzend unterhalten, 5 Milliarden Dollar. Die jetzige US-Regierung hat durch einen rigorosen Abbau der Sozialleistungen – die ohnehin geringer sind als in Mitteleuropa oder Skandinavien – die Aufrüstung noch weiter vorangetrieben. Der US-Kongreß hat z. B. 1984 beschlossen, das Haushaltsdefizit durch die Erhebung von Steuern (50 Milliarden Dollar) und u. a. durch Einsparungen von Sozialabgaben (11 Milliarden Dollar) auszugleichen – bei einer Veranschlagung des Senats von 291 Milliarden für Verteidigungsausgaben. »Vorläufig eingestellt werden die Rückzahlungen von Kosten für Ärzte und Medikamente an Personen im Alter [von] über 65 Jahren und Behinderte.«[15]

Die Personengruppen, die schon am schwächsten sind und sich nicht wehren können, werden zur Kasse gebeten. Der Rückgang sozialer Leistungen und ein Ansteigen der Arbeitslosenzahlen kennzeichnen auch die Situation in den europäischen Staaten, während die Rüstung Unsummen verschlingt, ganz zu schweigen von den Umweltproblemen, deren Beseitigung für die Industrienationen von größter Dringlichkeit ist.

Die USA sind innerhalb der ersten Welt militärisch mit den weitaus größten Streitkräften ausgestattet: Mit über 2 Millionen Soldaten rd. viermal mehr als Frankreich oder die Bundesrepublik. Die US-Soldaten stehen zum größten Teil in Übersee; denn in Nordamerika gibt es keine realen Gegner: Kanada, Mitglied der NATO, ist wirtschaftlich ähnlich wie Mexiko von den USA dominiert, und diese einzigen Nachbarstaaten zählen ein knappes Zehntel bzw. ein Drittel der USA-Bevölkerung.[16]

Innerhalb der zweiten Welt sind die sowjetrussischen Streitkräfte die weit-

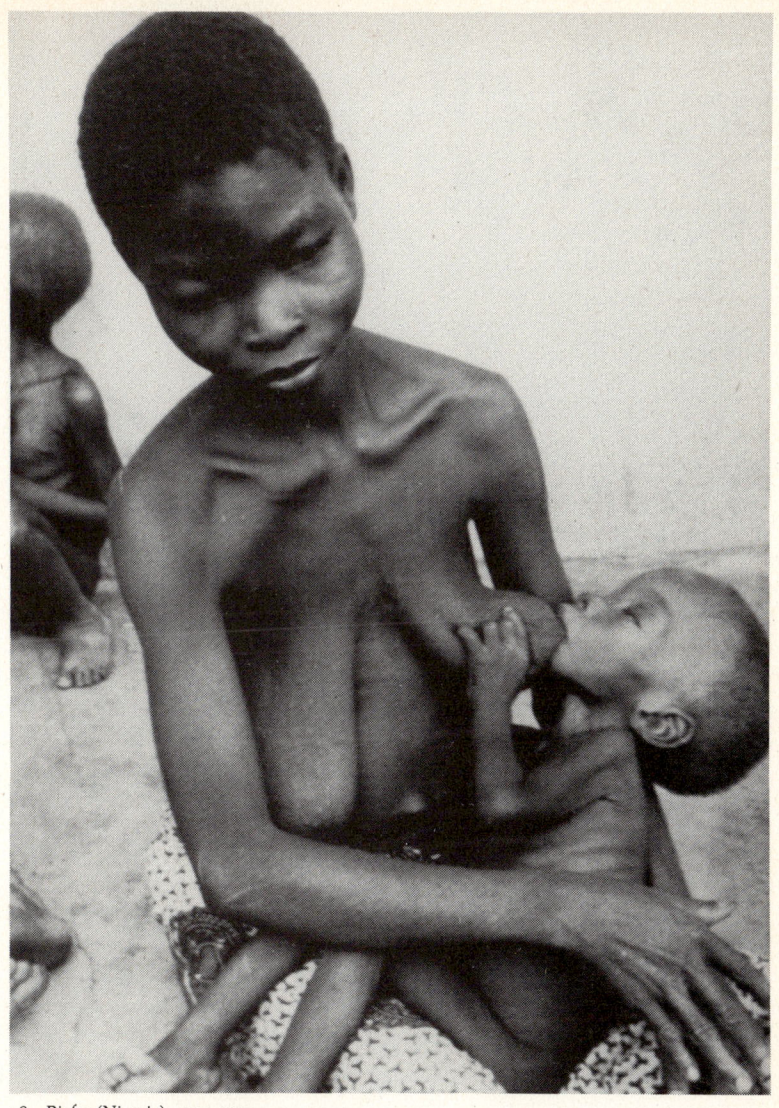

38   Biafra (Nigeria), etwa 1970

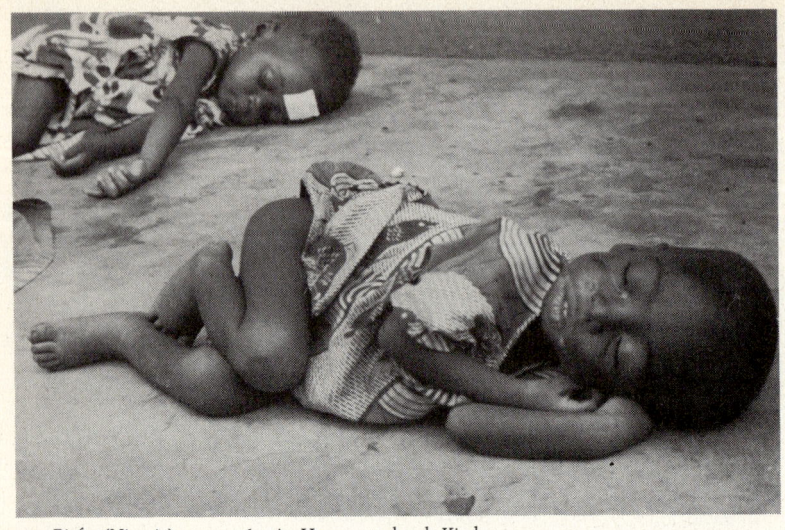

39 Biafra (Nigeria), etwa 1969: An Hunger sterbende Kinder

aus am modernsten ausgerüsteten. Der waffentechnische Abstand zu den
Streitkräften der osteuropäischen Verbündeten ist größer als innerhalb der
NATO zwischen den USA und ihren europäischen Verbündeten. Auch an
Zahl ist das Verhältnis sehr viel ungleicher: Die polnischen Streitkräfte –
die größten innerhalb der europäischen Verbündeten der UdSSR – umfassen nur knapp ein Zehntel der rd. 4 Millionen sowjetischer Soldaten und
verfügen über keinerlei atomare Bewaffnung, während Großbritannien
und Frankreich eigene Kernwaffensysteme besitzen (letzteres trat 1966
aus dem militärischen Bereich der NATO aus).
Die reguläre Streitmacht Chinas umfaßt wie die russische etwa 4 Millionen Soldaten, deren Ausrüstung allerdings nicht so modern sein soll. Sie
besitzen z. B. sehr viel weniger Atomwaffenträger, wahrscheinlich noch
etwas weniger als Großbritannien oder Frankreich, die immerhin mehrere hundert Sprengköpfe einsetzen können. Alle übrigen Armeen – auch
die Indiens, das mit über einer Million Soldaten die stärksten Truppen der
dritten Welt unterhält – verfügen nicht über weitreichende Atomwaffenträger und stellen insofern keine potentielle Bedrohung der Menschheit
dar.
Das scheinbare Übergewicht der UdSSR an Soldaten wird – von ihr her
gesehen – durch die bedrohten Grenzen in Europa (seitens der NATO) und
in Asien (seitens Chinas und der dortigen USA-Verbündeten) mehr als
wettgemacht. Mitglieder der ›Boston Study Group‹ über Rüstungsfragen
meinten denn auch, es sei sinnlos, »die relativen Stärken der russischen

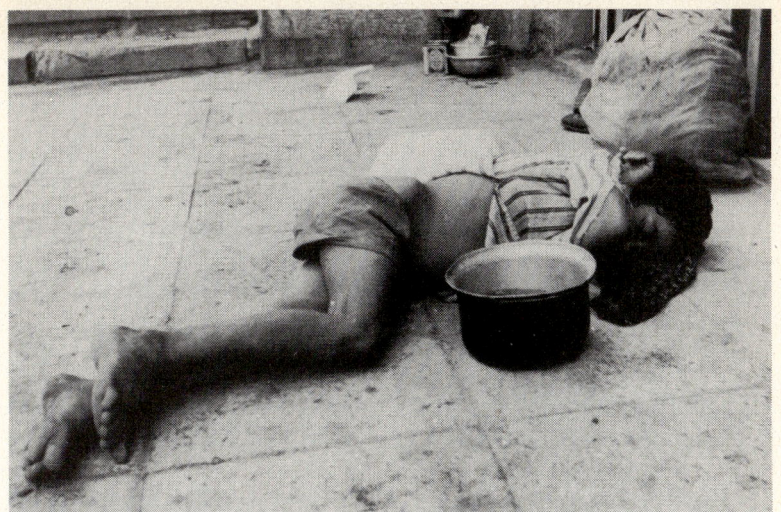

40   Milliarden für Bomben – Nichts für Kinder

und amerikanischen Streitkräfte dadurch zu bestimmen, daß man Kanonen, Panzer, Flugzeuge, Schiffe oder Raketen zählt.« Nach einer Prüfung der unterschiedlichen Aufgaben der Einheiten beider Supermächte kommen sie zu dem Schluß:

> »Zieht man die für die beschriebenen Aufgaben eingesetzten Soldaten von der Mannschaftsstärke der Sowjetarmee ab, dann bleiben 2 100 000 Mann übrig, die bei einer möglichen Konfrontation in Europa zur Verfügung stehen. Von den 2,2 Millionen amerikanischer Soldaten sind in einem solchen Fall 1,9 Millionen kampfbereit. Diese Überlegungen zeigen, daß es sinnlos ist, Mannschaftsstärken zu vergleichen, ohne ihre Funktion zu berücksichtigen.«

Hinzu kommt, daß die europäischen NATO-Mitglieder wesentlich mehr Rüstungsmaterial und Truppen besitzen als die Warschauer-Pakt-Staaten außerhalb der Sowjetunion – man sollte sich klarmachen, daß allein Italien und die Bundesrepublik zusammen mehr Einwohner zählen und Industriekapazität besitzen als alle europäischen Verbündeten der UdSSR zusammen und ganz sicher nicht schlechter aufgerüstet sind. Ein atomarer Überraschungsangriff würde vorläufig auch zur Zerstörung des Angreifenden führen, denn:

> »Verfügen die USA und die Sowjetunion auch beide über ein Vielfaches des zum Auslöschen der gegnerischen Bevölkerung nötigen [!] Vernichtungspotentials, so besitzt doch keiner von beiden die Macht, den Rivalen durch einen Erstschlag völlig zu entwaffnen«.[17]

Ein Überraschungsangriff konventioneller Art indessen ist im Zeitalter der Satelliten, zu schweigen von den Spionage- und Geheimdiensten, praktisch ausgeschlossen angesichts der erforderlichen Vorbereitungen für Nachschub und Munition.

Begrenzter Krieg

Die sogenannten konventionellen Kriege ohne Kernwaffeneinsatz sind seit 1945 ständig verheerender geworden. Eine Fülle waffentechnischer Verbesserungen erhöhte die Gefährdung der nichtkämpfenden Bevölkerung: Bomben mit Plastiksplittern, Kampfgase wie die angeblichen ›Dschungelentlauber‹ der US-Streitkräfte in Vietnam, Napalmbomben, Gewehrgeschosse, die beim Aufprall durch eine Unzahl von Splittern den Menschenleib zerfetzen – alles Kampfmittel, die dem Sinne nach durch die Haager und Genfer Abkommen untersagt sind (im Ersten Weltkrieg waren sogar abgeplattete Gewehrpatronen, die sogenannten Dumdumgeschosse, geächtet). Dazu kommt eine sehr viel größere Feuergeschwindigkeit und Zerstörungskraft der Artillerie und Raketen, die eine größere Reichweite haben.

Man nimmt an, daß ein Krieg mit ›konventionellen‹ Waffen auf dem Gebiet beider deutscher Staaten nach einigen Wochen – Bundeswehrexperten sprechen von 20 Tagen – ein Trümmerfeld, größer als 1945 (nach 5 Jahren Luftangriffen und Erdkämpfen), angerichtet haben würde: Schon ein solcher Krieg werde »die Substanz dessen zerstören, was verteidigt werden soll.« Das ist auch sehr einsichtig, wenn man sich klarmacht, daß die Beschießungen und Bombardierungen durch Raketen, Artillerie, Bomben usw. pausenlos weitergehen würden. Denn Bundesrepublik und DDR, in der Kontaktstelle beider Bündnissysteme gelegen, wären das direkte Kampfgebiet der Streitkräfte beider Pakte, und ihre gesamte Fläche wäre bei der Reichweite der eingesetzten Waffen Kriegsschauplatz. Eine Front wie noch im Zweiten Weltkrieg kann es nicht mehr geben, d. h. auch: Anders als z. B. nach den Luftangriffen auf Hamburg, Köln oder Berlin während des letzten Krieges kann keine Feuerwehr mehr zwischen den einzelnen Angriffen zu Lösch- und Rettungsaktionen schreiten, keine Hilfe aus der Nachbarschaft kommen – im Februar 1945 eilten sogar noch Feuerwehrlöschzüge aus Berlin nach Dresden –, denn alle Verkehrsverbindungen würden entweder zerstört oder von kämpfenden Einheiten besetzt sein. Die nichtkämpfende Bevölkerung, sofern sie nicht zwischen die Feuerlinien geraten will, wird in den Ortschaften bleiben und abwarten müssen.[18]

Vielleicht ginge es uns ähnlich wie der südvietnamesischen Bevölkerung während des ›konventionellen‹ Krieges dort; eines Krieges, den die USA ja auch nur führten, um die Südvietnamesen vor ihren kommunistischen Landsleuten aus dem Norden zu ›schützen‹. Ein Augenzeuge von Terres des hommes schrieb Weihnachten 1968:

»Für andere Neugeborene sind Gold, Weihrauch und Myrrhe Napalm, Granaten, Maschinengewehrkugeln, Bomben. Als Stern leuchtet eine Rakete, die den Himmel erhellt und die Bomber zu ihrem Ziel geleitet. In der Krippe liegt das Kind, auf Lumpen gebettet. Das sterbende Kind. Zu Tausenden. Das verhungernde Kind. Das verbrannte Kind. Das Kind, das uns seinen Stumpf entgegenhält, beinahe lächelnd, als ob es sich entschuldigen möchte. Das kranke Kind. Und im Hintergrund des Raumes bewegen sich leise die Wiegen, in denen drei kleine (noch beinahe lebende) Skelette liegen. Nach und nach hört das Wiegen auf. Sie werden nicht das Alter von 33 Jahren erreichen. Ihr Martyrium findet schon jetzt statt. Der Kindermord, er geschieht jetzt... Neben dem Kind, in diesem Jahr, die Mutter, kniend, hungernd, in Lumpen, stumm, schreckerfüllt, welche die Fliegen verjagt. Sie sollen sich nicht auch noch auf ihren Kleinen setzen, der im Sterben liegt.«[19]

Diese ›Verteidigung‹, die nicht die Bevölkerung Südvietnams, sondern ihre Regierung erbeten hatte, bezahlte die Bevölkerung mit mindestens einer halben Million dauerhaft Verkrüppelter, davon rd. die Hälfte Kinder, und einem mehrfachen an getöteten Zivilisten. In den Kriegen unseres Jahrhunderts hat sich das Verhältnis von getöteten Soldaten zu getöteten Zivilisten ständig zu Lasten der Bevölkerung verändert, d. h. die Armeen sind immer weniger in der Lage, ihren eigentlichen Auftrag, wie die Politiker sagen, nämlich die Bevölkerung zu schützen, zu erfüllen; die folgende Tabelle macht das deutlich:[20]

Verhältnis getöteter Soldaten zu getöteten Zivilisten

Erster Weltkrieg	(1914–1918)	8 : 1
Zweiter Weltkrieg	(1939–1945)	2 : 3
Koreakrieg	(1950–1953)	1 : 5
Vietnamkrieg	(1961–1975)	1 : 12

Die Gefahr, daß sich ein konventioneller Krieg zum atomaren ausweiten könnte, nimmt ständig zu. »Die Hälfte der Arsenale der Supermächte besteht aus strategischen Atombomben, die sie aufeinander herabregnen lassen können. Der Rest ihrer atomaren Waffen ist... bei regionalen Konflikten rund um die Erde vorgesehen.« Man denke nur daran, daß sich in jüngster Zeit der US-Präsident darum bemühte, im eigenen Land die Bedingungen für eine atomare Auseinandersetzung zu klären: Er möchte sich das Recht vorbehalten, in einem Krieg mit der UdSSR in Europa ohne

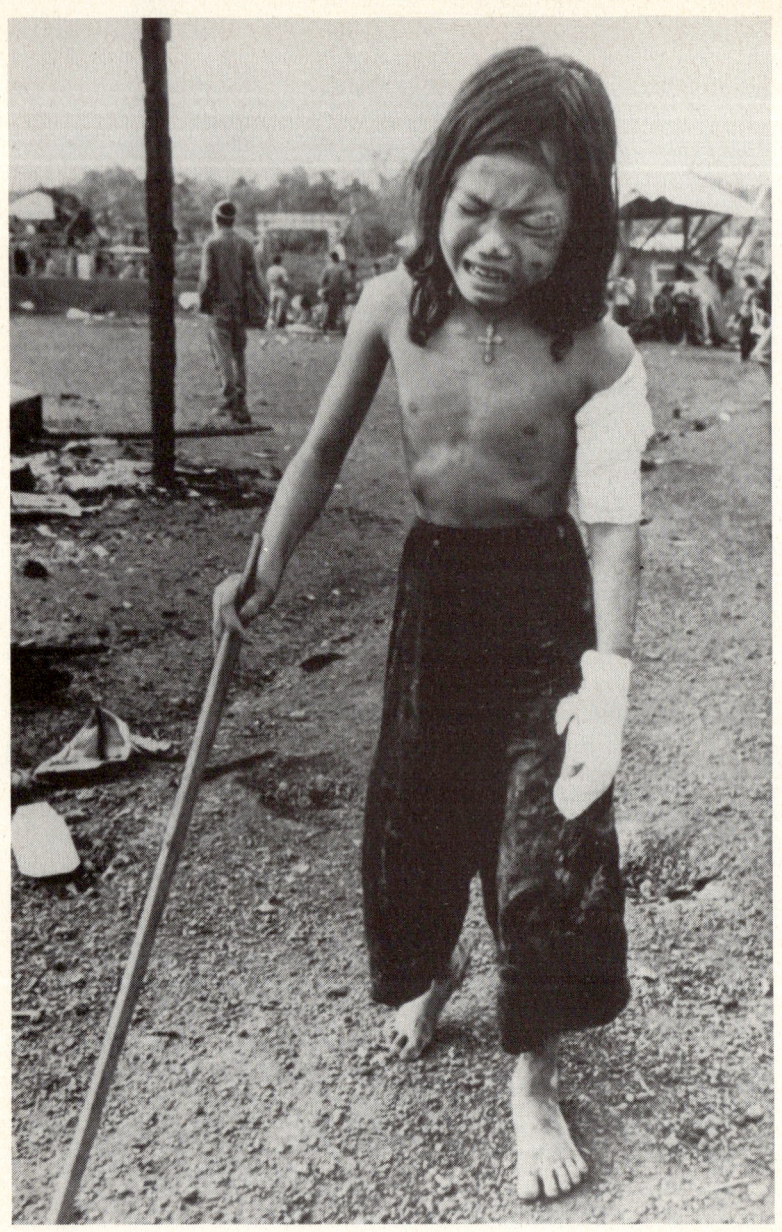

41 Saigon 1968: Vietnamesisches Kind als Opfer des Krieges

Genehmigung des Kongresses zuerst Atomwaffen einsetzen zu können. »Über zehntausend Atombomben, Atomraketen und Atomgranaten liegen einsatzbereit in Europa.« Das Einsatzgebiet ist noch kleiner und steht unzweifelhaft fest. Kein Wunder, denn das mit nuklearen Waffen meistbestückte Land der Welt ist Deutschland:

»An der Grenze zwischen beiden deutschen Staaten, auf dem Territorium dieses im Verhältnis zu den Supermächten winzigen geteilten Landes, mit 356000 Quadratkilometern nicht einmal 4 Prozent der Fläche der Vereinigten Staaten oder 1,5 Prozent der Fläche der Sowjetunion, stehen sich große Teile der atomaren und der konventionellen Streitkräfte der Nato und des Warschauer Paktes Auge in Auge gegenüber. ... kämen Atomwaffen zum Einsatz, dann zuerst und am intensivsten auf der kleinen Fläche der beiden deutschen Staaten.«[21]

Auch das angrenzende Europa ist im Weltmaßstab gesehen von geringer Flächenausdehnung. Was ist naheliegender, als dieses Gebiet als absolut geeignet für einen atomaren ›Kampfabschlag‹ zu empfehlen. Entsprechende Erörterungen darüber sind im Gange, man kann sie in den Zeitungen lesen oder die Augen fest schließen. So erfährt man nicht, was der ehemalige US-Admiral Gene LaRoque anläßlich einer »Konferenz über einen Nuklearkrieg in Europa« im Frühjahr 1981 im niederländischen Groningen erklärte:

»Die militärischen Planer der USA sind überzeugt, daß es früher oder später zum Krieg zwischen den USA und der UdSSR kommen wird – und dieser Krieg wird ein nuklearer sein... Die Amerikaner gehen davon aus, daß der Dritte Weltkrieg ebenso wie der Erste und Zweite in Europa ausgefochten wird.«[22]

Selbst wenn sich unterstellen ließe, daß es den Politikern und Militärs, die die Befehle zum Einsatz atomarer Vernichtungsmittel erteilen würden, gelänge, soviel Überblick und Kontrolle zu bewahren, daß ein atomarer ›Schlagabtausch‹ begrenzt bliebe – diese ›Auseinandersetzung‹ (verharmlosender läßt es sich kaum ausdrücken!) würde weite Erdräume auch über die unmittelbaren Explosionspunkte hinaus durch radioaktive Niederschläge verseuchen. Von seiten der militärisch-politischen Kreise, die an einem Ausbau der Atomrüstung interessiert sind, lassen sich Behauptungen vernehmen, die die Wirkung der Kernwaffen verharmlosen. Im Dritten Reich sprachen die Organisatoren von ›Sonderbehandlung‹, wenn sie Vergiftung und Mord ganzer Völker meinten; heute und hier wird von einem ›Schlagabtausch‹ gesprochen, also ein Wort aus dem Bereich sportlicher Wettkämpfe verwandt für ein Geschehen, bei dem es sich schlicht um einen atomaren Massenmord handelt.

Nach den Kriegsspielen der NATO würde ein sogenannter begrenzter Krieg in der Bundesrepublik so aussehen, daß auf engstem Raum Tausende von Atomsprengköpfen in und zwischen die ›feindlichen Verbände‹ geschossen würden, die sich zwischen und in den Städten und Dörfern unseres Landes bewegen würden. Da der Gegner aber auch nicht mit Platzpatronen schießen, sondern sicher vorrangig die atomar ausgerüsteten Stützpunkte, Lager und Raketenstellungen bombardieren würde – davon gibt es ca. 90 in der Bundesrepublik, vielleicht 50 in der DDR (die häufig in der Nähe größerer Siedlungen liegen) –, würden, selbst beim Versuch *nur* militärische Ziele anzugreifen, in beiden deutschen Staaten mindestens 11 Millionen Deutsche in kürzester Zeit getötet werden, ebensoviele schwer verletzt sein. Diese ›günstige‹ Nachricht gilt nur für den Fall, daß beide Seiten sich strikt bemühen, nur militärische Ziele anzugreifen, also keine gezielten Angriffe auf Industrie- oder Bevölkerungszentren unternehmen.[23]

»Im Gegensatz zu den Prärien und Taigas der Supermächte ist Europa dicht besiedelt. Militär und Bevölkerung drängen sich auf engem Raum... Die politischen und militärischen Führer in Ost und West müssen endlich begreifen lernen, daß jede Art von Sicherheitspolitik in Europa, die Gebrauch und Stationierung von Atomwaffen einschließt, unweigerlich die Abschlachtung von Millionen Bürgern in Kauf nimmt, egal, wie streng der vorgesehene Einsatz auf militärische Ziele begrenzt ist.«[24]

Ein bundesdeutscher General, der im Kriegsfalle aus ›Bündnistreue‹ solche Atomgranaten abschießen lassen wird, die höchstwahrscheinlich die eigene Bevölkerung töten und verletzen, auf jeden Fall aber den Boden dieses Landes auf Generationen verseuchen werden, erwiderte auf die Frage, wie er sich dabei fühle: »Jeder Krieg ist grausam. Den Einsatz der Atomwaffe kann ich mir gar nicht vorstellen. Ich halte es auch für unzulässig, jetzt eine Antwort auf diese Frage zu verlangen.« Unzulässig – ob dieses Wort aus dem Bereich konventioneller Höflichkeitsformeln angesichts des möglichen Sterbens Hunderttausender hier angemessen ist? Wann aber möchte der General sich dann die Zeit nehmen, die Folgen seines Tuns für die Bevölkerung, die er ja angeblich durch sein Handeln schützen will, zu bedenken? Doch wohl kaum, wenn es soweit ist, daß er seine Befehle gehorsam ausführt – dann dürfte es wohl für derartige Überlegungen, erst recht aber für die deutsche Bevölkerung zu spät sein.[25]

Man hat beinahe den Eindruck, daß viele Menschen hierzulande sich mehr Sorgen über die Verletzung von Umgangsformen als über das Sterben ihrer Landsleute machen. Jedenfalls ließ sich genau das 1982 beobachten, als ein hessischer Parlamentarier der Fraktion der Grünen einen hohen Offizier mit roter Tinte begoß. Statt diese symbolische Handlung als Aufforderung zum Nachdenken über den drohenden Krieg zu verstehen, erregten sich viele Leute darüber: »Das gehört sich doch nicht!« Gehört es sich

denn, Befehle zu erteilen, durch deren Ausführung unbeteiligte und wehrlose Menschen getötet werden, wie es in einem Atomkrieg unvermeidlich
ist?

Sämtliche militärische Überlegungen sind durchgespielt und entsprechende Vorplanungen getroffen. So berichtete der ehemalige Präsidenten-
berater und Atomkriegsexperte des US-Verteidigungsministeriums, Da-
niel Ellsberg, in einer im Juni 1981 in Berlin gehaltenen Rede:

»Die US-amerikanische Regierung ist zu einem begrenzten Nuklearkrieg entschlossen. Um sich Rohstoffe und Weltmärkte zu sichern, ist
sie – nach den großen Verlusten der USA im Vietnam-Krieg – nunmehr
bereit, kleine, sog. taktische Atomwaffen (z. B. die Neutronenbombe)
gegen Befreiungsbewegungen und Länder der Dritten Welt einzusetzen, die selber keine Atomwaffen besitzen. Da anzunehmen ist, daß
jene Länder mit der UdSSR verbündet sind, soll diese von einem Gegenschlag mit ihren eigenen taktischen Atomwaffen abgeschreckt werden:
durch die in Europa aufgestellten Pershing II und Cruise Missiles. Sollte
sich die UdSSR davon nicht abschrecken lassen, der USA in einem Land
der Dritten Welt atomar zu antworten, würde sie durch die von Westeuropa aus gestarteten Mittelstreckenraketen so hart angeschlagen, daß
sie nur noch zu einem Gegenschlag auf Westeuropa fähig ist. Der Nuklearkrieg bliebe auf Westeuropa begrenzt, die UdSSR wäre schwer verwundet, Europa eine verseuchte Wüste mit Millionen Toten, die USA
aber bliebe verschont.«[26]

Die Vermutung des Versuchs der atomaren Erpressung, die hier ausgesprochen wird, ist nicht von der Hand zu weisen. Es entspricht genau dem,
was die Mitarbeiter des US-Präsidenten und er selber in zahllosen Varianten wieder und wieder erklärt haben. Ein entsprechender Geheimplan,
»der die Vereinigten Staaten in die Lage versetzen soll, in einem Atomkrieg von längerer Dauer zu siegen« wurde von ihm schon ein Jahr nach
seinem Regierungsantritt 1981 gebilligt. Die Kritiker des Präsidenten in
den USA meinten denn auch im Frühjahr 1982:

»Dieser Haushalt ist so groß, die Betonung der Nuklearwaffen so stark
und der Redeschwall über die sowjetische Bedrohung so extrem, daß
man dem Gefühl nicht widerstehen kann, daß wir uns darauf vorbereiten, einen Atomkrieg zu führen und zu gewinnen.«

Bis dahin war man davon ausgegangen, daß eine nukleare ›Auseinandersetzung‹ zur gegenseitigen Zerstörung führen würde. Dieses ›Gleichgewicht des Schreckens‹ garantierte den Waffenstillstand – denn wer vernichtet sich gerne schon selbst? Neuerdings scheinen einflußreiche Politiker und Militärs in den USA davon überzeugt zu sein, daß ein atomarer
Krieg zu führen und zu gewinnen sei und die Vereinigten Staaten sich in
kurzer Zeit davon erholen würden. Eine solche Vorstellung rückt vor allem

Mitteleuropa – uns – dem Abgrund näher. Die Gefahr wird nicht gebannt durch sogenannte Abrüstungsverhandlungen, solange das ›Feindbild‹ aufrechterhalten wird.[27]

Einige zynische Geschäftemacher verdienen an den Horrorvorstellungen zur Vernichtung von Menschen auf eine besondere Art. Pünktlich zu Weihnachten 1983 kamen in den USA Kriegsspiele auf den Markt. Gemeinsam würfelnd können nun schon Zehnjährige das Ziel verfolgen, mit Atomwaffen in Europa die Russen zu schlagen. »Daß dabei die Bundesrepublik munter eingeäschert wird, stört die Erfinder und Hersteller dieser Gesellschaftsspiele offenbar wenig.« Junge Menschen werden hier spielerisch daran gewöhnt, die nukleare Vernichtung eines Teils der Menschheit anzustreben. Daß man schließlich ›nur‹ einen Verteidigungskrieg führt, ist Ehrensache. Die Bösen sind immer die anderen. Sollte diese Verdummung weiterhin Erfolg haben, so wird den Beteiligten in der Realität jeder Vorwand recht sein, das Spiel beginnen zu lassen, besteht doch scheinbar die Möglichkeit, als Sieger daraus hervorzugehen.[28]

Die ›Gewöhnung‹ an den atomaren Holocaust ist ein schleichendes Gift, an ihrem Ende steht der Tod von Millionen. Die für einige Militärstrategen doch offensichtlich aufrechtzuerhaltende Ordnung nach dem Atomkrieg führt folgerichtig dazu, die Leichen begraben zu müssen. Es erregte jedoch einiges Aufsehen, als im September 1983 Angehörige einer Einheit der US-Streitkräfte im hessischen Hanau die Beerdigung in Massengräbern übten. »Wer soll hier begraben werden?« – das fragte sich wohl jeder, der die Meldungen in den Zeitungen dazu las, und wurde entsprechend belehrt:

»Stabsfeldwebel Isiah Gibbs, für die Registrierung von Gräbern zuständig, erläuterte, Massengräber würden bei einem sehr massiven Verlust von Menschenleben an Ort und Stelle ausgehoben. Normalerweise werden gefallene US-Soldaten in ihre Heimat überführt. Im geprobten Falle war nach Angaben eines Offiziers die Überführung in die USA nach dem Ende der Feindseligkeiten vorgesehen.«[29]

Psychologisch geschickt wird dem deutschen Leser vermittelt, daß hier lediglich interne militärische Übungen abgehalten werden, wobei keine Rede von Opfern unter der Zivilbevölkerung ist, die auch ›an Ort und Stelle‹ lebt und von ›Feindseligkeiten‹ betroffen sein dürfte. Für die Toten ist gesorgt – damit die deutsche Bevölkerung am Ende nicht an der Pest zugrunde geht.

Inzwischen hat die Rüstung auch den Weltraum erreicht. Detaillierte Pläne über Waffen mit Laserstrahlen werden von Militärstrategen ins Gespräch gebracht. Auf den russischen Vorschlag vom Juni 1984, Verhandlungen über ein Verbot von Waffenstationierungen im Weltraum zu führen, reagierte die US-Regierung in ungewohnter Eile. Die sowjetische Parteizeitung »Prawda« kommentierte die Bereitschaft, an welchem Ort auch immer über Aufrüstungsverbote und Rüstungskontrollen zu sprechen, als Irreführung amerikanischer Wähler, deren Stimmen für die Präsidentenwahl vom November 1984 gewonnen werden sollten. Mit erstaunlicher Offenheit bestätigte das indirekt Edward Teller, der 76jährige aus Ungarn stammende Kernphysiker, Erfinder der Wasserstoffbombe und enger Berater des jetzigen USA-Präsidenten in Rüstungsfragen:

> »Das amerikanische Volk, vor allem aber die amerikanische Presse fordert Handlungen, die den Frieden fördern, auch wenn sie nur symbolischer Natur sind. Solche Gesten zu unterlassen, könnte den Präsidenten in diesem Wahljahr viele Stimmen kosten. Außerdem hat er sich nur verpflichtet, zu verhandeln...«[30]

Teller plädierte für eine Bewaffnung des Alls, so wie er sich für den Atombombenabwurf auf japanische Städte ausgesprochen hatte. In eigentümlicher Verantwortungslosigkeit widmete er sich der Konstruktion immer neuer, noch tödlicherer Waffensysteme, obwohl er schon Anfang Juli 1945 schrieb: »...echtes Pflichtgefühl hätte mich doch von solcher Arbeit abgehalten. Freilich glaube ich auch nicht, daß irgendwelche Hoffnungen berechtigt sind, irgendeine Waffe je gesetzlich verbieten zu können.« Er war also überzeugt, daß auch die verheerendsten Waffenerfindungen konstruiert und eingesetzt werden würden – und erfand dennoch immer neue. Heute tritt er für die Stationierung von Antisatellitenwaffen im Weltraum ein, denn »US-Geheimdienstkreise [sind] der Ansicht, die Sowjetunion sei bei der Entwicklung bemannter Raumstationen und anderer für den Kampf im Weltraum notwendigen Technologien den USA weit voraus.« Nach den zahlreichen angeblichen amerikanischen Rüstungslücken ist jetzt also die Weltraumlücke aufgetaucht? Erstaunlicherweise tauchen diese Lücken immer dann auf, wenn die Rüstungsfirmen in der Lage sind, die benötigten Waffen zu konstruieren: »80 Milliarden Mark wollen die Vereinigten Staaten bis 1989 für Weltraumwaffen ausgeben.« Der übrige Rüstungsetat ist davon nicht betroffen.[31]

Es ist erstaunlich, mit welchem eiskalten Zynismus der amerikanische Wähler getäuscht wurde. Jedoch über eines war sich selbst der militante Anti-Kommunist Teller im klaren: »In einer Demokratie kann man ohne die Zustimmung des Volkes nicht Krieg führen.« Daher müsse den Amerikanern seiner Ansicht nach deutlich gemacht werden, daß eine Ausweitung des begrenzten Atomkrieges auszuschließen sei: »Denn das ist für viele doch nicht annehmbar: Daß die ganze Welt leiden soll, wenn ein Land, eine Stadt fällt.« Auch gegen den radioaktiven Niederschlag – sollte er zu ihnen getrieben werden – weiß er ein Mittel: Die Menschen könnten sich schützen, indem sie »zum Beispiel als erstes sofort das Zeug abwaschen.«

Wer wie Teller zu den Atomwissenschaftlern der ersten Stunde gehört und über wissenschaftliche Forschungen hinsichtlich der Auswirkungen nuklearer Bombenexplosionen bestens informiert ist – er brüstet sich seiner geheimdienstlichen Kenntnisse –, kann solche verharmlosenden Äußerungen nur unter einer bestimmten Zielsetzung verbreiten wollen, nämlich andere davon zu überzeugen, daß ein Atomkrieg führbar sei. Auch ein Vorwand ist schon gefunden. Im Falle eines Krieges, den natürlich der ›Feind‹ beginnen würde,

» . . . wäre es berechtigt, daß wir versuchen, den unterdrückten Völkern in der ganzen Sowjetunion und in Osteuropa zu helfen . . . Die wollen nicht unbedingt durch die Amerikaner befreit werden, aber bestimmt von den Russen. Aber das muß man fertigbringen, ohne den Frieden zu gefährden.«[32]

Hier dürfte wohl von einem ›Frieden auf amerikanisch‹ die Rede sein, d. h., durch die Drohung mit überlegenen Waffensystemen soll der angenommene Gegner offenbar atomar erpreßt werden: Entweder er tut das Verlangte oder er wird vernichtet. Der Einfluß der Berater des Präsidenten ist zweifellos nicht zu unterschätzen. Nur kurze Zeit später, Anfang September 1984 stieß auch Reagan offiziell in das Horn der ›Befreiung‹ Osteuropas. Man darf hierbei nicht vergessen, daß Personen wie Teller und Reagan austauschbar sind und lediglich die ›Spitze des Eisberges‹ bestimmter Kreise der US-Gesellschaft darstellen.[33]

Es sei betont, daß Stellungnahmen aus den Vereinigten Staaten für uns, die wir im Westen Europas leben, leichter einschaubar sind, zu den sowjetischen Planungen läßt sich aufgrund der Informationslage weniger sagen. Wenn kritische Äußerungen getroffen werden müssen, so hat das nichts mit einem dummen Antiamerikanismus zu tun. In Amerika gibt es – wie überall auf der Welt – wache, aufmerksame und kritische Menschen, die sich nicht von einem blinden Patriotismus umnebeln lassen, wie er z. B. während der olympischen Spiele von Los Angeles überdeutlich zu sehen war, dafür jedoch warnen vor dem tödlichen Weg des ständigen Weiteraufrüstens. Deshalb wurden bei der Beschreibung der Waffen und Rüstungen in den vorangegangenen Abschnitten vornehmlich Autoren aus den USA herangezogen.

Gerade in der jetzigen Zeit wird bei uns der Ruf mancher Politiker nach dem Schutz ungeborenen Lebens immer lauter. Das hat allerdings wenig damit zu tun, daß plötzlich die große Menschlichkeit ›ausgebrochen‹ wäre. Angesichts der immer gefährlicheren Waffen, die das Leben der Menschen heute und das der noch nicht Geborenen bedrohen, von atomaren Kraftwerken, deren Abfälle unsere Erde noch Jahrtausende verseuchen werden (von Unfällen abgesehen), der Vergiftung unseres Bodens durch chemische Abfälle – weite Strecken der deutschen Mittelgebirgswälder, durch die ich vor über 50 Jahren noch gewandert bin, sind jetzt zur verödeten Steppe geworden, die Aussichtstürme und Hütten, einst von herrlichen Bäumen umrauscht, stehen jetzt nackt im Wind –, angesichts dieser ständig zunehmenden Bedrohungen wird die Forderung nach dem notwendigen Schutz der Geborenen seltsamerweise nicht erhoben. Sorgfältig wird jedoch darauf geachtet, daß die Forderung nach mehr Kinderfreundlichkeit nicht direkt neben der Meldung über die wachsende Besorgnis um die sinkende Zahl der Bundeswehrsoldaten veröffentlicht wird. Wie hatte es schon einmal geheißen?

»Abends erscheint der blankgeputzte Mond über der deutschen Kaserne.
Sterne marschieren geschlossen auf. Abgesehen vom Sowjet-Sterne...
Denn die Liebe dient in besseren Diktaturen-Staaten
nicht etwa der Erzeugung von Lyrik oder unkontrollierter Lustgefühle –
Sie dient der Herstellung von Soldaten.«[34]

Erinnern wir uns mit Beschämung an das Bild, das sich anläßlich der Debatte zur Stationierung neuer amerikanischer Mittelstreckenraketen am 21.11.1983 im Deutschen Bundestag bot. Obwohl es um Wohl und Wehe unseres ganzen Volkes ging, stand lediglich von der sehr kleinen Fraktion der Grünen jeder einzelne Abgeordnete auf, um seiner moralischen und persönlichen Betroffenheit Ausdruck zu geben. Die Vertreter des Volkes der anderen Parteien hatten währenddessen – bis auf ein paar Beobachter – den Saal verlassen; ihre Spitzen hatten längst vorher entschieden, wie abzustimmen sei. Dieses Verhalten ist symptomatisch auch für die Masse der Bevölkerung. Nur wenige bemühen sich, selbst zu urteilen, und die übrigen richten sich danach, was ihre Parteien, ihre Kirchen, ihre Vorstände entscheiden. Törichterweise glauben die meisten noch immer den Versicherungen ihrer Führer, daß alles zu ihrer eigenen Sicherheit geschehe – soviel Gläubigkeit nach zwei Weltkriegen!
Jede Aufrüstung hat bislang stets nur den nächsten Krieg vorbereitet. Im Dezember 1982 erklärte der damalige Leiter der US-Rüstungskontrollbehörde E. Rostow: »Wir leben in einer Vorkriegs- und nicht in einer Nachkriegszeit.« Ein Krieg in Europa, ob konventionell – was angesichts der NATO-Planung kaum noch möglich ist – oder begrenzt atomar, wird die Gesellschaft beider deutscher Staaten mit Sicherheit weitgehend zerstören, vielleicht auch vollständig vernichten. Ob er darüber hinaus der Auf-

takt zu einem großen Weltbrand sein wird, was sehr wahrscheinlich sein dürfte, ist für uns in Deutschland dann weitgehend gleich, die Überlebenden – falls vorhanden – werden um ihr bloßes Dasein kämpfen müssen. Nur als Lebende können wir uns jetzt noch gegen die Aufrüstung und den durch sie vorbereiteten Krieg wehren. Aber die jahrzehntelange Einstimmung auf den ›Erzfeind‹ hat die Unvernunft kultiviert.

»Es ist nicht zu verkennen, daß die Atmosphäre eines kalten Krieges weit um sich gegriffen hat. Die Spannung aufgrund der allgemeinen latenten Kriegsangst hat zu jenem Phänomen geführt, das ich psychologische Aufrüstung nenne. Weithin unterscheidet man nur noch zwischen anständigen, aufrechten, freiheitlichen Antikommunisten und knieweichen oder gar verräterischen Friedensaposteln, die unbewußt oder sogar planmäßig das Geschäft Moskaus betreiben. Heinrich Böll hat unlängst gesagt: ›Das Wort Friede... geht den Deutschen schwer über die Lippen. Vielleicht liegt es daran, daß das Wort Frieden außerhalb von Kirche und Parlament fast als kommunistisch verrufen ist.‹«[35]

Das primitive Schwarzweißdenken ist so ausgeprägt, daß von vielen *jede* Kritik an der herkömmlichen Politik als kommunistisch beeinflußt ausgelegt wird. Dasselbe schablonenhafte Denken führt auch dazu, daß alle Kritik an der Politik der US-Regierung als übler ›Antiamerikanismus‹ bezeichnet wird. Diese Selbstblockierung von Denkansätzen verhindert naturgemäß, aus den eingefahrenen Gleisen herauszufinden. Angesichts der unterschiedlichen Interessenlage zwischen Europa und ganz besonders der Bundesrepublik einerseits und den Vereinigten Staaten andererseits wäre ein vorurteilsfreies Denken dringend notwendig, denn durch die Besetzung unseres Territoriums mit neuen Raketenwaffen, die von der Sowjetunion als tödliche Drohung aufgefaßt werden müssen, sind wir ungleich stärker bedroht als die USA. Es ist anzunehmen, daß die UdSSR bei der Kürze der Vorwarnzeit ihre Abwehrsysteme auf vollautomatische Computersysteme umstellen muß. Bedenkt man die Hunderte von Fehlalarmen, die sich alljährlich in den USA ereignen und deren schwerste erst nach über 10 Minuten durch menschliche Einsicht korrigiert werden konnten, so muß einem klar sein, in welche Todesgefahr wir uns haben manövrieren lassen. Fürwahr eine ›Spitzenleistung‹ deutscher Politiker!

Es ist ohnehin erstaunlich, daß angesichts der Häufung atomarer Waffen auf dem Gebiet der Bundesrepublik noch keine schweren Unfälle passiert sind, dem Gesetz der Wahrscheinlichkeit nach dürften sie nicht mehr lange auszuschließen sein. Man möge dies nicht für übertriebene Ängste halten – schließlich wurde auch vor dem Unfall von Harrisburg von den Betreibern atomarer Kraftwerke behauptet, daß solches praktisch ausgeschlossen sei! Ist es wirklich notwendig zu warten, bis uns die hier stationierten Kernwaffen ›zufällig‹ um die Ohren fliegen?

Die Ablehnung des Nachdenkens über die eigene Lage – sowohl im Persönlichen als auch im größeren Zusammenhang – ist weltweit verbreitet. Das hat einfache Gründe: Wer möchte schon gerne jenseits des täglichen vertrauten Umkreises von dem Gedanken belastet sein, daß »die ganze Menschheit noch niemals in ihrer Geschichte durch Menschen so fundamental bedroht war wie heute. Buchstäblich in jeder Sekunde kann durch ein Versehen oder durch eine Wahnsinnsentscheidung der endgültige Krieg beginnen.«[36]

Unsere Zukunft und die der Kinder ist nur denkbar, wenn dem Wettrüsten in allen Ländern der Welt ein Ende gesetzt und mit dem Abrüsten begonnen wird. Da die Politiker der aufrüstenden Mächte jedoch einem Gruppenzwang unterliegen, erscheint die Verwirklichung solcher Bestrebungen nicht im Bereich des Machbaren. Sollte ein einzelner sich plötzlich von Vernunft leiten lassen und ausscheren aus dem Kreis der Machtbesessenen, so warten tausend andere, die entstandene Lücke zu füllen, um das Geschäft mit der Rüstung weiterführen zu können. Bei vielen Menschen breitet sich so ein Gefühl der Ohnmacht aus, da sie sich der Möglichkeit beraubt sehen, an diesem Geschehen etwas ändern zu können.

Den Menschen vor den beiden Weltkriegen ist es ähnlich ergangen. Auf der Suche nach Wegen zur Verhinderung eines Krieges fand sich der einzelne im Strudel der Ereignisse wieder, eben weil er fixiert auf die sich ihm bietenden Bilder der Welt und vor allem auf die Welt der Politiker starrte und sich von deren falschen Alternativen einfangen ließ. Ähnlich ist es heute: Jahr für Jahr werden Milliarden von Geldmitteln für Waffen verschleudert, die angeblich nie eingesetzt werden sollen, noch dazu, da jede Supermacht die Menschheit ohnehin schon mehrmals mit dem vorhandenen Bombenmaterial in die Luft sprengen kann. So hat in den letzten vierzig Jahren ein Waffensystem das andere nach sich gezogen, und so wird die Rüstungsspirale kein Ende nehmen, wenn nicht konsequent das Ziel der Abrüstung verfolgt wird. »Es ist nicht möglich, Alkoholiker durch mehr Schnaps von ihrer Sucht zu heilen...« – dieser Vergleich der Theologin Dorothee Sölle macht die Gefahr der eigenen Zerstörung deutlich, wenn nicht der ›Schnaps‹ entzogen wird.[37]

Für eine gemeinsame Zukunft

Die Prägung zum ›willigen Werkzeug‹, die jeder mehr oder weniger erfahren hat, ist nicht von heute auf morgen abzuschütteln. Einen Schritt in diese Richtung unternehmen die jungen Menschen, die heute aufmerksam das politische Geschehen beobachten und versuchen, im Sinne des Menschen gegen die herrschende Meinung anzugehen. Sie empfinden, was ein Nobelpreisträger für Medizin so formulierte: »Die einzige Möglichkeit, zu überleben, ist, ganz von neuem zu beginnen; aber das ist sehr schwierig, denn der menschliche Geist beginnt im Alter von 40 Jahren einzufrieren. Und unsere Regierung besteht aus Leuten, die alle älter sind. Sie ist eine Gerontokratie [= Greisenherrschaft], die unfähig ist, neue Ideen aufzunehmen.« Die wenigsten Politiker haben es – unabhängig von ihrem Alter – gelernt, ihre Einstellungen immer wieder neu zu überdenken. Sie haben Karriere gemacht aufgrund bestimmter Ziele, nur im allerglücklichsten Fall sind diese vom Denken an die Gemeinschaft bestimmt.

Es ist auch falsch, zu meinen, daß sich mit den ›Tugenden‹ und Anschauungen von gestern und vorgestern das Heute vernünftig beeinflussen und die Zukunft positiv gestalten ließe. Denn die menschliche Umwelt hat sich seit den 1940ern durch Kernwaffen, Elektronik, Computer, Satelliten und Massenmedien, deren Informationsflut Folgen hat, grundlegend verändert: »Noch bis vor kurzem konnten die Älteren sagen: ›Weißt du, ich war einmal jung, aber *du* warst niemals alt.‹ Heute können die jungen Leute darauf antworten: ›Ihr wart nie jung in der Welt, in der wir jung sind, und ihr werdet es auch nie sein!‹«

So lehnen sich viele Jugendliche dagegen auf, für verkommene Werte, etwa einen übersteigerten Nationalismus, mißbraucht zu werden. Nicht Berechnungen über die Anzahl der gehorteten Waffen zur ›Wahrung des Friedens‹ sollten in den Vordergrund gestellt werden, sondern das Wohl des Menschen. Von ihm gilt es auszugehen, *seine* Entwicklung zu fördern und nicht die der Politiker, Geschäftemacher und Militärs, der Staaten und Organisationen. Denn jede Organisation bietet wiederum einzelnen Gelegenheit, ihr übersteigertes Geltungsbedürfnis auszuleben und Macht über andere zu erlangen. Erinnern wir uns an die Worte Alfred Adlers:

> »Das Streben nach persönlicher Macht ist ein verhängnisvolles Blendwerk und vergiftet das Zusammenleben der Menschen. Wer die menschliche Gemeinschaft will, muß dem Streben nach Gewalt über andere entsagen.«[38]

Die Menschheit ist weit entfernt von der Verwirklichung eines friedlichen Zusammenlebens; Kinder spüren und erleben das. Wie sehr sie nach Orientierung, nach Sich-verständigen-Können suchen, beschreibt ein 15jähriger Texaner; es könnte ebensogut von einem Kind aus Europa, Australien oder anderswo gesagt sein:

> »In den Köpfen meiner Generation herrscht völliges Durcheinander, weil wir versuchen, für uns selbst und die Welt um uns herum eine Lösung zu finden. Vor unseren Augen tobt die Welt mit Krieg, Armut, Vorurteilen und der ganzen Verständigungslosigkeit unter Völkern und

Nationen vorüber... Wir sollen feste Normen lernen, uns eine bessere Ausbildung zulegen, damit wir in die Fußstapfen der Älteren treten können. Aber wozu? Wenn aus uns eine Generation werden soll, die alles nur wiederholt, wird der Zustand nur noch schlimmer. Aber wie sollen wir das ändern? Wir brauchen viel Nächstenliebe, wir brauchen ein allgemeines Verständnis der Menschen untereinander, wir müssen über uns selber nachdenken und zum Ausdruck bringen, was wir fühlen. Aber das ist nicht alles. Ich habe noch nicht herausgefunden, was uns außerdem fehlt; ich habe mich auch nicht immer an diese ganzen Dinge gehalten. Denn wenn ich das versuche, grinsen die Alten oder die mit Wachs in den Ohren nur höhnisch, oder sie kapieren es einfach nicht. Computer ersetzen die Köpfe, überall macht sich die Elektronik breit und bringt alles nur noch mehr durcheinander. Ich gebe zu, wir müßten gewisse Grundregeln beachten, aber zuerst muß man sich doch genau anschauen, wer sich die Regeln ausdenkt.«[39]

Zweifellos ist es besser, Vorstellungen in Frage zu stellen, als die Werte der Altvorderen unbesehen zu übernehmen. Das Beispiel meiner eigenen Generation und der vor ihnen zeigt, wie sehr die bestehende Ordnung dem Chaos verpflichtet ist, wie folgerichtig sie zu Katastrophen geführt hat, die von Menschen verursacht wurden. Kinder werden es schwer haben, sich gewaltfrei zu orientieren, solange der Erwachsene über das Kind, ein Mensch über andere, Staaten und Nationen über andere Völker Herrschaft ausüben wollen, wofür ihnen körperliche, psychische, wirtschaftliche, politische und kriegerische Mittel recht sind. Wie soll es da zu einer Verständigung, gar zu einem Weltbürgertum – der einzigen Alternative, um friedvoll miteinander zu leben – kommen? Solange man in der täglichen Umwelt jederzeit unsoziales Verhalten erlebt, wird es Kindern nicht leicht gemacht, neue Wege zu beschreiten. Zusätzlich erwartet man von ihnen die Nacheiferung der alten Normen. Gehorsamkeit, Anpassungsbereitschaft und willfährige Begeisterungsfähigkeit stehen noch heute hoch im Kurs – besonders bei denjenigen, die ihren Nutzen daraus ziehen wollen. Diese Eigenschaften werden gefordert, weniger die Unabhängigkeit von der Bestätigung durch andere und vorurteilslose Verständigungsbereitschaft; gerade an der letzteren hapert es bei vielen beträchtlich.

Das Beispiel, das den Kindern vorgelebt wird, wenn es um Andersgläubige, Andersgesittete, um Ausländer geht, wirkt nicht gerade ermutigend: Aggressiv wird mit ihnen verfahren, nur weil sie anders aussehen, eine andere Sprache sprechen und aus der Fremde kommen. Hiesige Behörden z. B., offenbar durch wenig Kenntnisse belastet, entscheiden über die Asylanträge von türkischen Staatsangehörigen kurdischer, assyrischer und armenischer Nationalität. Obwohl etwa die Kurden in der Türkei weder ihre Sprache noch Kultur pflegen dürfen, offiziell nur als ›Bergtürken‹ gelten und ihre Wohngebiete unter der Militärdiktatur bevorzugt durch türkische Behörden drangsaliert werden, befinden deutsche Asylrichter, daß keinerlei politische Verfolgung vorliege: Verschleppungen, Folter, Vergewaltigungen und Ermordungen zählen für unsere Richter ersichtlich nicht dazu. Die Beziehungen zum NATO-Bündnispartner Türkei sollen nicht belastet werden.[40]

Selbstverständlich wird hierzulande nicht von Fremdenfeindlichkeit gesprochen, sondern es werden andere Gründe vorgeschoben, besonders von denjenigen, die sich nur in geringem Maße – wenn überhaupt jemals – mit fremden Kulturen beschäftigt haben. Wie notwendig es ist, ein Gemeinschaftsgefühl nicht nur zu dem unmittelbaren Nachbarn zu entwickeln, sondern sich mit den Kindern in aller Welt, mit unseren zukünftigen Partnern, auseinanderzusetzen, zeigt ein Blick auf die Karte »Kinderanteile in der Welt«. Das Schicksal nicht nur der eigenen Kinder hängt davon ab, wie wir uns *heute* verhalten; wir tragen dazu bei, entweder eine weltweite Verständigung herbeizuführen oder allen eine Welt zu bereiten, die Elend und Tod verspricht.

Die Karte muß im Vergleich mit der wirtschaftlichen Entwicklung gesehen werden (vgl. Karte S. 265). Die relativ meisten Kinder gibt es ausnahmslos in den Staaten der dritten Welt. Die Höhe der dortigen Kinderanteile, bezogen auf die jeweilige Landesbevölkerung, mag uns hoch erscheinen. Sie entspricht indessen nur dem Zustand in den meisten Staaten Süd- und Osteuropas vor 70 Jahren, in Mitteleuropa noch einige Jahrzehnte davor (vgl. Karte S. 78). In allen europäischen Ländern und der gesamten ersten Welt fand eine Veränderung in der Einstellung zur gewünschten Kinderzahl statt: Die Mehrzahl der Menschen wurde älter, weniger Kinder starben schon im Säuglingsalter. So lernten die meisten Familien, »daß nicht länger so viele Geburten wie noch in der Elterngeneration notwendig waren, um am Lebensende von der ›gewünschten‹ Anzahl Nachkommen umgeben zu sein... daß mehr und mehr von den einmal Geborenen heranwuchsen, daß diese indes auch zu ernähren, auszubilden, ... oder sonstwie unterzubringen waren.« Binnen kurzem wurden Großteile der jeweiligen Bevölkerung »zur Familienplanung und Geburtenbeschränkung aus eigener Erfahrung motiviert. Das Ziel war erreicht, lange bevor es mit Hilfe der ›Pille‹ leichter und bezüglich kontrazeptiver [= empfängnisverhütender] Techniken müheloser und sicherer anzusteuern war.«[41]

Die heutigen Unterschiede zwischen den einzelnen Staaten der ersten Welt und denen des hochindustrialisierten Teils der zweiten sind in bevölkerungsmäßiger Hinsicht gering. Vereinfacht läßt sich sagen, je geringer die industrielle Entwicklung und der Reichtum eines Landes, je höher ist der Kinderanteil. Das gilt sowohl für den Westen Europas (Island, Irland, Spanien und Portugal sind am ärmsten und haben relativ die meisten Kinder)

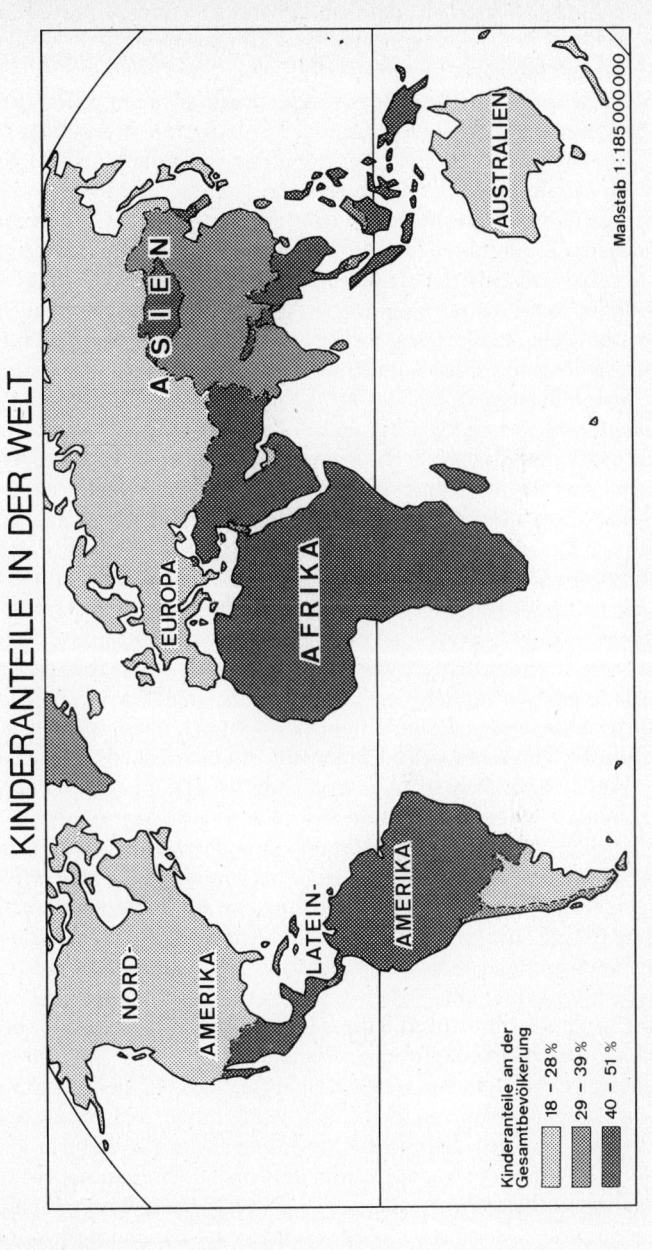

KINDERANTEILE IN DER WELT

Maßstab 1:185 000 000

Kinderanteile an der
Gesamtbevölkerung

18 – 28 %
29 – 39 %
40 – 51 %

293

als auch für den Osten (Rumänien, Albanien). Argentinien gilt als das europäischste Land Lateinamerikas und als sogenanntes Schwellenland, d. h. es ist fast schon industrialisiert.

Die Mittelgruppe hinsichtlich des Kinderanteils wird vor allem durch die zwei bevölkerungsreichsten Staaten der Erde repräsentiert, wobei China mit rd. einem Drittel der Bevölkerung unter 14 Jahren (ähnlich wie Süd-Korea oder Chile) mehr zum unteren Bereich tendiert, während Indien fast den oberen Grenzwert erreicht. Die übrigen Staaten bilden die Gruppe mit den höchsten Kinderanteilen – darunter Länder wie Indonesien und Brasilien, Mexiko und Nigeria, die jedes beträchtlich mehr Einwohner zählen als beide deutsche Staaten zusammen: Ausnahmslos gehören diese Staaten zur dritten Welt. Gleichzeitig zählen eine ganze Reihe von ihnen besonders in Afrika südlich der Sahara, Afghanistan und Nepal zur Gruppe der allerärmsten Staaten.

Die Übereinstimmung zwischen hoher Kinderanzahl und Armut darf indessen nicht zur falschen Schlußfolgerung verführen, die dritte Welt sei arm, *weil* dort so viele Kinder geboren würden; denn »weder das Bevölkerungswachstum an sich noch die Größe der heutigen Bevölkerung [sind] die heutige Ursache des Hungers«. Eine unbegrenzte Vermehrung würde selbstverständlich in einigen Jahrzehnten zum allgemeinen Ruin führen – aber für den heutigen Hunger ist die erste Welt verantwortlich, die aus Hungergebieten wie dem Sahel noch Lebensmittel importiert.

Arme Bauern in der dritten Welt brauchen Kinder als Arbeitskräfte und zur Altersversorgung, denn es gibt ansonsten keine Sozialversicherung. Da die Kleinbauern und Landarbeiter das genau wissen, wäre es äußerst unvernünftig von ihnen, ihre Kinderzahl zu beschränken, solange die sozialen Verhältnisse nicht grundlegend anders sind. So berichten nordindische Landleute im Hinblick auf die Erbteilung bei vielen Söhnen:

> »Natürlich bin ich besorgt wegen der Aufsplitterung des Landes. Doch bevor ich mich über mein Land sorge, das morgen aufgeteilt wird, muß ich mich darum sorgen, heute darauf ein Auskommen zu haben... Ohne Söhne läßt sich von dem Land nicht leben. Je mehr Söhne man hat, desto weniger Arbeiter braucht man anzustellen und um so mehr Ersparnisse kann man anlegen... Wenn ich nicht meine Söhne hätte... Gott weiß, was mit mir und ihrer Mutter geschähe, wenn wir beide zu alt sind, um zu arbeiten und zu verdienen.«

Der enorme Erfolg der chinesischen Geburtenregelung beruht darauf, daß die Masse der Bevölkerung nicht mehr vom Hunger bedroht ist und eine Altersversorgung gesichert wurde; während das in Indien nicht geschah, obwohl dort seit über zwanzig Jahren aufwendige Programme zur Geburtenregelung durchgeführt wurden. Die regionalen Unterschiede sind allerdings groß. Der südwestlichste Bundesstaat Indiens, Kerala, hat mit der niedrigsten Analphabetenquote und Säuglingssterblichkeit auch die niedrigste Geburtenrate des Gesamtstaates.[42]

Der Hunger kann nur beseitigt und die wirtschaftliche Entwicklung im Interesse der in der dritten Welt Lebenden nur gefördert werden durch drastische soziale Reformen, nicht durch eine bloße Verbesserung der Technik.

> »Als man sich entschloß, etwas für die Landwirtschaft zu tun, etwa durch die ›Grüne Revolution‹, konnte zwar die Getreideernte um ein mehrfaches erhöht werden, aber der Gewinn kam nur den wohlhabenden Grundbesitzern zugute, die sich die nötigen Investitionen leisten konnten. Die Kleinbauern wurden zunehmend konkurrenzunfähig und viele mußten schließlich ihr Land verlassen.«

Die gewünschten sozialen Reformen wurden aber wieder und wieder durch konservative und diktatorische Regierungen dank deren Verbindungen mit der ersten Welt verhindert. Wenn eine soziale Revolution ein diktatorisches Regime gestürzt hat und beginnt, die Großgrundbesitzer und ausländischen Gesellschaften zu entmachten, wird sie sofort als kommunistisch verschrien und verteufelt, häufig auch gestürzt (z. B. Guatemala 1954, Dominikanische Republik 1964, Chile 1973). Im Falle Nicaraguas hat die US-Administration die Anhänger des gestürzten Diktators Somoza, die ›contras‹, mit Geld und Waffen ausgerüstet. Dergestalt unterstützt – auch durch Druck auf die Nachbarstaaten – fallen diese ›contras‹ über die Grenzen ein; Kriegsschiffe der USA verminten die Häfen Nicaraguas zeitweilig, und die ersten US-›Freiwilligen‹ sind bereits getötet worden. Wie einhellig würden Presse und Parlament der BRD diese Aggression gegenüber einem anderen Staat lautstark und intensiv verurteilen – wenn die Sowjetunion der Angreifer wäre!

Zwar hat die sandinistische Revolutionsregierung seit ihrem kurzen Bestehen bereits Erstaunliches unternommen: Nach rund 40jähriger Diktatur der Somozas waren die Hälfte aller Erwachsenen Analphabeten. 1980 führten die Sandinisten nach Methoden des Brasilianers Freire eine Bildungskampagne durch; danach konnten ⅞ aller Erwachsenen lesen und schreiben. Solche Verbesserungen für das Leben der Bevölkerungsmehrheit kümmern die selbsternannten Verteidiger ›der Freiheit‹ allerdings nicht. Offiziöse Delegationen aus der Bundesrepublik finden, daß es in Nicaragua politische Gefangene gebe, ohne zu berücksichtigen, daß es sich z. T. um ehemalige Folterer und Mörder der Somoza-Diktatur handelt, die die Macht ihrer Uniformen dazu benutzten, Wehrlose zu quälen und zu töten. Vermutlich hätten die Mitglieder solcher Delegationen es 1945 auch nicht ›in Ordnung‹ gefunden, ehemalige Nazi-Täter zu bestrafen, weil diese doch nur ›auf Befehl‹ gehandelt und ihre ›Pflicht‹ getan hätten!

Inzwischen ist Nicaragua gezwungen, bereits rd. die Hälfte seines mageren Staatshaushaltes für das Militär auszugeben. Dieses Geld fehlt natürlich für die Fortführung der so erfolgreich begonnenen Reformen, zumal die USA durch einen weitgehenden Handelsboykott die Wirtschaft dieses kleinen Landes (etwa halb so groß wie die BRD, keine 1,5 % der USA) zu ruinieren versucht. Auch ein Wirtschaftskrieg tötet die Kinder![43]

Offenbar wird der Krieg noch immer als »eine bloße Fortsetzung der Politik mit andern Mitteln« betrachtet. Das wurde formuliert zu einer Zeit, als weder Maschinengewehre noch Bombenflugzeuge bekannt waren, geschweige denn atomare Vernichtungsmittel. Immerhin betonte der Autor, daß der Krieg ein rationales Mittel zur Erreichung politischer Ziele wie Landerwerb, Beute, Einfluß usw. sein müsse. Dazu sei es notwendig, »die Vernichtung der feindlichen Streitkraft immer als das« wichtigste Ziel der Kriegshandlungen zu betrachten. Solche Ziele sind aber im Zeitalter der Interkontinentalraketen, Fernbomber und U-Boot-Raketen nicht mehr erreichbar. Die Erfindung von Kernwaffen und Trägersystemen verbieten die Kriegführung – es sei denn, die Politiker beabsichtigen die Vernichtung der heutigen Menschheit, die sie bedenkenlos ihrer hemmungslosen Machtbesessenheit opfern würden.

»Nur die radikale Abschaffung der Kriege und der Kriegsgefahr kann helfen. Dafür soll man arbeiten und dazu entschlossen sein, sich nicht zu Handlungen zwingen zu lassen, die diesem Ziel zuwiderlaufen. Dies ist eine harte Forderung an das Individuum, das sich seiner sozialen Abhängigkeit bewußt ist. Aber es ist keine unerfüllbare Forderung.«[44]

Wer sich für den Protest gegen die Gewaltanwendung, gegen die Vorbereitung eines atomaren Krieges entscheidet, findet viele Gleichgesinnte in der ganzen Welt. Begegnungen und Kontakte über Länder und Meere hinweg, Ausstellungen, Kundgebungen, Aufrufe und Flugblätter gegen die Aufrüstung, Unterschriftensammlungen sowie Eingaben an Politiker und Regierungen zeugen davon, daß Menschen in aller Welt beginnen, sich gegen die Bedrohung eines atomaren Massenmordes zur Wehr zu setzen.

Das ist erfolgreich nur durch Widerstand gegen die Autoritäten möglich, und zwar nicht nur gegen die äußeren, anerkannten, sondern auch gegen die verinnerlichten, die in uns selber eingebauten Werte. Solange wir meinen, daß der Gehorsam gegenüber Werten wie Vaterland und Nation höher zu bewerten sei als alle sonstigen menschlichen Rücksichten, besteht wenig Aussicht auf Rettung; denn in unserer Lage bedeutet Gehorsam den Tod. Das Soldatenspielen mit Vereidigung von Bundeswehrrekruten, Truppenfahnen und Ordensverleihungen hilft der Bevölkerung hierzulande nicht zum Leben. Was gebraucht wird, sind andere Auszeichnungen:

42   Felix Nussbaum 1944: Die Gerippe spielen zum Tanz

> »... der armselige Stern
> der Hoffnung über dem Herzen...
> Er wird verliehen
> für die Flucht von den Fahnen,
> für die Tapferkeit vor dem Freund,
> für den Verrat unwürdiger Geheimnisse
> und die Nichtachtung
> jeglichen Befehls.«

Unsere eigene Regierung, unsere eigenen Verbündeten bereiten eine totale Vernichtung für uns vor, in der paradoxen Hoffnung, dadurch verschont zu bleiben. US-amerikanische Bürger fragen in selbstverständlichem Egoismus: »Warum sind die Deutschen nicht bereit, ein Opfer zu bringen? Die Menschen von Hiroshima haben es auch gebracht, und viele von ihnen leben noch.«[45]

Die Unverschämtheit, mit der hier der heimtückische Massenmord an der Bevölkerung als Opfer bezeichnet wird, also ein religiöses Moment angesprochen wird, geht es doch um die ›Freiheit‹, ist bezeichnend für die menschliche Deformation weiter Kreise. Wir aber – im Kriegsfalle in einer wesentlich bedrohteren Lage als die USA, sogar als die Sowjetunion – sind bereits in ähnlicher Situation wie die osteuropäischen Juden während der deutschen Besatzung im Zweiten Weltkrieg; sie wurden von ihren Henkern zusammengetrieben, gezwngen, Gräben auszuheben und sich vor diesen aufzustellen. Noch können wir uns dagegen wehren, und wenn un-

297

sere Politiker tatsächlich Interesse für Kinder hätten und sie nicht nur aus wirtschaftlichem oder politischem Blickwinkel betrachten würden, müßte das andere Rückwirkungen auf ihr Handeln haben, als es jetzt zu sehen ist. So ist es lebensnotwendig für uns, ihnen in den Arm zu fallen und einen Abbau sämtlicher Rüstung der Supermächte zu fordern – vor allem einen Abzug von deren Truppen aus den deutschen Staaten; aber zu dieser Forderung müssen wir die Politiker unserer großen Parteien wahrscheinlich erst zwingen, da deren Vorstellungskraft offenbar nicht ausreicht, die Konsequenzen ihrer Politik zu bedenken. Im Wilhelminischen Kaiserreich und im Nazi-Reich sahen sich die Politiker schließlich vor ganz anderen als den angestrebten Zielen: Das Deutsche Reich war verkleinert bzw. aufgelöst. Mit der bisher betriebenen Politik werden die Wege zur Vernichtung Deutschlands geebnet. Denn bei einem Krieg zwischen den beiden Weltmächten würden wir, gleichgültig, wer angreift, gleichgültig, wer ›siegt‹, verschwunden sein: als Gesellschaft, als Staat, als Nation, sehr wahrscheinlich auch als Volk.

7. Anhang

Anmerkungen

1. Vom Wandel der Kriegsvorwände

1 S. MEERBAUM-EISINGER: Ich bin in Sehnsucht eingehüllt, Frankfurt a, M. 1984, S. 51 (Zitat aus dem »Poem«); zum Leben der Autorin vgl. das Vorwort v. J. Serke, bes. S. 18 f.; zum historischen Geschehen vgl. R. HILBERG: Die Vernichtung der europäischen Juden, Berlin 1982, S. 521 ff.

2 Einzelne Regionen wurden jahrelang nicht von Kriegsereignissen betroffen: In Nordvietnam zum Beispiel herrschte seit 1954 bis zum Beginn der US-amerikanischen Luftangriffe 1964 Friede, währenddessen Straßen, Dämme und Fabriken gebaut wurden (vgl. G. GIESENFELD: Land der Reisfelder, Köln 1981, Kap. 5 u. 6); für Deutschland vgl. G. FRANZ: Der Dreißigjährige Krieg und das deutsche Volk, Stuttgart 1961.

3 Das Neue Testament, Matthäus 2,2–2,16 (Zitat); zur Legendenbildung vgl. K. DESCHNER: Abermals krähte der Hahn, Düsseldorf 1980, Buch 1, bes. Kap. 3 (mit reichlichen Belegen versehen).

4 Zu den Kreuzzügen vgl. die knappen Darstellungen v. H. MAYER: Geschichte der Kreuzzüge, Stuttgart 1973, hier Kap. 2 (Zitat S. 16) und H. WOLLSCHLÄGER: Die bewaffneten Wallfahrten gen Jerusalem, Zürich 1973, Kap. 1 (Zitat S. 16) sowie ALBERT von Aachen: Geschichte des ersten Kreuzzugs, eingel. u. übers. v. H. Hefele, 2 Bde., Jena 1923, hier Buch 1, bes. Kap. 5.

5 Ebenda, Buch 6, Kap. 23, S. 299 f. (Zitat); vgl. auch WOLLSCHLÄGER: Wallfahrten, S. 38 und DESCHNER: Hahn, Kap. 66 (Anfang).

6 Bischof EUSTATHIOS: Die Normannen in Thessalonike, übers. u. eingel. v. H. Hunger (= Byzantinische Geschichtsschreiber, Bd. 3), Graz 1955, S. 112 f.

7 Vgl. I. MIECK: Die Entstehung des modernen Frankreichs 1450 bis 1610, Stuttgart 1982, S. 38 f. und R. ROMANO/A. TENENTI: Die Grundlegung der modernen Welt (= Fischer Weltgeschichte 12), Frankfurt a. M. 1967, S. 69 ff.

8 Quellen zur Geschichte des Bauernkrieges, hrsg. v. G. Franz (= Ausgewählte Quellen zur deutschen Geschichte der Neuzeit, Bd. 2), Darmstadt 1963, S. 259.

9 J. v. GRIMMELSHAUSEN: Abentheuerlicher Simplicissimus, Leipzig 1880, S. 16. (Zitat: Schreibung leicht modernisiert).

10 Ebenda, S. 17.

11 G. LAMMERT: Geschichte der Seuchen, Hungers- und Kriegsnoth zur Zeit des Dreißigjährigen Krieges, Niederwalluf b. Wiesbaden 1971, S. 231. Vgl. auch FRANZ: Der Dreißigjährige Krieg, und J. KUCZINSKY: Geschichte des Alltags des deutschen Volkes, Bd. 1, Köln 1980, Kap. 2.

12 J. COMENIUS: Informatorium. Der Mutter Schul, Langensalza 1898, S. 2 – Sprachform leicht modernisiert; zum Leben des Comenius vgl. den Roman von H. KÜNKEL: Das Labyrinth der Welt, Stuttgart 1951.

13 COMENIUS: Informatorium, S. 28.

14 K. RUTSCHKY (Hg.): Deutsche Kinder-Chronik, Köln 1983, S. 410 f. (Zitat); zum Nationalismus vgl. E. LEMBERG: Nationalismus, 2 Bde., Reinbek 1964, Teil II, bes. Kap. C und H. KOHN: Die Idee des Nationalismus, Frankfurt a. M. 1962, Kap. 1 u. 4.

15 F. GRILLPARZER: Sämtliche Werke, Bd. 3, Gedichte. Dritte Abteilung, Stuttgart o. J. [ca. 1892], S. 171 (Zitat). – Zum Nationalismus vgl. KOHN: Idee, bes. Kap. 5 u. 7 (hier Abschnitte 2–6, 15 bis 18) und K. W. DEUTSCH: Der Nationalismus und seine Alternativen, München 1972, bes. Kap. 1 u. 2 (Darstellung enthält eine Reihe von Detailfehlern, z. B. S. 26: Angaben zu den Schriftsprachen Europas zu niedrig, oder S. 72: Ungarn, Polen, Serben, Rumänen, Griechen haben keine ›Sezession‹ betrieben); M. BROSZAT: Zweihundert Jahre deutsche Polenpolitik, Frankfurt a. M. 1972, bes. Kap. 3 u. 4.

16 RUTSCHKY: Kinder-Chronik, S. 436 (Zitat); vgl. K. R. MINOGUE: Nationalismus, München 1970, bes. Kap. 3; LEMBERG: Nationalismus, Kap. 2, bes. Abschnitte D bis F.

17 So der Historiker W. Maurenbrecher am 22. 3. 1871 in der Königsberger Universität, zitiert aus: Die Reichsgründung, hrsg. v. H. Böhme, München 1967, S. 42 f.; vgl. zur Entwicklung ebenda, bes. Kap. 2 u. 3 sowie R. RÜRUP: Deutschland im 19. Jahrhundert. 1815–1871 (= Kleine Vandenhoeck-Reihe 1497), Göttingen 1983.

18 Zitat aus: Die Reichsgründung, S. 30 f.; weitere zeitgenössische Kritiken ebenda, auch in: Die

Gründung des Deutschen Reiches 1870/71 in Augenzeugenberichten, hrsg. v. E. Deuerlein (= dtv 1262), München 1977. – Elsaß-Lothringen, mit knapp 15 000 qkm so groß wie das heutige Schleswig-Holstein oder ganz Baden (vgl. Sozialgeschichtliches Arbeitsbuch III, v. D. Petzina u. a., München 1978, S. 23, 172), zählte rd. 1 ½ Mio. Einwohner, also knapp 4 Prozent der damaligen deutschen bzw. 4 ½ Prozent der französischen Bevölkerung (vgl. C. CIPOLLA / K. BORCHARDT (Hg.): Europäische Wirtschaftsgeschichte, Bd. 4, Stuttgart 1977.

19 Es handelt sich um die »Zweite Adresse des Generalrats über den deutsch-französischen Krieg«, zitiert nach K. MARX/F. ENGELS: Werke, Bd. 17, Berlin 1962, S. 271–79 (Zitat S. 272 f., 275); auch in: MARX-ENGELS: Studienausgabe III (= Fischer Bücherei 766), S. 130, 133. – Zu Straßburg vgl. H. SCHULZ: Die Welt in Waffen, Berlin o. J. [ca. 1910], S. 600 ff.

20 Das Zitat stammt von dem Historiker F. Gregorovius aus dem Jahr 1871, in: Die Reichsgründung, S. 21. – Zu den nationalen Minderheiten innerhalb des Deutschen Reiches vom Jahre 1871 vgl. H.-U. WEHLER: Krisenherde des Kaiserreichs 1871–1918, Göttingen 1979. Noch die deutsche Volkszählung von 1890 weist – trotz einer bis dahin erfolgten gewissen Eindeutschung, bes. im litauischen, polnischen und tschechischen Grenzbereich – über 10 Prozent Minderheiten einschließlich der Elsaß-Lothringer aus.

21 Zu den Kriegsereignissen vgl. SCHULZ: Welt, S. 559 ff., 603 ff., 611 ff. – Zu den Krankheitsverlusten und den Gefangenen siehe B.Z. URLANIS: Bilanz der Kriege, Berlin/DDR 1965, S. 229 ff., 281 ff.

22 Zusätzlich erklärten die Vertragsschließenden präambelmäßig, »daß in den Fällen, die in den Bestimmungen der von ihnen angenommenen Ordnung nicht einbegriffen sind, die Bevölkerung und die Kriegführenden unter dem Schutze und der Herrschaft der Grundsätze des Völkerrechts bleiben . . .« Abgedruckt in: F. SCHEIDL: Die Kriegsgefangenschaft von den ältesten Zeiten bis zur Gegenwart, Berlin 1943, S. 73–79; Teildruck auch in: Abrüstung, Nachrüstung, Friedenssicherung (= dtv 5536), München 1985. – Zu den ersten Abrüstungsgesprächen der Großmächte auf beiden Konferenzen vgl. J. DÜLFFER: Regeln gegen den Krieg? Die Haager Friedenskonferenzen 1899 und 1907 in der internationalen Politik, Berlin 1981, S. 19 ff., 50 ff., 73 ff.

23 Zu den Kolonien und Halbkolonien vgl. Kap. 4 dieses Buches. – Siehe Konferenzbeschreibungen bei DÜLFFER: Regeln, bes. S. 69 ff., 275 ff., 300 ff.

24 Die UNO-Studie Kernwaffen, hrsg. v. den Vereinten Nationen, München 1982, S. 199.

25 Vgl. A. HILLGRUBER: Der Zweite Weltkrieg 1939–1945, Stuttgart 1983, S. 78 f., 107; zu den Befehlen siehe R. HENKYS: Die nationalsozialistischen Gewaltverbrechen, Stuttgart 1965, S. 112 f.; H.-A. JACOBSEN: Kommissarbefehl und Massenexekutionen sowjetischer Kriegsgefangener, in: H. BUCHHEIM u. a.: Anatomie des SS-Staates, Bd. 2, Olten 1965, S. 163–279, bes. 170 ff., 185 ff.; zur Wannsee-Konferenz vgl. HILBERG: Vernichtung, S. 283 ff., 289 ff., 585 ff.; H. KRAUSNICK: Judenverfolgung, in BUCHHEIM u. a.: Anatomie, Bd. 2, S. 283–448, bes. 360 ff., 191 ff.

26 B. CLAVEL: Kinder im Elend, Aarau 1979, S. 93 f.; in historischen Darstellungen wird das nur manchmal angedeutet wie in L. BIANCO u. a.: Das moderne Asien (= Fischer Weltgeschichte 33), Frankfurt a. M. 1977, S. 308 f.: »Aus diesem Grund griff die amerikanische Luftwaffe nicht nur Industrieanlagen und Verbindungswege an, sondern auch Schulen, Hospitäler und Einzelpersonen (durch Anwendung von Splitterbomben).«

27 Vgl. GIESENFELD: Reisfelder, S. 165 f. (Zahlen). – Zu den noch bestehenden Kriegsverwüstungen in Vietnam, für die die USA nicht die geringste Entschädigung zahlten, vgl. z.B. die regelmäßigen Mitteilungen der »Hilfsaktion Vietnam e. V.«, Hilfe für Laos und Kampuchea, Bismarckstr. 33, 4000 Düsseldorf 1, sowie M. HERR: An die Hölle verraten, München 1979, S. 37, 43, 69 f. (generelles Morden), S. 166 ff. (Landschaftszerstörung); CLAVEL: Elend, S. 86 f. u. 95 f. (Zitat).

28 Vgl. den Dokumentarfilm aus den USA von 1972 »Winter Soldier«, hier zitiert nach: Masken des Krieges. Ein Lesebuch, hrsg. v. H. Frevert / M. Christadler, Baden-Baden 1979, S. 148 f.; zu My Lai siehe S. BROWNMILLER: Gegen unseren Willen, Frankfurt a. M. 1978, S. 106 ff.; zu sonstigen Kriegsverbrechen HERR: Hölle, S. 71, 77 f., 88 f.; B. RUSSEL / J.-P. SARTRE: Vietnam-Tribunal II oder Die Verurteilung Amerikas (= rororo 1213/14), Reinbek 1968 sowie S. MILGRAM: Das Milgram-Experiment, Reinbek 1982, S. 211 ff., 242 f.

2. Soldaten werden nicht geboren

1 Es gibt umfangreiche Bücher, die ich mit wachsender Ungeduld gelesen habe, weil sich der praktische Verstand in der gehäuften ›Wissenschaftlichkeit‹ kaum noch finden läßt. Dazu gehört das Buch von Q. WRIGHT: A Study of War, Chicago 1965, hier zitiert aus Friedensforschung, hrsg. v. E. Krippendorff (= Neue wissenschaftliche Bibliothek 29), Köln 1968, S. 29–44. Es seien nur einige Beispiele gegeben: S. 31 (verschwommene Definition), S. 32 ff. (Tiere mit »Herrschaftstrieb«), S. 36 ff. (Krieg bei den Primitiven, die nicht näher definiert werden); dort findet sich die merkwürdige Behauptung: »Der primitive Krieg war ein wichtiger Faktor bei der Entwicklung der Kultur.« – Es gibt nicht die Spur eines Beweises, daß die Entwicklung von Ackerbau, Viehzucht, Töpferei, Weben und Steinbearbeitung zwischen dem 9. und 6. Jahrtausend vor unserer Zeitrechnung in Vorderasien und Hinterindien durch Krieg gefördert worden wäre! – Zu den leichtfertigen Rückschlüssen von tierischem auf menschliches Verhalten siehe S. 52 dieses Kapitels und vgl. die vorbildliche Diskussion auf dem »Symposion des Internationalen Instituts für den Frieden, Wien«, 1971, abgedruckt in: Aggressionstrieb und Krieg, hrsg. v. W. Hollitscher, Stuttgart 1973, S. 34–128.

2 Hinsichtlich der Vorstellungen Sigmund Freuds über die ›Urhorde‹, in der die Söhne den Vater umgebracht hätten (vgl. Totem und Tabu, zuerst 1913), kann nicht deutlich genug darauf hingewiesen werden, daß es sich um Spekulationen ohne empirische Grundlagen handelt, die »keinerlei erkennbare Beziehung zu dem, was wir über die Quellen menschlicher Aggressionen wissen, erkennen lassen.« (R. PROSTERMAN: The Study of Lethal Human Conflict, in: War, hrsg. v. L. Farrar jr., Oxford 1978, S. 14). Siehe ausführliche Kritiken bei B. MALINOWSKI: Geschlecht und Verdrängung in primitiven Gesellschaften, Hamburg 1962 oder M. MEAD: Mann und Weib, Reinbek 1958 sowie E. FROMM: Die Furcht vor der Freiheit, Frankfurt a. M. 1966; DERS.: Anatomie der menschlichen Destruktivität, Stuttgart 1975, S. 121 ff. (126 f.), 158 ff.; J. RATTNER: Aggression und menschliche Natur, Olten 1971 und A. Montagu in: Aggressionstrieb, S. 84 f., 101 ff.

3 Vgl. E. GERHARDS: Blackfoot-Indianer, Innsbruck 1980, S. 70 (Zitat); R. BENEDICT: Urformen der Kultur, München 1955; H. J. STAMMEL: Indianer, Gütersloh 1977; M. MEAD: Jugend und Sexualität in primitiven Gesellschaften, Bd. 3, München 1974, S. 37 ff.; K. DESCHNER: Das Kreuz mit der Kirche, Düsseldorf 1974, Kap. 30, S. 386 (Eskimos). – Die Meinungen der Gelehrten sind übrigens so unterschiedlich, daß allein die Angaben über Eskimos bei I. EIBL-EIBESFELDT: Krieg und Frieden aus der Sicht der Verhaltensforschung (= Serie Piper 329), München 1984, S. 157–69 und P. FARB: Die Indianer (= Molden Tb 8), Wien 1971, S. 45–62, bes. 53 ff. beinahe verschiedene Völker zu beschreiben scheinen.

4 Vgl. z. B. THUKYDIDES: Der Peleponnesische Krieg (= Reclams Universalbibliothek 1807–11), Stuttgart 1973; K. J. BELOCH: Die Bevölkerung der griechisch-römischen Welt, Leipzig 1886.

5 Zur Abhängigkeit der Kriegführung von einer gewissen Zivilisationsstufe vgl. FROMM: Anatomie, S. 135 ff., 143 ff.; J. SCOTT: Aggression, Chicago 1975, S. 156 f.; L. MUMFORD: Mythos der Maschine, Frankfurt a. M. 1981, bes. Kap. Vorstufen der Seßhaftigkeit und Der Königskult, S. 198 ff. sowie J. M. BRIDGMAN: Thinking about War, in: War, S. 4 f. – Zum Wandel der Bevölkerungsstruktur vgl. A. IMHOF: Die gewonnenen Jahre, München 1981, S. 19 f., 170–81. – Zitat aus CLAVEL: Elend, S. 108.

6 Vgl. MUMFORD: Maschine, bes. Kap. Bürde der Zivilisation und Pathologie der Macht. – In der »Ilias« von Homer wird das Adjektiv ›männermordend‹ häufig als Auszeichnung benutzt. Zu Sumer vgl. Das Gilgamesch Epos (= Reclams Universalbibliothek 7235), Stuttgart 1958. Das erste Zitat soll aus der Zeit um 500 v.u.Z. stammen (vgl. HERAKLIT: Fragmente, Darmstadt 1976 und eine andere Übersetzung in: Die Vorsokratiker I [= Reclams Universalbibliothek 7965], Stuttgart 1983, S. 259), das zweite aus der Zeit des Kaisers Augustus (vgl. HORAZ: Oden [= Reclams Universalbibliothek 9905], Stuttgart 1979, 3. Buch).

7 Vgl. J. KEEGAN: Das Antlitz des Krieges, Düsseldorf 1978, S. 130 f. (Mittelalter), 140 f., 333; I. MIECK: Frankreich, S. 211 f.; URLANIS: Bilanz, S. 37 ff. (Mittelalter), 66 f., 71 ff.

8 Zu Napoleon und dem Dreißigjährigen Krieg vgl. URLANIS: Bilanz, S. 46 f., 231 f., 244 f., 312 f., 367; 1. Zitat aus UNO-Studie, S. 90; 2. Zitat B. RÖLING: Einführung in die Wissenschaft von Krieg und Frieden, Neukirchen-Vluyn 1970, S. 9.

9 Die Argumentation Einsteins in seinem Brief an Sigmund Freud vom 30. Juli 1932 stellt deutlich die sozialen Hintergründe jedes Krieges heraus, während Freud an seiner individuellen Trieblehre festhält (vgl. A. EINSTEIN / S. FREUD: Warum Krieg?, Zürich 1972, S. 18 (Zitat).

10 Zu den Voraussetzungen dieser Erziehung vgl. RATTNER: Aggression, S. 149 f., 163 ff., 183 ff.,

199 ff.; für frühere Jahrhunderte, besonders zur Prügelstrafe, siehe J. KUCZYNSKI: Studien zur Geschichte der Lage des arbeitenden Kindes in Deutschland von 1700 bis zur Gegenwart, Berlin/DDR 1968, S. 42–54; D. HUNT: Parents and Children in History, New York 1972, S. 133 ff., 137 ff.; zu den pädagogischen Maximen dieser Erziehung vgl. K. RUTSCHKY (Hg.): Schwarze Pädagogik, Frankfurt a. M. 1977 (Sammlung authentischer Texte bes. des 18. und 19. Jh.s); zur Praxis DIES.: Kinder-Chronik, bes. Kp. 2.1, 2.3 und 2.4 sowie Kap. 6.

11 M. TRAPPE / P. STELLER: Die GEWALTtätige Familie, Berlin 1982, S. 40.

12 Vgl. auch ebenda, S. 84 und A. ADLER: Der Sinn des Lebens, Frankfurt a. M. 1973, S. 137.

13 RATTNER: Aggression, S. 246. – Auch heutzutage werden brutalste Kindesmißhandlungen gerne übersehen, vgl. Tagespresse, z. B. Frankfurter Rundschau vom 14. 9. 1985.

14 P. BRÜCKNER: Das Abseits als sicherer Ort, Berlin 1980, S. 107 (Zitat); vgl. K.-I. FLESSAU: Schule der Diktatur, Frankfurt a. M. 1984, S. 21–30, bes. 26 ff. (Lehrpläne); dagegen H. SCHOLTZ: Erziehung und Unterricht unterm Hakenkreuz, Göttingen 1985, S. 80 ff., 129 ff., 133 f.

15 A. HITLER: Mein Kampf, München 1942, S. 452 u. 459 (Zitat) – das späte Erscheinungsdatum ist belanglos, da alle Ausgaben keine inhaltlichen Änderungen aufweisen, vgl. W. MASER: Hitlers Mein Kampf, München 1966, S. 38–49 und K. LANGE: Hitlers unbeachtete Maximen, Stuttgart 1968, S. 165 f.; vgl. auch FLESSAU: Schule, S. 31 ff.

16 Schule im Dritten Reich. Erziehung zum Tod? hrsg. v. G. Platner et al., München 1983, S. 78 f.

17 DESCHNER: Hahn, Kap. 66 (Verhalten der Kirche), bes. S. 515–23, 518 (1. Zitat); Das Kind und der Krieg, hrsg. v. M. Schach, Berlin o. J. [1917], S. 112 (2. Zitat); vgl. U. CARTARIUS (Hg.): Deutschland im Ersten Weltkrieg, München 1982, S. 251 ff.

18 Vgl. zur Vergottung des Herrschers MUMFORD: Maschine, S. 200 ff., 212 ff., 294 ff. sowie in neuerer Zeit MIECK: Frankreich, S. 158; zu Mussolini siehe E. NOLTE: Der Faschismus in seiner Epoche, München 1963 und DESCHNER: Hahn, S. 524–28 (Zitat S. 526 f.).

19 Vgl. 1933 – Wege zur Diktatur, hrsg. v. Staatliche Kunsthalle Berlin, Berlin 1983, S. 211–14 (vorgeschlagene Gebete S. 214, auch die ›gemäßigten‹); DESCHNER: Hahn, Kap. 67 (bes. S. 536 ff.); G. v. NORDEN: Widerstand in den Kirchen, in: R. LÖWENTHAL / P. von zur MÜHLEN (Hg.): Widerstand und Verweigerung in Deutschland 1933–1945, Bonn 1982, S. 111 f.

20 Vgl. ebenda, S. 114 ff., 125 ff.; H. GOLLWITZER: Aus der Bekennenden Kirche, in: ebenda, S. 129–39; DESCHNER: Hahn, S. 541–52 (Zitate S. 541 u. 551); SCHOLTZ: Erziehung, S. 125 f.

21 Vgl. die Tagespresse, z. B. die Frankfurter Rundschau v. 25. 8. 1984; zur Verquickung von Kirche und Politik siehe etwa D. SÖLLE: Im Hause des Menschenfressers, Reinbek 1981, S. 98 ff., 151 ff.; W. REICH: Die Massenpsychologie des Faschismus, Frankfurt a. M. 1974, S. 117 ff., 139 ff., 146 ff.; E. MAHLER: Christliche Botschaft und Apokalypse – Ein psychohistorischer Prozeß ohne Zukunft?, in: Krieg und Frieden aus psychoanalytischer Sicht, hrsg. v. P. Passet / E. Modena, Basel 1983, S. 259–89, bes. S. 262 ff., 267 f.

22 M. v. der GRÜN: Wie war das eigentlich? Darmstadt 1979, S. 141.

23 Vgl. ebenda, S. 100 ff.; FLESSAU: Schule, S. 36 f.; W. HOFER (Hg.): Der Nationalsozialismus. Dokumente 1933–45, Frankfurt a. M. 1957, S. 88; Schule im Dritten Reich bes. S. 81 ff., 101 ff.; A. JOHANSEN: Orwell im Verhör, München 1984, S. 14 (Zitat).

24 Zitat aus: Kinderschaukel 1. Ein Lesebuch zur Geschichte der Kindheit in Deutschland 1745 bis 1860, hrsg. v. M.-L. KÖNNEKER, Darmstadt 1976, S. 187 ff. (Zitat); vgl. ebenda, Bd. 2, S. 148; K. BRÖGER: Der Held im Schatten, Jena 1920, S. 5 f.; Deutsche Kindheiten, hrsg. v. I. Hardach-Pinke / G. Hardach, Kronberg/Taunus 1978, S. 279, 281, 314; E. WELK: Die Heiden von Kumerow, Berlin 1937, Kap. Die Völkerwanderung, S. 240 ff.; RUTSCHKY: Kinder-Chronik, S. 398 f.

25 M. BROMME: Lebensgeschichte eines modernen Fabrikarbeiters, Kronberg/Taunus 1971, S. 49 (Zitat); vgl. RUTSCHKY: Kinder-Chronik, S. 407 f., 433 ff.; G. KELLER: Der grüne Heinrich, München o. J., S. 82 f.

26 Children of all Nations, London o. J. [ca. 1880], S. 44 (Zitat). Vgl. auch W. McCAY: Little Nemo 1906–1910, Darmstadt 1974, S. 67 sowie H. u. M. BORN: Luxus des Gewissens, München 1982, S. 166 (Vom Geiste und den Methoden der Demokratie). Das Folgende nach M. GORKI: Autobiographische Romane, München 1976, S. 222.

27 S. SCHOLTIS: Ein Herr aus Bolatitz, München 1959, S. 74, 75, 76.

28 Realer Hintergrund der Atomkriegsspiele ist z. B. ein Planspiel des US-Militärs zum ›begrenzten Atomkrieg‹ in Europa, Raum Hessen, Gefechtsführung bei Fulda; zu finden im Taktik-

Lehrbuch für Generalstäbler der US-Armee als 4. Kap. des Abschnitts »Conventional-Nuclear Operations« – nach U. ALBRECHT: Kündigt den Nachrüstungsbeschluß!, Frankfurt a. M. 1982, S. 111 ff. Vgl. die Tagespresse, z. B. Die Tageszeitung v. 10. 5. 1982 oder 27. 4. 1983 sowie Frankfurter Rundschau v. 22. 11. 1983. – B. KRONER: Kurze Geschichte der politischen Funktion von Kriegsspielzeug in Deutschland, in: Ist das noch Spielzeug?, hrsg. v. Galerie 70 edition GmbH, Berlin 1979, S. 45; E. JOHANSEN: Betrogene Kinder. Eine Sozialgeschichte der Kindheit (= Fischer Tb 6622), Frankfurt a. M. 1980, S. 167 ff.

29 Vgl. MUMFORD: Maschine, S. 609 ff. (Wehrpflicht); zum Drill: RATTNER: Aggression, S. 203 ff., 239 ff.; MILGRAM: Experiment, S. 209; KEEGAN: Antlitz, Kap. 1, Abschn. Töten ohne zu morden? (S. 50 ff.), S. 204 ff.; C.F. SHATAN: Militarisierte Trauer und Rachezeremoniell, in: Krieg und Frieden, S. 222–29; REICH: Massenpsychologie, S. 294 f.

30 Zitiert aus Masken, S. 11 f.; vgl. SÖLLE: Menschenfresser, den Aufsatz Selig sind die Friedensstifter, S. 17 ff.; MUMFORD: Maschine, S. 219 ff. (Megamaschine), 630 ff. (Vergleich).

31 Vgl. Frankfurter Rundschau v. 20. 9. 1984 (1. Zitat aus der vom Bundesverteidigungsministerium herausgegebenen »Truppenzeitschrift Heer«); R. ANDREAS-FRIEDRICH: Der Schattenmann, Berlin 1947, S. 24 (2. Zitat, Eintragung vom 27. 10. 1938).

32 Masken, S. 149, 150 (Zitat); vgl. HERR: Hölle, S. 82–92, 106; BROWNMILLER: Gegen unseren Willen, S. 101 ff.; D. MANTELL: Familie und Aggression, Frankfurt a. M. 1972, S. 273 ff., 288 ff.; MILGRAM: Experiment, S. 208–14.

33 Vgl. MUMFORD: Maschine, S. 206 ff. (Königtum); RATTNER: Aggression, S. 235 ff. (Nationalismus). – Zu diesem verschleiernden Sprachgebrauch vgl. F. VILMAR: Rüstung und Abrüstung im Spätkapitalismus, Frankfurt a. M. 1967, S. 216 ff. sowie SÖLLE: Menschenfresser, S. 34 f.

34 Vgl. REICH: Massenpsychologie, S. 75 ff. (Selbstgefühl), 88 ff. (Funktion der Ideologie); RATTNER: Aggression, S. 127 ff. (Vorurteil), 207 (Zitat), 241 ff. (Religion); DERS.: Der schwierige Mitmensch, Frankfurt a. M. 1976, S. 36 ff., 41; A. GUHA: Die Neutronenbombe, Frankfurt a. M. 1982, S. 190 ff. (Auswirkungen).

35 Vgl. E. FROMM: Aggression und Charakter (= Edition Arche Nova), Zürich 1975, S. 7 ff.; SCOTT: Aggression, S. 44 ff. (zur Physiologie); E. MORGAN: Der Mythos vom schwachen Geschlecht (= Fischer Tb 1604), Frankfurt a. M. 1978, S. 182 ff. (Zitat S. 183).

36 Unter dem Eindruck des Ersten Weltkrieges entwickelte Freud die Theorie vom ›Todestrieb‹ (vgl. Jenseits des Lustprinzips, zuerst 1920, oder Das Unbehagen in der Kultur, zuerst 1930) und beharrte darauf. Vgl. EINSTEIN / FREUD: Warum Krieg?, S. 25–41, bes. 36–41 (Zitat S. 41); dagegen FROMM: Furcht; DERS.: Anatomie, S. 401 ff., 408 ff., 420–32 oder RATTNER: Aggression, S. 45 ff.; ADLER: Sinn, etwa S. 34 f., 53, 140 f.

37 K. LORENZ: Das sogenannte Böse (= dtv 1000), München 1974, S. 40, 51, 55 f. (Zitat S. 56). – Vgl. dagegen A. PLACK: Die Gesellschaft und das Böse. Eine Kritik der herrschenden Moral, München 1967 sowie Aggressionstrieb, S. 62 f., 87 f., 118 f. – Zu den fatalen Folgen einer verwöhnenden Erziehung auch ADLER: Sinn, S. 94 ff.; RATTNER: Aggression, S. 184 ff.

38 SCOTT: Aggression, S. 62 (1. Zitat). – Zur psychologischen Unkenntnis von Lorenz vgl. RATTNER: Aggression, S. 28–37 und FROMM: Anatomie, S. 1 ff., 20–30 sowie R. DENKER: Aufklärung über Aggression, Stuttgart 1966. Das 2. Zitat von Montagu aus Aggressionstrieb, S. 61 (zur Grundsatzdiskussion vgl. S. 38–44). – Dagegen behauptet EIBL-EIBESFELDT: Verhaltensforschung, S. 131 ff. einen grundsätzlichen Aggressionstrieb beim Menschen, obgleich er, S. 139–46, das Erlernen von Aggression durch soziale Vorbilder betont.

39 Vgl. S. FREUD: Drei Abhandlungen zur Sexualtheorie, Frankfurt a. M. 1975, S. 160 f.; A. u. M. MITSCHERLICH: Die Unfähigkeit zu trauern, München 1967, S. 62 ff., 235 ff. – Freud mühte sich, seine Theorie des Ödipuskomplexes auch auf Mädchen zu übertragen (FREUD: Sexualtheorie, S. 161–68, bes. 166). Dagegen siehe E. BADINTER: Die Mutterliebe, München 1984, S. 238–45, 253–61 (Vaterrolle) und M. KRÜLL: Freud und sein Vater, München 1979, die die persönliche Bedingtheit wesentlicher Elemente seiner Trieblehre vorbildlich untersucht hat.

40 Schon Freud fiel es schwer, eine Verbindung zwischen dem Krieg und seiner Trieblehre herzustellen. Das merkwürdig unhistorische Theorie-Konstrukt Freuds (vgl. seine knappe Zusammenfassung 1932 in EINSTEIN / FREUD: Warum Krieg?, S. 26–41) strotzt von unbewiesenen Annahmen (S. 27 oder 30) – wenn die Menschen sich früher so asozial verhalten hätten, wären sie in kürzester Zeit ausgestorben – bzw. gröbsten Simplifizierungen (S. 32).

41 Montagu in: Aggressionstrieb, S. 120 (Zitat); vgl. A. PLACK (Hg.): Der Mythos vom Aggressionstrieb (= Ullstein 34036), Berlin 1977 und RATTNER: Aggression, S. 254 ff., 261 ff.

42 Ebenda, S. 201. – Zur langen Tradition dieser Schulerziehung vgl. etwa RUTSCHKY: Schwarze Pädagogik, sowie Schule im Dritten Reich, S. 195 ff. (Auszüge aus Schulbüchern).

43 Vgl. A. ADLER: Über den nervösen Charakter (= Fischer Tb 6174), Frankfurt a. M. 1977 (zuerst 1912); SCOTT: Aggression, S. 22 (Zitat); RATTNER: Aggression, S. 15 f., 21 f.

44 Das Vorangegangene nach MEAD: Jugend, Bd. 2, Zitate S. 9 u. 47; über die Mundugumor nach Bd. 3, S. 155–213. – Es kann hier nicht näher auf die Kritik an Meads Arbeit über Samoa (ebenda, Bd. 1, zuerst 1928 erschienen) durch D. FREEMAN: Liebe ohne Aggression, München 1983, eingegangen werden; deren Fertigstellung war für den Autor offenbar ein Problem: Rd. 40 Jahre, wie er stolz berichtet (S. 16 f., 20), befaßte er sich damit, diese Kritik zu erarbeiten und wartete mit ihrer Fertigstellung bis nach dem Tode Meads! Wenn Freeman behauptet, daß sich »die Lebensweise der Samoaner in den vierzehn Jahren – zwischen 1926... und 1940... [nicht] grundlegend verändert« hätte (S. 140), und seine Beobachtungen aus den Jahren bis 1981 als Vergleich heranzieht, so ist das historisch nicht haltbar. Man kann verschiedene Entwicklungsstufen nicht miteinander vergleichen, ohne den Prozeß der Veränderung in den verschiedenen Jahrzehnten zu berücksichtigen. Man bedenke nur den rasanten Wandel der Einstellungen und Verhaltensweisen hierzulande innerhalb der zwei Jahrzehnte nach 1950!

45 So z. B. FREEMAN: Liebe, Kap. 1–4, wo er Margaret Meads Erstlingswerk über Samoa (= Jugend, Bd. 1) in einen wissenschaftstheoretischen Zusammenhang stellt. Bei der Darlegung der Auseinandersetzung zwischen ›Kulturdeterministen‹ und ›Eugenikern‹ fehlen Hinweise auf die rassistischen Bezüge der ›biologischen‹ Anthropologie und der ›Eugeniker‹, die von einer Überlegenheit der ›nordischen Rasse‹ sprachen, einen Übermenschen heranzüchten wollten und einen starken Einfluß auf die Einwanderungsgesetzgebung der USA ausübten. Anscheinend plädiert er für erblich bedingte Unterschiede nicht nur zwischen Individuen, sondern zwischen Völkern und Kulturen. Diese Schlußfolgerungen sind nach den Erfahrungen mit dem Dritten Reich nur mit äußerster Vorsicht zu betrachten.

46 PROSTERMAN: Conflict, in War, S. 17 f.; RATTNER: Aggression, S. 18, 246 ff.; MILGRAM: Experiment, S. 193. – Fragwürdig erscheinen die Ausführungen von EIBL-EIBESFELDT: Verhaltensforschung, S. 148 ff., 203 ff., der Kriege als Mittel der biologischen und kulturellen Entwicklung ansieht, weil die Gruppen überlebt hätten, die die meisten »mutigen Männer« aufbieten konnten: Die Besiegten seien ausgerottet, vertrieben oder unterjocht und »kulturell vernichtet« worden (S. 220). Das ist schlicht falsch, wenn man weiß, daß z. B. die ›siegreichen‹ Mongolen Dschingis-Khans zwar China und das türkische Zentralasien unterwarfen, aber nach einigen Generationen Sprache, Religion und Kultur der Besiegten annahmen; ähnlich erging es den ›siegreichen‹ Germanen der Völkerwanderungszeit in Italien, Frankreich und Spanien.

47 MILGRAM: Experiment, bes. Kap. 1 u. 2 (Zitate S. 33 u. 38) sowie Kap. 14, bes. S. 197 f., 236, 241 (Untersuchungen in anderen Ländern).

48 Ebenda, Kap. 13 (Zitat S. 195); vgl. H. D. THOREAU: Über die Pflicht des Ungehorsams gegen den Staat, Zürich 1973, bes. S. 9 f. und E. FROMM: Über den Ungehorsam, München 1985, S. 11.

49 Vgl. ADLER: Sinn, S. 79 ff., 82 ff.

50 RATTNER: Mitmensch, S. 34 f.

51 A. JOHANSEN: Orwell im Verhör. Die Befragung des Großen Bruders, München 1984, S. 24.

3. Der Erste Weltkrieg

1 An Darstellungen vgl. etwa H.-U. WEHLER: Das Deutsche Kaiserreich 1871–1918, Göttingen 1973, bes. Kap. 2 (S. 41 ff.) und S. 136 ff. (mangelnde Sozialversicherung) sowie KUCZYNSKI: Alltag, Bd. 4, Kap. 8 (S. 336 ff., 345 ff.), Kap. 10 (S. 421 ff.) und 11 (S. 436 ff.); an Erlebnisberichten z. B. BROMME: Fabrikarbeiter, Kap. In der Geraer Werkzeugfabrik (S. 243 ff.) und In der Lungenheilanstalt (S. 293 ff.) sowie F. KÜRBISCH (Hg.): Der Arbeitsmann, er stirbt, verdirbt, wann steht er auf? Sozialreportagen 1880 bis 1918, Berlin 1982, S. 25 ff. (die Berichte sind chronologisch geordnet) und F. REHBEIN: Das Leben eines Landarbeiters, hrsg. v. K. W. Schafhausen, Darmstadt 1973, bes. S. 241 ff.

2 B. BÜRGEL: Vom Arbeiter zum Astronomen. Die Lebensgeschichte eines Arbeiters, Berlin 1919, S. 53 f.

3 KÜRBISCH: Arbeitsmann, S. 140 (Bericht aus dem Berliner Blatt »Der Textilarbeiter« vom 24. 10. 1913).

4 Zur parteiischen Justiz vgl. etwa A. HALL: Scandal, Sensation and Social Democracy. The SPD Press and Wilhelmine Germany 1890–1914, Cambridge 1977, S. 51 ff., 72 ff.; WEHLER: Kaiserreich, S. 129–133 ff.; KÜRBISCH: Arbeitsmann, S. 97 ff., 136 ff. sowie persönlicher: BÜR-

GEL: Arbeiter, S. 60; A. SOUCHY: »Vorsicht: Anarchist!« Ein Leben für die Freiheit (= Sammlung Luchterhand 248), Darmstadt 1977, S. 15 f. – Zur generellen Kriegseinstimmung vgl. das voluminöse Werk von H. LEMMERMANN: Kriegserziehung im Kaiserreich. Studien zur politischen Funktion von Schule und Schulmusik 1890–1918, Eres-Edition 1984.

5 WEHLER: Krisenherde, S. 89 ff., bes. 115 f.; DERS.: Kaiserreich, S. 33 ff., 149 ff.; KUCZYNSKI: Alltag, Bd. 4, Kap. 7 (S. 313 ff.).

6 SOUCHY: Anarchist, S. 9. – Das erwähnte Lied ist seit den 1830er Jahren von oppositionellen Handwerkerburschen und Studenten verbreitet und in vielen Varianten durch Arbeiter bis nach den USA getragen worden (um 1880); auch ins Tschechische übersetzt (Steinitz, II, S. 79–101, Lied Nr. 198).

7 WEHLER: Kaiserreich, S. 87 ff., 99 ff., 107 ff., 125 ff.; D. GROH: Negative Integration und revolutionärer Attentismus. Die deutsche Sozialdemokratie am Vorabend des Ersten Weltkrieges, Frankfurt a. M. 1973, S. 37 f., 55 f., 115; R. BÖLLING: Sozialgeschichte der deutschen Lehrer (= Kleine Vandenhoeck Reihe 1495), Göttingen 1983, S. 91.

8 F. KLEIN u. a.: Deutschland im Ersten Weltkrieg, Bd. 1: Vorbereitung, Entfesselung und Verlauf des Krieges bis Ende 1914, Berlin/DDR 1968, S. 120, 128 f.; WEHLER: Kaiserreich, S. 149 ff., 158 ff., bes. 160–63; I. GEISS: Das Deutsche Reich und die Vorgeschichte des Ersten Weltkrieges, Wien 1978, S. 41 ff.; Deutsche Sozialgeschichte. Dokumente und Skizzen, Bd. 2: 1870 bis 1914, hrsg. v. G. A. Ritter/J. Kocka, München 1974, S. 221 ff., Kap. 8, bes. 230 ff. und 236 f. (Tabellen zur unterschiedlichen Einberufung von Stadt und Land); F. FISCHER: Krieg der Illusionen. Die deutsche Politik von 1911–1914, Düsseldorf 1969, S. 251–57, bes. 253 f; mit anderer Wertung M. GEYER: Deutsche Rüstungspolitik 1860–1980 (= edition suhrkamp 1246), Frankfurt a. M. 1984, S. 91 ff.

9 B. von BÜLOW: Denkwürdigkeiten, hrsg. v. F. v. Stockhammern, Bd. 2, Berlin 1930, S. 197 f.; vgl. auch FISCHER: Illusionen, S. 101 sowie die etwas abweichende Zitierung bei KLEIN: Weltkrieg I, S. 168.

10 W. RATHENAU: Gesammelte Schriften, Bd. 1, Berlin 1918, S. 270 (die gesamte Stelle ist im Original gesperrt). – Zur AEG vgl. FISCHER: Illusionen S. 333 ff. und W. LENIN: Der Imperialismus als höchstes Stadium des Kapitalismus, in DERS.: Ausgewählte Werke, Moskau 1981, Kap. 3 (S. 220), Kap. 5 (S. 234 f.).

11 Zu den Arbeitseinwanderern vgl. ebenda, S. 266 (Ende des 8. Kap.) und C. CIPOLLA/K. BORCHARDT (Hg.): Bevölkerungsgeschichte Europas, München 1971, S. 168 f. sowie W. MOMMSEN: Das Zeitalter des Imperialismus, Frankfurt a. M. 1969, S. 44. – Zur Preisgestaltung vgl. FISCHER: Illusionen, S. 45, 147; KUCZYNSKI: Alltag, Bd. 4, S. 426–35; persönlicher die Autobiographie von REHBEIN: Landarbeiter, S. 6–10, 55 f.

12 Vgl. GEISS: Vorgeschichte, S. 36–39, 44 ff.; MOMMSEN: Imperialismus, S. 71 f., 73 f.; bes. FISCHER: Illusionen, Kap. 2, bes. 43 ff., 54 ff. – Zur inneren Landgewinnung vgl. etwa F. v. SCHWERIN: Zur inneren Kolonisation in Pommern. Umblick und Ausblick, in: Preußische Jahrbücher, 86 (1896), S. 283–319.

13 Vgl. MOMMSEN: Imperialismus, S. 153 ff., prägnanter D. FIELDHOUSE: Die Kolonialreiche seit dem 18. Jahrhundert, Frankfurt a. M. 1965, S. 175 ff., 191 ff. sowie G. HALLGARTEN: Das Schicksal des Imperialismus im 20. Jahrhundert, Frankfurt a. M. 1969, S. 137 ff.

14 Die Staaten Süd- und Mittelamerikas waren zwar seit dem frühen 19. Jh. politisch unabhängig – abgesehen von kleinen Gebieten in Guayana, der Karibik und den Falkland-Inseln –, aber wirtschaftlich bestanden äußerst ungleiche Verträge, nach denen sich z. B. Argentinien als finanzielle Handelskolonie Englands bezeichnen ließe. Vgl. G. HARDACH: Der Erste Weltkrieg 1914 bis 1918, München 1973, S. 285 f.; G. HALLGARTEN: Das Wettrüsten, Frankfurt a. M. 1967, S. 67 ff. und LENIN: Imperialismus, S. 249 (Ende des 6. Kap., 247 f. (Mitte des 9. Kap.). Zusätzlich gab es direkte militärische Eingriffe der USA in den Kleinstaaten der Karibik, wo sie in dem 1898 eroberten Kuba Sonderrechte besaßen und ein von ihnen inszenierter Putsch in Panama aus dieser bisherigen Provinz Kolumbiens 1903 einen neuen Kleinstaat machte. Vgl. BEYHAUT: Süd- und Mittelamerika II sowie FIELDHOUSE: Kolonialreiche, S. 86 ff., 296 ff.

15 Ebenda, S. 144 ff., 158 f., 161, 189 f. (Siam), 200 f., 201 ff. (China); LENIN: Imperialismus, S. 244, 245 f., 249 (in Kap. 6).

16 VINDEX [= Theodor Schiemann]: Deutschland und die Weltpolitik, in: Preußische Jahrbücher, 84 (1896), S. 153 (1. Zitat), ebenda, 85 (1896), S. 114 (2. Zitat); zur politischen Tätigkeit des Autors vgl. FISCHER: Illusionen, S. 79 f.

17 Zu den Arbeitseinwanderern vgl. Anm. 11 dieses Kap.; zum übrigen WEHLER: Kaiserreich,

S. 49, 53 ff., 142–48 (bes. 143 f.); FISCHER: Illusionen, S. 23 f., 32 f., 54 f.; JOHANSEN: Kinder, Kap. 3, bes. S. 88 ff. und 100 f.

18 FIELDHOUSE: Kolonialreiche, S. 178 ff., 180 f., 183, 185, 186 f., 188; WESTERMANNS ATLAS ZUR WELTGESCHICHTE, Braunschweig 1956, S. 132: Afrika seit der Mitte des 19. Jh., wo viele der Grenzabkommen datiert eingetragen worden sind.

19 M. WEBER: Gesammelte politische Schriften, hrsg. v. J. Winckelmann, Tübingen 1958, S. 23.

20 Sämtliche Zahlen der Tabelle sind auf eine Stelle nach dem Komma gerundet, so daß Werte unter ½ Promille (wie etwa die Fläche Belgiens mit 0,02 Prozent) nicht mehr dargestellt wurden. Die Ausgangswerte für die Prozentberechnungen sind nach modernen Messungen bzw. Schätzungen errechnet worden, da die zeitgenössischen Angaben – auch der Flächen – nicht genau sind. – Bei der Erdfläche sind die polaren Eisgebiete abgezogen worden; sie waren unbewohnt und damals kaum vermessen. Das betrifft in erster Linie die Antarktis, die kanadischen und russischen Inseln im Nordpolarmeer sowie das grönländische Inlandeis. – Die Kolonien haben im allgemeinen einen anderen Rechtsstatus als die sie beherrschenden Länder; zusätzlich wurde in anders gelagerten Fällen das Vorhandensein einer nicht gleichberechtigten Bevölkerung berücksichtigt, sofern sie im entsprechenden Verwaltungsgebiet relativ stark vertreten war. Wie z. B. in Algerien, dessen Nordteil juristisch ein Teil Frankreichs war, wenngleich über ¾ seiner Bevölkerung (die einheimischen Araber und Berber) vom Wahlrecht ausgeschlossen war, oder in den Teilen des russischen Reiches, in denen die eingewanderten Russen in der Minderheit blieben (etwa in Zentralasien oder Jakutien). – Die Bevölkerungsdaten wurden errechnet aus dem Vergleich verschiedener Jahrgänge statistischer Zeitschriften, auch neuerer (Demographic Yearbook, Hübners Geographisch-Statistische Tabellen, Statistische Jahrbücher des Deutschen Reiches). – Zur Problematik von älteren Bevölkerungsdaten vgl. J. DUPAQUIER: Démographie historique, Paris 1972 und A. E. IMHOF: Einführung in die Historische Demographie, München 1977 sowie C. CLARK: Population Growth and Land Use, London 1977.

21 Vgl. (auch zu Auslandsanlagen und Wertpapieren) HARDACH: Weltkrieg, S. 10 ff.; WEHLER: Kaiserreich, Kap. 2 (bes. S. 47 ff., 52 f.); F. FISCHER: Griff nach der Weltmacht. Die Kriegszielpolitik des kaiserlichen Deutschland 1914/18, Kronberg/Taunus 1977, S. 16 ff.; LENIN: Imperialismus, S. 228 (Ende des 3. Kap.), 230 f. (Kap. 4).

22 Zu den Kosten vgl. Einzelbeispiele bei FIELDHOUSE: Kolonialreiche, Kap. 7 (z. B. S. 144, 149, 151, 172) u. Kap. 8 (S. 183, 188, 191 f.); H. BLEY: Kolonialherrschaft und Sozialstruktur in Deutsch-Südwestafrika 1894–1914, Hamburg 1968, S. 18 ff.

23 Siehe dazu W. RODNEY: Afrika Geschichte einer Unterentwicklung, Berlin 1975, bes. Kap. 4 u. 5, der die Entwicklung vom afrikanischen Standpunkt darstellt, sowie J. KI-ZERBO: Die Geschichte Schwarz-Afrikas, Frankfurt a. M. 1981, bes. Kap. 8, z. B. S. 433 f. (Äthiopien) u. Kap. 9, S. 448 f., 463 f. (Tanganjika), 494 ff. (Kamerun); der leider allzu spärlich kommentierte Bildband – mit originalen Bildbeschriftungen – von U. TIMM: Deutsche Kolonien, München 1981, bietet seltenes und beeindruckendes Anschauungsmaterial.

24 R. LUXEMBURG: Gesammelte Werke, Bd. 2, Berlin 1972, S. 537.

25 BLEY: Kolonialherrschaft, S. 204 (Zitat), das Vorangegangene S. 189–93, 195–204 u. 319 (Bevölkerungszahlen) sowie H. u. L. HELBIG: Mythos Deutsch-Südwest. Namibia und die Deutschen, Weinheim 1983.

26 BLEY: Kolonialherrschaft, S. 203 (Zitat), 204–08, 214 ff. – Vgl. die zeitgenössischen Fotos bei TIMM: Kolonien, S. 85 (»Offizier der Schutztruppe mit Jagdtrophäen«), 92 f. mit halbverhungerten und angeketteten Hereros.

27 BLEY: Kolonialherrschaft, S. 191, 208 (Bevölkerungszahlen), 205 f., 207 f., 218 ff., 249 ff. (Rassenpolitik und Syphilis), 287 ff. Bei dieser völkermörderischen Politik spielten die deutschen Farmer, obwohl nur wenige, im allgemeinen eine grausame Rolle (Totpeitschen schwangerer Frauen und von als Hirten angestellten Kindern); vgl. auch HELBIG: Mythos, die auch die für die Schwarzafrikaner im heutigen Namibia bedrückende Lage schildern. Es sei betont, daß die noch 1986 ausgeübte Herrschaft der Weißen Südafrikas spätestens seit den Beschlüssen der UNO von 1969 und 1971 illegal ist: sowohl Sicherheitsrat als auch der Internationale Gerichtshof haben die Völkerbundsmandate, aufgrund derer die Südafrikanische Union Namibia, das frühere Südwestafrika, verwalten durfte, für erloschen erklärt.

28 Vgl. WEHLER: Kaiserreich, Kap. 7, bes. S. 184 ff. und I. GEISS (Hg.): Julikrise und Kriegsausbruch 1914, 2 Bde., Hannover 1963/64 hier Bd. 1, S. 39 ff. (eine Auswahl aus beiden als Taschenbuch: I. GEISS (Hg.): Juli 1914. Die europäische Krise und der Ausbruch des Ersten Weltkriegs, München 1980); zur Flotte vgl. FISCHER: Illusionen, S. 93 f., 102 ff.; KLEIN: Welt-

krieg I, S. 77–81, 107 ff., 119 (Tabelle); zu Rußland WEHLER: Bismarcks späte Rußlandpolitik, in DERS.: Krisenherde, S. 166 bis 183, bes. 171 ff., 177 ff.

29 Die ganze Veränderung zugunsten des Deutschen Reiches betrug also 2,7 Prozent statt 2,5 Prozent der Erdfläche. Zur Erwerbung Samoas – England befand sich durch den Burenkrieg in einer gewissen Zwangslage –, der Palau- und Marshall-Inseln vgl. KLEIN: Weltkrieg I, S. 76 f. und HALLGARTEN: Wettrüsten, S. 24 f.

30 Diese Gegensätze waren so stark, daß es z. B. über der Aufteilung des östlichen Afrikas zwischen England und Frankreich 1898 fast zum Kriege gekommen wäre (sog. Faschoda-Krise, vgl. FIELD-HOUSE: Kolonialreiche, S. 195 f.). Auch der russisch-britische Interessengegensatz in Ostasien, Zentralasien, Persien und den Meerengen zum Schwarzen Meer erschien so groß, daß deutsche Politiker meinten, ihn als unveränderliches Element ihren außenpolitischen Kalkulationen zugrunde legen zu können (vgl. MOMMSEN: Imperialismus, S. 165).

31 GEISS: Julikrise, Bd. 1, S. 45 f., 49 f.; zu den Marokko-Krisen vgl. FISCHER: Illusionen, S. 95 ff. u. Kap. 5; KLEIN: Weltkrieg I, S. 88 f., 92, 99 f. sowie K. WERNECKE: Der Wille zur Weltgeltung, Düsseldorf 1970, Kap.: Die Marokko-Krise 1911, der sehr anschaulich die Reaktion der deutschen Presse darstellt; zu den Balkankrisen vgl. FISCHER: Illusionen, S. 104 ff. u. Kap. 9 bis 11 sowie KLEIN: Weltkrieg I, Bd. 1, S. 95 f., 102 ff.

32 So der Geheime Rat Holstein, bis zu seiner Entlassung 1906 eine Schlüsselfigur der deutschen Außenpolitik, zitiert nach WEHLER: Kaiserreich, S. 176. Vgl. zu den vertretenen Vorstellungen MOMMSEN: Imperialismus, S. 18 f.; KLEIN: Weltkrieg I, S. 134 ff.; vor allem FISCHER: Illusionen, bes. Kap. 3 sowie WERNECKE: Wille, bes. Kap. Das Jahr 1913. Der Kampf um die Wehrvorlage, in dem mit vielen Belegen aus Zeitungen – damals fast das einzige öffentliche Medium – Stimmung und Beeinflussung der Öffentlichkeit dargestellt wird.

33 Das Zitat stammt aus einem Aufsatz des damaligen Referendars, späteren Regierungsrates, R. MARTIN: Mehr Lohn und Mehr Geschütze, in: Preußische Jahrbücher, 83 (1896), S. 282–96, hier 290 f.

34 K. KOSZYK: Entwicklung der Kommunikationskontrolle zwischen 1914 und 1918, in: H.-D. FISCHER (Hg.): Pressekonzentration und Zensurpraxis im Ersten Weltkrieg, Berlin 1973, S. 152–193, hier 177; zur Anzahl der Zeitungen vgl. ebenda, S. 79 ff.; HALL: Scandal, S. 29 f. sowie am ausführlichsten WERNECKE: Wille, S. 11–25 (Kennzeichnung der Zeitungsgruppen).

35 M. FORNALSKA: Erinnerungen einer Mutter, Berlin/DDR 1982, S. 176.

36 C. SCHMID: Erinnerungen, Bern 1979, S. 52 (Zitat); MOMMSEN: Imperialismus, S. 133 ff.

37 R. BINDING: Erlebtes Leben, Potsdam 1937, S. 37 (Zitat); auch in: Deutsche Sozialgeschichte, Bd. 2: 1870–1914, hrsg. v. G. A. Ritter / J. Kocka, München 1974. Vgl. ebenda zum Schulunterricht die Dokumente S. 333–38.

38 RATHENAU: Schriften, Bd. 1, S. 29 (1. Zitat, aus dem 1912 publizierten Büchlein: Zur Kritik der Zeit). – Über die Nachteile der preußisch-deutschen Führungsauswahl schreibt Rathenau in einem 1913 publizierten Aufsatz: Eumenidenopfer, S. 251–65 der Schriften, Bd. 1: »... die enge Auswahl der Herrenkaste, die dem alten Kleinstaat [Preußen vor 1866] genügend Verwaltungstalente hervorbrachte, kann nicht mehr die Zahl hervorragender Geschäftsleute schaffen, die der gewaltigen Konkurrenz fremder Millionenauslese standhält. Deshalb leidet die politische Geschäftsführung des Deutschen Reiches...« (S. 259).

39 SCHMID: Erinnerungen, S. 44 f. (Zitat); zu den Schulen vgl. WEHLER: Kaiserreich, S. 126–29 (sowie die Tabellen in: BÖLLING: Sozialgeschichte, und CIPOLLA/BORCHARDT: Europäische Wirtschaftsgeschichte, Bd. 5: Die europäischen Volkswirtschaften im 20. Jh., Stuttgart 1980).

40 D. FRYMANN: Wenn ich der Kaiser wär', Leipzig 1913, S. 5. – Dieses zuerst 1912 erschienene Buch, das nach einem Jahr bereits in der 4. Auflage vertrieben wurde, trägt das sinnreiche Motto: »Viel Feind' – viel Ehr'« (S. III) und stammt von Heinrich Claß, seit 1908 Vorsitzender des Alldeutschen Verbandes, einem sehr finanzstarken und einflußreichen Verein, der auf Öffentlichkeit und Regierung im Sinne seiner Forderung Druck ausübte: »... daß wir [= Deutschland] tätige äußere Politik treiben, sagen wir ruhig aggressivere« (S. 137).

41 Die Karte ist unter Benutzung der in Anm. 20 dieses Kap. aufgeführten statistischen Tabellenwerke erarbeitet worden.

42 Zur industriellen Entwicklung der einzelnen Staaten vgl. die ausführlichen Länderartikel in: Europäische Wirtschaftsgeschichte, Bde. 4 u. 5; knapper in: Deutsche Sozialgeschichte, Bd. 2, S. 12 ff., 34 f. (nur für Deutschland) sowie FISCHER: Illusionen, S. 18 ff.

43 F. BLEY: Die Weltstellung des Deutschtums 1897, zitiert nach: H. PROSS (Hg.): Die Zerstörung der deutschen Politik. Dokumente 1871–1933, Frankfurt a. M. 1959, S. 60. – Ob der Autor wirklich glaubte, daß die Sieger auch ethisch und moralisch die Besten seien?

44 FRYMANN: Kaiser, S. 153. – Wie sehr diese Meinung der Überzeugung einflußreicher Militärs und Politiker entsprach, also keineswegs eine einflußlose Privatmeinung darstellte, zeigt die Erstellung des sog. Schlieffenplans (vgl. Anm. 56).

45 B. von SUTTNER: Krieg und Frieden, Berlin 1896, S. 187 f.; auch in H. BRINKER-GABLER (Hg.): Frauen gegen den Krieg. – Zur deutschen Friedensbewegung vor 1914 vgl. Die Friedensbewegung, hrsg. v. H. Donat u. K. Holl, Düsseldorf 1983.

46 MARTIN: Mehr Lohn, S. 287 (Zitat); vgl. auch das Schreiben des älteren Moltke, der 1880 meinte: »Der ewige Friede ist ein Traum, und nicht einmal ein schöner, und der Krieg ein Glied in Gottes Weltordnung. . . . Ohne den Krieg würde die Welt im Materialismus versumpfen.« Zitiert in: PROSS: Zerstörung, S. 29 f.

47 Vgl. HALLGARTEN: Wettrüsten, Kap. 3 u. 4; DERS.: Schicksal, bes. S. 14–45 (Zitat S. 35); KUCZYNSKI: Alltag, Bd. 4, S. 55 f., 72 f., 76 f.

48 A. SCHOLTIS: Bolatitz, S. 68 f. – Das Folgende zur Schule und über Eichendorff ebenda, S. 28, 36 f., 89.

49 H. v. TREITSCHKE: Politik, Bd. 2, Berlin 1922, S. 554 (Zitat); vgl. auch FRYMANN: Kaiser, S. 182 f.: »Heilig sei uns der Krieg . . .«

50 F. v. BERNHARDI: Vom heutigen Kriege, 2 Bde., Berlin 1912, hier Bd. 1: Grundlagen und Elemente des modernen Krieges, S. 7 f., 12 (Zitat); vgl. zu diesem Autor FISCHER: Illusionen, S. 343 ff.

51 F. v. BERNHARDI: Deutschland und der nächste Krieg, Berlin 1913, S. 36 f. – Zu den Haager Konferenzen vgl. die ablehnende Haltung der deutschen Regierung, z. B. den Bericht Bülows an Wilhelm II. von 1899, abgedruckt bei PROSS: Zerstörung, S. 36 ff. und DÜLFFER: Regeln, S. 106–37, 123 f., 316 ff. 344–48.

52 F. ENGELS: Einleitung [zu Sigismund Borkheims Broschüre: Zur Erinnerung für die deutschen Mordspatrioten, 1806–1807, Hottingen – Zürich 1888], in: K. MARX / F. ENGELS: Werke, Bd. 21, Berlin 1962, S. 350.

53 Zitiert nach J. BRAUNTHAL: Geschichte der Internationalen, Bd. 1, Hannover 1961, S. 344; auch in: LUXEMBURG: Werke, S. 236.

54 Das erste Zitat stammt von dem Parteivorstandsmitglied Hugo Haase (Protokoll des Parteitages in Chemnitz 1912, Berlin 1912, S. 410, 412), das zweite von einem Plakat zur Wahl von 1912 (Illustrierte Geschichte der deutschen Revolution, hrsg. v. einem Autorenkollektiv, Berlin 1929, S. 78). – Zum Wettrüsten vgl. Anm. 47 dieses Kap. und VILMAR: Rüstung, S. 31 ff., 36 (Tab.), 48 ff.; zur Haltung der SPD das vielleicht zu sehr unter psychologischen Aspekten geschriebene Buch von GROH: Integration, hier bes. Abschnitt o. 3 u. Kap. 1 sowie KLEIN: Weltkrieg I, Kap. 3, bes. S. 159 ff., 174 ff., 198 ff., 205 ff.

55 Zur Kriegsbereitschaft vgl. FISCHER: Weltmacht; Kap. 1 (Zitat S. 34) sowie A. GASSER: Deutschlands Entschluß zum Präventivkrieg 1913/14, in: Discordia concors, Basel 1968, S. 171–224.

56 Zum Schlieffenplan vgl. G. RITTER: Der Schlieffenplan. Kritik eines Mythos, München 1956; kürzer GASSER: Präventivkrieg, S. 175–91 und KLEIN: Weltkrieg I, S. 68 ff., 89 ff., 110 ff.; zur allgemeinen Lage vgl. FISCHER: Illusionen, S. 565–85.

57 Zur Kriegsauslösung vgl. die Dokumentensammlung von GEISS (Hg.): Julikrise, sowie FISCHER: Weltmacht, Kap. 2.

58 Vgl. H. DELBRÜCK: Die Kriegsgefahr, in: Preußische Jahrbücher, Bd. 157 (1914), S. 374–80, der am 26.7.1914 einräumte, »Fehler der österreichischen und namentlich der ungarischen Regierung haben viel dazu beigetragen, der großserbischen Agitation neuen Brennstoff zuzuführen . . .« (S. 375); die jugoslawische Darstellung von J. DEDIJER: The Road to Sarajevo, New York 1966, bes. Kap. 5, 11–14, 17–18 sowie GEISS: Vorgeschichte, Kap. 4 u. 7; DERS.: Julikrise, Bd. 1, bes. die Dokumente der ersten Wochen S. 55–117.

59 DELBRÜCK: Kriegsgefahr, S. 376, 379, 380. – Zu den Hintergründen des Ultimatums vgl. Dokumente bei GEISS: Julikrise, Bd. 1, bes. Abschn. 3 u. 5. – Zum deutschen Serbenbild siehe M. GOLCZEWSKI: Der Balkan in deutschen Reise- und Erlebnisberichten 1912–1918, Wiesbaden 1981, bes. Teil II.

60 GEISS: Julikrise, Bd. 2, Dokument Nr. 503 (S. 111). – Auch abgedruckt bei FISCHER: Weltmacht, S. 68 und in: Geschichte in Quellen, Bd. 5: Weltkriege und Revolutionen 1914–1945, hrsg. v. W. Lautemann, M. Schlenke u. a., München 1961, S. 16.

61 Vgl. die Dokumente bei GEISS: Julikrise, Bd. 2, S. 355 sowie die Abschnitte 15 u. 16; einige auch bei GEISS: Europäische Krise, S. 230 ff., 250 ff., 302 ff. sowie 107, 265. – Die Beschießung Belgrads durch die österreichische Artillerie versuchte – ganz im Gegensatz zum deutschen Überfall

im Zweiten Weltkrieg – nur militärische Objekte anzuzielen; vgl. F. WÜRTHLE: Die Spur führt nach Belgrad. Die Hintergründe des Dramas von Sarajewo 1914, Wien 1975, S. 241 f.

62 Faksimile-Abdruck bei R. MÜLLER: Vom Kaiserreich zur Republik, Bd. 1, Berlin 1979, S. 65; zur Entstehung vgl. H. SCHULZE: Otto Braun oder Preußens demokratische Sendung, Frankfurt a. M. 1977, S. 171 f.; zu Demonstrationen siehe KLEIN: Weltkrieg I, S. 263 ff.

63 Vgl. ebenda, S. 172 f., 174 (letztes Zitat); MÜLLER: Kaiserreich, S. 61–65, 72–77; C. SCHOEN: Der Vorwärts und die Kriegserklärung, Berlin 1929, S. 50 (langes Zitat); GROH: Integration, S. 627 ff., 632 ff., 648 ff.; KLEIN: Weltkrieg I, S. 268 ff.

64 Zum Burgfrieden und Belagerungszustand vgl. GROH: Integration, S. 580 ff., 590 ff.; MÜLLER: Kaiserreich, S. 69 ff.; CARTARIUS: Deutschland, S. 16 ff. (Dokumente); SCHOEN: Kriegserklärung, S. 50 f. (Zitat). Zur Zensur vgl. KOSZYK: Kommunikationskontrolle, S. 152–93, den Aufsatz: Kriegs-Presse-Amt, in: Die Weltbühne, 14 (1918), Nr. 46 vom 14. 11. 1918 (S. 456 ff. des 2. Halbjahrs) sowie Illustrierte Geschichte, S. 106.

65 Vgl. MÜLLER: Kaiserreich, S. 66 ff.; GROH: Integration, S. 653 ff.; KLEIN: Weltkrieg I, S. 272 ff.; MOMMSEN: Imperialismus, S. 287: »Keine der sozialistischen Parteien . . .« habe gegen den Kriegseintritt ihrer Regierung gestimmt, widerspricht sich selber (S. 290); knapper HARDACH: Weltkrieg, S. 187 ff.; SCHULZE: Braun, S. 179 f. berücksichtigt nicht, daß die französischen Sozialisten objektiv mehr Berechtigung für ihre Haltung hatten als die SPD: Schließlich gab es eine »brutale Kriegsführung« der deutschen Truppen in Belgien, und die kaiserliche Regierung hatte den Krieg provoziert.

66 CARTARIUS: Deutschland, S. 121 (1. Zitat); vgl. auch SCHOEN: Kriegserklärung, S. 52 f.; zu den Vorgängen siehe KLEIN: Weltkrieg I, S. 287 ff. und MÜLLER: Kaiserreich, S. 66–77, 84 ff. sowie GROH: Integration, Abschn. 7.3 u. 7.4 (S. 675–705); H. DELBRÜCK: Die Ursachen des Krieges. Die Chancen. Das Ziel, in: Preußische Jahrbücher, 157 (1914), S. 555–67, hier 562 f. (2. Zitat). – Offenbar scheint das ›Durchpeitschen‹ vieler Gesetze in Windeseile manchen Politikern auch heute vorbildlich, wie die Behandlung der angeblichen ›Sicherheitsgesetze‹ im Bonner Parlament 1986 zeigt, die uns dem von R. JUNGK: Der Atomstaat (= rororo 7288) skizzierten Überwachungsstaat wieder etwas näher bringen werden.

67 So Friedrich Ebert, Parteivorstandsmitglied seit 1913, in einer Rede vor Jungarbeitern im Frühjahr 1914 nach KOTOWSKI, Georg u. a. (Hg.): Das Wilhelminische Deutschland. Stimmen der Zeitgenossen (= Fischer Tb), Frankfurt a. M. 1965, S. 74.

68 DELBRÜCK: Ursachen, S. 563 (Zitat). – Zu den Folgen dieser Haltung vgl. GROH: Integration, S. 706–27; gegen diese mehr psychologische Erklärungsweise siehe KLEIN: Weltkrieg I, S. 453 ff., 459 ff., bes. 466 ff. u. 469 ff. sowie F. CARSTEN: War against War, Berkeley/Cal. 1982, der die britischen und deutschen Kriegsgegner aus der Arbeiterbewegung während des Ersten Weltkrieges untersucht.

69 Zur Pressesituation vgl. KOSZYK: Kommunikationskontrolle, S. 89. 177; zur Ausgangslage bei Kriegsbeginn WERNECKE: Wille, S. 11 ff. sowie die Übersicht über die Zeitungen S. 318 ff. – Die Einschätzung bei KUCZYNSKI: Alltag, Bd. 4, S. 301 f. wirkt dagegen zu optimistisch.

70 SCHOLTIS: Bolatitz, S. 77 (Zitat); vgl. auch SCHMID: Erinnerungen, S. 51 f. – Allein in den 1919 abgetretenen Gebieten lebten nach der deutschen Volkszählung von 1910 rd. 3 Mio. nichtdeutscher Muttersprache (mehrheitlich Polen), vgl. PROSS: Zerstörung, S. 328 f. sowie Sozialgeschichtliches Arbeitsbuch, Bd. 3, S. 23.

71 Vgl. I. GEISS: Das deutsche Reich und der Erste Weltkrieg, München 1978, S. 45 u. SCHMID: Erinnerungen, S. 59; MÜLLER: Kaiserreich, S. 69 (Zitat).

72 Diese Rede ist in mehreren Fassungen überliefert, hier zitiert nach Innenansicht, S. 14 f.; vgl. KOTOWSKI: Deutschland, S. 146 und CARTARIUS: Deutschland, S. 15.

73 Vgl. etwa die Bde. 157 u. 158 der Preußischen Jahrbücher vom Sommer und Herbst 1914, die eine Überfülle patriotischer Artikel enthalten. Dabei wandte sich diese Zeitschrift an ein ›gebildetes‹ Publikum. Zur Geistlichkeit vgl. E. ROLFFS: Der Geist von 1914, in: Preußische Jahrbücher 158 (1914), S. 377–91, hier 385 f., 388 f.

74 J. MIHALY: . . . da gibt's ein Wiedersehn! Kriegstagebuch eines Mädchens 1914–1918, Freiburg 1982, S. 15.

75 ROLFFS: Geist, S. 381, bedauerte, daß kein authentischer Wortlaut dieser Erklärung vorliege; vgl. S. HAFFNER: Die deutsche Revolution 1918/19, München 1979, S. 17; B. TUCHMANN: August 1914, Frankfurt a. M. 1965, S. 160 f.; P. ELFLEIN: Immer noch Kommunist? Erinnerungen, hrsg. v. H. Becker/C. Bremer, Hamburg 1978, S. 31 (langes Zitat).

76 ROLFFS: Geist, S. 390 f. – Zum politischen Unvermögen der Reichsregierung vgl. den Schweizer Historiker GASSER: Präventivkrieg, S. 202 ff.

77 TUCHMANN: August, S. 96, 113, 140, 154; MÜLLER: Kaiserreich, S. 59 f. – Fast alle Memoiren der Zeit berichten Entsprechendes, vgl. E. TOLLER: Eine Jugend in Deutschland, Reinbek 1978, S. 38 f.; MIHALY: Wiedersehn, S. 16, 19 f., 28, 37; SCHMID: Erinnerungen, S. 45 f.

78 SCHOLTIS: Bolatitz, S. 132 (Zitat); KOSZYK: Kommunikationskontrolle, S. 174; CARTARIUS: Deutschland, S. 16.

79 E. NIEKISCH: Gewagtes Leben, Köln 1958, S. 32 (1. Zitat); zur Arbeitslosigkeit vgl. HARDACH: Weltkrieg I, S. 211 f., 213 f.; MÜLLER: Kaiserreich, S. 78 ff.; KLEIN: Weltkrieg I, S. 438 f.; Innenansicht, S. 37 (Schlußzitat).

80 TUCHMANN: August, S. 206, 209 f., 274 ff., 374–84, 478 f.; Innenansicht, S. 69 f.; KLEIN: Weltkrieg I, S. 297 ff., 308, 310 ff. – Zu den Behauptungen der deutschen Regierung, die die Taten ihrer Truppen mit angeblicher Freischärlertätigkeit belgischer und französischer Zivilisten zu entschuldigen suchte, vgl. z. B. P. SCHÖLLER: Der Fall Löwen und das Weißbuch, Köln 1958, der die Fälschungen in den entsprechenden deutschen Dokumentationen im einzelnen nachweist. – Zu Vergewaltigungen siehe BROWNMILLER: Gegen unseren Willen, S. 48 ff., 53 f. (Verleugnung).

81 TUCHMANN: August, S. 216 f., 304.

82 KOSZYK: Kommunikationskontrolle, S. 176. – CARTARIUS: Deutschland, S. 183, zitiert eine andere Version; vgl. jedoch Aufsatz »Nicolai«, in: Die Weltbühne, 14 (1918), Nr. 49 v. 5. 12. 1918.

83 KLEIN: Weltkrieg I, S. 314–21; TUCHMANN: August, S. 309, 352 f.

84 MIHALY: Wiedersehn, S. 40.

85 KLEIN: Weltkrieg I, S. 300 f., 314, 321 ff.; GEISS: Weltkrieg, S. 62 ff. (deutsche Greuelpropaganda); KOSZYK: Kommunikationskontrolle, S. 182, teilt aus der Zensurdebatte des deutschen Reichstags vom März 1915 einen dabei erwähnten Befehl der deutschen Heeresleitung mit: »Für jedes von diesen Horden [= zaristische Truppen] auf deutschem Boden niedergebrannte Dorf oder Gut werden drei Dörfer des von uns besetzten russischen Gebiets in Flammen aufgehen.« Vgl. auch TUCHMANN: August, Kap. 16, bes. S. 323, 346.

86 Ebenda, S. 320, Faksimile-Abdruck; mit kleineren Varianten auch bei CARTARIUS: Deutschland, S. 40.

87 KLEIN: Weltkrieg I, S. 322 ff. (Ostpreußen), 324 ff. (Galizien); TUCHMANN: August, Kap. 16, bes. S. 354 ff. (Ostpreußen), 368 (Galizien); N. STONE: The Eastern Front 1914–1917, London 1978, Kap. 3 (Ostpreußen), bes. S. 60 ff., 67 ff. u. Kap. 4 (Galizien), bes. S. 82 ff., 89 ff.

88 MIHALY: Wiedersehn, S. 84.

89 Vgl., auch zum Vorangegangenen, HARDACH: Weltkrieg, S. 123 ff., 130 (Tabelle zeitgenössischer Berechnung der Kriegs- und Friedensrationen – auch bei KUCZYNSKI: Alltag, Bd. 4, S. 450); MÜLLER: Kaiserreich, S. 78 ff., 182 ff. (Elendsberichte und -tabellen), 206; KLEIN: Weltkrieg I, Kap. 7.1, bes. S. 439 f., 442 ff. (Landwirtschaft und Ernteeinsatz), 446 (Unterstützung).

90 Das am 5. 12. 1916 mit den Stimmen der SPD verabschiedete »Gesetz über den Vaterländischen Hilfsdienst« abgedruckt bei G. KOTOWSKI (Hg.): Historisches Lesebuch III. 1914–1933, Frankfurt a. M. 1967, S. 66; vgl. dazu P. LANGE: Die Politik der Gewerkschaftsführer von 1914–1918, Berlin 1919, S. 8 sowie HARDACH: Weltkrieg, S. 75 f., 194 ff. und MÜLLER: Kaiserreich, S. 113 ff.

91 Das Kind und der Krieg, S. 35 f., 44, 76 (in der Reihenfolge der Zitate).

92 Das Zitat stammt aus dem »Bericht des deutschen Frauenausschusses für dauernden Frieden: Völkerversöhnende Friedensarbeit während des Weltkrieges«, München 1920 – zitiert in Frauen gegen den Krieg, hrsg. v. G. Brinker-Gabler, Frankfurt a. M. 1980, S. 193; vgl. Friedensbewegung, bes. S. 129 ff.

93 K. MANN: Kind dieser Zeit, Reinbek 1982, S. 52, 53, 56.

94 Ebenda, S. 53 f., 55, 56.

95 R. BINDING: Dies war das Maß, Potsdam 1939, S. 249; diese Tagebucheintragung auch in: Innenansicht, S. 79.

96 Vgl. HARDACH: Weltkrieg, S. 76 ff.; A. SCHARRER: Vaterlandslose Gesellen, Berlin 1977, S. 153 ff.; W. MICHAEL: Infantrist Perhobstler, Berlin o. J. [ca. 1930], S. 309 ff.

97 Innenansicht, S. 186 f.; vgl. auch HARDACH: S. 77 f.

98 Zur Behandlung der Afrikaner vgl. BLEY: Kolonialherrschaft, Abschn. II.1 (z. B. S. 126 ff., 151 f., Abschn. III.4–6; KI-ZERBO: Schwarz-Afrika, S. 219 ff., 229 ff. (Sklavenhandel und Folgen), Abschn. 9 u. 10; RODNEY: Afrika, etwa S. 82 ff., 123 ff.; 129 ff., 162 ff. sowie den Roman von J. CONRAD: Herz der Finsternis (= detebe 20363), Zürich 1977 (zuerst 1902), soweit der die

Lage der afrikanischen Hilfskräfte beschreibt. – Zur Situation der von Deutschland besetzten Gebiete vgl. die vorigen Anmerkungen und SCHARRER: Gesellen, S. 76 ff.

99 Vgl. J. LEPSIUS: Der Todesgang des Armenischen Volkes, Potsdam 1930 – der Autor versuchte u. a. 1915 auf türkische Behörden einzuwirken, um den staatlich angeordneten Massenmord an den Armeniern zu unterbinden; das Buch enthält ausführliche Berichte über verschiedene Etappen und Regionen des Völkermords. Ebenso A. WEGNER: Der Schrei vom Ararat, in: Die Weltbühne, 19 (1923), Nr. 5 v. 1. 2. 1923 (S. 122 ff. des ersten Halbjahres); die Beiträge in der Zeitschrift Pogrom, 10 (1979), Nr. 64, S. 7–37 u. 11 (1980), Nr. 72/73, S. 5–61 informieren auch zur heutigen Lage der Armenier.

100 MIHALY: Wiedersehn, S. 208 (Zitat); zum Hunger vgl. MÜLLER: Kaiserreich, S. 87 ff., 182 ff.; KOCKA: Klassengesellschaft, Abschn. 2.2 (bes. S. 14 f., 17, 19 ff.), Abschn. 2.4 (bes. S. 41 f., 45 f.).

101 Innenansicht, S. 240 (Zitat); vgl. die Auszüge aus Verordnungen, Schüleraufsätzen, Resolutionen zur Versorgungslage bei CARTARIUS: Deutschland, S. 64–78 sowie 259–62, 267.

102 Karten für Brot und Mehl wurden bereits im Januar 1915 eingeführt (HARDACH: Weltkrieg, S. 128); zur Presse vgl. KOSZYK: Kommunikationskontrolle, S. 170 f., 194 ff. (Zensurvorschriften im Wortlaut); zur wachsenden Unzufriedenheit auch auf dem Lande drei ausnahmsweise anschauliche Beispiele bei KOCKA: Klassengesellschaft, S. 101 ff., Verdiensttabellen für Arbeiter (S. 14 f., 18), 72, 74 (Beamte und Angestellte), 25 f. (Aktiengesellschaften), 51 ff. (Streiks und Arbeitsniederlegungen).

103 Aus meinem unveröffentlichten Manuskript »Wege einer Kindheit in Kriegs- und Nachkriegszeit«.

104 Ursachen und Folgen, hrsg. v. H. Michaelis, E. Schraepler u. a., Bd. 1, Berlin 1958, S. 283 ff. (beide Zitate); vgl. auch Innenansicht, S. 241, 349 sowie Anm. 100 und 89 dieses Kapitels.

105 E. MÜHSAM: Sammlung 1898–1928, Berlin 1929, S. 128 f. (ND Berlin 1976).

106 H. BARBUSSE: Das Feuer, Zürich 1979, S. 67–71.

107 Zur revolutionierenden Rolle des Maschinengewehrs im Krieg vgl. HALLGARTEN: Wettrüsten, S. 55 f. und KEEGAN: Antlitz, S. 271 ff., 288 ff., während diese von einem zeitgenössischen Militärschriftsteller und Berufsoffizier wie BERNHARDI: Vom Kriege, S. 114 ff. noch nicht richtig eingeschätzt wurde.

108 KEEGAN: Antlitz, S. 307 (Zitat).

109 Verluste nach ebenda, S. 303 f. u. 333 f.; H. HERZFELD: Der Erste Weltkrieg, München 1976, S. 102, schreibt von 650000 Verwundeten und Gefallenen auf deutscher Seite.

110 Vgl. z. B. die Notiz des Soziologen Max Weber (Innenansicht, S. 300) sowie »Bericht des Deutschen Frauenausschusses für dauernden Frieden«, der im Frühjahr 1918 einen Appell an die deutsche Regierung richtete, die sinnlose Offensive, die nur zum Tode weiterer Soldaten führe, zu unterlassen (Frauen gegen den Krieg, S. 211).

111 Die zitierte »Erklärung der Hochschullehrer des Deutschen Reiches« v. 16. 10. 1914 wurde von der Mehrheit der deutschen Professoren unterzeichnet (über 3000 Unterschriften), die damit die akademische Bereitschaft zum ›geistigen Kriegseinsatz‹ demonstrierten. Wiedergegeben nach E. KÖPPEN: Heeresbericht, Berlin/DDR 1981, S. 12 f., auch enthalten in: Aufrufe und Reden deutscher Professoren im Ersten Weltkrieg, hrsg. v. K. Böhme, Stuttgart 1975, S. 49 f.

112 B. VOGEL: Es lebe der Krieg!, Berlin 1978, S. 29 f.; vgl. auch L. RENN: Adel im Untergang, München 1975.

113 Der zitierte Versteil stammt aus F. SCHILLER: Wallensteins Lager, 11. Auftritt, und wurde in zahlreichen kriegsbegeisterten Reden verwandt.

114 TOLLER: Jugend, S. 53.

115 So schrieb der englische Kriegsfreiwillige Leslie Coulson (Großbritannien führte erst 1916 die Wehrpflicht ein), bevor er als 19jähriger 1915 in Flandern fiel, zitiert aus G. COSTIGAN: British Poetry of World War I, in: War, S. 249.

116 Zitate aus BARBUSSE: Das Feuer, S. 348–51, 457 f.

117 So beschreibt KÖPPEN: Heeresbericht, S. 287 f., die Westfront, als sein Feldartillerieregiment 1918 von Valenciennes aus zur Aisne-Front marschierte.

118 Vgl. A. ROSENBERG: Entstehung und Geschichte der Weimarer Republik, Frankfurt a. M. 1955, S. 218 ff.; Illustrierte Geschichte, S. 167 (Zitat); vgl. auch CARTARIUS: Deutschland, S. 183.

119 Vgl. ROSENBERG: Entstehung, S. 220 ff. und die Dokumente in: Die deutsche Revolution 1918–1919, hrsg. v. G. Ritter/S. Miller, Hamburg 1975, S. 26 f., 28, bes. S. 39 und CARTARIUS: Deutschland, S. 242 f. sowie HAFFNER: Revolution, Kap. 2, 3 u. 15, bes. 215 ff. und J.

FISCHART: Erich Ludendorff, in: Die Weltbühne, 16 (1918), Nr. 45, S. 425–34 des zweiten Halbjahres, bes. 432 ff.

120 Ebenda, S. 530f., 532.

121 Vgl. Anm. 103 dieses Kapitels.

122 So gibt z. B. der Ploetz: Auszug aus der Geschichte, Würzburg 1976, S. 1252 für Deutschland 1 808 000 und für Rußland 1 700 000 Gefallene an, während der Band: Sozialgeschichtliches Arbeitsbuch, S. 27 für Deutschland 2,4 Mio. und für Rußland 0,9 Mio. angibt. Die folgende Tabelle stützt sich weitgehend auf URLANIS: Bilanz, S. 354, dessen Daten den zuverlässigsten Eindruck machen. In der Tabelle sind alle Zahlen gerundet. Die Männer im einberufungsfähigen Alter waren bei Kriegsbeginn mindestens 15 und höchstens 49 Jahre alt. Für die Türkei lautete die offizielle Bezeichnung Osmanisches Reich; die Zahl der einberufungsfähigen Männer bezieht sich jedoch nur auf die eigentliche Türkei (Kleinasien), die arabischen Provinzen sind nicht berücksichtigt. Die Angaben für Serbien schließen Montenegro mit ein. In der Rubrik »übrige Staaten« sind einerseits die britischen Dominien und Indien enthalten, andererseits die französischen Kolonien sowie Belgien, Griechenland und Portugal. Japan, das insgesamt etwa 700 Soldaten verlor (bei der Eroberung Tsingtaus), ist nicht einbezogen worden, desgleichen einige lateinamerikanische Staaten, die sich nur formell am Krieg beteiligten. Für Indien ist die Zahl der einberufungsfähigen Männer nicht miteinbezogen worden, da weder allgemeine Wehrpflicht noch massenhafte Freiwilligenwerbung bestand. Die indische Berufsarmee zählte knapp 1 Prozent der kriegsdienstfähigen Bevölkerung. Für Südafrika beziehen sich die Angaben nur auf die Weißen, weil Farbige nicht eingezogen wurden.

123 Zahlenangaben nach URLANIS: Bilanz, S. 208, 219 (Tschechen u. Slowaken), 218 (Polen), errechnet. Zu Serbien vgl. z. B. MIHALY: Wiedersehn, S. 26f., 29f.; GOLCZEWSKI: Balkan, S. 169ff.; die Äußerungen Kaiser Wilhelms II. z. B. in: GEISS: Julikrise, S. 156 (»Serbien ist eine Räuberbande, ... «), 168, 169; E. FRIEDRICH: Krieg dem Kriege, Frankfurt a. M. 1981, S. 138–146. Bulgarien hatte erst 1913 im zweiten Balkankrieg auf Mazedonien zugunsten Serbiens verzichten müssen; als Preis für seinen Kriegseintritt auf seiten Deutschlands und Österreich-Ungarns war ihm dieses wiederum versprochen worden, weshalb es 1915 mit beiden im Bunde Serbien überfiel (vgl. FISCHER: Weltmacht, S. 32, 38f.).

124 Vgl. Anm. 99 dieses Kapitels.

125 Der vorstehende Absatz stammt aus meinem unveröffentlichten Manuskript »Wege einer Kindheit in Kriegs- und Nachkriegszeit«.

126 Vgl. URLANIS: Bilanz, S. 354, sowie die Abbildungen bei FRIEDRICH: Krieg dem Kriege, S. 197–227.

127 A. SCHARRER: Vaterlandslose Gesellen, Berlin 1977, S. 113.

128 FRIEDRICH: Krieg dem Kriege, S. 211.

129 D. TRUMBO: Johnny zieht in den Krieg, Frankfurt a. M. 1981, S. 116.

130 Ernst Friedrich organisierte Anfang der zwanziger Jahre dieses Antikriegsmuseum; vgl. DERS.: Krieg dem Kriege, S. 8, 196–227, 245 f. Erst 1982 haben junge Leute versucht, diesen Gedanken der konkreten Anschauung dessen, was Krieg bedeutet, in einem sehr bescheiden eingerichteten Museum in der Stresemannstraße in Berlin-Kreuzberg wieder zu realisieren.

131 Vgl. G. SCHULZ: Revolutionen und Friedensschlüsse 1917–1920, München 1974, bes. Kap. 4, 5, 6 im ersten Teil sowie 2. u. 4 im zweiten Teil. Ausführlicher E. H. CARR: Die Russische Revolution, Stuttgart 1980, sowie W. H. CHAMBERLIN: Die russische Revolution 1917–1921, 2 Bde., Frankfurt a. M. 1958, und L. D. TROTZKI: Geschichte der russischen Revolution, 2 Bde., Berlin 1931, 1933; A. SCHMID: Churchills privater Krieg, Zürich 1974.

132 Den Aufbau und die Arbeit einer solchen Kinderkommune beschrieb u. a. A. MAKARENKO: Der Weg ins Leben, Berlin 1949; vgl. auch DERS:: Flaggen auf den Türmen, Berlin/DDR 1977; A. NEWEROW: Taschkent, die brotreiche Stadt, Berlin 1929. Zitat aus L. PANTELEJEW: Ljonka, München 1978, S. 284.

133 A. GAIDAR: Russische Kindheit 1917, München 1977, S. 92.

134 Siehe E. KOLB: Arbeiterräte in der deutschen Innenpolitik, Düsseldorf 1962, S. 56, und MÜLLER: Kaiserreich, Kap. 16 u. 18 sowie Anhang 11 u. 13; Zitat aus MIHALY: Wiedersehn, S. 270 f.

135 Zitat aus Ursachen und Folgen, Bd. 2, S. 530 f. Zur SPD vgl. P. LÖSCHE: Der Bolschewismus im Urteil der deutschen Sozialdemokratie, Berlin 1967, sowie KOLB: Arbeiterräte, bes. S. 29, 32, 185 f. und HAFFNER: Revolution, S. 20 ff., der psychologisch einfühlsam auf die Haltung der SPD-Führung eingeht.

136 NIEKISCH: Leben, S. 37 f.

137 Zitate (ohne die Sperrung des Originals) aus FRIEDRICH: Krieg dem Kriege, S. 12 (Kurzzitat), 46 (Langzitat).

138 Man denke an die Anfänge des nationalen Widerstandes in Vietnam durch Ho-Tschi-Minh gegen die französische Kolonialherrschaft, in Indonesien unter Sukarno gegen die Holländer, in Indien unter Ghandi gegen die Engländer, die japanischen Überfälle auf China (1932 Vereinnahmung der Mandschurei, 1937 offener Krieg), Italiens Angriffe auf Äthiopien 1935 (unter Verwendung von Gas), den Militärputsch in Spanien 1936, der sich mit Unterstützung Italiens und Deutschlands zu einem dreijährigen Bürgerkrieg ausweitete. Vgl. P. BERTAUX: Afrika, Frankfurt a. M. 1976, S. 256 f. sowie KI-ZERBO: Schwarz-Afrika, S. 508 f.; BIANCO u. a.: Asien, bes. Kap. 3–5; P. BROUÉ / É. TÉMIME: Revolution und Krieg in Spanien, 2 Bde., Frankfurt a. M. 1978, sowie H. THOMAS: Der spanische Bürgerkrieg, Berlin 1964.

4. Der Zweite Weltkrieg

1 M. MASCHMANN: Fazit, München 1979, S. 12 f.

2 Vgl. W. STEINITZ: Deutsche Volkslieder demokratischen Charakters aus sechs Jahrhunderten, Bd. 2, Berlin 1979, S. 341 ff.

3 R. FINCKH: Mit uns zieht die neue Zeit, Baden-Baden 1979, S. 40 f.

4 R. HILBERG: Vernichtung, S. 29, 55 ff., 129 f.

5 Ebenda, S. 119; vgl. auch H. ESCHWEGE (Hg.): Kennzeichen J, Berlin/DDR 1981, S. 87 ff.; Zahlen nach M. RICHARZ (Hg.): Jüdisches Leben in Deutschland, Bd. 3, Stuttgart 1982, S. 14, 17; L. POLIAKOV/J. WULF (Hg.): Das Dritte Reich und die Juden, Frankfurt a. M. 1983, S. 244.

6 Vgl. HILBERG: Vernichtung, S. 58–63; ESCHWEGE: Kennzeichen, S. 79 ff.; B. BLAU: Das Ausnahmerecht für die Juden in Deutschland 1933–1945, Düsseldorf 1954, S. 29 ff.; KRAUSNICK: Judenverfolgung, in: BUCHHEIM u. a.: Anatomie, S. 283–448, hier S. 322 ff.

7 Zu Streicher und zum ›Stürmer‹ vgl. G. M. GILBERT: Nürnberger Tagebuch, Frankfurt a. M. 1982, S. 14 ff.; MASCHMANN: Fazit, S. 47 f.; HILBERG: Vernichtung, S. 32 f.; ESCHWEGE: Kennzeichen, S. 35–40, 46 ff., 70. – Zur deutschen Judenfeindschaft vor 1933 vgl. KRAUSNICK: Judenverfolgung, S. 283 ff.; WEHLER: Kaiserreich, S. 110 ff.; R. RÜRUP: Emanzipation und Antisemitismus, Göttingen 1975; E. REICHMANN: Flucht in den Haß, Frankfurt a. M. 1969; A. MANNZMANN (Hg.): Judenfeindschaft in Altertum, Mittelalter und Neuzeit, Königstein/Ts. 1981.

8 Vgl. HILBERG: Vernichtung, S. 64 ff., 117 ff.; RICHARZ: Leben, S. 40–61; ESCHWEGE: Kennzeichen, Kap. 3, 4 u. 7.

9 RICHARZ: Leben, S. 234 (Zitat); vgl. zur Schulpolitik K.-I. FLESSAU: Schule, S. 81 ff., 86 ff., dagegen SCHOLTZ: Erziehung, S. 40 ff.

10 MASCHMANN: Fazit, S. 40 f.

11 Wir haben es gesehen. Augenzeugenberichte über die Judenverfolgung im Dritten Reich, hrsg. v. G. Schoenberger, Wiesbaden 1981, S. 45 f.

12 H. SHERMAN: Zwischen Tag und Dunkel. Mädchenjahre im Ghetto, Frankfurt a. M. 1984, S. 10 f.; zum Faktischen vgl. die Gesetzesflut bei BLAU: Ausnahmerecht, S. 34 ff., 53 f. (Novemberpogrom).

13 FINCKH: Mit uns, S. 86 f. (Zitat); weitere Dokumente in ESCHWEGE: Kennzeichen, S. 114 ff., 124 ff.

14 Vgl. POLIAKOV/WULF: Dritte Reich, S. 146 ff.; RICHARZ: Leben, S. 56 f.; HILBERG: Vernichtung, S. 33 ff.

15 Vgl. RICHARZ: Leben, S. 51 ff., 59; HILBERG: Vernichtung, S. 72 ff., 86 ff. (Enteignungen), 100 ff., 103 ff.; ESCHWEGE: Kennzeichen, S. 134 ff., 154 ff.

16 Vgl. SHERMAN: Tag und Dunkel, S. 14 (Zitat); RICHARZ: Leben, S. 52 ff., 59; POLIAKOV/WULF: Dritte Reich, S. 245 f.

17 Vgl. HENKYS: Gewaltverbrechen, S. 42 ff.; J. STEINER: Über das Glaubensbekenntnis der SS, und E. KOLB: Die Maschinerie des Terrors, sowie D. PEUKERT: Der deutsche Arbeiterwiderstand 1933–1945, in: K. BRACHER u. a.: Nationalsozialistische Diktatur 1933–1945, Bonn 1983, S. 206 ff. (bes. S. 220 ff.), 270 ff., 633 ff.; LÖWENTHAL / von zur MÜHLEN: Widerstand, S. 11 ff.; E. KOGON: Der SS-Staat, München 1946, bes. Kap. 2 (Entstehung), 3 (Gefangenengruppen, bes. S. 16 f.) sowie 15 (Bibelforscher, S. 211 ff.), der als Überlebender aus eigener Anschauung das System der Konzentrationslager darstellte, sowie M. BROSZAT: Nationalsoziali-

stische Konzentrationslager 1933–1945, in: BUCHHEIM u. a.: Anatomie, S. 9–160, bes. S. 14 ff., 41 ff.

18 FINCKH: Mit uns, S. 66 ff. An Berichten von Betroffenen vgl. RICHARZ: Leben, S. 278 ff., 323 ff., 346 ff.; Wir haben es gesehen, S. 61 ff.; E. PAPANEK: Die Kinder von Montmorency, Frankfurt a. M. 1983, S. 18 ff.; ANDREAS-FRIEDRICH: Schattenmann, S. 47 ff. (Aufzeichnung vom 4. 1. 1939); ELFLEIN: Kommunist, S. 82 ff.; GRÜN: Wie war das, S. 129 ff., 145.

19 Vgl. TH. TRUMPP: Zur Finanzierung der NSDAP durch die deutsche Großindustrie, und R. NEEBE: Die Industrie und der 30. Januar 1933, in: BRACHER u. a.: Diktatur, S. 132 ff., 155 ff.; K. BRACHER: Die deutsche Diktatur, Köln 1980; zur Haltung der katholischen Kirche vgl. DESCHNER: Hahn, Kap. 67 u. 68, bes. S. 533 ff., 553 f. – Zum Ausspruch Kaiser Wilhelms vgl. Anm. 9, Kap. 3 dieses Buches.

20 Übersetzt nach COSTIGAN: Poetry, S. 250.

21 Schule im Dritten Reich, S. 198 f. (Zitat); vgl. FLESSAU: Schule, S. 28 ff., 31 ff., 34 ff.; zum Sportunterricht vgl. BRÜCKNER: Abseits, S. 56 ff.

22 GRÜN: Wie war das, S. 68 f.

23 Das war ein wichtiger Grund für den Entschluß der Reichsregierung Adolf Hitlers, den Krieg bereits 1939 zu beginnen, vgl. HILLGRUBER: Weltkrieg, S. 19 f. – Zur wirtschaftlichen und militärisch-ideologischen Vorbereitung des Krieges vgl. F. BLAICH: Wirtschaft und Rüstung in Deutschland 1933–1939, und J. DÜLFFER: Der Beginn des Krieges 1939, sowie G. WEINBERG: Deutschlands Wille zum Krieg, in: BRACHER u. a.: Diktatur, S. 285 ff., 317 ff. (bes. 330) u. 407 ff.; Zahlen aus: Deutschland im zweiten Weltkrieg, hrsg. v. W. Schumann/G. Hass u. a., Bd. 1, Köln 1974, S. 85 ff., 147 f.

24 Schule im Dritten Reich, S. 224.

25 Das preußische ›Dreiklassenwahlrecht‹ wurde 1850 einer besiegten Bevölkerung aufgezwungen und teilte die Wahlberechtigten jedes Wahlkreises nach ihrer Gesamtsteuerzahlung in drei gleich große Klassen ein, deren jede gleichviele ›Wahlmänner‹ wählte, die zusammen den Abgeordneten des Wahlkreises bestimmten. Angesichts der Armut von Arbeitern und Tagelöhnern in Stadt und Land war die große Masse der Wahlberechtigten in der dritten Klasse vertreten und wurde mühelos von den beiden ersten überstimmt. So zählte die SPD-Fraktion im Deutschen Reichstag – zu dem mit gleichem Wahlrecht gewählt wurde – 1912 rd. ⅓ aller Abgeordneten, aber im Preußischen Abgeordnetenhaus noch nicht mal ¹⁄₃₀ (in Preußen lebten über 60 Prozent der Reichsbevölkerung von 1914). Vgl. dazu die kritischen Stimmen dreier Zeitgenossen mit sehr unterschiedlichen Standpunkten wie WEBER: Schriften, S. 174, 178 ff., 184 f., 188 f., 234 f., 240, 270 f. und H. STRÖBEL: Vertrauen, in: Die Weltbühne, 15 (1919, S. 277–81 des zweiten Halbjahres) bes. S. 279 ff. sowie BÜRGEL: Arbeiter, S. 95–100, 135–138.

26 A. POLGAR: Der Krieg als Erzieher, in: Die Weltbühne, 14 (1918, S. 337 f. des zweiten Halbjahres).

27 Schule im Dritten Reich, S. 213 (Zitat). Zur Schule vgl. weiter anhand, S. 228 ff. sowie FLESSAU: Schule, S. 81 ff., 102 ff., 106 ff., 117 ff., 195 ff., 205 ff. – Zur Kriegsverherrlichung im Nationalsozialismus vgl. P. STACHURA: Das Dritte Reich und die Jugenderziehung, und H.-A. JACOBSEN: Krieg in Weltanschauung und Praxis des Nationalsozialismus (1919–1945), sowie E. JÄCKEL: Hitler und die Deutschen, in BRACHER u. a.: Diktatur, S. 224 ff. (bes. 232 ff.), 427 ff. (bes. 430 f.), 706 ff. (bes. 708). NOLTE: Faschismus, S. 395, 400 f., 492 ff., charakterisiert treffend: »... nicht eine Nation erhebt sich, ihre Einheit zu gewinnen – ein totemistischer Stamm unter dem allmächtigen Kriegshäuptling macht sich auf seinen Weg, um im Tode der anderen das eigene Leben zu erringen und zu bewähren.« (S. 495)

28 GRÜN: Wie war das, S. 161 f. (Zitat); vgl. A. BOYENS: Widerstand der Evangelischen Kirche im Dritten Reich, in: BRACHER u. a.: Diktatur, S. 669–86; DESCHNER: Hahn, S. 536 ff., 541 ff., 548 ff.; LÖWENTHAL / von zur MÜHLEN: Widerstand, Abschn.: Christen im Widerstand, bes. S. 111 ff., 117 ff., 131 ff., 134 ff., 141 f.

29 HILLGRUBER: Weltkrieg, Kap. 1, bes. S. 12 ff.; A. MILWARD: Der Zweite Weltkrieg. Krieg, Wirtschaft und Gesellschaft 1939–1945, München 1977, S. 28 ff., 70 (Tabelle); VILMAR: Rüstung, S. 55 ff.; vgl. BLAICH: Wirtschaft, sowie DÜLFFER: Beginn, in: BRACHER u. a.: Diktatur, S. 298 f., 301 ff., 307 ff., 314 ff., bes. S. 321 ff., 325 f., 328 f.

30 S. HAFFNER: Anmerkungen zu Hitler, München 1978, S. 135 (Zitat); vgl. dagegen HILLGRUBER: Weltkrieg, S. 17 f. und R. PARKER (Hg.): Das Zwanzigste Jahrhundert I, Frankfurt a. M. 1967, S. 294 f., 301 ff.; NOLTE: Faschismus, S. 429 ff.

31 Vgl. ebenda, S. 44 ff.; HAFFNER: Anmerkungen, S. 101 f., 114 ff., 136 ff.; J. THIES: Hitlers »Endziele«, und WEINBERG: Wille, sowie JACOBSEN: Krieg, in BRACHER u. a.: Diktatur,

S. 390 ff. (bes. 393 f., 396 f., 399 ff.) u. 407 ff., 419 f., 423 ff. bzw. 431 f.; NOLTE: Faschismus, S. 373 ff., 381 ff. (Versailles), 495.

32 Um die Veränderungen zu verdeutlichen und den Vergleich mit der Europakarte von 1914 zu erleichtern, sind dieselben Grenzwerte gewählt worden. – Zur Ausarbeitung von Karte und Tabelle vgl. Anm. 20, Kap. 3 dieses Buches, wobei hier selbstverständlich die zeitlich entsprechenden Jahrgänge der statistischen Zeitschriften verwandt wurden. Hinsichtlich der Weltbevölkerung sei ausdrücklich darauf hingewiesen, daß die Angaben auch noch für 1939 mit großen Unsicherheitsfaktoren behaftet sind, weil in vielen Staaten keine exakten Volkszählungen stattgefunden hatten. Allein die Angaben für China weichen um über 200 Mio. voneinander ab. Insofern ist die in der Tabelle genannte Zahl für die Weltbevölkerung die m. E. wahrscheinlichste. Zur industriellen und bevölkerungsmäßigen Entwicklung der europäischen Staaten vgl. CIPOLLA / BORCHARDT: Europäische Wirtschaftsgeschichte, Bd. 5 und Angaben zu den einzelnen Ländern in PARKER: Jahrhundert, Kap. 5–10. Zur Sowjetunion und Polen vgl. G. RHODE: Geschichte Polens, Darmstadt 1980, Schlußkapitel und R. LORENZ: Sozialgeschichte der Sowjetunion 1. 1917–1945, Frankfurt a. M. 1976, bes. S. 123 ff., 155 ff. sowie Kap. 5; knapper DERS., in: C. GOEHRKE u. a.: Rußland (= Fischer Weltgeschichte 31), Frankfurt a. M. 1973, S. 271–370, bes. 336 ff., 346 ff.

33 Zur drastischen Erhöhung des Durchschnittsalters der europäischen Bevölkerungen, wodurch sich notwendigerweise eine Verminderung des Kinderanteils in der Gesamtbevölkerung ergibt, vgl. das sehr anregende und thematisch weitgespannte Buch von IMHOF: Die gewonnenen Jahre.

34 PARKER: Jahrhundert, Kap. 5, bes. S. 110 (Tabelle); RODNEY: Afrika, bes. Kap. 5 u. 6, und FIELDHOUSE: Kolonialreiche, bes. 208 ff., 233 ff., 244 ff., 247 ff., 264 ff., 267 ff., 280 ff., 294 ff., 307 ff., 317 ff.; HARDACH: Weltkrieg, Kap. 10; J. HALL: Das japanische Kaiserreich, Frankfurt a. M. 1968, Kap. 19, bes. S. 324 ff., 330 ff.; KI-ZERBO: Schwarzafrika, in Abschn. 10 jeweils die Schlußseiten zu den einzelnen Kolonialgebieten; BIANCO u. a.: Asien, S. 30 ff. (Indien), 85 ff. (China), 89 ff., 103 ff., 107 ff. (Siam), 114 ff. (Japan), 125 ff. (China).

35 M. DOMARUS: Hitler. Reden und Proklamationen 1932–1945, 4 Bde., Wiesbaden 1973, hier Bd. 3, S. 1131 f. (Zitat), in Bd. 2, S. 748 ff. steht die sog. Hoßbach-Niederschrift der Besprechung vom 5. 11. 1937. – Vgl. zu Polen und der Sowjetunion BROSZAT: Zweihundert Jahre, Kap. Das Dritte Reich und Polen, bes. S. 247 ff., 254 ff., 260 ff.; L. BESYMENSKI: Sonderakte »Barbarossa«, Stuttgart 1968, Kap. 1, bes. S. 16 ff., 23 f., 34 ff., 38 ff. sowie PARKER: Jahrhundert, S. 257 f., 311 ff.

36 DOMARUS: Hitler, S. 1315 (beide Zitate); diese Rede vom 1.9. 1939 ist auch abgedruckt in E. KLÖSS (Hg.): Reden des Führers, München 1967, S. 208–16 (Zitate 214 f.). – Zum deutsch-sowjetischen Vertrag vom August 1939 vgl. HILLGRUBER: Weltkrieg, Kap. 1 u. 2, bes. S. 12 f., 18 f.; PARKER: Jahrhundert, 257 f., 286 ff., 307 f., 318 ff., 322 ff.; BESYMENSKI: Sonderakte, Kap. 2–5, bes. S. 145 ff., 151 ff., 157 ff. – Zum Kriegsbeginn vgl. ebenda, S. 163 ff.; Deutschland, Kap. 3 u. 4, bes. 163 ff., 169 ff.; NOLTE: Faschismus, S. 432 ff.; HILLGRUBER: Weltkrieg, S. 20, 25 ff.; PARKER: Jahrhundert, S. 325 ff. – Zur Aufrüstung ebenda, S. 325 f. sowie VILMAR: Rüstung, S. 59–64 (dagegen MILWARD: Weltkrieg, S. 44 ff.) und Der Prozeß gegen die Hauptkriegsverbrecher vor dem Internationalen Militärgerichtshof. Nürnberg 1947, Bd. 5, S. 429 ff. (Kriegsvorbereitung).

37 F. HALDER: Kriegstagebuch, hrsg. v. H. A. Jacobsen, 3 Bde. Stuttgart 1963, hier Bd. 2, S. 357 (Zitat). Zur praktischen Ausführung dieses Befehls vgl. Prozeß, Bd. 7, S. 477 ff. – Zur ideologischen Konzeption vgl. die knappen Ausführungen bei HENKYS: Gewaltverbrechen, S. 25 ff.; ausführlicher W. WIPPERMANN: »Triumph des Willens« oder »kapitalistische Manipulation«? und D. MEL'NIKOV / L. ČERNAJA: Die »totale Ideologie« Hitlers, in: BRACHER u. a.: Diktatur, S. 735 ff. u. 760 ff. sowie R. HRABAR u. a.: Kinder im Krieg – Krieg gegen Kinder, Hamburg 1981, Kap. 1, bes. S. 18 ff., 45 ff. und NOLTE: Faschismus, S. 345 ff., 502 ff. – Zur Anwendung nazistischer Ideologie im Schulunterricht vgl. FLESSAU: Schule, S. 214 ff. und Schule im Dritten Reich, S. 42 ff.

38 Verbrechen an polnischen Kindern 1939–1945, München 1973, S. 206 (Zitat), vgl. M. BROSZAT: Nationalsozialistische Polenpolitik 1939–1945, Frankfurt a. M. 1965, S. 19 ff., 29 ff., 36 ff. und (zur Ideologie) W. WIPPERMANN: Der ›Deutsche Drang nach Osten‹, Darmstadt 1981, Kap. 4, bes. 110 ff., 113 ff. sowie Prozeß, Bd. 5, S. 421 ff.

39 Vgl. M. STEINERT: Hitlers Krieg und die Deutschen, Düsseldorf 1970, S. 102 ff., 105 ff. (kurze Zitate 106, 107); BROSZAT: Polenpolitik, S. 42 ff., 48, 84 f., 94 f. (langes Zitat); W. DLUGOBORSKI: Die deutsche Besatzungspolitik gegenüber Polen, in BRACHER u. a.: Diktatur,

S. 572 ff., hier 583 f.; zur Beteiligung deutscher Jugendlicher daran vgl. MASCHMANN: Fazit, S. 129 ff.; von deutscher Seite her siehe die Aktenauszüge der SS-Reiterei in K. MÜLLER-TU-PATH: Reichsführers gehorsamster Becher, Hamburg 1982, S. 15 ff.

40 FINCKH: Mit uns, S. 144 f. (Zitat); zu ZAMOŚĆ vgl. HRABAR u. a.: Kinder, S. 89 ff. und Verbrechen, S. 83 ff., 109 ff. sowie BROSZAT: Polenpolitik, S. 164 ff.

41 Vgl. ebenda, S. 100, 102 ff.; DLUGOBORSKI: Besatzungspolitik, in: BRACHER u. a.: Diktatur, S. 575, 584 ff. und Haager Artikel, S. 26 f. dieses Buches.

42 Prozeß, Bd. 7, S. 515.

43 Vgl. Verbrechen, S. 12, 14 (Zitat), 177 ff. (Dokumente); HRABAR u. a.: Kinder, S. 59 f., 75 ff. (Schule), 279 ff. (jeder 6. polnische Lehrer wurde getötet!).

44 Vgl. BROSZAT: Polenpolitik, S. 19 ff., 25 ff., 143 ff. (Kirchenverfolgung), 147 ff. (Priesterermordung), 154; NOLTE: Faschismus, S. 433 f.; DLUGOBORSKI: Besatzungspolitik, in: BRACHER u. a.: Diktatur, S. 580 ff.

45 Vgl. die Darstellung eines Hauptbeteiligten, des Generals T. BOR-KOMOROWSKI: The Secret Army, London 1951 sowie BROSZAT: Zweihundert Jahre, S. 302 ff., 305 (Aufstand); P. MALVEZZI/G. PIRELLI (Hg.): Letzte Briefe zum Tode Verurteilter aus dem europäischen Widerstand 1939–1945, München 1962, S. 245, 250.

46 J. HEYDECKER: Das Warschauer Getto. Fotodokumente eines deutschen Soldaten aus dem Jahr 1941, München 1984, S. 41 f.

47 Verbrechen, S. 76 ff., 80 ff.; H. MAUSBACH / B. MAUSBACH BROMBERGER: Feinde des Lebens. NS-Verbrechen an Kindern, Frankfurt a. M. 1979, S. 195 ff., 199 ff., 208 f.; HRABAR u. a.: Kinder, S. 182 ff., 227 ff., 192 ff., 222 ff.; NOLTE: Faschismus, S. 479 f.

48 Verbrechen, S. 111 ff.

49 Vgl. ebenda, S. 93 f., 80 f., 155 f., 160; HRABAR u. a.: Kinder, S. 151 ff., 168 ff., 183 ff. (Namensänderung), 231 ff.; Zahlen ebenda, S. 335 und Verbrechen, S. 160 sowie MAUSBACH/MAUSBACH BROMBERGER: Feinde, S. 202.

50 Vgl. MALVEZZI / PIRELLI: Briefe, S. 265; Prozeß, Bd. 7, S. 583 f.; MAUSBACH / MAUSBACH BROMBERGER: Feinde, S. 138 ff., 160 ff. (Liste aller Kinder); U. NAUMANN (Hg.): Lidice. Ein böhmisches Dorf, Frankfurt a. M. 1983, S. 7 ff., 11 ff. (Augenzeugenberichte), 31 ff.

51 MALVEZZI / PIRELLI: Briefe, S. 287 f. (Zitat) – auch in MAUSBACH / MAUSBACH BROMBERGER: Feinde, S. 142; vgl. NAUMANN: Lidice, S. 41 (Faksimile).

52 Ebenda, S. 10.

53 FINCKH: Mit uns, S. 136 f. (Zitat); vgl. auch NAUMANN: Lidice, Kap. 1, S. 10 f., 15 ff., 18 f.; HRABAR u. a.: Kinder, Kap. 3, bes. S. 182 f., 185 f., 217 ff., 222 ff., 227 ff., 232 ff.; DLUGOBORSKI: Besatzungspolitik, in: BRACHER u. a.: Diktatur, S. 577 f., 589 f.; MAUSBACH/MAUSBACH BROMBERGER: Feinde, S. 182 ff., 205 ff.; N. MÜLLER (Hg.): Deutsche Besatzungspolitik in der UdSSR 1941–1944. Dokumente, Köln 1982, S. 393 ff., 397 ff.

54 J. IWASKIEWICZ: Das Birkenwäldchen, Leipzig 1982, S. 91 f. (aus der Erzählung »Ikarus«).

55 C. LARASS: Der Zug der Kinder, München 1983, S. 105 f. (Zitat). – Das Buch enthält beeindruckende Berichte und persönliche Befragungen, aber die historische Einordnung erfolgt oft allzu unkritisch gegenüber der NS-Propaganda, z. B. S. 23, 24 zum Luftkrieg (auch fehlt jeglicher Beleg); dieselbe rassistische Einstellung wie im Zitat ebenfalls anschaulich beschrieben bei FINCKH: Mit uns, S. 147 f.; MASCHMANN: Fazit, S. 126, 132 f.; H. W. KOCH: Geschichte der Hitlerjugend, Percha 1975, S. 356 f.

56 Die Zahl der Staatsbürger schließt die Sudetendeutschen aus, die nach dem Abkommen von München meist in den deutschen Statistiken geführt wurden, vgl. Statistisches Jahrbuch für das Deutsche Reich, 57 (1938); zu den Zahlen siehe PARKER: Jahrhundert, S. 350 und MALVEZZI/PIRELLI: Briefe, S. 264 f. – Zu Kafka vgl. K. WAGENBACH: Franz Kafka. Bilder aus seinem Leben, Berlin 1983, S. 25; Frankfurter Rundschau, Weihnachten 1982.

57 Im Kriegstagebuch des Oberkommandos der Wehrmacht (Wehrmachtführungsstab) 1940–1945, hrsg. v. P. Schramm, Frankfurt a. M. 1965, Bd. 1, S. 417 heißt es zum 22.6.1941: »Im Laufe des Vormittags verstärkt sich der Eindruck, daß die Überraschung an allen Abschnitten gelungen ist«, siehe auch S. 490. Zum Überfall auf die Sowjetunion vgl. C. STREIT: Keine Kameraden, Stuttgart 1978, Kap. 1 u. 2, bes. S. 21 ff., 25 ff.; BESYMENSKI: Sonderakte, S. 167 ff., 171 ff., 174 ff.; HILLGRUBER: Weltkrieg, S. 44 ff., 48 f., 62 ff.; Deutschland, Bd. 2, Berlin 1975, Kap. 1 u. 2, bes. S. 35 ff., 40 f., 43 ff. – Zum unvorbereiteten Zustand der russischen Truppen vgl. A. NEKRITSCH/P. GRIGORENKO: Genickschuß. Die Rote Armee am 22. Juni 1941, hrsg. u. eingel. v. G. Haupt, Wien 1969, S. 35 ff. und A. SELLA: Barbarossa. Surprise Attack, in: Journal of Contemporary History, 13 (1978) sowie LORENZ: Sozialgeschichte,

S. 251 ff., 254 ff., 258 ff. Die Wiedergabe unkommentierter Hitlerbefehle, wie z. B. in: P. CA-RELL: Unternehmen Barbarossa, Berlin 1963, lassen noch heute in breiten Kreisen den Eindruck entstehen, daß die Wehrmacht im Juni 1941 einem russischen Angriff zuvorkam – genauso wie es die Nazipropaganda damals behauptete. Die Haltung Carells könnte von seiner Tätigkeit als zeitweiliger Presseleiter im Auswärtigen Amt des Dritten Reiches, unter dem Namen Paul Karl Schmidt, geprägt sein, sie ist aber auch typisch für viele antikommunistische Autoren unserer Zeit.

58 K. SIMONOW: Kriegstagebücher, 2 Bde., München 1979, hier Bd. 1, S. 24 (Zitat); zur Flucht der Juden vgl. HILBERG: Vernichtung, S. 211 f., 225 f. – Zur fehlenden Munition im anschließenden Absatz siehe SELLA: Surprise Attack, S. 557 und NEKRITSCH/GRIGORENKO: Genickschuß.

59 Zitat in STREIT: Keine Kameraden, S. 34; das gesamte Dokument in HALDER: Kriegstagebuch, Bd. 2, S. 336 f. – Zur deutschen Kriegführung in Rußland und den vorbereitenden Anordnungen vgl. die knappe Würdigung bei NOLTE: Faschismus, S. 436 f. sowie HILLGRUBER: Weltkrieg, S. 64 ff.; detaillierter STREIT: Keine Kameraden, S. 34–50 und JACOBSEN: Kommissarbefehl, in: BUCHHEIM u. a.: Anatomie, Bd. 2, S. 163–279.

60 Zitiert aus STREIT: Keine Kameraden, S. 46; der vollständige Befehl in JACOBSEN: Kommissar-befehl, S. 211 f. als Dokument Nr. 6. – Nach 1945 schoben die Beteiligten alles auf den ›Führer‹, wie z. B. der Chef des Stabes des Oberkommandos der Wehrmacht, Franz Halder, im Nürnberger Prozeß: »...der Führer... sagte, daß die Russen an der Haager Konvention unbeteiligt wären, und angesichts dessen, müßten ihre Kriegsgefangenen nicht den Bestimmungen der Haager Konvention entsprechend behandelt werden.« (Zitiert aus Prozeß, Bd. 7, S. 396 f.) Dazu muß bemerkt werden, daß einige der von Deutschland unterzeichneten Verträge auch von der Sowjet-union anerkannt waren – außerdem galt in Anm. 22, Kap. 1 dieses Buches erwähnte Mar-tenssche Klausel; zusätzlich ließ die russische Regierung dem Deutschen Reich noch im Juli 1941 mitteilen, daß sie sich unter den Bedingungen der Gegenseitigkeit an die Vorschriften der Haager Landkriegsordnung halten werde. Die deutsche Regierung hat auf ausdrückliche Weisung Hit-lers nicht darauf reagiert. (Vgl. A. STREIM: Sowjetische Gefangene in Hitlers Vernichtungs-krieg, Heidelberg 1982, S. 19 f., 33 f. sowie Prozeß, Bd. 7, S. 459 ff.) Völkerrechtlich waren auch nach Meinung deutscher Juristen (vgl. Prozeß, Bd. 9, S. 362, 364) Repressalien gegen Kriegsge-fangene eindeutig untersagt.

61 Zitate in der Reihenfolge meines Textes aus MÜLLER: Besatzungspolitik, S. 35–41 (hier 38), 64 ff. (hier 65); vgl. auch STREIT: Keine Kameraden, S. 35 u. 41 f.

62 HEYDECKER: Ghetto, S. 24; vgl. auch deutsche Soldatenaussagen in Prozeß, Bd. 7, S. 433.

63 Zur Gleichsetzung vgl. NOLTE: Faschismus, S. 406 f., 490 f. sowie STEINERT: Krieg, S. 237 f.; zum jüdischen Bevölkerungsanteil HILBERG: Vernichtung, S. 209 f. – Offenbar war die deutsche Führung von ihrer eigenen Propaganda geblendet, da im Sommer 1941 vorrückende Truppen-einheiten Flugblätter an die Rotarmisten richteten, in denen stand: »Schlagt den Judenkommis-sar, seine Fresse schreit nach einem Ziegelstein!« Sogar die Ermordung gefangener Kommissare wurde bekanntgegeben (vgl. STREIT: Keine Kameraden, S. 86). – Über die Erschießungen be-richtet STREIM: Gefangene, S. 91 ff., 112 ff., 116 ff., 140 ff. beschämende Einzelheiten sowie STREIT: Keine Kameraden, S. 183 ff. und HILBERG: Vernichtung, S. 239 ff.

64 Vgl. STREIM: Gefangene, S. 119–28 (Zitat S. 123), zur Ordensverleihung S. 110.; zum gleichen Ereignis vgl. Prozeß, Bd. 7, S. 447–56; siehe auch MÜLLER-TUPATH: Becher, S. 68 f. (Orden wegen eines Massenmordes an Juden aus Bobruisk).

65 Zur Propaganda vgl. STEINERT: Krieg, S. 210 ff., 307 ff. (Zitat S. 308); zur Behandlung STREIT: Keine Kameraden, S. 9 (Denkschrift des Ministeriums für die besetzten Ostgebiete, vollständig in Prozeß, Bd. 25, S. 156 ff.), 137 ff., 162 ff., 171 ff., 181 f.; STREIM: Gefangene, S. 72 ff., 132 f., 145 ff.; KOGON: SS-Staat, Kap. Gruppenschicksale, S. 182 ff., 185 ff.; SHERMAN: Tag und Dunkel, S. 137 (polnische Offiziere); H. ALBERTZ: Blumen für Stukenbrock (= rororo 7772), Reinbek 1983, S. 5 (Grabinschrift).

66 Vgl. zur Erschießung von Franzosen und Engländern Prozeß, Bd. 6, S. 413 ff.; KOGON: SS-Staat, Kap. Gruppenschicksale, S. 193 ff.; zu den Zahlen vgl. LORENZ: Sozialgeschichte, S. 366; HILLGRUBER: Weltkrieg, S. 78 f.; STREIT: Keine Kameraden, S. 9 f., S. 128 ff., 136; URLA-NIS: Bilanz, S. 208; K. W. Böhme: Die deutschen Kriegsgefangenen in sowjetischer Hand, München 1966, S. 47 ff., 125 f.

67 FORNALSKA: Mutter, S. 531.

68 Vgl. LORENZ: Sozialgeschichte, S. 275 ff., 281 ff.; MÜLLER: Besatzungspolitik, S. 178 ff., 192 f., 230 ff., 240 (Hungerrationen für russische Bevölkerung). – Zu den Bevölkerungszahlen vgl. Anm. 32 dieses Kap.

69 FINCKH: Mit uns, S. 159 f.
70 MASCHMANN: Fazit, S. 58 (Zitat), vgl. dazu KOGON: SS-Staat, Kap. 21 (Psychologie der SS), bes. S. 293 f., 295 f., 299 f.
71 Prozeß, Bd. 7, S. 506.
72 MÜLLER: Besatzungspolitik, S. 348, 349, 365 (Zitate). Vgl. auch Prozeß, Bd. 5, S. 23 ff.
73 Vgl. A. WERTH: Russia at War 1941–1945, London 1965, S. 373 ff., 609 f., 690; SIMONOW: Kriegstagebücher, Bd. 1, S. 491 f. sowie die in Anm. 55 genannte Literatur.
74 I. EHRENBURG: Menschen. Jahre. Leben, Bd. 2, München 1965, S. 332 f.
75 MÜLLER: Besatzungspolitik, bes. Abschnitt 6, Zitat S. 326.
76 WERTH: Russia, S. 271 (Zitat); vgl. auch Prozeß, Bd. 7, S. 499 ff. sowie die Dokumente in MÜLLER: Besatzungspolitik, bes. die Abschnitte 2, 4 u. 5.
77 Vgl. auch zum folgenden WERTH: Russia, S. 297–335 sowie Prozeß, Bd. 8, S. 368 ff., 377. – Zu den deutschen Plänen, die Bevölkerung Leningrads verhungern zu lassen, vgl. MÜLLER: Besatzungspolitik, S. 75 ff.
78 Prozeß, Bd. 7, S. 599 f. (Zitat S. 600); MAUSBACH / MAUSBACH BROMBERGER: Feinde, S. 153 (1. Zitat). – Das Kinderbuch von B. SCHULENBURG: Tanja, Berlin 1981, stützt sich auf das zitierte Tagebuch, während J. ter HAAR: Oleg oder Die belagerte Stadt, München 1986, eine der seltenen menschlichen Begegnungen darstellt.
79 Prozeß, Bd. 7, S. 214 f. (Aufzählung), Bd. 8, S. 375 f. (Pleskau); WERTH: Russia, S. 697 f. (Minsk).
80 Prozeß, Bd. 7, S. 501 f. (erste Zitate), 503 (letztes Zitat), 543 f.; MALVEZZI / PIRELLI: Briefe, S. 302.
81 Vgl. LORENZ: Sozialgeschichte, S. 276 ff., 281 ff., 366 (die Bemerkung bei T. SCHIEDER [Hg.]: Handbuch der europäischen Geschichte, Bd. 7: Europa im Zeitalter der Weltmächte, Stuttgart 1979, S. 14, über das Fehlen sowjetischer Statistiken trifft nicht zu); STREIT: Keine Kameraden, S. 9 f.; HENKYS: Gewaltverbrechen, S. 173 ff. (Daten teils überholt) sowie JACOBSEN: Kommissarbefehl, S. 185 ff., 193 ff., bes. 197.
82 P. TOWNSEND: Und wer rettet die Kinder, Reinbek 1980, S. 27 f. (Zitat) sowie O. GROEHLER: Geschichte des Luftkriegs 1910–1980, Berlin / DDR 1981, S. 70 ff. (Zeppelin), 74 ff. – zu ersten deutschen Luftangriffen auf Lüttich am 6. 8. und Paris am 30. 8. 1914 vgl. TUCHMAN: August 1914, S. 212, 459 f., zur Bombardierung Londons am 1. 6. 1915 siehe H. BRUNSWIG: Feuersturm über Hamburg, Stuttgart 1982, S. 410 f.
83 Vgl. ebenda, S. 12 sowie GROEHLER: Geschichte, S. 112 ff.
84 Ebenda, S. 192 ff.; mit etwas anderer Akzentuierung P. BROUÉ / TÉMIME: Revolution und Krieg in Spanien, 2 Bde., Frankfurt a. M. 1978, hier Bd. 1, S. 300 ff. sowie 439 ff. – Aussage Görings zur deutschen Beteiligung in: Prozeß, Bd. 9, S. 316 f. (gekürzt auch in Masken des Krieges, S. 68).
85 Vgl. das wohl exakteste Buch über Guernica (mit vielen Befragungen Überlebender) G. THOMAS / M. MORGAN-WITTS: Der Tag an dem Guernica starb, Zug / Schweiz 1978, S. 291 f. (Zitat), 282 (Staub), 238 ff. (Bombenladung). – Noch heute werden in konservativen deutschen aber auch spanischen Darstellungen die Ereignisse um Guernica verleugnet oder als ›Versehen‹ der Angreifer hingestellt; sogar ein sonst zuverlässiger Autor wie BRUNSWIG: Feuersturm, S. 29, folgt allzu gutgläubig dem Bericht eines ehemaligen Condor-Fliegers; vgl. dagegen noch BROUÉ / TÉMIME: Revolution, S. 502 f. und THOMAS: Bürgerkrieg, S. 326 f.
86 THOMAS / MORGAN-WITTS: Guernica, S. 259.
87 Prozeß, Bd. 9, S. 317, auch in Masken des Krieges, S. 68.
88 DOMARUS: Hitler Bd. 3, S. 1315 (Zitat). – Es zeugt von der geringen Aufarbeitung der NS-Zeit, daß auch in heutigen Untersuchungen (z. B. F. KUROWSKI: Der Luftkrieg über Deutschland, Düsseldorf 1977, S. 45 f.) solche Zitate für bare Münze genommen werden und nicht in ihrer propagandistischen Absicht erkannt werden.
89 J. KOSINSKI: Der bemalte Vogel, Bern 1965, S. 103 (Zitat). Zum Faktischen vgl. GROEHLER: Geschichte, S. 217 f., 226 f.; völlig unkritisch dagegen KUROWSKI: Luftkrieg, S. 48 f., der die offizielle deutsche Militärberichterstattung von damals übernimmt, ohne zu erwähnen, daß durchaus nicht nur Flugplätze und Rollbahnen angegriffen wurden, sondern Städte und Orte, bei denen allein in den ersten Tagen Hunderte von Einwohnern getötet wurden (vgl. Deutschland, Bd. 1, S. 169).
90 Deutschland, Bd. 1, S. 182; BRUNSWIG: Feuersturm, S. 22 ff. (Zitat S. 25).
91 Ebenda, S. 39–42; Deutschland, Bd. 1, S. 312–19; Prozeß, Bd. 9, S. 243 ff.
92 Dokumente deutscher Kriegsschäden, hrsg. v. Bundesminister für Vertriebene, Flüchtlinge und

Kriegsgeschädigte, Bd. 1, Bonn 1958, S. 68 (Zitat). – Zu Freiburg vgl. BRUNSWIG: Feuersturm, S. 36f.; ausführlicher G. UEBERSCHÄR/W. WETTE: Bomben und Legenden, Freiburg 1981.

93 HENKYS: Gewaltverbrechen, S. 75 (Zitat). – Zu den juristischen ›Spitzfindigkeiten‹ vgl. KUROWSKI: Luftkrieg, S. 52, 86, 101f.; dagegen GROEHLER: Geschichte, S. 227, 242f. und BRUNSWIG: Feuersturm, S. 21f., 37f., 42, 409ff. – Zur Einstellung gegenüber Polen vgl. G. BERNDT / R. STRECKER (Hg.): Polen – ein Schauermärchen oder Gehirnwäsche für Generationen, Hamburg 1971 und BROSZAT: Zweihundert Jahre, etwa 43ff., 73ff., 99ff., 129ff.; zur Prozeßführung in der Bundesrepublik gegen NS-Täter vgl. J. FRIEDRICH: Freispruch für die Nazi-Justiz, Reinbek 1983 und H. FANGMANN/N. PAECH (Hg.): Recht, Justiz und Faschismus nach 1933 und heute, Köln 1984, bes. S. 75ff., 94ff.

94 DOMARUS: Hitler, Bd. 3, S. 1580 (Zitat); vgl. BRUNSWIG: Feuersturm, S. 62f. und GROEHLER: Geschichte, S. 252ff., 263f., 265f., 270f.

95 Vgl. ebenda, S. 273f., 280f., 283f.; BRUNSWIG: Feuersturm, S. 63–66, 109; Deutschland, Bd. 1, S. 357–63; die Behauptung in KUROWSKI: Luftkrieg, S. 126f. »am 7.9. [1940] ... verließ Hitler den bis dahin eingeschlagenen Weg, nur militärische Ziele anzugreifen, unter Schonung der Zivilbevölkerung«, entspricht, wie aufgeführt, genausowenig den Tatsachen wie die, S. 132, wiederholte NS-Propaganda. Sogar der Wehrmachtführungsstab notierte im »Kriegstagebuch«, Bd. 1, S. 19, zum 9.8.1940: »Im Juli in England infolge der deutschen Luftangriffe 258 Tote und 321 Schwerverletzte unter der englischen Zivilbevölkerung« – also lange vor jener Septemberrede!

96 Zum Luftschutz vgl. E. HAMPE: Der zivile Luftschutz im Zweiten Weltkrieg, Frankfurt a. M. 1963, Abschn. Bauwesen und Luftschutz, bes. S. 297ff., 290ff. (Durchführung), 295ff.; G. BERGANDER: Dresden im Luftkrieg, Köln 1977, Kap. 7, wo am konkreten Einzelfall Möglichkeiten und Versäumnisse dargestellt werden, sowie BRUNSWIG: Feuersturm, bes. die ersten Kapitel.

97 Zu Stalingrad vgl. WERTH: Russia, S. 442, 449 (Zitat); Deutschland, Bd. 2, S. 345 – GROEHLER: Geschichte, S. 350, schreibt in einer Bildunterschrift irrtümlich von 1117 ›Opfern‹. Zu den beiden deutschen Städten siehe BERGANDER: Dresden, (S. 6f. die ›makabren Berechnungen‹) und BRUNSWIG: Feuersturm.

98 SIMONOW: Kriegstagebücher, Bd. 1, S. 217. – Zu Frankreich vgl. GROEHLER: Geschichte, S. 242ff.; Deutschland, Bd. 1, S. 312, 329; PAPANEK: Kinder, S. 36; LARASS: Zug, S. 197f. (Zielerkennung)

99 FINCKH: Mit uns, S. 106f. (Zitat); vgl. BERGANDER: Dresden, Kap. 6, bes. S. 53f., 55f.; STEINERT: Krieg, S. 30ff. (zur Beeinflussung).

100 DOMARUS: Hitler, Bd. 3, S. 1580 (Zitat). Bei dem Überfall auf Jugoslawien – ohne Kriegserklärung – wurde die Hauptstadt Belgrad am 6.4.1941 systematisch zerbombt. Zur relativ geringen Auswirkung der englischen Luftangriffe auf Deutschland bis 1942 vgl. BRUNSWIG: Feuersturm, S. 73ff., 109ff., 148ff.

101 BRUNSWIG: Feuersturm, S. 118ff. (Lübeck), 124ff. (Rostock), 134ff. (Köln); Deutschland, Bd. 2, S. 387.

102 Vgl. LARASS: Zug, S. 9, 26f. (zum Beginn); Deutschland, Bd. 4, S. 417f. (einige Zahlen); dazu SCHOLTZ: Erziehung, S. 103f., 118ff. (Lagererziehung).

103 Der vorstehende Passus ist einem unveröffentlichten Manuskript der Autorin entnommen; vgl. dasselbe Erlebnis bei: JOHANSEN: Orwell, S. 13.

104 BRUNSWIG: Feuersturm, S. 264ff.; BERGANDER: Dresden, S. 117.

105 BRUNSWIG: Feuersturm, S. 195ff., 214 (Zitat); Deutschland, Bd. 4, S. 121ff.

106 BRUNSWIG: Feuersturm, S. 291f.

107 Vgl. ebenda, S. 243, 279f., 400ff.; BERGANDER: Dresden, S. 5f., 166f., 314; KUROWSKI: Luftkrieg, S. 380ff. (kleinere Fehler für Berlin, Dresden, Hamburg).

108 Vgl. z. B. R. CARTIER: Der Zweite Weltkrieg, Bd. 3, München 1982, S. 1131; H. A. JACOBSEN / H. DOLLINGER (Hg.): Der Zweite Weltkrieg in Bildern und Dokumenten, München 1963, S. 329; KUROWSKI: Luftkrieg, S. 380; H. DOLLINGER: Schwarzbuch der Weltgeschichte, München 1973, S. 479f. Man lese besser die sehr exakte Darstellung von BERGANDER: Dresden, bes. Kap. 12 (ausführliche Literaturauseinandersetzung), die sich auf kritische Sichtung der Quellen und eigene Anschauung stützt; knapper BRUNSWIG: Feuersturm, S. 360, ebenfalls aus eigener Anschauung.

109 ANDREAS-FRIEDRICH: Schattenmann, S. 109 (Eintrag v. 2.3.1943).

110 Vgl. Dokumente deutscher Kriegsschäden. Evakuierte. Kriegssachgeschädigte. Währungsgeschädigte. Die geschichtliche und rechtliche Entwicklung, hrsg. v. Bundesminister für Vertrie-

bene, Flüchtlinge und Kriegsgeschädigte, Bd. 1, Bonn 1958, S. 50 ff.; HAMPE: Luftschutz, Abschn.: Die Bilanz des Luftkrieges, bes. S. 141 ff., 146 ff., 159 ff., 164 ff., 173 ff., 177 ff.; BRUNS-WIG: Feuersturm, S. 403 sowie die Aufsätze von H. SPERLING: Die Luftkriegsverluste während des Zweiten Weltkrieges in Deutschland und Die deutschen Luftkriegsverluste im zweiten Weltkrieg, beide in: Wirtschaft und Statistik, 8 (1956), S. 498 ff. und 14 (1962), S. 139 ff. – Zu den seelischen Nachwirkungen siehe A. FREUD / D. BURLINGHAM: Heimatlose Kinder, Frankfurt a. M. 1982 (bes. Teil 1: Kriegskinder); M. LEVOY: Der gelbe Vogel, Zürich 1981 (feindliche Umwelt läßt Schock ausbrechen). – Das Nichtbegreifen der Zusammenhänge zeigt sich auch bei den Schilderungen in H. HEER (Hg.): Als ich 9 Jahre alt war kam der Krieg. Schüler-Aufsätze 1946, Köln 1980, sehr klar.

111 Vgl., auch zum folgenden, HILBERG: Vernichtung, S. 160 ff., 163 ff; ESCHWEGE: Kennzeichen, S. 215 ff., 220 ff.; KRAUSNICK: Judenverfolgung, S. 351 f., 358 ff; HEYDECKER: Getto, S. 28 f.; HENKYS: Gewaltverbrechen, S. 86 f., 91 ff.

112 Wir haben es gesehen, S. 94 ff.

113 HEYDECKER: Getto, S. 32; vgl. auch HENKYS: Gewaltverbrechen, S. 92 f.

114 ESCHWEGE: Kennzeichen, S. 223 f.; vgl. HILBERG: Vernichtung, S. 193 f.

115 Zu den ›Einsatzgruppen‹ vgl. ebenda, S. 197 ff., 210 ff., 216 ff.; HENKYS: Gewaltverbrechen, S. 112 ff., 115 ff., 119 ff.; KRAUSNICK: Judenverfolgung, in: BUCHHEIM u. a.: Anatomie, Bd. 2, S. 360 ff., 364 ff., 368 ff.; H.-H. WILHELM: Die Einsatzgruppen und die »Endlösung der Judenfrage«, in: BRACHER u. a.: Diktatur, S. 591 ff., der die Zahlen von Reitlinger, aber auch von Hilberg (der 1,4 Mio. Getöteter angibt) als zu niedrig nachweist. – Über die Teilnahme auch anderer Einheiten siehe MÜLLER-TUPATH: Becher, S. 29 f., 41 f. – Zur sowjetischen Evakuierung vgl. LORENZ: Sozialgeschichte, S. 263 ff., 268 und, weniger detailliert, MILWARD: Weltkrieg, S. 124 f.

116 POLIAKOV / WULF: Dritte Reich, S. 143 ff. (Zitat).

117 HEYDECKER: Getto, S. 34 f. (Zitat); vgl. STEINERT: Krieg, S. 250 ff., 261 f.; HILBERG: Vernichtung, S. 231 ff.; BRÜCKNER: Abseits, S. 146 ff.

118 FINCKH: Mit uns, S. 155 (Zitat); zur Deportation vgl. POLIAKOV / WULF: Dritte Reich, S. 87 ff.; HENKYS: Gewaltverbrechen, S. 127 ff. (Auswärtiges Amt), S. 133 ff. (einzelne Gebiete); HILBERG: Vernichtung, S. 278 ff., 284 ff. (Wannseekonferenz), 288 ff. (Organisation); persönlichere Eindrücke bei HEYDECKER: Getto, S. 36; Wir haben es gesehen, Abschn. 1, S. 197 ff. und Abschn. 8, S. 281 ff. sowie Lebenszeichen aus Piaski, hrsg. v. E. Behrend-Rosenfeld u. G. Luckner, München 1970 und RICHARZ: Leben, S. 394 ff., 413 ff.

119 Vgl. BLAU: Ausnahmerecht, S. 89 u. 91 (Zitate) sowie HILBERG: Vernichtung, S. 130 f., 157 (Polen); ESCHWEGE: Kennzeichen, S. 177 ff. (Datierungsfehler der Richtlinie); ANDREAS-FRIEDRICH: Schattenmann, S. 87 f.

120 SHERMAN: Tag und Dunkel, S. 36 f. (Zitat); vgl. zum Rigaer Ghetto HILBERG: Vernichtung, S. 251 f.; KOGON: SS-Staat, Kap. Gruppenschicksal, S. 173 ff.; Wir haben es gesehen, S. 294 ff.; Prozeß, Bd. 8, S. 333 (Wilnaer Ghetto).

121 Vgl. POLIAKOV / WULF: Dritte Reich, Kap. 3, S. 253 ff., 264 ff., 267 ff., 286 f.; ESCHWEGE: Kennzeichen, S. 265 ff., 269 ff.; HENKYS: Gewaltverbrechen, S. 102 ff., 110 ff., 152 ff.; I. ARNDT / W. SCHEFFLER: Organisierter Massenmord an Juden in nationalsozialistischen Vernichtungslagern, in: BRACHER: Diktatur, S. 539–571, bes. 547 ff. (Techniken), 551–70 (die Vernichtungslager); Prozeß, Bd. 8, S. 356–62 (Treblinka).

122 Vgl. zu den Deportationen HILBERG: Vernichtung, S. 319–584 und HENKYS: Gewaltverbrechen, S. 133–152; zu der Verfolgung der Zigeuner vgl. D. KENRICK / G. PAXTON: The Destiny of Europe's Gypsies, New York 1972, bes. S. 57–184 sowie J. S. HOHMANN: Zigeuner und Zigeunerwissenschaft, Marburg 1980 (geht auf die nazistische Ideologie ein), auch DERS. / R. SCHOPF u. a.: Zigeunerleben, Darmstadt 1980, S. 125 ff. (Bericht einer Überlebenden), S. 143 ff. und HILBERG: Vernichtung, S. 154 f., 318 f., 472 f., 634 f., 640, 677 f.

123 I. DEUTSCHKRON: ... denn ihrer war die Hölle. Kinder in Gettos und Lagern, Köln 1979, S. 105 f. (Zitat); vgl. MAUSBACH / MAUSBACH BROMBERGER: Feinde, S. 224 ff.; Wir haben es gesehen, S. 233 ff., 248 f., 266 ff.; HILBERG: Vernichtung, S. 656 ff.; HRABAR u. a.: Kinder, Kap. 2.9, bes. S. 110 ff., 115 ff. – Die sadistische Aufseherin Grese wurde 1945 für ihre Verbrechen von einem britischen Gericht hingerichtet (HILBERG: Vernichtung, S. 611, 733).

124 DEUTSCHKRON: Hölle, S. 130 (Zitat); vgl. HILBERG: Vernichtung, S. 662; MAUSBACH / MAUSBACH BROMBERGER: Feinde, S. 237 ff.; Prozeß, Bd. 7, S. 597 und Bd. 8, S. 349 ff., bes. 352, 359 f. sowie T. BOROWSKI: Bei uns in Auschwitz, München 1982, S. 128.

125 SHERMAN: Tag und Dunkel, S. 97 f. (Zitat). – Eine gewisse Kenntnis dieser Verbrechen muß

unter deutschen Soldaten durchaus verbreitet gewesen sein; vgl. etwa einen Brief vom Herbst 1944: »Meint Ihr denn, wir Landser wüßten nicht, welche bestialischen Mordtaten besonders unsere SS in Rußland begangen hat?« (STEINERT: Krieg, S. 515). Auch die kurzfristig während ihrer Medizinausbildung im besetzten Rußland gewesenen Mitglieder der »Weißen Rose« gewannen dort genauere Kenntnisse deutscher Mordtaten.

126 Vgl. DEUTSCHKRON: Hölle, S. 103; KOGON: SS-Staat, Kap. Gruppenschicksale, S. 213; HRABAR u. a.: Kinder, S. 395; MAUSBACH / MAUSBACH BROMBERGER: Feinde, S. 219 ff., 223 f.; JOHANSEN: Kinder, S. 213 f.; POLIAKOV / WULF: Dritte Reich, S. 230 f.; Prozeß, Bd. 8, S. 353; LORENZ: Sozialgeschichte, S. 250, 366.

127 »Mein Kampf« (das Buch war schon vor 1933 in über ¼ Million Exemplaren verbreitet [siehe LANGE: Hitlers Maximen, S. 31], für den damaligen Büchermarkt also ein ungeheuerlicher Bestseller) – leicht greifbare Auszüge in W. HOFER (Hg.): Der Nationalsozialismus. Dokumente 1933–1945, Frankfurt a. M. 1957, Kap. 1, besonders S. 31 ff., Kap. 5, bes. S. 175 ff.; Auszüge aus den Reden in DOMARUS: Hitler, Bd. 1. – Zur Warnung vor einer Machtergreifung vgl. z. B. E. NIEKISCH: Hitler, ein deutsches Verhängnis, Berlin 1932, mit treffenden Illustrationen von A. P. Weber. – Zur späten Kritik vgl. STEINERT: Krieg, S. 515 ff. (Zitat S. 515). – Zur engen Mitarbeit der Justiz siehe I. STAFF (Hg.): Justiz im Dritten Reich, Frankfurt a. M. 1979, bes. S. 40 ff., 59 ff. und FRIEDRICH: Nazi-Justiz, bes. S. 13 ff. sowie Kap. 7 u. 9.

128 Wir haben es gesehen, S. 277 ff. (Zitat). – Das RSHA (= Reichssicherheitshauptamt) war zuständig für (politische) Sicherheit, zählte ca. 60 000 Mitarbeiter, darunter rd. ¼ Kriminalpolizisten, etwa 40–50.000 arbeiteten für die Gestapo (Geheime Staatspolizei); vgl. HILBERG: Vernichtung, S. 147; NOLTE: Faschismus, S. 480 f. – Polnische Widerstandsorganisationen hatten bereits 1942 die Funktion der Vernichtungslager festgestellt und gaben diese Kenntnisse ins Ausland weiter (vgl. BOR-KOMOROWSKI: Secret Army, S. 97 ff.). – Zur Kenntnis der Todeslager während des Krieges siehe HILBERG: Vernichtung, S. 651 ff., 686 f., 688 ff.; HEER: Schüler-Aufsätze, S. 153 f.

129 Zur Zielgleichheit und entsprechender Mitarbeit vgl. NOLTE: Faschismus, S. 374, 396 f., 416 ff.; M. MESSERSCHMIDT: Die Wehrmacht im NS-Staat. Zeit der Indoktrination, Hamburg 1969; DERS.: The Wehrmacht and the Volksgemeinschaft, in: Journal of Contemporary History, 18 (1983), S. 719–40; STREIT: Keine Kameraden, S. 31 u. ö., S. 298 f f.; A. HILLGRUBER: Deutschlands Rolle in der Vorgeschichte der beiden Weltkriege, Göttingen 1967, S. 58 f f.; F. FISCHER: Zum Problem der Kontinuität in der deutschen Geschichte von Bismarck zu Hitler, in: BRACHER u. a.: Diktatur, S. 770–82, bes. 773 ff., 776 ff.; HENKYS: Gewaltverbrechen, S. 125 f., 128 ff., 153 f.; HILBERG: Vernichtung, S. 623 ff., 629 ff.; Prozeß, Bd. 9, S. 232 (Interpretationsspielraum eines Generals), während HAFFNER: Anmerkungen, S. 180 f. allein die Verantwortung Hitlers hervorhebt. – Wie zäh die altüberlieferten Vorurteile sind, zeigt sich am Beispiel der Zigeuner, die in der Bundesrepublik noch immer weitgehend diskriminiert werden, auch von Behörden und Polizei, z. T. sogar von denselben Leuten wie im Dritten Reich, vgl. HOHMANN / SCHOPF: Zigeunerleben, bes. S. 7 ff., 47 ff., 91 f., 187 ff., bes. 196 ff. – Zur Herkunft dieser auf Vorurteilen beruhenden Denkmuster und Zielsetzungen der NS-Politik vgl. WIPPERMANN: Drang nach Osten, bes. Kap. 4, vor allem S. 104 ff.; HOHMANN / SCHOPF: Zigeunerleben.

130 Vgl. zu Oradour MAUSBACH / MAUSBACH BROMBERGER: Feinde, S. 142 ff. und MALVEZZI / PIRELLI: Briefe, S. 95 ff. (bes. 97); zu Civitella Prozeß, Bd. 9, S. 250 ff. (bes. 253) und MAUSBACH / MAUSBACH BROMBERGER: Feinde, S. 147 f. sowie MALVEZZI / PIRELLI: Briefe, S. 145 ff.; zu Griechenland ebenda, S. 126 ff. und Prozeß, Bd. 7, S. 610 f. sowie SCHIEDER: Handbuch, Bd. 7, S. 1326, 1333.

131 Zu Polen vgl. DLUGOBORSKI: Besatzungspolitik, in: BRACHER u. a.: Diktatur, S. 573, 588; HRABAR u. a.: Kinder, S. 331; die Angaben bei SCHIEDER: Handbuch, Bd. 7, S. 14 und MILWARD: Weltkrieg, S. 212 sind zu niedrig. – Zu Jugoslawien vgl. Prozeß, Bd. 7, S. 607 ff., 638 f., 642 ff.; MAUSBACH / MAUSBACH BROMBERGER: Feinde, S. 150; MALVEZZI / PIRELLI: Briefe, S. 171 ff.; die bei PARKER: Jahrhundert, S. 350 genannte Zahl ist zu niedrig. – Zur Vertreibung der slowenischen Bevölkerung vgl. den persönlichen Bericht von MASCHMANN: Fazit, S. 131 ff.; BROSZAT: Konzentrationslager, S. 121; Deutschland, Bd. 2, S. 142.

132 STEINERT: Krieg, S. 522 f. (beide Zitate). – Zur Bekanntheit der deutschen Konzentrationslager vgl. auch KOGON: SS-Staat, Kap. Das deutsche Volk und die Konzentrationslager, bes. S. 331 f.; von der GRÜN: Wie war das, S. 105 f.; PARKER: Jahrhundert, S. 335 f.; L. RINSER: Gefängnistagebuch, Frankfurt a. M. 1979, z. B. S. 112; MAUSBACH/MAUSBACH BROMBERGER: Feinde, S. 34 f.

133 Vgl. STEINERT: Krieg, S. 534 ff. (Zitat S. 537). – Zum militärischen Geschehen ganz knapp HILLGRUBER: Weltkrieg, S. 140 f. und BÖHME: Kriegsgefangene, S. 36 ff.

134 LARASS: Zug, S. 169 f. (Zitat).

135 Vgl. STEINERT: Krieg, S. 548 ff.; MASCHMANN: Fazit, S. 167 f., 170 ff.; ausführlicher die einzelnen Regionalabschnitte in: Die deutschen Vertreibungsverluste, hrsg. v. Statistischen Bundesamt, Wiesbaden 1958.

136 K.-H. JANSSEN: Eine Welt brach zusammen, in: Masken, S. 74 (Zitat). – Zum Volkssturm vgl. die Anordnungen in DOMARUS: Hitler, Bd. 4, S. 2151 f. (25. 9. 1944), 2153 f.; leichter greifbar in HOFER: Nationalsozialismus, Dokument 147 (S. 252 f.); KOCH: Hitlerjugend, S. 362 ff.; MASCHMANN: Fazit, S. 168 f. – Die angeblich unpolitische Erziehung in den Kinderlandverschickungslagern widerlegt LARASS: Zug, S. 185, 188 f., 191, 235 f., 241 f., 248 selbst durch die angegebenen Beispiele von Meldungen zum Volkssturm und die geschilderte Kriegsbegeisterung. – Zu den Flakhelfern und Kindersoldaten vgl. BERGANDER: Dresden, S. 40 f.; H.-D. NICOLAISEN: Die Flakhelfer. Luftwaffen- und Marinehelfer im Zweiten Weltkrieg, Berlin 1981, S. 10 ff., 131 ff.; KOCH: Hitlerjugend, S. 365–70 (HJ-Division); SCHOLTZ: Erziehung, S. 105 f., 172 f., 183 f.

137 KOCH: Hitlerjugend, S. 374 (Zitat); MASCHMANN: Fazit, S. 168 ff.; NICOLAISEN: Flakhelfer, S. 170 f., 178 ff., 189 ff., 217 ff. (Berichte der ›Kindersoldaten‹, 234 ff. (Dienstanordnung); HEER: Schüler-Aufsätze, bes. Kap. 16.

138 SHERMAN: Tag und Dunkel, S. 128 (Zitat); vgl. KOGON: SS-Staat, bes. S. 276 f., 280, 283 ff., HENKYS: Gewaltverbrechen, S. 158 ff., 161 ff.; HILBERG: Vernichtung, S. 665 ff.; BROSZAT: Konzentrationslager, S. 159 f; HEER: Schüler-Aufsätze, S. 139, 153; G. SCHWARBERG: Der SS-Arzt und die Kinder (= Goldmann Tb 11508), München 1985.

139 Die Gegensätze zwischen den Siegern ließen auf der Potsdamer Konferenz (Juli / August 1945) nur die Formulierung von der »vorläufigen Verwaltung« bis zum Abschluß eines Friedensvertrages zu. Der ›Kalte Krieg‹ erlaubte indessen diesen gemeinsamen Friedensschluß der Sieger nicht mehr. – Zur Entzweiung der Siegermächte vgl. D. HOROWITZ: Kalter Krieg, Berlin 1973, bes. Kap. 1, 2 und 14. – Zur Oder-Neiße und der Vertreibung vgl. HILLGRUBER: Weltkrieg, S. 131, 144, 151 f.; T. SHARP: The Origins of the ›Teheran Formula‹ on Polish Frontiers, in: Journal of Contemporary History, 12 (1977), S. 381–93; BROSZAT: Zweihundert Jahre, S. 309 ff., 316 f., 320 f.; SCHIEDER: Handbuch, Bd. 7.1, S. 281 ff.; Vertreibungsverluste, S. 29, 23, wobei es sicher falsch ist, zu sagen, nur Kenntnis der Beschlüsse von Teheran, London usw. mache »die Maßnahmen gegen die deutsche Bevölkerung unmittelbar nach Beendigung der Kampfhandlungen verständlich« – die Kenntnis der vorangegangenen Verbrechen deutscher Organisationen ist erforderlich!

140 Vgl. Anm. 66, 81 und 131 dieses Kapitels sowie Deutsche Bevölkerungsbilanz des Zweiten Weltkrieges, in: Wirtschaft und Statistik, 8 (1956), S. 493–98; Vertreibungsverluste, S. 38, 45. – Zur Vergewaltigung vgl. die Berichte in: Die Tragödie Schlesiens 1945/46, hrsg. v. J. Kaps (= dtv dokumente 62), München 1962; Dokumentationen der Vertreibung der Deutschen aus Ost-Mitteleuropa, hrsg. v. Bundesministerium für Vertriebene, 4 Bde., Bonn 1953/60, hier Bd. 1.2, zweiter Teil; C. RYAN: Der letzte Kampf, München 1966, S. 24 ff., 395 ff. und vor allem BROWNMILLER: Gegen unseren Willen, S. 69–82, und M. HILLEL: Die Invasion der Be-Freier. Die GI's in Europa 1942–1947, Hamburg 1983.

141 Vgl. URLANIS: Bilanz, S. 187; zu ergänzen durch: Kriegstagebuch, Bd. 4.2, S. 1509 ff., 1515 f.; BÖHME: Kriegsgefangene, S. 151 ff., 142 ff.; KUROWSKI: Luftkrieg, S. 152, 179, 227, dessen magere Angaben zu ergänzen sind durch GROEHLER: Geschichte, S. 333 ff., 498 ff. – Das Zitat aus dem Film »Alexander Newski« ist eine Abwandlung des Jesuswortes aus Matthäus, Kap. 26, Vers 52.

142 Vgl. G. MAYER: Für immer ehrlos, in: H. HILLERMEIER (Hg.): »Im Namen des Deutschen Volkes«. Todesurteile des Volksgerichtshofs, Darmstadt 1980, S. 115–27, bes. 116, 121 (Zitate); HENKYS: Gewaltverbrechen, S. 191 ff., 212 ff. sowie J. BAUMANN: Die strafrechtliche Problematik der nationalsozialistischen Gewaltverbrechen, in: ebenda, S. 267–321; FRIEDRICH: Nazi-Justiz, bes. S. 76 ff. (Richterprivileg), 416 ff. (Volksgerichtshof); P. PARNASS: Prozesse, Frankfurt a. M. 1979, S. 209 ff., 268 ff. schildert an einigen Beispielen, wie NS-Verbrechen von deutschen Gerichten entschuldigt werden; STREIM: Gefangene, Abschn. 3, bes. S. 182 f., 189 ff., 195 ff.

143 Frankfurter Hefte. Zeitschrift für Kultur und Politik, hrsg. v. E. Kogon unter Mitwirkung v. W. Dirks, 2. Jg. 1947, Heft 1, Frankfurt a. M. 1978, S. 29; vgl. HEER: Schüler-Aufsätze, Kap. 20 (bes. S. 160 f., 175 f., 179, 184).

144 LARASS: Zug, S. 195 (Zitat); vgl. FINCKH: Mit uns, S. 187 f., 190; MASCHMANN: Fazit, S. 181 ff., 187 ff., 190 sowie die aus kindlicher Perspektive geschriebenen romanhaften Erinnerungen von CH. NÖSTLINGER: Maikäfer flieg!, Weinheim 1978, bes. S. 46 ff., 57 ff., 68 ff. und K. RESCHKE: Memoiren eines Kindes, Berlin 1980, bes. Kap. ›Feurige Landschaft‹.
145 RINSER: Gefängnistagebuch, S. 120 f.; FANGMANN/PAECH: Recht und Justiz, S. 23 ff. (NS-Richter).
146 GILBERT: Nürnberger Tagebuch, S. 172, 173 (Zitate); vgl. NOLTE: Faschismus, S. 484 und HILBERG: Vernichtung, S. 123 f., 286 f., 308, 514 f., 724 f.

5. Die neue Waffe und der alte Kriegsmechanismus

1 G. THOMAS / M. WITTS: Tod über Hiroshima, Zug/Schweiz 1981, S. 35 (Zitat); vgl. HILLGRUBER: Weltkrieg, S. 75 f., 82 f., 84 f.; G.-K. KINDERMANN: Der Ferne Osten, München 1970, S. 442 ff.; BIANCO: Asien, S. 118 ff.
2 Vgl. PARKER: Jahrhundert, 348 f.; J. HALL (Hg.): Das japanische Kaiserreich, Frankfurt a. M. 1968, S. 340 f.; GROEHLER: Geschichte, S. 475 ff.
3 THOMAS / WITTS: Tod, S. 99 f. (Zitat); vgl. MILWARD: Weltkrieg, S. 111 ff. (Kohle S. 113), 265 ff. (Nahrungsmittel).
4 E. TASHIRO / J. TASHIRO: Hiroshima – Menschen nach dem Atomkrieg, München 1982, S. 16 (Brandschneisen); THOMAS / WITTS: Tod, S. 100 f., 166 f. (Tokio), 172 ff., GROEHLER: Geschichte, S. 487 ff. (Tokio S. 488, Tabelle 490).
5 Ebenda, S. 483 f.; THOMAS / WITTS: Tod, S. 216 f. (Zitat), 390.
6 Journal für Geschichte (1982), Heft 3, S. 21 (Zitat); KINDERMANN: Osten, S. 457, 461; BIANCO: Asien, S. 123 f.; HILLGRUBER: Weltkrieg, S. 142 f.; THOMAS / WITTS: Tod, S. 255.
7 S. TOGO: Japan im Zweiten Weltkrieg, Bonn 1958, S. 241, 263 f. (Zitat); vgl. auch KINDERMANN: Osten, S. 462; RÖLING: Einführung, S. 235 f.
8 Zur Kapitulationsfrage Japans vgl. HILLGRUBER: Weltkrieg, S. 149 f.; ausführlicher KINDERMANN: Osten, S. 466–75 (1. Zitat S. 463, 2. Zitat 470) – S. 470 wird auf die Forderung der bedingungslosen Kapitulation eingegangen, die sich jedoch nur auf die japanischen Streitkräfte bezieht (Punkt 13), ansonsten werden Bedingungen genannt (Wortlaut der Potsdamer Proklamation in R. BUTOW: Japan's Decision to Surrender, Stanford/Cal. 1954, S. 243 f.); vgl. auch TOGO: Japan, S. 266 ff. und THOMAS / WITTS: Tod, S. 361 ff. Weitere Verwirrung entsteht durch eine falsche Übersetzung bei HOROWITZ: Krieg, Bd. 1, S. 46; hier muß die Übersetzung lauten: »... daß die vorbehaltlosen Kapitulationsbedingungen der Alliierten wohl das einzige Hindernis darstellten...« Vgl. The Forrestal Diaries, hrsg. v. W. Millis, New York 1951, S. 74 und KINDERMANN: Osten, S. 467. – Zur Kaisertradition siehe HALL: Kaiserreich, S. 30 ff.
9 B. HOFFMANN / H. DUKAS: Albert Einstein. Schöpfer und Rebell, Zürich 1976, S. 242 (Zitat); THOMAS / WITTS: Tod, S. 23 f.; MILWARD: Weltkrieg, S. 192 f.; RÖLING: Einführung, S. 230 ff.
10 THOMAS / WITTS: Tod, S. 107, 108 (2. Zitat), 147 (1. Zitat), 157; knapper PARKER: Jahrhundert, S. 349.
11 H. FEIS: Zwischen Krieg und Frieden. Das Potsdamer Abkommen, Bonn 1962, S. 160 (Zitat), 168; H. BODENSIECK: Der Kalte Krieg. Weltpolitik 1945–1962, Stuttgart 1984, S. 24 (Reaktion Stalins); RÖLING: Einführung, S. 236 ff.; HOROWITZ: Krieg, Bd. 1, S. 45 ff.; I. MORISHITA: Photo Reportage Hibakusha, Tokyo 1985, S. 159 (Trumans Befehl).
12 Vgl., auch zu den nachfolgenden Absätzen, THOMAS / WITTS: Tod, S. 242 ff. (Kioto), 481; RÖLING: Einführung, S. 234 f.; TASHIRO / TASHIRO: Hiroshima, S. 16 f. (Hergang), 38; Hiroshima – Nagasaki. Eine Bildchronik der Atomaren Zerstörung, hrsg. v. Publikationsausschuß Hiroshima-Nagasaki, Tokyo 1981, S. 311.
13 A. OSADA (Hg.): Kinder von Hiroshima. Japanische Kinder über den 6. August 1945, Frankfurt a. M. 1981, S. 154 ff., 160–64 (Zitat); vgl. auch zum Nachfolgenden H. VINKE (Hg.): Als die erste Atombombe fiel..., Ravensburg 1982, S. 42 (das dort erwähnte Flugblatt ist, wenn überhaupt, erst nach der Explosion beider Bomben abgeworfen worden, vgl. dazu RÖLING: Einführung, S. 244 f. und THOMAS / WITTS: Tod, S. 241 f.). – Zur allgemeinen Wirkung siehe auch UNO-Studie, S. 71 ff.
14 OSADA: Kinder, S. 8 u. 257 (Kurzzitate), 255 f. (langes Zitat); in anderer Übersetzung auch in VINKE: Atombombe, S. 32 f.

325

15 Ebenda, S. 219 f.
16 OSADA: Kinder, S. 252 f.; etwas anders übersetzt bei VINKE: Atombombe, S. 174 f.
17 OSADA: Kinder, S. 235 f. (Zitat). – Zum radioaktiven Regen vgl. TASHIRO: Hiroshima, S. 33 f., 35 f.; VINKE: Atombombe, S. 42 ff.; UNO-Studie, S. 75 f. (Absatz 158) sowie die Zeichnungen in Hiroshima – Nagasaki, etwa S. 74 f.
18 TOGO: Japan, S. 278 f. (Zitat); vgl. auch TASHIRO: Hiroshima, S. 34 f.
19 Hiroshima – Nagasaki, S. 57 (Zitat), auch das Gedicht im folgenden Absatz S. 105. – Zu den Zahlen vgl. KINDERMANN: Osten, S. 473 und TASHIRO: Hiroshima, S. 38 und 44. – Zu den Koreanern siehe ebenda, S. 148–156; BIANCO: Asien, S. 64 und VINKE: Atombombe, S. 214 ff.
20 TOGO: Japan, S. 275 ff., 284, 286 (Zitat); knapper KINDERMANN: Osten, S. 473 f.
21 TOGO: Japan, S. 288 (Zitat); vgl. HOROWITZ: Krieg, Bd. 1, S. 46 ff.; BIANCO: Asien, S. 115 u. 124 (Bevölkerungszahl); RÖLING: Einführung, S. 237 ff.
22 Zur Haager Landkriegsordnung vgl. Anm. 22, Kap. 1 dieses Buches. – Die amerikanische Note zitiert und übersetzt aus RÖLING: Einführung, S. 244. – Das Zitat aus der UN-Charta in: Menschenrechte. Internationale Dokumente, hrsg. v. W. Bertram, Bonn 1980, S. 18.
23 Insofern wurde der Nürnberger Prozeß oder der in Tokio nicht »Anstoß zu einer weiteren Bildung des Völkerrechts in Richtung auf eine strafrechtliche Verantwortlichkeit internationaler Rechtsbrecher... es blieb eine Episode in der Geschichte des Völkerrechts.« (Das Urteil von Nürnberg 1946. Mit Einführung und Anm. v. L. Gruchmann [= dtv dokumente 2902], München 1979, S. 5). Daher fehlt nach wie vor eine international verbindliche Rechtssatzung, die Kriege genauso wie andere Verbrechen verbietet.
24 Dieses und das folgende Zitat stammen von der 1945 elfjährigen Grundschülerin Noriko Iwata, die selber evakuiert worden war, während ihre Großeltern noch in Hiroshima lebten (OSADA: Kinder, S. 84–89). – Zur radioaktiven Vergiftung vgl. UNO-Studie, S. 74 (Abs. 153), 75 ff. (bes. Abs. 160 f.) und TASHIRO: Hiroshima, S. 74–90. – Zur Informationspolitik der Besatzungsmacht vgl. Anm. 28 dieses Kap.
25 OSADA: Kinder, S. 229, 230 (Zitat); andere Übers. in VINKE: Atombombe, S. 170 ff. – Zu den sozialen Folgen für die Atomopfer vgl. die ›Hibakusha‹-Artikel in TASHIRO: Hiroshima, S. 51 ff., 102 ff., 145 ff. sowie Hiroshima – Nagasaki, S. 295 ff., 311 ff. und MORISHITA: Hibakusha.
26 Vgl. Hiroshima–Nagasaki, S. 316 f. und VINKE: Atombombe, S. 272 f. (Zitat).
27 TASHIRO: Hiroshima, S. 115.
28 Zum Vorangegangenen vgl. ebenda, S. 42–48, 67–78 sowie VINKE: Atombombe, S. 149 ff.; siehe auch die Bilder und Kurztexte in Hiroshima – Nagasaki, z. B. S. 292, 306.
29 TASHIRO: Hiroshima, S. 79–90 (Zitat S. 84 f.); vgl. VINKE: Atombombe, S. 273 ff.
30 Hiroshima – Nagasaki, S. 334 ff. (Zitat S. 335). – Zu Osada vgl. VINKE: Atombombe, S. 13–18 u. 262 f. (Schreiben Osadas an die Kinder der Atombombe). – Zur Bewegung MORISHITA: Hibakusha, S. 163 f., 168 (Zeittafel).
31 Zur Blockadedrohung vgl. W. PERDELWITZ/H. BREMER: Geisel Europa, Berlin 1981, S. 109 und Forrestal Diaries, S. 451–91. – Zur Göttinger Erklärung siehe C. v. WEIZSÄCKER: Der bedrohte Friede, München 1981, S. 29 f. (Zitat), auch in M. BOSCH (Hg.): Nie wieder! Texte gegen den Krieg, Köln 1981, S. 183 ff. und K. WAGENBACH u. a. (Hg.): Vaterland – Muttersprache, Berlin 1979, S. 139 f. (dort auch Abdruck von Texten zur Wiederaufrüstung, u. a. Thomas Mann, S. 122 f., Bertolt Brecht, 135 ff. sowie zum ›Kampf gegen die Bombe‹, S. 139–158). – Das 2. Zitat aus Weizsäcker: Friede, S. 37.
32 R. BARNET: Der amerikanische Rüstungswahn oder die Ökonomie des Todes, Reinbek 1971, S. 61; vgl. J. SCHELL: Das Schicksal der Erde, München 1982, S. 36 f.
33 R. DEL TREDICI: Die Menschen von Harrisburg, Frankfurt a. M. 1982, S. 196 f.
34 Vgl. die tageszeitung v. 15. 3. 1982 (Zitat), Frankfurter Rundschau v. 12. 5. 1984 (Entschädigung) und v. 9. 8. 1984 (britische Atomtestopfer); zu den biologischen Schädigungen des Erbgutes siehe Anm. 28 u. 44 dieses Kap.
35 Vgl. PERDELWITZ/BREMER: Geisel, S. 110 f.; UNO-Studie, S. 42, 49 f.; U. DELIUS: Tahiti. Französisch-Polynesien, Göttingen 1982, S. 152 (Zitat) und den Film ›Half Life‹ des Australiers D. O'ROURKE, der Betroffene und Beteiligte zu Wort kommen läßt.
36 Vgl. VILMAR: Rüstung, S. 138 ff., 137 ff.; HOROWITZ: Krieg, Bd. 1, Kap. 15 (Atomwaffenmonopol) u. 17; PERDELWITZ/BREMER: Geisel, S. 84 f. (1. Zitat), 88 f., 108, 111 f.; BARNET: Rüstungswahn, S. 28 f. (2. Zitat).
37 Vgl. ebenda, S. 26 ff.; HOROWITZ: Krieg, Bd. 1, bes. Kap. 21 (Raketenlücke, S. 105) u. 24

(Kubakrise); PERDELWITZ/BREMER: Geisel, S. 112ff., 115ff.; K. LEWIS: Nukleare Mittel-streckenraketen, in: Spektrum der Wissenschaft (1981), Heft 2 – diese Zeitschrift enthält eine Auswahl übersetzter Aufsätze aus dem US-Magazin Scientific American, einer der ältesten Zeit-schriften, die wissenschaftliche Forschungen und Resultate der Öffentlichkeit vorstellen –, leich-ter greifbar in dem Sammelband: Rüstung und Abrüstung, Heidelberg 1983, S. 44–55, hier 46ff. (Zitat S. 49). – Zu den Propagandafilmen siehe z. B. den manchmal noch in kleinen Kinos laufenden Film »The Atomic Cafe«, der einen Querschnitt durch US-Werbefilme der 40er und 50er Jahre bietet.

38 Vgl. Hiroshima – Nagasaki, S. 116f., 343 f. und die tageszeitung v. 5. 8. 1983 (Zitat).

39 Siehe BARNET: Rüstungswahn, S. 49ff. (Vergeudung durch Militärestablishment); GUHA: Neutronenbombe, S. 22 (1. Zitat), 25ff., 86ff., 100ff.; PERDELWITZ/BREMER: Geisel, S. 167ff., 172f.; F. KAPLAN: Die Neutronenbombe, in: Spektrum: Rüstung und Abrüstung, S. 34–42, bes. S. 37ff. (2. Zitat S. 38).

40 Zur Verantwortung der Wissenschaftler vgl. BORN: Luxus des Gewissens, S. 70. – Zum Feind-bild siehe auch P. PARIN: Die therapeutische Aufgabe und die Verleugnung der Gefahr, in: Krieg und Frieden, S. 22–35, bes. S. 29ff.; MANTELL: Familie, Kap. 4, bes. S. 260ff. – PERDELWITZ/BREMER: Geisel, S. 174 (Zitat); KAPLAN: Neutronenbombe, in: Spektrum: Rüstung und Ab-rüstung, S. 40ff. (Masseneinsatz); GUHA: Neutronenbombe, S. 111ff. (Bevölkerungsverluste), 125ff., (Erbschäden) ALBRECHT: Nachrüstungsbeschluß, S. 103ff. (Masseneinsatz); J. TATZ (Hg.): Alternativen zur Abschreckungspolitik, Freiburg i. Br. 1983, S. 31ff.

41 Zum Einsatz in Deutschland vgl. ALBRECHT: Nachrüstungsbeschluß, S. 111ff.; GUHA: Neu-tronenbombe, S. 136ff.; W. ARKIN u. a.: Kollektiver Selbstmord? Atomkrieg in Deutschland, in: Spektrum: Rüstung und Abrüstung, S. 144ff. – Zitate aus G. GREUNE/K. MANNHARDT (Hg.): Hiroshima und Nagasaki, Köln 1982, S. 85, 87.

42 Die Angaben schwanken, weil einerseits beide Seiten ihre eigenen Ausgaben generell möglichst niedrig erscheinen lassen wollen, andererseits die der anderen Seite möglichst hoch. Sicher ist allerdings, daß es niemals einen Rüstungsrückstand der USA gegenüber der UdSSR gegeben hat. Weder eine Raketenlücke zur Sputnik-Zeit noch bei Unterseeboot-Raketen und beim sogenann-ten Nachrüstungsbeschluß. – Zitat aus CLAVEL: Elend, S. 69.

43 Zeitmagazin v. 25. 2. 1983, S. 22 (Zitat); vgl. Tagespresse, z. B. die tageszeitung v. 28. 7. 1984. – Zu Langemarck siehe H. KOPETZKY: In den Tod – Hurra! Deutsche Jugend-Regimenter im Ersten Weltkrieg, Köln 1981.

44 Zitat von W. BAUER aus Gedichte gegen den Krieg, hrsg. v. Kurt Fassmann, Frankfurt a. M. 1975, S. 248. – Das inzwischen auch auf englisch herausgegebene Buch Hiroshima and Naga-saki. The Physical, Medical und Social Affects of the Atomic Bombs, London 1983, ist von 34 japanischen Wissenschaftlern mit langjährigen Erfahrungen in Hiroshima und Nagasaki erarbeitet worden. Vgl. OTA, US-Senat: Atomkriegsfolgen, Frankfurt a. M. 1984, bes. S. 19ff.

45 Das Kommuniqué des Brüsseler Nachrüstungsbeschlusses wörtlich in: A. MECHTERSHEIMER (Hg.): Nachrüsten?, Dokumente und Positionen zum NATO-Doppelbeschluß (= rororo A 4940), Reinbek 1981, S. 21–25 (bes. These 3 und 7); vgl. ALBRECHT: Nachrüstungsbeschluß, S. 67ff. – Zur Reichweite siehe ebenda, S. 107f. (Tabelle); K. LEWIS: Nukleare Mittelstrecken-raketen, in: Spektrum: Rüstung und Abrüstung, S. 44–55 (bes. S. 50ff.); K. TSIPIS: Marsch-flugkörper, in: ebenda, S. 56ff. Die minimale Reichweite scheint von den meisten Pershing-II danach weit übertroffen zu werden.

46 Vgl. H. YORK: Atomraketen mit Mehrfachsprengköpfen, in: ebenda, S. 24–33 (bes. 29, 31ff.); die Kritik des Generalmajors a. D. G. BASTIAN: Notwendige Anmerkungen zum NATO-Dop-pelbeschluß in der Darstellung der Bundesregierung, in: MECHTERSHEIMER: Nachrüsten?, S. 68ff. und die Argumentation der Bundesregierung unmittelbar davor, S. 37ff. (man vgl. z. B. beide Tabellen, S. 67 u. 94 miteinander!). – Zitat aus LEWIS: Mittelstreckenraketen, in: Spek-trum: Rüstung und Abrüstung, S. 46. – Vgl. Tabellen zu den Waffensystemen z. B. in Frankfur-ter Rundschau v. 28. 11. 1978 oder TATZ: Alternativen, S. 35. – Die Abkürzungen MIRV und SS entstammen angelsächsischer Militärsprache (Multiple Intelligent Reentry Vehicle, daher die Bezeichnung Mehrfachsprengköpfe und Wiedereintrittsflugkörper; Surface to Surface, also vom Boden auf ein am Boden befindliches Ziel abzuschießende Rakete). – Zu Afghanistan vgl. Tagespresse oder PERDELWITZ/BREMER: Geisel, S. 304.

47 C. BÜTTNER: Kriegsangst bei Kindern, München 1982, bes. Kap. 5 u. 6; zur besonderen Schädi-gung der Kinder durch Kernwaffen vgl. GUHA:Neutronenbombe, S. 140f. sowie ALBRECHT: Nachrüstungsbeschluß, S. 123ff.; zur Flugzeit siehe PERDELWITZ/BREMER: Geisel, S. 81 und

K. BREDTHAUER (Hg.) Sage niemand, er habe es nicht wissen können, Köln 1983, S. 14 ff., 76 f.

48 A. SCHWEITZER: Friede oder Atomkrieg, zuerst München 1958, jetzt auch als Taschenbuch der Beck'schen Schwarze Reihe 241, S. 72 ff. (auch in: BOSCH: Nie wieder!, S. 182); VILMAR: Rüstung, S. 206 f. (2. Zitat); vgl. auch den Film von S. KUBRICK: Dr. Seltsam oder wie ich lernte, die Bombe zu lieben, und FROMM: Ungehorsam, S. 121 ff.

49 Vgl. ALBRECHT: Nachrüstungsbeschluß, S. 64; B. HESSLEIN: Kommt der Dritte Weltkrieg oder Bangemachen gilt nicht, in: Ist der 3. Weltkrieg noch zu verhindern? (= buntbuch), Hamburg 1980, S. 102 (Zitat).

50 J. SIEKMANN anläßlich der Eröffnungsrede zum »Achten internationalen Kongreß über künstliche Intelligenz« in Karlsruhe am 8.8.83, in: Frankfurter Rundschau v. 23.9.1983.

51 B. KUBBIG in seinem Aufsatz »Den Begriff ›Atomkrieg aus Versehen‹ weiterfassen«, in: Frankfurter Rundschau v. 28.4.1984 (Zitat); vgl. PERDELWITZ/BREMER: Geisel, S. 73 ff.; P. KELLY: Die Friedenspolitik der Grünen und der Totentanz der Generale, Politiker und Rüstungsfabrikanten, in: Ist der 3. Weltkrieg noch zu verhindern?, S. 68 f.

52 KUBBIG in Frankfurter Rundschau v. 28.4.1984.

53 Ebenda (Zitat); vgl. PERDELWITZ/BREMER: Geisel, S. 185 ff., 189.

54 Ebenda, S. 190 ff. (1. Zitat S. 197); Frankfurter Rundschau v. 30.4.1984 (2. Zitat). Kubbig zitierte hier eine Studiengruppe aus Harvard, eine der berühmtesten Universitäten der USA.

55 Ebenda. Vgl. OTA, US-Senat: Atomkriegsfolgen, S. 75 ff.

56 Vgl. PERDELWITZ/BREMER: Geisel, S. 219 ff., 223 ff.; P. KELLY: Um Hoffnung kämpfen (= Lamuv Tb 29), Bornheim-Merten 1983, S. 56 (Südafrika).

57 N. TICHONOW aus Gedichte gegen den Krieg, S. 297 (Zitat); vgl. BÜTTNER: Kriegsangst, München 1982, bes. Kap. 3 u. 4.

58 STAMMEL: Indianer, S. 149 (1. Zitat); Vaterland, Muttersprache. Deutsche Schriftsteller und ihr Staat von 1945 bis heute, hrsg. v. K. Wagenbach u. anderen (= Quartheft 100), Berlin 1979, S. 37 (Wiechertzitat). – Zur Waldzerstörung vgl. Global 2000. Der Bericht an den Präsidenten [der USA], hrsg. v. Council on Environmental Quality und dem Secretary of State, Frankfurt a. M. 1981, S. 61 f., 313 ff. (bes. 318–28), 671 ff. – FROMM: Ungehorsam, S. 72 f., 78 ff.

59 U. DELIUS: Tahiti. Französisch-Polynesien, Göttingen 1982, S. 112 (Kurzzitat), 116 (Langzitat); zu den Experten vgl. J. OPPENHEIMER: Drei Krisen der Physiker, Olten 1966, S. 80 f. – Vgl. den Erlebnisbericht eines Betroffenen in der Frankfurter Rundschau v. 1.3.1986.

60 Vgl. Frankfurter Rundschau v. 4.12.1982; DELIUS: Tahiti, S. 116 ff. (Zitate S. 116, 117 f.).

61 Ebenda, S. 42 ff., 125 ff. (polynesische Stimmen); pogrom, 12 (1981), Nr. 82, S. 45–51.

62 G. ANDERS: Die atomare Drohung (jetzt auch als Taschenbuch der Beck'schen Schwarzen Reihe 238); auch in Mut zur Angst. Schriftsteller für den Frieden, hrsg. v. I. Krüger (= Sammlung Luchterhand 415), Darmstadt 1982, S. 31; vgl. SCHELL: Schicksal, S. 208 f. (Ende der Gattung Mensch).

63 Vgl. ALBRECHT: Nachrüstungsbeschluß, S. 105 ff.; PERDELWITZ/BREMER: Geisel, S. 33, 144 ff., 157 ff.; J. SCHELL: Das Schicksal der Erde, München 1982, S. 57, 64.

64 Vgl. ebenda, S. 74 ff. (Gräser und Insekten), 94 ff. (Ozon); Frankfurter Rundschau v. 27.10.1983 (Zitat); OTA, US-Senat: Atomkriegsfolgen, S. 167–78, bes. 176 f. (Ozon).

65 Zur Fragwürdigkeit der Evakuierung vgl. SCHELL: Schicksal, S. 43 f.; Frankfurter Rundschau v. 5.11.1983 (Zitat).

66 SCHELL: Schicksal, S. 77 (Getreide).

67 Zitiert aus BOSCH: Nie wieder!, S. 187.

68 R. SCHEER: With enough Shovels. Reagan, Bush and Nuclear War, New York 1982, hier zitiert nach »Blätter für deutsche und internationale Politik«, 1982, Nr. 12, S. 1423–37 (Zitat S. 1428 f.).

69 Vgl. DEL TREDICI: Harrisburg, S. 156 f. (Fertigbunker USA); V. CORELL: Goodbye America: Reportagen mit der Kamera aus einem anderen Land, Frankfurt a. M. 1982, S. 94 ff. (Survivalists); die tageszeitung v. 15.3.1982 u. 24.7.1984 (deutsche Fertigbunker).

70 Vgl. Frankfurter Rundschau v. 4.12.1982 und v. 28.6.1983 (Zitat) – die Untersuchung der englischen Ärztekammer: The Medical Effects of Nuclear War. The Report oft the British Medical Association, Chichester 1983, ist betont unpolitisch; auch die internationale Gesundheitsorganisation der Vereinten Nationen (WHO) kommt in einer vor kurzem auch in Bonn vorgestellten Studie »Auswirkungen eines Atomkriegs auf die Gesundheit und das Gesundheitswesen« zu dem Schluß, »daß der einzige Weg zur Behandlung der Schäden darin liegt, sie erst gar nicht entstehen zu lassen, also in der ›Verhütung eines Atomkrieges‹«. (Frankfurter Rundschau v.

328

20. 9. 1984) Vgl. das verständlich geschriebene Bändchen Medizin und Atomkrieg – Hilflos?, hrsg. v. Ärzte warnen vor dem Atomkrieg, Berlin 1983 und Rundbrief »Ärzte warnen vor dem Atomkrieg«, 14 (1985), S. 11 ff., 17 f., 20 (Katastrophenmedizin) sowie Ulmer Ärzteinitiative (Hg.): Tausend Grad Celsius, Darmstadt 1984, S. 29, 48 ff., 52 f.

71 Die Zeit v. 24. 6. 1983; vgl. E. u. S. CHIVIAN u. a.: Last Aid. Letzte Hilfe. Die medizinischen Auswirkungen eines Atomkrieges, Neckarsulm 1985. – Zu den Vorwürfen des jetzigen Bundeskanzlers Kohl anläßlich der Verleihung des Friedensnobelpreises 1985 an die IPPNW (= Internationale Ärzte für die Verhinderung des Atomkrieges) siehe Rundbrief »Ärzte warnen vor dem Atomkrieg«, 16 (1986), mit reichhaltiger Dokumentation.

72 G. PAUSEWANG: Die letzten Kinder von Schewenborn, Ravensburg 1983, S. 123 f.

6. Am Rande des Abgrunds

1 Die Einzelheiten sind entnommen dem Vorläufigen Rahmenplan für Unterricht und Erziehung in der Berliner Schule, B III c 3. Gymnasium: Geschichte, hrsg. v. Senator für Schulwesen, Berlin 1984 und angewandten Jahresplänen Berliner Lehrer.

2 Vgl. F. ANSPRENGER: Auflösung der Kolonialreiche (= dtv 41013), München 1966; HAFFNER: Anmerkungen, S. 114 ff., 124 ff.; DERS.: Die sieben Todsünden des deutschen Reiches im Ersten Weltkrieg, Bergisch-Gladbach 1981, S. 19 ff., 26 ff., 44 ff.; HOROWITZ: Krieg, bes. Teil 2. – Das erste Zitat ist der Titel der Romanserie von Arnold Zweig über den Ersten Weltkrieg, deren berühmtester Einzelband »Der Streit um den Sergeanten Grischa« ist, zuerst Berlin 1928, jetzt auch als Tb. Zweites Zitat aus W. BITTORF: Raketen töten nicht – Menschen töten, in: Der Spiegel, 1983, Nr. 8, S. 166 (auch in BREDTHAUER: Sage niemand, S. 81).

3 Vgl. zur Verstädterung J. COLE: Geography of World Affairs (= Pelikan A 548), Harmondsworth 1974, S. 59 ff.; Global 2000, S. 44 f., 519 ff., 525 ff. (diesem, in offiziellem Auftrag der US-Regierung erarbeitete Bericht liegt die wohl umfassendste Datensammlung zugrunde; er enthält im 3. Teil, S. 1165 ff. ausführliche Analysen der seit MEADOWS / MEADOWS: Die Grenzen des Wachstums, entwickelten Prognose-Modelle). – Die Gebietserwerbungen der Sowjetunion von 1939–1945 gehörten, was hierzulande gerne übersehen wird, meist schon 1815 zum Russischen Reich, abgesehen etwa von Nord-Ostpreußen und der Karpatho-Ukraine. Die UdSSR ist in ihren heutigen Grenzen, wie jedes Nachmessen der Flächen zeigt, etwas kleiner als das Russische Reich von 1914. – Zur Bevölkerung Ostasiens und Indiens in der Vergangenheit vgl. F. BRAUDEL: Capitalism and Material Life 1400–1800, Bd. 1, London 1974, S. 9 ff. und C. CLARK: Population Growth and Land Use, London 1977, Kap. 3, bes. S. 64 ff. – An Statistiken wurden die letzten Jahrgänge der statistischen Sammelwerke der UNO und ihrer Organisationen eingesehen, bes. Demographic Yearbook, Production Yearbook und Statistical Yearbook. Es wurde versucht, alle Bevölkerungsdaten auf das Jahr 1980 zu berechnen.

4 In einigen Industriezweigen ist zur Zeit Japan führend (Stahl, Zement, Motorräder, Nähmaschinen und Kameras). – Es sei betont, daß die statistischen Durchschnittswerte die oft sehr krassen Unterschiede innerhalb eines Landes verwischen (z. B. das Armutsgefälle zwischen Nord- und Süditalien). Einige Staaten wie Portugal, Südirland oder Griechenland sind relativ arm, so daß sie gemäß einiger der im Text genannten Kriterien von manchen Statistiken zur dritten Welt gezählt werden. Vgl. z. B. die anschaulichen Studien v. H. BERGER / M. HESSLER / B. KAVEMANN: ›Brot für heute, Hunger für morgen‹. Landarbeiter in Südspanien (= edition suhrkamp 936), Frankfurt a. M. 1976; A. CORNELISEN: Torre Greca. Eine Stadt südlich von Neapel (= Fischer TB 3825), Frankfurt a. M. 1980; J. MEYNAUD / C. T. ARIS: Abschaffung der Demokratie in Griechenland (= Rotbuch 1), Berlin 1969.

5 Vgl. pogrom, 4 (1973), Nr. 22: Südafrikas »Bantustans«. Anspruch und Wirklichkeit; Terre des hommes, 1981, Heft 2: Südliches Afrika; P. MAGUBANE: Magubanes Südafrika, Frankfurt a. M. 1980; HELBIG: Mythos Deutsch-Südwest; J. DUNJWA-BLAJBERG: Sprache und Politik in Südafrika (= ISSA wissenschaftliche reihe 14), Bonn 1980; R. WEISS (Hg.): Frauen gegen Apartheid (= rororo 4351), Reinbek 1980. – Zu weiteren Details wende man sich an die Informationsstelle Südliches Afrika e. V. (= ISSA), 53 Bonn, Markt 10–12.

6 Vgl. COLE: Geography, Kap. 16 u. 17 (Sowjetunion und Osteuropa), 22 u. 23 (Südostasien und China), Kap. 25.3 (Vergleich UdSSR / China); NOLTE: Faschismus, S. 471 f. (Aufstieg Osteuropas); J. NETTL: Der Aufstieg der Sowjetunion. Von den revolutionären Anfängen zur Weltmacht, Wien 1972; China-Handbuch, hrsg. v. W. Franke, Düsseldorf 1974; BIANCO. Asien,

S. 212–250 (China), 281 ff. (Korea); L. RINSER: Nordkoreanisches Reisetagebuch (= Fischer Tb 4233), Frankfurt a. M. 1977; GIESENFELD: Reisfelder, bes. Kap. 8 u. 9.

7 Zu den Nachwirkungen der Kolonialzeit vgl. J. COLLINS / F. LAPPÉ: Vom Mythos des Hungers, Frankfurt a. M. 1981, S. 97 ff., 110 ff.; G. MYRDAL: Ökonomische Theorie und unterentwikkelte Regionen (= Fischer Tb 6243), Frankfurt a. M. 1974, S. 62 ff., 185 ff.; zu den Schutzzöllen der ersten Welt vgl. Entwicklungspolitik – Hilfe oder Ausbeutung?, hrsg. v. Informationszentrum Dritte Welt, Freiburg 1982, S. 211 ff. – Zur militärischen Drohung vgl. BARNET: Rüstungswahn, S. 29 ff.; J. FULBRIGHT: Die Arroganz der Macht, Reinbek 1968, S. 21 ff, 51 ff.; KELLY: Hoffnung, S. 69. – Bürgerkriegsarmeen werden zur Unterdrückung innerstaatlicher Opposition eingesetzt, wobei die uniformierten ›Helden‹ immer mehr Staaten Folterungen anwenden, z. B. in der Türkei, im Irak, in Indonesien genauso wie im Chile Pinochets (seit dessen Putsch gegen die legale Regierung Allende 1973), in Argentinien (bis zum Ende der Militärjunta 1983), Brasilien oder der Dominikanischen Republik; vgl.: Amnesty International: Bericht über die Folter (= Fischer Tb 1711), Frankfurt a. M. 1977, bes. S. 22 f., 248 f.; DIES.: Politische Inhaftierung in Südafrika (= ai-publications), Baden-Baden 1978; SÖLLE: Menschenfresser, 40 ff. (Zitat 41), 111 ff., 120 ff.; P. KOROVESSIS: Die Menschenwärter (= Zweitausendeins 18019), Frankfurt a. M. 1983.

8 Vgl. BARNET: Rüstungswahn, S. 32 ff.; FULBRIGHT: Arroganz, S. 85 u. 92 f. (Zitat); zu Kuba im folgenden Absatz vgl. COLLINS / LAPPÉ: Mythos, S. 242 ff. und M. ALVES: Erster beim Sterben, letzter beim Essen. Kuba – eine Arbeiterfamilie erzählt (= rororo A 1878), Reinbek 1975, bes. Kap. 1 u. 4 sowie J. BRUHN: Schlachtfeld Europa oder Amerikas letztes Gefecht, Bonn 1983, S. 96 ff.

9 Vgl. S. SCHAUP: Diese Kinder können nicht warten, München 1983, Kap. 2, bes. S. 34 ff., 45 f. (Indien); COLLINS / LAPPÉ: Mythos, S. 20 ff. – Das Zitat ist von C. MARIA DE JESUS: Tagebuch der Armut, Hamburg 1962, hier nach Lesebuch Dritte Welt, hrsg. v. L. Lutze u. a., Wuppertal 1982, S. 243 f.

10 Zitat aus Masken, S. 151 (New York Times v. 12. 2. 1960). – Vgl. G. BREIDENSTEIN: Internationale Konzerne (= rororo 7080), Reinbek 1977; Entwicklungspolitik; S. 28 ff., 57 ff.; COLLINS / LAPPÉ: Mythos, S. 227 ff. (Konzerne), 237 ff., SCHAUP: Kinder, Kap. 5 (Kalkutta); Zahl der Kinder errechnet nach Frankfurter Rundschau v. 1. 9. 1983; vgl. KELLY: Hoffnung, S. 15.

11 Zur Entwicklungshilfe vgl. MYRDAL: Theorie, S. 188 f.; SCHAUP: Kinder, Kap. 1 (bes. S. 19 f., 23 ff.); COLLINS / LAPPÉ: Mythos, S. 357 ff., 365 ff., 378 ff.; Entwicklungspolitik, S. 152 ff., 236 ff. – Zur sowjetischen Einmischung denke man an den sog. Prager Putsch 1948 (der allerdings von der tschechischen kommunistischen Partei, die bei den letzten freien Wahlen mit 38 Prozent die weitaus stärkste Partei geworden war, durchgeführt wurde), an Korea 1950 (wobei aber die Eigeninitiative der Nordkoreaner nicht unterschätzt werden sollte), an Ungarn 1956, Tschechoslowakei 1968 und Afghanistan 1979 (vgl. pogrom, 11 [1980], Nr. 77, S. 49 ff.). – Zu einigen US-Interventionen siehe die amerikanischen Autoren FULBRIGHT: Arroganz, S. 15 ff., 22 ff.; BARNET: Rüstungswahn, S. 35 ff., 69 ff.; HOROWITZ: Krieg, Kap. 8–12 (Korea, Vietnam, Guatemala, Kuba, Libanon); sowie BRUHN: Schlachtfeld, S. 59–137.

12 Vgl. SÖLLE: Menschenfresser, S. 24, 52; das Asimov-Zitat steht in EINSTEIN / FREUD: Warum Krieg?, S. 56; COLLINS / LAPPÉ: Mythos, S. 216 ff. u. 221 ff. (Marktbenachteiligung der dritten Welt), 232 ff. u. 237 ff. (Exportnachteile), 250 f. (2. Zitat); zu den Haustieren und Schweinen siehe stern 1984, Nr. 39 v. 20. 9., S. 40–60.

13 Vgl. VILMAR: Rüstung, S. 200 f. (Zitat) BARNET: Rüstungswahn, S. 18, 19 f., 22 f.; L. SYKES / J. EVERNDEN: Unterirdische Atomtests nicht mehr geheimzuhalten, in: Spektrum: Rüstung und Abrüstung, S. 130 (2. Zitat).

14 Vgl. zur Armut in der ersten Welt VILMAR: Rüstung, S. 223 ff.; BARNET: Rüstungswahn, S. 104 ff., 119 ff.; S. YOUNG: Ein Rattenloch ist kein Vogelnest, Königstein/Ts. 1979 (Kindheit in den Slums von Baltimore); F. F. PIVEN / R. CLOWARD: Regulierung der Armut. Die Politik der öffentlichen Wohlfahrt (= edition suhrkamp 872), Frankfurt a. M. 1977 (Kap. 2–6 schildern die historische Entwicklung von den Zwanzigern bis in die sechziger Jahre); J. ROTH: Armut in der Bundesrepublik (= rororo 7259), Reinbek 1979; CLAVEL: Elend, S. 127 (Eisenhower-Zitat). – Zu den Waffenexporten in die dritte Welt siehe Entwicklungspolitik, S. 117–38; stern Nr. 26 v. 20. 6. 1984, S. 41 f.; U. ALBRECHT u. a.: Arbeitsplätze durch Rüstung? Warnung vor falschen Hoffnungen (= rororo 4266), Reinbek 1978.

15 Zu den neueren Preisen vgl. P. MORRISON / P. WALKER: Eine neue Strategie der Rüstung, in: Spektrum: Rüstung und Abrüstung, S. 12–23 (hier S. 22); P. WALKER: Wirksame Verteidigung mit intelligenten Abwehrwaffen, in: ebenda, S. 100 ff. (hier S. 110); zum Abbau sozialer

Leistungen vgl. die Tagespresse, etwa Der Tagesspiegel v. 29.6.1984 (Zitat); Frankfurter Rundschau v. 4.1.1983 u. 4.8.1984.

16 Die angegebenen Soldatenzahlen, auch der folgenden Absätze, beziehen sich auf die regulären, stehenden Armeen, ohne Milizen und paramilitärische Truppen wie Bereitschaftspolizei etc. Vgl. MORRISON / WALKER: Strategie, in: Spektrum: Rüstung und Abrüstung, S. 14.

17 Zur teilweise veralteten Ausrüstung der sowjetischen Armee vgl. die US-Untersuchungen von MORRISON / WALKER: Strategie, und KAPLAN: Neutronenbombe, sowie R. FORSBERG: Stopp der Atomrüstung – das Für und Wider, in: ebenda, S. 14 (erste Zitate), 42, 140 (letztes Zitat), 142; stern Nr. 25 v. 14.6.1984, S. 124f.

18 Zu Dresden und Hamburg siehe BRUNSWIG: Feuersturm, und BERGANDER: Dresden; ansonsten siehe PERDELWITZ / BREMER: Geisel, S. 38ff. (Zitat S. 40); ALBRECHT: Nachrüstungsbeschluß.

19 CLAVEL: Elend, S. 124f.; vgl. BRUHN: Schlachtfeld, S. 110–21.

20 Vgl. die Tabellen bei ALBRECHT: Nachrüstungsbeschluß, S. 22; RÖLING: Einführung, S. 200; PERDELWITZ / BREMER: Geisel, S. 40, die alle drei für die beiden Weltkriege zu geringe Verluste der Zivilbevölkerung von ihren Gewährsleuten übernehmen. – Für den Ersten Weltkrieg ist zu berücksichtigen, daß abgesehen von den westeuropäischen Zivilverlusten noch die sehr viel höheren südost- und osteuropäischen addiert werden müssen. Zum weitaus größten Verlust führte indessen das seit 1915 von den türkischen Behörden an den christlichen Minderheitenvölkern ihres Kerngebietes begangene Massenmorden: Nach niedrigen Schätzungen wurden mindestens 1,5 Millionen Armenier umgebracht; hinzu kommen mehrere hunderttausend christliche Assyrer; vgl. Kap. 3, Anm. 99 dieses Buches sowie T. HOFMANN (Hg.): Der Völkermord an den Armeniern vor Gericht. Der Prozeß Talaat Pascha (= Reihe pogrom 1006), Göttingen 1980 und G. YONAN: Assyrer heute: Kultur, Sprache, Nationalbewegung der aramäisch sprechenden Christen im Nahen Osten. Verfolgung und Exil (= Reihe pogrom 59), Göttingen 1978. Erfreulicherweise hat das US-Repräsentantenhaus der USA im Gedenken an den Anfang des Armenier-Massakers den 24.4.1985 zum ›Nationalen Gedenktag der Unmenschlichkeit‹ erklärt, während die Türkei offiziell noch heute den begangenen Massenmord verleugnet – ähnlich wie anfangs in Deutschland die NS-Vergangenheit verdrängt wurde. – Im Zweiten Weltkrieg kamen alleine in Europa über 20 Millionen polnischer, jugoslawischer, jüdischer, russischer Zivilisten, in China weitere 10 Millionen um (vgl. die entsprechenden Abschnitte in Kap. 4 dieses Buches). Einschließlich der deutschen, japanischen und westeuropäischen sowie indischen und südostasiatischen getöteten Kinder, Frauen und unbewaffneten Männer dürfte das Verhältnis zwischen umgekommenen Soldaten und Zivilisten eher noch ungünstiger sein als das in der Tabelle genannte. – Zum Vietnamkrieg ist die unterste Grenze Getöteter angegeben, andere Angaben gehen bis zu 1 : 20; vgl. auch GIESENFELD: Reisfelder, S. 165f.

21 Vgl. ARKIN u. a.: Selbstmord, in: Spektrum: Rüstung und Abrüstung, S. 144 u. 146 (Zitate); Frankfurter Rundschau v. 10.9.1984 (Einsatz ohne Kongreß); ALBRECHT: Nachrüstungsbeschluß, S. 105ff.; KELLY: Friedenspolitik, in: Ist der 3. Weltkrieg noch zu verhindern, S. 68.

22 Vgl. Frankfurter Rundschau v. 29.4.1984, knapper in PERDELWITZ / BREMER: Geisel, S. 28 und BREDTHAUER: Sage niemand, S. 54, 55.

23 Vgl. zur Neutronenwaffe Kap. 5 dieses Buches; zum übrigen ALBRECHT: Nachrüstungsbeschluß, S. 109f., 172; PERDELWITZ / BREMER: Geisel, S. 32; KAPLAN: Neutronenbombe, in: Spektrum: Rüstung und Abrüstung, S. 40; ARKIN u. a.: Selbstmord, in: ebenda, S. 147ff., 152f.

24 Ebenda, S. 153; zum begrenzten Atomkrieg vgl. SCHELL: Schicksal, S. 40f., 79ff., 217.

25 PERDELWITZ / BREMER: Geisel, S. 146.

26 BREDTHAUER: Sage niemand, S. 96f.

27 Vgl. SCHEER: With enough Shovels, in: Blätter, S. 1423 (1. Zitat); YORK: Atomraketen, in: Spektrum: Rüstung und Abrüstung, S. 31f., 33 (zum Präventivschlag); zur Unmoral dieses ›Gleichgewichts‹ siehe SCHELL: Schicksal, S. 173ff.; BREDTHAUER: Sage niemand, S. 62 (2. Zitat); KELLY: Hoffnung, S. 44f. (Krieg ist wieder denkbar); Frankfurter Rundschau v. 3.3.1986 (Feindbild).

28 Vgl. Zeitmagazin v. 21.9.1984, S. 39ff.; Frankfurter Rundschau v. 22.11.1983 (Zitat).

29 Zur Gewöhnung vgl. H. RICHTER: Kann ich als Psychoanalytiker zur Arbeit für den Frieden beitragen?, in: Krieg und Frieden, S. 112–131 (hier S. 124ff.); zum ›Begräbnis‹ vgl. Zeitmagazin v. 21.9.1984, S. 38f. und Frankfurter Rundschau v. 24.9.1983 (Zitat).

30 Vgl. zu den Strahlenwaffen J. PARMENTOLA / K. TSIPIS: Strahlenkanonen, in: Spektrum: Rüstung und Abrüstung, S. 66ff. und TSIPIS: Laserwaffen, in: ebenda, S. 80ff.; zu den offiziel-

len Gesprächsangeboten siehe FORSBERG: Atomrüstung, in: Spektrum: Rüstung und Abrüstung, S. 143; Der Tagesspiegel v. 29. 6. und 1. 7. 1984; Frankfurter Rundschau v. 2. 7. und 30. 7. 1984; stern Nr. 30 v. 19. 7. 1984, S. 39 (Zitat).

31 Zeitmagazin Nr. 9 v. 25. 2. 1983, S. 18 (1. Zitat); Frankfurter Rundschau v. 26. 9. 1984 (2. Zitat); stern Nr. 30 v. 19. 7. 1984 (3. Zit).

32 Ebenda, S41, 40, 42.

33 Vgl. Tagespresse, z. B. Frankfurter Rundschau v. . und 12. 9. 198(Osteuropa); ALBRECHT: Nachrüstungsbeschluß, S. 156; KELLY: Hoffnung, S. 15 ff., 69 f. (Kriegsgefahr).

34 Das Zitat stammt aus dem Gedicht ›Eros im Dritten Reich‹ von A. Ekert-Rothholz, in: Die Weltbühne, 28 (1932), 1. Halbjahr, S. 300. – Zur angeblichen Kinderfreundlichkeit und den fehlenden Soldaten vgl. z. B. Frankfurter Rundschau v. 23. 7., 22. 8. und 13. 9. 1984 sowie SÖLLE: Menschenfresser, S. 70 ff. – Zur laufenden Umweltvergiftung vgl. KELLY: Hoffnung, S. 136 ff., 142 ff., 146 ff.; Global 2000, S. 77 ff., 541 ff., 602 ff., 716 ff. (Wasserverschmutzung). – Zum Waldsterben siehe H. STERN u. a.: Rettet den Wald (= Heyne Sachbuch 01 / 7220), München 1983; C. BOSCH: Die sterbenden Wälder (= Beck'sche Reihe 277), München 1982.

35 BREDTHAUER: Sage niemand, S. 44 (1. Zitat); vgl. H. -E. RICHTER: Verdrängen oder sich einmischen, in: TATZ: Alternativen, S. 46 (2. Zitat); SCHELL: Schicksal, S. 39 ff. (zur Psyche der Entscheidungsträger).

36 Zum Schwarzweißdenken vgl. BARNET: Rüstungswahn, S. 46 f. (US-Militärs, die sich relativ sicher fühlen); PARIN: Verleugnung, in: Krieg und Frieden, S. 30 ff. sowie den ironischen Vergleich bei MORGAN: Mythos, S. 185 ff. – Die Äußerungen des jetzigen USA-Präsidenten, der eine andere Weltmacht mit 270 Millionen Menschen als das ›Reich des Bösen‹ bezeichnet, sind in ihrer gefährlichen Engstirnigkeit wohl unüberbietbar. Zu den neuen Raketenwaffen vgl. PERDELWITZ / BREMER: Geisel, S. 138 ff., 312 ff. – Zu den Computersystemen und Fehlalarmen vgl. Frankfurter Rundschau vom 17. 1. und 23. 9. 1983; KELLY: Hoffnung, S. 119; BREDTHAUER: Sage niemand, S. 103 ff., 108 ff., 140 ff., 149 ff. (sowjetische Stellungnahmen). – Zu Harrisburg vgl. DEL TREDICI: Harrisburg, S. 8 ff. (Unfallablauf) sowie Interviews S. 55 ff., 58 ff., 62 ff. – Zum mangelnden Nachdenken vgl. SCHELL: Schicksal, S. 170 ff. sowie G. ANDERS: Im Jahre des Unheils 39, in: Frankfurter Rundschau v. 14. 1. 1984 sowie DERS.: Atomare Drohung. – Zitat von G. Sommer aus Frankfurter Rundschau v. 8. 8. 1983.

37 Vgl. FORSBERG: Atomrüstung, in: Spektrum: Rüstung und Abrüstung, S. 134 ff. (mit Tabellen), 143; KELLY: Hoffnung, S. 50 f., 78, 102 ff. (Widerstand amerikanischer Katholiken); Frankfurter Rundschau v. 18. 7. 1984 (Zitat); Der Spiegel, 36 (1982), Nr. 9, S. 105 ff. (Resignation Deutscher im geplanten NATO-Einsatzfeld).

38 CLAVEL: Kinder, S. 148 (1. Zitat – es handelt sich um den US-Bürger ungarischer Nationalität A. Szent-Györgyi v. Nagyrapolt); M. MEAD: Der Konflikt der Generationen. Jugend ohne Vorbild, Olten 1971, S. 94 (2. Zitat); vgl. zum übrigen: miteinander lebenlernen. Zeitschrift für Tiefenpsychologie, Gruppendynamik und Gruppentherapie, 1 (1984); J. RATTNER: Die Individualpsychologie Alfred Adlers, München 1974, S. 10 (Adler-Zitat).

39 MEAD: Konflikt, S. 109 f.

40 Vgl. pogrom, 10 (1979), Januar / Februar Heft, S. 40 ff.; DIES.: Nr. 65, S. 57 (Türkei), 58–69 (Irak), 70–81 (Iran); DIES.: 11 (1980), Nr. 71, S. 32 ff. (bundesdeutsche Asylpraxis S. 34); G. CHAILAND u. a.: Kurdistan und die Kurden (= Reihe pogrom), Göttingen 1981.

41 Zu den benutzten Statistiken vgl. Anm. 3 dieses Kap.; Zitat aus IMHOF: Die gewonnenen Jahre, S. 22 f.; vgl. zur sogenannten Bevölkerungsexplosion auch DERS.: Einführung in die Historische Demographie, München 1977, S. 60 ff. – Wie schnell die Umstellung in Europa von vielen zu wenigen Kindern erfolgte, zeigt der Vergleich der beiden Karten (S. 78 u. 146) dieses Buches. Interessanterweise vermochte auch die Förderung kinderreicher Familien in Nazideutschland diesen Trend nicht umzukehren (vgl. Journal für Geschichte 1984, Heft 1, S. 36–43).

42 Vgl. COLLINS / LAPPÉ: Mythos, S. 82–93 (Zitate S. 82 f.), 126 ff. (Hungerexporte); KELLY: Hoffnung, S. 120 ff. (Militär), 126 ff. u. 136 ff. (dritte Welt); SCHAUP: Kinder, S. 23 ff. (Arme brauchen Kinder), 120 (äußerste Not).

43 Vgl. zur ›Grünen Revolution‹ COLLINS / LAPPÉ: Mythos, S. 139 ff., 143 ff., 149 ff., 158 ff.; SCHAUP: Kinder, S. 21 (Zitat), 25 ff.; KELLY: Hoffnung, S. 128 ff., 133 ff.; am ausführlichsten die Studie des Kanadiers P. MOONEY: Saat-Multis und Welthunger. Wie die Konzerne die Nahrungsschätze der Welt plündern (= rororo A 4731), Reinbek 1983, der die verheerenden Folgen für die Ernährungspolitik durch den Aufbau neuer Monopole untersucht (bes. S. 46 ff., 50 ff., 69 ff., 77 ff.). – Zur Interventionspolitik vgl. SÖLLE: Menschenfresser. S. 111–29, 51 ff., 165 ff.; BARNET: Rüstungswahn, S. 32–37; FULBRIGHT: Arroganz, S. 77 ff., 85 ff. (Dominika-

nische Republik), 109 ff.; R. JOKISCH (Hg.): El Salvador. Freiheitskämpfe in Mittelamerika, Reinbek 1981, bes. 185 ff. (Thesen kritischer USA-Beamter); BEYHAUT: Süd- und Mittelamerika II, S. 289 f., 301 ff., 309 ff.; J. ZIMMER (Hg.): Pädagogik der Befreiung. Lernen in Nicaragua, München 1983 (Alphabetisierungskampagne); amnesty international: Bericht über die Folter, S. 224 f.; stern Nr. 40 v. 27. 9. 1984; Frankfurter Rundschau v. 29. 10. 1983 und 5. 9. 1984 (erste US->Freiwillige<); BRUHN: Schlachtfeld, S. 128 ff.

44 Vgl. C. v. CLAUSEWITZ: Vom Kriege, Berlin o. J. [ca. 1930], bes. Buch 1: Über die Natur des Krieges (Zitate aus Kap.: Was ist der Krieg?, S. 32 und Kap.: Zweck und Mittel im Kriege, S. 47); langes Zitat aus A. EINSTEIN: Mein Weltbild (= Ullstein Tb 35024), Berlin 1983, S. 47; SCHELL: Schicksal, S. 211 ff. (Ende des Krieges); SÖLLE: Menschenfresser, S. 33 ff., 43 f.; SCHWEITZER: Friede, bes. S. 103 ff.; MEAD: Konflikt, S. 106 f.

45 Vgl. I. BACHMANN: Gedichte, Erzählungen, Hörspiel, Essays, München 1964, S. 20 (Gedichtzitat); BREDTHAUER: Sage niemand, S. 148 (Leserbrief an die New York Times). – Vermutlich gehen Politiker und Militärs davon aus, in Atombunkern überleben zu können: Ein strahlensicheres Hilfskrankenhaus und ein Regierungsbunker sind bereits angelegt (vgl. KELLY: Hoffnung, S. 18 und Frankfurter Rundschau v. 8. 5. 1984). – Zu den religiösen Abwandlungen von Menschenopfern siehe N. DAVIES: Opfertod und Menschenopfer, Düsseldorf 1981.

Literaturverzeichnis

Das Verzeichnis enthält nur die Titel der häufiger zitierten bzw. für die Thematik zentraleren Schriften, speziellere zusätzlich in den Anmerkungen. Reihentitel sind angegeben, Jugendbücher mit Sternchen hervorgehoben.

ND = Neudruck
Tb = Taschenbuch

ADLER, Alfred: Der Sinn des Lebens (= Fischer Tb 6179), Frankfurt a. M. 1973.
Aggressionstrieb und Krieg. Symposium des Internationalen Instituts für den Frieden, hrsg. v. W. Hollitscher, Stuttgart 1973.
ALBRECHT, Ulrich: Kündigt den Nachrüstungsbeschluß! Argumente für die Friedensbewegung (= Fischer Tb 4239), Frankfurt a. M. 1982.
ANDERS, Günther: Die atomare Drohung. Radikale Überlegungen (= Beck'sche Schwarze Reihe 238), München 1982.
ANDREAS-FRIEDRICH, Ruth: Der Schattenmann. Tagebuchaufzeichnungen 1938–1945, Berlin 1947 (auch als ND).
BARBUSSE, Henri: Das Feuer. Tagebuch einer Korporalschaft (= reihe unionsverlag 3), Zürich 1979 (französisches Original 1916).
BARNET, Richard J.: Der amerikanische Rüstungswahn oder Die Ökonomie des Todes (= rororo 1450/51), Reinbek 1971.
BERGANDER, Götz: Dresden im Luftkrieg, Köln 1977 (auch Heyne Tb 7199).
BESYMENSKI, Lew: Sonderakte »Barbarossa«. Dokumente, Darstellungen, Deutungen, Stuttgart 1968.
BEYHAUT, Gustavo (Hg.): Süd- und Mittelamerika II. Von der Unabhängigkeit bis zur Krise der Gegenwart (= Fischer Weltgeschichte 23), Frankfurt a. M. 1965.
BIANCO, Lucien u. a.: Das moderne Asien (= Fischer Weltgeschichte 33), Frankfurt a. M. 1977.
BÖHME, Kurt W.: Die deutschen Kriegsgefangenen in sowjetischer Hand. Eine Bilanz (= Zur Geschichte der deutschen Kriegsgefangenen des zweiten Weltkrieges, Bd. 7, hrsg. v. E. Maschke), München 1966.
BOSCH, Manfred: Nie wieder! Texte gegen den Krieg (= prv 215), Köln 1981.
BRACHER, Karl Dietrich / FUNKE, Manfred / JACOBSEN, Hans-Adolf (Hg.): Nationalsozialistische Diktatur 1933–1945. Eine Bilanz (= Schriftenreihe der Bundeszentrale für politische Bildung, Bd. 192), Bonn 1983.
BREDTHAUER, Karl K. (Hg.): Sage niemand, er habe es nicht wissen können (= prv aktuell 294), Köln 1983.
BROMME, Moritz Th. W.: Lebensgeschichte eines modernen Fabrikarbeiters, Kronberg/Taunus 1971 (ND von 1905).
BROSZAT, Martin: Zweihundert Jahre deutsche Polenpolitik (= suhrkamp Tb 74), Frankfurt a. M. 1972.
Ders.: Nationalsozialistische Polenpolitik 1939–1945 (= Fischer Tb 692), Frankfurt a. M. 1965.
Ders.: Nationalsozialistische Konzentrationslager 1933–1945, in BUCHHEIM u. a.: Anatomie des SS-Staates, Bd. 2, Olten 1965, S. 9–160 (auch dtv 2916).
BROWNMILLER, Susan: Gegen unseren Willen. Vergewaltigung und Männerherrschaft (auch als Fischer Tb 3712), Frankfurt a. M. 1978.
BRÜCKNER, Peter: Das Abseits als sicherer Ort. Kindheit und Jugend zwischen 1933 und 1945 (= Wagenbachs Taschenbücherei 66), Berlin 1980.
* BRUCKNER, Winfried: Die toten Engel (= Ravensburger Tb 361), Ravensburg 1980.
BRUHN, Jürgen: Schlachtfeld Europa oder Amerikas letztes Gefecht (= Dietz Tb 6), Bonn 1983.
BRUNSWIG, Hans: Feuersturm über Hamburg, Stuttgart 1982.
BUCHHEIM, Hans u. a.: Anatomie des SS-Staates, 2 Bde., Olten 1965 (auch dtv 2915 u. 2916).
BÜRGEL, Bruno H.: Vom Arbeiter zum Astronomen. Die Lebensgeschichte eines Arbeiters, Berlin 1919.
BÜTTNER, Christian: Kriegsangst bei Kindern, München 1982.
CARTARIUS, Ulrich (Hg.): Deutschland im Ersten Weltkrieg (= dtv dokumente 2931), München 1982.

CASTILLO, Michael del: Elegie der Nacht. Eine Jugend in Straflagern (= rororo 4482), Reinbek 1980.

CIPOLLA, Carlo M. / BORCHARDT, Knut (Hg.): Europäische Wirtschaftsgeschichte, Bd. 4 u. 5, Stuttgart 1977/80.

CLAVEL, Bernard: Kinder im Elend, Aarau 1979.

COLLINS, Joseph / LAPPÉ, Frances Moore: Vom Mythos des Hungers (= fischer alternativ 4049), Frankfurt a. M. 1981.

COMENIUS, Johann A.: Informatorium. Der Mutter Schul, hrsg. v. C. T. Lion, Langensalza 1898 (zuerst 1633).

DELIUS, Ulrich: Tahiti. Französisch-Polynesien. Südseeparadies unter dem Atompilz (= Reihe pogrom 1008), Göttingen 1982.

DEL TREDICI, Robert: Die Menschen von Harrisburg. Das Leben mit dem Atomreaktor. Three Mile Island, Frankfurt a. M. 1982.

DESCHNER, Karlheinz: Abermals krähte der Hahn. Eine kritische Kirchengeschichte von den Evangelisten bis zu den Faschisten, Düsseldorf 1980 (auch als Tb).

Deutsche Sozialgeschichte. Dokumente und Skizzen, Bd. 2: 1870–1914, hrsg. v. G. A. Ritter/ J. Kocka, München 1974.

DEUTSCHKRON, Inge: . . . denn ihrer war die Hölle. Kinder in Gettos und Lagern, Köln 1979.

Deutschland im zweiten Weltkrieg, hrsg. v. W. Schumann / G. Hass u. a., 4 Bde., Köln 1981.

DLUGOBORSKI, Waclaw: Die deutsche Besatzungspolitik gegenüber Polen, in: BRACHER u. a.; Diktatur, S. 572–590.

DOMARUS, Max: Hitler. Reden und Proklamationen 1932–1945, 4 Bde., Wiesbaden 1973.

EINSTEIN, Albert: Mein Weltbild (= Ullstein Tb 35024), Berlin 1966.

EINSTEIN, Albert/FREUD, Sigmund: Warum Krieg? (= Diogenes Tb 20028), Zürich 1972.

ELFLEIN, Paul: Immer noch Kommunist? Erinnerungen, hrsg. v. H. Becker/C. Bremer, Hamburg 1978.

Entwicklungspolitik – Hilfe oder Ausbeutung? Die entwicklungspolitische Praxis der BRD und ihre wirtschaftlichen Hintergründe, hrsg. v. Informationszentrum Dritte Welt, Freiburg 1982.

ESCHWEGE, Helmut (Hg.): Kennzeichen J. Bilder, Dokumente, Berichte zur Geschichte der Verbrechen des Hitlerfaschismus an den deutschen Juden 1933–1945, Berlin/DDR 1981.

FINCKH, Renate: Mit uns zieht die neue Zeit, Baden-Baden 1979.

FISCHER, Fritz: Krieg der Illusionen. Die deutsche Politik von 1911–1914, Düsseldorf 1969.

Ders.: Griff nach der Weltmacht. Die Kriegszielpolitik des kaiserlichen Deutschland 1914/ 18 (= Athenäum Tb 7203), Kronberg/Taunus 1977.

FLESSAU, Kurt-Ingo: Schule der Diktatur. Lehrpläne und Schulbücher des Nationalsozialismus (= Fischer Tb 3422), Frankfurt a. M. 1984.

FORNALSKA, Marcjanna: Erinnerungen einer Mutter, Berlin/DDR 1982.

Frauen gegen den Krieg, hrsg. v. G. Brinker-Gabler (= Fischer Tb 2048), Frankfurt a. M. 1980.

FREUD, Anna/BURLINGHAM, Dorothy/DANN, Sophie: Heimatlose Kinder. Zur Anwendung psychoanalytischen Wissens auf die Kindererziehung (= Fischer Wissenschaft 7314), Frankfurt a. M. 1982 (zuerst 1949/1950).

Die Friedensbewegung. Organisierter Pazifismus in Deutschland, Österreich und der Schweiz, hrsg. v. H. Donat und K. Holl (= ETB 10024), Düsseldorf 1983.

FRIEDRICH, Ernst: Krieg dem Kriege (= Zweitausendeins 18014), Frankfurt a. M. 1981.

FRIEDRICH, Jörg: Freispruch für die Nazi-Justiz. Die Urteile gegen NS-Richter seit 1948. Eine Dokumentation (= rororo aktuell 5348), Reinbek 1983.

FROMM, Erich: Anatomie der menschlichen Destruktivität, Stuttgart 1974.

Ders.: Die Furcht vor der Freiheit, Frankfurt a. M. 1966.

Ders.: Über den Ungehorsam (= dtv 15011), München 1985.

FULBRIGHT, J. William: Die Arroganz der Macht (= rororo aktuell 987–988), Reinbek 1968.

* GAIDAR, Arkadi: Russische Kindheit 1917, München 1977.

GASSER, Adolf: Deutschlands Entschluß zum Präventivkrieg 1913/14, in: Discordia concors, Festgabe für Edgar Bonjour zu seinem siebzigsten Geburtstag am 21. August 1968, Basel 1968, S. 171–224.

Gedichte gegen den Krieg, hrsg. v. K. Fassmann, Frankfurt a. M. 1975.

GEISS, Imanuel (Hg.): Julikrise und Kriegsausbruch 1914. Eine Dokumentensammlung, 2 Bde., Hannover 1963/64, Auswahl daraus als Tb (= dtv dokumente 293).

Ders.: Das Deutsche Reich und die Vorgeschichte des Ersten Weltkrieges (= Reihe Hanser 248), Wien 1978.

GIESENFELD, Günter: Land der Reisfelder. Vietnam. Laos. Kampuchea. Geschichte und Gegenwart, Köln 1981.

GILBERT, Gustave M.: Nürnberger Tagebuch. Gespräche der Angeklagten mit dem Gerichtspsychologen (= Fischer Tb 1885), Frankfurt a. M. 1982.

Global 2000. Der Bericht an den Präsidenten, hrsg. v. Council on Environment Quality u. dem US-Außenministerium (= Zweitausendeins), Frankfurt a. M. 1981.

GORKI, Maxim: Autobiographische Romane. Meine Kindheit (= dtv 2007), München 1976.

GREUNE, G. / MANNHARDT, K. (Hg.): Hiroshima und Nagasaki. Bilder, Texte, Dokumente, Köln 1982.

GRIMMELSHAUSEN, Johann J. C. von: Abentheuerlicher Simplicissimus, Leipzig 1890. Viele Ausgaben, u. a. Reclams UB 761.

GROEHLER, Olaf: Geschichte des Luftkriegs 1910 bis 1980, Berlin/DDR 1981.

GROH, Dieter: Negative Integration und revolutionärer Attentismus. Die deutsche Sozialdemokratie am Vorabend des Ersten Weltkrieges, Frankfurt a. M. 1973.

GRÜN, Max von der: Wie war das eigentlich? Kindheit und Jugend im Dritten Reich, Darmstadt 1979 (auch Sammlung Luchterhand 345).

GUHA, Anton-Andreas: Die Neutronenbombe oder Die Perversion menschlichen Denkens (= Fischer Tb 4242), Frankfurt a. M. 1982.

* HAAR, Jaap ter: Oleg oder Die belagerte Stadt (= dtv 7858), München 1986.

HAFFNER, Sebastian: Anmerkungen zu Hitler, München 1978.

Ders.: Die deutsche Revolution 1918/19, München 1979.

HALLGARTEN, George W. F.: Das Wettrüsten. Seine Geschichte bis zur Gegenwart, Frankfurt a. M. 1967.

HARDACH, Gerd: Der Erste Weltkrieg 1914–1918 (= Geschichte der Weltwirtschaft im 20. Jh., Bd. 2, dtv WR 4122), München 1973.

HEER, Hannes (Hg.): Als ich 9 Jahre alt war kam der Krieg. Schüler-Aufsätze 1946, Köln 1980 (auch rororo 7776).

HELBIG, Helga u. Ludwig: Mythos Deutsch-Südwest. Namibia und die Deutschen, Weinheim 1983.

HENKYS, Reinhard: Die nationalsozialistischen Gewaltverbrechen. Geschichte und Gericht, Stuttgart 1965.

HEYDECKER, Joe J.: Das Warschauer Getto. Fotodokumente eines deutschen Soldaten aus dem Jahr 1941 (= dtv 10245), München 1984.

HIKMET, Nâzim: Leben! Einzeln und frei wie ein Baum und brüderlich wie ein Wald. Gedichte (= buntbuch), Hamburg 1983.

HILBERG, Raul: Die Vernichtung der europäischen Juden. Die Gesamtgeschichte des Holocaust, Berlin 1982.

HILLGRUBER, Andreas: Der Zweite Weltkrieg 1939–1945. Kriegsziele und Strategie der großen Mächte, Stuttgart 1983.

Hiroshima – Nagasaki. Eine Bildchronik der Atomaren Zerstörung, hrsg. v. Publikationsausschuß Hiroshima–Nagasaki, Tokyo 1981.

HOFMANN, Tessa (Hg.): Der Völkermord an den Armeniern vor Gericht – der Prozeß Talaat Pascha (= Reihe pogrom), Göttingen 1980 (ND von 1921).

HOHMANN, Joachim S. / SCHOPF, Roland u. a.: Zigeunerleben. Beiträge zur Sozialgeschichte einer Verfolgung, Darmstadt 1980.

HOROWITZ, David: Kalter Krieg. Hintergründe der US-Außenpolitik von Jalta bis Vietnam (= Wagenbach Politik 13), 2 Bde., Berlin 1973.

HRABAR, Roman / TOKARZ, Zofia / WILCZUR, Jacek E.: Kinder im Krieg – Krieg gegen Kinder. Die Geschichte der polnischen Kinder (= rororo 7422), Hamburg 1981.

Jahrbuch der Kindheit. Kinderleben in Geschichte und Gegenwart, 1 (1984), hrsg. v. Christian Büttner u. a., München.

JAKIR, Peter: Kindheit in Gefangenschaft (= suhrkamp tb 152), Frankfurt a. M. 1974.

Illustrierte Geschichte der deutschen Revolution, hrsg. v. einem Autorenkollektiv, Berlin 1929 (auch als Nachdruck).

IMHOF, Arthur E.: Die gewonnenen Jahre. Von der Zunahme unserer Lebensspanne seit dreihundert Jahren oder von der Notwendigkeit einer neuen Einstellung zu Leben und Sterben. Ein historischer Essay, München 1981.

Innenansicht eines Krieges. Bilder, Briefe, Dokumente 1914–1918, hrsg. v. E. Johann, Frankfurt a. M. 1968.

JACOBSEN, H.-A.: Kommissarbefehl und Massenexekution sowjetischer Kriegsgefangener, in: BUCHHEIM u. a.: Anatomie des SS-Staates, Bd. 2, Olten 1965, S. 163–279 (auch als dtv 2916).

JOKISCH, Rodrigo (Hg.): El Salvador. Freiheitskämpfe in Mittelamerika (= rororo aktuell 4736), Reinbek 1981.

KEEGAN, John: Das Antlitz des Krieges, Düsseldorf 1978 (als dtv-Tb 1650 unter dem Titel: Die Schlacht).

KELLY, Petra K.: Um Hoffnung kämpfen. Gewaltfrei für eine grüne Zukunft (= Lamuv Tb 29), Bornheim-Merten 1983.

* KHERDIAN, David: Der Schatten des Halbmonds. Das Schicksal eines armenischen Mädchens (= dtv 7856), München 1986.

Das Kind und der Krieg. Kinderaussprüche, Aufsätze, Schilderungen und Zeichnungen, hrsg. v. M. Schach, Berlin o. J. [1917].

Kinderschaukel. Ein Lesebuch zur Geschichte der Kindheit in Deutschland 1745–1930, 2 Bde., hrsg. v. M.-L. Könneker (= Sammlung Luchterhand 210, 217), Darmstadt 1976.

KI-ZERBO, Josef: Die Geschichte Schwarz-Afrikas (= Fischer Tb 6417), Frankfurt a. M. 1981.

KLEIN, Fritz u. a.: Deutschland im Ersten Weltkrieg, Bd. 1: Vorbereitung, Entfesselung und Verlauf des Krieges bis Ende 1914, Berlin/DDR 1968.

KOCH, Hannsjoachim W.: Geschichte der Hitlerjugend. Ihre Ursprünge und ihre Entwicklung 1922–1945, Percha 1975.

KOGON, Eugen: Der SS-Staat. Das System der deutschen Konzentrationslager, München 1946 (jetzt als Heyne Tb 7027).

KÖPPEN, Edlef: Heeresbericht, Berlin/DDR 1981 (zuerst 1930).

* KOEHN, Ilse: Mischling zweiten Grades. Kindheit in der Nazizeit (= rotfuchs 226), Reinbek 1979.

KRAUSNICK, Helmut: Judenverfolgung, in: BUCHHEIM u. a.: Anatomie des SS-Staates, Bd. 2, Olten 1965, S. 283–448 (auch als dtv 2916).

Krieg und Frieden aus psychoanalytischer Sicht, hrsg. v. P. Passett / E. Modena, Basel 1983.

Kriegstagebuch des Oberkommandos der Wehrmacht (Wehrmachtführungsstab) 1940–1945, hrsg. v. P. E. Schramm, u. a., 4 Bde., Frankfurt a. M. 1961/65.

KUCZINSKI, Jürgen: Studien zur Geschichte der Lage des arbeitenden Kindes in Deutschland von 1700 bis zur Gegenwart, Berlin/DDR 1968.

Ders.: Geschichte des Alltags des deutschen Volkes, 5 Bde., Köln 1980/82.

KÜRBISCH, Friedrich G. (Hg.): Der Arbeitsmann, er stirbt, verdirbt, wann steht er auf? Sozialreportagen 1880 bis 1918, Berlin 1982.

LARASS, Claus: Der Zug der Kinder. KLV – Die Evakuierung 5 Millionen deutscher Kinder im 2. Weltkrieg, München 1983.

* LEVOY, Myron: Der gelbe Vogel, Zürich 1981.

Lesebuch Dritte Welt, hrsg. v. L. Lutze u. a. (= Tb Hammer), Wuppertal 1982.

LORENZ, Richard: Sozialgeschichte der Sowjetunion 1. 1917–1945 (= edition suhrkamp 654), Frankfurt a. M. 1976.

LÖWENTHAL, Richard / MÜHLEN, Patrik von zur (Hg.): Widerstand und Verweigerung in Deutschland 1933–1945, Bonn 1982.

MAKARENKO, Anton Semjonowitsch: Der Weg ins Leben, Berlin 1949.

MALVEZZI, Piero/PIRELLI, Giovanni (Hg.): Letzte Briefe zum Tode Verurteilter aus dem europäischen Widerstand 1939–1945 (= dtv 34), München 1962.

MANN, Klaus: Kind dieser Zeit (= rororo 4996), Reinbek 1982.

MANTELL, David Mark: Familie und Aggression. Zur Einübung von Gewalt und Gewaltlosigkeit. Eine empirische Untersuchung, Frankfurt a. M. 1972.

MASCHMANN, Melita: Fazit. Mein Weg in die Hitler-Jugend, München 1979.

Masken des Krieges. Ein Lesebuch, hrsg. v. H. Frevert / M. Christadler, Baden-Baden 1979.

MAUSBACH, Hans / MAUSBACH BROMBERGER, Barbara: Feinde des Lebens. NS-Verbrechen an Kindern, Frankfurt a. M. 1979.

* Mc CAY, Winsor: Little Nemo 1906–1910, Darmstadt 1974 (zuerst New York 1905–1910).

MEAD, Margaret: Jugend und Sexualität in primitiven Gesellschaften; 3 Bde. (= dtv 4032–34), München 1974, 1971 (engl. Originale 1928/30/35/38).

Dies.: Der Konflikt der Generationen. Jugend ohne Vorbild, Olten 1971.

Medizin und Atomkrieg – hilflos?, Hg. »Ärzte warnen vor dem Atomkrieg«, Berlin 1983.

MEERBAUM-EISINGER, Selma: Ich bin in Sehnsucht eingehüllt. Gedichte eines jüdischen Mädchens an seinen Freund, hrsg. v. J. Serke (= Fischer Tb 5394), Frankfurt a. M. 1984.

MICHAEL, Wilhelm: Infantrist Perhobstler. Mit bayrischen Divisionen im Weltkrieg, Berlin o. J. [ca. 1930].

MIHALY, Jo: . . . da gibt's ein Wiedersehn! Kriegstagebuch eines Mädchens 1914–1918, Freiburg 1982 (auch dtv 10485).

MILGRAM, Stanley: Das Milgram-Experiment. Zur Gehorsamsbereitschaft gegenüber Autorität (= rororo 7479), Reinbek 1982.

MILWARD, Alan S.: Der Zweite Weltkrieg. Krieg, Wirtschaft und Gesellschaft 1939–1945 (= Geschichte der Weltwirtschaft im 20. Jh., Bd. 5; dtv WR 4125), München 1977.

MÜLLER, Norbert (Hg.): Deutsche Besatzungspolitik in der UdSSR 1941–1944. Dokumente (= prv 194), Köln 1982.

MÜLLER, Richard: Vom Kaiserreich zur Republik, 3 Bde., Berlin 1979 (ND von 1924/25).

MÜLLER-TUPATH, Karla: Reichsführers gehorsamster Becher. Eine deutsche Karriere, Hamburg 1982.

MUMFORD, Lewis: Mythos der Maschine. Kultur, Technik und Macht (= Fischer Tb 4001), Frankfurt a. M. 1981.

NAUMANN, Uwe (Hg.): Lidice. Ein böhmisches Dorf, Frankfurt a. M. 1983.

NICOLAISEN, Hans-Dietrich: Die Flakhelfer. Luftwaffen- und Marinehelfer im Zweiten Weltkrieg, Berlin 1981.

NIEKISCH, Ernst: Gewagtes Leben, Köln 1958.

NOLTE, Ernst: Der Faschismus in seiner Epoche. Die Action française. Der italienische Faschismus. Der Nationalsozialismus, München 1963.

* NÖSTLINGER, Christine: Maikäfer flieg! Mein Vater, das Kriegsende, Cohn und ich, Weinheim 1978.

Nuclear War, The Medical Effects of, hrsg. v. The British Medical Association, Chichester/West Sussex 1983.

OSADA, Arata (Hg.): Kinder von Hiroshima. Japanische Kinder über den 6. August 1945, Frankfurt a. M. 1981 (japanisches Original 1951).

OTA, US-Senat: Atomkriegsfolgen. Der Bericht des »Office of Technology Assessment« (= edition suhrkamp 1296), Frankfurt a. M. 1984.

PANTELEJEW, Leonid: Ljonka, München 1978.

PAPANEK, Ernst: Die Kinder von Montmorency (= Fischer Tb 3494), Frankfurt a. M. 1983.

PARKER, R. A. C.: Das Zwanzigste Jahrhundert I. 1918–1945 (= Fischer Weltgeschichte, Bd. 34), Frankfurt a. M. 1967.

PARNASS, Peggy: Prozesse 1970 bis 1978 (= Zweitausendeins), Frankfurt a. M. 1984.

* PAUSEWANG, Gudrun: Die letzten Kinder von Schewenborn, Ravensburg 1983.

PENZOLDT, Ernst: Die Powenzbande. Zoologie einer Familie (= suhrkamp tb 372), Frankfurt a. M. 1977.

PERDELWITZ, Wolf/BREMER, Heiner: Geisel Europa, Berlin 1983.

POLIAKOV, Léon/WULF, Joseph: Das Dritte Reich und die Juden (= Ullstein 33036), Frankfurt a. M. 1983.

Prozess gegen die Hauptkriegsverbrecher vor dem Internationalen Militärgerichtshof Nürnberg 14. 11. 1945–1. 10. 1946. Amtlicher Text in deutscher Sprache, 23 Bde., Nürnberg 1947.

RATTNER, Josef: Aggression und menschliche Natur. Individual- und Sozialpsychologie der Feindseligkeit und Destruktivität des Menschen, Olten 1971 (auch Fischer Tb 6173).

Ders.: Der schwierige Mitmensch. Psychotherapeutische Erfahrungen zur Selbsterkenntnis, Menschenkenntnis und Charakterkunde (= Fischer Tb 6186), Frankfurt a. M. 1976.

REHBEIN, Franz: Das Leben eines Landarbeiters, hrsg. v. K. W. Schafhausen (= Sammlung Luchterhand 137), Darmstadt 1973 (zuerst Jena 1911).

REICH, Wilhelm: Die Massenpsychologie des Faschismus (= Fischer Tb 6250), Frankfurt a. M. 1974.

RENN, Ludwig: Krieg, Frankfurt a. M. 1929.

RESCHKE, Karin: Memoiren eines Kindes (= Rotbuch 228), Berlin 1980.

RICHARZ, Monika (Hg.): Jüdisches Leben in Deutschland. Selbstzeugnisse zur Sozialgeschichte 1918–1945, Stuttgart 1982.

RODNEY, Walter: Afrika. Die Geschichte einer Unterentwicklung (= Politik 56), Berlin 1975.

RÖLING, Bert V. A.: Einführung in die Wissenschaft von Krieg und Frieden, Neukirchen-Vluyn 1970.

RUTSCHKY, Katharina: Deutsche Kinder-Chronik. Wunsch- und Schreckensbilder aus vier Jahrhunderten, Köln 1983.

SCOTT, John P.: Aggression. Chicago 1975.
SHERMAN-ZANDER, Hilde: Zwischen Tag und Dunkel. Mädchenjahre im Ghetto (= Ullstein 20386), Frankfurt a. M. 1984.
SIMONOW, Konstantin: Kriegstagebücher. Erster Band: 1941, München 1979.
SÖLLE, Dorothee: Im Hause des Menschenfressers. Texte zum Frieden (= rororo 4848), Reinbek 1981.
SOUCHY, Augustin: Vorsicht: Anarchist! Ein Leben für die Freiheit (= Sammlung Luchterhand 248), Darmstadt 1977.
Sozialgeschichtliches Arbeitsbuch III. Materialien zur Statistik des Deutschen Reiches 1914–1945, v. D. Petzina, W. Abelshauser u. A. Faust, München 1978.
Spektrum der Wissenschaft. Rüstung und Abrüstung. Die Argumente der Wissenschaft, Heidelberg 1983.
SCHARRER, Adam: Vaterlandslose Gesellen, Berlin 1977 (zuerst 1929).
SCHAUP, Susanne: Diese Kinder können nicht warten. Patenschaften und andere Formen privater Entwicklungshilfe. Ein Erfahrungsbericht aus Indien, München 1983.
SCHELL, Jonathan: Das Schicksal der Erde. Gefahr und Folgen eines Atomkriegs, München 1982 (auch als dtv 10258).
SCHMID, Carlo: Erinnerungen, Bern 1979.
SCHOLTIS, August: Ein Herr aus Bolatitz, München 1959.
SCHOLTZ, Harald: Erziehung und Unterricht unterm Hakenkreuz (= Kleine Vandenhoeck-Reihe 1512), Göttingen 1985.
Schule im Dritten Reich. Erziehung zum Tod? Eine Dokumentation, hrsg. v. G. Platner u. Schülern der Gerhart-Hauptmann-Schule in Kassel, München 1983.
* SCHULENBURG, Bodo: Tanja. Geschichte eines Mädchens aus Leningrad während der neunhunderttägigen Blockade (= Elefanten Press 74), Berlin 1981.
STAFF, Ilse (Hg.): Justiz im Dritten Reich. Eine Dokumentation (= Fischer Tb 3409), Frankfurt a. M. 1979.
STAMMEL, H. J.: Indianer, Gütersloh 1977.
STEINERT, Marlies G.: Hitlers Krieg und die Deutschen. Stimmung und Haltung der deutschen Bevölkerung im Zweiten Weltkrieg, Düsseldorf 1970.
STREIM, Alfred: Sowjetische Gefangene in Hitlers Vernichtungskrieg. Berichte und Dokumente 1941–1945 (= Taschenbuchreihe Recht – Justiz – Zeitgeschichte Bd. 35), Heidelberg 1982.
STREIT, Christian: Keine Kameraden. Die Wehrmacht und die sowjetischen Kriegsgefangenen 1941–1945 (= Studien zur Zeitgeschichte 13), Stuttgart 1978.
TASHIRO, Elke / TASHIRO, Jannes Kazuomi: Hiroshima – Menschen nach dem Atomkrieg. Zeugnisse, Berichte, Folgerungen (= dtv 10098), München 1982.
TATZ, Jürgen (Hg.): Alternativen zur Abschreckungspolitik. Standpunkte und Strategien für eine neue Friedenspolitik, Freiburg i. Br. 1983.
THOMAS, Gordon / WITTS, Max Morgan: Der Tag an dem Guernica starb, Zug / Schweiz 1978.
Dies.: Tod über Hiroshima. Eine Bombe prägte die Zeitgeschichte, Zug / Schweiz 1981.
THOREAU, Henry David: Über die Pflicht zum Ungehorsam gegen den Staat (= Diogenes Tb 20063), Zürich 1985
TIMM, Uwe: Deutsche Kolonien. Bildband, München 1981.
TOGO, Shigenori: Japan im Zweiten Weltkrieg. Erinnerungen des japanischen Außenministers 1941–42 und 1945, Bonn 1958.
TOLLER, Ernst: Eine Jugend in Deutschland (= rororo 4178), Reinbek 1978 (zuerst 1933).
TRAPPE, Mathilde / STELLER, Philipp: Die GEWALTtätige Familie, Berlin 1982.
TRUMBO, Dalton: Jonny zieht in den Krieg. Süß und ehrenvoll..., Frankfurt a. M. 1981 (US-amerikanisches Original 1939).
TUCHMAN, Barbara W.: August 1914, Frankfurt a. M. 1965.
ULMER ÄRZTEINITIATIVE (Hg.): Tausend Grad Celsius. Das Ulm-Szenario für einen Atomkrieg (= Sammlung Luchterhand 508), Darmstadt 1984.
UNO-Studie Kernwaffen, Die, hrsg. v. den Vereinten Nationen, München 1982.
URLANIS, Boris Z.: Bilanz der Kriege. Die Menschenverluste Europas vom 17. Jh. bis zur Gegenwart, Berlin / DDR 1965.
Verbrechen an polnischen Kindern 1939–1945. Eine Dokumentation, hrsg. v. der Hauptkommission zur Untersuchung der Naziverbrechen in Polen, München 1973.
VILMAR, Fritz: Rüstung und Abrüstung im Spätkapitalismus, Frankfurt a. M. 1967.

* VINKE, Hermann (Hg.): Als die erste Atombombe fiel... Kinder aus Hiroshima berichten, Ravensburg 1982.

VOGEL, Bruno: Es lebe der Krieg!, Berlin 1978 (ND von 1925).

War. A Historical, Political, and Social Study, hrsg. v. L. L. Farrar jr., Oxford 1978.

WEHLER, Hans-Ulrich: Das Deutsche Kaiserreich 1871–1918 (= Deutsche Geschichte, hrsg. v. J. Leuschner, Bd. 8), Göttingen 1973.

WEIZSÄCKER, Carl Friedrich v.: Der bedrohte Friede. Politische Aufsätze 1945–1981, München 1981.

* WELK, Ehm: Die Heiden von Kummerow, Berlin 1937.

Wer sagt denn, daß ich weine. Geschichten über Kinder in Afrika, Asien ..., hrsg. v. R. Renschler, Basel 1981.

WERTH, Alexander: Russia at War. London 1965 (auch deutsche Übersetzung vorhanden).

WIR HABEN ES GESEHEN. Augenzeugenberichte über die Judenverfolgung im Dritten Reich, hrsg. v. G. Schoenberner, Wiesbaden 1981.

Abbildungsnachweis

Abb. 1   Eulenspiegel Verlag, Berlin / DDR
Abb. 2   Verlag Wissenschaft und Politik, Köln
Abb. 3   Prometh Verlag, Köln
Abb. 4   Kunstsammlungen Veste Coburg
Abb. 5   Associated Press, Frankfurt / Main
Abb. 6   Christliche Verlagsanstalt, Konstanz
Abb. 7   Ullstein Bilderdienst, Berlin
Abb. 8   »Die Woche« (Berlin), Nr. 51 v. 19. 12. 1914
Abb. 9   Gerd Arntz, Den Haag
Abb. 12   Christian Zentner, München
Abb. 13   Tessa Hofmann, Berlin
Abb. 15   Bertelsmann Lexikothek Verlag, Gütersloh
Abb. 16   Bilderdienst Süddeutscher Verlag, München
Abb. 17   Zweitausendeins Versand, Frankfurt / Main
Abb. 18   Bilderdienst Süddeutscher Verlag, München
Abb. 19   VG Bild-Kunst, Bonn 1985; Foto: Hans-Jürgen Wohlfahrt, Ratzeburg
Abb. 20   Studienkreis Dokumentationsarchiv, Frankfurt
Abb. 21   Bildarchiv Preussischer Kulturbesitz, Berlin
Abb. 22   Erich Andres, Hamburg
Abb. 23   Deutsche Presse-Agentur, Frankfurt / Main
Abb. 24   Ullstein Bilderdienst, Berlin
Abb. 25   UNESCO-Kurier, 9 / 1980
Abb. 26   Verlag Wissenschaft und Politik, Köln
Abb. 27   Bildarchiv Preussischer Kulturbesitz, Berlin
Abb. 28   Landesbildstelle, Berlin
Abb. 29   Landesbildstelle, Berlin
Abb. 30   Publikationsausschuß Hiroshima-Nagasaki; Tokyo 1981
Abb. 31   VG Bild-Kunst, Bonn 1985; Foto: Hans-Jürgen Wohlfahrt, Ratzeburg
Abb. 34   Hans Brunswig, Hamburg
Abb. 35   Associated Press, Frankfurt / Main
Abb. 36   Zweitausendeins Versand, Frankfurt / Main
Abb. 37   Reinhardt Jung, Berlin
Abb. 38   Terre des hommes, Lausanne
Abb. 39   Terre des hommes, Lausanne
Abb. 40   terre des hommes Deutschland e. V., Osnabrück
Abb. 41   Associated Press, Frankfurt / Main
Abb. 42   Kulturgeschichtliches Museum, Osnabrück; Foto: T. Ecke, Osnabrück

Alle weiteren Fotos von der Autorin

Personenregister

EINSTEIN, Albert (1879–1958) dt. Physiker, Begründer der Relativitätstheorie, konsequenter Pazifist, emigrierte 1933 in die USA, seit 1940 US-Bürger 34, 216 f., 303 (Anm. 9)

EISENHOWER, Dwight D. (1890–1969) US-amerik. Berufsoffizier, 1943 Oberbefehl der anglo-amerik. Truppen für die US-Truppen in Deutschland, 1950–52 der NATO, 1953–61 Präsident der USA 274

ENGELS, Friedrich (1820–1895) praktisch-theoretischer Mitgründer und Weiterentwickler der marxistischen Arbeiterbewegung (»Dt. Ideologie«, »Ludwig Feuerbach und der Ausgang der klass. dt. Philosophie«) 85

EUSTATHIOS (um 1130–1194) Diakon und Rhetoriker, 1175–94 Erzbischof von Thessaloniki 18

FOLLAIN, Jean (* 1903) franz. Lyriker, Mitglied der Résistance 61 (Gedichtzitat)

FRANCO BAHAMONDE, Francisco (1892–1975) span. Berufsoffizier, führender Teilnehmer des Militärputsches im Juli 1936, der am Widerstand der Massen scheiterte; nach Sieg im Bürgerkrieg unbestrittener Diktator 39, 174

FRANK, Hans (1900–1946) Jurist und NS-Politiker, seit 1939 ›Generalgouverneur‹ des mittleren Polen, nach Prozeß in Nürnberg hingerichtet 154

FREIRE, Paolo (* 1929) brasilian. Pädagoge, entwickelte das Lernen aus der Lebenssituation, nicht ›Bildung‹ als abstraktes Wissen; 1964 von brasil. Militärdiktatur verhaftet und ausgewiesen 295

FREUD, Sigmund (1856–1939) österr. Psychologe, Schöpfer der Tiefenpsychologie, Begründer der Psychoanalyse (»Die Traumdeutung«, »Die Zukunft einer Illusion«) 51 f., 53, 139, 303 (Anm. 2 u. 9), 305 (Anm. 36 u. 40)

FRICK, Wilhelm (1877–1946) Jurist und NS-Politiker, 1943–45 ›Reichsprotektor‹ der nördlichen Tschechoslowakei, nach Prozeß in Nürnberg hingerichtet 39

FRIEDRICH, Ernst (1894–1967) leidenschaftlicher Pazifist, verweigerte 1914 den Soldatendienst, Gefängnis wegen Sabotage im Rüstungsbetrieb, erst November 1918 befreit; Gründer der antiautoritären »Freien Jugend«, durch stete Prozesse der Weimarer Justiz (insgesamt 4 Jahre Haft) materiell ruiniert, 1933 NS-Haft, krank entlassen und emigriert (»Proletarischer Kindergarten«, »Vom Friedensmuseum zur Hitlerkaserne«) 125, 129 f.

FUJIOKA, Etsuko (* 1934) jap. Oberschülerin aus Hiroshima 227 f.

FULBRIGHT, James W. (* 1905) Unternehmer und Jurist, 1945–74 US-Senator, begründete dt.-amerik. Austauschstipendien 269

GILGAMESCH, sumerischer Stadtkönig um 2700 v. Chr.; in ganz Vorderasien verbreitetes Heldenepos 15

GOEBBELS, Joseph (1897–1945) NS-Politiker seit 1924, ab 1929 Propagandaleiter der NSDAP, 1933 Propagandaminister; nach der Niederlage ermordete er seine Kinder und beging Selbstmord 11

GOLLWITZER, Helmut (* 1908) evang. Theologe 48

FROMM, Erich (1900–1980) Psychoanalytiker, 1933 emigriert, Lehrtätigkeit in den USA und Mexiko (»Das Christusdogma«, »Die Furcht vor der Freiheit«) 51, 306 (Anm. 48)

GÖRING, Hermann (1893–1946) Jagdflieger im Ersten Weltkrieg, NS-Politiker seit 1922, Reichstagsmitglied ab 1928, seit 1933 preuß. Ministerpräsident und Luftfahrtminister, organisierte Wiederaufrüstung und jüdische Beraubung, nach Schuldspruch in Nürnberg Selbstmord 11, 175, 210

GORKI, Maxim (1868–1936) russ. sozialkritischer Dichter und Dramatiker (»Meine Universitäten«, »Die Mutter«) 44

GOETHE, Johann Wolfgang von (1749–1832) universaler Dichter, Dramatiker und Schriftsteller 11

GRILLPARZER, Franz (1791–1872) österr. Dichter und Dramatiker (»Der arme Spielmann«, »Des Meeres und der Liebe Wellen«) 23

GRIMMELSHAUSEN, Johann C. von (um 1622–1676) Soldat im Dreißigjährigen Krieg, danach Schultheiß im Badischen, seit 1658 schriftstellerisch tätig 19, 20

GULLIVER, Hauptfigur des engl. Romans »Gullivers Reisen«, 1726, von J. Swift 83

HAIG, Alexander M. (* 1924) US-Militär und Politiker, 1974–79 Oberbefehlshaber der NATO-Truppen in Europa, 1980–82 Außenminister der USA 84

HARA, Mieko (* 1933) jap. Grundschülerin aus Hiroshima 221

HEINRICH II. (1519–1559) König von Frankreich 1547–59 32

HEYDRICH, Reinhard (1904–1942) Berufsoffizier, NSDAP-Mitglied, seit 1934 Leiter der Gestapo, ab 1939 des Reichssicherheitshauptamtes, skrupelloser Organisator von Morden im NS-Auftrag, durch tschech. Widerstand in Prag getötet 157, 211

HERODES (um 73–4 v. Chr.) König von Judäa 37–4 v. Chr. 17, 18, 19

HIKMET, Nâzim (1902–1963) türk. Lyriker, wegen kommunistischer Sympathien jahrelang im Gefängnis, Emigration (»Legende von der Liebe«, »Leben! Einzeln und frei wie ein Baum...«) 7 (Gedichtzitat)

LUDWIG XIV. (1638–1715) König von Frankreich, genannt Sonnenkönig, mit ›absolutem‹ Herrschaftsanspruch gegen Adel und Parlament 33

LUXEMBURG, Rosa (1871–1919) dt. Volkswirtschaftlerin poln. Herkunft und Politikerin der Sozialdemokratie, Antimilitaristin und Revolutionärin, Mitgründerin und -führerin des Spartakusbundes, von Freikorpsangehörigen ermordet (»Massenstreik, Partei und Gewerkschaften«, »Sozialreform oder Revolution?«) 68, 92, 245

MAKARENKO, Anton S. (1888–1939) sowjetukrain. Pädagoge (»Buch für Eltern«) 127, 314 (Anm. 132)

MANN, Klaus (1906–1949) Schriftsteller, 1933 emigriert, 1936 US-Bürger (»Mephisto«, »Der Wendepunkt«) 107

MARX, Karl (1818–1883) Philosoph und Wirtschaftswissenschaftler, Begründer des dialektischen Materialismus und der nach ihm benannten Arbeiterbewegung (»Kommunistisches Manifest«, »Das Kapital«, »Zur Kritik der politischen Ökonomie«) 24, 85

McCLOY, John J. (*1895) US-amerik. Jurist, Bankier und Politiker, 1941–45 stellvertretender Kriegsminister, 1949–52 US-Hochkommissar für Deutschland (West), 1953–60 Bankvorsitzender, 1961–62 Sonderbeauftragter für Abrüstungsfragen 245

McNAMARA, Robert S. (*1906) US-amerik. Wirtschaftler und Politiker, 1955–60 im Direktorium der Ford Motor Co., 1961–68 Verteidigungsminister der USA, 1968–81 Präsident der Weltbank 237

MEAD, Margaret (1901–1978) US-amerik. Ethnologin 55, 290f., 332 (Anm. 38)

MITSCHERLICH, Alexander (1908–1982) Psychoanalytiker, 1960–76 Leiter des Frankfurter Sigmund-Freud-Instituts (»Die Unfähigkeit zu trauern«, »Die Unwirtlichkeit unserer Städte«) 53

MOLOTOW, Wjatscheslaw M. (*1890), sowjetruss. Politiker, seit 1906 Bolschewik, 1939–49 und 1953–56 Außenminister der UdSSR 216

MOLTKE, Helmuth Graf von (1800–1891) preuß. Berufsoffizier seit 1822, Generalstabschef 1857–88, gewann höchsten Einfluß auf die Militäroperationen von 1866 und 1870/71 310 (Anm. 46)

MOLTKE, Helmuth von (1848–1916) Berufsoffizier, 1906 bis Ende 1914 Generalstabschef 86

MOZART, Wolfgang Amadeus (1756–1791) österr. Komponist (»Jupiter-Sinfonie«, »Figaro«) 11

MÜHSAM, Erich (1878–1934) pazifistischer Schriftsteller, nach Niederlage der bayrischen Räterepublik 1919–25 Festungshaft, von den Nazis im Konzentrationslager Oranienburg zu Tode gequält (»Der Revoluzzer«, »Was ist kommunistischer Anarchismus?«) 114, 140

MUSSOLINI, Benito (1883–1945) ital. Lehrer und Politiker, Begründer und ›Führer‹ des ital. Faschismus, 1922–43 Regierungschef (›Duce‹), vom ital. Widerstand erschossen 39

NAPOLEON I., Bonaparte (1769–1821) franz. Berufsoffizier, ab 1795 erfolgreicher Revolutionsgeneral, 1804–14/15 Kaiser der Franzosen 22, 33, 62

NAPOLEON III., Bonaparte (1809–1873) franz. Politiker, nach gescheiterten Putschen 1848 zum Präsidenten gewählt, 1852–70 Kaiser der Franzosen 23

NERO, Claudius (37–68) röm. Kaiser 54–68, angeblicher Brandstifter, Christenverfolger, endete durch Selbstmord 186

NIEKISCH, Ernst (1889–1967) Lehrer, polit. Schriftsteller, 1937–45 von den Nazis inhaftiert wegen angeblichen Hochverrats 100, 129, 323 (Anm. 127)

ÖDIPUS, Gestalt der griechischen Sage, unwissentlich Vatermörder und Gatte seiner Mutter 53

OSSIETZKY, Carl von (1889–1938) Journalist, entwickelte sich unter dem Eindruck des Ersten Weltkrieges zum überzeugten Pazifisten, Mitarbeiter der »Deutschen Friedensgesellschaft«, ab 1926 Chefredakteur der »Weltbühne«, seit 1933 Gestapo-Häftling, 1935 Friedensnobelpreisträger, starb an den Haftfolgen 140

OWEN, Wilfred E. (1893–1918) brit. Freiwilliger des Ersten Weltkrieges, Dichter 141

RATHENAU, Walther (1867–1922) Industrieller und Politiker, 1921 Wiederaufbauminister, 1922 Außenminister, nach Abschluß des Rapallovertrages mit der UdSSR von rechtsradikalen Offizieren ermordet 64, 65

RATTNER, Josef (*1928) Psychotherapeut und Lehranalytiker für Tiefenpsychologie, Gruppendynamik und Gruppentherapie in Berlin, Autor zahlreicher Bücher zu diesen Themenkreisen (»Die Individualpsychologie Alfred Adlers«, »Erziehe ich mein Kind richtig? Einführung in die tiefenpsychologische Kindererziehung«) 54

REAGAN, Ronald W. (*1911) US-amerik. Filmschauspieler, 1967–75 Gouverneur von Kalifornien, seit 1981 Präsident der USA 238, 279, 283, 285, 286

RINSER, Luise (*1911) Schriftstellerin, Lehrerin, 1944–45 NS-Haft (»Gefängnis-Tagebuch«) 210

ROOSEVELT, Franklin D. (1882–1945) US-amerik. Jurist und Politiker, 1933–45 Präsident der USA (sozialstaatliches Reformprogramm) 213, 215, 216, 217

SACHAROW, Andrej D. (* 1921) sowjetruss. Physiker, Mitkonstrukteur der Wasserstoffbombe, gründete 1970 ein Menschenrechtskomitee, erhielt 1975 den Friedensnobelpreis, 1980 nach Gorki verbannt (»Gedanken über Fortschritt, friedliche Koexistenz und geistige Freiheit«) 259 f.

SAWITSCHEWA, Tanja (1930?–44) russ. Mädchen aus Leningrad 170 f.

SCHLIEFFEN, Alfred Graf von (1833–1913) preuß. Berufsoffizier, seit 1863 im Generalstab, 1891– 1905 Generalstabschef 69

SCHMID, Carlo (1896–1979), Jurist und Politiker, 1947–73 im Parteivorstand der SPD, Mitentwickler des Godesberger Programms 75

SCHOLTIS, August (1901–1970) Schriftsteller aus Oberschlesien (»Baba und ihre Kinder«, »Ostwind – Westwind«) 45

SCHWEITZER, Albert (1875–1965) evang. Theologe, Musiker, Arzt, gründete 1913 das Tropenhospital in Lambaréné (Gabun), 1952 Friedensnobelpreis (»Geschichte der Leben-Jesu-Erforschung«, »Das Problem des Friedens in der heutigen Welt«) 245

SEATTLE (1786–1866) Indianerhäuptling, hielt 1853 die zitierte Rede an den Gouverneur von Washington, versuchte stets Frieden mit den andrängenden Weißen zu halten 250

SIMPEL, Hauptfigur des dt. Romans »Simplicissimus«, 1668, von J. C. Grimmelshausen 20 f.

SÖLLE, Dorothee (* 1929) in der Friedensbewegung engagierte Theologin und Autorin (»Dank sei Gott und der Revolution. Christen in Nicaragua«) 289

SOMOZA, Anastasio (1925–1980), nicaraguanischer Diktator, folgte seinem Vater, der seit den 1930er Jahren mit US-amerikanischer Hilfe eine Diktatur errichtet hatte; trotz Massenmorden zur Einschüchterung 1979 Niederlage im Guerillakrieg durch die Sandinisten, im Exil ermordet 295

STALIN, Josef W. (1879–1953) sowjetgeorg. Revolutionär und Politiker, 1902–04 sowie 1913–17 Haft und sibirische Verbannung, beteiligt an der Organisation der Oktoberrevolution, seit 1927/29 persönliche Diktatur (›Säuberungen‹ der 30er Jahre) 215, 217

STIMSON, Henry L. (1867–1950) US-amerik. Politiker, 1927–29 Generalgouverneur der Philippinen, 1940–45 Kriegsminister der USA 218

STREICHER, Julius (1885–1946) NS-Politiker, gab 1923–45 das antijüdische Hetzblatt »Der Stürmer« heraus, 1928–40 NSDAP-Gauleiter in Franken, nach Prozeß in Nürnberg hingerichtet 11, 135

SUDERMANN, Hermann (1857–1928) Schriftsteller und Dramatiker aus Ostpreußen (»Heimat«, »Frau Sorge«) 23

SUTTNER, Bertha von (1843–1914) österr. Schriftstellerin und Pazifistin, gründete 1891 die »Österr. Gesellschaft der Friedensfreunde«, regte Stiftung des Friedensnobelpreises an (»Die Waffen nieder!«, »Marthas Kinder«) 80, 245

TANIGUCHI, Sumitero (* 1929) jap. Oberschüler aus Nagasaki 238, 240 f.

TELLER, Edward (* 1908) US-amerik. Physiker ungar. Herkunft, 1933 aus Deutschland vertrieben, mitbeteiligt an der Entwicklung der Kernwaffen 285 f.

TIBULL (um 48–19 v. Chr.) röm. Dichter 15 (Gedichtzitat)

TOGO, Shigenori (1882–1950) 1941/42 und 1945 japanischer Außenminister 215 f., 223

THOREAU, Henry D. (1817–62) Lehrer, Landvermesser, der ›zivilen Ungehorsam‹ als lebensnotwendig für jede Demokratie ansah (»Walden oder Leben in den Wäldern«) 306 (Anm. 48)

TREITSCHKE, Heinrich von (1834–1896) Historiker und Schriftsteller, judenfeindlich, nationalistisch und antisozial 83 f.

TROTZKI, Leo D. (1879–1940) russ. Revolutionär und Politiker, Mitorganisator der Oktoberrevolution, baute ab 1918 die ›Rote Armee‹ auf, seit 1924/25 von Stalin aus allen Partei- und Regierungsämtern verdrängt, 1929 ins Exil, 1940 in Mexiko ermordet (»Die permanente Revolution«) 126

TRUMAN, Harry S. (1884–1972) US-amerik. Politiker, seit 1935 Kongreßabgeordneter, 1945–53 Präsident der USA, Befürworter des ›Kalten Krieges‹ gegen die UdSSR (Truman-Doktrin 1947), unterstützte mit der Marshallplanhilfe den Wirtschaftsaufbau West-Europas 215, 216, 217

TSCHUIKOW, Wassili I. (1900–1982) sowjetruss. Berufsoffizier, 1949–53 Oberbefehlshaber der sowjet. Streitkräfte in Deutschland, 1964–72 Chef der Zivilverteidigung 178

VOGEL, Bruno (* 1898) pazifistischer Schriftsteller, 1931 emigriert (»Alf«) 118

WEBER, Max (1864–1920) Wirtschaftswissenschaftler und Soziologe, wird als Begründer der verstehenden Soziologie betrachtet (»Die protestantische Ethik und der Geist des Kapitalismus«, »Wirtschaft und Gesellschaft«) 66

WEIZSÄCKER, Carl F. von (* 1912) Physiker (Bethe-Weizsäcker-Zyklus) und Philosoph 234

WIECHERT, Ernst (1887–1950) Schriftsteller, 1938 kurzfristig im Konzentrationslager Buchenwald, dann unter Gestapoaufsicht, ab 1948 in der Schweiz (»Der Totenwald«, »Das einfache Leben«) 250

Sachregister

amnesty international

Die Jahresberichte dokumentieren Menschenrechtsverletzungen in aller Welt und geben Auskunft über die weltweiten Bemühungen dieser Organisation, politische Gefangene freizubekommen oder zumindest ihre Lage zu erleichtern.

Jahresbericht 1979
Band 2435

Jahresbericht 1980
Band 3438

Jahresbericht 1981
Band 3442

Jahresbericht 1982
Band 3443

Jahresbericht 1983
Band 3445

Jahresbericht 1984
Band 3449

Jahresbericht 1985
Band 3450

Der internationale Menschenrechtsschutz
Menschenrechte in Erklärungen und Konventionen der Vereinigten Nationen. Band 3437

Gustav Keller
Die Psychologie der Folter
Band 3441

Nicht die Erde hat sie verschluckt
Verschwundene – Opfer politischer Verfolgung. Band 3440

Politische Gefangene in der Sowjetunion
Ihre Behandlung und ihre Haftbedingungen. Band 3436

Politischer Mord durch Regierungen
Band 2447

Wer schweigt, wird mitschuldig
Herausgegeben von Carola Stern. Band 3439

»Wer der Folter erlag...«
Band 3448

Fischer Taschenbuch Verlag

ANNE FRANK

Geschichten und Ereignisse aus dem Hinterhaus

Sammlung ihrer Erzählungen wird in diesem Band erstmals vorgelegt.

In der Enge des Hinterhauses, das die Familie Frank verbarg, begann Anne zu schreiben. Neben dem berühmten **Tagebuch** entstanden Geschichten, in denen sich Anne vergegenwärtigt, wie es war: als sie noch zur Schule ging, als sie leben durfte, wie andere junge Menschen; sie erzählt von Lehrern, Freundinnen und von kleinen Abenteuern, von Alltäglichem, das um so schwerer zu bewältigen ist, wenn man in der ständigen Furcht lebt, entdeckt zu werden. Mehr als dreißig Jahre nach der Veröffentlichung wurden Erzählungen gefunden, die Anne für dieses Buch vorgesehen hatte. Die komplette

fi 294/1

FISCHER
BOOT

Band 7533

»Aufklärung, die massenhaft noch zu leisten ist.«

Thema: Nationalsozialismus

Fischer Taschenbuch Verlag

fi 311/3a

»Aufklärung, die massenhaft noch zu leisten ist.«

Thema: Nationalsozialismus

Fischer Taschenbuch Verlag